인연(因緣)은 과거와 현재를 잇는 독특한 만남(encounter와 relation-rapport)을 표현하는 양가적인 단어라고 볼 수 있다. 김균진 교수님(이하 저자)이 1976년 박사학위 구두시험을 위해 맞닥뜨린 주제였던 '루터의 종교개혁'은 40년이 지난 2018년 『루터의 종교개혁』으로 결실을 이루었다. 그 사이 루터를 거의 잊다시피 살아오시다가 혜암신학연구소에서 발표한 논문을 계기로 다시 루터의 책과 루터에 관한 자료를 정리한 성과다. 종교개혁 이후 500주년을 갓 넘긴 지금, 루터의 사유는 종교개혁의 구체적인 상황 속에서 추상화된 신학이라는 의심을 받고 있다. 이런 시점에서 저자는 루터와의 인연을 되살리면서 자신이 발견한 루터의 종교개혁을 집대성했다. 이 책은 대하소설 같은 방대한 분량이지만 원 자료를 꼼꼼히 명시한 전문서적이다. 한쪽 편의 입장에 기울지 않고 여러 진영의 의견을 병렬적으로 전개하면서 독자에게 저자 자신이 만난 루터를 드러낸다. 주관적 소개서라기보다는 객관적 자료에 충실한 노력을 통해서 말이다.

저자는 『루터의 종교개혁』의 역사적 배경 가운데 가장 중요한 요소로 교황과 황제의 관계 및 교황의 절대 권력을 꼽는다. 이것은 100페이지에 이르는 제1부에서 다뤄진다. 글 전체가 포함하는 시기는 313년 밀라노 칙령에서 1648년 베스트팔런 평화조약까지 1300여 년에 이른다. 가톨릭교회의 시기에 해당하는 이 기간을 다루며, 개신교의 조직신학자로서 저자는 조심스러운 충고와 우려를 독자들에게 밝히면서 글을 맺고 있다. 저자는 그때의 가톨릭교회는 지금의 가톨릭교회가 아니라는 충고를 하며, 이제는 개신교회가 '루터의 종교개혁'이 개신교회에 어떤 울림을 주는지를 숙지해야 할 때라는 우려를 표한다. 『루터의 종교개혁』이, 되찾은 드라크마와 같은 보화가 되기 위해서는 온고지신(溫故知新)하려는 한국교회의 자각과 결단이 함께 있어야 할 것으로 사료된다.

강응섭 | 예명대학원대학교 조직신학/정신분석학 교수

한국 신학자가 800쪽에 달하는 『루터의 종교개혁』이라는 우리말 책을 집필해 출판하게 되었으니 추천사를 써달라는 요청에 루터 전공자로서 순간 내심 놀랐다. 한국 신학자가 이렇게 방대한 분량에 달하는 루터 연구서를 쓴 선례가 없기 때문이다. 호기심에 가득 차 원고 파일을 열고 조심스레 한 쪽 한 쪽 넘겼다. 여러 생각과 감정이 머리와 가슴을 휩쌌다. 그리고 늘 학자의 성실함을 보여주시면서 끊임없이 연구하고, 연구한 결과를 공유하고자 책을 내오신 김균진 교수님께 감사했다. 조직신학의 토대를 쌓고, 현대신학, 특히 몰트만을 국내에 소개하는 데 크게 공헌하신 교수님께서 4년간 집중적으로 루터를 연구해 그 열매를 나누어주셨기 때문이다.

이 책은 많은 장점을 갖고 있다. 무엇보다 루터를 거시적 관점에서 조명했다는 점, 조직신학적 성격을 갖고 있으면서도 연구의 큰 틀로서 역사적 접근방법을 시도했다는 점, 루터의 글에 충실했다는 점, 그리고 한국 신학자들의 루터 연구를 적극적으로 다루었다는 점이다. 특히 3편의 부록에 실린 글(부록 1: "루터의 칭의론으로 인해 '행함이 없는 믿음'이 초래되었는가?", 부록 2: "'그는 믿음의 권위를 회복함으로써, 권위에 대한 믿음을 깨버렸다'[K. Marx]-루터의 칭의론에 숨어 있는 정의와 자유의 정신", 부록 3: "루터는 '제후들의 종'이었던가?")은 루터 연구에서 중요한 논쟁거리이면서 오해를 많이 초래한 주제를 다루고 있다는 점에서 매우 흥미롭다.

이 책이 머리뿐만 아니라 가슴에 다가오는 이유 중 하나는 저자가 단순히 지식을 소통하는 자로서가 아니라 루터처럼 하나님 앞에 선 그리스도인으로서 다음과 같이 겸허히 고백하며 호소하고 있기 때문이다. "이 책과 함께 루터의 종교개혁에 관한 또 하나의 책이 나오게 되었습니다. 물론 책의 출판도 의미 있는 일이지만, 책만 나오면 무엇하겠습니까? 루터를 위시한 종교개혁자들이 바라는 일은 또 하나의 책이 아니라, 교회의 개혁이 아니겠습니까?…목사님들, 병든 한국 개신교회를 개혁할 수 있는 분들은 목사님들이십니다. 제발 회개하시고, 병든 이 나라의 교회를 개혁해 주십시오."

김선영 | 실천신학대학원대학교 역사신학 조교수

종교개혁자 마르틴 루터에 관한 책은 이미 많다. 그러나 루터의 삶과 신학에 관한 이야기는 계속 들려지고 쓰여야 한다. 그가 가장 위대한 신학자이거나 성인이어서가 아니라, 진리를 찾아 헤매는 것을 두려워하지 않고, 시대적 상황을 진지하게 고민하며, 참 인간됨을 위해 힘써 분투하고, 공동체를 위해 헌신튼는 한 인간으로서 루터의 모습을 가식과 가장됨 없이 올바로 바라보기 위함이다. 종교개혁 500주년을 전후하여 루터 관련 서적이 많이 출판되었지만, 김균진 교수의 『루터의 종교개혁』은 단연 돋보이는 작품 중 하나이다. 꼼꼼하게 원전을 읽어내면서도 국내외의 다양한 연구 성과를 엮어내는 저자의 높은 학문성도 주목할 만하지만, 역사와 신학의 복잡다단한 내용을 논리정연하고 이해하기 쉬운 언어로 풀어내는 작가로서의 원숙함도 감탄을 자아낸다. 지난 40여 년간 부단한 연구와 저술 활동을 통해 조직신학의 체계를 세우고 한국의 현대신학 담론을 이끌었던 저자가 *ad fontes* 즉, '근원으로 돌아가자'며 성서의 빛 아래서 교회와 사회를 개혁했던 루터라는 개신교 신학의 원천으로 돌아가는 모습에, 제자이자 후배 신학자로서 깊은 존경을 표하게 만드는 책이다.

김진혁 | 횃불트리니티신학대학원대학교 조직신학 조교수

김균진 교수님은 잘 알려진 것처럼 현대신학자이다. 그런 그가 『루터의 종교개혁』이라는 800페이지에 가까운 대작을 내게 된 것은 그 자체만으로도 놀라운 소식이 아닐 수 없다. 종교개혁자들이 공유했던, 인문주의자들의 주장인 '근원으로'(*ad fontes*)가 생각나는 대목이다. 개신교 신앙의 연원에 해당하는 '루터의 종교개혁'은 500년이 지난 지금 우리에게는 의외로 잘 이해되지 않는 대목이 많이 있다. 분명한 여러 꼭지들이 있음에도 중간에서 길을 잃어버리기가 참 쉽다. 어떤 부분은 교회사 교수님들을 붙들고 물어보아도 명쾌한 설명을 잘 듣지 못하는 경우도 있다. 그런 면에서 이 책은 '루터의 종교개혁'을 그 배경에서부터 아욱스부르크 평화협정까지 담담하게 사료에 근거하여 꼼꼼히 소개해주고 있다. 어

떻게 보면 김균진 교수님의 평소 조직신학자로서의 면모보다는 역사신학자로서의 면모를 엿보게 한다. 치열하다고나 할까. 종교개혁과 관련된 수많은 징검다리들과 꼭지들을 그냥 지나치지 않고 하나하나 우리 앞에 들추어 보여준다. '루터의 종교개혁'과 관련하여 우리가 애써 찾아들어가야 볼 수 있는 거의 모든 내용을 이 책에서 발견하게 되는 것은 커다란 기쁨인 동시에 이 책의 가장 큰 가치이기도 하다. '루터의 종교개혁'에 대한 진지한 관심이 있는 이들에게 일독을 권한다.

박찬호 | 백석대학교 기독교학부 조직신학 교수

이 책은 한국신학사에 길이 남을 역작이다! 한국교회가 껴안아야 할 선물이다! 이 책에는 4년 동안 자기 심장을 도려낸 저자의 애절함이 담겨 있다. 저자는 자신과 루터를, 한국교회와 중세교회를 실존적으로 겹쳐서 독해한다. 저자의 유려한 필치는 죄의 위력을 '오직 은혜', '오직 믿음'으로 극복하고 교회와 사회를 적극적으로 개혁한 루터를 잔잔하고 담백하게 그려 나가나 그 여운은 강력하다. 평온하나 갑자기 솟구치는 물보라로 숨막히는 더위를 식혀주는 호수와 같다. 중세역사의 배후와 당대의 모든 배경을 간결하게 정리하여 한국에서 루터 연구와 이해에 새로운 차원을 연 이 책은 신학함의 귀감을 담고 있다. 저자는, 루터가 '대학에서 신학을 공부한 사람들 중에 순교자가 없었다'고 한 말에 자신의 평생 사역을 비판적으로 질문하나, 후학들의 연구를 격의 없이 인용하는 여유로 한국신학의 성장을 흐뭇하게 즐긴다. 삶과 신학의 원숙기에 루터를 매혹적으로 우리 곁에 선물한 저자가 교회개혁의 주역이 되기를 목메여 고대하는 한국교회 모든 목사들에게 이 책을 강력하게 추천한다.

유해무 | 고려신학대학원 교의학 교수

신학자는 말이 아니라 글로 말해야 한다는 사실을 몸소 보여주시며 모든 신학도들의 귀감과 사표가 되시는 김균진 교수님의 또 하나의 역작 『루터의 종교개혁』의 출판을 진심으로 기뻐하며 축하한다. 5백 년 전에 일어났던 루터의 종교개혁 운동을 이 시점에서 다시 기억하고 되새기는 것은 심히 일그러진 오늘의 한국교회의 자화상을 돌아보고 반성하여 개신교가 다시 근원으로 돌아가 진정한 의미에서의 프로테스탄트(Protestant) 교회로 새롭게 거듭나야 한다는 하나님의 음성을 루터의 생애와 사상을 통해 다시 듣고 돌이키기 위함이다.

윤철호 | 장로회신학대학교 조직신학 교수

역사적으로 마르틴 루터만큼 수많은 이미지로 그려진 인물도 드물 것이다. 교회 개혁의 영웅, 프로테스탄트 교회의 교부, 독일국민의 영웅, 자유와 진리의 투사, 독일어를 위대하게 만든 대문호 등등. 게다가 로마 가톨릭 신자들에게 있어서는 루터라는 인물은 오랜 세월동안 교회분열의 원흉으로 비난의 대상이 되어왔다. 그러나 가톨릭교회 안에서 조차 루터에 대한 이런 부정적인 이미지는 20세기에 가톨릭교회 안에서 이루어진 루터 연구의 활성화로 인하여 새로운 변화를 가져오게 되었다. 루터의 교회개혁과 관련한 신학적 강조점에 대한 인정, 루터가 지은 성가들의 수용, 루터의 신학 속에서 발견되는 교회 일치의 사유에 대한 수용이 그것이다. 게다가 2011년 9월 23일, 교황 베네딕토 16세가 루터가 수도서원을 했던 독일 에어푸르트(Erfurt)에 소재한 아우구스티누스 수도원의 참사회를 방문하여 루터에 대한 가톨릭교회의 존중과 존경을 피력함으로써 가톨릭과 개신교의 공동의 교부의 이미지를 루터에게 안겨 주기까지 하였다. 그러나 루터는 자신의 말년에 교회일치에 대해서 매우 회의적이었던 것으로 보인다. 왜냐하면 그는 시간이 가면 갈수록 로마교회와의 화해는 불가능하다고 여겼기 때문이다. 그러기에 루터가 지금 살아 있다고 한다면, 그래서 오늘날의 가톨릭 신자들이 미사 가운데서 루터 자신이 지은 찬송가를 부르고 있는 것을 볼 때 실로 놀라움을 금치 못할 것이다. 또한 오늘날 루터교회와 개혁교회의 신자들이 재세례파적인 성향을 가진 침례교 신자들이나 메노파 신자들과 대화하는 것을 본다면 그 또한 대단히 놀라워하리라.

오늘날 루터는 우리에게 누구인가? 이러한 질문은 종교개혁 500주년을 넘긴 현시점에서 나름대로 중요한 질문이 아닐 수 없다. 이러한 질문에 대한 성찰 없이 단지 루터를 고고학적이고 서지학적인 발굴의 방식으로 언급하고 다루는 것은 '지금 여기에서'(nunc et hinc) 우리와 우리의 교회에 무의미한 방식으로 루터를 취급하는 일이다. 루터와 우리 사이에는 무려 500년 이상의 시간의 간극이 존재할 뿐만 아니라, 그의 세계와 우리의 세계 사이에는 전혀 다른 사고방식과 문화와 정치적·경제적 환경이 가로놓여 있다. 우리는 루터와 우리 사이에 이러한 낯설음과 생소함이 놓여 있다는 사실을 망각해서는 안 된다. 우리가 이러한 낯설음과 생소함을 충분히 고려하면서 오늘날 우리의 교회와 세계를 위한 루터의 의미를 진지하게 성찰할 때라야 루터의 진실과 진리는 우리를 위한 진실과 진리가 될 수 있을 것이다.

그런 의미에서 김균진 교수의 본 저서는 루터의 시대와 상황을 철저하게 고려함과 아울러 루터 저작의 원문들을 집요하게 추적하면서 루터의 종교개혁을 입체적으로 재구성한 실로 기념비적인 역작이 아닐 수 없다. 지난 20세기 초엽에 유럽에서 루터 르네상스를 가져왔던 독일 에어랑엔(Erlangen)의 신학자 파울 알트하우스(Paul Althaus)의 루터 저작과 맞세워도 결코 손색이 없는 이러한 역작이 한국의 신학자에 의해서 우리말로 쓰였다는 사실 자체가 참으로 경이로운 일이며 한국의 신학계와 인문학계를 부요하게 만드는 경사가 아닐 수 없다. 이에 기쁜 마음으로 이 저서를 추천하여 독자 제위들에게 일독을 권하는 바이다.

이동영 | 서울성경신학대학원대학교 조직신학 교수

조직신학의 대 저서를 이미 완성하신 김균진 교수님의 『루터의 종교개혁』 원고를 받고서, 놀라면서도 감사한 마음이 들었다. 어떻게 이렇게 또 한 편의 대 저술을 쓰셨을까? 한국교회를 생각하고 신학을 사랑하며 꾸준히 정진하는 교수님은 우리 제자들과 후학들에게 큰 귀감이 될 것이다. 이 책을 소개하자면, 루터와 그의 종교개혁에 관한 한 권의 교과서라고 할 수 있다. 루터의 종교개혁의 역사와 신학을 모두 아우른 책이다. 유럽과 독일의 역사, 루터 자신의 개인사의 흐름 속에서 그의 사상과 종교개혁을 설명한다. 그래서 독자로 하여금 루터신학의 맥락을 알게 하고, 역사가 어떻게 정신으로 영글고, 정신이 어떻게 역사를 창조하는지를 보여준다. 뿐만 아니라 그 상세함과 깊이에서, 균형 잡힌 관점과 내용 및 체계에서, 이 책은 다른 책들이 따라오기 어려운 수준을 보여준다. 루터에 관한 여러 편견이나 오해들을 자세한 근거들과 설명으로써 풀어주고 바로잡고 있다. 특히 루터의 옛 원전들에 근거하면서도, 외국뿐만 아니라 한국 학자들의 연구 결과를 검토하고 수렴하고 있다. 흔히 국내 선행연구의 중요성을 인지하지 못하거나 외면하는 풍토를 고려할 때 이 책이 연구의 모범을 제시하는 까닭은 여기에 있다. 이제까지의 루터에 관한 역사적이고 신학적인 연구 및 지식을 집대성하고 체계화한 이 책 이후, 루터와 종교개혁 연구자들의 고민이 깊어질 것 같다. 김균진 교수님이 이미 해주신 많은 것 이상의 무엇인가를, 그리고 새롭고 참신한 다른 내용이나 해석들을 찾아야 하니까 말이다.

이오갑 | 케이씨대학교 조직신학 교수

'칭의의 신학자' 루터는 우리 귀에 익숙하다. 하지만 '예언자' 루터는 조금 낯설다. 칭의와 성화에 대해 가장 조직신학적 논의를 들려줄 것으로 기대했던 김균진 교수는 역사적 상황에서 추상화된 루터 신학의 이해를 거부한다. 대신 5백 년 전의 객관적 사실에 주목하면서 루터의 칭의 신학에 함의된 자유와 정의의 정신을 규명하는 데 집중한다. 그 결과 500년 전 루터의 '종교개혁'은 단순한 종교와 양심

의 자유를 넘어 근대 자유의 역사의 정신적 기초가 된 '16세기 대(大)개혁운동'으로 다시 살아난다. 역사를 아우르며 조직신학의 새로운 방식과 기풍을 불어넣은 김균진 교수는 지금 우리 앞에 '역사적 루터'를 제시하고 있다. 그럼으로써 오늘의 '성인이 된 세계'(본회퍼)에서 성(聖)의 영역으로 후퇴하여 세상을 밝히는 등불이 되기는커녕 자기 안에 갇혀 스스로 개혁할 힘도 잃어버린 오늘의 한국 개신교회에 신선한 통찰을 제공한다.

장윤재 | 이화여자대학교 기독교학과 교수

青安 김균진 교수님의 신학은 세계 신학과의 만남을 제공한 열린 문이며 한국 조직신학 연구의 초석이자 모범이었다. 금번에, 지난 50여 년간 걸어오신 신학적 여정과 원숙한 안목으로 500여 년 전 루터의 삶과 신학을 조명한 『루터의 종교개혁』을 출간하셨다. 이 책은 루터의 사색과 삶을 역사적으로 생생하게 복원하고 루터의 신학을 조직적으로 탐색한다. 특히 21세기 연구동향뿐만 아니라 한국신학의 관점에서 루터를 해석한 국내의 연구성과를 체계적으로 집대성하였다. 루터의 사상과 신학을 둘러싼 역사신학, 조직신학, 한국신학의 삼중주와 그 깊은 통찰이 매력적으로 담겨 있다.

이 책은 인간 루터의 향기를 따라가고, 수도사 루터의 고뇌와 씨름하며, 종교개혁자 루터의 현재 의미를 신학적으로 재구성한다. 심지어 내일 우리가 만나야 할 루터를 미리 상상하고 예감하게 한다. 루터가 바르트부르크 성 골방에서 하나님의 말씀인 성서를 온 힘을 다해 번역하였듯, 저자는 루터가 만난 하나님의 진리를 4년간의 씨름으로 이 역작에 오롯이 담아내었다. '지금 여기에서'(nunc et hinc), '근원을 찾아'(ad fontes). 그리스도의 몸을 지금 여기에서 희망하는 우리가 일독해야 할 귀한 작품이다.

전 철 | 한신대학교 신학과 조직신학 교수

김균진 교수님의 『루터의 종교개혁』과 그간 출판된 루터에 대한 수많은 평전 및 연구서들과의 가장 큰 차별성은, 루터를 독일을 넘어 유럽이라는 넓은 컨텍스트에서 바라본 것이다. 16세기 종교개혁에 끼친 루터의 영향이 지대함을 부정할 수는 없지만, 루터 한 사람에게만 초점을 둘 때 자칫 놓칠 수 있는 유럽사의 대사건으로 확장된 종교개혁을 읽어 나가는 데 한계가 있다. 그에 비해 이 책은 루터의 종교개혁의 배경이 된 중세의 교황권과 세속권의 갈등 및 중세 말의 사회정치적 상황을 꼼꼼하게 분석하고 기술하는 것에서 출발한다. 루터를 중세 말 유럽사의 배경 속에서 탄생하고 사상을 형성하고 종교개혁을 촉발시킨 시대의 산물로 정밀하게 그려 나감으로써, 루터에게만 집중할 때 놓치기 쉬운 지점들을 정확히 포착하여 제시한다. 그 결과 독자들은 이 책을 통해 루터 개인에 대한 이해를 넘어 종교개혁 전반에 대한 큰 그림을 이해할 수 있다.

최종원 | 밴쿠버 기독교세계관 대학원 교회사 및 지성사 교수

루터의 종교개혁

루터의 종교개혁

김균진 지음

머리말

1976년 7월에 열린 튀빙언(Tübingen) 대학 박사학위 교회사 분야 구두시험에서, 필자는 루터의 종교개혁에 대한 시험을 치렀다. 시험 준비를 위해 루터의 책들을 읽어야 했다. 당시 헤겔 및 헤겔에 대한 카를 마르크스와 바르트의 비판에 심취해 있던 필자에게 죄 문제에 대한 루터의 사색은 매우 새로웠던 것으로 기억하고 있다. 그 후에 필자는 루터를 거의 잊어버리고 있었다.

그런데 약 4년 전, 혜암신학연구소의 종교개혁 500주년 기념논문집에 발표할 논문을 준비하면서 필자는 루터의 책들을 다시 읽게 되었다. 오늘의 한국교회와 사회적 상황 속에서 읽었기 때문인지 모르지만, 필자는 루터의 책들에서 큰 충격을 받았다. 지금까지 필자가 알고 있던 것과는 매우 다른 루터의 모습을 발견하였다. 그는 인간의 죄 문제를 깊이 다루는 "칭의의 신학자"인 동시에, 하나님의 진리와 정의를 위해 400명의 바알 예언자들과 싸운 구약의 엘리야와 같은 인물로 부각되었다. 루터의 칭의론은 죄용서에 관한 구원론인 동시에, 교황이 지배하던 중세 기독교 세계(Christendom) 속에 하나님의 진리와 정의를 세우기 위한 무기였다라는 사실을 보게 되었다. 이에 필자는 "내가 발견한" 루터의 종교개혁을 써야겠다는 생각을 갖게 되었다.

이 책을 쓰게 된 또 하나의 동기는, 루터에 관한 많은 책이 종교개혁의 구체적 상황에서 추상화된 루터의 신학을 기술하는 점에 있다. 홍지훈 교수가 말하듯이, "루터의 신학을 재현할 때에 반드시 필요한 것은 그의 주장이 겨냥하고 있는 대상과 역사적 배경이다"(홍지훈 2018, 163). 그 역사적 배경과 상황을 배제하고 루터의 신학을 다룰 때, 그의 신학은 상황성을 결여한 추상적 이론이 되어버린다. 그래서 필자는 종교개혁의 역사적 과정을 기술하면서 그의 신학을 기술해야겠다는 생각으로 이 책을 쓰게 되었다. 그러나 약 40년에 걸친 투쟁의 과정 속에서 발표한 루터의 신학 사상을, 종교개혁의 역사적 과정과 함께 종합적으로 기술한다는 것은 사실상 불가능하였다. 이 점에 대해 독자의 양해를 구할 뿐이다.

이 책에서 필자는 부드럽게 책장을 넘길 수 있는 주관적 소개서를 쓰기보다, 객관적 자료에 충실하고자 노력하였다. 원문에 담긴 루터의 열정을 살리기 위해, 표현이 생소하고 논리적으로 잘 연결되지 않는 문장들을 있는 그대로 기술할 때도 있었다. 이로 인한 독서의 불편함에 대해 독자 여러분들의 이해를 구한다.

책을 쓰면서 필자는 많은 것을 배웠다. 인간의 깊은 죄의 본성, "나를 위한", 또 "우리를 위한"(pro me, pro nobis) 그리스도의 고난과 죄의 용서, 자기를 낮추시고 십자가의 죽음을 당한 "그리스도처럼" 행해야 할 "그리스도인의 삶의 길"에 대해서는 물론, 거짓과 불의에 굽히지 않는 루터의 용기, 하나님의 진리와 자신의 양심에 대한 성실성을 배울 수 있었다. 김선영 교수가 말하듯이, "루터도…완벽하지 않은 인간으로서, 그가 몸담고 있었던 시대적 상황을 벗어나는 데 있어서 한계를 지닌 한 부족한 인간이었다. 그럼에도 불구하고 분명히 그는 배우고 본받을 만한 가치가 있는 많은 소중한 것을 가지고 있다. 그러한 점들은 주목하고 탐구해 볼 가치가 있지 않은가?"(김선영 2014, 12)

책을 준비하면서 필자는 국내외 많은 학자의 성실한 연구에 감탄하지 않을 수 없었다. 지난 500년 동안 수많은 연구서가 출판되었음에도 불구하고, 지금도 계속 새로운 연구 문헌이 출판되고, 심지어 독일에서는 80세 가까운 노교수가 루터의 신학에 관한 두꺼운 책을 출판하는 현실이 매우 놀라웠다. 바로 여기에 독일의 저력이 있다는 생각이 들었다. 2017년 10월, 보수와 진보를 아우른 한국의 3개 신학회가 종교개혁 500주년 기념 공동학술대회에서 80여 편의 논문을 발표한 것은, 한국 교회사에 길이 남을 사건이라고 생각된다. 이를 계기로 보수와 진보로 나뉜 신학계가 연합하기를 바라며, 세계 어디에 내놓아도 부끄럽지 않을 충실한 연구서들이 한국 신학계에서 출판되기를 기대한다.

영업이익과 거리가 먼 이 책의 출판을 허락하신 새물결플러스 출판사 김요한 대표님에게 진심으로 감사드린다. 책이 출판되기까지 수고를 아끼지 않으신 출판사의 모든 선생님들, 특별히 김요한 대표님, 왕희광 편집장님, 조광수 선생님의 면밀한 수정작업에 심심한 감사의 말씀을 드린다. 또 부족한 종의 연구에 힘을 보태주신 과천 중앙교회 장현승 박사님, 500년 전의 난해한 루터의 독일어를 해독해준 내 부인 Dorothee Kim-Grebe의 수고에도 감사드린다. 한국 개신교회와 한국 사회에 "제2의 종교개혁"이 일어나기를 간절히 바라면서 이 부족한 책을 내어놓는다.

김균진
경기도 일산 정발산 아래에서

| 차례 |

머리말 14

* 세계사적 사건인 루터의 종교개혁 25
  - 책을 시작하면서 -

제1부
종교개혁의 역사적 배경

I. 황제 위에 있는 교황의 절대 권력 35
  1. 황제의 통치권 아래 있었던 로마 주교 35
  2. 프랑크 왕국 카를 대제에 대한 교황의 황제 대관식, 그 정치적 의미 38
  3. 교황 앞에 무릎 꿇은 황제의 권위 44
    - 황제 하인리히 4세의 "카노사의 굴욕" -
  4. 땅 위에 있는 "하나님의 대리자"로서 교황의 절대 권력 48

II. 중세기 교회 개혁운동과 교황권의 약화 51
  1. 수도원과 소종파들의 개혁운동 52
  2. 교황청의 아비뇽 포로신세와 분열, 파리 대학의 개혁운동 60
  3. 단테의 군주론, 위클리프, 얀 후스의 개혁운동과
     형제연합교회의 분리 66

III. "이리 오라. 함께 취하고 … 인생을 즐기자" 73
   - 종교개혁 시작 전후의 상황들 -
  1. 독일의 정치적 상황 74
  2. 교황과 손을 잡은 19세의 스페인 출신 황제 카를 5세 82
  3. 세계관의 확대, 상공업의 발전과 시민계급의 등장 85
  4. 오컴의 유명론, 인문주의와 독일 신비주의 91
  5. 신자들의 통속적 경건과 미신 98

6. 무지의 감옥, 마녀화형과 종교재판 104
7. 성직자들의 부패와 성적 타락 115
8. 사람의 피를 빨아먹는 "거머리" 같은 성직자들 125
9. "교황은…황제처럼 말을 타고 다녀야 한다" 134
* 요약: 종교개혁을 유발한 원인들 138

제2부
종교개혁 이전까지 루터의 생애

I. 출생에서 대학교육까지 143

II. 수도사로의 회심 이후의 삶과 "탑 속의 체험" 153
1. 수도사로의 회심과 "제2의 바울"로서의 루터 153
2. 신학교육과 박사학위 수여, 성경교수 봉직 158
3. 수도사 루터의 내적 갈등의 궁극적 원인 165
4. 하나님의 의에 대한 "탑 속의 체험" 169
5. 스콜라 신학에 대한 루터의 결별 176

제3부
95개조에서 교황의 파문을 받기까지

I. "하늘이 무너지고, 땅에 대 화재를 일으킨 것 같은" 루터의 95개조 187
1. 95개조의 중심 문제인 면죄부 장사, 그 역사적 배경 187
2. 면죄부 장사 뒤에 숨어 있는 돈 거래 196
3. 매우 위험스러운 95개조 202
4. 하나님의 정의와 자유를 회복코자 한 95개조 214
5. 95개조의 발표는 진짜 있었던 사실인가? 218
6. "영광의 신학"에서 "십자가의 신학"으로 224
 - 루터의 하이델베르크 변론서(1518) -

II. 왜 칭의론이 종교개혁의 주제로 등장하는가? 239
   1. 하나님의 진리와 정의를 향한 부르짖음이었던
      "오직 은혜로", "오직 믿음으로!" 241
   2. 교황이 아니라 오직 그리스도만이! 253
   3. 왜 루터는 인간의 업적을 배제하는가? 265
   4. 루터는 구약의 율법을 부인했는가? 275
   5. 칭의론에 숨어 있는 해방과 자유의 힘 282

III. 교황의 파문으로 이어진 심문과 변론 287
   1. 일방적 철회를 요구받은 아욱스부르크 심문(1518) 288
   2. 교황의 금장미 뇌물을 거절한 선제후 프리드리히 294
   3. 교황체제에 대한 총체적 거부로 발전한 라이프치히 변론(1519) 300
   4. 교황의 파문경고(1520)와 파문(1521) 313
   5. 교황의 파문에 대한 루터의 항변 320

IV. 하나님의 정의와 자유를 부르짖는 "종교개혁 3대 문서" 337
   1. 「독일 그리스도인 귀족에게 보내는 글」 338
      - 왜 종교개혁이 일어날 수밖에 없었던가? -
   2. 「교회의 바빌론 포로신세」 357
   3. 「그리스도인의 자유」 375

제4부
보름스 제국의회에서 농민전쟁에 이르기까지

I. 보름스 제국의회와 루터의 제국파문(1521) 395
   1. 개선장군처럼 보름스에 입성한 루터 395
   2. "그는 너무 대담했다" 401
      - 제국의회 앞에서 철회를 거부한 루터 -
   3. 루터의 내적인 힘은 어디서 오는가? 410
   4. 황제의 제국파문과 루터의 바르트부르크 납치극 417

II. 바르트부르크에서 남긴 루터의 업적 425
　1. 수도사 서약, 회개, 성직자 독신제에 관하여 425
　2. 뢰번 대학 교수 라토무스에 대한 반박서 432
　3. 신약성경 독일어 번역 438

III. 비텐베르크 개혁운동과 그 확산 443
　1. 개혁운동으로 인한 폭동과 혼란 444
　2. 성상파괴 운동과 광신적 소종파의 개입 450
　3. 비텐베르크로 돌아온 루터의 유화책 456
　4. 초기 개혁운동에 대한 반응과 1522/23, 1524년의 뉘른베르크 제국의회 463
　5. 종교개혁 운동의 확산 요인들 472
　6. 제국 기사단과 루터의 종교개혁 482

IV. 츠빙글리의 스위스 종교개혁 485
　1. 사순절 소시지 문제로 인한 츠빙글리의 개혁운동 485
　2. 제1차 취리히 변론과 츠빙글리의 67개 논제 493
　3. 제2차 취리히 변론과 개혁의 신학적 기초 499
　4. 개혁운동의 발전과 스위스 개신교회의 독립 503

V. 농민전쟁으로 인한 종교개혁의 대중적 기반 상실과 "제후들의 종교개혁" 509
　1. 농민들의 요구 사항과 루터의 응답 510
　2. 루터 때문에 농민 대학살이 일어났는가? 518
　3. "제후들의 종교개혁"으로 변모한 루터의 개혁운동,
　　 1526년 제1차 슈파이어 제국의회 522

VI. 종교개혁 좌파와의 논쟁, 루터의 결혼 529
　1. 순수한 믿음에서 시작한 재세례파 532
　2. 토마스 뮌처와의 논쟁 549
　3. 카를슈탓트와의 논쟁 557
　4. 에라스무스의 자유의지론과 루터의 노예의지론 566

5. 반율법주의 논쟁 573
   6. 신비적 영성주의, 반삼위일체론 584
   7. 수녀원을 탈출한 카타리나와 수도사 루터의 결혼 595

제5부
프로테스탄트 교회의 시작과 내부 분열

I. 프로테스탄트 교회의 분리와 개혁 작업 605
   1. 두 왕국론에 모순되는 영지교회 제도 606
   2. 설교, 기도, 찬송으로 구성된 예배의 도입 614
      - 루터의 "독일 미사" -
   3. 교회 감찰을 통한 교회개혁과 정비 620
   4. 무지에서의 계몽을 위한 교리문답서 627

II. 성만찬 논쟁으로 인한 종교개혁 진영의 분열 633
   1. "그리스도의 말씀은 거짓말일 수 없다" 634
      - 루터의 입장 -
   2. 츠빙글리의 상징론과 루터의 반박 639
   3. 1529년 제2차 슈파이어 제국의회의 위기 상황 647
   4. 결렬로 끝난 마르부르크 종교대화 652
   5. 황제의 무력 사용 문제로 인한 개혁파의 분열 661

제6부
황제의 정치적 꿈의 좌절과 종교개혁의 종결
   - 1555년 아욱스부르크 종교평화에 이르기까지 -

I. 개혁파의 패배로 끝난 1530년 아욱스부르크 제국의회 667
   1. 루터의 입장을 양보한 「아욱스부르크 신앙고백」 667
   2. 가톨릭 측의 반박서와 개혁파의 「변증서」,
      가톨릭 측에 선 황제의 폐회 선언문 675

II. 슈말칼던 동맹에서 슈말칼던 전쟁으로 683
   1. 황제의 공격에 대비한 슈말칼던 동맹 683
   2. 뉘른베르크 종교회의, 개혁파의「비텐베르크 일치서」685
   3. 루터의「슈말칼던 조항」, 프랑크푸르트 종교휴전,
      1540-41년의 종교대화 688
   4. 필립 영주의 이중결혼과 슈말칼던 전쟁 701

III. 1555년 아욱스부르크 종교평화를 통한 루터의 종교개혁의 종결 705
   1. 아욱스부르크 잠정서, 개혁파 제후들의 반란, 파사우 협약 705
   2. 황제의 정치적 꿈의 좌절과 아욱스부르크 종교평화 710
   3. "자유의 역사"의 정초가 된 루터의 종교개혁 718
     – 종교개혁으로 말미암은 변화들 –

IV. 가톨릭교회의 반종교개혁 운동과 30년 전쟁 733
   1. 예수회의 반종교개혁 운동, 트리엔트 공의회 733
   2. 정치적 종교전쟁이었던 30년 전쟁, 베스트팔렌 평화조약 741

부록 1: 루터의 칭의론으로 인해 "행함이 없는 믿음"이 초래되었는가? 748
부록 2: "그는 믿음의 권위를 회복함으로써, 권위에 대한 믿음을 깨버렸다"(K. Marx)
     – 루터의 칭의론에 숨어 있는 정의와 자유의 정신 – 771
부록 3: 루터는 "제후들의 종"이었던가? 788
부록 4: 루터의 종교개혁 관련 연대기 799

* 책을 끝내면서 803
참고문헌 807

세계사적 사건인 루터의 종교개혁
– 책을 시작하면서 –

1. 1517년 10월 31일, 무명의 한 수도사요 성경교수인 마르틴 루터가 로마 가톨릭교회의 면죄부 장사(Ablaßhandel)에 관한 95개조를 비텐베르크 성 교회 문에 못을 박아 발표한다. 이로써 로마 가톨릭교회를 개혁하고자 하는 개혁운동이 시작된다. 이를 가리켜 우리는 "Reformation" 곧 "종교개혁"이라 부른다.

"종교개혁"이란 명칭은, 루터의 개혁운동이 하나의 종교적 사건, 교회적 사건에 불과한 것 같은 인상을 주기 쉽다. 물론 이 사건은 면죄부 장사 문제를 극복하려는 종교적·교회적 사건으로 시작되었다. 그러나 이 사건의 결과를 놓고 볼 때, 그것은 그 이후의 역사에 결정적 영향을 준 세계사적 사건이었음을 볼 수 있다. 이 운동으로 말미암아 당시 유럽 세계를 지배하던 로마 가톨릭교회의 단일체제가 무너지고, 교황과 사제들의 불의와 억압에서의 해방이 일어난다. 유럽의 기독교 세계는 로마 가톨릭교회와 개신교회로 양분된다. 사람들이 교황의 절대적 지배에서 벗어나 종교적 자유를 얻게 된다. 모든 사람이 성경을 자유롭게 접할 수 있게 되고, 모든 학문과 예술이 교회의 간섭과 지배를 벗어나 자유롭게 발전할 수 있게 된다. 서민층의 자녀들과 여성들도 교육을 받을 수 있게 된다. "그리스도인은 그 누구에게도 예속되지 않는다"는 루터의 "자유의 정신"은 종교와 양심의 자유를 넘어, 사회정치적 자유를 추구하는 근대 "자유의 역사"의 정신적 기초가 된다.

이영호(루터대학)도 루터의 종교개혁을 세계사적 사건으로 이해한다. 루터의 종교개혁은 "단순히 종교적 문제의 개혁에만 머문 사건이 아니라 중세 로마 가톨릭 문명 전체, 서양사회의 기반을 흔들어 놓은 엄청난 사건이었다"(이영호 2017b, 49). 그것은 "매우 광범위하게 다방면에 걸쳐 깊은 각성과 개혁을 일으킴으로써 서양 사상 아니 후세 전 인류 사상에 큰 영향을 끼친 운동이었다. 이 운동은 계속 정치, 경제, 교육, 윤리, 철학, 문학 그 밖의 여러 지도적인 면에 철저한 변혁을 일으키게 하였다. 루터가 이루어 놓은 개혁 운동은 어떤 의미에서는 르네상스를 완성시켰고 암흑의 중세기와 근세를 나누는 분기점이 되었다"(70).

이같은 세계사적 의미를 가진 루터의 개혁운동을 "**종교개혁**"이라 부르는 것은 적절하지 않다. 일찍이 지원용도 이의를 제기하면서, "16세기 루터의 Reformation은 종교의 범주를 뛰어넘은 '대 개혁운동'이나 '16세기 개혁운동'으로 칭할 것을 제안"하였다(최주훈 2017, 108, 각주 4). 필자도 이에 동의한다.

2. 루터는 자기의 95개조가 어떤 결과를 초래할지를 전혀 예기하지 못했던 것으로 보인다. 1517년 10월 31일, 95개조를 발표할 때 그가 기대한 것은 유럽 세계의 혁명도 아니고, 세계사적 변혁도 아니었다. 그는 개신교회라는 새로운 교회를 세우려고 하지도 않았다. 이름도 없고 힘도 없는 한 수도사요 성경교수로서 그가 기대했던 것은, 당시 로마 가톨릭교회의 개혁이었다. 그러나 1555년 "아욱스부르크 종교평화"를 통하여 그의 개혁운동이 마무리되었을 때, 유럽 세계를 지배하던 교황 단일체제가 깨어지고, "자유의 정신"을 그 특징으로 가진 새로운 시대가 시작되었다.

그러나 종교개혁은 단지 루터 한 사람을 통해 이루어지지 않았다. 그것은 뜻을 같이하는 멜랑히톤(Ph. Melanchthon, 본명은 Philipp Schwarzert, 1497-1560), 비텐베르크 대학 교수였던 암스도르프(N. von Amsdorf), 요나스(J. Jonas), 부건하건(J. Bugenhagen), 스트라스부르크의 부처(M. Bucer) 등 많은 지지자의 동역을 통하여 이루어졌다. 루터의 영향 속에서 츠빙글리는 취리히에서, 칼뱅은 겐프(Genf, 영어로 제네바)에서 개혁운동을 일으켰다.

종교개혁을 시작할 때 루터의 관심은 새로운 신학체계를 세우는 데 있지 않았다. 따라서 루터가 남긴 문헌들은 칼뱅의 『기독교강요』와 같은 신학적 체계성을 갖지 않는다. 그가 쓴 문헌들은 신학체계를 위해 집필된 것이 아니라, 주로 개혁을 위한 투쟁을 목적으로 집필되었다. 그러므로 루터의 문헌들은 전체적으로 변론 내지 논쟁의 성격을 가진다. 큰 부피를 가진 그의 저서 『노예의지』도 인간의 자유의지를 주장하는 에라스무스에 대한 변론서였다. 끊임없는 변론의 과정 속에서 그의 신학적 통찰들은 성숙하게 되었고, 종교개혁의 이론적 기초가 되었다.

루터의 종교개혁적 통찰들의 뿌리는 성경에 있었다. 비텐베르크 대학 성경교수가 되어 성경을 집중적으로 연구함으로써, 그는 개혁적 통찰에 눈을 뜨게 되었다. 물론 그는 초대교부였던 아우구스티누스의 도움을 받기도 했지만, 성경연구가 종교개혁의 기초였다. 그러므로 루터는 아리스토텔레스의 철학 및 스콜라 신학과 결별하고, 한평생 성경연구와 주석과 설교에 주력하게 된다. 그는 매일 성경을 열심히 읽는 성경신학자로 일관하였다. 성경을 읽는 시간은 하나님과 교통하는 시간이었다. 그의 개혁적인 힘은 성경 말씀에 대한 깊은 묵상과 하나님과의 교통으로부터 나왔다. 그가 "로마 가톨릭교회에 대항할 수 있었던 이유도 성서만을 유일한 규범으로 인정하고 의지하였기 때문이었다.…성서를 통해 그는 로마 가톨릭교회의 바르지 못함을 인식했고, 그 인식한 것을 로마 가톨릭교회 안에서 해결하고자 하였으나 로마 가톨릭교회는 루터를 받아들일 수 없었다. 결국 루터는 성서로 인해 개혁자가 되었던 것이다"(김준현 2017, 167).

3. 루터의 종교개혁은 칭의론 문제 때문에 시작된 것이 아니라, 면죄부 장사라고 하는 실천적 문제로 인해 시작되었다. 그러나 이 작은 문제 속에는 중세기 가톨릭교회의 신학과 실천의 뇌관을 건드리는 내용들이 숨어 있었다. 이로 인해 루터는 교황과 황제로부터 "이단자"로 파문을 당하게 되는 과정에서 다양한 신학적 문제들을 다루게 되고, 이 이론들은 종교개혁의 이론적 기초가 된다. 그는 인간의 죄된 본성, 죄된 인간의 공적, 십자가에 달린 그리스도 안에 계시되는 하나님의 의와 구원의 은혜, 인간의 믿음, 믿음과 분리될 수 없는 그리스도인의 삶, 율법과 복음, 스콜라 신학과 십자가의 신학, 그리스도인의 자유, "그리스도의 몸"과 "형제자매들의 모임"으로서의 교회, 교회의 머리 되신 그리스도, 모든 신자의 사제직(만인사제직), 황제와 교황의 통치영역의 구별에 기초한 두 왕국설 등의 신학적 문제들은 물론, 성직자들의 축재 수단이 되어버린 미사(특히 사적 미사), 구원

의 자동기계처럼 되어버린 7성례, 가톨릭교회의 업적사상, 성인 숭배, 성상 숭배, "교회의 보물", 교황제도와 성직자 계급제도, 교황의 사죄권, 공의회 소집권과 성경 해석권을 비롯한 교황의 "열쇠 권리"(Schlüsselgewalt), 교황의 무오류, 성직자 독신제, 성직자 중심의 교회관, 성직자들의 사법권, 수도원 제도 등의 교회 제도적 문제들에 대한 자신의 비판적 통찰들을 제시한다.

이리하여 면죄부 장사 문제로부터 시작된 루터의 종교개혁은 신학의 개혁, 가톨릭 체제의 대 개혁운동으로 확대된다. 그러나 개혁에 대한 가톨릭교회의 거부로 말미암아 루터의 개혁운동은 결국 개신교회(루터교회)라는 새로운 교회의 등장으로 마무리되고, 가톨릭교회와 개신교회 두 교단이 양립하게 된다. 곧 "교단 분열"이 일어나며, 가톨릭교회와 개신교회 중 어느 하나를 택할 수 있는 종교의 자유가 쟁취된다. 당시의 세계에서 종교의 자유는 사회정치적 자유를 내포하였다.

4. 루터에 대한 평가는 매우 다양하다. 그는 "종교적 천재", "참된 믿음의 아버지", 양심의 선구자, 진보적 개혁자, "믿음과 사랑의 신학자"(김선영 2014), "초기 시민사회의 혁명가"(엥겔스)로 평가되기도 하고, 세속의 통치권에 대한 복종을 요구하는 보수주의자, "농민들의 배신자", "제후들의 종", "반유대주의자", "독일 민족주의자"로 평가되기도 한다. 그는 성경 말씀에 근거한 진리의 선구자로 평가되는가 하면, 성경 글자에 집착하여 개혁파의 분열을 야기한 편협한 성경주의자로 평가되기도 한다.

한국에서 루터는 바울의 칭의론을 회복함으로써 그리스도의 구원의 복음을 회복한 선구자로 평가되기도 하고, 두 왕국론을 통해 정치와 교회를 분리시키고, 결국 교회를 정치의 노예로 만든 자로 평가되기도 한다.

최근에 그는 "오직 은혜로", "오직 믿음으로"라는 명제로 말미암아 올바른 행함과 삶이 결여된 믿음을 조장한 자, 성화 없는 칭의만 강조한 자, 죄를 지은 사람의 죄용서에 대해 이야기하지만, 죄로 인해 피해를 당한 사람들의 고통에 대해서는 침묵하는 "반쪽짜리 개혁자", 종교적 의에 대해서는 이야기하지만, 구약성경이 증언하는 하나님의 공의에 대해서는 침묵하는 보수적 인물로 평가되기도 한다(김창락).

사실 루터의 종교개혁의 과정 전체를 살펴볼 때, 루터와 그의 종교개혁을 평가한다는 것은 쉽지 않다. 다양한 해석과 평가의 가능성이 그 속에 있기 때문이다. 그러므로 필자는 이에 관한 마지막 평가를 독자들의 판단에 맡기고자 한다. 그러나 필자는 부인할 수 없는 두 가지 점을 미리 말씀드리고 싶다.

첫째, 루터는 직업적 사회 운동가나 정치 운동가가 아니었다. 그는 혁명가도 아니었다. 그의 종교개혁은 사회개혁이나 정치개혁에 대한 관심에서 시작된 것이 아니라, 인간의 죄 및 그 죄에서의 구원에 대한 수도사 루터의 깊은 고뇌와 사색에서 시작되었다. 루터만큼 인간의 죄와 구원에 대해 깊이 고뇌하고 사색한 인물은 많지 않다는 사실을 우리는 그의 수많은 문헌에서 읽을 수 있다. 이 문제에 대한 고뇌와 사색에서 그는 당시 가톨릭교회의 그릇된 가르침과 불의를 보게 되었고, 이를 극복하기 위해 개혁운동을 시작하였다. 그의 종교개혁은 분명히 교회개혁으로 시작되었다.

둘째, 루터의 종교개혁은 교회개혁으로 시작되었지만, 교황체제와 성직자 계급에 대한 비판과 거부로 발전하면서, 당시의 기독교 세계(Christendom) 속에 하나님의 진리와 정의를 세우려는 운동으로 확대되었다. 따라서 루터의 종교개혁은 교회개혁 운동인 동시에, 불의하고 타락한 세계 속에 하나님의 진리와 정의를 세우고자 한 예언자적 운동이었다.

그의 수많은 문헌이 보여주는 것처럼, 그는 분명히 하나님의 진리와 정의를 위해 싸운 그 시대의 예언자였다. 루터는 개인의 죄와 구원의 문제에 집중하는 "칭의론의 신학자", "믿음과 사랑의 신학자"인 동시에, 하나님의 진리와 정의를 회복코자 한 예언자였다.

이와 관련하여 우리는, 중세기 가톨릭교회는 종교적 권력체인 동시에 정치적 권력체였다는 사실을 간과해서는 안 될 것이다. 교황을 위시한 성직자들은 종교의 영역에서는 물론 정치, 경제를 포함한 사회 모든 영역에서 권세를 가지고 있었다. 교황청은 종교적 권력의 중심지인 동시에 사회적·정치적 권력 단체였다. 따라서 교회를 개혁코자 한 루터의 개혁운동은 사회적·정치적 의미를 가질 수밖에 없었다. 그 결과를 놓고 볼 때, 그것은 당시의 기독교 세계 속에 하나님의 진리와 정의를 세우고자 한 사회, 정치적 개혁운동이기도 하였다. 그러므로 루터가 95개조를 발표했을 때, 독일의 온 민중이 열광하였다. 인간의 죄와 구원에 대한 깊은 사색, 부패하고 타락한 기독교 세계 속에 하나님의 진리와 정의를 세우고자 하는 루터의 뜨거운 열정, 이 두 가지를 함께 볼 때, 우리는 루터의 종교개혁을 보다 더 총체적으로 파악할 수 있을 것이다.

이 책에 기록된 가톨릭교회에 관한 모든 이야기는 오늘의 가톨릭교회에 관한 이야기가 아니라, 500년 전의 가톨릭교회에 관한 것임을 미리 밝혀둔다. 루터의 종교개혁은 가톨릭교회 자체에 큰 도움이 되었다고 가톨릭 신학자들 자신이 말한다. 루터의 종교개혁으로 말미암아 가톨릭교회는 그 자신을 개혁하여 오늘과 같은 모습을 갖게 되었다. 이제는 개신교회가 거꾸로 가톨릭교회를 본받아 자기를 개혁해야 할 처지에 이르렀다는 사실을 우리는 숙지할 필요가 있다. 참고로 아래의 몇 가지 사항을 미리 알려둔다.

* 이 책의 성경 인용은, 루터가 쓴 것을 번역하여 인용한 경우도 있다. 루터의 문장에서 불분명하거나 강조할 필요가 있을 때, 라틴어 원문을 괄호 안에 기록하기도 한다.
* 책의 부피를 줄이기 위해, 본문의 ( ) 안에 문헌 근거를 제시한다. 루터의 문헌에서는 저자 이름 Luther를 생략한다.
* 본문 중의 강조 표시, ( ) 안의 설명문은 필자의 재량에 따라 표기될 때도 있다.
* 이 책에서 필자는 자신이 알고 있는 표준 독일어 발음을 사용하였다. 예를 들어, 바흐(Bach)는 "바하"로, 바이에른(Bayern)은 "바이언"으로 기록하였다. 이에 대한 책임은 필자에게 있다.

제1부

종교개혁의 역사적 배경

세계사의 모든 사건은 언제나 특정한 역사적 배경 속에서 일어난다. 따라서 이 사건들의 역사적 배경을 파악할 때, 우리는 이들을 보다 더 분명히 인식할 수 있다. 루터의 종교개혁도 마찬가지다. 종교개혁의 역사적 배경을 파악할 때, 우리는 그것이 어떤 역사적 연관에서 일어났는지, 왜 일어나게 되었는지, 또 그것이 어떤 의미를 갖는지를 보다 더 분명히 볼 수 있다. 이에 우리는 먼저 종교개혁의 전(前) 역사를 고찰하고자 한다.

I
황제 위에 있는 교황의 절대 권력

종교개혁의 역사적 배경 가운데 가장 중요한 요소는 교황과 황제의 관계 및 교황의 절대 권력에 있다고 하겠다. 루터의 종교개혁에 결정적 영향을 미친 것을 든다면, 바로 이 점을 말할 수 있을 것이다. 이에 우리는 먼저 황제와의 관계 속에서 교황의 절대 권력이 어떻게 형성되었고, 또 그것이 어떻게 약화되었는지, 그 역사적 과정을 파악코자 한다.

1. 황제의 통치권 아래 있었던 로마 주교

1) 교황의 권력은 황제의 권력과의 관계 속에서 형성되었다. 그것은 황제에 의해 강화되기도 하고, 황제의 권력과 긴장관계에 있기도 하고, 황제보다 더 강한 힘을 행사할 때도 있었다.

양자의 관계는 고대 로마 제국 시대로 거슬러 올라간다. 로마 제국의 콘스탄티누스 황제(306-337)는 313년에 발효된 밀라노 칙령을 통해 로마 제국 시민들의 종교적 자유를 허용한다. 이로써 기독교도 로마 제국의 종교로 인정되고, 종교적 행사와 선교의 자유를 얻게 된다. 사실상 콘스탄티누스 황제는 기독교를 제국의 가장 높은 종교로 인정하고, 기독교의 성직자와 교회에 상당한 특권을 부여하였다. 그는 자신의 비용으로 웅장한 교회 건물을 세우고, 노예 해방, 검투사 싸움 금지, 십자가 형벌 철폐, 유아 유기 금지, 채무자 매질 금지 등 기독교 정신에 입각한 법들을 세운다. 321년 3월 7일에 그는 일요일을 기독교의 예배일로 정하는 휴업일 법령을 공포한다(그 이전까지 교회는 유대인들처럼 안식일에 예배를 드린 것으로 보인다. 그러나 135년 제2차 유대인 혁명이 실패로 끝나면서 유대인들이 학살 및 추방을 당할 때, 그 기준은 할례와 안식일 예배였다. 당시 그리스도인들은 유대인들과 자신을 구별함으로써 학살을 피하기 위해, 안식일 대신 일요일에 예배를 드리기도 하였다. 이로써 유대교와 기독교의 구별이 확실해졌다). 337년 사망하기 조금 전에 황제는 소아시아 니코메디아(지금의 Izmit)의 주교 에우세비오스(Eusebius)에게서 세례를 받는다.

그 후 380년 2월 28일 테오도시우스 황제(379-395)가 교회를 로마 제국의 국가교회 혹은 제국교회로 선언한다. 그는 이교의 성전들을 폐쇄하고, 제물과 제의들은 물론 이교 자체를 금지한다. 이리하여 "우리의 성전들은 무덤이 되었다. 이전에 신들의 모습이 새겨진 거룩한 기둥으로 치장되었던 거룩한 장소들은, 이제 거룩한 뼈들로 덮였다"고 말할 정도로 이교는 탄압을 당한다. 거꾸로 과거에 박해를 받던 기독교가 로마 제국의 국가종교가 되었다(Hegel 1968, 768-769).

2) 국가교회 제도는 로마 제국과 교회에 대해 다음과 같은 의미를 가진다.

첫째, 최소한 법적으로 로마 제국은 기독교적 국가가 된다. 로마 제국의 모든 사람은 의무적으로 그리스도인이 되어, 교회가 가르치고 요구하는 바를 수용해야 할 의무를 갖게 된다. 타 종교를 믿는 것은 국법을 어기는 범죄 행위가 된다. 교회의 법과 교리를 부인하는 것은 제국의 법을 부인하는 것으로 간주된다. 이로써 로마 제국의 내적 질서와 평화가 보장된다.

둘째, 교회는 국가에 속한, 국가의 한 기관이 된다. 따라서 황제는 교회를 보호해야 할 의무를 가진다. 황제가 사실상 교회의 통치자가 되고, 로마 주교(그 당시 로마 주교는 아직 교황이라 불리지 않음)는 황제의 통치권 아래 있게 된다. 이리하여 황제의 세속적 권력이 교황의 종교적 권력을 지배하게 된다. 교회의 입법권, 사법권, 행정권, 인사권, 재정권은 황제의 손에 있게 된다. 교회의 성직자들은 황제의 명령에 복종해야 할 국가 공무원의 위치를 가진다. 물론 황제는 로마 교회의 주교에게 상당한 재량권을 부여했지만, 마지막 결정권과 책임은 황제에게 있었다. 황제는 교회 재정을 책임지는 대신, 주교의 성직자 임명을 재가할 권리를 가지고 있었고, 직접 성직자를 임명하기도 했다.

3) 한 걸음 더 나아가 황제는 교회의 교리 문제를 처리할 수 있는 권한도 가지고 있었다. 교리 논쟁으로 인한 교회의 분열과 싸움은 제국의 평화와 안전을 파괴하기 때문에, 교회의 교리 문제가 교회 자체 내에서 해결되지 않을 때, 황제가 개입하여 이를 처리하였다. 로마 제국 전체의 에큐메니칼 공의회 소집, 의사진행, 연기와 종결에 대한 권리도 황제에게 있었다. 황제의 교회 통치를 통해 로마 제국의 모든 교회는 황제의 보호를 받는 동시에, 구조적 통일성과 질서를 갖게 되었다. 이러한 현상은 서로마 제국

보다 동로마 제국에서 더 강하게 나타났다.

초기 교회의 모든 에큐메니칼 공의회는 황제에 의해 소집되었다. 신앙고백의 형식으로 발표된 공의회의 결정 사항은 황제의 이름으로 발표되었고, 이 결정 사항은 로마 제국의 법이 되었다. 이에 어긋나는 주장들은 "이단"으로 규정되었다. 이단은 단지 하나의 종교적 문제가 아니라, 로마 제국에 대한 범죄였다. 그러므로 이단자로 판결된 그리스도인들은 황제의 이름으로 처형을 받게 되었다. 이것은 교회의 행정적 문제는 물론 신학적 문제도 황제의 권력에 속하였음을 보여준다.

교회에 대한 황제의 통치는 일찍이 콘스탄티누스 황제 때부터 시작되었다. 325년에 니케아 공의회를 소집하고, 공의회 의장으로서 회의를 진행하며, 공의회의 최종 결정을 "니케아 신앙고백"으로 발표한 인물은 교회의 주교가 아니라 콘스탄티누스 황제였다. 교회에 대한 황제의 통치는 그 이후의 역사에 모형이 된다. 그것은 세속의 왕이나 제후들 곧 평신도가 교회를 통치하고 교회의 일에 개입하며, 성직자를 임명할 수 있는 근거가 된다. 중세기에는 제후(혹은 영주, Fürst)를 위시한 세속의 귀족들이 수도원과 교회를 세워 이를 자신의 소유로 삼고, 성직자를 세우며, 수도원과 교회의 수입을 자신의 것으로 취하였다. 이리하여 교회 재산 문제와 "평신도에 의한 성직자 임명"(Investitur)의 문제로 인해 교황과 세속의 통치자들 사이에 갈등이 일어나게 된다.

2. 프랑크 왕국 카를 대제에 대한 교황의 황제 대관식, 그 정치적 의미

1) 기원후 5세기 초 동방 훈족의 침략으로 말미암아 게르만족의 "민족 대

이동"이 일어나기 시작한다(이장식 교수의 『세계 교회사 이야기』가 말하는 "야만족"은 "게르만족"을 가리킴). 401년 게르만의 서고트족이 알프스 산맥을 넘어 처음으로 이탈리아를 침략한 이후, 게르만족은 갈리아(지금의 프랑스 지역)와 피레네 반도(지금의 스페인, 포르투갈 지역)를 침략한다. "영원한 도시 로마"는 410년 8월 4일 서고트족에 의해 함락되고, 황제 호노리우스의 누이동생 갈라 플라키디아가 이들에게 끌려간다. 439년에는 카르타고의 함락과 함께 게르만의 반달족이 비옥한 북 아프리카 전역을 정복한다. 그 이후 로마 제국은 정치적·사회적 혼란을 벗어나지 못한다. 결국 로마 제국은 476년에 게르만의 장군 오도아케르에 의해 멸망한다. 로마 제국의 멸망은 통치자 계급의 권력투쟁 및 빈부격차로 인한 사회의 내적 와해의 필연적 귀결이었다.

기울어져가는 제국의 운명을 바라보면서 민중들은 통치자 계급에 등을 돌리고, 박해에도 불구하고 순수한 믿음을 지킨 그리스도인들의 교회에 희망을 갖게 된다. 사회적 소외와 박해 및 순교의 죽음 속에서 순수한 믿음과 양심을 지키며, 가난한 이웃을 돌보는 그리스도인들의 높은 도덕성에서 그들은 희망의 빛을 보게 된다. 기독교를 로마 제국의 종교로 공인한 콘스탄티누스 황제가 325년에 검투사 싸움을 폐지한 사건은, 로마 제국의 민중들이 교회를 신뢰하게 된 중요한 계기가 되었다. 게르만족에 의한 서로마 제국의 멸망의 대혼란 속에서 교회는 사회적 질서와 문화를 지키며, 의지할 데 없는 민중들에게 희망을 주는 정신적 보루가 되었다. 멸망한 제국의 민중들에게 교회는 정신적 도피처가 되었다. 제국의 멸망 이후 교회는 종교적 형태의 로마 제국이요, 로마 교회의 주고는 로마 제국의 전통을 이어가는 로마 황제의 대리자로 보였다.

2) 이와 같은 민중의 기대와 지지 속에서 로마 주교는 황제를 대신하는 힘을 쥐게 되고, 황제를 대신하는 새로운 세력, 곧 교황제도가 등장하게 된다. 로마 교회의 주교 레오 1세(440-461)는 처음으로 자기를 "교황"(Papa, πάπας)이라 부르며, 땅 위에 있는 모든 교회의 수장이라 주장한다. 그는 종교적 형태의 로마 제국을 이루고자 하며, 서로마 제국의 수도였던 로마를 종교적 차원에서 세계 통치의 중심적 위치에 세우고자 한다. 교황제도는 그리스도의 복음의 유산도 아니고, 초기 기독교 교회의 유산도 아니었다. 그것은 "가톨릭적 교회제도의 기반 위에서 이루어진 고대 로마인들의 정신의 산물"이었다(Heussi 1971, 124). 서로마 제국의 몰락 이후에도 존속하였던 로마 가톨릭교회는 종교적 형태를 가진 로마 제국의 후계자였다.

교황들의 힘이 점점 더 강해지면서, 그들은 자신을 세속의 통치자들 위에 있는 존재로 주장하기 시작한다. 교황 겔라시우스 1세(Gelasius I, 492-496)에 따르면, 국가의 법질서에 따라 교황은 세속의 통치자들에게 복종한다. 그러나 하나님 앞에서 교황은 세속의 통치자들에 대한 책임을 가진 자로서, 또 성례의 주관자로서, 세속의 통치자들 위에 있다. 교황 심마쿠스(Symmachus, 498-514)에 의하면, 세속의 어떤 통치자도 교황을 재판할 수 없다. 교황은 세속의 통치자 위에 있기 때문이다. 교황이 황제에게 망토를 수여하는 일(Palliumverleihung)이 그의 재임 기간에 처음으로 일어난다.

서로마 제국이 멸망한 영토에 게르만족의 국가들이 세워진다. 프랑크족은 북 갈리아와 독일 지역에, 서고트족은 에스파니아에, 랑고바드족은 이탈리아에, 반달족은 북 아프리카에, 앙글로족과 삭손족은 브리타니아에 왕국을 세운다. 끝까지 서로마 제국에 항복하지 않은 게르만족이 결국 서로마 전역을 지배하게 된 셈이다. 그러나 이들은 서로마 제국의 국가종교인 기독교로 개종하여 가톨릭 신자가 되고, 교황의 수하로 들어온다. 이를 통해 교황의 힘이 더 강해지고, 게르만족과 로마인들의 융합이 일어난다.

3) 게르만족이 세운 왕국들 가운데 가장 넓은 영토와 오랜 번영을 누린 것은 프랑크족이 세운 프랑크 왕국이었다(486년경-843, 프랑크는 "자유인"을 뜻함). "프랑크족은 다음과 같은 특질을 갖고 있었다. 족장을 살해하는 권력 투쟁은 일어났지만 언제나 단결로 돌아가는 성향, 정복한 민족을 몰살하는 일은 거의 없고 대부분의 경우에 그들과 융합하는 쪽으로 나아가는 경향이 그것이다. 그래서 프랑크족의 자손인 후세의 프랑스인은 정복한 게르만계 야만족과 그들에게 정복된 로마계 갈리아인의 융합이다"(시오노 2011, 61). 게르만계 종족들 중 가장 먼저 가톨릭 신앙으로 개종한 종족은 프랑크족이었다.

프랑크 왕국의 카를 대제(Karl der Große, 768-814)은 경건한 가톨릭 신자로서, 전쟁을 통해 영토를 유럽 전역으로 확장하며, 로마 교황청과 서유럽의 기독교 세계를 보호한다. 이에 교황 레오 3세는 800년 12월 25일 프랑크 왕국의 카를 대제에게 "서로마 제국 황제의 관"을 씌워준다. 이리하여 카를 대제의 프랑크 왕국은 하나님이 다스리는 "거룩한 로마 제국" 곧 "신성 로마 제국"(das Heilige Römische Reich)이라 불리게 된다. 이 제국은 본래 게르만의 프랑크족에 의해 세워졌기 때문에, 나중에 "독일 신성 로마 제국"이라 불리게 된다. 지금의 독일, 프랑스, 영국, 이탈리아, 오스트리아, 스페인, 스칸디나비아, 베네룩스 3국 등 서유럽 대부분의 나라들이 이에 포함된다. 라인강을 건너 갈리아에 침입한 게르만의 프랑크족은 약 400년 뒤 "유럽의 수호자 역할을" 맡게 된다.

신성 로마 제국이 창설된 것은 두 가지 이유를 가진다. 첫째 이유는 끊임없이 유럽 지역을 위협하는 이슬람 세력을 방어하기 위함이었다. 당시 이슬람은 고도의 문화와 함께 강력한 군사력을 가지고 있었다. 그러므로 교황은 카를 대제의 힘을 빌어 이슬람을 방어하고, 서유럽의 교회를 보호하고자 하였다. 둘째 이유는 "로마 제국"이란 이름을 가진 동유럽의 비잔티움 제국에 맞서는 서유럽의 옛 로마 제국을 회복하기 위함이었다. "'신성'이라는 말이 붙든 안 붙든 동방에는 아직 '로마 제국'이라는 이름을 내건 비잔티움제국이 존재하고 있는데도, 서방에 또 하나의 '로마 제국'을 창설하여 동방의 '로마 제국'과 어깨를 나란히 하는 황제를 서방에도" 세우고자 한 것이, 신성 로마 제국 창설의 둘째 이유였다. "이것은 서방의 주도 아래 로마를 콘스탄티노플에서 분리하겠다는 의지의 표명이기도 했다"(시오노 2011, 60).

4) 교황이 카를 대제에게 황제의 관을 씌워준 대관식은 사실상 정치적 거래로 해석될 수 있다. 교황에 의하여 황제가 된 카를 대제는 멸망한 서로마 제국을 회복해야 할 사명을 물려받은 자로서, 서유럽 전체에 대한 지배권을 주장할 수 있게 된다. "신성 로마 제국의 보호자와 인도자"로서 그가 정복하고 다스리는 국가는, 멸망한 서로마 제국의 뒤를 이어 하나님이 다스리는 "하나님의 도성"(civitas Dei)으로 정당화된다. 카를 대제는 기독교를 국가종교로 가진 "로마의 황제"이고자 했고, "그의 제국은 옛 로마 제국의 연장"이고자 했다(Hegel 1968, 804).

멸망한 서로마 제국의 교회처럼 신성 로마 제국의 교회도 국가교회의 형태를 가진다. 따라서 황제가 교회의 최고 통치자가 된다. 교회의 교리 보호, 성직자 교육, 모든 국민에게 세금으로 부과되는 십일조를 통한 교회 재정의 확보, 성직자 생계유지, 교회 재산의 감독, 교회법의 최종 재가, 주교와 지역 사제들의 임명 등 교회 통치의 권리와 의무를 황제가 갖게 된다.

이에 대한 대가로 로마 교회의 교황은 다음과 같은 이점을 챙긴다. 그는 동로마 제국의 교황과 어깨를 겨루는 옛 서로마 제국 교회의 수장으로서의 위치를 확보하며, 이슬람 세력에 대해 교회를 지킬 수 있게 된다. 대관식을 통해 교황은 황제에게 "제국을 넘겨준 자"(translator imperii)의 위치에 서게 되고, 황제는 교황에게서 제국을 "넘겨받은 자"의 위치에 서게 된다. 국가의 황제나 왕이 취임할 때, 교황이 왕관을 씌워주는 관례는 여기서 시작된다. "이 관례를 처음으로 깨뜨린 왕은 종교개혁 시대의 영국의 헨리 8세였고 이 관례를 최후적으로 깨뜨린 왕은 1804년 프랑스의 황제 나폴레옹이었다. 그는 자기 손으로 왕관을 머리에 썼다"(이장식 2011, 173).

교황이 황제에게 왕관을 씌워주고 제국을 황제에게 넘겨준다면, 교황은 황제보다 더 큰 권위를 주장할 수 있게 된다. 비록 교회가 황제의 통치권 아래 있다 할지라도, 교황은 황제를 세울 수도 있고 폐위시킬 수도 있으며, 황제의 통치에 간섭할 수 있는 힘을 주장할 수 있다. 이로 인해 교황과 황제 사이에 끊임없이 갈등이 일어나게 된다. 카를 대제가 사망한 뒤, 그가 남긴 유럽은 그의 아들과 손자들에게 분할된다. 그들 사이에 분쟁이 끊이지 않는다. 이로 말미암아 신성 로마 제국은 이름만 남게 되고, 황제의 권위는 약화된다. 이에 비례하여 교황이 더 큰 권위를 주장하게 된다.

교황이 황제보다 더 큰 권위를 주장할 수 있는 근거는 무엇인가? 가톨릭교회는 궁극적 근거를 신약성경에서 발견한다. 신약성경에 의하면, 세속의 모든 통치권은 그리스도를 통해 창조되었다. "하늘에 있는 것들과 땅에 있는 것들…왕권이나 주권이나 권력이나 권세나 할 것 없이, 모든 것이 그분으로 말미암아 창조되었고, 그분을 위하여 창조되었다"(골 1:16). 그렇다면 그리스도께서 "만주의 주요 만왕의 왕"이시다(계 17:14; 참조. 딤전 6:15; 계 19:16).

그런데 그리스도께서는 "네가 무엇이든지 땅에서 매면 하늘에서도 매일 것이요, 땅에서 풀면 하늘에서도 풀릴" "하늘나라의 열쇠", 곧 그의 왕적 권세를 베드로에게 맡기셨다(마 16:19). 모든 것을 맬 수도 있고 풀 수도 있는 그리스도의 왕적 권세를 물려받은 베드로는 나중에 로마 교회의 첫 주교가 된다. 그가 가진 그리스도의 왕적 권세는 사도계승을 통해 후임 주교들 곧 교황들에게 승계된다. 교황들은 만왕의 왕이요 만주의 주이신 그리스도를 땅 위에서 대리하는 "그리스도의 대리자"(vicarius Christi)이다. 그러므로 황제도 교황에게 복종해야 한다는 논리가 성립된다.

3. 교황 앞에 무릎 꿇은 황제의 권위
- 황제 하인리히 4세의 "카노사의 굴욕" -

1) 814년, 카를 대제의 사망 이후 신성 로마 제국은 프랑스, 이탈리아, 독일을 위시한 여러 왕국으로 분열된다. 황제의 힘은 매우 약화되고, 지역의 왕들이 봉건 제후들과 함께 나라를 통치하기 시작한다. 이 시기에 교황의 권리를 강화하고 교회 재산을 확보하는 위조문서들이 등장한다. 그 가운데 대표적인 것은, 콘스탄티누스 황제가 제국의 서쪽 영역 곧 서로마 제국의 토지에 대한 권리를 자기의 교황 실베스테루스(Sylvesterus)에게 기부했다는 "콘스탄티누스의 기증서"(De donatione Constantini)다. 이 문서는 15세기 라우렌티우스 발라(Laurentius Valla, 1457년 사망)에 의해 위조문서로 드러났다. "콘스탄티누스의 기증서에는 콘스탄티노플이 대주교구로 묘사되고 있는데 당시는 그 도시가 콘스탄티노플이 아니라 비잔티움이었고, 그곳이 대주교구가 아니었기 때문에 이것은 후대의 상황을 묘사한 것"이라는

것이다(이양호 2016, 220). 그러나 중세기에 이 문서는 진짜인 것으로 간주되었다.

이 위조문서에 근거하여 로마의 교황들은 유럽 전역에 거대한 봉토를 소유하게 된다. 주교들이 제후의 신분을 얻어 넓은 영지를 소유하며, 세속의 사법권과 세금징수의 권리를 행사한다. 또 그들은 신자들이 바치는 기부를 통해 거대한 재산을 형성한다. 그러나 왕에 의한 주교의 임직은 여전히 존속하였다. 주교로 선택된 사람은 주교의 홀(주교의 권위를 나타내는 지팡이 비슷하게 생긴 것)과 함께, 성직자와 교회의 결혼을 상징하는 반지를 왕에게서 받았다. 10세기 이후 왕이나 제후가 자신의 아들이나 친척을 주교에 임명하고, 교회나 수도원을 지어 자신의 아들을 사제나 수도원장으로 세우는 것은 흔한 일이었다. 그들은 돈을 받고 평신도에게 주교직을 팔기도 하였다(Simonie).

2) 반복되는 정치적 혼란과 위기 속에서 교황을 위시한 성직자들의 세력은 점점 더 강화된다. 특히 거대한 토지와 부를 소유한 귀족 출신의 주교들과 교황들은 황제에 대한 힘을 주장하게 된다. 이로 인해 황제와 교황 사이에 싸움이 일어나기 시작한다. 이 싸움은 특히 황제를 위시하여 귀족들에 의한 성직자 임명, 곧 평신도에 의한 성직자 임명(Laieninvestitur)과 교회 재산 문제로 일어난다.

이 싸움의 대표적 사건은 11세기에 교황 그레고리우스 7세(1073-1085)와 신성 로마 제국의 황제 하인리히 4세(1056-1106) 사이에 일어난, 이른바 "카노사의 굴욕"이었다. 그 당시 교황은 황제보다 더 강한 힘을 가지고 있었다. 그의 마지막 목적은 유럽 세계 전체를 교황이 다스리는 "하나님의 도성"으로 만드는 데 있었다. 이를 위해 그는 황제에 대한 교회의 자유

(libertas ecclesiae)를 실현코자 하였다.

중세 중기에 이르러 성직자는 교황과 주교들에 의해서만 임명되지 않고, 각 지역의 왕과 제후들을 위시한 귀족들에 의해 임명되기도 하였다. 어떤 귀족이 자기 땅에 교회나 수도원을 세울 경우, 스스로 성직자를 임명할 수 있는 권리를 교회법은 인정하였다. 이로써 평신도의 성직자 임명이 제도화되었다. 10세기경 왕이나 제후(영주)에 의한 성직자 임명은 당연한 것으로 생각되었다. 성직자를 임명한 왕이나 제후는 성직에 대한 녹(祿)으로 영지의 땅 일부를 성직자에게 증여하였다. 성직자는 이 땅을 일정한 기간만 소유할 수 있었다. 그러나 땅을 반환하지 않고, 혼외 자녀들에게 땅을 손자 대까지 물려주는 일이 빈번히 일어났다.

이에 1075년 교황 그레고리우스 7세는 평신도의 성직 임명을 폐지하고 성직자 결혼을 금지하였다. 그 당시 귀족의 자손들이 성직자가 되어 결혼생활을 하였기 때문에, 교황의 이 조치는 귀족들의 심기를 건드렸다. 더욱이 이에 머물지 않고 교황은 신성 로마 제국의 황제 하인리히 4세가 임명한 독일의 주교들과 수도원장들을 해임하였다. 이에 하인리히 4세는 해임된 감독들을 이탈리아 교구로 파송하고, 황제의 주교직 수여권을 되찾고자 하였다. 그러자 1076년에 교황은 하인리히 4세 및 독일과 이탈리아 북부의 주교들을 파문하였다.

이 소식을 접한 독일의 제후들은 하인리히 4세의 파문이 1년 이내에 철회되지 않을 경우, 황제를 면직시키겠다고 위협하였다. 이에 신변의 위험을 느낀 하인리히 4세는 1077년 추운 겨울에, 황후와 신실한 시종 한 명을 데리고 알프스 산맥을 넘어, 동년 1월 25일 교황이 임시로 머물고 있는 북 이탈리아 카노사(Canossa) 성에 도착한다. 황제는 "호위병 하나 없이 궁전의 외원(外苑)에 이끌려 나가, 머리에는 아무것도 쓰지 못하고 몸에는 변변치 못한 옷을 입은 채 맨발로 추위에 떨면서 법왕(교황)의 면회가 허락되기를 기다렸다. 3일 동안의 금식과 자복이 있은 후에야 법왕은 그를 사면하였다. 그것도 왕권을 나타내는 휘장(徽章)을 달거나 왕의 권리를 행사하게 될 때에는 먼저 법왕의 윤허(允許)를 받아야 한다는 조건이 붙어 있었다"(White 1999, 50). 이 사건이 이른바 "카노사의 굴욕"이다.

이 사건을 계기로 교황은 주교직 수여권과 면직 및 파면권은 물론, 모든 성직자의 서품권과 공의회 소집권을 확보한다. 교황은 가장 높은 통치자로서 황제의 휘장을 가진다. 그는 가톨릭교회가 완전하다고 선포한다. 그 이유는, "성경에 따르면 교회는 한 번도 그릇된 일을 한 적이 없고, 또 장래에도 잘못될 수 없다는 것이었다. 그러나 그의 주장을 지지해 주는 성경상 증거는 제시되지 않았다. 거만한 법왕은…황제들을 폐위시킬 권세가 자기에게 있노라고 주장하고, 자기가 선포한 선고는 아무도 폐기(廢棄)할 수 없지만 자기에게는 다른 모든 사람의 결정을 변경할 수 있는 권한이 있다고 주장하였다"(White 1999, 50). 교황과 황제는 해와 달의 관계에 있다. 달은 해로부터 빛을 받아 반사하듯이, 황제는 교황에게서 권력을 부여받고 이를 행사한다. 그러므로 황제는 교황에게 복종해야 한다. 하늘 나라의 문을 지키는 베드로의 후계자로서 교황은 베드로의 공적들을 통해 거룩하다. 그는 오류를 범한 적이 없고, 앞으로도 결코 오류를 범하지 않을 것이다. 이것은 황제에 대한 교황의 한판승을 뜻한다.

교황에게 굴욕을 당한 하인리히 4세는 7년 후 교황에게 설욕한다. 1084년에 내전에서 승리한 황제는 대립 교황을 세우고, 그레고리우스 7세에게서 황제직을 인정받는다. 그 뒤 황제는 로마를 점령하고, 1085년 그를 폐위시킨다.

4. 땅 위에 있는 "하나님의 대리자"로서 교황의 절대 권력

13세기 초 인노켄티우스 3세(1198-1216)는 교황의 세력을 다시 한번 강화한다. 그는 "완전히 정치적인 교황"이었다. 그는 먼저 교회의 내적 통치권을 완전히 장악한다. 주교 선택과 교구 임명, 주교의 전보 발령이나 면직은 교황의 전유물이 된다. 교황은 교회의 작은 성직자들의 임명에도 개입하여, 성직 대기자들에게서 요금을 받고, 성직에 대한 요금을 수령하는 위탁기관을 세워 교황청의 재정을 채운다. 심지어 그는 성직을 매매하기도 한다. 또한 그는 주교의 교구에서 수도원을 독립시키고 이를 교황의 직접적 보호 아래 있게 한다. 성인 추대(Kanonisation)와 성유물 지정도 1215년부터 교황의 허가를 통해 가능케 된다. 또 교황은 새로운 종교적 축제와 의식을 도입할 수 있는 권리를 가진다. 이리하여 로마 가톨릭교회는 "교황의 교회"가 되어버린다. 전체 교회의 통치와 정치적 투쟁에 필요한 막대한 자금을 충당하기 위해, 교황은 각종 요금과 교회 재산에 대한 세금을 거두어들인다.

또한 인노켄티우스 3세는 로마 교황청을 종교적 일들에 대해서는 물론 세속의 일들에 대한 최고 통치기관으로 세우고자 하며, 교회의 종교적 사법권은 물론 세속의 일들에 대한 세속적 사법권을 주장한다. 그의 서신들에 의하면, 황제를 위시한 세속의 통치자들은 교황의 봉토를 빌린 자에 불과하다. 그러므로 교황은 황제를 임명할 수도 있고, 언제든지 파면할 수도 있다. 막강한 권력을 가진 인노켄티우스 3세는 영국의 존 왕을 폐위시켰다가 1213년에 다시 자신의 가신으로 세워, 그에게 영국 땅을 봉토로 맡긴다. 아라곤의 페터(Peter von Aragon)는 왕관을 벗었다가 교황에게서 왕관을 되돌려 받는다. 교황은 포르투갈, 덴마크, 폴란드, 체코, 헝가리 등지에서도 막강한 힘을 행사한다. 또한 교황은 중부 이탈리아 지역들을 교회국가로 병합하기도 하고, 자신의 친척들을 동원하여 백성을 착취한다.

인노켄티우스 3세는 마침내 스스로를 "지상에 있는 단순한 사람이 아니라 바로 하나님의 대리자(vicarius Dei)"라고 선언한다. 그는 "하나님이시면서 인간이신" "그리스도의 대리자"이기 때문이다. 심지어 "우리의 주 하나님이신 교황"(Dominum Deum nostrum Papam)이란 표현이 등장하기도 한다. 이것은 교황의 신격화를 말한다. 1512년 라테라노 공의회에서 크리스토퍼 마르켈루스(Christopher Marcellus)가 교황을 가리켜 "그대는 우리의 목자이시오…마침내 이 땅에 계시는 또 한 분의 하나님"(tu enim pastor…denique alter Deus in terris)이라고 불렀지만, 교황은 그를 꾸짖지 않았다고 한다(White 1999, 288).

교황은 하나님과 같은 존재이기 때문에, 세속 통치자들의 법의 적용을 받지 않는다. 교황은 죄를 지어도 세속의 법에 따라 벌을 받지 않는다. 교회는 세속의 통치권력에서 자유롭다. 교황청은 어떤 세속 통치자의 간섭도 받지 않는 일종의 독립국가가 된다(지금도 교황청은 이탈리아에 있지만, 이탈리아에 속한 한 국가기관이 아니라, 하나의 독립국가임. 이 국가는 이탈리아 군인들이 경호하지 않고, 스위스 군인들이 경호함).

교황은 왕들과 귀족들 사이의 결혼과 이혼 문제에도 개입하였다. 왕이나 제후들이 이혼을 하고자 할 때에는 교황의 허락을 받아야 했다. 또 교황의 명령으로 이혼을 하기도 하고, 헤어진 부인과 다시 결혼생활을 해야 하는 경우도 있었다. 프랑스 왕 필립 2세는 얼굴도 보지 않고 결혼한 덴마크의 공주를 내쫓았다가 교황에 의해 파문을 당한다. 이어 필립 2세는 교황에게 복종하여 왕비를 불러와서 결혼생활을 다시 시작한다. 레온의 알퐁스 9세(Alfons IX von Leon)는 교황의 명령으로 자기와 같은 혈통을 가진 부인과 이혼한다.

13세기 말 교황 보니파티우스 8세(1294-1303)는 교황의 세속 통치권을 더욱 강화한다. 그는 1302년에 그의 유명한 교서 "우남상탐"(Unam Sanctam, 단 하나의 교회를)에서 두 가지 검에 관한 교설을 발표한다. 누가복음 22:38이 말하는 "두 자루의 검"은 교황이 가진 "영적인 검"과 세속 통치자의 "육적인 검"을 말한다. 영적인 검이 육적인 검보다 더 큰 권위를 가진다. 그러므로 황제는 영적인 검을 가진 교회의 허가를 받고 자기의 육적인 검을 사용해야 한다. 로마 교황은 세계의 최고 통치자다. 그러므로 구원을 얻고자 하는 사람은 반드시 로마 교황에게 복종해야 한다(subesse Romano pontifici est de necessitate salutis, 이 명제는 토마스 아퀴나스가 일찍이 말한 것임).

교황의 영적인 검이 황제의 육적인 검보다 더 큰 권위를 가진다면, 교황은 황제의 세속적인 통치에 개입할 수 있게 된다. "하나님의 권세"로서의 교회는 세속의 통치권에 대한 간섭과 지배를 주장할 수 있다. 이로써 교황과 황제는 예속관계에 있게 된다. 대관식 때 황제는 교황과 교회에 항상 복종하겠다는 서약을 하였다. 이것은 중세기 가톨릭교회가 단지 하나의 종교적 집단에 불과한 것이 아니라 "무서운 세속적 권력"이었음을 증명한다. "…영적 보물들을 베푸는 자로서 교회는, 영적인 것에서는 물론 세속적인 것에서도 통치권을 갖게 되었다"(Hegel 1968, 834, 840).

헤겔에 따르면, 교황의 절대 권위를 완성시킨 것은 십자군 전쟁이었다. 회교도에게 빼앗긴 예루살렘 성지를 회복하기 위해 일어난 십자군 전쟁은 1095년부터 1456년까지 361년 동안 계속되었다. 이 전쟁의 중심은 황제가 아니라 교황이었다. 전쟁의 실권은 교황에게 있었다. 황제는 교황 아래에 있는 존재로서, 최고 명령자인 교황이 마지막 결정권을 가지고 있었다(Hegel 1968, 851).

II
중세기 교회 개혁운동과 교황권의 약화

절대 권력은 절대적으로 부패하기 마련이다. 부패한 본성을 가진 인간이 권력을 쥐고 있기 때문이다. 중세기 가톨릭교회도 예외가 아니었다. 교황을 위시한 성직자들의 권력이 강해짐에 따라, 부패와 타락이 일어났다. 성직자들은 사목에 관심을 갖기보다 세속적 권세에 더 큰 관심을 가지며, 더 많은 재산에 대한 소유욕과 성욕이 그들을 타락시켰다. 돈으로 교황직을 얻는 자도 있었고(Johann XIX, 1024-1032), 교황직을 팔아먹는 자도 있었다(Benedikt IX, 1032-1044). 교회는 주교의 세속적 통치권을 반대하는 왕과 제후들의 세력에 저항하였고, 세속의 통치자들과 동일한 권력을 쥐었다. 그것은 자신의 "세속적인 관심을…영적 세력인 교회의 관심과 혼합하였다.…교황들의 권위는 이탈리아에서 가장 크게 존경을 받지 못하였다. 로마인들은 교황들을 가장 나쁜 것으로 간주하였다. 교황들이 더 많은 땅과 재산과 직접적 통치권을 확보할수록, 그들은 명예와 신뢰를 상실하였다"(Hegel 1968, 834-835).

그 당시 많은 성직자는 교육과 훈련을 제대로 받지 못하였다. 왕이나 제후 및 귀족들이 마음대로 성직자를 세웠기 때문이다. 적지 않은 수의 교황들은 성직자 교육을 받지 못한 무자격자들이었다. 이들의 성적 타락은 심각하였다. "교회법을 어기고 결혼하거나 여자와 동거하기도 했다.…안수 받기 전에 결혼생활을 하던 사람도 있었다"(이장식 2011, 232). 이런 무자격 성직자들은 설교 한 편도 작성할 수 없는 상태에 있었다는 사실이 작선의 선제후 프리드리히의 감사 결과로 드러난다. "1516년 초와 1517년 9월 두 번에 걸쳐 현자 프리드리히 선제후는 자신의 영토 안에 있는 성직자들의 목회적 자질과 비텐베르크 대학의 상황에 대해 감사를 진행한다. 그 결과 대부분의 성직자들이 설교 한 편도 스스로 작성할 수 없을 정도로 영적으로나, 학적으로나 무능력한 상태에" 있다는 사실이 밝혀진다(이영호 2017a, 45).

이리하여 교회의 타락을 극복하기 위한 개혁운동이 10세기 이후 끊임없이 일어난다. 이 운동을 통해 교황을 위시한 성직자들의 숨은 거짓과 위선이 표면화되고, 그들의 권위가 약화된다. 루터의 종교개혁은 이같은 역사적 흐름 속에서 일어난다.

1. 수도원과 소종파들의 개혁운동

1) 교황을 위시한 성직자들의 타락을 극복하고 교회를 개혁하고자 했던 운동은 먼저 프랑스와 이탈리아의 수도원을 중심으로 일어난다. 청빈과 금욕, 경건과 순수함을 주요 덕목으로 가진 중세 수도원 운동은 부패한 성

직자들과 교회에 대한 저항의 성격을 가지고 있었다. 그 가운데 대표적인 것은 11세기 프랑스 부르고뉴(Burgund, 본래 동게르만의 한 부족 이름이었음)의 클뤼니(Clugny) 수도원의 개혁운동이었다.

10세기 말(910년)에 아퀴타니아의 공작 빌헬름(Wilhelm von Aquitania)이 세운 클뤼니 수도원은 초기부터 프랑스 남부와 이탈리아의 많은 수도원을 개혁하였다. 개혁의 구체적 목적은 (1) 수도원 재산의 확대, (2) 귀족들의 탐욕으로부터 수도원 재산의 보호, (3) 교구 주교와 귀족들의 간섭으로부터 수도원의 해방, (4) 수도원에 대한 로마 교황청의 단독적 보호, (5) 수도원장에 대한 수도사들의 절대 복종, (6) 수도사들의 청빈과 금욕생활, 높은 도덕성, 수도원 규율의 회복 등에 있었다.[1] 프랑스, 이탈리아, 스페인, 독일 지역의 수많은 수도원이 이에 가세하여 "수도원 연합회"를 결성하였다.

클뤼니 수도원의 개혁운동은 (1) 성직자들의 엄격한 규율과 도덕성을 회복하고, (2) 평신도 귀족들의 간섭에서 교회를 해방하며, (3) 세속의 권력자들에 의한 성직자 임명과 성직 매매(Simonie)를 금지하고, (4) 11세기에 널리 퍼져 있었던 성직자들의 결혼과 첩 생활(Nikolaitismus)을 금지하는 운동으로 확대되었다. 그 여파로 독일의 황제 하인리히 3세(Heinrich III,

---

1) G. Constable, *The Reformation of the Twelfth Century* (Cambridge: Cambridge University Press, 1996). 이 책 4쪽에 따르면, 1040년에서 1160년 사이에 일어난 교회개혁 운동은 "성직 매매 금지와 성직자 독신 등 성직자의 도덕적 개혁이 강조된" 첫째 시기(1040-1070), "세속 권력에 의한 성직자 임명 등과 같은 세속 권력의 통치로부터 교회의 독립을 추구한" 둘째 시기(1070-1100), "서임권 논쟁 마지막 국면에서 수도생활의 강조가 점증하는" 과도적 셋째 시기(1100-1130), "수도생활의 본질과 모든 그리스도인들의 인격적 개혁에 관심이 집중된" 넷째 시기(1130-1160)로 구별된다(손은실 2016, 60 참조). 그러나 이같은 시간적 구별은 인위적 측면이 강하다.

1039-1056)는 돈으로 교황직을 얻은 교황들(Gregor VI, Silvester III, Benedikt IX)을 제거하여 교황직을 정화하였다. 그 뒤의 교황들은 하인리히 3세에 의해 임직되었다. 이 교황들 가운데 레오 9세는 개혁자들을 로마로 불러 교황청 개혁을 위임하고, 추기경 제도를 도입하였다(추기경 곧 Kardinal은 문의 경첩, 추축을 뜻하는 cardo에서 유래하며, 교황 자문관을 말함). 하인리히 3세의 교회 개혁으로 말미암아 교황의 권위는 크게 약화되었다.

1118년에 세워진 시토(Citeaux) 수도회, 1156년 팔레스타인 카르멜(Karmel)산에서 시작된 카르멜 수도회, 13세기 초에 세워진 걸인 수도회, 복음 설교와 빈민 봉사에 중점을 둔 프란체스코 수도회, 1256년에 세워진 아우구스티누스 은둔자 수도회(Augustiner-Eremiten Orden, 루터가 속했던 수도회) 역시 타락한 교회에 대한 개혁의 자극제가 되었다.

금욕과 청빈 및 이웃 사랑의 영성을 실천한 아시시의 프란체스코(Franciscus, 본명 Giovanni Bernardone, 1181-1226)는 "16세기 이전에 있었던 가장 성공적인 개혁의 시도"를 보여준다(Heussi 1971, 220). 깊은 영성, 세속적 향유의 포기, 철저한 청빈, 끊임없는 회개, 이웃 사랑과 봉사를 추구하는 프란체스코파 혹은 소수파(Ordo fratrum minorum)의 수도원은 교회가 본래 추구하였던 이상을 실천한다. 이같은 소수파는 교회 성직자들에게 눈엣가시와 같은 존재였다.

스페인의 도미니코(Dominikus, 1170-1221)가 세운 도미니코 수도회는 이단 색출과 종교재판(Inquisition), 교육 및 학자 양성에 중점을 두며, 교황청의 신학과 교리를 수호함으로써 교황청 유지에 기여한다. 1232년 이후 도미니코 수사들은 종교재판을 주업으로 삼는다. 중세기의 대표적 신학자인 토마스 아퀴나스(Thomas von Aquino, 1225-1274)는 도미니코 수도사였다.

2) 교회개혁을 자극한 또 하나의 중요한 사건은 카타리파(Katharer)의 영성운동이었다. "카타리"는 그리스어 katharoi에서 유래하는 단어로, "순수한 자들"을 뜻한다. 카타리파의 뿌리는 발칸반도에서 일어난 바울주의자들과 그 뒤를 이은 "하나님의 친구들"(Bogomilen, "하나님"을 뜻하는 슬라브어 bogo에서 유래함)의 운동에 있다. 이들은 영지주의적 색채를 가진 소종파로서, 영적·불가시적 세계는 하나님이 지으신 것이요, 가시적인 물질과 육의 세계는 사탄이 지은 것이라는 이원론적 세계관을 특징으로 가진다. 1110년 교황청의 박해로 인해 불가리아와 보스니아를 위시한 동유럽으로 확산된 이 종파는 타락한 가톨릭교회에 대해 비판적 태도를 취한다.

이 종파의 뒤를 이은 카타리파는 타락한 교회 성직자들에 반해 자기를 "순수한 자"로 구별한다. 이들의 주장에 따르면, 타락한 성직자들이 다스리는 가톨릭교회가 참 교회가 아니라, 그들이 참 교회다. 세계는 하나님이 다스리는 영적·정신적 세계와, 사탄이 다스리는 물질적·육적 세계로 구별된다(영지주의적 이원론). 구원은 물질적·육적 세계를 떠나 영적·정신적 세계에 속하게 되는 데 있다. 영적·정신적 세계에 속하기 위해 카타리파는 극단의 금욕생활을 실천하였다. 그들은 결혼을 반대하였고, 이미 결혼한 남자는 아내와 헤어져 다시는 여자와 성관계를 갖지 말아야 하며, 생선은 먹어도 좋지만 육류와 달걀과 우유를 먹지 말아야 하고, 세속의 재물을 취하지 말아야 하며, 전쟁에 참가하지 않아야 한다고 가르쳤다. 또 그들은 그들 자신이 베푸는 영적 세례를 받아야만 죄용서와 구원을 받는다고 주장하였다. 카타리파의 영지주의적 이원론은 그리스도의 인간적 본성(인성)과 십자가의 죽음을 부인하는 데까지 이른다. 그들은, "육은 본래 악한 것이기 때문에 그리스도가 진짜 사람의 육신을 갖지 않았을 것이고 따라서 십자가에 달려 죽을 리가 없다고 믿었다"(이장식 2011, 262).

또한 카타리파는 그들의 계율을 엄격히 지키는 "사도들" 혹은 "완전한 자들"(perfecti)과, 세속 안에서 가톨릭교회에 속하는 "신자들"(credentes)을 구별하였다. 영적 세례를 통해 보혜사 성령을 받을 때(요 14:26), "신자들"은 "완전한 자들"에 속하게 된다고 주장함으로써, 그들은 가톨릭교회의 세례를 상대화시켰다. 예배에서 그들은 로마어로 번역된 신약성경을 사용하였고, 구약성경의 특정 부분을 배격하였다. 나아가 이들은 교회의 성례, 제단, 십자가, 성인과 성상 및 성유물 숭배, 그리고 교회 건물을 배격하였다. 프랑스 남부 지역의 중요한 인물들이 카타리파를 지지하고 그들을 보호하였다. 카타리파 운동은 가톨릭교회에 대한 심각한 도전으로, 또한 가톨릭교회를 약화시키는 요인으로 작용하였다. 그러므로 카타리파는 가톨릭교회의 박해를 받게 된다.

3) 프랑스 리옹의 이름난 부자 피에르 발도(Pierre Valdo, 1140-c. 1217)는, "네가 완전한 사람이 되려고 하면, 가서 네 소유를 팔아서 가난한 사람에게 주어라.…"는(마 19:21) 예수의 말씀에 깊은 감명을 받고, 자기의 재산을 팔아 가난한 사람들에게 나누어 준다. 그는 자기의 딸들을 수녀원에 보내고, 자신은 무소유의 생활을 하면서 복음을 전하며 다닌다. 모든 사람이 성경을 읽을 수 있도록 하기 위해, 그는 리옹의 두 성직자에게 부탁하여 라틴어 성경을 프랑스어로 번역케 한다. 그는 심지어 "남자뿐만 아니라 여자도, 성직자뿐만 아니라 평신도도 성경을 가르칠 수 있다고" 주장한다(박경수 2017, 25).

"리옹의 가난한 사람들"이라 불리는 발도 추종자들(혹은 발도파, 독일어로 Waldenser)은, 발도의 뒤를 따라 유랑생활을 하며 복음을 전하고, 길거리나 가정에서 설교를 하였다. 그들은 "금이나 은을 소유하지 말 것이며 내일을 걱정하지 말라"(마 10:9-19)는 복음서의 말씀에 따라 정해진 거처를 갖지 않으며, 구걸로 연명하였다. 그들은 엄격한 청빈과 금욕 및 순결을 지키며, 예수의 가르침을 글자 그대로 지키고자 하였다. "그들은 검소한 옷차림으로 부지런히 일했다. 순결하였고 먹고 마시는 생활에 절제하였고 술집에 가거나 춤추는 것을 거부하였고, 말이 신중하였다. 그들을 미워하던 사람들도 그들의 이러한 품격을 인정하고 존경하였다"(이장식 2011, 265). 발도파의 특징은 다음과 같이 정리될 수 있다.

(1) 성경 말씀, 특히 예수의 산상설교를 철저히 지키고자 하는 성경 중심주의
(2) 무소유의 청빈 생활과 "사도적 삶"(vita apostolica)을 따르는 생활 방식
(3) 평신도의 설교, 개인적 성경 연구와 가르침
(4) 성인 숭배, 연옥, 성직자에 의한 면죄 등 교회의 규례에 대한 부인
(5) 성경에 근거하지 않는 성례의 이론과 실천에 대한 부인
(6) 성직자 계급이 없는, 평신도가 주체가 된 공동체

청빈한 발도파의 삶 역시 당시 호화로운 생활을 누리던 가톨릭교회의 성직자들에게는 눈엣가시와 같은 것으로 보였다. 그들의 "자발적 가난"과 그리스도의 복음을 위한 헌신적 삶으로 말미암아 성직자들의 권위가 여지없이 실추되었다. 평신도의 설교와 성경 연구는 교황의 권위에 대한 도전이었다. 발도파는 타락한 교회에 대한 암묵적 개혁의 요구였다(Gilmont 1999, 83 이하).

로마 가톨릭교회는 제3차 라테라노 공의회에서 설교가 성직자의 전유물임을 재확인하고, 군대의 힘을 빌려 발도파 신자들을 잔인하게 학살

하였다. 이에 발도파는 유럽 각지로 피신하여 살다가, 1532년 루터의 종교개혁 운동에 참여하였다. 그들의 주장과 루터의 주장 사이에는 일치점이 많았기 때문이다. 이들은 "그때부터 지하에서 지상으로 올라오면서 박해의 희생자들이 되었다. 특히 1545년 뤼베롱(Lubéron)의 대학살에서는 희생자가 무려 2천 명을 넘었다"(손은실 2016, 72). 현재 발도파 교회는 WCC와 WCRC 회원교회이며, "2015년 6월 프란치스코 교황은 과거의 박해에 대해 발도파(발데스파) 교회에 용서를 구했다"(73).

4) 발도파 외에 가톨릭교회 내의 소종파를 중심으로 교회개혁이 시도되었다. 그러나 이 시도는 언제나 다시금 실패로 끝났다. 그 원인은 교황을 위시한 성직자들의 박해에도 있었지만, 개혁자들의 이탈과 분열에도 있었다. 13세기에 프란체스코파가 엄격한 금욕과 청빈을 주장하는 극단적 영성주의자들(Spirituale)과 이를 반대하는 온건파로 나누어졌을 때, 1230년에 교황 그레고리우스 9세는 온건파의 손을 들어주고, 수도원의 돈 저축을 허용하였다.

이에 극단적 영성주의자들은 피오레의 요아힘(Joachim von Fiore, 1130-1202, 이탈리아 남부 피오레 수도원 설립자)의 추종자들과 연합한다. 요아힘에 따르면, 구약의 성부의 시대, 신약의 성자의 시대를 거쳐, 1260년에 성령의 시대가 도래할 것이다. "성부의 시대는 율법, 공로, 노동, 노예의 시대였고, 제2시대는 은혜, 겸손, 진리, 단련, 효성적인 봉사의 시대고, 마지막 제3시대인 성령의 시대는 사랑, 자유, 행복, 명상의 시대"이다(이장식 2011, 264).

성령의 시대가 도래하면, 제도교회와 성직자 제도는 사라질 것이다. 신자들은 하나님과 직접 교통하면서 산상설교를 실천할 것이다. "교회는 세속의 부를 버리고, 철저히 가난한 교회가 될 것이다. 더 이상 전쟁이 있지 않을 것이며, 그리스도인들의 분열, 그리스도인들과 유대인들의 적대 관계가 극복될 것이다"(김균진 2005, 93). 이같은 요아힘의 사상을 이어받은 영성주의자들은 제도교회의 개혁을 요구하였다. 이들은 철저한 청빈의 이상을 실현코자 하며, 가톨릭교회를 요한계시록이 말하는 "바빌론의 음녀"라 불렀다.

그러나 이들의 노력도 실패로 돌아간다. 1317년에 교황 **요한네스 22세**는 이들에게 종교재판을 선포하며, 1323년에는 그리스도와 사도들이 무소유의 생활을 하였다는 주장을 이단이라 선언하고 이들을 무참하게 박해하였다. 이에 대해 끝까지 투쟁한 소수의 투쟁가들도 있었지만, 대부분의 추종자들은 교황에게 승복하였다. 무소유를 이상으로 삼았던 걸인 수도사들의 조직도 와해되고, 사제들과 수도사들은 물질적 부와 풍요로운 생활을 포기하지 않았다. 그러나 살아남은 영성주의자들은 프란체스코 수도회의 영성을 이어갔다.

5) 중세기 **기사단**(Ritterorden)의 정신은 교회 개혁의 필요성을 간접적으로 촉구하는 요인이 되었다. 본래 스페인에서 사라센과의 전쟁을 통해 형성된 기사 정신은, 십자군 전쟁을 통해 유럽 전역으로 확산되었다. 죽음을 두려워하지 않는 의리, 공동의 목적을 위한 절대적 충성, 절대적 복종, 뜨거운 형제애, 무소유, 무아적 헌신, 자기 절제, 여성에 대한 예의, 약자에 대한 배려와 보호, 고결한 명예를 추구하는 기사 정신은, 성직자들이 지향해야 할 정신적 이상을 보여주었다. 수도원과 비슷한 종교적 기사단이 세워지기도 하였다. 이에 속한 기사들은 수도사의 서약과 비슷한 서약을 하고, 모든 세속적인 것을 포기하였다. 그들은 순례자들을 보호하고, 가난한 사람들과 병자들을 돌보며 양육하였다. 무기를 사용하며 전쟁을 할

수 있다는 차이점 외에, 그들의 삶은 수도사들의 삶과 다를 바가 별로 없었다.

중세기 신성 로마 제국의 기사단은 요한 기사단(Johannisorden), 성전 기사단(Tempelorden), 독일 기사단(deutscher Orden)으로 구별되었다. 이들의 삶은 자기 유익을 추구하는 봉건주의의 원리와는 본질적으로 구별되었다. 자신의 생명을 기꺼이 바칠 수 있는 충성심과 용기 속에서 기사들은 공동의 목적을 위해 기꺼이 자기 자신을 희생하였다. 그들은 "유럽 전체에 의 형제(Verbrüderung)의 조직"을 가지고 있었다. 그러나 시간의 흐름과 함께 기사들도 세속적인 관심에 빠졌고, 기사단은 "귀족 일반을 위한 부양기관(Versorgungsanstalt)"이 되고 말았다(Hegel 1968, 853-854).

2. 교황청의 아비뇽 포로신세와 분열, 파리 대학의 개혁운동

1) 가톨릭교회를 개혁하려는 다양한 노력에도 불구하고, 교황을 위시한 성직자들의 부패와 타락은 계속되었다. 이것은 결국 교황권의 약화를 초래하였다. 교황권의 약화에 비례하여 신성 로마 제국에 속한 지역 국가들, 특히 프랑스와 영국 군주들의 권력이 강해지기 시작하였다. 이들은 더 이상 교황의 명령에 순순히 복종하지 않고, 자신의 정책을 시행하였다. 1296년에 교황 보니파티우스 8세가 성직자와 수도원에 대한 세금 징수를 교황의 배타적 권리로 주장하고, 이 권리를 침해하는 자에 대해 면직과 교회 추방을 선언했지만, 영국과 프랑스의 왕은 이를 거부하였다. 1299년에 교황이 스코틀랜드를 가톨릭교회의 소유로 선언하자, 영국 의회가 이를 거부하였다.

미남으로 유명한 프랑스 왕 필립 4세(1285-1314)는 왕권 강화, 교황권 약화, 국가 행정권의 강화, 국가 통치 영역의 확장을 국정의 주요 목적으로 삼았다. 그는 교황의 허락 없이 프랑스의 성직자들에게 세금을 부과하고, 로마 교황청에 대한 송금을 억제하면서, 카이사르의 것은 카이사르에게 바치라고 요구하였다.

교황 보니파티우스 8세가 교황의 영적인 검과 황제의 육적인 검에 관한 교설을 발표하고, 구원의 문제에서 교황에 대한 절대적 복종을 요구하자, 프랑스 왕 필립 4세는 가톨릭교회 전체의 공의회 소집을 요구한다. 프랑스 국민 다수가 이를 지지했지만, 교황은 공의회 소집을 거부하고 필립 4세를 파문하고자 한다. 이에 필립 4세는 로마로 군대를 보내 교황청을 점령한 다음, 교황을 3일 동안 아나니(Anagni) 성에 유폐한다(1303). 로마 시민들이 그를 구출하여 로마로 모셔오지만, 노령의 교황은 한 달 후 화병으로 사망하고, 베네딕투스 6세가 교황이 된다. 이 사건은 교황권의 결정적인 약화를 뜻한다. 신임 교황은 1년 후에 물러나고(1303-1304), 클레멘스 4세가 그 뒤를 잇는다.

1308년 필립 4세는 교황 클레멘스 4세(1305-1314)를 설득하여 교황청을 아비뇽(Avignon)으로 옮긴다. 이를 계기로 70년 동안(1308-1378) 교황청은 프랑스 왕들의 지배를 받는 "바빌론 포로신세"가 된다. 아무 힘이 없는 교황 클레멘스 4세는 필립 4세의 요구에 따라 보니파티우스 8세를 이단자로 화형하기 위한 종교재판을 시작한다. 그러나 왕은 보니파티우스 8세의 처벌을 포기하고, 그가 발표한 교서 "우남상탐"(unam sanctam)을 무효화하는 것으로 만족한다. 거대한 토지와 특권을 소유한 필립 4세는 1312년 그의 권력에 방해가 되는 성전 기사단을 해체하고, 1314년 기사단의 지도자 말라이의 야콥(Jakob von Malay)을 화형에 처한다.

교황청의 바빌론 포로신세는 70년간 계속된다. 그 사이에 있었던 여섯 명의 교황은 모두 프랑스인이었다. 이에 대해 이탈리아, 영국, 독일은 그 부당성을 지적하고, 교황청의 로마 귀환을 요구하지만, 요구가 쉽게 수용되지 않는다. 그러자 로마의 추기경들은 프랑스인이 아닌 이탈리아인 바르톨로메우스 대주교를 교황으로(우르바누스 6세, 1378-1389) 선출한다. 그러자 프랑스인 추기경 13명은 이를 거부하고 클레멘스 7세(1378-1394)를 교황으로 추대한다. 이리하여 교황청은 아비뇽과 로마의 두 교황청으로 분열된다. 두 교황은 서로를 적그리스도라 정죄하며, 상대 교황의 영토와 나폴리를 공격하여 민중을 학살하는 참극을 벌인다. 두 교황이 죽은 후에도 교황청의 분열은 계속된다. 이탈리아, 영국, 독일, 스칸디나비아는 로마 교황청을 지지하고, 프랑스, 나폴리(네아폴리스), 시칠리아, 스코틀랜드는 아비뇽 교황청을 지지한다.

2) 교황청 분열의 혼란 속에서 프랑스 파리 대학의 교수 피에르 다이(Pierre d'Alli, 1420년 아비뇽에서 사망)와 장 샬리에(Jean Charlier, 1429년 사망)를 중심으로 "머리에서 지체들에 이르는 교회의 개혁"(Reform der Kirche an Haupt und Gliedern) 운동이 일어난다. 당시의 교회 정치적 상황에 대한 뜨거운 토의 속에서 교황청의 분열을 극복하기 위한 다양한 대안이 제시된다. 이같은 노력의 결실로 프랑스는 1407년에 "갈리아의 자유"란 이름의 법령을 공포한다. 이른바 "갈리아주의"(Gallikanismus)라 불리는 이 법은 다음과 같은 내용을 가진다. (1) 교황은 세속의 권력을 갖지 않는다. (2) 교회의 보편적 공의회가 교황보다 더 높은 권위를 가진다. (3) 신앙과 교리에 관한 교황의 결정은 오직 공의회의 동의가 있을 때에 무오하다. (4) 프랑스 교회는 교황에 대해 법적 독립성을 가진다. 프랑스 교회의 성직자 임명, 교

회 재정, 신앙에 관한 사항들의 결정 및 금서 등의 문제에서 교황의 권한은 제한된다. (5) 프랑스 국왕은 교황과 황제와 지역 제후들에 대해 독립성을 가진다.

　이같은 개혁적 정신 속에서 파리 대학의 교수들과 추기경들은 아비뇽과 로마의 두 교황을 면직시키고자 한다. 그들은 두 교황을 지지하는 모든 지역이 중립성을 지키도록 하며, 두 교황의 수입원을 막아버림으로써 자발적 면직을 유도하고자 시도한다. 그러나 이 노력은 실패로 끝난다. 결국 두 교황청의 추기경들은 1409년에 이탈리아 피사 공의회를 소집하고, 두 교황의 폐위를 결정한다. 그리고 프랑스인도 이탈리아인도 아닌, 그리스인 알렉산더 5세(1409-1410)를 새 교황으로 추대한다. 그러나 기존의 두 교황이 이를 거부함으로써 교황청은 셋으로 분열된다. 교회사에서 이 분열은 "서방교회의 대 분열"(das große abendländische Schisma)이라 불린다. 교황청의 이같은 분열은 교황의 권위를 크게 실추시킨다.

3) 교황청의 분열은 중세기 최대의 공의회였던 콘스탄츠 공의회(1414-1418)를 통해 끝난다. 이 공의회를 주도한 인물들은 파리 대학의 개혁파 교수들이었다. 공의회는 세 사람의 교황을 파문한 다음, 마르티누스 5세(1417-1431)를 유일한 교황으로 선출하고, 교황청을 로마로 옮기기로 결정한다. 이와 더불어 공의회는 1415년 7월 6일에 보헤미아(지금의 체코)의 개혁자 얀 후스를 화형에 처한다. 이 공의회에서 우리는 세 가지 중요한 점을 발견한다.

　(1) 교황이 공의회를 소집하지 않고, 신성 로마 제국의 황제인 지기스문트(Sigismund, 1368-1437)가 공의회를 소집하였다. 또 추기경 외에

황제와 군주들이 참석하여 새로운 교황을 선출하였다. 공의회의 사회자는 교황이 아니라 황제였다. 이 사실은 교황의 절대적 권위의 상실을 뜻한다.

(2) 추기경이 아니라 전체 교회의 공의회가 교황을 선출하였다는 것은, 공의회가 교황보다 더 강한 힘을 갖게 되었음을 말한다. 공의회 소집을 위해 노력했던 파리 대학 교수들은, 교회의 최고 권위는 공의회에 있다는 공의회주의의 새로운 원칙을 세운다. 그리스도께서 자신의 부모님께 복종했듯이, 교황도 공의회에 복종해야 한다고 이들은 주장한다.

(3) 초기 교회는 공의회주의를 원칙으로 가지고 있었다. 교회의 중요한 교리와 실천은 공의회를 통하여 결정되었다. 그러나 교황권이 강화되면서 공의회주의는 유명무실하게 되었다. 그런데 파리 대학 교수들이 주장한 공의회주의는 "교회의 철저한 민주적 개혁"에 대한 부르짖음이었다. "그들의 개혁운동은 교회의 분열과 이중교황 문제의 극복을 기치로 내걸었으나 그 결과는 무엇보다도 공의회의 회복운동으로 발전되었다. 다시 말하자면…교황의 독주를 막고 초대교회가 사용했던 공의회 원칙 즉 '민주적 원칙'을 회복시키자는 것이었다." 또 이들은 "공의회의 대표권이 로마에 의해서 자의적으로 결정될 것이 아니라 민족의 인구수와 교회의 규모에 따라서 공의회의 대표들의 숫자를 결정"하자고 주장하였다(손규태 2005, 17). 파리 대학 교수들의 주장에 따라 콘스탄츠 공의회는 주교회주의(Episkopalismus, 교황직은 명예에 불과하고, 주교들이 교회의 법적 권리를 가지며, 최고의 법적 권리는 공의회에 참여한 주교들에게 있다는 주장)를 교리화시킨다. 그러나 이후의 교황들은 이를 인정하지 않는다.

4) 1431-1449년에 열린 스위스 바젤 공의회는 공의회주의 원칙에 입각하여 "머리에서 지체들에 이르는 교회의 개혁"을 관철코자 하지만, 추진 세력의 부재로 인해 실패로 끝난다. 그러나 이를 교황제도의 승리라고 말할 수는 없다. 공의회주의 원칙이 사라지지 않았고, 새로운 공의회를 통해 교회개혁을 시도해야 한다는 희망과 요구가 살아 있었기 때문이다.

교황청이 아비뇽에 유폐되어 있던 14세기 말, 네덜란드의 평신도로서 회개의 설교자였던 흐로테(G. Groote, 1340-1384)는 회개와 개혁운동을 일으킨다. 그의 영향을 받은 제자들과 친구들이 성직자와 평신도로 이루어진 "공동생활의 형제단"을 구성한다. 이 형제단은 수도원 서약을 하지 않지만, 청빈과 겸손 및 복종을 이상으로 삼는 수도원과 비슷한 생활을 하면서, 주로 책을 필사하는 노동을 통해 생활비를 조달하고, 교육과 계몽을 위해 봉사한다. 이리하여 네덜란드와 독일 서북부에서 "새로운 경건"(*Devotio moderna*) 운동이 일어난다. 이 운동 역시 가톨릭교회에 의하여 무시되지만, 인문주의자 에라스무스 및 루터와 같은 신학자들에게 영향을 준다.

5) 교황청이 아비뇽에 체류하는 동안, 로마시는 문화적으로 침체 상태에 있었다. 음악과 미술의 예술 활동이 거의 마비되었고, 예술적 미를 갖춘 화려한 건축물들이 세워지지 않았다. 교황청이 로마시로 돌아오자, "르네상스 교황들"은 먼저 예술과 건축을 장려하였다. 그들은 르네상스 풍의 건축과 고대 그리스 문화의 부흥에 막대한 교회 예산을 낭비하였다. 이것은 교황들이 고대문화에 관심을 가졌기 때문이 아니라, 로마 교황청을 황제의 궁전과 같은 것으로 만들어 교황의 권위와 위용을 강화하기 위함이었다. 이에 필요한 재정을 충당하기 위해 교황들은 갖가지 방법으로 성

직자들과 신자들로부터 돈을 갈취하였다. 돈을 받고 성직을 팔아먹는 것(Simonie)은 차치하고, 이미 성직자가 봉직하고 있는 성직 자리를 다른 사람에게 이중으로 판매하기도 했다. 교황들의 무책임하고 타락한 생활은 결국 그들 자신의 신뢰성을 약화시켰다.

3. 단테의 군주론, 위클리프, 얀 후스의 개혁운동과 형제연합교회의 분리

1) 이탈리아 피렌체 출신의 시인 단테(Dante Alighieri, 1265-1321)는 교황권을 약화시킬 수 있는 중요한 사상을 발표한다. 그는 교황의 세계통치를 거부하고 황제의 권위를 변호한다. 그의 주요 저서인 『군주론』(De Monarchia)에 따르면, 교황과 황제는 그들의 권위를 하나님으로부터 개별적으로 직접 받았다. 따라서 교황과 황제는 동등한 권위를 가진다. 황제의 세속적 권위는, 세속 세계의 질서와 평화 및 복지를 유지하기 위해 하나님이 세우신 것이다. 황제가 교황의 종교적 통치에 간섭할 수 없듯이, 교황은 황제의 세속적 통치에 간섭할 수 없다.

교황청은 단테의 책을 금서로 지정하고, 단테를 피렌체에서 추방한다. 단테는 라벤나에서 유형생활을 하다가 사망한다. 그 당시 이탈리아에서 차지하는 단테의 역사적 의미는 독일에서 루터가 갖는 의미와 맞먹는 것으로 평가된다. 특히 교황의 영적·종교적 권위에 대한 황제의 세속적 권위의 독립성과 동등함에 관한 단테의 생각은 후대의 인물들에게 계승된다. 그것은 루터의 두 왕국설로 이어진다.

2) 영국의 귀족 출신으로 사제인 동시에 옥스퍼드 대학의 신학교수였던 존 위클리프(John Wycliffe, 1328-1384)는 "14세기 말 잉글랜드가 처한 어려운 정치적·사상적·종교적 상황 속에서 교회의 개혁을 위한 신학 사상과 구체적인 시도를 전개한 대표적인 중세의 개혁자"였다(김요섭 2016, 81). 그의 주장에 따르면, 성경을 통해 증명되지 않는 교황과 공의회의 결정들은 무가치한 것이다. 교회는 성직자들의 위계질서가 아니라 하나님의 "예정을 받은 사람들의 공동체"요, 교회의 머리는 교황이 아니라 그리스도이다. 그리스도는 베드로에게 수장 자리를 주지 않았다. 따라서 사도계승에 근거한 성직제도와 교황의 수장직은 성경적 근거가 없다. 그리스도처럼 청빈한 생활을 하지 않는 교황은 적그리스도이다. "중죄를 저지른 자는 사제로서의 역할을 할 수 없다." 사제들도 세속의 법에 복종해야 한다(92).

성례(혹은 성사)는 믿음을 가진 사람에게만 의미를 가진다. 믿음 없는 사람에게 그것은 무의미한 것이다. 사제서품과 종유는 성경적 근거를 가진 성례가 아니다. 가톨릭교회가 교리로 가진 화체설은 이단적인 것이다. 성인 숭배, 성유물 숭배, 성상 숭배, 비밀 회개, 공적 보물, 면죄, 각종 축제 등은 폐지되어야 한다. 세속의 정치적 권세는 교황으로부터 독립된 것이며, 교회의 재산은 국가의 재산이 되어야 한다. "교회의 재산뿐 아니라 기타 중요한 행정적 결정은 교황청이 아닌 해당 국가의 집권자에 의해 관리되어야 한다"(92). 교황과 공의회도 실수할 수 있다. 교황과 성직자의 삶은 "청빈과 겸손과 인내"를 이상으로 가진 "그리스도의 삶이 되어야" 한다. "참된 교황의 덕목"은 "겸손(humilitas)과 자비(caritas)와 청빈(paupertas)"에 있다(홍지훈 2016, 113).

로마 교황은 1382년에 위클리프의 주장을 정죄하고, 위클리프와 그의 지지자들을 공직에서 추방한다. 위클리프가 사망한 지 31년 후인 1415년

7월 6일, 가톨릭교회의 콘스탄츠 공의회는 얀 후스와 함께 위클리프를 이단자로 정죄하고, 1428년에는 그의 무덤에서 유해를 파내 불에 태워 스위프트강에 뿌려버린다. 그러나 위클리프의 개혁사상은 "리처드 2세와 보헤미아의 공주 앤의 결혼을 통해 이루어진 두 왕국 사이의 학문적 교류를 통해 보헤미아의 개혁자 후스에게 영향을 주었다"(김요섭 2016, 102).

3) 보헤미아 프라하 대학의 교수요 사제였던 얀 후스(Jan Hus)는 위클리프의 개혁 사상을 계승한 것으로 알려져 있다. 그러나 후스의 정신적 뿌리는 얀 밀리치와 야노보의 마테이다(장윤재 2017, 120-127). "후스는 단지 위클리프의 영향을 받아 영국인 위클리프의 사상을 독일인 루터에게 전해준 중재자가 아니었다. 그는 밀리치와 마테이로부터 면면히 이어져 내려온 체코의 토착적 종교개혁 운동의 독특한 성만찬 신학에 기초하여 체코 종교개혁의 꽃봉오리를 활짝 피어낸 사람이다"(126).

그의 주장에 따르면, "교회의 머리와 몸은 결코 교황과 추기경회가 아니라, 그리스도와 그 예정된 자들의 공동체이다. 그리고 직분이나 인간적인 선택이…아니라, 삶의 전 과정을 통하여 그리스도를 따르려는 사람에 관한 하나님의 예정이 교회를" 만든다. "교황이 사도직의 계승자인지"를 판단할 수 있는 기준은 "그가 사도의 교훈대로 가르치며, 또 그대로 행하는가에 있다. 만일에 그가 사도의 교훈은 덮어두고 그와는 반대의 말과 행위를 가르친다면, 그는 거짓 사도이거나 배신자"이다. 교황은 "그리스도의 대리자가 될 수는 없지만, 최소한…베드로의 후계자는 될 수 있다." 교황이 아래의 네 가지 태도를 보일 때, 신자들은 교황에 대항해야 한다. 곧 (1) "경건한 자들을 무시하고 인간적인 전통에만 눈을" 돌릴 때, (2) "경건한 삶을 벗어나서 세상적인 일에 얽매여" 살 때, (3) "그리스도를 섬기는 일에 세상의 장사꾼들을 내세우고 자신의 세속적인 삶에만 욕심을 내어 교회를 압박"할 때, (4) "부적합자를 심령을 돌보는 일에 임명함으로써 구원을 필요로 하는 영혼들에게서 하나님의 말씀을 탈취"할 때(홍지훈 2016, 117-123)다.

후스는 "이단"을 단지 기존의 교리에 벗어나는 신학적 이론에 제한하지 않고, "배교"와 "신성모독" 및 "성직 매매"도 이단으로 본다. "이 가운데 성직 매매는 성령을 거스르는 행위로서 용서받을 수 없는 죄에 해당"한다. 돈을 받고 사제나 주교를 임명하는 "교황은 이단의 죄를 범한 것이며 적그리스도의 사자요, 베드로와 예수 그리스도의 대적자"이다. "사제들이 돈을 지불하고 성직을 수임하는 행위나, 성례를 베풀 때에 돈을 받는 행위, 그리고 성직 임명에 영향을 끼칠 수 있는 평신도가 어떠한 혜택을 바라고 특정한 인물이 특정한 성직을 차지할 수 있도록 하는 것들"이 "모두 성직 매매"이다. "성직자가 하나님의 영광이나 구원을 바라지 않고 순간적인 이익이나 세상적인 명예나 육적인 쾌락을 탐한다면, 그것은 이미 성직을 바로 수임하지 못한 것이며, 이미 자신의 성직을 팔아버린 것과 같은 성직 매매에 해당한다"(119-120).

4) 1415년에 교황청 분열을 해결하기 위해서 소집된 콘스탄츠 공의회는 후스를 부르면서, 신성 로마 제국 황제의 신변안전 보장을 약속한다. 이에 후스는 자기에게 변론의 기회를 주는 줄로 알고 공의회에 참석한다. 그러나 공의회는 후스를 전격적으로 체포하여, 1415년 7월 6일에 "위클리프의 사상을 '신조화하고, 변호하고, 설교하였다'"라는 죄목으로, 불타는 장작더미 위에서 화형에 처한다(장윤재 2017, 127).

이에 보헤미아 전역의 귀족들과 백성들 곧 후스파(Hussiten)는 로마 가톨릭교회를 버리고, 1464년 보헤미아 "형제연합교회"(*Unitas Fratrum*)를 세운다. 이리하여 교황은 보헤미아 지역을 잃어버리게 된다. 형제연합교회는 "이름 그대로 그리스도 안에서 모든 사람들은 형제자매요, 또한 연합된 하나의 교회"였다(정일웅 2016, 15). 이 교회의 중심인 후스파는 "두 형태파"(Utraquisten)라 불리기도 한다. 그들은 평신도에 대해 빵과 포도주의 "두 가지 형태로"(sub utraque specie) 성만찬을 거행하였기 때문이다.

내적으로 후스파는 온건한 프라하(Prag) 계열과 극단적 타보르(Tabor, 후스파가 세운 도시) 계열로 분열되었다. 귀족들과 프라하 시민들로 구성된 프라하 계열은 1420년, "하나님의 법"에 명백히 모순되지 않는 교회의 제도들을 인정하면서, (1) 하나님 말씀의 자유로운 설교, (2) 성만찬에서 평신도에 대한 분잔, (3) 교회 재산의 세속화와 성직자들의 사도적 청빈의 회복, (4) 성직자들의 권징 등 "네 가지 프라하 조항"을 발표하였다.

주로 지방의 서민들로 구성된 타보르 계열은 이 네 가지 조항을 수용했다. 이를 넘어 그들은 피오레의 요아힘의 종말론과 공산주의 사상을 수용했다. 그리고 그들은 하나님의 법에 명시되지 않은 축제와 제의들, 성직자의 복장, 성인과 성상 및 성유물 숭배, 성직자의 귀에 대고 하는 회개, 금식, 영혼의 미사, 서약 등의 제도를 거부하였다. 후스파의 주력은 타보르 계열이었다.

이 두 계열은 내적으로 싸울 때도 있었지만, 외부를 향해서는 단결하였다. 후스파를 제거하라는 교황의 사주를 받은 황제 지기스문트의 공격을 받았을 때, 이들은 일치단결하여 싸운다. 1419년에서 1436년까지 17년간 계속된 이 전쟁에서, 후스파는 후스의 "살인자"인 로마 교황과 교회에 대항해서 끝까지 싸워, 형제연합교회의 독립을 쟁취한다.

루터의 개혁운동이 일어났을 때, 형제연합교회의 감독인 루카스는 루터를 만나, 재세례, 성직자 독신제, 일곱 가지 성례에 대한 루터의 반대를 수용한다. 1520년 2월 루터는 그의 친구이자 작선의 선제후 프리드리히의 비서인 슈팔라틴(Georg Spalatin)에게 보낸 편지에서 후스의 영향을 다음과 같이 기록한다. "나는 전혀 의식하지 못한 채, 지금까지 얀 후스가 가르쳤던 모든 것을 가르쳐왔다"(정일웅 2016, 19).

5) 보헤미아의 형제연합교회의 독립은 교황권이 그만큼 약해졌음을 예시한다. 이것은 프랑스, 영국, 스페인을 위시한 민족국가들의 등장으로 말미암아 가톨릭교회의 단독체제가 무너지고, "다중심주의"(pclycentrism)의 시대가 시작되었음을 말한다. "이 당시에는 민족주의의 대두로 전체주의가 붕괴되고 단일한 교회 질서도 더 이상 유지하기가 힘들게 되었다." "중세 문명의 단일성이 붕괴되고 나자 보편적인 교회로서의 가톨릭 그리스도교 왕국은 더 이상 유지될 수 없었다"(김주한 2015, 23, 25). 이같은 종교적 상황은 루터의 종교개혁에 좋은 밑거름이 되었다.

그러나 우리는 중세 말기 가톨릭 체제의 힘을 과소평가해서는 안 될 것이다. 김주한은 그 상황을 다음과 같이 전한다. "종교개혁 전야에 로마 가톨릭교회는 가장 보편적인 기관이었고 그리스도 종교는 유럽에서 가장 널리 퍼져 있던 영적이면서도 지적인 힘이었다. 하나의 기관으로서 교회는 모든 교구들을 관장하는 계급적인 조직을 갖추고 있었고 왕들이나 황제들과 견줄 수 있는 귀족체제(bureaucracy)를 형성하고 있었다…"(김주한 2015, 25).

지금까지 기술한 인물들 외에도 고호의 요한 푸퍼(Johann Pupper von Goch, 1475년 사망), 베절의 요한(Johann von Wesel, 1481년경 사망), 베쎌 간스포르트(Wessel Gansfort, 1489년 사망), 사보나롤라(Savonarola, 1498년 사망) 같은 많은 인물이 면죄부, 수도원 제도 등을 다룸으로써 가톨릭교회의 개혁을 요구하였다. 그러므로 교리사학자 루프스(F. Loofs)는 이러한 인물들은 물론, 12/13세기의 알비파(Albigenser), 발도파(Waldenser), 위클리프, 얀 후스를 "16세기 종교개혁의 선구자들" 혹은 "종교개혁 이전의 종교개혁자들"이라고 부른다(Loofs 1968, 527).

III
"이리 오라. 함께 취하고 … 인생을 즐기자"
― 종교개혁 시작 전후의 상황들 ―

1521년 5월에 작센의 선제후 프리드리히(Kurfürst Friedrich von Sachsen)의 궁정화가인 루카스 크라나하(Lucas Cranach)는, 그리스도와 교황의 삶을 비교하는 목판화를 소책자로 출판하였다. 루터의 동역자 멜랑히톤은 비텐베르크 대학의 법학교수 슈베어트페거(J. Schwertfeger)와 함께 목판화에 대한 설명을 첨부하였다. "이리 오라. 함께 취하고 잔치하며 인생을 즐기자"라는 위의 제목은 멜랑히톤이 쓴 설명의 글에서 유래하는 것으로, 종교개혁 당시 가톨릭교회의 상황을 반영한다. 당시의 상황들을 파악할 때, 우리는 왜 루터의 종교개혁이 일어날 수밖에 없었는지, 또 어떤 여건으로 말미암아 종교개혁이 가능했는지, 그 역사적 배경을 명백히 볼 수 있다.

1. 독일의 정치적 상황

1) "독일 신성 로마 제국"(Heiliges Römisches Reich deutscher Nation)은 독일, 프랑스, 영국, 이탈리아, 오스트리아, 네덜란드, 스페인, 덴마크, 스웨덴 등 주로 서유럽 나라들의 연합체로서, 고대 로마 제국을 회복하기 위한 목적에서 세워진 것이었다. 그러나 종교개혁이 일어날 즈음 이 제국은 아무 힘이 없었다. 실제적 힘을 소유한 것은 프랑스, 영국, 스페인 등 강력한 군주체제를 가진 민족국가들이었다.

13세기 이후 프랑스와 영국을 중심으로 형성되기 시작한 민족국가의 군주체제는 "주로 이탈리아인에 의해서 독점된 교황과 카톨릭의 지배체제에 대해서 문제를" 제기하면서, "로마의 정치적 보편주의와 카톨릭의 교회적 보편주의의 적대세력이" 된다(손규태 2005, 14). 민족국가들로 말미암은 신성 로마 제국의 정치적 균열은 교회의 균열로 이어진다. 각 민족국가의 군주체제는 로마 가톨릭교회에서 독립된 민족교회를 세웠기 때문이다. 민족국가는 유럽의 많은 나라로 확산된다. 유럽 북부의 덴마크, 스웨덴, 노르웨이는 물론 폴란드에서도 강력한 왕권이 세워져 동유럽의 중심 세력으로 등장한다. 1490년대부터 헝가리와 보헤미아도 이에 가세한다. 이런 민족국가들 앞에서 제국의 황제와 교황은 힘을 잃게 된다.

15세기 중반에 지금의 스페인은 카스티야, 아라곤, 그라나다, 이 세 왕국으로 나누어져 있었다. 가톨릭 국가였던 카스티야와 아라곤은 이슬람 국가인 그라나다를 증오하였다. 1469년, 카스티야의 공주 이사벨라(Isabella)와 아라곤의 왕자 페르디난도(Ferdinando)가 결혼하면서 "통일 스페인"의 기초를 세운다. 1479년에 페르디난도 왕자가 아라곤의 왕(페르디난도 2세)으로 즉위하면서, 두 왕국은 "아라곤-카스티야 연합왕국"이 된다.

페르디난도 2세와 이사벨라는 1492년에 무슬림 왕국이었던 그라나다를 함락시키고, 이베리아 반도를 로마 가톨릭 왕국으로 통일하는 "재정복"(Reconquista)을 완성한다.

여왕 이사벨라의 지원 속에 이루어진 콜롬부스의 아메리카 대륙 발견은(1492년), 스페인을 유럽의 경제 및 군사대국으로 부상시킨다. 남아메리카와 멕시코를 정복하고(1521) 아메리카 대륙의 풍요로운 자연자원(특히 금과 은)의 착취를 통해 부를 쌓은 스페인은 유럽에서 가장 강력한 통일국가로 등장한다. 1496년 스페인은 왕 페르디난도와 여왕 이사벨라의 딸인 요한나(Johanna)와, 신성 로마 제국의 황제인 막시밀리안 1세(합스부르크 왕가에 속함)의 장남 필립(Philipp)의 결혼을 통해, 유럽의 강력한 합스부르크 왕가와 인척관계를 맺는다. 이를 통해 더 큰 힘을 얻게 된 스페인은 프랑스 및 영국과 치열한 패권 다툼을 벌이게 된다. 16세기 스페인의 무적함대는 당시 스페인의 강력한 세력을 반영한다. 먼저 이탈리아에 대한 지배권을 얻기 위해 스페인은 프랑스와 투쟁한다. 이같이 강력한 민족국가들의 왕권 앞에서 교황은 힘은 약화되었고, 신성 로마 제국은 사실상 와해 상태에 있었다.

이와 동시에 당시의 신성 로마 제국은 외적으로 오스만 제국의 위협을 받고 있었다. 1517년에 루터가 95개조를 발표한 지 4년 후인 1521년, 오스만 제국의 술탄 술레이만 2세(Sulemann II, 1519-1566)는 벨그라드를 정복하였다. 그는, 1526년에는 대(對)헝가리 전쟁에서 승리를 거두고, 오스트리아의 수도 비인(Wien)의 성벽 앞까지 진격하였다. 스페인의 왕으로서 1519년에 신성 로마 제국의 황제로 선출된 카를 5세(Karl V)는 프랑스와 전쟁을 하는 동시에 제국에 대한 터키인들의 공격을 방어해야 할 두 가지 과제를 감당해야만 했다. 이같은 정치적 상황이 종교개혁에 큰 영향을 주게 된다.

2) 프랑스, 영국, 스페인이 강력한 중앙집권적 통일국가로 부상하였던 반면, 독일은 크고 작은 영지들과 수십 개의 자유 제국도시(Freie Reichsstadt)로 나누어져 있었다. 독일의 이같은 상황은 고대 독일 민족의 역사로 거슬러 올라간다. 고대 독일 민족, 곧 게르만족은 여러 종족으로 구성되어 있었다. 서로마 제국을 멸망시킨 동고트족, 서고트족, 반달족, 프랑크족 등은 게르만 민족에 속한 종족들이었다. 영국의 앙글로, 삭손은 본래 유럽 대륙에서 영국으로 건너간 게르만 종족들의 이름이었다. 지금의 프랑스 지역은 갈리아(Gallia)라 불리었는데, 게르만의 프랑크족이 그 지역을 정복하고 국가를 세움으로써 독일어로 "프랑크 왕국"(Frank-Reich)이라 불리게 되었다. 고대 게르만어로 "프랑크"는 "자유인"을 뜻한다고 한다.

신약성경은 게르만족을 "야만인"이라 부른다. 고대 유럽문화의 중심지인 그리스와 로마에 비해 게르만족은 미개한 상태에 있었기 때문이다. 그러나 이들은 매우 용맹스러웠다. 유럽과 북 아프리카 일대의 거의 모든 나라, 그리고 중동 지역의 일부 나라가 로마 제국의 속주가 되었지만, 게르만족은 끝까지 로마 제국과 대립하였다. 결국 게르만족은 동방의 훈족에게 밀려 서로마 제국을 멸망시키고, "신성 로마 제국"을 세우게 된다. 이 제국은 게르만족에 속한 프랑크족의 왕 카를 대제에 의해 세워졌기 때문에 "독일 신성 로마 제국"이라 불리기도 한다.

신성 로마 제국 안에서도 게르만 종족들은 왕이나 황제의 중앙집권체제에 흡수되는 것을 거부하고 독립성을 유지하였다. 이리하여 독일은 강력한 중앙집권적 통일국가로 발전하지 못하고, 많은 영지와 자율권을 가진 제국도시로 구성된 연방체제를 갖게 된다. 이 체제의 중심은 황제였다. 그러나 실권을 가진 것은 황제가 아니라 각 영지를 통치하는 제후들(Fürsten)이었다. 이리하여 황제와 제후들 사이에 끊임없는 대립과 타협이 반복되는 이원체제가 구성된다. 루터의 종교개혁이 성사될 수 있었던 것은, 황제와 제후의 이원체제에 있었다.

3) 신성 로마 제국의 구심점은 제국의회(Reichstag), 제국정부(Reichsregiment), 제국법원(Reichsgericht)이었다. 제국정부는 황제가 독일 지역을 떠나 있을 때 황제를 대신하여 제국을 치리하였다. 황제가 돌아오면 황제가 직접 제국을 치리하고, 제국정부는 황제의 자문기관 역할을 하였다. 제국법원은 제국의 평화를 파괴하는 행위, 제후들 사이의 갈등, 경제적 문제로 인한 분쟁 등을 다루었다. 로마 제국의 법이 그 기초가 되었다. 대학에서 법학을 공부한 법학자들이 재판관이 되었다. 제국이 수많은 영지와 제국도시로 나누어진 상태에서 제국정부와 제국법원은 그 힘이 매우 약할 수밖에 없었다. 이에 비해 제국의회는 제국의 중심적 입법기관으로서 상당한 힘을 가지고 있었다. 헌법 개정, 봉토, 외교, 재정, 군사 문제 등 제국의 중요한 문제들이 여기서 조정되고 결정되었다.

1521년 제국의회 구성	
황제	**제국의회**
제국의회 소집권, 사회권, 최종 결정에 대한 선포권을 가짐	**선제후단**
	단장: 마인츠의 선제후(선임총리)
	3명의 영적 선제후 / 4명의 세속 선제후
	마인츠, 쾰른, 트리어 대주교 / 팔츠, 작선, 보헤미아, 브란덴부르크 선제후
	제후단
	단장: 오스트리아의 대공작 혹은 잘츠부르크 대주교
	52명의 영적 제후 / 26명의 세속 제후
	제국도시단
	단장: 제국도시 의원들이 돌아가며 맡음
	85명의 제국도시 의원 (완전한 투표권을 갖지 못함)

* 세속 제후들의 의원직은 영구직이었던 반면, 영적 제후들은 제국의회에서 선출됨.
* 제국기사단, 제국 마을들은 제국의회에서 제외됨.
* "영적 선제후", "영적 제후"는 성직자(대주교, 주교)로서 선제후나 제후직을 가진 의원을 가리킴. "세속 선제후", "세속 제후"는 성직자가 아닌 세속의 사람으로서 선제후나 제후직을 가진 의원을 가리킴(자료 출처: Schorn-Schütte 2017, 41).

법적으로 황제는 제국의 최고 통치자였다. 그는 "기독교 전체의 세속적 머리요, 기독교 교회의 가장 높은 보호자였다"(Hegel 1968, 836). 그러나 제국이 수많은 영지와 자유 제국도시로 나누어진 상황에서 황제는 별로 힘이 없었다. 황제에게는 자신의 영지도 없고, 부(富)도, 군대도 없었다. "황제의 힘은 공허한 그림자로 추락한" 상태였다(815). 황제는 제국을 대표하는 상징에 불과했다. 따라서 황제는 제후들의 도움에 의존할 수밖에 없었다. 황제는 황실 유지비용 및 전쟁비용과 군사력을 제후들의 도움으로 해결할 수밖에 없었다. 이를 위해 황제는 언제나 다시금 제후들을 방문하여 손을 벌려야만 하는 형국이었다.

　이같은 상황에서 독일을 중앙집권적 통일국가로 개혁하고자 했던 황제의 계획은, 제후들의 반대로 거듭 좌절되었다. 루터가 종교개혁을 시작할 당시 제국의 황제였던 막시밀리안 1세(Maximilian I, 1493-1519)는, 종교와 법과 정치와 윤리가 결합되어 있는 "좋은 전통의 보호자"가 되고자 했다(Schorn-Schütte 2017, 18). 그는 1495년 보름스 제국의회에서 중앙집권 체제를 세우고자 했지만, 당시 마인츠의 선제후였던 헨네베르크(Berthold von Henneberg, 1491-1504)의 반대로 실패하였다. 중앙집권 치제를 세우고자 하는 황제의 관심과, 제국의회의 자율권을 확보하고자 하는 의회 의원들의 관심이 항상 대립하였다. 막시밀리안 1세의 뒤를 이은 카를 5세와, 그의 동생이요 후계자인 페르디난트 역시 독일의 중앙집권화를 꾀했지만, 스페인 출신 황제에 대해 모욕감을 느끼는 독일 제후들이 이에 동조할 리가 없었다.

4) 황제의 중앙집권화를 더욱 어렵게 만든 것은 교회 주교로서 제후직을 가진 인물들, 곧 "영적 제후들"(geistliche Fürsten)이었다. 헤겔에 따르면, 프랑스에서 주교는 제후가 될 수 없었다. 반면 독일에서는 교회 주교가 정치적 제후가 될 수 있었다. 이들을 가리켜 영적 제후라고 부른다. 영적 제후들은 "교구의 종교적 통치자인 동시에 세속 제후들과 같은 권력을 가진 세속적 권위의 소유자였다." 그들은 종교적 권력과 정치적 권력 그리고 부(富)를 함께 가지고 있었다. 그러므로 주교직은 탐욕의 대상이었다. 이리하여 사제들이 교황과 추기경에게 막대한 뇌물을 바치고 주교직을 사는 일이 일어나게 된다.

　영적 제후들은 교회의 보호 아래 있었기 때문에 세속의 제후들보다 더 큰 힘을 갖게 된다. 그들의 "개인 소유"는 황제도 "감히 손을 댈 수 없는 권세"가 되어버린다. 그러므로 독일은 프랑스, 영국, 스페인과 같은 절대 왕권에 기초한 통일국가로 발전하지 못하고, 수많은 제후의 영지로 나누어져 있을 수밖에 없었다(Hegel 1968, 832). 나아가 제후들의 영지는 "다시 크고 작은 독립성을 가진 통치자들에게" 나누어져 있었기 때문에 중앙집권적 통일국가의 형성은 더욱 어려웠다(815).

본래 황제 선출권은 제국의회에 있었다. 그러나 1356년 황제 카를 4세의 교서(Goldene Bulle)를 통해 황제 선출권은 7명의 선제후에게로 넘어갔다. 황제 선출권을 가진 선제후들은 자신들만으로 구성된 협의체를 소유할 정도로 막강한 힘을 지니고 있었다. 그러므로 황제는 물론 로마의 교황도 선제후들의 눈치를 보지 않을 수 없었다. 작센의 선제후 현자 프리드리히 3세(Friedrich III, der Weise, 1463-1525, 이 책에서는 선제후 프리드리히 혹은 프리드리히라 불림)가 교황과 황제의 뜻에 반하여 루터를 끝까지 보호할 수 있었던 배경은 여기에 있다. 이런 선제후들도 황제의 중앙집권 체제를 원하지 않았다. 중앙집권이 이루어질 경우, 황제가 속한 합스부르크 가문의 힘이 더욱 강해지고, 황제와 교황이 결탁할 경우, 독일의 "무거운 짐"(Gravamina)은 더 무거워질 것이기 때문이다.

5) 독일은 이탈리아처럼 수많은 영지로 나누어져 있었기 때문에 교황청의 먹잇감이 되었다. 강력한 중앙 권력의 부재로 인해 로마 교황의 경제적 착취를 방어하기가 어려웠기 때문이다. 매년 막대한 재정이 독일에서 교황청으로 빠져나갔다. 루터의 고발에 따르면, 매년 30만 굴덴의 돈이 독일에서 로마 교황청으로 흘러들어갔다고 한다. 그 대가로 독일인들에게 돌아온 것은 "조롱과 모욕"뿐이었고, 제후들, 귀족들, 특히 지방의 주민들은

점점 빈곤하게 되어 "우리에게 먹을 것이 있다는 것"이 놀라울 정도라고 루터는 말한다(2012a, 26). 그러므로 독일의 제후들과 민중들은 교황청을 증오할 수밖에 없었다.

「독일 기독교 귀족에게 보내는 글」에서 루터는 교황에 대한 독일인들의 감정을 다음과 같이 묘사한다. "우리는 제국의 이름만 갖고, 교황은 우리의 재산과 명예와 몸과 생명과 영혼과 우리가 가진 모든 것을 가진다." 교황들은 기꺼이 황제가 되기를 원했지만, 그렇게 될 수 없었다. 그 대신 "그들은 자기들을 황제 위에 세웠다." 이같은 방법으로 그들은 독일인들을 속였다. "우리는 가장 음흉스러운 독재자들의 종이 되었다. 우리는 이름과 칭호와 황제의 문장(Wappen)을 갖고, 교황은 보물과 권력과 권리와 자유를 가진다. 알맹이는 교황이 먹고, 우리는 빈껍데기만 가지고 논다"(2012a, 93-94). 카를 마르크스는 독일의 이같은 상황을 가리켜 『헤겔 법철학 비판 서문』에서 다음과 같이 말한다. "종교개혁 전날에…독일은 로마의 가장 절대적인 종(der unbedingteste Knecht von Rom)이었다"(Marx 2004. 284).

교황의 착취에 대항하여 독일의 제후들은 자신의 영지에 속한 교회와 수도원 및 종교시설들을 장악하고, 교황이 마음대로 세금을 징수하지 못하도록 이들을 보호하며, 지역의 돈과 재산이 교황청으로 넘어가는 것을 막고자 하였다. 신성 로마 제국 동부의 체코, 브란덴부르크(Brandenburg), 오스트리아 등지의 제후들은 자기의 영지에 속한 교구들을 자신의 소유로 삼기도 하였다. 나중에 루터가 도입한 영지교회 체제의 뿌리는 여기에 있다. 그러나 지역 제후들이 교황청의 착취를 막아내기에는 역부족이었다.

2. 교황과 손을 잡은 19세의 스페인 출신 황제 카를 5세

1) 이같은 정치적 상황에서 1519년 1월 12일에 신성 로마 제국의 황제 막시밀리안 1세(1508-1519)가 사망한다. 사망하기 전에 그는 자기의 손자이며 스페인 왕인 카를로스 1세(나중에 카를 5세로 황제가 됨)가 후계자가 되기를 원했다. 그러나 황제 선출권은 7명의 선제후에게 있었기 때문에 황제는 자기의 뜻대로 손자를 황제로 세울 수 없었다. 이리하여 새 황제가 선출될 때까지, 제국의 헌법에 따라 작센의 선제후 프리드리히가 임시 통치자가 된다. 스페인 왕 카를로스 1세와, 프랑스 왕 프랑수아 1세가 황제 후보로 부상한다. 한때 영국의 왕 헨리 8세도 자원했지만 뒤로 물러난다.

스페인과 프랑스 양측은 자국의 왕을 황제로 세우기 위해 치열한 경쟁을 벌인다. 황제 선출권을 가진 선제후들과 제후들, 그리고 제국도시 의원들에 대한 양측의 치열한 뇌물 공세가 일어난다. 오스트리아의 합스부르크 왕가는 인척인 카를로스 1세를 황제로 세우기 위해 아욱스부르크 푸거(Fugger) 가(家) 은행을 통해 조달한 852,000굴덴을 뇌물로 뿌린다(Gebhardt 1976, 75).

결국 프랑스의 프랑수아 1세가 열세에 몰리고, 스페인의 카를로스 1세가 황제로 선출될 가능성이 커진다. 그러나 교황은 이탈리아를 지배하려는 프랑수아 1세를 원하지도 않았지만, 카를로스 1세를 원하지도 않았다. 카를로스 1세가 황제가 될 경우, 그와 인척관계에 있는 합스부르크 왕가의 세력이 더욱 커져 교황의 재산을 위협할 것이기 때문이다. 이에 교황 레오 10세는 황제 선거 8일 전, 작센의 선제후 프리드리히에게 황제가 될 것을 제의한다. 레오 10세는 프리드리히가 이를 수용할 경우, 그의 친구 한 사람을 추기경으로 추대하고 영지를 하사하겠다고 약속한다. 모든 선제후도 프리드리히에게 황제직 수락을 요청한다. 당선 가능성이 거의 없다는 사실을 의식한 프랑스의 프랑수아 1세도 스페인의 카를로스 1세를 견제하기 위해 선제후 프리드리히에게 황제직 수락을 요청한다. 이 시기에 교황이 루터에 대해 강경한 태도를 취하지 못한 것은, 황제 후보로 점찍은 선제후 프리드리히의 "비위를 거스르지 않으려" 했기 때문이었다 (이영호 2017b, 57).

매사에 신중한 프리드리히는 교황의 제안을 거절한다. 민족국가들의 복잡한 정치적 갈등과 암투 속에서 강력한 통일제국을 이루기에는, 그의 정치적 힘이 제한되어 있다는 것을 의식하였기 때문이다. 그가 황제로 선출될 경우, 프랑스와 전쟁을 해야 할 위험성도 배제할 수 없었다. 이리하여 스페인 왕 카를로스 1세가 20세의 나이에 1519년 6월 28일, 7명의 선제후에 의해 만장일치로 신성 로마 제국의 황제로 선출된다. 그는 카를 5세(Karl V, 1519-1556)로 등극한다. 5일 후인 1519년 7월 3일, 황제는 선제후 프리드리히가 기안한 취임 공약에 서명한다. 황제의 통치에 대한 제국의회의 참여, 황제의 권력이 제국 헌법의 틀을 벗어날 때 제국의회가 이에 저항할 수 있는 권리가 이 공약에 포함되어 있었다. 또 제국의 어떤 사람도 제국의회의 공정한 심문 절차 없이 황제에 의해 파문을 당하지 않는다는 조항도 있었다. 이 조항은 나중에 선제후 프리드리히가 루터의 생

카를 5세
[자료 출처: 위키미디어]

명을 보호할 수 있는 법적 보호막이 된다.

2) 스페인의 왕이었던 카를 5세는 제국의 황제로 선출된 후에도 스페인의 왕이었다. 그러므로 그는 독일에서 자기를 주장하기 어려웠다. 20세의 청년으로 제국의 황제가 된 그에게는 독일의 모든 것이 낯설었다. 그에게는 제국 정치의 경험도 없었고 권위도 없었다. 그는 독일어도 거의 알지 못했다. 독일의 제후들은 스페인 출신의 황제가 제국을 지배하게 된 것에 굴욕감을 느끼고, 그를 거부하는 태도를 취하였다. 사실 제후들은 자기 아들보다도 더 어린 20세의 청년을 황제로 인정하기 어려웠다. 또 교황 선출에서 탈락한 프랑스의 프랑수아 1세와 오스만 제국의 터키인들이 황제를 위협하였다.

이같은 상황에서 20세의 황제 카를 5세가 등을 기댈 수 있는 것은 교황 밖에 없었다. 그러므로 황제는 교황과 손을 잡게 된다. 교황의 뜻에 따라 그는 (1) 가톨릭 체제에 근거한 옛 로마 제국의 회복, (2) 유럽을 위협하는 이슬람 세력에 대한 가톨릭교회의 보호를 자기의 정치적 목적으로 설정한다. 그는 가톨릭 정신으로 무장된 신성 로마 제국 최고의 통치자로서, 오스만 제국의 위협을 꺾고, 가톨릭교회의 수호자가 되고자 한다. 루터 문제를 잘 알지도 못했던 카를 5세가, 황제로 선출된 지 2년 후에 열린 1521년 보름스 제국의회에서 교황의 뜻에 따라 루터를 파문한 것은 이같은 역사적 상황에 기인한다.

3) 신임 황제의 정치적 목적을 이루기 위해 가장 먼저 필요한 것은, 수많은 영지로 나누어진 독일 지역을 통일하여 강력한 중앙집권제를 이루는 일이었다. 그에게 중요한 것은 "많은 통치자를 갖는 것이 아니라, 제국의

전통에 따라 단 한 사람의 통치자를 갖는" 일이었다(Gebhardt 1976, 88). 그러나 독일 제후들의 강력한 저항, 오스만 제국 및 프랑스와의 전쟁은 그의 정치적 목적을 가로막는다. 또 스페인에서 일어난 반란을 평정하고 자기의 통치권을 유지하는 일도 그에게 정치적 장애물이 된다.

황제가 된 카를 5세는 유럽의 지배권 문제로 1544년까지 프랑스와 전쟁을 하게 된다. 이와 동시에 그는 유럽을 위협하는 오스만 제국(터키인들)을 막아야만 했다. 이같은 정치적 상황 때문에 황제는 루터 문제에 집중하기 어려웠다. 그는 자신의 입지를 강화하기 위해 교황과 손을 잡았지만, 제후들의 경제적·군사적 도움을 필요로 하였다. 그러므로 그는 루터를 지지하는 제후들의 의사를 무시할 수 없었다. 한마디로 그는 교황과 제후들 양편의 눈치를 보아야 하는 곤혹스러운 위치에 서게 된다.

3. 세계관의 확대, 상공업의 발전과 시민계급의 등장

1) 1492년에 콜롬부스가 아메리카 대륙을 발견한 일은, 중세 말기 유럽 세계에 거대한 변화를 가져왔다. 그것은 먼저 유럽인들의 세계관을 확대시키는 데 결정적으로 기여하였다. 대양의 새로운 항로와 거대한 식민지 개척, 아메리카 대륙과의 통상을 통해 중세기 유럽인들의 지중해와 유럽 중심의 세계관은 범세계적 세계관으로 확대되었다. 우리는 이 확대의 영향을 먼저 천문학 연구에서 볼 수 있다. 1510년에 기본적 틀이 완성된 코페르니쿠스의 지동설은 종래의 지구 중심의 세계관을 태양 중심의 세계관으로 바꾸는 계기가 되었다. 코페르니쿠스 이후 여러 천문학자와 수학자가 끊임없이 제기한 지동설은, 가톨릭교회가 교리로 가진 지구 중심

의 세계관을 부인하고, 태양 중심의 거대한 우주를 보게 하였다.

세계관의 확대는 기존의 사회 구조와 질서에 대한 회의를 불러일으켰다. 로마 교황과 성직자들이 모든 것을 지배하는 전통적 사회구조 및 교회의 법과 제도와 교리는 더 이상 자명적인 것으로 인정되기 어려웠다. 절대성을 주장하는 기존의 모든 것이 흔들리게 되었다. 학문의 영역에서도 새로운 변화가 일어나게 된다. 오컴의 유명론은 토마스의 "옛날의 방법"(via antiqua) 대신에 "현대의 방법"(via moderna)을 제의한다.

이에 상응하여 전통적 형이상학과 스콜라 신학이 회의의 대상이 된다. 신자들의 경건과 신앙생활에 조금도 도움이 되지 않는 스콜라 신학의 철학적 사변과 언어의 유희 대신에, 순수한 믿음과 경건의 회복에 대한 요구가 일어난다. 순수한 믿음을 지키기 위해 박해를 불사하는 카타리파, 발도파, 보헤미아 형제연합교회가 이에 영향을 준다. 이리하여 소유를 함께 나누며 그리스도를 닮고자 하는 형제자매들의 공동체들이 등장하여, 제도화 및 형식화된 교회를 상대화시킨다. 구원의 확신을 주지 못하는 교리와 스콜라 신학 대신에 성경 말씀에 대한 관심으로 말미암아 성경이 여러 나라의 언어로 번역된다. 1486년 독일 마인츠의 대주교 베르톨드(Berthold)는 교회의 검열을 받지 않은 성경 번역의 인쇄를 금지하였다. 그러나 이같은 조치는 새로운 시대적 추세를 막을 수 없었다. 루터의 종교개혁은 이같은 시대적 추세의 귀결이라고 볼 수 있다.

2) 아메리카 대륙의 발견은 유럽의 경제를 활성화시키는 결정적 계기가 되었다. 수천만 명에 달하는 인디오스와 아즈텍 원주민을 죽이고, 신대륙에서 반입한 엄청난 양의 금과 은은 유럽 경제를 활성화시키는 기초가 되었다. "황금의 도시 엘도라도"의 신화, 볼리비아의 포토시 은광(은을 모두 채

취하여 광산 전체가 벌집처럼 되었는데, 지금은 쓰레기 매립장이 되었다고 함. 그 비참상에 대해 인터넷 사진 참조)은 아메리카 대륙에 대한 당시 유럽 국가들의 착취가 얼마나 심했는지를 보여준다. 신대륙에서의 착취를 통해 스페인, 포르투갈, 영국, 프랑스, 네덜란드가 경제 및 군사 강국으로 부상하였다.

유럽 내륙에 위치한 독일은, 바다가 북쪽에만 있기 때문에, 신대륙 발견의 경제적 혜택을 누리기 어려웠다. 그러나 독일 주변 국가들의 경제적 호황은 독일 경제에도 영향을 주었다. 이탈리아 북부의 경제 활동이 차츰 유럽 대륙으로 확장되면서, 독일의 대도시를 중심으로 상공업이 발전하기 시작했다. 섬유산업 외에 구리와 철강 생산을 중심으로 한 광산업, 에르츠 산맥(Erzgebirge)에서 발견된 은광, 이와 연관된 제련 및 도금의 우수한 기술이 크게 발전하였다. 상공업자들은 대양의 새로운 통상로를 개척하고 사업을 확장시켰다. 원자재의 수입과 공산품의 수출, 식료품과 기호품이 중요한 품목들이었다. 점점 더 활발해지는 통상과 함께 세계 각지를 대상으로 한 상사들이 곳곳에 세워졌다. 상사들이 있는 곳에는 자본이 집중되었다. 상사들은 은행을 세우기도 하였다. 이 은행들은 유럽 중부의 경제적 발전을 위한 자금줄이 되었다.

먼저 독일 남부에 위치한 사업가들이 크게 성공하였다. 가장 유명한 사업가들은 아욱스부르크의 푸거(Fugger) 가문과 벨스(Wels) 가문의 인물들이었다. 유명한 푸거 가문은 범세계적 통상관계를 가진 동시에 은행 거래에서도 중요한 위치를 차지하였다. 그들은 아메리카 대륙의 식민지들과도 거래 관계를 가지고 있었다. 대부업을 통해 푸거 가는 교황과 합스부르크 왕가와 관계를 갖기도 하고, 예술을 장려하였다. 푸거 가의 은행이 빌려준 돈의 힘으로 스페인의 카를로스 1세가 신성 로마 제국의 황제로 선출될 수 있었다. 독일 남부 지역, 특히 아욱스부르크와 뉘른베르크를 중심으로 일어난 경제 발전은 쾰른, 마인강의 프랑크푸르트, 스트라스부르크 등의 크고 작은 도시들로 확장되었다. 많은 은광을 가진 작선 지역이 이에 가세하였다.

3) 독일의 전통 사회는 성직자, 귀족, 농민 계층으로 이루어진 계급사회였다. 그런데 경제의 발전과 함께 새로운 도시가 형성되고, 주체의식을 가진 시민계급이 등장하였다. 1521년 독일에는 86개의 도시가 있었다. 수공업, 예술, 건축을 중심으로 한 문화가 이 도시들을 중심으로 발전하였다. 사회 각 계층은 자신의 법을 가지고 있었다. 시민들은 도시법을, 농민들은 촌락법을, 귀족들은 그들 자신의 법원을 가지고 있었다. 성직자들은 교회가 제정한 법에 따라 재판을 받는 특권을 가지고 있었다. 도시의 시민 계층은 그 도시 안에 살고 있는 성직자들의 특권을 폐기하고자 했지만, 교황청의 반대로 그것은 불가능하였다.

제국 기사가 주축을 이룬 귀족들은 "본래 자유로운 소유를 갖지 못하였음에" 반해, 도시의 시민계급은 "소유의 자유"를 가지고 있었다. 소유의 자유를 가진 시민계급과, 소유가 별로 없는 귀족들 및 농민들 사이에는 상당한 경제적 차이가 있었다. 이로 말미암아 시민계급이 살고 있는 도시는, 그 주변의 지역과 구별된, 그 자신의 법을 가진 독립적 공동체로 발전하였다. 오늘날에도 독일의 대도시 외곽지역에서 볼 수 있는 성벽이 이를 증명한다. 성벽을 통해 대도시는 주변의 다른 지역들로부터 구별되었다.

도시의 시민계급은 "시민의 자유를 목적으로 한" "결사"(結社)를 조직하고, 성직자계급과 전통적인 귀족계급에 맞서 자유를 주장하게 된다(Hegel 1968, 856). 부를 소유하게 될 때, 지배층의 권위에서 자유롭게 되는 역사의 법칙이 여기서도 나타난다. 이리하여 시민계급은 전통적인 귀족계급 및 성직자계급과의 충돌 속에서 "부자유를 벗어나 자유"를 주장하며, 성직자들과 전통적 귀족들의 간섭을 벗어난 자율적 통치기구를 갖게 된다. 이런 도시에서는 성직자나 귀족보다 시민들이 더 큰 힘을 가진다. 물론 그렇지 못한 도시들도 있었다. 쾰른은 주교의 간섭에서 해방된 자유도시로 발전한 반면, 마인츠는 그렇지 못하였다(842-844). 자율적 통치기구를 가진 자유도시들은 나중에 루터의 종교개혁을 지방으로 확산시키는 거점 역할을 하게 된다. "종교개혁 초기에 도시와 지방 주민들의 사회적 동요는 (종교개혁을 추진하는) 주요 역할을" 하였다(Hamm 2008, 25).

상공업의 활성화를 통해 경제력을 갖게 된 시민계급과 도시의 지식인들은 가톨릭 체제에 대한 강한 불만과 함께 교회개혁의 필요성을 인식하였다. 이리하여 1512년 로마에서 열린 제5차 라테라노 공의회 개회사에서 당시의 신학자 에기두스(Ägidus von Viterbo)는 교회개혁을 공의회의 주요 안건으로 채택할 것을 다음과 같이 호소하였다. "거룩이 인간을 통해 변화되는 것이 아니라, 인간이 거룩을 통해 변화되어야 한다. 이 공의회를 통해 우리의 병을 고치지 않는다면, 기독교계와 종교는 파멸될 것이다." 에기두스의 이 말은 당시의 많은 사람이 가톨릭교회의 "병"과, 이 병을 치료하기 위한 교회개혁의 필요성을 인식하고 있었음을 보여준다.

류장현 교수는 이같은 상황을 다음과 같이 요약한다. "당시 유럽은 정치적으로 단일국가 체제가 무너지면서 교황과 황제의 세력이 약화되어 지역 분할이 가속화되었다. 이러한 역사적 상황에서 세속 군주는 교황의 세력을 배제하고 종교를 직접 통제함으로써 자신의 권력을 강화하였고, 교회의 막대한 토지 재산을 몰수하여 재정을 충당하였다. 또한 경제적으로 봉건주의 체제가 붕괴되면서 초기 자본주의의 생산 양식과 함께 등장한 신흥 시민계급은 교회로부터의 독립과 자신들의 이익을 대변할 강력한 국가 체제를 요구했으며 교황의 과세에 불만을 품고 국왕이 교회 재산을 몰수하는 데 적극적으로 협력하였다. 이러한 역사적 상황에서 루터의 종교개혁은 자의든 타의든 교황권에서 벗어나려는 민족주의적인 영주(제후)와 신흥 시민계급의 이익과 일치할 수밖에 없었다"(류장현 2015, 139).

4) 마인츠의 인쇄업자 요한네스 구텐베르크의 금속활자 발견은(1448) 문화의 발전과 확산에 결정적으로 기여하였다. 이전에는 책 한 권을 필사하는 데 대략 2개월이 걸렸다면, 이제는 1주일에 500권이 넘는 책을 인쇄할 수 있게 되었다. 이리하여 새로운 정보를 빠른 시간 내에 전달함으로써 시민들의 의식 변화에 영향을 주었고, 성직자들의 부패와 타락, 교회개혁의 필요성에 대한 인식을 대중들에게 확산시킬 수 있었다.

루터의 종교개혁도 금속활자 인쇄술의 도움을 크게 받았다. 그것은 루터의 개혁사상을 유럽 전체에 확산시키는 비둘기 날개 역할을 하였다. 이에 대한 반대급부로 독일의 인쇄업은 호황을 누리게 되었다. 그러나 금속활자를 발견한 구텐베르크 자신은 떼돈을 벌거나 풍요로운 삶을 누리지 못했다. 그는 오히려 "42행 성경"을 인쇄하고 파산하여 결국 인쇄소를 다른 사람에게 넘겨야 했다. 그는 1460년 이후에는 지병으로 시력까지 잃어버리고, 고향 마인츠로 돌아와 대주교의 도움으로 살다가 1468년 2월 3일 쓸쓸하게 생을 마감하였다.

5) 14, 15세기에 흑사병으로 수천만 명의 인구를 상실한 유럽은, 16세기에 이르러 인구 증가 추세를 보이기 시작했다. 16세기 초 유럽의 인구는 약 팔천만 명이었다. 1600년경 독일의 인구는 약 이천만 명으로 프랑스의 인구수와 비슷하였다. 인구의 약 90%는 시골에 거주하는 농민들이었다.

이들 대부분은 지역 제후들과 교황청의 봉토를 빌려 쓰는 소작인 내지 농노로서 비참한 생활을 이어가고 있었다. 제후들과 교황청의 소작료 증액, 교회와 성직자들에게 바치는 십일조 헌금 외에 갖가지 명목의 헌금 내지 기부금과 요금은 이들의 삶을 힘들게 만들었다.

작선 지역에서 은광이 발견되자 많은 농민이 광부가 되었다. 루터의 아버지도 그중 한 사람이었다. 그러나 임금이 너무 적어 14, 15세의 청소년들도 광산에서 일을 해야만 한 가정이 먹고 살 수 있는 지경이었다. 어둡고 습기가 가득한 지하 수십 미터에서 중노동을 견디지 못해 많은 광부가 생명을 잃었다. 특히 많은 청소년이 폐병에 걸려 죽었다고 한다.

자신의 땅을 갖지 못한 하층계급의 귀족들도 매우 비참한 생활을 하였다. 이들은 귀족이란 신분 때문에 마음대로 영업행위를 할 수도 없었다. 땅을 가진 귀족들도 곡물 가격의 하락으로 인해 경제적 고통을 당하였다. 이로 인해 귀족들은 소작 농민들에게 더 많은 양보와 희생을 요구하거나, 더 많은 땅을 차지하고자 했다. 이리하여 종교개혁 이전부터 농민들의 저항과 반란이 자주 일어나게 된다. 1450년에서 1500년까지 26회의 반란이 일어났다. 1524/25년의 독일 농민전쟁은 이같은 반란의 연장선에서 일어났다.

4. 오컴의 유명론, 인문주의와 독일 신비주의

1) 오컴(W. Ockham, 1285-1349)은 14세기의 인물이지만, 15세기에 그의 유명론은 파리 대학과 교황청의 금지 조치에도 불구하고 유럽의 학문 세계에 널리 퍼져 있었다. 그것은 먼저 영국 옥스퍼드 대학과 대부분의 독일

대학 교수들의 환영을 받았다. 루터가 성경교수로 일했던 비텐베르크 대학은 독일 지역의 유명론의 중심이 되었다. 이리하여 유명론은 루터에게 큰 영향을 주게 된다.

보편개념을 실재하는 것으로 보고 개체의 가치를 인정하지 않는 실재론에 반해, 유명론은 개체의 가치를 중요시한다. 실재하는 것은 보편개념이 아니라 개체다. "실재하는 모든 것은 개별자로서 실재할 뿐이다"(Klein 1960a, 1506). 보편개념은 실재하는 것이 아니라, 같은 류의 개체들을 나타내기 위한 이름(nomen-Nominalismus)에 불과하다. 그것은 현실적으로 존재하는 사물(res)이 아니라 소리(vox)에 불과하다. "보편성은 개념의 세계에만 있을 뿐이다." 그러므로 사물에 대한 인식은 "현실적으로 실재하는 사물들과 그들의 속성에 관한" 인식이어야 하고, "모든 학문은 실재하는 개별의 사물들로부터 출발해야 하며, 그들을 목적해야 한다"(Klein 1960b, 1558). 관념의 세계 속에서 영원히 존재하는 보편자가 중요한 것이 아니라, 현실적으로 실재하는 개체들이 중요하다.

이로써 오컴의 유명론은 영원히 변하지 않는 본질에 관한 플라톤과 아리스토텔레스의 형이상학 및 이에 근거한 중세 스콜라 신학의 기초를 허물어버린다. 나아가 그것은 실재론 속에 숨어 있는 전체주의적 세계관을 파괴한다. 보편자가 하나의 "소리"에 불과하다면, 아리스토텔레스의 형이상학이 말하는 "제1원인자"(prima causa)에 기초한 위계적 세계 질서(ordo mundi)가 무너지고, 개체의 해방과 자유가 가능케 된다. 이것은 가톨릭 체제에 매우 위험한 생각이었다. 그러므로 로마 교황청은 유명론을 반대할 수밖에 없었다.

보편개념의 실재가 부인된다면, 보편개념을 사용한 토마스의 우주론적 하나님 증명은 타당성을 상실한다. 하나님이 모든 사물의 제1원인임을 우리는 합리적으로 증명할 수 없다. 하나님에 대한 신앙과 인간의 이성은 별개의 것이다. 따라서 하나님은 인간의 이성에 의해 증명될 수 없다. 하나님 증명은 이성의 일이 아니라 "신앙의 일"이다. 신앙에 관한 일들은 이성을 통해 근거될 수 없다. "신앙에 관한 일들의 영역과 이성은 별개의 것이라는 점을 밝히는 것이 오컴의 중요한 관심사였다"(Loofs 1968, 505).

신앙과 이성이 별개의 것이라면, 신학은 학문이 아니다. "신학의 명제들은 논리적으로 증명될 수 없다. 그것들은 순수히 신앙의 명제들로서, 성경의 권위에 의해 지지를 받을 수 있다"(Hägglund 1990, 152). 따라서 신학과 철학은 별개의 것이다. 신학은 성경의 권위에 근거하는 반면, 철학은 인간의 이성에 근거한다. "하나님과 인간, 이성과 계시, 지식과 신앙 사이에는 깊은 심연"이 가로막고 있다. "인간의 이성은 하나님의 무한성에 도달할 수 없다. 하나님은 멀리 계신 분, 숨어 계신 분, 전능하신 분"으로, "인간은 오직 믿음을 통해 그를 확신할 수 있다.…'*credo ut intelligam*'(나는 이해하기 위해 믿는다)은 '*credo quia absurdum*'(나는 불합리하므로 믿는다)으로 대체된다. 믿음에 대한 유일한 원천은 성경이다"(Gebhardt 1976, 62). 교회의 가르침과 진리에 대해 유일한 권위를 가진 것도 성경이다. 성경은 성령의 직접적 영감으로 기록된 것이기 때문이다.

성경이 유일한 권위를 가진다면, 교회의 교리는 절대성을 주장할 수 없게 된다. 교황도 절대권을 주장할 수 없다. 그러므로 오컴은 독일 바이언 왕 루드비히(Ludwig)와 교황 사이에 일어난 분쟁과 관련하여 "교황 절대주의"를 부인한다. 그는 "세속의 일들에 대한 교황의 모든 간섭"을 반대하고, "국가의 주권은 교회로부터 자유롭다"고 주장한다. 오컴에 따르면, "교황은 영적 영역 안에서만 최고의 권위를 가진다. 그러나 교황은 황제의 권력의 원천이 아니다. 황제 선출의 타당성에 대한 교황의 재가는 불필요하다. 세속의 공직자를 자유롭게 선출할 수 있는 권리를 부인할 자격을 가진 사람은 아무도 없다"(Klein 1960b, 1560).

결국 오컴은 파리 대학의 교수직을 버리고 바이언으로 피신한다. 1349년에 그는 뮌헨에서 사망한다. 그가 제창한 "현대적 방법"(via moderna) 곧 실재하는 개별자로부터 시작하여 이성을 통한 합리적 인식에 도달하고자 하는 방법은, 실재론에 기초한 종래의 형이상학적 방법에서의 해방을 일으킨다. 이로써 중세 스콜라 신학의 와해가 일어나게 된다. 신앙에 관한 일들(credenda)과 이성은 별개의 것이라는 오컴의 인식은 "스콜라 신학의 전제들을 파괴하여버렸다.…그러므로 학문의 역사에서 의심할 수 없는 진보를 이룬 (오컴의) 유명론은 중세기 대학의 학문에 대해 해체하고 파괴하는 의미를 가질 뿐이었다"(Loofs 1968, 505).

루터가 아리스토텔레스의 철학과 이에 기초한 중세 스콜라 신학을 버리고 성경으로 돌아온 것은 유명론의 영향이라 말할 수 있다. 유명론의 영향으로 그는 스콜라 신학과 아리스토텔레스의 철학을 버리고 성경을 진리의 샘(fons)으로 파악한다. 그러나 구원론 문제에서 루터는 오컴의 유명론을 떠난다. 인간 자신의 능력과 공적을 통해 하나님의 구원의 은혜에 기여할 수 있다는 유명론의 주장은 바로 스콜라 신학의 반(半)펠라기우스주의의 구원론과 일치하였다. 루터는 중세기 "가톨릭 신학을 그의 유명론적 학교교육의 안경을 통해 보았고, 유명론과 자기의 관계를 여러 번 부인하지" 않았다. 그러나 그는 "도덕적 선(bonum morale)과 공적들의 선(bonum meritorium)을" 결합시킴으로써, "가장 명백한 신-반펠라기우스주의"의 한계를 넘어서지 못하는 오컴주의는 결국 "유명론적 스콜라 신학"에 불과하다는 사실을 파악하고 오컴주의를 포기한다(507-508).

2) 15세기에 이탈리아에서 시작되어 독일로 확산된 인문주의는 "세속주의, 개인주의, 기존 권위에 대한 도전"을 특징으로 가진다(이양호 2016, 236). 그것은 종교적 권위와 억압에서 인간을 해방하여 자신의 인격성과 주체성을 가진 개체적 존재로 계몽하고자 한 중세 말기의 새로운 사조였다. 이를 위해 인문주의는 교육을 중요시하며, "근원으로"(ad fontes) 돌아갈 것을 주장하였다. 이 근원은 고대 그리스와 로마의 문화를 말한다. 그리스-로마 시대 문화의 중흥을 통해 인문주의는 중세 암흑기의 교황 독재체제의 불합리성과 비도덕성을 극복하고, 합리성 있는 세계를 이루고자 하였다. 인문주의는 인간의 육과 물질 및 세속을 부인하는 금욕주의적 태도를 지양하고, 세속의 아름다움을 향유하는 삶의 태도를 회복하고자 하였다.

이를 위해 고대 그리스와 로마시대의 많은 저술이 번역되고, 이 저술들에 대한 비판적 분석과 해석이 발전한다. 또 고대시대의 예술과 건축이 재활한다. 그 여파로 그리스어 신약성경과 히브리어 구약성경이 번역된다. 성경 본문에 대한 비평적 연구를 통해 성경을 바르게 이해하려는 작업들이 일어난다. 이를 통해 기성 교회의 교리와 많은 가르침이 옳지 않다는 사실이 드러나게 된다.

인문주의의 대표자는 네덜란드 로테르담의 에라스무스(Erasmus, 1466-1536)였다. 로테르담에서 사제의 사생아로 태어난 그는(이상성 2016, 162) 성경의 진리를 도덕적으로 이해한다. 그에게 예수는 도덕적 종교성의 교사요 완성자였다. 예수의 산상설교는 도덕적 종교성의 왕관이었다. 고대 그리스와 로마의 학자들이 가르친 모든 진리와 선이 예수 안에서 하나로 결합되어 실체화된다. 도덕적 종교성에 근거하여 에라스무스는 교회개혁을 주장하면서 당시의 가톨릭교회를 비판한다. 인간의 자유의지 문제로 인해 루터와 에라스무스는 결별하지만, 성경 번역과 교육의 필요성 및 교회 개혁의 필연성에 대한 에라스무스의 확신과 교회 비판은 루터에게 영향을 주었다. "근원으로"(ad fontes) 돌아가야 한다는 인문주의의 좌우명은, 루터가 스콜라 철학을 버리고 "성경으로" 돌아가는 데 큰 영향을 준 것으로 보인다.

인문주의의 영향 속에서 유럽 대학들이 취한 "새로운 방법"(via moderna), 곧 교회의 간섭에서 자유로운 학문의 방법은 교회에 대해 비판적 태도를 취할 수밖에 없었다. 본래 독일 인문주의 운동의 중심지는 1517년에서 1521년까지 번성기를 누린 에르푸르트(Erfurt) 대학이었다. 1520년에 교황의 심판을 받은 독일의 인문주의자 로이힐린(J. Reuchlin, 1455-1522)을 지지하는 "어두운 남자들의 서신들"(개혁을 거부하는 보수주의자들의 Epistulae obscurorum viorum)은 이 대학의 인문주의 단체에서 나온 문서였다.

작센의 선제후 프리드리히는 1502년 7월 비텐베르크에 대학을 세우고, 인문주의 사상을 가진 젊은 교수들을 채용한다. 이리하여 비텐베르크 대학은 인문주의 정신으로 충만하게 된다. 1507년에 교황의 인가를 받은 비텐베르크 대학은 루터의 종교개혁의 산실이 된다. 인문주의 정신에 고취된 이 대학의 교수들과 학생들의 교회 비판적 태도에 힘입어, 루터는 1520년 12월 10일 교황의 파문 경고장을 불에 태워버린다.

루터를 위시한 종교개혁자들은, "인문주의가 없었더라면 종교개혁이 없었을 것이다"라고 말할 정도로 인문주의의 영향을 받는다(이양호 2016, 224). 그러나 루터는 구원의 문제에서 에라스무스가 주장한 인간의 자유로운 의지의 능력 곧 "자유의지"를 반대하면서 인문주의와 결별한다. 그는 "인간 본성의 타락설을 지지하면서, 에라스무스를 '수다쟁이', '회의주의자' 또는 '에피쿠로스 돼지우리 안에 있는 돼지'"라고 비난한다(이상성 2016, 175. 자세한 내용에 관해 이 책의 제4부 VI. 4. 참조).

3) 루터가 독일 신비주의를 깊이 연구하였거나, 신비주의자와 접촉하였다는 증거는 발견되지 않는다. 오히려 종교개혁의 과정에서 그는 신비주의를 경계하는 입장을 취한다. 그는 신비주의적 소종파(츠빅카우의 예언자들)를 배격하며, 이들을 "광신자들"(Schwärmer)이라고 부른다. 신비주의는 그리스도 안에서 계시된 하나님과 성경을 경시하고, 영을 통하여 각 사람에게 직접 주어지는 "내적인 빛"과 하나님의 직접계시를 중요시하기 때문이다. 그러나 각 사람의 영혼 내면에서 경험되는 하나님의 죄용서와 의롭다 하심(칭의)에 대한 각 사람의 직접적 체험을 말하는 루터의 칭의론은 신비주의의 영향을 보여준다.

루터에게 영향을 준 것으로 보이는 신비주의는 "독일 신비주의의 아버지"라고 불리는 마이스터 엑하르트(Meister Eckhart, 1260-1327)와 그의 제자 타울러(J. Tauler, 1300-1361경) 및 조이제(H. Seuse, 1298-1366경)가 대변하는 독일 신비주의였다. 신비주의가 강조하는 하나님과 각 사람의 직접적 만남 및 내적 연합은 성직자계급을 상대화시키며, 제도교회의 모든 형식과 교리는 물론 구원의 중재기관으로서의 교회 자체를 상대화시킨다. 신비주의의 이같은 귀결은 루터의 종교개혁 사상과 상통한다. 구원의 길은 인간 자신의 힘으로 행하는 업적이나 공적이 아니라, 각 사람의 영혼 내면에서 일어나는 하나님 체험에 있다는 신비주의의 가르침은 루터의 칭의론과 공통점을 가진다. 선한 공적이 선한 사람을 만드는 것이 아니라, 선한 사람이 선한 공적을 행한다는 엑하르트의 말이 루터의 문헌에 거듭 나타난다. "하나님의 친구들"(요 15:14에서 유래하는 명칭)이라 불리는 신비주의자들 사이에 널리 퍼진 "완전한 삶"이라는 제목의 문서를 루터도 잘 알고 있었다. 그는 이 책을 읽고 극찬하였다. 나중에 그는 이 책을 『독일 신학』이라는 제목으로 다시 발행하였다.

신비주의 계열에서 일어난 영적 부흥운동은 "현대적 헌신"(*Devotio moderna*)이라고 불린다. 이 운동은 사변적 성격을 갖기보다, 신자들의 깊은 영성과 경건을 배양하고자 하는 실천적 성격을 가진다. 1956년 토마스 아켐피스(Thomas a Kempis)가 그 저자로 밝혀진 문헌 「그리스도를 닮음」(*De imitatione Christi*)은 신비주의 계열에서 유래한다. "오직 그리스도만이"(*solus Christus*) 우리의 구원자가 되신다는 루터의 그리스도 중심의 구원론은 신비주의와 일치하지는 않지만, 신비주의의 깊은 영성과 경건은 루터에게 영향을 준 것으로 보인다.

5. 신자들의 통속적 경건과 미신

1) 종교개혁이 시작될 당시, 교회가 가르치는 통속적 경건과 미신이 민중들의 삶을 지배하고 있었다. "독일 신자들 사이에 경건의 강도가 정점에 도달하였다"고 말할 정도였다(Moeller 1999, 38). 귀신과 운명 및 특별한 징조에 대한 각종 미신(지금도 독일인들은 13일의 목요일을 불길한 날짜라 하여 외출을 피함), 기적에 대한 믿음, 특별히 거룩하다는 장소(예를 들어 마리아가 나타났다는 장소)의 참배, 로마에 있는 사도들의 무덤, 예루살렘을 위시한 특별한 장소, 성상이 서 있는 곳, 하나님의 계시가 일어났다는 곳을 향한 순례, 세계의 대 파멸이 일어날 묵시사상적 종말신앙 등이 신자들의 삶을 제약하였다.

성인 숭배는 통속적 경건과 미신의 가장 대표적 형식이었다. 교회가 공적으로 추대한 성인들은 자신의 의로움과 구원을 위해서는 물론, 다른 사람들에게 나누어줄 수 있는 공적, 곧 "보물"을 쌓아둔 사람으로 생각되었다. 그래서 위급한 일이 생기면 신자들은 죽은 후 하늘로 올라간 성인들을 찾았다. 그들은 하늘에 있는 성인들에게 기도하고, 헌물을 바치며, 그들 앞에서 맹세를 하고, 그들을 경외하는 축제를 행하였다. 매년 11월 1일은 모든 성인을 기념하는 가장 큰 축제의 날이었다. 하늘의 성인들은 "사람들이 그들에게 고하는 어려운 일들을 위해 하나님께 강력한 대도(代禱)를 드림으로써, 이 모든 것에 응답하는 우리의 조력자요 보호자(Helfer und Schützer)가 되신다"고 신자들은 믿었다(Hirsch 1963, 133).

루터는 당시 성인 숭배의 현실을 「대교리문답서」에서(1529) 다음과 같이 소개한다. 이가 아프면, 금식을 하면서 성녀 아폴리나(Apollinia, 248/49년 이를 모두 깨뜨린 채 순교를 당한 로마의 순교자)를 경배하고, 화재를 두려워하면 성인 라우렌티우스(Laurentius, 258년 불에 타 순교를 당한 로마의 순교자)에게 도움을 간구하고, 전염병을 두려워하면 성인 세바스티안(Sebastian, 288년의 순교자)과 로키우스(Rochius, 1327년 흑사병자들을 돌보다가 사망한 프란치스코 수도사)에게 서약을 하였다. 각자가 자기의 성인을 선택하여 그를 경배하고, 어려운 일이 생기면 그에게 도움을 간구하였다. 또 어떤 사람은 마술가 및 요술사와 계약을 맺고, 그들을 돕고 가축을 보호해주며, 잃어버린 돈을 다시 찾도록 해주는 대가로 거액의 돈을 바쳤다(1964b, 23-24).

헤겔에 따르면, 성인 숭배가 크게 유포된 원인은 하나님의 거룩과 진리를 성직자들의 전유물로 보았던 가톨릭교회의 전통에 있었다. 교황을 머리로 둔 성직자는 사도계승을 통하여 하늘나라의 열쇠를 가지고 있는 특별한 인물인 반면, 평신도는 하나님의 진리와 거룩에서 단절되어 있다고 생각되었다. 평신도는 오직 성직자의 중재를 통해서만 하나님과 교통할 수 있고, 거룩과 진리에 가까이 갈 수 있었다. 그들은 신적인 것을 인식할 수 없고, 그것에 가까이 갈 수 없는 존재였다. 이리하여 "성인들의 숭배"와 "성인들과 그들의 삶에 관한, 수도 없이 많은 꾸민 이야기와 거짓말"이 등장하였다(Hegel 1968, 823-824).

2) 성인 숭배 가운데 가장 높은 위치를 차지한 것은 마리아 숭배였다. 가정과 마을 및 도로와 병원시설, 심지어 마구간에도 마리아 상이 세워져 있었다(가톨릭교회가 강한 지역에서는 지금도 이것을 볼 수 있음). 하나님(그리스도)의 어머니 동정녀 마리아는 "하늘의 여왕"으로서, "모든 종교적 활동의 형식들과 매우 밀접하게 결합되어 있었다. 그리하여 마리아 숭배가 없는 가톨릭교회의 경건은 존재하지 않는다"고 말할 정도였다. 신자들이 드리는 매일의 기도는 주기도와 아베 마리아를 하나로 결합한 것이었다. 기도를 드릴 때는 언제나 마리아에게 기도하였다. 매주 토요일은 마리아의 날이었고, 매년 5월은 마리아의 달이었다. 일 년 중에 열리는 마리아 축제의 수는 너무도 많아서 마리아가 그리스도보다 더 높을 정도였다. 마리아의 승천은 그리스도와 마리아의 동등한 위치를 강화하였다. 마리아에 대한 특별한 숭배(Hyperdulie) 속에서 예수에 대한 숭배는 거의 사라질 정도였다. 마리아의 아들 그리스도는 특정한 사람에게 구원의 은혜를 허락하여달라는 어머니의 기도를 틀림없이 들어주신다고 믿었다. 마리아는 "모든 은혜의 중재자"의 위치에 있었다(Hirsch 1963, 133-134 참조).

헤겔에 따르면, 마리아는 "순수한 사랑, 곧 어머니의 사랑의 아름다운 상"이었다. 이리하여 하나님에 대한 영적 예배가 사라지고, "그리스도는 옆으로 밀려나버렸다. 하나님과 인간의 중재가 외적인 것을 통해 이루어지는 것으로 생각되었다. 이리하여 자유의 원리가 곡해되고, 절대적 부자유가 법이 되었다." 그리스도께서 "곳곳에서 이 사람 저 사람에게 나타났다"는 이야기들이 무성하였다. 그리스도께서 현현하여 그의 핏자국들을 보여주었다는 신비한 장소가 곳곳에 있었다. 그런데 그리스도보다 더 자주 나타난 것은 신적인 어머니 마리아였다. 이 신적인 어머니는 중재자 그리스도보다 사람들에게 더 가까운 존재로서 "중재자와 사람 사이에 있는 여성 중재자"였다. 기적을 행한다는 마리아의 성상은 "하나님의 은혜롭고 자비한 현존을 나타내는 성체와 같은" 것이었다. 이 시대의 교회는 "기적으로 가득한 세계"였다(Hegel 1968, 825-826).

3) 성인 숭배와 더불어 신자들의 경건을 크게 지배한 것은 성상 숭배와 성유물 숭배였다. 조각품과 그림들을 교회에 비치하게 된 것은, 글을 읽지 못하는 신자들에게 성경의 이야기를 전하거나 신앙심을 불러일으키기 위해서였다. 그러나 시간이 지나면서 성상과 성유물은 숭배의 대상이 되었다. 루터의 「슈말칼던 조항」(Die Schmalkaldischen Artikel, 1538)에 따르면, 모든 경건한 그리스도인은 거룩한 성유물을 소유하고 그것을 숭배하고자 하였다. 작센의 선제후 프리드리히처럼 거대한 성유물 수집을 보유한 귀족들도 있었다. 그토록 많은 성유물이 있을 리 없었기 때문에 "개 뼈나 말 뼈"를 성유물이라고 속이는 일도 있었다(1964b, 187).

성상이나 성유물 숭배가 중세기에 크게 번창한 것은, 이들을 손으로 만지면, 거기서 나오는 신비한 힘으로 죄용서를 받을 수 있고, 질병의 치료를 받을 수 있다는 믿음 때문이었다. 성인 숭배와 더불어 성상과 성유물 숭배는 하나님의 구원의 은혜를 얻을 수 있는 공적으로 간주되었다. 이리하여 신자들이 그리스도를 경배하지 않고, 성상이나 성유물을 경배하는 "우상숭배"가 일어났다.

중세 말기에 신자들이 성상이나 성유물 앞에서 헌금을 바치는 것은 보편화되어 있었다. 교회나 수도원은 성상이나 성유물을 보관하고, 이를 돈벌이의 수단으로 삼았다. 이 돈은 교회나 수도원을 세운 귀족과 고위 성직자의 소유가 되거나 교황청의 수입이 되었다. 성유물 도난 사건이 일어나기도 했고, 기적에 대한 신자들의 믿음을 이용한 "경건한 사기"가 일어나기도 하였다. 신자들이 바치는 적선으로 무위도식하면서 거룩한 자로 자처하는 사이비 종교인의 무리도 있었다. 1520년대에 루터를 위시한 개혁파 인물들이 구걸과 걸식 수도사 제도를 금지한 이유가 여기에 있다.

4) 중세기의 그림에서 우리는 연옥의 펄펄 끓는 유황불 속에서 고통을 당하는 사람들, 지옥에서 쇠몽둥이를 들고 있는 마귀들의 모습을 볼 수 있다. 이 그림들은, 신자들이 연옥과 지옥의 형벌에 대한 불안과 두려움 속에서 살고 있던 중세 말기의 상황을 나타낸다. 연옥과 지옥의 형벌을 면하고, 하나님의 죄용서와 구원을 얻는 것이 신자들의 중요한 관심사였다. 이를 위해 하나님의 은혜가 필요하였다. 그런데 이 은혜는 신자들이 하나님에게서 직접 받을 수 있는 것이 아니라, 구원의 중재자인 성직자들이 줄 수 있는 것이었다. 신자들은 이 은혜를 회개(metanoia, poenitentia, 고해성사)의 성례를 통하여 얻을 수 있었다.[1]

회개의 성례는 마음의 깊은 통회(contritio cordis), 사제에게 입으로 고하는 죄의 고백(confessio oris), 죄에 대한 업적의 보상(satisfactio operis)을 바치는 세 가지 단계로 구성되었다. 진정으로 통회했는지 그렇지 않았는지의 여부는 사제의 판단에 맡겨야 했다. 죄의 고백에서 교회는 중요한 죄는 물론 모든 세세한 죄들까지 고백해야 한다고 가르쳤다. 그래서 신자는 "그의 모

---

1) 마 4:17의 그리스어 *metanoia*(라틴어 *poenitentia*)를 루터는 Buße 곧 "회개"로 번역하기 때문에, 이 책은 *poenitentia*를 "참회"로 번역하지 않고 "회개"로 번역함.

든 세세한 행위를 고백사제 앞에서 늘어놓아야 했다"(Hegel 1968, 826). 그다음에 사제는 신자가 죄에 대한 보상으로 무엇을 행해야 할 것인가를 명령하였다. 사제는 며칠간의 금식, 밤에 잠자지 않고 깨어 기도하기, 교회 청소, 마리아와 안나의 성상 숭배, 순례, 가난한 사람들을 위한 구제 등을 명령하기도 하고, 재산을 교회에 바칠 것을 명령하기도 하였다. 하나님께 바치는 보상 행위들이 나중에 돈으로 대체되기도 하였다.

이리하여 하나님의 죄용서와 구원은, 성직자가 명령하는 "외적 행위들, 신자들이 행한 업적(opera operata)을 통하여" 얻을 수 있는 것이 되어버렸다. 자신이 업적을 행할 능력이 없을 경우, 다른 사람이 이를 대행해줄 수도 있었다. 성인들이 쌓아둔 공적(보물)을 교회에 돈을 바치고 구입하여 그것을 자신의 공적으로 교회에 바칠 수도 있었다. 한마디로 하나님의 죄용서와 구원은 돈으로 살 수 있는 상품처럼 되었다.

이것을 가장 노골적으로 보여주는 것은 가톨릭교회의 면죄부 장사였다. 살아 있는 사람의 죄에 대해서는 물론, 죽은 다음 연옥에 있는 조상들이나 친척들의 죄용서와 구원도 면죄부 구입을 통해 얻을 수 있었다. 태어나서 죽을 때까지 지은 모든 외적인 죄는 물론 마음속 깊이 숨어 있는 죄의 형벌까지 면제받을 수 있는 "완전 면죄부"는 가장 값비싼 품목이었다. 그것은 곧 하늘나라에 들어갈 수 있는 보증수표였다. 천년 동안 죄벌을 면제하는 면죄부도 있었고, 만년 동안 면제하는 면조부도 있었다. 죄벌을 면제받는 기간에 따라 면죄부 가격이 달랐다.

결론적으로 중세 말기 신자들의 통속적 경건은 그들에게서 돈을 착취하는 수단으로 전락한 상태에 있었다. 하나님의 구원의 은혜가 상품화되었다. 성인 숭배, 성상 숭배, 성유물 숭배, 면죄부, 각종 축제와 축일 등 "외적인 요구들"이 신자들에게 의무 사항으로 부과되었다. '가장 영적인 것,

가장 자유로운 것이 가장 노예적인 것으로" 되어버렸다. "영적인 나라"가 "영이 노예가 되어버린 나라"로 변하였다. "절대적 부자유의 상태가 자유의 원리처럼 되어버렸다"(Hegel 1968, 827). "진리를 증거하는 사람들이 사라진 것은 아니었지만, 오류와 미신이 완전히 승리하고 진정한 종교는 세상에서 제거될 것처럼 보였다. 복음은 잊힌 바 되었고 종교의 형식은 증가되었으며 사람들은 여러 가지 가혹한 요구 때문에 무거운 짐을 지고 있었다"(White 1999, 48).

6. 무지의 감옥, 마녀화형과 종교재판

1) 독재자가 자신의 권력을 유지하기 위해 필요한 일은 국민을 무지 상태에 가두어 두는 것이다. 국민이 무지에서 깨어나면 불의한 권력에 저항하기 때문이다. 중세 가톨릭교회 역시 신자들을 무지 상태에 가두어 두었다. 가톨릭교회는 신자들의 교육을 피하였고, 성경을 읽지 못하게 하였다. 신자들이 성경을 아예 갖지 못하도록 하였다. 그리고 사제들이 읽고 풀이해주는 것으로 충분하다고 가르쳤다(이것은 필자가 가톨릭교회에 다니는 친척 형님에게서 직접 들은 얘기다). 중세기에는 라틴어 성경 곧 불가타(Vulgata)만 사용되었는데, 라틴어를 배우지 못한 평신도는 이를 읽을 수 없었다. 사제들은 미사에서 라틴어 성경을 읽었고, 설교도 라틴어로 했으며, 성례의 집전도 라틴어로 했기 때문에, 신자들은 예배와 설교 및 성례에서 도대체 무엇이 문제되고 있는지 이해할 수 없었다. 그러므로 루터가 전하는 말에 따르면, 사제들은 설교에서 알아들을 수 없는 말을 "우물거리고", 자기에게 편할 대로 설교하며, 심지어 위조된 라틴어 성경을 사용하기도 하였다. 이에

관한 실화를 들어보기로 하자.

　15세기 말 영국의 의사요 수학자로서 옥스퍼드 대학 교수였던 토마스 리나커(Thomas Linacre, 1460-1524)는 헨리 7세와 8세의 주치의이기도 하였다. 1490년대에 그는 인문주의의 영향으로 그리스어를 배웠다. 그는 신약성경 복음서를 그리스어 원문으로 읽고, 이것을 라틴어 불가타와 비교하였다. 그는 비교한 결과를 일기에서 이렇게 말한다. "그것이 복음이 아니든지,…아니면 우리가 그리스도인이 아닐 것이다." 라틴어 번역은 너무도 변조되어 복음의 말씀을 제대로 전하지 못한다(아마도 교회가 라틴어 성경 번역을 마음대로 수정했던 것으로 보인다). 그럼에도 불구하고 교회는, 성경을 라틴어 외의 다른 언어로 읽고자 하는 사람을 죽이겠다고 항상 위협한다. 라틴어가 성경 본래의 언어가 아님에도 불구하고….

　어느 날 리나커는 20,000명의 청중 앞에서 그리스어 신약성경을 영국어로 번역하여 읽어주었다. 이를 들은 청중들은 기절초풍할 정도였다고 한다. 건물 바깥에는 20,000명 이상의 인파가 건물 안으로 들어오지 못해 발을 동동 굴렀다고 한다. 인터넷 구글(google)에 게재된 이 실화는 모든 신자를 무지 상태에 가두어 두었던 중세 로마 가톨릭교회의 횡포를 반영한다. 루터의 종교개혁이 시작된 지 3년 후인 1520년, 리나커는 의사 직업과 모든 사회적 직책을 버리고 가톨릭교회의 사제가 되었다.

2) 신자들을 무지 상태에 가두어 둔 가톨릭교회는 우리의 상상을 벗어나는 갖가지 횡포를 자행하였다. 그 가운데 대표적인 것이 마녀화형이다. 우리는 "마녀사냥"이라 말하지만, 사실상 그것은 마녀로 지목된 여성을 불타는 장작불 더미 위에서 태워 죽이는 것, 곧 "마녀화형"(Hexenverbrennung)을 말한다. 있지도 아니한 "마녀"라는 명목으로 사람을 산 채로 불에 태워 죽

이는 것은 신자들의 무지 상태에서만 가능한 일이었다.

화형제도는 로마 제국의 형법에서 유래하는 것으로, 부모를 죽인 자, 무당, 마법사, 방화자에 대한 형벌이었다. 처음에 교회는 화형제도를 반대하였다. 그러나 십자군 전쟁이 실패로 끝나고, 가톨릭교회의 부패와 타락으로 인해 교회와 교황의 권위를 부인하는 사람들이 많아졌다. 이에 교회는 자신의 권위를 유지하기 위해, 이른바 이단자들에 대한 종교재판과 화형제도를 도입하게 된다. 화형제도는 극도의 공포감을 조성함으로써 교회와 성직자들에 대한 비판을 억누르는 수단이었다.

아퀴나스는 "남자는 하나님의 형상으로 지음을 받았지만 여자는 그렇지 않다"는 "여성 혐오를 정당화하는 논리"로써 "마녀사냥의 근거"를 제공하였다(박양규 2017, 250). 17세기까지 마녀화형을 당한 여성들의 수는 수십만 명에 달하였다(Heussi 1971, 262). "'마녀'를 색출하기 위해 군데군데 마녀청(Hexenkammer)이 섰고, 누구든지 밀고하면 마녀로 체포되어 갖은 규문절차(inquisition)로 심판 받아 결국 장작불에 타서 화형되었다"(최종고 2017, 228). 어떤 지역에 흉년이 들거나 전염병이 퍼지거나, 교회 십자가가 망가졌다는 이유만으로 무고한 여성들을 마녀로 잡아들였다. 마녀로 지목되어 심문을 받는 사람이, 다른 사람을 마녀라고 말하면, 그 사람도 마녀로 체포되었다.

마녀심문은 매우 원시적 방법으로 집행되었다. 고문을 통해 억지 자백을 받아내는 것이 심문의 기본 방법이었다. 심문을 받는 사람이 자기가 마녀라고 자백을 하지 않으면, 자백할 때까지 고문을 하였다. 그들은 고통이 너무도 심하여 차라리 죽는 것이 낫다는 생각에서 마녀라고 자백하였다. 그들을 무거운 돌에 매달아 강물에 던진 다음 물 위로 떠오르면, 사람이 아닌 마녀이기 때문에 물 위로 떠올랐다고 화형에 처했고, 떠오르지 않고 물속에서 죽으면 마녀이기 때문에 죽었다고 하였다. 중세기 마녀화형의 현실을 박양규는 다음과 같이 전한다.

> 유럽에 흑사병이 돌았을 때, 중세 교회는 대재앙에 대한 민중의 불만을 해소하고자 유대인에게 책임을 뒤집어 씌웠다. 그로 인해 수많은 유대인이 교회에서 자행된 '합법적 살인'의 피해자가 되었다. 그 뒤로 유럽의 중세 사회에는 각종 질병과 기근, 흉작, 자연재해 등이 이어지며 붕괴 조짐을 보였는데, 그런 문제가 생길 때마다 교회는 그 원인을 종교적으로 규명하면서 새로운 피해자들을 찾아 나섰다.
> 　이때 손쉽게 사람들의 표적이 된 것은 가난한 사람이나 정신 질환을 앓고 있는 사람들이었다. 그리고 마녀사냥의 피해자 중 80퍼센트 정도가 여성이었는데 이는 마녀사냥이 사회적 약자들에 대한 폭력이었다는 사실을 분명하게 드러내 준다.
> 　종교적으로 '의심스러운' 여성들은 마녀로 지목되어 자책을 강요받았다. 안타깝게도 마녀로 지목된 사람은 죽음을 면하기 어려웠다. 고문을 이기지 못해 혐의를 인정하는 사람은 물론이고 혐의를 인정하지 않는 사람도 진짜 마녀가 아니라면 하나님이 그를 살려주실 것이라는 궤변에 따라 죽임을 당했기 때문이다. 또한 마녀사냥의 희생자들이 고문에 못 이겨 다른 사람을 마녀로 지목하면 그 피의자는 어떠한 법적인 보호나 변호도 받지 못한 채 또다시 마녀로 몰리는 악순환이 이어졌다. 그 결과 셀 수 없이 많은 사람이 억울하게 생명을 잃을 수밖에 없었다.
> 　…중세기 수많은 '마녀'는 교회의 권력 유지를 위해 희생된 사람들이었다고 할 수 있다. 중세 교회는 마녀사냥을 통해 사람들의 불만을 잠재우면서 수많은 위기 상황을 모면하고 동시에 사람들에게 공포심을 심어 주어 권위를 유

지하려고 했다. 또한 마녀로 몰린 사람들의 재산은 가차 없이 몰수되었으니 마녀사냥은 교회의 권위를 높여주면서 주머니도 두둑이 채워주는 일거양득의 '사업'이었다(박양규 2017, 248-249).

필자가 본 영화에 따르면, 한 젊은 수도사가 마을의 어떤 미혼모에게 성적 욕구를 느낀다. 어느 날 그는 그 여성을 겁탈하고자 했지만, 그녀의 필사적 반항으로 인해 실패한다. 수도원으로 돌아온 수도사는 십자가 앞에서 가죽 채찍으로 자기의 등을 때리면서 자기의 죄를 참회한다. 자초지종을 알게 된 동료 수도사가 말하기를, 그 여성 안에 있는 마녀가 그를 유혹하여 이런 일이 일어나게 되었다고 하면서 그녀를 종교재판관에게 마녀로 고발한다. 결국 그 여성은 자신의 아들이 보는 앞에서 화형을 당한다.

이 영화는 중세 시대에 대한 고증을 거쳐 제작되었기 때문에, 이 이야기는 사실일 가능성이 크다. 이와 비슷한 얘기들이 여러 책에 소개되고 있다. 동네 여자들의 질투로 인해 마녀화형을 당하는 미모의 여성들도 많았다고 한다. 영국과 프랑스의 백년전쟁(1337-1453) 때, 전쟁에 뛰어들어 프랑스 군의 사기를 크게 높인 잔 다르크도 1431년 영국군에 사로잡혀 "마법을 썼다"는 이유로 화형을 당하였다. 마녀화형의 희생자 대부분은 사회적 신분이 낮은 계층의 여성들이었다. 아름다운 집시 처녀들도 이에 속하였다.

남성도 마녀화형을 당하는 경우가 있었다. 독일 밤베르크(Bamberg)의 시장이었던 유니우스(Junius)는 1628년 마법을 썼다는 고발로 인해 심문을 당하게 되었다. 재판관들은 그의 몸에서 악마와 계약을 맺은 징표를 찾는다면서 그를 혹독하게 고문하였다. 유니우스는 고통을 이기지 못해 다음과 같은 혐의를 시인하였다. "돈 문제로 고민하다가 악마의 꾐에 빠졌습니다. 하나님을 버리고 악마의 일원으로 '크룩스'라는 새로운 이름을 얻었습니다. 악마 중 한 명과 연애를 했고, 그녀를 만날 때는 검은 개로 변신하였습니다." 물론 이것은 종교재판관이 그에게 자백하라고 강요한 것이었다.

헤겔은 그의 역사철학 강의에서 마녀화형의 횡포를 다음과 같이 전한다. 단 한 번만 사용되어야 할 고문은, 고문을 당하는 여성이 자기가 마녀라고 고백할 때까지 반복되었다. 이 여성이 고문으로 탈진하여 의식을 잃어버리면, 마귀가 그녀를 잠들게 했다고 하였다. 그녀가 경련을 일으키면, 마귀가 그녀 안에서 웃고 있다고 하였다. 그녀가 끝까지 고문을 견디면, 마귀가 그녀에게 힘을 준다고 하였다. "이 박해는 유행성 질병처럼 이탈리아, 프랑스, 스페인, 독일로 퍼져나갔다." 종교개혁이 이미 끝난 1780년에도 스위스 글라루스(Glarus)에서 여성들이 마녀화형을 당하였다. 가톨릭교회가 지배하는 지역에서 마녀에 대한 박해는 이단자에 대해서도 자행되었다(Hegel 1968, 892).

마녀로 지목된 여성에 대한 잔인한 고문은 고대 로마 제국의 법 체제에서 유래한다. 고대 로마 제국의 사법관들은, 피소된 사람이 그의 죄를 고백하도록 하기 위해 고문이 필요하다고 생각하고 "고문 자체를 피소인이 받아야 할 형벌의 일부로 간주하였다. 박해를 받아야 했던 그리스도인들은 형 집행의 과정에서보다도 로마 법정에서의 심문 과정에서 더 큰 고통을 치르지 않으면 안 되었다." 게르만족들의 로마 제국 점령을 통해 "법정 고문의 관습은 대부분 중지"되었다. 그러나 12세기에 와서 "고대 로마의 법정 고문의 관습이 다시 유행하게 되었다." 1252년 교황 인노켄티우스 4세는 이단자에 대한 고문을 인준하였다. "이로써 고문은 종교재판의 심리 과정에서 필수적인 절차의 하나로 인정받게 되었다"(White 1999, 299).

3) "종교재판"(Inquisition)은 일찍이 로마 제국 시대로 거슬러 올라간다. 380년, 로마 제국의 테오도시우스 황제는 제국의 질서와 평화 및 통일을 위해 기독교를 제국의 유일한 국가종교로 삼았다. 이로써 교회는 로마 제국을 위해 봉사하는 국가교회가 되었다. 성직자들은 국가 공무원이 되었다. 교회의 교리에 어긋나는 주장을 하고 교회를 분열시키는 것은 곧 제국의 질서와 평화를 깨뜨리는 행위로 간주되었다. 이같은 사람은 종교적 차원의 분리주의자(Schismatiker) 내지 이단자인 동시에, 국가의 질서와 평화를 깨뜨리는 범죄자로서 종교재판을 거쳐 사형을 당하였다.

13세기 초에 교황 그레고리우스 9세는 종교재판을 통한 이단자 화형을 제도화하였다. "1231년에 교황청은 종교재판관(Inquisitor)을 임명하였는데, 이들은 이단의 혐의자들을 색출하였다. 교황 인노켄티우스 3세(1198-1216)는 교회법을 정비하여, 종교재판에서 이단자로 정죄되면 "국가당국은 이단자를 공식적으로 범죄자로 취급"하도록 하였다(최종고 2017, 227). 1252년에 교황 인노켄티우스 4세는 종교재판관들에게 고문을 통해 자백을 강요할 수 있는 권한을 부여하였다. "이단자"는 곧 화형을 뜻하였다.

종교재판은 15세기에 스페인 지역에서 최고조에 달하였다. 1453년 5월 29일 오스만 제국은 비잔티움 제국(옛 동로마 제국)의 수도 콘스탄티노플(오늘의 이스탄불)을 함락하고, 이 도시를 자신의 수도로 삼는다. 이로써 비잔티움 제국이 멸망한다. 이것은 로마 교황청에게 충격적 사건이었다. 이에 교황청은 스페인의 통치자 페르디난도와 그의 왕비 이사벨라와 손을 잡고, 이베리아 반도에서 이슬람 세력을 제거하고 가톨릭화를 위한 "재정복"(Reconquista)을 추진한다. 종교를 통하여 통일국가를 이루고 권력을 장악코자 하였던 두 사람의 관심과, 이베리아 반도 전체에 가톨릭 교세를 확장시키고자 했던 교황의 관심이 일치하였다. 이리하여 1481년부터 이베리아 반도 전역에서 종교재판이 시행된다. 개종을 거부하는 아랍인들과 유대인들은 물론 가톨릭교회에 등을 돌린 발도파와 카타리파 신자들도 화형을 당하였다. 화형을 당하지 않으려면 타국으로 도피하는 길밖에 없었다.

타 종교인은 물론 가톨릭교회의 법과 교리를 비판하거나, 이에 위배되는 이론을 주장하는 사람도 종교재판을 통해 이단자로 화형을 당하였다. 교황체제를 비판했던 보헤미아의 얀 후스, 지동설을 주장한 수학자요 천문학자인 브루노(Giordano Bruno, 1548-1600)가 그 대표적 인물들이다. 종교개혁이 거의 마무리되어가던 1600년 2월 17일, 브루노는 모진 고문으로 뼈가 부러지고 근육이 짓이겨진 상태로 로마의 처형장에서 산 채로 불에 태워 죽임을 당하였다. 갈릴레이는 자기의 주장을 굽힘으로써 죽음을 면할 수 있었다(이에 관해 Moltmann 2002, 190-202 참조).

루터의 개혁운동에 참여한 인물들도 화형을 당하였다. 그들은 가톨릭체제를 거부하는 반항자요 이단자였기 때문이다. 1523년 7월 1일 브뤼셀(Brüssel)에서 이단자로 화형을 당한 아우구스티누스 수도사 에쉔의 얀(Jan v. d. Eschen)과 포에스(H. Voes), 1524년 5월에 처형된 비인(Wien)의 평신도 지도자 타우버(C. Tauber), 1528년 3월 10일과 13일에 처형된 비인의 훕마이어(B. Hubmaier)와 그의 부인 등 수많은 개혁적 인물이 가톨릭교회에 의해 이단자로 화형을 당하였다. 유럽의 많은 도시의 게토에서 살던 유대인들은 언제, 어떤 누명으로 종교재판을 당할지 모르는 불안 속에서 살았다("Ghetto"는 중세기 이탈리아 베네치아 인근의 구리 광산에서 나온 폐기물을 처리하는 곳이었는데, 이곳에 유대인들이 모여 살면서 "Ghetto"는 특정 인물들이 거주하는 폐쇄된 공간을 의미하게 되었다고 함).

박양규에 따르면, "종교재판의 과정은 공정하지 못했다. 고발당한 피의자는 재판에 소환되기 전에 이미 유죄나 마찬가지였고 변호인의 조언을 받을 권리조차 주어지지 않았다. 피의자는 자기 죄를 고백하고 회개할지, 고백하지 않고 처벌을 받을지 결정해야 했다. 잔인한 고문에도 고백하지 않는 사람은 화형에 처했고, 죄를 회개한 사람도 목숨만 유지할 뿐 모든 재산을 몰수당해야 했다.

중세 말 종교개혁의 확산을 손 놓고 볼 수 없었던 로마 가톨릭은 늘어나는 '이단'을 억제하고 종교적 통일성을 유지하기 위해서 종교재판소를 상설 기구화했다. 하지만 종교재판소는 점차 박해의 장소로 인식되었고 결과적으로 로마 가톨릭의 이미지에 좋지 않은 영향을 미쳤다. 종교재판소는 종교적인 권위를 등에 업고 제도적인 정당성을 전면에 내세웠지만 실제로는 '합법적인 살인'을 조장하고 정당화하는 권력 기구에 지나지 않았기 때문이다"(박양규 2017, 252-253).

4) 헤겔의 역사철학 강의에 따르면, 이단자에 대한 종교재판과 마녀화형의 궁극적 원인은 성직자와 평신도의 엄격한 분리에 있다. 진리에 대한 지식은 성직자에게만 있다. 진리를 연구하고, 진리가 무엇인가를 결정할 수 있는 권한은 성직자의 소유이다. 성직자는 "가르치는 자들, 진리를 아는 자들"이고, 평신도는 이들의 가르침을 무조건 믿고 따라야 할 자로 나누어진다. 전자는 명령하는 자들이요, 후자는 명령에 무조건 복종해야 할 자들이다. 아는 바가 없고 도덕적으로 악할지라도, 성직자 서품식에서 안수를 받기만 하면, 성직자는 진리를 소유하게 된다. 평신도는 이들이 결정하고

가르치는 바에 동의하고 이를 맹목적으로 믿어야만 한다. 자신의 이해와 통찰이 없는 "믿음의 복종"이 평신도에게 주어진 "의무"이다. 이것은 "믿음의 강요"로 이어지며, 결국 "종교재판과 장작더미"에 이른다(Hegel 1968, 824-825).

루터에 따르면, "이단자" 곧 "Ketzer"란 단어는 "Götzer"(우상)에서 유래한다. 최초의 독일 그리스도인들은 우상을 섬기는 자를 가리켜 Götzer라 불렀는데, 나중에 Götzer를 Ketzer라 불렀다고 한다. 따라서 "이단자"는 십계명의 "첫 계명과 참 하나님을 버리고 배반자가 된 사람"을 뜻한다(1967, 21-22).

그런데 "Ketzer"는 "순수한 자들"을 가리키는 그리스어 "*katharoi*"에서 유래하며, 가톨릭교회의 잔인한 박해를 받던 중세기 소종파 "카타리 신자들"(Katharer)을 가리킨다고 말하는 학자도 있다(위의 책 19, 각주 18). 그러나 "Ketzer"가 "*katharoi*"에서 유래하는지는 불확실하다. 오히려 그것은 루터가 말하는 대로 "Götzer"에서 유래할 개연성이 더 크다. "굇처"와 "켓처"라는 두 단어의 발음이 거의 동일하기 때문이다. 여하튼 "Ketzer"가 "*katharoi*"에서 유래하는 경우에도, 성직자는 올바른 믿음과 진리를 가진 자로서, 이 믿음과 가르침을 벗어난 자를 정죄할 수 있는 자로 구별된다. 종교재판과 마녀화형은 종교개혁 시대에 이르기까지 막강한 힘을 가진 가톨릭교회의 권세를 보여준다. 그러나 권세가 합리성을 결여할 때, 대중은 이 권세에 등을 돌리게 된다.

루터는 1520년 교황의 파문에 대한 반박서에서 이단자 화형을 다음과 같이 비판한다. "이단자를 불에 태워 죽이는 것은 성령의 뜻에 모순된다." 디도서 3장에서 사도 바울은 이단적인 것을 가르치는 사람을 "피하라"고 말했지(딛 3:9), "무기나 불을 가지고 죽이라고 명령하지 않았다"(2006a, 187).

"예수는 폭력과 불을 가지고 사람들에게 믿음을 강요하지 않았다. 그는 성령의 검을 주었다." 이 검은 "하나님의 말씀이다"(189). 따라서 이단자 문제는 말로써 해결해야 한다. 교황도 자기의 반대자들을 말로써 설득해야 한다. 그들을 힘으로 누르는 것은, 교회와 교황 자신을 반대자들의 조롱거리로 만드는 일이라고 루터는 95개조에서 말한다(90조).

종교재판으로 죽임을 당한 사람들 역시 수십만 명에 달할 것으로 추산된다. 「새 가톨릭 백과사전」(*New Catholic Encyclopedia*)은 "1572년 8월 23일 밤에 개시되었던 성 바르톨로뮤(Bartholomew) 대학살에서 3-4천 명의 프랑스 위그노(Hugenots) 교도들이 살해된 것을 인정하고 있다." 네덜란드에서만 50년 동안에 2천 명의 개신교회 신자들이 살해되었다. 이 수치에는 발도파를 위시한 수많은 기독교 소종파가 당한 화형자 수는 포함되어 있지 않다.

그런데 통계 수치는 개인이 당한 고통을 나타내지 못한다. "화형주에 묶이기 전에 그의 발이 먼저 불에 타지 않으면 안 되었던 영국 사람 존 브라운(John Brown)의 고통…, 젖먹이 어린아기와 함께 자루 속에 묶여 익사해야 했던 헬렌 스타르크(Helen Stark)의 고뇌, 그리고 2주 동안이나 팔과 다리가 묶인 채로 매달린 그의 아버지에게 동정을 나타냈다는 이유로 곤봉에 맞아 죽어야 했던 8살짜리 빌리 페티(Billy Petty)의 고통 같은 것은 통계에 나타날 수가 없는 것이다." "여러분은 손을 등 뒤로 묶은 후 그 손을 다시 밖으로 빼내어 위로 들어 올려 어깨의 관절을 골절케 만드는 고통을 상상해 보았는가?"(White 1999, 298).

7. 성직자들의 부패와 성적 타락

1) 종교개혁 당시 교황의 권위가 실추되고 교회의 힘이 약화되었다고 하지만, 교황은 여전히 강력한 힘을 가지고 있었다. 교황의 "힘의 완전함" 혹은 충만함(plenitudo potestatis)에 근거하여 황제의 세속적 검은 교황에게서 물려받은 것으로 생각되었다. 따라서 교황은 세속의 정치 영역에서도 자기를 주장할 수 있었다. 13세기 이후 교회개혁에 대한 요구가 강해지면서 "공의회주의"(Konziliarismus) 사상이 등장했지만, 교황과 추기경들의 반대로 인해 공의회주의는 실현되지 못하고 강력한 교황체제가 유지된다.

그 원인은 강력한 교황체제가 기득권자들에게 유익하였기 때문이다. 그 당시 귀족들은 유산을 첫 아들에게만 주었다. 그것은 재산이 여러 자녀에게 흩어져 없어지게 되는 것을 막기 위함이었다. 그런데 유산을 받지 못한 자녀들은 생계의 어려움을 겪게 된다. 이 문제를 해결하기 위해 많은 귀족들은 자녀들을 수도원에 보내 수도사 혹은 수녀로 살게 하였다. 자녀를 수도원으로 보낼 때, 귀족들은 상당한 재산을 수도원에 기부하였다. 이리하여 교회는 귀족 자녀들을 양육하는 부양기관(Versorgungsanstalt) 내지 "귀족교회"처럼 되어버렸다. 추기경, 주교, 수도원과 수녀원의 원장 등 고위 성직자들은 대개 귀족 출신이었다. 부유한 시민들의 자녀들이 이에 참여하기도 했지만, 그 수는 극미하였다. 높은 성직 자리는 귀족 자제들의 차지가 되었고, 교회는 귀족의 자녀들을 보호하는 "귀족 요양원"(Spital des Adels)처럼 되었다(Gebhardt 1976, 55). 수도원은 "부자들과 권력자들의 아이들을" 인질로 삼고 있는 "철옹성"이었다(Zwingli 2014, 340).

자신의 의사와 무관하게 수도원으로 보내진 귀족의 자녀들은 수도원이나 교회에서도 호화스러운 생활 방식을 유지하였다. 그들은 귀족 가문의 대변자로서 귀족에게 걸맞은 생활을 해야 한다고 생각하였기 때문이다. 날이 어두워지면 값비싼 옷을 입고 보석으로 몸을 치장하고 몰래 외출하였다가, 동이 틀 즈음에 돌아오는 수녀들도 있었다.

자신의 신앙적 결단 없이 부모의 뜻으로 성직자가 된 인물들이 종교적 관심보다 세속적 관심을 가지는 것은 자연스러운 일이었다. 설교와 사목과 경건은 부차적인 일이 되고, 더 많은 수입과 종교적 권세가 주요 관심사가 되었다. 한 사람이 여러 성직 자리를 차지하고, 성직을 팔아먹거나 임대하는 일도 일어났다. 여러 성직 자리를 소유한 성직자가 그것을 비워두는 경우도 있었다. 물론 이것은 교회법상으로 금지되어 있었다. 그러나 고위 성직자들은 일정 금액의 요금을 바치면 모든 의무에서 면제해주는 면제제도(Dispens)를 통해 이를 허용 내지 방치하였다. 면제의 요금은 한 번만 내는 것이 아니라, 매년 한 번씩 내는 일종의 세금과 같은 것이었다.

2) 귀족 출신의 고위직 성직자들에 반해, 하위직 사제들은 빈곤을 면치 못하는 형편에 있었다. 하위직 사제들은 대개 평민과 빈민계층 출신이었다. 고위직 성직자들은 여러 성직 자리를 자기의 소유로 가지고 있었고, 이 성직 자리에서 나오는 수입으로 부유한 생활을 유지하는 반면, 고위 성직자들이나 귀족들에 의해 고용된 하위직 성직자들은 매우 빠듯한 임금을 받았다. 16세기 초에 교회 부교역자의 월급은 미장이 임금의 25% 수준이었다고 한다. 이리하여 성직자 무산계급이 형성되었다. 고위 성직자들이나 귀족들이 자격이 갖추어지지 않은 사람을 성직자로 세움으로 말미암아 매우 저질적인 성직자들이 많았다고 한다. 루터에 따르면 이들은 성경도 읽지 않고, 세속의 책도 읽지 않았다고 한다. 미사에 사용되는 라틴어 문장 몇 개를 웅얼거릴 수 있다면 그것으로 충분하였다.

그러나 무산계급 성직자들도 살아남는 길이 있었다. 그것은 신자들이 각종 미사와 교회 행사에 바치는 헌금 내지 기부금이었다. 질병 치유, 사업 성공, 물질적 축복, 가축의 건강, 죽은 조상들의 영혼을 위한 사적 미사, 죄에 대한 보상(satisfactio)으로 교회에 바치는 물질은 지역교회 성직자들의 수입원이 되었다. 교회 신자들이 갖가지 명목으로 부탁한 사적 미사를 성직자들이 하루 종일 드리는 경우도 있었다. 이리하여 지역교회 사제직도 매력적인 직업이 된다. 생계가 유지됨으로써 성직자들의 수가 증가한다. 제국의 여러 도시에서 수도사와 수녀를 포함한 성직자의 수가 전체 주민의 10%가 되었다고 한다(위 내용에 관해 Seebaß 2006, 23 이하 참조). 이것은 "성직과 성직자들의 생활의 세속화"를 초래한다.

3) 루터의 초기 저서들을 읽어보면, 종교개혁의 "주요 원인은 (교회를 위시한 당시 가톨릭교회 성직자들의) 도덕적 타락과 신앙의 탈선에" 있었다는 사실을 볼 수 있다(이장식 2018, 417). 이탈리아의 세속적 영주들처럼 교황들은 더 많은 돈과 향락을 추구하며, 자신의 힘을 유지하기 위해 음모와 폭력을 금하지 않았다. 그들은 자신이 낳은 사생아와 생질을 돌보는 데 교회의 재정을 낭비하기도 하였다. 교황들은 자기의 친족을 고위 성직자로 세우고, 이들에게 넓은 영지와 성(城)을 하사하기도 하였다. 교황들은 자기가 낳은 사생아를 조카, 즉 "네포스"(nepos)라고 부르며 요직에 앉히는 일이 많았기 때문에 "네포티즘"(nepotism), 곧 친족중용주의(사실은 교황의 사생아 중용주의)라는 단어가 생길 정도였다.

자신이 사랑하는 남성 리아리오(G. Riario)에게 영지를 마련해준 교황 식스투스 4세(1471-1484)는 1477년에 연옥에 있는 죽은 사람들의 면죄를 인정하였다. 이리하여 살아 있는 사람들은 물론 죽은 사람들을 위한 면죄부 장사가 가능케 되었다. 교황 인노켄티우스 8세(1484-1492)는 자기의 사생아를 공적으로 인정하고, 바티칸에서 자신의 자녀들과 손주들의 결혼식을 교황청의 비용으로 거행하였다. 그 뒤를 이은 알렉산더 6세(1492-1503)도 사생아를 낳아 제후들과 결혼시키고 영지를 마련해주었다. 교황을 위시한 성직자들은 갖가지 죄를 범해도, 세속의 법에 따라 벌을 받지 않았다. 이로 인해 성직자들의 부패와 타락은 더욱 심해졌다.

루터의 문헌에 따르면, 당시 가톨릭교회 성직자들의 부패와 타락은 우리의 상상을 넘어서는 것으로 보인다. "그리스도의 대리자요 성 베드로의 후계자"라 자랑하는 기독교 최고의 지도자인 교황의 세속적이고 사치스러운 생활은 왕과 황제를 능가하였다. 그래서 루터는 말하기를, "'가장 거룩한 자', '가장 영적인 자'라 불리는 자가 세속 자체보다 더 세속적인 존재"가 되었다(1962, 23). 교황의 영적 권위와 세속적 권력을 더욱 공고히 하기 위해 수도사들은 고서들을 위조하였다. "초기부터 법왕(교황)은 전반적인 최상권을 가지고 있었다는 주장을 세우기 위해 그 당시까지 전혀 듣지 못한 종교 회의의 결의문들이 발견되었다고 주장하였다. 그리고 진리를 배반한 교회는 이 기만을 즐겨 받아들였다"(White 1999, 49).

이양호는 당시 교황들의 타락상을 다음과 같이 소개한다. "교황들도 인문주의자로 자처하면서 이 운동에 휩싸였다. 교황 니콜라스 5세는 바티칸 도서관을 건립하여 장서를 모으고 성 베드로 성당을 단장하는 데 힘썼다. 인노켄티우스 8세는 문화적 생활을 한다는 명목으로 사치와 방종에 빠졌으며 결혼해서는 안 되는 성직자가 16명의 자녀를 두었다. 알렉산더 6세는 건축하는 일과 사치한 생활로 많은 돈을 썼으며 부인과 첩을 두고 살았다. 인문주의적 교황들은 그들의 문화적 생활을 위해 많은 돈이 필요하였으며 이 돈을 마련하기 위해 성직을 팔았고, 이미 있는 성직으로도 부족했기 때문에 새 성직을 만들어 팔아서 충당하였다. 인문주의 교황들의 이런 행동은 교회의 권위를 더욱 실추시켰다"(이양호 2016, 221).

그 당시 성직자 계급은 세속의 통치자들보다 더 높은 계급이었다. 하위직 사제직도 생활을 보장하는 데는 충분하였다. 그래서 하나님의 특별한 부르심에 대한 내적 경험 없이, 단지 경제적 보장과 사회적 명예를 얻기 위해 성직자가 되는 사람들이 많았다. 신학교육을 받지 못한 수사들도 사제서품을 받았다.

이리하여 중세 말기에 수많은 교회와 종교기관(Stift)이 있게 되었다. 예를 들어, 삼만 내지 사만 명의 인구를 가진 쾰른(Köln) 시에는 11개의 종교기관, 19개의 교회, 100개의 소규모 예배당(Kapelle), 22개의 수도원, 12개의 요양소, 76개의 종교적 단체가 있었고, 독일 전체에는 약 삼천 개의 수도원이 있었다.

그래서 루터는 이렇게 말한다. "온 세상이 사제들, 주교들, 추기경들과 성직계급으로 가득하다." "이들 가운데…아무도 설교하지 않는다. (미리 주어진) 기도문을 아무 의미도 없이 입술만 가지고 중얼거리며(das Wortgeklapper der Gebetslesungen herunterrattert) 미사를 집행하고, 정해진 시간마다 기계적으로 기도를 하기만 하면, 성례의 의무를 충분히 이행한다고 믿는다." "교회의 본질과 사제직 및 말씀 선포의 봉사와 성례에 대해 아무것도 이해하지 못하는 자들"이 사제서품 성례의 상상물을 만든다(2016, 263). 이들이 사제가 되게 하는 것은 소명의 확신과 말씀의 봉사가 아니라, "성직자들의 특별한 머리 모양과 성복(聖服)"이요, "면도와 옷차림"이다(267). 이들의 "기도와 눈물은 그들의 위선의 비참한 운명"이다. 이들은 "사실상 영원한 저주의 백성"이다(271). 1529년, 가톨릭교회에서 분리된 작선의 영지교회가 교회감찰을 실시했을 때, 시골과 작은 도시의 성직자들은 설교 한 편도 제대로 준비할 수 없는 상태였다고 한다.

4) 프란치스코파의 한 설교자는 당시의 상황을 다음과 같이 묘사한다. 한 사제가 너무도 무식하다는 이유로 주교에게 고발을 당하였다. 주교는 사제에게 사람을 보내어 이렇게 말하였다. "당신은 사제직을 감당할 자격이 너무도 부족하다고 사람들이 말한다. 그러므로 당신은 면직되어야 하겠다." 이 말에 사제는 다음과 같이 대답하였다. "그렇게 하십시오, 주교님. 제가 주교가 되고, 주교님은 사제직을 맡으십시오"(Schorn-Schütte 2017, 16).

칼뱅의 문헌에서도 우리는 중세 가톨릭교회의 타락상을 볼 수 있다. "칼뱅은 중세 가톨릭의 실패의 근본 원인이 부실한 사제 선발과 관리에 있다고 갈파했다. 그는 말하길, 집에서 부리는 마부를 선발하는 일에도 꼼꼼히 뒷조사를 하는 판국에 정작 사제를 선발하는 과정은 번갯불에 콩 구워먹듯이 부실하기 짝이 없다고 개탄한다. 그 결과 무려 12세 소년이 여러 개의 교구를 관장하는 대주교 자리에 오르는 일까지 버젓이 벌어진다"(김요한 2017, 308).

칼뱅의 책 『교회 개혁』은 다음과 같은 일들이 일어난 것으로 보도한다. "어떤 사람이 교회목사(pastor)로 임명되었음에도 불구하고,…한 번도 그 교회에 출석하지" 않았고, "목사가 임명된 장소에 상주(常住)하는 것은 오래전부터 보기 드문 사실이" 되었고, "주교나 수도원장은 사택을 소유하든지, 아니면 보통 왕후(王侯)의 궁정에" 살며, "한 사람에게 다섯 개 또는 그 이상의 사제직이 집중"되며, "아직 어린이에 불과한 사람이…일 년에 한 번 순회하는 것도 어려울 정도로 교구가 서로 너무 멀리 떨어져 있는 주교구를 세 개나 소유한다는 말도 안 되는 부조리"가 일어났다. 성직자들의 "일상적인 방탕"이 마치 "당연한 권리"인 것처럼 허용되며, "성직자가 사냥, 도박, 연회, 춤 등에" 빠지며, "모든 교회의 직무를 소홀히 할 정도로 세속의 일에 연루"되거나 "정치적 용무에 개입"하였다. 이러한 일들은 "있지도 않은 것을 날조한 것도, 과장한 것도" 아니라고 칼뱅은 말한다(Calvin 2017, 172-177). 헤겔에 따르면, 그 당시 교회는 "더 이상 영적 권세가 아니라 성직자의 권세"였다. "방탕, 양심의 부재, 파렴치, 찢어진 모습들(Zerrissenheit)이 어디서나 발견되었다"(Hegel 1968, 829).

5) 당시 교황청은 독립된 교회국가로서 그 자신의 법을 가지고 있었다. 그러므로 교황을 위시한 성직자들은 세속의 법의 적용을 받지 않는 치외법권에 속하였다. 루터의 표현을 따르면, "세속의 권세는 성직자들에 대해 아무 권리도 갖지 않는다. 오히려 영적 권세가 세속의 권세 위에 있다"(2016, 9). 따라서 성직자들은 아무리 많은 죄를 지어도 법에 따른 벌을 받지 않기 때문에 성직자들의 불의와 부패가 극심하였다. 이기주의와 돈 욕심, 모략과 폭력의 정치에 있어 그들은 세속의 정치인들과 다를 바가 없었다. 사치와 향락과 쾌락을 즐기며, 자기가 낳은 사생아들과 친척들의 축재를 방조하였다.

교황들은 자신의 권력과 이익을 위해 전쟁을 일으키기도 하였다. 전쟁에는 용병을 사용하였는데, 스위스 용병들의 인기가 가장 좋았다고 한다. 루터에 따르면, 교황이 말을 타고 바람 쏘이러 나갈 때면 삼사천 명의 당나귀 기사가 그를 동반하였다고 한다(2012a, 30). 교황청의 아비뇽 유폐가 끝난 뒤의 교황들에게 공적이 있다면, 그것은 고대 그리스-로마 양식의 건축에 있었다. 1517년 루터가 종교개혁을 시작할 당시의 교황이었던 레오 10세(Leo X)도 경건과 사목에는 관심이 없고, 예술과 향락을 좋아하는 인물이었다. 에라스무스가 쓴 『우신예찬』에 기록된 "베드로와 당시의 교

황 율리우스와의 대화"는 중세기 교황의 타락상을 보여준다. 그 일부를 소개한다면,

> 베드로가 교황에게 '당신이 가진 열쇠는 예수에게 받은 열쇠와는 다르지 않느냐'고 묻자, 율리우스는 자기가 가진 열쇠와 자기 머리에 쓴 삼중관 면류관과 보석으로 꾸민 허리띠를 자랑삼아 보였다.…베드로는 다시 '갑옷 위에 성의(聖衣)를 걸쳤다고 말하는 당신은 지옥에서 돌아온 배교자가 아닌가요?'라고 물었다. 그러자 율리우스는 '그만합시다. 내가 당신을 파문하겠다'고 위협하면서 자기는 교서 6000가지를 발표했는데 '베드로 당신이 글자를 안다면 읽어보시오'라고 했다. 베드로는 율리우스의 죄상으로서 부모살해, 간통, 근친상간, 매관매직 및 신성모독죄 등등을 지적했다. 율리우스는 말하기를 '거기에다가 600가지 죄를 더 보탠다 할지라도 무엇이 이단인가를 결정하는 것은 바로 나 교황이요'라고 했다(이장식 2018, 418에서 인용).

6) 지금처럼 중세 가톨릭교회는 성직자 독신제를 시행하고 있었다. 헤겔에 따르면, 성직자의 독신생활은 평신도의 결혼생활보다 더 거룩한 것으로 보였다. "이로 말미암아 결혼생활이 숭고하지 못한 것으로 강등되었다"(Hegel 1968, 828). 이것은 성직자와 평신도 사이의 계급적 구별의 수단이 되었다. 성직자는 성적 쾌락을 멀리하는 거룩한 계급이요, 평신도는 성적 쾌락에 빠진 속된 계급으로 간주되었다. 전자는 영적 계급이요, 후자는 육적 계급이라는 것이다.

그러나 종교개혁 당시 성직자들의 독신생활은 거짓말이었다. 교황을 위시한 성직자들이 첩을 데리고 사는 것은 거의 일반화되어 있었다. 스위스의 츠빙글리가 문란한 여성관계를 가졌음에도 불구하고 취리히 대성당

의 사제가 될 수 있었던 것은 당시 성직자들의 첩질이 보편화되어 있었기 때문이다. 교회법상으로 이것은 금지되어 있었지만, 성직자들은 주교나 교황에게 돈을 주고 이에 대한 면제(Dispens)를 받을 수 있었다. 사생아가 태어날 때마다 면제 요금을 바치면 성직 생활에 아무런 어려움이 없었다. 루터는 당시의 상황을 다음과 같이 전한다. 독신서약을 한 성직자들이 많은 여자와 아이를 거느리고 양심의 가책과 부끄러움을 당하며 살고 있다. 그래서 지역 주민들이 지나가는 여인과 아이들을 보면서, "저 여자는 사제의 창녀(Pfaffenhure)요, 저 아이들은 사제의 아이들(Pfaffenkinder)이라고 곁눈질을 한다"(2012a, 57, 60).

성직자들이 성직에 전념할 수 있도록 하기 위해 가톨릭교회는 여성 가사 도우미를 허용하였다(이것은 오늘날에도 마찬가지임). 시간제로 일하는 도우미도 있고, 성직자의 관사에 상주하는 도우미도 있었다. 여기서 많은 사고가 일어난다. 이에 대해 루터는 다음과 같이 말한다. "한 남자와 한 여자를 한 지붕 밑에 살도록 하면서 아무 사고를 내서도 안 된다고 하는 것은, 바짝 마른 지푸라기와 불을 나란히 두면서 연기가 나도 안 되고, 불이 나도 안 된다고 명령하는 것과 같다. 600명의 윤락녀와 관계하고, 수많은 처녀와 부인을 욕보이고, 많은 미소년(Ganymeden)을 거느려도, 교황이나 주교나 추기경이 되는 데 별 어려움이 없을 것이다"(2016, 265).

당시 스위스 가톨릭교회의 상황도 마찬가지였다. "그들은 내연의 처를 두고 있으며, 주교는 [사제와 사는 여성들에게] 매 5년마다 양육권을 위한 배상금 또는 검사비용을 위해서 한 아이당 4굴덴을 지불하고 있는데, 결국 매년 총 4천 굴덴을 지불해야 모든 것이 해결될 수" 있다고, 츠빙글리는 당시 스위스의 상황을 보도한다(Zwingli 2014, 340).

당시 수도원과 수녀원의 모습을 츠빙글리는 다음과 같이 보도한다.

"몇몇 수녀들과 수사들은 마치 호사가처럼 살고 있습니다. 만약 사람들이 '당신들의 수도원은 진짜 위선자의 소굴이다'라고 말하더라도 그들은 자신의 향락을 채우기 원할 때만 수도원 밖으로 나옵니다. 그렇기 때문에 그들은 자신들의 배를 채울 목적으로 다시 수도원으로 돌아가는 것입니다.…내가 본 수녀들은…원래 수녀의 모습대로 노동하며 하나님을 경외하면서 절제된 삶과 공동체의 삶을 살고 있습니다.…그러나 나는 완전히 다른 수녀들도 보았습니다. 그들은 목걸이, 반지, 금테 두른 모자, 그리고 다른 사치품으로 몸을 치장하고 공공장소를 보란 듯이 돌아다니고 있습니다"(401). 루터는 그의 「대교리문답서」(1529)의 제5계명에 대한 설명에서, "하나님의 계명을 발로 짓밟는" 수도사들이 "스스로 생각해 낸 업적들을 가지고 자기 자신을 헛되이 고문할 수밖에 없고, 이에 더하여 조롱과 수치를 상으로 받는" 당시 수도원의 모습을 보여준다(46).

양태자는 베네치아 공화국의 수녀원 실태를 다음과 같이 전한다(양태자 2018). 부모들이 어린 딸을 수녀원으로 보낸 중요한 이유는 결혼 지참금 때문이었다. 15, 16세기에 결혼 지참금은 1,600두카텐(Dukaten)에서 2만 두카텐까지 올라갔다. 이것은 그 당시 석수장이의 1년 수입인 50두카텐에 비쳐 볼 때 엄청난 돈이었다. 따라서 부유한 가정일지라도 이 많은 지참금을 챙겨 딸을 결혼시키는 것은 어려운 일이었다. "그래서 생각해 낸 방법이 딸 한둘 정도는 결혼 지참금을 챙겨서 시집을 보내고, 나머지는 수녀원에 보내는 것이었다"(164). 고액의 결혼 지참금에 비해 수도원 지참금은 매우 저렴하였다. "1600년에 공포된 새 법에 따르면, 수도원 지참금은 1,000두카텐까지로 정해졌고, 더불어 매년 60두카텐을 따로 지불해야 했다.…1650년경에는 규정이 바뀌어 수도원 지참금이 800두카텐으로 내렸지만, 수도원에 내던 년회비는 90두카텐으로 올랐다"(167). 강제적으로 수녀원에 들어간 수녀들은 "보이는 신랑 대신에 보이지 않는 '정신적인 신랑' 예수를 모시고 평생 살아야만" 했다(164). 그러나 공화국의 총독(Doge) 기로라모 프리울리(Girolamo Priuli, 1559-1567)가 쓴 일지에 따르면, "시에 세워진 수녀원은 마치 '공적인 창녀촌' 같았고, 수녀들은 '창녀'처럼 살았다고 한다"(169).

그러나 참으로 경건한 수도사들과 수녀들이 있었다는 사실도 우리는 간과해서는 안 될 것이다. 그중에 대표적 인물은 독일의 힐데가르트 폰 빙언(Hildegard von Bingen, 1098-1179, Bingen은 Mainz 왼편의 라인강변에 위치한 소도시)이었다. 8살의 나이에 수녀원에 들어간 그녀는 "윤리학, 의학, 우주학에 대한 지식이 탁월했고, 시인, 음악가, 예언자로서도 유명"하였다(171). "중세기 독일 신비주의의 대표자"라 불리는 그녀는 약초를 연구하여 한국 허준 선생의 동의보감과 같은 민간치료법(heilkundliche Werke)을 저술하고, 가난한 사람들의 치료를 위해 봉사하기도 하였다. 그녀는 가톨릭교회의 성인으로 추대되었다. 유럽의 개신교회와 영국 성공회도 그녀를 추모한다.

8. 사람의 피를 빨아먹는 "거머리" 같은 성직자들

1) 종교개혁 당시 교황청은 막대한 수입을 가지고 있었다. 어떤 지역에서는 전체 땅의 1/3이 교황 소유의 봉토였다(Fuchs 1976, 54). 본래 봉토의 목적은 임대 수입에 있는 것이 아니라, 통치자가 귀족에게 사용권을 맡겨서 군신관계를 유지하는 데 있었다. 그러나 교황은 봉토에서 막대한 이익을 취하였다. 누가 더 많은 이익을 약속하면, 봉토 사용권을 가진 자에게 사전 통보도 없이 다른 사람에게 옮겨버렸다. 봉토를 팔아먹기도 하였다.

봉토 수입 외에도 교황청은 아비뇽 유폐시대부터 갖가지 세금, 요금, 헌금의 징수체제를 만들었다. 신자들의 십일조, 각 가정의 세대별 세금, 성직 판매 대금, 수도원과 교회재산에 대한 세금, 교구와 교직 자리 세금, 고위 성직자(주교, 추기경)의 첫해 수입(Annaten, 연[年]을 뜻하는 annus에서 유래함), 새로 임직된 사제의 처음 6개월 수입, 주교 및 대주교의 망토 대여금, 성직 대기자에 대한 요금, 사면과 은혜 증명서 요금, 면죄부 대금, 신자들의 각종 헌금과 기부금, 주교들이 남긴 유산, 교회법 위반에 대한 면제(Dispens) 요금, 교황청 소유의 각종 사업체 수입, 성상과 성유물 등에 바치는 신자들의 기부 등이 교황청의 수입원이 되었다.

루터에 따르면, 독일을 지키기 위해 터키인들과 싸워야 한다는 명목으로 추가 세금이 징수되었지만, 본래의 목적대로 지출되지 않고 교황의 돈자루만 채웠다. 독일인들은 이 사실을 잘 알고 있었다. 독일 제국의회에서 터키인들과 싸울 십자군의 비용 징수 문제가 제기되었을 때, "다음과 같은 극심한 비방의 말이 튀어 나오기까지 했다. '기독교의 참된 적(敵)은 터어키가 아니라 로마에 있는 지옥의 개(犬)다'"(김창락 2017, 188). 로마 교황청에 대한 당시 독일인들의 반감을 루터는 다음과 같이 묘사한다. "모든 독일인은 로마의 허풍과 착취와 도둑질과 끝없는 속임수의 짐을 견디기에 지쳐, 그때까지 어떤 주교나 신학자도 감히 손을 대려고 하지 않았던 심각한 사안의 결말을 기다리고 있었다.…온 세계가 역겨워 할 정도로 가득한 로마의 기만과 술수는 모든 사람의 증오의 대상이었고, 그들을 지치게 했다"(2006b, 497).

2) 교회법상에 성직자들의 중직은 금지되어 있었다. 그러나 이것도 빠져나갈 수 있는 구멍이 있었다. 그것은 상위 성직자에게 돈을 바치고, 교회

법에서 면제를 받는 면제제도였다. 이 제도를 통해 한 성직자가 여러 가지 성직을 맡을 수 있었다. 예를 들어, 마인츠와 막데부르크의 대주교 알브레히트(Albrecht)는 대주교, 선제후, 할버슈타트(Halberstadt)의 행정관, 추기경, 이 네 가지 직위를 중임하고 있었다. 그러나 교황에게 거액의 요금을 바침으로써 그는 교회법에서의 면제를 얻었다. 이를 위해 그는 아욱스부르크의 푸거 가에서 거액의 돈을 빌려 교황에게 바쳤다. 이리하여 독일의 막대한 돈이 로마로 흘러 들어갔다. 이에 대해 루터는 다음과 같이 말한다. "우리 독일인들은 귀여운 독일인이라는 가르침을 받았다. 우리는 주인이라고 생각하지만, 가장 음흉한 독재자의 종이 되었다"(2012a, 94).

교황의 착취를 견디다 못해 독일의 제후들은 1456년 프랑크푸르트 회의에서 착취를 고발하는 문서인 "독일 국가의 무거운 짐"(Gravamina nationis germanicae)을 채택한다. 많은 비용을 소모하는 교황청의 행정 시스템, 잘 팔리는 물품 매매, 이익과 이권에 대한 탐욕, 크고 작은 성직 자리에 대한 개입, 이탈리아인 성직 대기자에 대한 독일인 대기자의 차별, 성직과 십일조 문제에 대한 소송을 로마로 이첩하는 일, 독일 성직자에 대한 과도한 세금 징수, 독일에 대한 교황의 재정적 착취 등이 이 문서에서 지적된다. 그러나 "교황들이 땅과 재산 및 직접적 통치권을 더 많이 얻을수록, 그들은 명예와 존경을 상실하였다"(Hegel 1968, 835).

3) 중세 후기 스콜라 신학은 선을 행할 수 있는 인간의 자유로운 의지의 능력이 인간의 본성(Natur)에 주어져 있다는 반(半)펠라기우스주의를 주장하였다. 이에 근거하여 당시 가톨릭교회는 인간 자신의 능력으로 하나님의 의를 얻을 수 있다는 업적사상을 크게 발전시키고, 업적이나 공로(opera, merita)를 쌓을 수 있는 수많은 방편을 만들었다. 이 방편들은 회개,

고행, 금식, 금욕, 일곱 가지 성례, 성인 숭배, 성유물(Reliquien) 숭배, 성상 및 성화숭배, 마리아 숭배, 마리아의 어머니(예수의 할머니) 안나 숭배, 성만찬에 쓰이는 성체(빵과 포도주) 숭배, 그리스도의 살과 피로 변한 빵과 포도주를 하나님께 속죄제물로 바치는 미사, 죽은 조상들을 위한 위령미사를 위시한 각종 사적 미사, 예루살렘과 로마의 성지 순례, 교회가 지정한 성소 순례, 수도원이나 교회 계단을 한 칸씩 오를 때마다 계단에 엎드려 주 기도문을 외우기, 각종 축제(동정녀 마리아 수태 기념축제, 동박박사 축제, 바보축제, 당나귀 축제 등)와 절기 행사 등 우리의 상상을 초월한다.

중세기의 사람들은 세계의 대 파멸과 종말, 연옥에서 당할 유황불의 벌, 지옥에서 당할 마귀의 무서운 벌과 고통을 매우 두려워하였다. 이에 신자들은 교회가 요구하는 업적 내지 공적을 최대한 쌓음으로써 죄의 용서와 천국의 영원한 생명(영생)과 지복을 얻고자 하였다. 그들은 몇 개월 동안 가족을 버려두고 로마로, 혹은 예루살렘으로 순례의 길을 떠나기도 하였다. 돈이나 재산을 교회에 바치고, 자신의 아이를 수도원이나 수녀원에 보내며, 수도원을 비롯한 종교시설을 세우기도 하였다. 루터와 결혼한 카타리나 폰 보라(Catharina von Bora)도 어릴 때 수녀원으로 끌려가 수녀가 된 여성이었다.

신자들은 교회의 모든 행사와 사제의 공적(公的) 행위들(미사, 일곱 가지 성례, 죄용서 등)에 대해 돈을 바쳤다. "면죄 요금", "미사 요금"(Ablaßgeld, Messegeld)에 대한 루터의 언급은 교회의 갖가지 행사 때마다 신자들이 돈을 바쳤음을 암시한다. 언제 올지 모르는 세계의 종말, 연옥과 지옥의 무서운 형벌, 종교재판과 마녀화형에 대한 두려움 때문에 신자들은 사제들의 요구에 복종하지 않을 수 없었다. "당시 로마 교회의 7성례전은 교회의 재산과 사제들의 재화를 채우기 위한 필수적인 수단이었다"(최주훈 2017, 122).

루터를 보호해주었던 작센의 선제후 프리드리히가 세운 비텐베르크 성 교회는 1508년부터 매년 9,000번의 미사를 드렸고, 미사를 드릴 때마다 신자들은 헌금을 바쳐야 했다. 마리아 상을 위시한 성상과 성유물 숭배 역시 죄를 용서하고, 죄에 대한 벌의 시간을 감소시키며, 병을 치유하는 효력을 가진 것으로 생각되었다. 이 놀라운 효력을 얻기 위해 신자들은 성상이나 성유물 앞에서 돈을 바쳤다. 또한 마리아의 귀나 손에 귀금속 목걸이를 걸어놓기도 하였다. 성유물 종류와 헌금 액수에 따라 20년, 30년, 50년, 100년 등의 면죄(Ablaß) 기간이 보장되었다. "회개의 추가적 구원의 수단"인 "보상"(satisfactio)은 돈을 버는 "장사"(nundinae)가 되었고, 우리의 죄를 용서하고 구원하는 "그리스도의 공적들은 돈의 수단을 통해(per medium pecuniae) 얻을 수 있는" 것이 되었다고, 루터는 1520년 교황에 의한 파문에 대한 반박서에서 당시의 상황을 말한다(2006a, 120, 150). 츠빙글리에 따르면, 신자들은 "마리아 상에 은이나 금, 또는 보석을" 걸어놓았다. "사실 지금까지 그 탐욕스러운 벌레들은(성직자를 말함) 그 보물들을 특별한 자신의 수확물로 쌓아놓았던 것입니다"(Zwingli 2014, 340).

4) 세속인들처럼 교회와 수도원도 도매업, 소매업, 주점, 음식점, 법무소 등의 영리사업을 하였다. 그러나 이들의 영리사업은 공정하지 않았다. 각종 사회적 특권, 세금 감면 등과 같은 공적 의무의 면제, 교회의 세속적 재판권을 이용하여 교회의 영리사업 단체는 일반 상인들의 경쟁을 물리치고 불공정한 이익을 취하였다. 수도원들의 영리행위, 성직자 신분을 가진 상공업자와 곡물상인들, 성직자가 운영하는 포도주 주점이나 맥주 주점과의 경쟁에서 세속의 시민들은 약자의 위치를 감수해야만 했다. 이것은 하나님의 구원의 중재자로 자처하는 성직자들의 권위와 신뢰성을 다시 한

번 추락시켰다.

　1545년에 출판된 루터의 라틴어 전집 제1권 머리말에 따르면, 당시의 면죄부 장사는 가톨릭교회의 "가장 부끄럽고 비윤리적인 영리행위"였다(*turpissimus quaestus*, 2006b, 495). 살아 있는 사람들의 죄벌은 물론 연옥에 있는 죽은 사람들의 죄벌과, 지금까지 지은 죄에 대한 벌은 물론 장래에 짓게 될 죄에 대한 벌까지 면제해준다는 면죄부는, 종이 한 장으로 돈을 거두어들이는, 기가 막힌 수입원이었다. 한마디로 루터의 개혁운동이 시작되었을 당시, 로마 교황청과 가톨릭교회는 돈 장사 소굴과 같았다. 그래서 루터는 사제들을 가리켜 사람의 피를 아무리 빨아먹어도 "배부르지 않는 거머리들"(unersättlicher Blutegel)이라고 부른다. 이 거머리들은 신자들에게 돈이나 재물을 더 많이 "가져오라, 가져오라"(Bring her, bring her)고 말한다. 그들은 신자들의 죄를 통해 부자가 된다(2016, 203).

　당시 성직자들의 경제적 타락상을 칼뱅은 다음과 같이 증언한다. "그들은 오로지 호화스러운 복장, 사치스러운 식탁, 시중드는 많은 하인들, 화려한 저택, 요컨대 모든 종류의 사치에 대하여 다른 제후들과 경쟁을 벌일 뿐만 아니라, 한층 가증스러운 것을 사용하기 위해 교회 재산을 탕진하고 흘리고 다닌다." "사냥이나 도박놀이, 그 외에 전체 수입의 적지 않은 액수를 오락에 소비"하며, "창부나 호객꾼에게 사용되는 돈을 교회로부터 쥐어짜 내는 것은 너무나도 불합당"한 일이다(Calvin 2017, 180). "사제직 하나만으로 자신의 폭식, 향락, 사치를 충분히 만족시킬 수 없기 때문에", "한 사제가 네 개 또는 다섯 개 주교 관할 령의 수입을 받아" 챙긴다. 그들은 "[백성이 짊어지게 되는] 무거운 짐에는 관심이 없습니다. 왜냐하면 약간의 돈만 쥐어주면 즉시로 모든 것을 대신해줄 대리인이 있기 때문입니다.…교회의 공적인 수입(*publica Ecclesiae stipendia*)을 낭비할 뿐만 아니라, 호객꾼이나 창부의 급료를 지불하기 위해서 이것을 낭비하는 자들에 관해서는 정말 어떻게 생각해야 하는 것입니까?"(182-183)

5) 루터에 따르면, 믿음도 없고 성직자 교육을 받지도 못한 무자격자들이 돈을 벌기 위해 사제가 되었다. 귀족의 자제들이 사제가 되기도 하였다. 사제가 되는 것은 가문의 명예와 사회적 안전을 가져왔기 때문이다. 이들 가운데에는 "성경도 읽지 않고, 세상의 책도 읽지 않는 자들"도 많았다고 루터는 회고한다(2006b, 503). 귀족의 자제들은 대개 주교나 추기경과 같은 고위 성직을 차지하였다. 그들은 전혀 자격을 갖추지 못한 사람에게 수도원을 맡기기도 하였다. 찬양을 하지도 않고 말씀을 읽지도 않는 이 수도사의 주업은 기념품이나 성화 판매, 봉토 수입, 이자 수입 등을 관리하는 일이었다. 그는 일 년에 5 내지 6굴덴의 보수를 받았다고 루터는 전한다(2012a, 32-33).

교회들은 제국의 경제적 형편을 고려하지 않고, 일방적으로 교황청의 수입만 늘리는 재정정책(Fiskalismus)을 실시하였다. 교황이 소유한 봉토는 상당한 수입원이 되었다. 물론 봉토에서 수익을 취하는 것은 봉토의 본래 목적에 어긋나는 일이었지만, 교황들은 이를 마다하지 않았다. 루터에 따르면 매년 6개월은 교황이, 나머지 6개월은 주교와 종교시설들이 봉토 수익을 얻도록 되어 있었는데, 거의 모든 봉토와 가장 좋은 성직 자리가 교황의 차지가 되었다. 일단 교황청으로 들어간 것은 다시 나오지 않았다. "이것은 한마디로 도적질이다"라고 루터는 말한다(28).

추기경들의 부패에 대해 루터는 다음과 같이 보도한다. 스위스 지역과 독일에는 부유한 수도원과 종교시설과 봉토와 사제 자리와 주교구들이 있는데, 이들은 추기경들의 소유가 되었다. 추기경들은 설교를 소홀히 하고, 더 많은 재산을 얻기에 열심이다. 그들의 무자비한 착취로 인해 스위스 지역은 폐허처럼 되었다. 수도원은 파괴되었고, 주교구들은 추기경들의 먹잇감이 되었다. 교구들과 교회의 세금이 로마로 들어간다. 예배도 없고 설교도 없기 때문에, 땅과 사람들은 피폐해졌다. 터키 사람들도 스위스 지역을 이처럼 피폐시키지는 않을 것이다. 스위스 다음에 독일도 이 모양이 될 것이다. 교회와 도시를 피폐시키면서도 추기경들은 이렇게 말한다. "우리는 그리스도의 대리자요, 그리스도의 양의 목자이다"(23-24).

한 교회사학자는 종교개혁 당시의 상황을 다음과 같이 묘사한다. "법왕(교황)은 전 세계의 독재 군주가 되었다." "'법왕교(교황체제)의 대낮은 바로 세상의 한밤중이었다'…. 성경은 일반 사람들에게뿐 아니라 신부들에게까지도 거의 알려지지 못했다. 옛날의 바리새인처럼 로마교의 지도자들은 그들의 죄악을 폭로해 줄 빛을 싫어하였다. 의의 표준인 하나님의 율법이 제거되자 그들은 권세를 한량없이 부리고, 온당치 않은 행동을 거침없이 했다. 사기, 탐욕, 방탕이 세상에 두루 퍼졌다. 법왕(교황)과 주교들의 저택들은 극히 비열한 죄악의 장소가 되었다.…수 세기 동안 유럽에서는 학문, 예술, 문화의 각 방면에서 아무런 진보도 볼 수 없었다. 그리스도교국은 도덕적·지적으로 마비 상태에 빠졌다"(White 1999, 52).

6) 교황을 위시한 성직자들의 경제적 착취, 성적 타락과 호사스러운 생활은 교회의 신뢰성과 권위를 크게 약화시켰다. 민심은 사실상 가톨릭교회에 대해 등을 돌린 상태였다. 이리하여 교황은 신생 민족국가들에 대해 옛날과 같은 권위를 행사할 수 없었다.

루터의 종교개혁이 진행되고 있던 1534년에 로마 가톨릭교회로부터 영국교회가 독립한 것은, 민족국가와 민족교회에 대한 교황의 무력함을 여실히 보여준다. 영국의 왕 헨리 8세는, 자신의 형 아더(Arthur)와 사별한 자기의 형수 아라곤의 캐터린(Katharina von Aragon)와 결혼하였다. 그러나 헨리 8세는 카타리나가 아들을 낳지 못한다는 이유로 로마 교황청에 이혼 승인을 요청하였다. 그것은 이미 연인관계에 있던 카타리나의 시녀 앤 볼린(Anne Boleyn)과 결혼하기 위함이었다. 교황청이 이혼 신청을 거부하자, 헨리 8세는 영국교회를 가톨릭교회에서 분리시키고, 스스로 영국교회의 수장(supreme head in earth of the Church of England)이 된다. 그리고 그는 1533년 1월 25일 비밀리에 안나 볼린과 결혼한다. 이리하여 영국의 국가교회(오늘의 성공회)가 태어난다. 1534년에 영국 의회는 이를 인정한다. 이로써 로마 가톨릭교회와 영국교회의 공식적 분리가 일어난다.

정치권력과 종교권력을 장악한 헨리 8세는 그 후 다섯 번이나 왕비를 바꾼다. 그는 영국교회의 분리를 반대하는 충신 토마스 모어(Thomas More, 『유토피아』의 저자)와 자신의 오른팔 역할을 했던 올리버 크롬웰(Oliver Cromwell, 1599-1658), 그리고 자신의 부인 여섯 명 중 두 명을 참수한다. 또한 사치스러운 생활과 전쟁 비용으로 바닥난 왕실의 재정을 채우기 위해, 국토의 1/6을 소유하고 있던 수도원을 통폐합하고, 수도원 재산을 국유화한다. 그는 그 상당 부분을 매각하여 왕실의 재정을 보충한다. 이같은 일들은 강력한 민족국가의 왕들 앞에서 교황이 무력하였던 중세 말기의 상황을 반영한다. 김창락에 따르면, "로마 교황청의 무제약적인 재정적 갈취로 신음하면서 로마에 대한 불만이 들끓고 있던 16세기의 독일의 정치적·경제적·사회적 사정은 종교개혁이라는 거대한 역사적 폭발물의 뇌관에 불이 당겨질 가장 적합한 환경이었다"(김창락 2017, 188).

9. "교황은… 황제처럼 말을 타고 다녀야 한다"

1) 종교개혁 시대의 화가인 루카스 크라나하(Lucas Cranach, der Ältere, 1472-1553)는 1505년에 작센의 선제후 프리드리히가 채용한 비텐베르크(Wittenberg)의 궁정화가로서 루터의 친구였다. 그는 화가로서 루터의 종교개혁에 참여한다. 1520년 12월 10일, 루터가 교황의 파문 경고 교서(Bannandrohungsbulle)를 비텐베르크에서 소각한 지 약 5개월 후인 1521년 5월 중순, 곧 루터의 바르트부르크 은둔생활 초기에, 크라나하는 청빈한 그리스도의 삶과 세속적 욕망에 쌓인 교황의 삶을 대비시킨 목판화 시리즈를 제작하였다. 이 시리즈는 그리스도와 적그리스도 교황을 대립적으로 비교하는 13쌍(총 26개)의 그림으로 구성되었다.

루터의 동지 멜랑히톤은 성경 말씀과 교회법 인용으로 구성된 해설문을 각 목판화에 첨부하였다. 교회법에 관한 부분은 비텐베르크 대학 법학교수인 요한 슈베어트페거(Johann Schwertfeger, 1488-15249)에 의해 집필되었다. 해설문이 첨부된 목판화 시리즈는 "그리스도와 적그리스도의 삶"(Passional Christi et Antichristi)이란 제목의 소책자로 비텐베르크에서 출판되었다. 이 책자는 글을 읽을 수 없는 민중들에게 그리스도와 적그리스도 교황의 차이를 시각적으로 나타냄으로써, 루터의 개혁운동의 타당성을 인지시키는 데 큰 도움을 주었다. 초판 20,000부가 순식간에 매진될 정도였다. 이 목판화 해설문에서 우리는 종교개혁 당시 가톨릭교회의 거짓과 타락상의 단면들을 볼 수 있다. "교황은 황제처럼 말을 타고 다녀야 한다"는 위의 제목은, 이 목판화 시리즈의 해설문에 기록된 멜랑히톤의 글이다. 총 13쌍의 목판화 해설문 중에 몇 쌍만 살펴보기로 하자(문헌근거: Leppin 2012, 76-78, 독자의 이해를 위해 쉽게 풀어쓰기로 함).

[목판화 1, 2]

그리스도: 예수께서 그들이 와서 자기를 왕으로 삼으려는 줄 미리 아시고, 혼자서 다시 산으로 피하였다(요 6:15). "내 나라는 이 세상에 속한 것이 아니다"(요 18:36). 세상의 왕들은 백성들 위에 군림하고, 권력을 가진 자들은 은인으로 행세한다. 그러나 너희들은 그래서는 안 된다. "너희 가운데서 가장 큰 사람은 가장 어린 사람과 같이 되어야 하고, 또 다스리는 사람은 섬기는 사람과 같이 되어야 한다"(눅 22:26).

적그리스도: "의심의 여지없이 우리는 황제 위에 있는 권세와 힘을 가지고 있다. 이 권세와 힘에 근거하여 우리는, 황제의 자리가 비었을 때, 황제의 법적 상속자들이다(교회법). 아주 간단히 요약한다면, 교황의 영적 법 안에는, 그가 모든 황제들과 왕들과 주교들보다 자기의 우상과 적그리스도를 더 높인다는 것만 발견될 뿐이다. 베드로는 이것을 다음과 같이 말한다: "세속의 통치자를 멸시할 뻔뻔스러운 주교들이 나타날 것이다"(벧후 2:1, 10, 해설문 그대로 번역함).

[목판화 3, 4]

그리스도: 병사들은 가시로 된 면류관을 만들어 그의 머리에 눌러 씌우고, 자색 옷을 입혔다(요 19:2).

적그리스도: 콘스탄티누스 황제는, 황제가 착용하는 면류관, 수많은 보석들과 모든 다른 보물들, 입어야 할 자색 망토와 모든 다른 예복들, 사용해야 할 홀(Zepter, 교황직을 나타내는 지팡이 비슷한 것)을 우리에게 넘겨주었다(교회법). 그들은 독재를 유지하기 위해, 사료에 반하는 이같은 거짓말을 날조하였다. 로마 황제들이 그런 면류관을 쓰는 관습이 없었기 때문이다.

[목판화 21, 22]

그리스도: 하나님의 나라는 외적인 몸짓에 있지 않다. - 보아라, "여기에 그리스도가 있다, 저기에 그리스도가 있다"고 할 것이다. - 그러나 하나님의 나라는 너희 가운데 있다(눅 17:20 이하). 어찌하여 너희는 인간의 법에 근거하여 하나님의 계명을 위반하느냐? 인간의 가르침과 인간의 계명을 지키는 모든 사람은 나를 거짓으로 예배한다(마 15:2, 9; 사 29:13).

적그리스도: 적그리스도의 나라는 오직 외적인 것에 있다. 교황의 법이 지시하는 것은, 미사복, 옷, 머리 중앙부 삭발(Tonsuren), 축제일, 사제서품식, 소유자를 먹여 살리는 성직자리(Pfründe), 승단, 수도사와 사제들에 대한 질서에 불과하지 않은가? 그들은 그들의 소유를 "영적 소유"라고 부르며, 그들만이 "영적 교회"요, 사제는 "하나님의 선택받은 백성"이라 부르면서, 평신도는 교회 안에 있지 않으며, 하나님의 백성이 아닌 것처럼 여긴다. 이것은 성경에 완전히 위배되는 일이다. 그밖에도 그는 바울이 미리 말한 것처럼, 특정 음식물을 금지한다: "속이는 영들이 올 것이며, 그러한 일들을 금할 것이다"(딤전 4:1, 3).

[목판화 23, 24]

그리스도: 그는 성전에서 상인들, 양, 소, 비둘기를 보게 되었고, 환전상들이 앉아 있는 것을 발견하였다. 그는 즉시 끈으로 채찍을 만들어, 모든 양과 소, 비둘기와 환전상들을 성전에서 쫓아내었다. 돈을 쏟아버리고, 계산대를 뒤엎어버렸다. 그리고 비둘기를 파는 자들에게 이렇게 말하였다: "이것을 걷어치워라. 내 아버지의 집을 장사하는 집으로 만들지 말아라(요 2:14-16). "거저 받았으니, 거저 주어라"(마 10:8). 너의 돈이 너와 함께 저주를 받을 것이다(행 8:20).

적그리스도: 바울이 데살로니가후서 2:4에서 선포하는 것처럼, 적그리스도

는 하나님의 성전에 앉아 하나님처럼 행세한다(살후 2:3-4). 다니엘이 말하는 것처럼(단 11:36-45), 그는 하나님의 법을 변질시키며, 성경을 자의로 해석하고, 각종 면제 증명서(Dispense, 상급 성직자에게 돈을 바치는 대가로, 교회 요직의 중임, 첩질 등을 해도 좋다는 허락서), 면죄부, 교황의 망토(Pallien), 주교구(Bistümer), 봉토(Lehen)를[2] 팔아먹고, 세속의 재화를 자랑하고, (신자들의) 결혼생활을 파괴하고, 자기의 법들을 가지고 양심을 괴롭게 하고, 법을 세웠다가 돈 때문에 그것을 파기하고, 성인을 추대하고, 4세대에 이르기까지 축복했다가 저주하고, 자기의 음성을 하나님의 음성을 듣는 것처럼 들어야 한다고 명령하고, 아무도 자기를 간섭해서는 안 된다고 말한다.

그밖에도 이 목판화 소책자의 그림들과 해설문들은 당시 가톨릭교회의 거짓과 성직자들의 타락한 모습들을 감각적으로 보여준다. 글을 읽을 수 없는 서민들은 목판화 그림을 통해 당시의 상황을 분명히 파악할 수 있었다. 목판화를 제작한 크라나하와 루터는 절친한 친구가 되었다. 루터는 크라나하의 장녀 세례식 대부가 되었고, 크라나하는 루터의 아들 요한네스(Johannes)의 대부가 되기도 하였다.

---

[2] 고대 게르만족의 프랑크 왕국에서 유래하는 봉토(Lehen 혹은 Lehenswesen)는, 소작인이 소작료를 내야하는 소작 농지와는 다른 성격의 것이었다. 그것은 통치자가 자기에게 충성을 맹세하는 귀족이나 기사들에게 상당한 크기의 영지를 맡김으로써, 그들의 생계와 군사 유지를 보장해 주며, 그들과 통치자를 결속시키고 의리의 관계를 유지하는 통로였다. 통치자는 그 영지에 대해 아무것도 받지 않았다(이른바 소작료를 받지 않음). 그래서 봉토는 "*beneficium*"(자비, 은혜)이라 불리었다. 귀족이나 기사들은 봉토에서 나온 수확으로 자신의 군대를 유지하며, 통치자가 전쟁을 할 경우, 군대를 이끌고 통치자의 전쟁에 참여해야 했다.

* 요약: 종교개혁을 유발한 원인들

지금까지 고찰한 종교개혁의 유발 원인 및 그것을 가능케 한 조건들을 우리는 아래와 같이 정리할 수 있다.

(1) 강력한 중앙집권적 왕정체제를 가진 민족국가와 민족교회의 등장, 교황청에 대한 독립, 이로 말미암은 교황과 황제의 무력화.
(2) 세속의 부와 권세, 사회적 특권과 영광에 대한 교황 및 성직자들의 욕심, 세속의 일에 대한 개입, 이로 인한 세속 통치자들과의 갈등 및 투쟁, 경건과 사목의 약화.
(3) 교황을 위시한 고위 성직자들의 성직 매매와 축재, 호화로운 생활, 성직자들의 보편화된 첩 생활 및 청소년과 윤락녀와의 부적절한 관계, 신자들의 가정 파괴, 교회 재정 낭비 및 사취, 뇌물 수수 등의 도덕적 타락과 부패.
(4) 생계수단 및 사회적 특권계급으로 변질한 성직, 성직자와 수도사들의 무위도식과 영성 결핍, 이로 말미암은 성직자들의 신뢰성 추락.
(5) 서민들에 대한 성직자 계급의 고자세, 서민들의 우민화, 업적사상, 연옥 및 지옥에 대한 공포와 미신을 이용한 성직자들의 부당한 이익 추구.
(6) 성직자 자격을 갖추지 못한 자들의 성직자 임용으로 인한 교회의 저질화.
(7) 세속 권세자들과 성직자들의 결탁, 불의한 이권 추구, 교회나 수도원이 운영하는 사업체의 특권(면세 혜택 등)과 불공정한 상행위.
(8) 귀족들에 의한 교회 재산의 사유화, 성직 매매, 교회와 수도원과 종

교시설을 이용한 사적 이익 추구.

(9) 성직자들의 돈벌이 수단으로 변질한 성례, 미사, 각종 종교적 행사들과 면죄부, "거머리"처럼 신자들의 돈과 재산을 취하는 성직자들.

(10) 귀족 자녀들의 부양기관(Versorgungsanstalt)으로 변질한 수도원과 수녀원, 수도사들과 수녀들의 도덕적 타락.

(11) 교회의 제도화와 형식화, 성례의 형식화, 순수한 믿음과 참된 경건의 상실.

(12) 영국의 존 위클리프, 보헤미아의 얀 후스의 개혁사상의 영향.

(13) 카타리파, 발도파, 프란체스코파 영성주의자들, 피오레의 요아힘의 추종자들, 후스파 등 기독교 소종파의 영적 개혁운동과 성직제도에 대한 비판.

(14) 교회 개혁 및 성직자들의 각성을 촉구하는 모든 개혁운동에 대한 교황청의 거부와 박해.

(15) 교황청 분열과 복수의 교황들로 말미암은 교황청의 신뢰 상실.

(16) 파리 대학을 중심으로 일어난 "머리에서 지체들에 이르는 교회개혁" 운동.

(17) 갈리아주의, 공의회주의, 주교회주의의 일시적 승리, 이에 대한 교황청의 거부.

(18) 지동설과 아메리카 대륙의 발견을 통한 세계관의 확대와 대학의 발전.

(19) 세계 항로의 개척, 아메리카 대륙의 착취를 통한 상공업의 발전, 새로 형성된 시민계급의 교회개혁에 대한 요구.

(20) 교리와 성직자의 중재를 상대화시킨 신비주의.

(21) 유명론과 인문주의의 새로운 학문의 방법(via moderna)과 스콜라

신학의 붕괴, 교리의 상대화, 전체주의적 세계 질서로부터 벗어난 개인의 가치와 자유에 대한 의식.

(22) 독일 지역에 대한 교황청의 수탈 및 독일의 "무거운 짐"(Gravamina) 에 대한 독일인들의 분노.

(23) 스페인 출신 황제 카를 5세에 대한 독일인들의 모욕감과 거부감, 독일 제후들과 교황 및 황제의 대립, 제후의 통치권에 속한 영지 교회의 등장.

(24) 종교재판, 마녀화형, 교리에 어긋나는 "이단자" 화형, 이자 소득 금지를 통한 금융업 억제, 출판물 통제, 학문적 자유의 억제 등 시대에 뒤떨어진 행태와 자유의 억압.

제2부

종교개혁 이전까지 루터의 생애

I
출생에서 대학교육까지

1. 루터는 1483년 11월 10일 오늘날의 작센-안할트(Sachsen-Anhalt)주에 속한 아이슬레벤(Eisleben, Leipzig 부근)에서 출생하였다. 그의 출생 연도에 대해서는 "1482년 설과 1483년 설, 1484년 설"이 있다. 그러나 "필립 멜랑히톤의 견해와 비텐베르크 대학 교무과장의 비망록"에 근거한 1483년 11월 10일이 루터의 출생일에 관한 학계의 정설로 인정된다(이에 관해 이홍렬 2017, 14 참조).

사천 명의 인구를 가진 아이슬레벤은 만스펠트(Mansfeld) 공작 가문의 땅이었다. 루터가 죽은 곳도 이곳이었다. 루터는 출생 다음 날인 11월 11일에 유아세례를 받았다. 이 날은 가톨릭교회의 교회력에 따른 성 마르틴(St. Martinus, 316-397. 추위에 떨고 있는 한 걸인에게 자신의 외투 절반을 잘라 주었다는 헝가리 출신의 자비로운 주교. 그의 외투는 성유물이 됨)의 경축일이었기 때문에, 루터는 "마르틴"이란 이름을 얻게 된다(이홍렬에 따르면, 루터의 어머니 "지글러 부인의 산고가 미처 끝나기도 전에 루터의 부모는 집에서 불과 30미터 거리에 있는 성 베드로 교회로 갓난아기 루터를 데리고" 가서 유아세례를 받게 했다고 한다. 그러나 산고가 끝나지 않은 산모가 갓난애를 데리고 교회에 가서 아기에게 유아세례를 받게 한다는 것은 상상하기 어려운 일이다. 위의 책 14).

루터가 그의 아버지에게서 받은 성(姓)은 "루더"(Luder)였다. 1517년에 마인츠의 대주교 알브레히트에게 보낸 서신에서 그는 "마르틴 루더" 대신 "마르틴 루터"(Martin Luther)라는 이름을 사용하는데, 그 이후 "마르틴 루터"가 그의 공식 이름이 된다. "루터"란 이름은 "자유인"을 뜻하는 그리스어 "엘류테리오스"(eleutherios)에서 유래하는 것으로 추정된다.

루터의 아버지 한스 루더(Hans Luder, 1459-1530)의 조상들은 튀링언(Thüringen) 서쪽 삼림지역에서 영지를 빌려 농업을 하는, 경제적으로 상당히 안정된 농민이었다. 그는 장자였기 때문에 당시의 관습에 따라 부모의 유산을 얻지 못하였다. 그래서 그는 광부가 되어 자신의 삶을 시작하였다. 루터의 어머니는 아이제나하 출신의 마가레테 린데만(Margarete Lindemann, 1459-1531)이었다. 루터는 이들의 둘째 아들로 태어났다.

2. 하르츠(Harz) 지역 남단에 위치한 만스펠트 공작 가문의 영지는 지리적으로 독일 신성 로마 제국의 중심부에 있었다. 그 당시 이 영지는 여러 봉건 영주에게 속한 소규모 영지로 나누어져 있었던 관계로, 정치적으로 매우 어려운 상황에 있었다. 15세기에 이 영지를 다스린 것은 베틴(Wettin) 가문이었다. 그런데 이 가문의 두 형제는 상속 문제로 갈라져 싸우다가 결국 영지를 나누어 갖기로 합의하였다. 그러나 두 형제 사이의 대립은 계속되었다. 만스펠트 공작 가문에도 이와 비슷한 일이 일어났다. 베틴 가문의 지배로부터 자유를 얻고자 했던 이 가문에서도 재산 상속 문제로 인해 불

화가 일어나 결국 가문이 망하고 말았다. 1546년 루터가 죽기 직전에 아이슬레벤으로 간 것은 이 가문의 형제들을 화해시키기 위함이었다.

루터의 가정은 1483년 가을부터 1484년 여름까지 아이슬레벤에서 살다가 만스펠트로 이사하였다. 이 도시는 풍부한 광물자원, 특히 많은 구리 광산을 가진 부유한 도시였다. 그러나 만스펠트 가(家) 형제들의 불화로 사업이 망하게 되자, 광산의 일부 노동자들이 사업권을 얻어 자립하게 된다. 루터의 아버지도 이들 가운데 한 사람이었다. 광부로 시작했던 그는 소규모 광산들의 공동소유권과 주조소의 공동임대권을 소유하게 된다. 상당한 명망을 얻게 된 그는 광산업자들의 대표로 활동하다가 만스펠트 시의원이 된다.

3. 루터의 가정은 가난하지는 않았지만, 아버지의 명령으로 내핍생활을 하였다. 특히 루터의 아버지는 자녀교육에 매우 엄격하여, 그는 가끔 아버지에게 구타를 당하였다. 아버지의 엄격한 가정교육으로 인해 루터는 "놀란 가슴"을 가진 매우 소심하고 예민한 아이로 성장하였다고 한다. 그러나 엄격한 가정교육은 그 당시 일반적인 현상이었다. 루터에게는 여덟 명의 형제가 있었는데, 그중 네 명만이 성인이 되었고, 나머지 형제들은 일찍 세상을 떠난 것으로 보인다.

루터의 가정은 특별히 깊은 신앙을 갖지는 않았지만, 교회가 가르친 일반적인 경건 및 농민들과 광부들의 통속적인 신앙 속에서 살았던 것으로 보인다. 후에 루터가 수도원에 들어가기로 결단했을 때, 그의 아버지는 극구 반대하였다. 이것은, 루터의 아버지가 기독교의 경건에 특별한 관심을 가진 사람은 아니었음을 보여준다. 그러나 루터가 번개를 동반한 뇌성벽력 속에서 수도사가 되겠다고 예수의 외할머니 성 안나에게 맹세한 것을 볼 때, 그는 어릴 때부터 성인 숭배, 마리아와 안나숭배, 성유물 숭배 등 당시 서민들의 보편적인 경건에 익숙했던 것으로 보인다. 루터의 어머니는 마녀신앙을 가지고 있었다고 한다.

4. 일곱 살이 되던 1490년 루터는 만스펠트 공립학교에 입학하였다. 여기서 그는 읽기와 쓰기 및 라틴어에서 시작하여 문법, 수사학, 논리학을 배웠다. 독일어, 수학, 종교, 역사, 지리 등의 과목은 학교에서 가르치지 않았다. 그 당시 라틴어는 종교 영역에서는 물론 세속의 영역에서도 필수적인 공용어였다. 학교에서도 라틴어를 말해야 했다. 라틴어를 말하지 않고 독일어를 말할 경우 매를 맞았다. 당시 학생들에 대한 교사들의 구타는 일반적인 일이었다.

열네 살이 되던 1497년 루터는 학교 친구인 만스펠트 시장의 아들 한스 라인엑커(Hans Reinecker)와 함께 막데부르크(Magdeburg)로 옮겨 교육을 받게 된다. 나중에 고향에서 목수가 된 라인엑커는 루터와 오랜 친분을 유지한다. 당시 막데부르크는 중요한 상업도시로서 대주교의 교구였다. 여기서 루터는 "공동생활 형제단"이 인도하는 대성당 학교에서 배운다. 그가 이 학교에 다닌 시간은 일 년밖에 되지 않지만, 이 기간에 수도원 생활과 경건에 대한 약간의 식견을 얻게 된 것으로 추측된다. 이곳에서 루터는 당시의 관습에 따라 구걸을 통해 자기의 생활비 일부를 벌어 쓰게 되는데, 학생 합창단의 일원으로서 각 가정을 방문하여 노래를 부르면서 구걸을 하였다. 각 집을 찾아다니며 구걸을 하는 것은 그 당시 조금도 부끄럽지 않은 일반적인 일이었다.

5. 일 년 뒤인 1498년에 루터의 부모는 그를 아이제나하(Eisenach)로 보

낸다. 어머니의 친척들이 그곳에 살았기 때문이다. 여기서 그는 성 게오르그 교회 부속 라틴어학교에 다니면서 매우 우수한 학생으로 인정을 받는다. 그는 수사학, 수학, 음악 외에 라틴어를 자유롭게 읽고 쓰고 말하는 능력을 구비한다. 여기서도 그는 학교 합창단의 일원으로 생활비 일부를 벌어서 생활한다.

학교에 다니는 동안 루터는 아이제나하에서 상당한 부와 명망을 쌓았고 자신의 가족과 친분을 가진 샬베(Schalbe) 가정 및 코타(Cotta) 가정과 매우 친밀한 관계를 맺는다. 루터는 샬베 가정의 아들 한스 샬베를 가르치는 가정교사로서 한동안 이 가정에 머물게 되는데, 후일에 한스는 아이제나하의 시장이 된다. 이 가정은 바르트부르크(Wartburg) 성 아래에 수도원을 소유한 프란체스코 수도사들과 교분을 가지고 있었다. 루터도 이 수도사들과 자주 만나 친분을 쌓으면서 그들의 경건에 친숙하게 된다. 또 그는 함께 노래하고 악기를 연주하며, 기도하고 토의하는 경건한 학생들의 모임에도 참여한다. 그는 매우 부지런하고 우수한 모범생으로 인정받았기 때문에 교사들의 매를 맞지 않았다. 아이제나하에서 만난 친구들 및 지인들, 특히 전도사 브라운(J. Braun)과의 친분은 이 도시를 떠난 후에도 지속된다. 루터는 일평생 아이제나하를 "아름다운 도시"로 회상하고, 이 도시에서의 생활에 감사한다.

6. 열여덟 살이 되던 1501년 루터는 튀링언주의 에르푸르트(Erfurt) 대학 인문학부에 입학하여 대학 기초과정(Grundstudium)을 공부하게 된다. 문법, 변증학, 수사학의 세 영역(Trivium)과, 산수학, 음악, 지리학, 천문학의 네 영역(Quadrium)으로 구성된 대학 기초과정은, 신학, 법학, 의학이라는 더 높은 과정의 공부를 위한 기본과정이었다.

당시 20,000명의 인구를 가진 에르푸르트시는 80여 개의 중소 마을을 가진 넓은 지역의 중심지로서, 마인츠 대주교의 관할 교구에 속하였다. 시 의회가 이 도시를 자치적으로 통치했지만, 제국도시의 지위를 얻지는 못했다. 그러나 대성당과 교회 및 수도원과 함께 자치권을 가진 에르푸르트시는 사실상 하나의 독립 도시였다. 신성 로마 제국 어디에나 있었던 성직자들의 불의와 횡포가 이 도시에도 있었다. 귀족 출신의 성직자들이 많은 봉록을 받고 풍요로운 생활을 누리고 있었다. 이들의 주요 관심은 설교와 사목활동에 있기보다, 더 많은 수입을 얻는 데 있었다. 이들에게 성직자 독신제와 순결 서원 및 청빈생활은 거짓말이었다.

당시 에르푸르트는 중요한 상업도시였다. 많은 중소 마을의 교차점에 서 있는 이 도시는 화물 집산지로서 상당한 경제적 발전을 이루었는데, 특히 청색 염료 매매를 통해 부를 축적했다. 이 도시는 많은 인구와 부를 가지고 있었기 때문에, 대학이 이곳에 쉽게 설립될 수 있었다. 14세기 말에 세워진 에르푸르트 대학은 등록한 학생 숫자로 볼 때 독일에서 가장 큰 대학들 가운데 하나였다. 독일 중부 지역에서 이 대학에 필적할 수 있는 것은 라이프치히 대학뿐이었다.

7. 당시 대부분의 독일 대학을 지배한 것은 아리스토텔레스의 철학과 실재론이었다. 이에 반해 에르푸르트 대학을 지배한 것은 오컴의 유명론이었다. 여기서 루터는 이성과 신앙, 철학과 신학의 분리를 주장하는 유명론의 "새로운 방법"(*via moderna*)을 배운다. 유명론의 영향으로 나중에 그는 스콜라 철학과 결별하고, 성경 연구에 집중한다.

루터가 입학했을 당시, 에르푸르트 대학은 인문주의를 완전히 받아들이지 않았다. 그러나 차츰 이 대학의 교수들과 학생들은 인문주의에 심취하기 시작하였다. 학생들은 고타(Gotha)의 마리아 교회 의전사제인 무티아누스 루푸스(K. Mutianus Rufus)를 정신적 지도자로 둔 인문주의 단체를 만들어 인문주의 사상을 확장코자 하였다. 1514년에 이 대학의 라틴어 교수가 된 헤수스(H. Eobanus Hessus)는 이 단체의 지도자로서, 에르푸르트 대학을 독일 인문주의의 중심지로 만들었다. 루터의 친구인 루베아누스(C. Rubeanus)는 그 당시 수도사들과 성직자들의 무식함을 비웃는 "어두운 남자들의 서신들"(1515-1517)을 발행하였다. 그 여파로 철학부가 대학의 첫째 자리를 차지하고, 신학은 "학문의 여왕"의 자리에서 물러난다.

루터는 대학의 인문주의 운동에 적극적으로 참여하지 않았지만, 그 영향을 피할 수는 없었다. 그리하여 그는 고대 그리스와 로마 시대 사상가들의 문헌들을 깊이 연구하여 나중에 이들의 글을 인용하기도 한다. 또한 루터는 고대문화의 "근원으로"(ad fontes) 돌아가 고대의 언어를 연구하는 인문주의 방법을 수용하여, 성경 원어에 따라 성경을 연구하게 된다. 대학에서 그는 스콜라 철학의 개념들을 자유롭게 사용하는 철학자, 재치 있게 대답할 수 있는 변론가라는 평을 받았다. 친구들의 모임에서 그는 즐겁게 노래하고 라우테(몸체 부분 아래가 불룩한 기타 모양의 현악기) 연주를 잘하는 "활발하고 유쾌한 녀석"이었다. 자신에게 에르푸르트 대학의 기초과정은 내용적으로 그 이전 학교교육에 비해 크게 다를 바가 없었던 것으로 그는 회상한다. 대학 기초과정을 끝낸 학생들이 신학공부를 하지 않은 채 사제가 되기도 하였다.

에르푸르트 대학의 학생들은 의무적으로 기숙사 생활을 하였다. 기숙사는 수도원과 비슷한 규칙을 가지고 있었다. 일정한 식사시간과 기도시간 외에도 외출시간, 귀가시간, 복장, 독서의 통제, 공동침실의 사용, 라틴어 대화, 여성과의 연락 금지, 술의 절제 등의 규칙을 지키는 기숙사 생활은 수도원 생활과 크게 다르지 않았다. 루터는 기숙사의 모든 규칙을 잘 지킨 모범생이었다. 나중에 그가 수도사가 되기로 결단할 때, 이 대학의 기숙사 생활이 큰 영향을 준 것으로 보인다.

친구들과 어울려 라우테를 연주하거나 합창을 하는 것 외에 루터는 공부에 열중하였다. 때로 그는 종교적 문제로 고민하기도 하였다. 입학한 지 1년 뒤인 1502년에 그는 기초 세 과목의 과정(Trivium)을 끝내고 학사학위를 받는다. 3년 뒤인 1505년에 그는 17명 중 2등으로 석사학위를 받는다. 학위를 받은 후 인문학 석사(Magister artium)로서 대학 인문학부의 강의를 맡을 정도로 그는 학문적 우수성을 인정받는다.

루터의 아버지 한스는 아들의 학문적 성과를 매우 자랑스럽게 생각했다. 한스는 석사학위 취득에 대한 선물로 루터에게 시민법 총람(Corpus iuris civilis)을 선사하면서 법학 공부를 권했다. 루터는 아버지의 권유에 따라 1505년에 법학 공부를 시작한다. 그 당시 법학 공부는 사회적 진출과 신분 상승을 약속하는 것이었다. 법관이나 제후의 서기직을 얻을 수도 있고, 교수가 될 수도 있었다. 따라서 부유한 가정의 부모들에게 루터는 이상적인 사윗감이었다. 사실 루터의 아버지는 부유한 가정의 딸을 루터의 신부로 이미 정해 두고, 루터에게 결혼을 권한 것으로 보인다. 루터는 아버지의 결혼 제의를 거절한 것 같다.

법학 공부를 시작하기까지 루터의 삶은 종교개혁을 암시하는 특별한 징조를 보이지 않는다. 그의 성장과 교육과정은 당시의 일반적 관습에 따른 평범한 것이었다. 어떤 학자는 루터의 청소년기에서 종교개혁의 심리적 원인을 찾는다. 이형렬은, "귀족의 호화스러운 삶을 버리고 금식과 철야고행으로 피폐해진 육체를 끌어안고 속세에서 수도사의 삶을 살아가는" 안할트의 빌헬름 공(Wilhelm von Anhalt)을 조우하게 된 것이 "루터를 수도원으로 이끄는 먼 동인"이었으리라고 추측한다(이홍렬 2017, 17). 그러나 루터 연구자인 로제(B. Lohse)는, 법학 공부를 시작하기까지 루터의 성장과 교육과정은 "종교개혁을 향한 그의 길에 대해 아무런 결정적 의미를 갖지 않는다"고 말한다(Lohse 1980, 2).

1505년 7월 루터를 수도사로 회심케 한 슈토턴하임(Stotternheim)의 뇌성벽력
[자료 출처: 위키미디어]

II
수도사로의 회심 이후의 삶과 "탑 속의 체험"

1. 수도사로의 회심과 "제2의 바울"로서의 루터

1) 1505년 7월 2일, 루터의 삶의 길을 완전히 바꾸어버리는, 예기치 못한 사건이 일어난다. 결혼 문제로 만스펠트에 있는 부모님을 방문하고 에르푸르트로 돌아가는 도중, 에르푸르트에서 6km 떨어진 슈토턴하임(Stotternheim) 성당 앞을 지날 때, 루터는 번개를 동반한 뇌성벽력을 만난다. 죽음의 공포 속에서 그는 땅에 엎드려 성 안나에게 서원한다. "성 안나여, 저를 살려주소서. 그러면 수도사가 되겠나이다!" 성 안나는 마리아의 어머니요 예수의 외할머니로서, "개인의 수호성인으로 대중들에게 널리 알려져 있던 성인들 중 하나였다"(홍경만 2017a, 24). 특히 그녀는 "광부들의 수호 성자"였다(이홍렬 2017, 21). 루터의 아버지도 광부 출신이었기 때문에, 루터는 성 안나 숭배에 매우 익숙하였던 것으로 추측된다.

20세기에 일련의 신학자들은, 슈토턴하임의 뇌성벽력으로 루터가 수도사가 되기로 결단했다는 이야기에 대해 이의를 제기하였다. 이들의 주장에 따르면, 루터의 결단은 다양한 원인을 가진 것으로 추측된다. 슈토턴하임의 사건이 있기 얼마 전, 루터의 한 친구가 흑사병으로 사망한 것이 그 원인으로 작용했을 수 있다. 또 루터가 불의의 사고로 인해 심한 상처를 입었다가 어렵게 건강을 회복한 사건 때문일 수도 있다. 결혼 문제로 인한 아버지와의 충돌과, 출셋길이 열린 소시민적 삶에 대한 회의가 작용했을 수도 있다.

그러나 단지 이런 일들 때문에 루터가 세속의 삶을 버리고 수도사가 되기로 결단했다는 것은 상상하기 어렵다. 루터는 수도사의 길이 얼마나 어려운가를 잘 알고 있었기 때문이다. 그것은 한마디로 세속과의 단절이었다. 이 어려운 결단의 결정적 원인은 죽음의 위험을 직면한 슈토턴하임의 회심 때문이라고 말하지 않을 수 없다. 갑작스러운 죽음의 위험을 당할 때, 극적인 믿음의 결단을 내리는 일은 기독교 역사에서 자주 일어나는 것이기 때문이다. 그러나 종교에 관한 자신의 내적 번민이나 성찰 없이, 루터가 단지 뇌성벽력 때문에 수도사의 길을 결단하였다는 주장도 일면적으로 보인다.

아들의 결단에 경악한 루터의 아버지는 그의 결단을 완전히 부인한다. 그것은 "자기만을 바라보는 모든 가족들의 염원을 저버리는 일"이요, "불타는 청년의 화려한 인생살이는 끝나는 것이었기 때문이다"(홍경만 2017a, 25). 루터의 결단은 "네 부모를 공경하라"는 십계명의 다섯째 계명을 어기는 것이요, 그가 슈토턴하임에서 체험한 것은 일종의 환각에 불과하다고 루터의 아버지는 주장한다. 루터의 아버지는 루터가 수도사가 될 경우, 그와 인연을 끊겠다고 위협하기도 한다. 루터의 친구들도 그의 결단을 반대한다. 그러나 루터는 자기의 생각을 꺾지 않는다. 그는 "1505년 7월 17일, 친구들의 설득과 아버지의 깊은 실망에도 불구하고, 친구들의 배웅 속에 기쁜 마음으로 '오늘 마지막으로 나를 볼 것이고 다시는 볼 수 없을 것이다'(WATr4; 440,14f.; 460,6ff.)라는 말을 남긴 채, 에르푸르트에 있는 아우구스티누스 수도회로 입문하였다"(Kaufmann 2015, 37).

2) 그 당시 에르푸르트에는 여섯 개의 남자 수도원이 있었다. 그중 아우구스티누스 은둔자(Augustiner Eremiten) 수도원은 가장 엄격하고 금욕적인 수도원으로 알려져 있었다. 루터는 이 수도원을 선택하였다. 이 수도원의 승단은 프란체스코 수도회, 도미니코 수도회, 카르멜 수도회 다음의 네 번째로 큰 걸인 수도회(Bettelorden)로, 독일에 약 100개의 수도원을 가지고 있었다. 1277년에 세워진 에르푸르트 수도원은 도시 중심부에 위치한 하나의 폐쇄된 공간이었다. 그것은 자체의 교회와 십자로, 승원 건물과 도서관, 그리고 농축사를 가지고 있었다. 이 수도원은 크게 가난하지 않았기 때문에 수도사들은 구걸행위를 할 필요가 없었다. 그러나 다른 수도원처럼 풍요로운 생활을 누릴 정도는 아니었다.

이 수도원은 엄격한 계급질서를 가지고 있었다. 수도사들은 사부들(Patres)과 형제 수도사들(Fratres)로 구별되었는데, 사부들은 높은 교육과 함께 사제서품을 받았던 반면, 형제 수도사들의 교육 수준은 그리 높지 못하였다. 형제 수도사들은 사부들에게 절대 복종해야 했다. 수도원은 매우 엄격하고 금욕적인 규칙을 가진 동시에 높은 학문적 수준을 유지하고 있었다. 루터가 에르푸르트 대학 인문학부에서 배운 유명론이 이 수도원에 상당한 영향을 주었다.

루터는 수도사 자격시험을 거쳐 탁발을 하고 수도사의 옷을 입는다.

이것은 지금까지 살아온 세속의 삶과의 작별인 동시에 수도사로서 새로운 삶의 시작을 뜻하였다. 수도원 규칙에 따라 그는 1년간 예비 수도사 수련과정을 밟게 된다. 이 기간에 루터의 생활과 모든 행동은 예비 수도사 인도자의 통제를 받았다. 청빈과 순결 및 복종의 서원을 거쳐, 상위 수도사들에 대한 절대 복종, 며칠 동안 계속되는 금식, 차가운 독방에서 매일 일곱 번의 기도와 침묵과 정적을 지켜야 했다. 뛰어서도 안 되고, 게으른 사람처럼 너무 느리게 걷는 것도 허용되지 않았다. "수도자들은 웃음을 지어서는 안 되며, 고개를 숙이고 걸어야 했으며, 걸음 간격도 일정해야 했다. 그리고 그룹 리더 앞에서만 동료에게 말을 건넬 수 있었다. 수도자들은 날마다 기도와 시편 묵상, 성가, 독서로 일과를 보냈다." 수도사의 일과는 다음과 같았다. 새벽 2시 기상, 성경과 수도원 규칙 읽기, 아침 6시 기도회, 아침 9시 미사, 정오 12시 미사, 첫 식사, 오후 3시 미사, 오후 5시 기도 모임, 저녁 6시 저녁 식사, 저녁 7시 마지막 기도회, 저녁 8시 취침(박경수 2017, 75-76).

3) 수도원에서도 루터는 모범생이었다. 그는 수도원의 모든 규칙을 정확하게 지킴은 물론, 구원과 영원한 생명의 확신을 얻기 위해 스스로 고행을 실천하였다. 너무 지나친 고행으로 말미암아 얻게 된 질병은 죽을 때까지 치유되지 않았다. 만일 고행이 몇 년 더 계속되었다면 자신은 죽었을 것이라고 루터는 회고한다. 이리하여 루터는 그 자신이 고백한 대로, "흠 잡을 데가 없는" 모범 수도사가 되었다. 다른 수도사들로부터 "제2의 바울"이란 별명을 얻을 정도였다. 루터가 95개조를 발표하자마자 교황이 그를 즉시 파문하지 못한 것은 루터에게 조금도 "흠 잡을 데가 없었기" 때문이었다. 만일 루터의 수도사 생활 중에 어떤 중대한 도덕적 흠결이 있었다면 교황

청은 이를 트집 잡아 그의 개혁운동을 중단시켰을 것이다.

루터는 당시 자신의 수도원 생활을 1533년에 다음과 같이 회고한다. "나는 정말 경건한 수도사였다. 어떤 사람이 수도사 생활을 통해 하늘로 들어갔다면, 나도 들어갔을 것이라고 말할 정도로, 나는 수도원 규칙을 철저히 지켰다. 나를 잘 아는 모든 동료 수도사도 이렇게 증언할 것이다. 나의 수도원 생활이 더 오래 계속되었다면, 잠을 자지 않고 깨어 있기, 기도하기 등의 일로 나는 내 자신을 죽을 정도로 고문했을 것이다"(WA 38,143).

1년간의 예비 수도사 과정을 모범적으로 끝내고, 루터는 1506년에 정식 수도사가 된다. 1507년 2월에 루터는 부사제(Diakon)가 되고, 2개월 후 4월에 에르푸르트 대성당에서 사제서품을 받는다. 이로써 그는 미사를 집례할 수 있는 자격을 얻어, 1507년 5월에 첫 미사를 집례한다. 그동안 다른 두 명의 아들을 잃어버린 루터의 아버지도 이 미사에 참석하였다. 그것은 참으로 감격적인 순간이었다. 아들 루터와 화해하는 표시로 아버지는 거액의 기부금을 수도원에 바친다. 첫 미사에서 루터는 큰 충격을 받고 쓰러질 뻔했다고 한다. 아버지 앞에서 자기 생애에 처음으로 미사를 집례하게 된 것도 그 원인이지만, 자신이 완전한 구원의 확신에 이르지 못한 죄인임에도 불구하고 하나님과 그분의 백성 앞에서 미사를 집례해야 하는 갈등 때문으로 추정된다.

정식 수도사로서 루터의 생활을 홍경만은 다음과 같이 소개한다. "정결, 청빈, 순명을 따름으로써 그리스도인의 완전을 추구"하며, "매일 쉴 새 없이 해야 하는 자기 성찰, 성찰을 통해 최소 일주일에 1회는 해야 하는 고해, 정기적 수도원 회의 참석, 금욕과 청빈 그리고 기도를 통한 보속 행위", "하루 일곱 번 가지는 성무일도 즉 일곱 번 드리는 기도"가 반복되었다. 성무일도에서는 "일주일 만에 시편 전체를 다 기도"해야 했다. "이외에도 관상, 명상, 묵상을…드려야 하고, 공동으로 모이는 일일예배에 참석해야 했다.…사제로 서품 받은 수도사들이 매일같이 드리는 대미사와 제단 봉사를 맡아야 했다. 그리고 요청이 있을 때마다 개인미사까지 드려주었다"(홍경만 2017a, 29).

2. 신학교육과 박사학위 수여, 성경교수 봉직

1) 그 당시 신학교육은 사제서품을 받기 위한 필수과정이 아니었다. 그래서 많은 수도사나 귀족의 자제가 신학교육을 받지 않고 사제서품을 받았다. 이같은 관습에 따라 루터도 신학교육을 받지 않은 채 사제가 되었다. 그러나 루터의 우수함을 미리 내다본 수도원장은 루터에게 신학 공부를 권유한다. 루터의 멘토였던 슈타우핏츠(Johann von Staupitz, 1470-1524)가 그를 추천한 것으로 보인다. 이리하여 루터는 에르푸르트 수도회에서 신학의 기초를 공부하게 된다.

루터의 회상에 따르면, 슈타우핏츠는 루터의 생애에 중요한 역할을 하였다. 수도원에서 그는 루터의 정신적 상담자로서 깊은 영향을 주었다. "루터가 1511년 가을 비텐베르크 수도회로 자신의 거처를 옮기기로 결심한 것도 슈타우피츠의 영향으로 보아도 될 것이다. 슈타우피츠는 이렇듯 진지하고 뛰어난 성경 지식으로 무장한 이 형제를 비텐베르크 대학 설립 때부터 자신이 가지고 있었던 교수 자리의 후계자로 보았다"(Kaufmann 2015, 41).

루터가 받은 신학교육의 주요 내용은 초기교부들의 신학과 중세기 스콜라 신학이었다. 페트루스 롬바르두스(Petrus Lombardus)의 명제 해석은 신학교육의 필수과목이었다. 여기서 루터는 성경보다 스콜라 신학을 철저히 공부하고, 그 본질을 깊이 파악하였다. 그러나 루터는 스콜라 신학에 대해 호감을 갖지 않았다. 그는 오히려 오컴의 유명론의 "새로운 방법"(via moderna)에 호감을 가진 것으로 보인다.

약 1년간의 신학 기초과정에서도 루터는 우수한 학생으로, 또 신실한 수도사로 인정을 받았다. 그리하여 그는 1508년에 수도회 고위층의 권유를 따라 비텐베르크 대학으로 옮겨 신학을 계속 공부하게 된다. 이와 동시에 그는 이 대학 인문학부에서 아리스토텔레스의 도덕철학을 강의하게 된다. 강의 준비를 위해 그는 아리스토텔레스의 철학을 철저히 연구한다. 이로써 그는 나중에 스콜라 신학과 아리스토텔레스 철학을 비판할 수 있는 지적 기초를 얻게 된다.

2) 그 당시 비텐베르크는 인구 2,000명 내지 2,500명의 소도시로서 "문명의 가장자리"에 있었다. 비텐베르크 대학은 1502년에 작선의 선제후 프리드리히가 세운 것으로, 1409년에 알버트 가문이 세운 라이프치히 대학, 1392년에 세워진 마인츠 선제후 령의 에르푸르트 대학을 누르고, 작선 지역의 문화를 발전시키기 위해 설립됐다. 대학 건물은 비텐베르크 성 교회(Schloßkirche)와 수도원 중간에 있었다. 비텐베르크 대학은 20명의 교수에, 200명의 학생을 가진 매우 작은 대학이었다. 루터의 개혁운동으로 유명해지면서 이 대학은 1520년 579명의 재학생과 함께 종교개혁의 요람이 된다. 아우구스티누스 은둔자 수도회가 이 대학 교수직 가운데 두 자리를 가지고 있었다. 하나는 인문학부의 도덕철학 교수직이요, 다른 하나는 신학부의 성경 교수직이었다. 그 당시 루터의 고해 사제요 멘토였던 슈타우핏츠가 성경 교수직을 담당하고 있었다.

신학교육과 도덕철학 강의, 이 두 가지 과제를 루터는 충실히 감당한다. 이리하여 그는 1509년 3월에 성경학사(baccalaureus biblicus) 학위를 받고, 동년 9월에 교의학사(baccalaureus sententiarius) 학위를 받는 동시에, 롬바르두스의 신학명제 해석을 강의할 수 있는 강사 자격을 얻는다. 그러자 수도회는 루터를 에르푸르트로 불러, 에르푸르트 대학에서 가르치게 한다. 여기서 연구하고 가르치는 동안, "다른 어떤 책보다도 성경과 성 아우구스티누스의 글에서 하나님, 그리스도, 인간, 그리고 인간의 모든 것이 무엇인지를 더욱 많이 배웠다"고 그는 "독일신학"(Theologia deutsch, 1518)에서 회고한다(WA 1.378.21-23). 루터의 이 말은 스콜라 철학을 버리고, 성경과 아우구스티누스의 신학을 자신의 신학적 기초로 삼게 되었음을 시사한다.

3) 1510/11년에 루터는 수도회 개혁 문제로 로마로 가게 된다. 수도회 중 북부 지방의 총 대변자인 동시에 1502년부터 성경교수로 가르쳐온 슈타우핏츠는 수도원을 개혁하고자 하였다. 그 일환으로 그는 탁발 수도사와 비탁발 수도사들을 함께 수도원에 받아들였다. 이에 개혁을 반대하는 수도원장들은 수도회의 규율이 무너질 수 있다는 이의를 제기하였다. 이 문제로 일어난 친(親)개혁파와 반(反)개혁파 사이의 분쟁을 해결하기 위해, 루터는 동료 수도사 한 사람과 함께 로마로 파견된다.

당시 신자들은 로마 순례를 매우 중요하게 생각하였다. 죽기 전에 로마를 한 번 순례하는 것이 그들의 최대 희망사항이었다. 그러므로 루터의 로마 여행은 업무용 출장인 동시에 순례 여행이기도 하였다. "그는 도보로 여행하면서 도중에 있는 수도원들에서 숙박하였다. 이탈리아에 있는 한 수도원에서 그는 너무나 부요하고 화려하고 사치한 것을 목격하고 매우 놀랐다. 그 수도사들은 마치 왕후(王侯)들과 같은 수입으로 화려한 집에 살고, 매우 값진 의복을 입고, 진수성찬을 먹었다.…그의 마음은 번민하기 시작하였다"(White 1999, 111).

그 당시 로마에는 "모세가 본 가시떨기 나무 한 가지", "헤롯 왕 시절에 베들레헴에서 죽은 갓난아기들의 뼈가 300개", "성 베로니카의 손수건에 그려진 그리스도의 초상화", "사도 바울이 옥중에서 찼다던 쇠고랑과 도미티아누스 황제가 사도 요한의 머리를 자를 때 사용한 가위", "가롯 유다가 주님을 팔고서 받은 동전을 하나 가지고 있다는 교회" 등 수많은 성유물이 안치되어 있었다. 이같이 거룩한(?) 도시 "로마에 도착하자마자 루터는 땅에 엎드려 '성스러운 순교자들의 피가 뿌려진 진실로 거룩한 도시 로마여' 하며 인사를 하였다"(김주한 2015, 49-50).

로마에 체류하는 4주 동안 루터는 대성당, 순교자들의 무덤, 카타콤베 등 교회가 지정한 성지와 성유물들을 순례하고 미사를 집례하기도 하였다. 이와 동시에 그는 교황청의 현실을 볼 수 있었다. 교황을 위시한 성직자들의 부패와 도덕적 타락, 믿음과 경건이 없는 이탈리아 사제들이 기계적으로 집례하는 미사와 성례에 그는 크게 실망하였다. "그는 각 계급의 수도사들 가운데 죄악이 가득 차 있는 것을 보았다. 그는 주교의 입에서까지 야비한 농담을 듣게 되었고…수도사와 시민들과의 교제를 통하여 그들이 방탕하고 주색에 빠져 있는 것을 보았다. 그는 신성한 장소에서 하나님을 모독하는 일까지 감행되는 것을 보았다." 그는 이에 대하여 다음과 같이 기록하였다. "로마에서 감행되는 모든 죄악과 파렴치한 행동은 아무도 상상할 수 없다. 그것은 실제로 가서 보지 않고는 믿을 수 없는 일이었다. '세상에 지옥이라는 것이 있다면 로마는 필시 그 위에 건설되었을 것이다. 그곳은 온갖 죄악이 생겨나는 무한 지옥이다'는 말까지 있는 것이다"(White 1999, 111).

홍경만의 묘사에 의하면, 루터는 "로마의 형식적이고 가식적으로 드려지는 미사들, 돈으로 주고받는 성직록, 추기경들의 사치와 타락, 교회의 위로를 받지 못하는 서민들의 비참한 생활, 매음굴과 같은 교회지도자들의 타락과 비도덕적인 행위"를 목격하였다(홍경만 2017a, 30). 그래서 나중에 루터는 "로마가 가까워질수록 더욱 분노하게 된다"고 "종교개혁 3대 문서"(1520)에서 말한다. 루터의 이 말은 당시 많은 신자들 사이에서 표어가 되었다. 4주 후 루터는 로마의 타락상만 목격한 채, 에르푸르트로 돌아간다.

4) 1511년, 루터는 수도회의 명령으로 에르푸르트에서 비텐베르크로 돌아간다. 돌아오자마자 그는 수도원의 제2지도자와 설교자로 임명된다. 1521년에 비텐베르크 수도회가 해체된 후에도, 그는 계속해서 수도원 건물 안에서 살았다. 선제후 프리드리히가 그에게 하사한 집은 수도원 남쪽에 있었다.

루터가 비텐베르크로 오게 된 데에는 그를 자신의 후계자로 세우고자 한 슈타우핏츠의 의도가 있었던 것으로 보인다. 슈타우핏츠는 수도회 일 때문에 비텐베르크 대학의 성경 교수직을 충실히 감당하기 어려웠다. 그래서 그는 경건에 철저하고 뛰어난 성경 지식을 가진 루터를 자기의 교수직 후계자로 세우고자 하였다. 그 당시 수도사가 성경에 대한 해박한 지식을 갖는 것은 예외적인 일이었다. 그런데 신학부의 성경 교수직을 맡기 위해서는 박사학위가 필요했기 때문에, 슈타우핏츠는 루터에게 박사학위 공부를 권유하는 동시에 선제후 프리드리히의 경제적 후원을 중재하였다.

1512년 10월 19일, 29세의 나이로 루터는 신학박사 학위를 받고, 3일 후인 10월 22일 슈타우핏츠의 후계자로서 신학부의 성경교수가 된다. 이

때부터 시작하여 죽을 때까지 루터는 성경주석을 강의한다. 중요한 강의는 1513년에서 1515년 사이의 시편 강의, 1515/16년의 로마서 강의, 1516/17년의 갈라디아서 강의, 1517/18년의 히브리서 강의, 1518년에서 1521년 사이의 두 번째 시편 강의, 그리고 생애 마지막 단계인 1535년에서 1545년 사이의 창세기 강의다.

루터가 성경을 처음으로 접한 것은 에르푸르트에서 대학 기초과목을 공부할 때였다. "심장이 떨릴" 정도로, 성경은 그에게 큰 감격을 주었다. 그는 자기의 삶에 대한 답을 성경에서 얻을 수 있다고 느꼈다. 수도사가 된 후에도 그는 성경을 읽고 또 읽었다. 몇 년 동안 성경을 매년 두 번씩 읽었다. 성경을 읽고 말씀을 묵상하는 시간은 하나님과 교통하는 시간이었다. 그는 성경 안에서, 성경과 함께 살았다. 성경은 그에게 생명의 힘의 원천이었다. 성경교수직을 맡으면서 루터는 성경을 더욱 집중적으로 연구하게 된다.

이를 통해 루터는 엄청난 성경 지식을 얻게 된다. 그는 스콜라 신학과 작별하고, 성경 말씀을 신학적 인식의 기초로 삼게 된다. 성경에 대한 엄청난 지식이 나중에 일어난 종교개혁 운동의 기초가 된다. 당대의 유명한 가톨릭 신학자들도 성경에 기초한 루터의 변론을 이길 수 없었다. 그래서 루터는 1520년 「독일 그리스도인에게 보내는 글」에서 신학자들에게, 성경으로 인도하는 신학 책들만 읽지 말고, 성경 자체를 읽으라고 권유한다. 성경 말씀에서 그는 그리스도를 만난다. 성경 말씀의 중심은 "그리스도이시다. 그는 구약에 약속되어 있고 암시되어 있으며 신약에서 우리의 구원을 위해 성육신하시고 우리의 죄를 위해 십자가에 못 박히시고 우리의 죄를 용서하시며 우리의 의가 되신 구세주이다. 인간 이성은 절대 이 교리를 이해할 수 없으며 믿음으로만 가능하다"(김철환 2017b, 225).

5) 루터는 대학에서 교수로 일하는 동시에 수도원의 설교자로, 또 비텐베르크의 성 마리아 교회의 설교자로 봉사하였다. 종교개혁의 와중에서도 그는 강의와 설교를 중단하지 않았다. 대학의 강단과 교회의 설교단은 루터의 예언자적 확신을 널리 알릴 수 있는 자리가 되었다. 그는 "적어도 4,000편의 설교를 했을 것으로 추정되지만 그중 단지 2,300편의 설교만 남아 있다." 그가 바울 서신을 편애했다고 하지만, "2,300편의 설교 중 단지 30편만을 로마서에 대해 전했으며, 1,000편 이상의 설교를 공관복음서에 대해, 그리고 수 백 편 이상을 그가 가장 좋아했던 요한복음서에 근거하여 선포하였다." 설교에 대한 루터의 개념은 매우 포괄적이다. 그는 자신의 논문을 설교라 하기도 하였다. "무역 및 고리대금업, 금주, 결혼생활, 그리고 터키와의 전쟁에 대한 그의 논문에 '설교'라는 용어가 붙여졌다"(김철환 2017b, 218, 219).

루터는 돈에 무관심한 사람이었다. 수도사로서 청빈의 서원을 엄격히 지키고자 하였기 때문이다. 그래서 그는 교수직에 대한 봉급을 받지 않았다. 그는 강연이나 출판물에 대한 보수를 챙길 생각도 하지 않았다. 설교에 대한 월 8굴덴의 보수가 그의 유일한 수입이었다. 1525년 카타리나 폰 보라와 결혼한 이후로 그는 자신의 직위에 적절한 보수를 받았다고 한다(아마도 카타리나가 가사 유지를 위해 루터의 정당한 보수를 관리하였으리라고 추측됨). 그는 죽는 날까지 대학 동료들과 학생들, 그리고 시민들의 사랑과 지지를 받았다. 이 사랑과 지지가 개혁운동의 큰 힘이 되었다.

루터는 수도회에서도 크게 인정을 받았다. 그리하여 그는 1511년에 승단의 설교자가 되고, 1512년에 제2 수도원장(Subprior)이 된다. 그는 1515년에는 마이센(Meißen)과 튀링엔(Thüringen) 지역에 있는 11개의 아우구스티누스 은둔자 수도원을 관리하는 감독이 된다. 이와 동시에 그는 성경교수로서 강의하고, 사제로서 수도원과 지역교회의 미사를 집전하였다. 그는 자기의 직무에 성과 열을 다하였다. 루터는 그 당시 자신의 생활을 다음과 같이 회고한다. "나는 거의 하루 종일 편지만 쓴다.…나는 수도원의 설교자요 탁상 설교자이며…대학생 지도자이며, 수도회의 대리자 곧 11개 수도원의 원장이다. 나는 라이츠카우(Leitzkau)의 어업 지도자요, 토르가우 지역 헤르츠베르크(Herzberg in Torgau)의 행정관이다. 나는 바울 서신을 연구하고, 시편 강의를 위한 자료를 수집한다…"(WABr 1, 72, Nr. 28).

3. 수도사 루터의 내적 갈등의 궁극적 원인

1) 수도원 생활을 시작하면서부터 루터는 자신의 구원과 영원한 생명에 대한 확신을 얻기 위해 전력투구하였다. 이를 위해 그는 수도원의 모든 규율을 정확히 지키는 것은 물론 자발적으로 금욕과 고행, 죄에 대한 회개와 선한 일들을 행하였다. 그는 심지어 가죽 채찍으로 자기의 몸을 때리기까지 하였다. 그의 정신적 지도자 슈타우핏츠가 귀찮아 할 정도로 루터는 회개를 자주 하였다. 일반적으로 죄라고 생각하지 않는 것마저 루터는 죄로 생각하고, 이를 회개하였다. 루터 자신의 회고에 따르면, 그는 "나무랄 데가 없는" 수도사 생활을 했다고 한다.

그 당시 루터에게 하나님은 죄인의 죄를 용서하는 은혜로우신 하나님이 아니라, 인간을 그의 행위에 따라 판단하고 벌하는 이른바 "의로운 하나님"이었다. 하나님에 대한 루터의 이 표상은 당시 가톨릭교회의 일반적 현상이었다. 이 표상에 따라 루터는 마지막 심판과 지옥의 두려움을 벗어나기 위해 회개와 고행을 거듭하였다.

그러나 아무리 많은 회개와 고행, 금욕과 자기학대를 해도, 루터는 구원의 확신에 이를 수 없었다. 죄를 고백하고 깊이 회개해도, 돌아서면 여전히 죄인의 자리로 되돌아와 있었다. 그는 고행에 고행을 거듭할수록, 자신의 뿌리 깊은 죄성과 무력함을 더 깊이 깨닫고 좌절과 절망에 빠질 뿐이었다. 그래서 루터는 "하나님의 의가 그 속에서(복음 속에서) 계시되었다"는 로마서 1:17의 말씀을 증오하였다고 한다. 그 당시 학자들의 가르침과 교회의 관습에 따라 그는 하나님의 의를, 하나님께서 자신의 의의 잣대에 따라 불의한 죄인들을 판단하고 벌하시는 "적극적 의"(*iustitia activa*)로 이해하였기 때문이다.

루터의 이같은 갈등의 원인은 아버지와의 심리적 갈등에 있다고 일련의 학자들은 주장한다. 루터는 법학을 공부하고 세속의 부와 명예를 얻게 되기를 바라는 아버지의 기대를 완전히 실망시켰다. 이로 인해 갖게 된 아버지와의 갈등이 하나님과의 관계에 영향을 주었다는 것이다. 그러나 갈등의 궁극적 원인은, 중세 말기 스콜라 철학과 오컴의 유명론에 영향을 준 반(半)펠라기우스주의의 구원론에 있었다. 반(半)펠라기우스주의에 따르면, 인간의 본성은 타락하였지만, 그럼에도 선을 행할 수 있는 의지의 자유와 능력이 완전히 없어진 것은 아니다. 인간은 자신의 자연적 능력으로 하나님을 그 무엇보다 먼저 사랑할 수 있다. "자기 안에 있는 것"(*quod in se est*)을 행함으로써, 인간은 하나님의 구원에 협동할 수 있고, 구원의 은혜를 상으로 받을 수 있다. 그러나 얼마나 많이 행해야 구원의 은혜를 받을 수 있는지는 그 누구도 계산할 수 없는 일이었다. 그러므로 루터는 고행과 고행의 끝없는 악순환에 빠지게 된다.

2) 에르푸르트 대학에서 루터는 오컴의 유명론을 충실히 배웠다. 유명론

에 따르면, 하나님은 인간에게 숨어계신 분이요, 인간이 파악할 수 없는 자유로운 의지다. 그러므로 인간의 유한한 이성은 무한하신 하나님을 증명할 수 없고, 그분에게 도달할 수 없다. 하나님에게 도달할 수 있는 길은, 하나님에 대한 믿음 속에서 선한 업적을 쌓는 데 있다. 그러나 인간은 죄된 본성을 가진 존재다. 따라서 자신의 의지로 선한 업적을 쌓아 하나님에게 이르는 것은 불가능하다. 이로 인해 선한 업적과 의를 인간에게 요구하는 하나님과, 이 요구를 완전히 충족시킬 수 없는 죄된 인간이 갈등을 일으킨다. 루터는 자신의 의지와 노력으로 이 갈등을 해결코자 하지만, 그것은 해결되지 않는다. 그것은 인간 자신의 노력으로 해결될 수 없는 문제이기 때문이다. 이로 인해 루터는 내적 갈등을 벗어나지 못하게 된다.

반(半)펠라기우스주의의 구원론에 따라 스콜라 신학은 이렇게 가르쳤다. 하나님은 결코 인간이 행할 수 없는 "불가능한 것"을 행하라고 명령하지 않는다. 그분은 인간이 행할 수 있는 것을 명령할 뿐이다. 그러므로 인간은 구약의 율법은 물론, 예수의 산상설교가 명령하는 "복음적 율법"을 지켜야 한다. 그러나 죄로 타락한 인간이 이 모든 것을 온전히 지켜 하나님의 의를 얻는 것은 불가능하다. 따라서 율법은 인간이 이룰 수 없는 "불가능한 것"을 요구하게 된다. 율법은 불가능한 것을 요구하기 때문에, 아무리 회개하고 고행을 할지라도, 루터는 죄인의 위치를 벗어날 수 없었다. 완전한 의를 요구하는 하나님과, 그것을 이룰 수 없는 죄된 인간의 "극심한 내적 갈등"(Schwarz 2016, 151)이 수도사 루터가 경험한 끝없는 내적 갈등의 궁극적 원인이었다.

3) 당시 가톨릭교회가 가르친 이중예정설은 루터의 내적 갈등을 더 악화시켰다. 하나님은 세계를 창조하기 이전에 인간의 행위를 모두 내다보시

고, 어떤 사람에게는 구원을, 어떤 사람에게는 저주를 예정하였다. 따라서 한 인간이 구원을 받느냐 아니면 저주를 받느냐의 문제는, 하나님의 영원한 예정에 달려 있다. 인간의 어떤 행위가 하나님에게 공적이 되느냐 되지 않느냐의 문제도 하나님의 예정에 달려 있다. 그렇다면 죄인의 자리를 벗어나지 못하는 자기는, 하나님의 저주를 받기로 예정된 사람들의 무리에 속할 수밖에 없다고 루터는 생각하였다.

　루터는 당시의 정신적 고통을 1518년에 공표한 95개조에 대한 해명에서, 제3자에 대한 이야기 형식으로 말한다. "내가 잘 아는 한 남자가 나에게 이렇게 말하였다.…짧은 시간이지만 그 고통은 너무도 강하고 지옥 같은 것이었다. 그래서 당해보지 않은 사람은 어떤 말로써도 그것을 표현할 수 없고, 펜으로 쓸 수도 없고, 그것을 믿을 수도 없을 정도였다. 만일 그 고통이 더 심해지거나, 반 시간, 아니 한 시간의 1/10이라도 더 지속된다면, 그 사람은 죽었을 것이고, 그의 뼈는 재가 되었을 것이다. 이같은 순간에 하나님과 그의 모든 피조물은 무섭게 진노하며 나타난다. 이것을 벗어날 수도 없고, 어떠한 위로도 없을 것이다. 이 고통 안에도 없고, 그 바깥에도 없을 것이다. 단지 모든 사람의 고발이 있을 뿐이다"(WA 1.557).

4) 이같은 마음의 갈등과 고통 속에서 루터가 경험한 하나님은, 인간의 죄를 값없이 용서하는 "은혜로운 하나님"이 아니라 인간에게 불가능한 것을 요구하며, 인간이 행한 대로 보응하는 "의로운 하나님", "진노하는 하나님"이었다. 이 하나님을 루터는 사랑할 수 없었다. 오히려 그는 "의로운 하나님"을 증오하였다고 1545년에 출판한 라틴어 전집 서론의 "자기증언"에서 다음과 같이 회고한다. "나는 수도사로서 흠잡을 데가 없이 살았다. 그러나 나는 하나님 앞에서 불안한 양심과 함께 내 자신을 죄인이라 느꼈고,

내가 바치는 보상을 통해(mea satisfactione) 하나님과의 화해를 확신할 수 없었다. 나는 하나님을 사랑하지 않았다. 오히려 나는 의롭고 죄인을 벌하는 하나님을 증오하였고, 마음속으로 하나님께 반항하였다. 나는 하나님을 모독하지는 않았지만, 심하게 불평하면서 이렇게 말하였다. 하나님은 원죄로 말미암아 영원히 멸망한 이 불쌍한 죄인들로 하여금 십계명의 율법을 통해 모든 유의 무거운 멸망의 짐을 지게 하는 것으로 부족하여, 이제는 복음을 통해 고통에 고통을 더하시며, 복음을 통해 그의 의와 분노를 가지고 우리를 위협하는가!"(2006b, 505)

4. 하나님의 의에 대한 "탑 속의 체험"

1) 그러나 1513부터 1517/18년까지 시편, 로마서, 갈라디아서, 히브리서에 대한 집중적 연구와 강의를 통해 루터는 하나님의 의를 새롭게 인식하게 된다. 시편 강의(1513/15)에서 하나님의 의에 대한 새로운 인식이 명백하게 나타나기 시작한다. 시편 51:6 이하에 대한 추가 언급(Scholion)에 따르면, 하나님 앞에서는 아무도 의롭지 못하다. 하나님 앞에서 우리는 너무도 불의하고 무가치한 존재이기 때문에, "우리가 행하는 모든 것은 하나님 앞에서 아무것도 아니다.…하나님의 언약이 행하지 않는다면,…오늘 우리를 의롭게 하는 믿음과 은혜도…우리를 의롭게 하지 못할 것이다. 우리가 복을 받는 것은, '믿고 세례를 받는 자는 복될 것이다'(막 16:16)라는 언약과 협약(testamentum et pactum)을 하나님이 우리와 맺었기 때문이다. 이 언약에 대해 하나님은 진실하시고 성실하시며, 그가 약속하신 바를 지킨다. 그러므로 우리는 그 앞에서 항상 죄 가운데 있고, 그는…(우리를) 의롭게 하는

자이다…"(WA 3,288).

그러나 1513/15년의 시편 강의에서 루터는 하나님의 의에 대한 완전히 새로운 통찰에 아직 도달하지 못했던 것으로 보인다. 그는 이 새로운 통찰을 로마서 강의에서 확실하게 얻은 것으로 보인다. 1545년의 "자기증언"에 따르면, "의인은 믿음으로 살 것이다"라는 로마서 1:17의 말씀에 대한 의문이 그를 놓아주지 않았다. 그래서 루터는 이 말씀의 뜻이 무엇인지 "밤낮으로 쉬지 않고" 생각한 끝에, 하나님의 의를 새롭게 인식하게 되었다고 한다.

이 하나님의 의는 인간의 행함(업적이나 공적)에 따라 인간을 심판하는 의가 아니라, 그리스도의 자기희생을 통하여 죄인을 용서하고 그를 의롭게 하는 의를 말한다. 복음에 계시되는 이 하나님의 의는, 우리 자신의 업적을 통해 얻을 수 있는 "적극적 의"가 아니라, 자비로우신 하나님이 우리의 믿음을 보시고 우리를 의롭다 하는 "수동적 의"이다(*passivam, qua nos Deus misericors iustificat per fidem*). 그것은 "예수 그리스도를 믿는 믿음을 통하여 오는 것"이다(롬 3:22). 그것은 십자가의 은혜에 대한 인간의 믿음을 보시고 하나님께서 거저 주시는 하나님의 은혜이다. 그것은 인간 바깥으로부터 오는 하나님의 "낯선 의"(*iustitia aliena*)이다.

하나님의 의에 대한 이 새로운 인식의 경험을 루터는 다음과 같이 말한다. "이때 나는 다시 태어나서…천국에 들어온 것처럼 느꼈다. 즉시 성경 전체의 전혀 다른 얼굴을 보게 되었다. 그리하여 나는…성경 전체를 뒤졌고, 유사한 다른 개념들을 수집하였다. 즉 하나님이 우리 안에서 행하시는 하나님의 일(*opus*), 우리를 능력 있게 하는 하나님의 능력, 우리를 지혜롭게 하는 하나님의 지혜, 하나님의 강하심, 하나님의 구원, 하나님의 영광의 개념들을 수집하였다"(2006b, 506. WA 54,185).

따라서 하나님의 의롭다 하심(칭의)을 얻을 수 있는 길은 인간 자신의 고행이나 선한 업적(행함)에 있는 것이 아니라, 예수 그리스도 안에 계시되는 하나님의 은혜와, 이 은혜를 믿는 믿음에 있다. 하나님은 할례를 받은 사람이나 받지 않은 사람이나 똑같이 "믿음을 보시고" 의롭다고 하신다(롬 3:30). 하나님은 아브라함의 믿음을 보시고, 그를 의롭다 하셨다(롬 4:9). 그러므로 "의로운 사람은 믿음으로 말미암아 살 것이다"(롬 1:17; 갈 3:11). 이에 관한 루터의 음성을 직접 들어보기로 하자.

"하나님은 우리 자신의 의가 아니라, 낯선 의와 지혜를 통해(*non per domesticam, sed per extraneam iustitiam et sapientiam*), 곧 우리에게서 오며 태어나는 것이 아니라, 다른 데서부터 우리 안으로 오는 의를 통해 우리를 구원하고자 하신다. 그러므로 우리는 철저히 우리 바깥의 낯선 의(*omnino externa et aliena iustitia*)를 배워야 한다. 우리 안에 있는, 우리 자신의 의는 추방되어야 한다"(롬 1:1에 대한 추가 언급).

"오직 복음 속에서 하나님의 의가 계시된다. 다시 말해 우리는 오직 하나님의 말씀을 믿는 믿음을 통해 의롭게 된다.…하나님의 의는 인간이 스스로 자기 자신 안에서 의롭다는 것으로 이해되어서는 안 된다. 오히려 하나님으로부터 의롭게 되는 것으로 이해되어야 한다. 이것은 복음에 대한 믿음을 통해 일어난다.…하나님의 의는 인간의 업적으로 말미암은 인간의 의와 구별된다. 아리스토텔레스의 윤리학에 따르면, 의는 인간의 행위에 따라 오며, 행위로부터 생성된다. 이에 반해 하나님에게서 의는 인간의 업적에 앞서 일어나며, 인간의 업적들은 그 뒤에 온다"(1515/16년 로마서 강의 1:17 주석).

2) 루터의 로마서 강의에서 새로운 점은 "의롭다고 여긴다"(iustum reputare)는 개념에 근거하여, 그리스도인의 존재를 "의로운 자인 동시에 죄인"으로 파악하는 데 있다. 이를 대표적으로 보여주는 것은 로마서 4:7에 대한 추가 언급(Scholion)이다. 이 언급에 따르면, 우리는 "우리 자신 안에서는"(intrinsece) 죄인이다. 그러나 "우리 바깥에서는"(extrinsece), 곧 하나님과 그의 판단에 있어서는 의인이다. 우리 안에서는 죄인이지만, 의롭다는 "하나님의 여기심으로 말미암아 우리는 의로운 사람들이다"(ex sola Dei reputatione iusti sumus). 그러므로 우리는 "의로운 사람들인 동시에 불의한 사람들"이다(simul sunt iusti et iniusti).

성도들에게는 자신의 숨은 죄가 항상 자기 앞에 있다. 그러나 하나님의 자비하심에 따라 그에게 간구함으로써, 그들은 하나님에 의해 항상 의롭다고 여겨진다. "그들 자신이 볼 때, 또 사실상 그들은 의롭지 못하다. 사실상 그들은 죄인이지만, 그들을 자비롭게 여기시는 하나님의 은혜로운 여기심(간주하심)으로 말미암아 그들은 의롭다.…현실에 있어서는 죄인이고, 희망에 있어서는 의인이다(peccatores in re, iusti autem in spe)."

의로운 자인 동시에 불의한 자인 그리스도인의 존재를 루터는, 건강을 약속하는 의사를 믿고, 치유에 대한 희망 속에서 의사의 지시를 따르는 환자에 비유한다. 이 환자는 건강한가? 그렇지 않다. 그는 병들어 있는 동시에 건강하다. 현실에 있어서 그는 병들어 있고, 의사의 약속(promissio)에 따라서는 건강하다. 그는 현실적으로는 병든 상태에 있지만, 건강을 약속하면서 치료를 시작한 의사를 믿는 믿음 속에서 건강하다.

우리의 선한 사마리아 사람이신 그리스도는, 그의 병든 사람에게 영원한 생명을 향한 완전한 건강을 약속하면서 치료를 시작하였다. 그리스도는 죄 곧 욕심을 죄로 여기지 않고, 그를 의로운 자로 여긴다. 그렇다면 그는 완전히 의로운가? 그렇지 않다. 그는 죄인인 동시에 의로운 자이다 (*simul peccator et iustus*). "현실에 있어 그는 죄인이요, 하나님의 간주하심과 확실한 약속으로 말미암아(*ex reputatione et promissione Dei certa*) 의롭다."

여기서 루터는 죄에 대한 그 자신의 독특한 생각을 전제한다. 인간에게는 생각과 말 및 행동으로 범하는 "행위의 죄"(*peccatum actuale*)가 있다. 그런데 행위의 죄의 배면에는, 그것을 범하게 하는 원인자, 곧 "욕정(*concupiscentia*), 악을 향한 경향, 선한 것에 반대되는 의지"가 있다. 바울이 말하는 "내 속에 자리를 잡고 있는 죄", "하나님의 법"에 대항하는 "다른 법", "죄의 법"은 이것을 말한다(롬 7:17-23). 루터는 이 욕정도 죄로 파악한다. 이 욕정이야말로 모든 죄의 뿌리가 된다. 이 뿌리가 우리의 업적을 통해 구원을 받는다는 것은 불가능하다. 그것은 인간의 깊은 본성을 구성하기 때문이다. "우리의 경험에 의하면, 우리가 아무리 선한 업적을 열심히 행할지라도, 악에 대한 이 죄된 욕정은 그대로 남아 있다. 거기서 자유로운 사람은 아무도 없다. 태어난 지 하루밖에 안 된 어린이도 자유로울 수 없다. 이 악은 인간 안에 항상 숨어 있지만, 하나님의 자비는 그의 이름을 부르며 구원을 향해 신음하는 사람에게 그것을 죄로 간주하지 않는다.…우리는 우리 안에서 죄인이지만, 하나님이 우리를 의롭다고 보시는 점에서, 믿음을 통해 의롭다. 우리를 구원할 것이라고 약속하는 그분을 우리가 믿기 때문이다…"(WA 56.272).

3) 하나님의 의에 대한 루터의 새로운 인식을 가리켜 학자들은 "탑 속의 체험"(Turmerlebnis)이라 말한다. 그것은 수도원의 둥근 탑 속에 있는 루터의 서재에서 일어났기 때문이다. 성경주석을 통한 집중적 연구와 사색 끝에, 루터는 아우구스티누스의 죄론과 은혜론의 영향 속에서 하나님의 의

에 대한 새로운 인식에 눈을 뜨게 되었다. 이 새로운 인식에서 하나님과 인간의 관계는, 인간의 업적에 대한 대가로 죄용서와 구원이 주어지는 "대가의 질서"(Lohnordnung)가 아니라, 공적을 떠나서 거저 주어지는 "은혜의 질서"(Gnadenordnung)이다. 그것은 인간의 업적을 통해 회복되는 것이 아니라, 하나님의 값없는 은혜와 이 은혜에 대한 인간의 믿음을 통해 회복된다.

루터의 "탑 속의 체험"이 일어난 시기에 대해 학자들의 토론은 분분하다(이에 관해 김주한 2015, 89-100 참조). 그 시기를 1511년 혹은 1512년으로 보는 학자도 있고(K. Holl), 1512/13년으로 보는 학자도 있다(O. Scheel). 에벨링은 그것이 1514년에 있었다고 보는 반면(Ebeling 1964, 35), 마르틴 브레히트(Martin Brecht, 1970년대에 필자가 기숙하던 튀빙언 Ev. Stift의 관장이었음)는 1518년 봄이라고 주장한다. 또 두 번째 시편강의가 있기 직전, 곧 1518년에 "탑 속의 체험"이 있었다고 보는 학자도 있다(Aland 1980, 22). 일단의 학자들은, "탑 속의 체험"은 어느 특정한 시간에 일어난 특정한 사건이 아니라 "초기 성서 강해로부터 시작된 일련의 연속과정으로 보아야 한다"고 주장한다. 이 과정을 가리켜 노년기의 루터는 특정한 순간에 일어난 특정한 사건으로 회고하였다는 것이다.

4) 그러나 루터는 1545년에 출판된 라틴어 전집 제1권의 머리말에서 "탑 속의 체험"이 분명히 특정한 시간에 갑자기 일어난 것으로 진술한다. 하나님의 의에 대한 새로운 인식을 얻게 되었을 때, 마치 하늘의 문이 열리고, 하늘나라에 들어온 것 같은 느낌이었다는 그의 진술은, 그 체험이 오랜 고민과 성찰 끝에 갑자기 얻게 된 특정한 사건이었음을 시사한다.

그런데 1517년 10월 31일 종교개혁이 시작되기 전까지, 루터는 하나님의 의와 칭의에 대한 그의 새로운 인식이 어떤 의미를 가졌는가를 충분히 인식하지 못했던 것으로 보인다. 그가 1517년 10월 31일에 발표한 95개조에서 하나님의 의와 칭의의 문제에 대해 한마디도 직접 언급하지 않는 것이 이를 증명한다. 95개조에서 그는 주로 가톨릭교회의 면죄부 장사 문제를 다룬다.

여기서 다음과 같은 질문이 제기된다. "탑 속의 체험"이 그렇게 충격적이었음에도 불구하고, 왜 루터는 95개조에서 하나님의 의와 칭의의 문제를 다루지 않았을까? 그 이유는, 그가 자신이 발견한 새로운 하나님의 의와 칭의 속에 교황체제를 무너뜨릴 수 있는 힘이 잠재되어 있다는 사실을 아직 깨닫지 못하였기 때문이라 말할 수 있다. 만일 루터가 이것을 미리 깨달았다면, 95개조에서 그는 면죄부 문제와 더불어 하나님의 의와 칭의의 문제를 함께 다루어야 했을 것이다. 이에 대한 깨달음은 95개조를 발표한 다음, 교황청의 위협 속에서 일어난 것으로 추정된다. 그러므로 그가 하나님의 의와 칭의 속에 숨어 있는 이 힘을 깨닫게 된 것은 95개조를 발표한 1517년 10월 31일 이후로 보인다.

그런데 95개조를 발표한 지 약 6개월 후인 1518년 4월 26일에 루터는 하이델베르크 변론을 갖게 된다. 이 변론은 95개조에서 중점적으로 다룬 면죄부 장사 문제를 해명하기 위한 것이었다. 하지만 이 자리에서 루터는 면죄부 장사 문제에 대해서는 한마디도 하지 않고, 칭의론을 개진한다. 왜 그는 여기서 면죄부 장사 문제 대신 칭의론을 개진하는가? 그것은 그 사이에 루터가 자기의 생명을 위협하는 교황체제를 무너뜨릴 수 있는 힘을 하나님의 의와 칭의의 개념에서 발견하였기 때문이다. 이 발견을 가리켜 루터는 그의 생애 말에 "탑 속의 체험"이라고 말했을 가능성이 크다. 그렇다면 "탑 속의 체험"은, 95개조를 발표한 1517년 10월 31일과, 하이델베르크 변론이 있었던 1518년 4월 26일 사이에 있었던 것으로 추정된다.

마르틴 브레히트 및 김주한도 대략 이 시기에 탑의 체험이 있었던 것으로 본다(김주한 2015, 91, 92).

이렇게 말할 수 있는 근거를 우리는 다음의 사실에서 볼 수 있다. (1) 95개조의 면죄부 장사 문제에 대해 변론해야 할 하이델베르크 변론에서 (1518. 4. 26.), 루터는 면죄부 장사 문제에 대해서는 침묵하고, 뜻밖에 칭의론을 중심으로 한 새로운 신학의 방법을 개진하였다. (2) 1518년 이후 발표된 루터의 문서에서 면죄부 문제는 별로 언급되지 않는다. 그 대신 칭의론이 중심 문제로 거듭 다루어진다.

5. 스콜라 신학에 대한 루터의 결별

성경강의를 하는 동안, 루터는 아우구스티누스의 신학에서 자신의 신학적 입장에 대한 근거를 발견하고, 아우구스티누스의 입장을 자신의 입장과 동일시한다. 특히 루터는 죄와 은혜에 대한 아우구스티누스의 이론을 스콜라 신학의 은혜론에 반대하는 무기로 삼는다.

오컴의 사상도 루터에게 많은 영향을 주었다. 특히 신학과 철학, 신앙과 이성의 분리에 대한 오컴의 통찰은 루터의 신학에 결정적 영향을 주었다. 그리하여 루터 역시 1518년의 하이델베르크 변론서에서 신학과 철학의 분리를 주장하게 된다. 그러나 루터는 종교개혁 이전의 초기 문헌에서 오컴의 반(半)펠라기우스적 구원론을 스콜라 신학의 구원론과 동류의 것으로 간주하고, 이를 거부한다. 인간은 자기 안에 있는 자연적 능력으로 말미암아 하나님을 모든 것보다 더 사랑하며, 이를 통해 하나님의 은혜에 대한 준비를 할 수 있다는 스콜라 신학적 구원론을 그는 말도 안 되는 것으로 간주한다(Hägglund 1990, 162-163).

오컴의 사상에 의하면, 하나님의 은혜는 인간의 새로운 마음의 상태, 곧 "부어진 상태"(habitus infusus)로 간주된다. 이 상태는 자기의 행함을 통해 은혜를 받을 준비를 한 사람에게 상으로 주어진다. 이에 반해 루터에 따르면, 하나님의 은혜는 하나님 앞에 도저히 설 수 없다고 생각하는 사람에게 값없이 주어지는 죄의 용서를 말한다. 이 세상에 속한 것보다 하나님을 더 사랑할 수 있거나, 은혜를 받을 준비를 할 수 있는 자연적 능력이 인간에게 있다면, 그리스도의 복음이 필요하지 않을 것이다. 이같은 통찰로 말미암아 루터는 오컴주의를 포함한 중세 말기 스콜라 신학의 구원론 및 그것의 근거가 되는 아리스토텔레스 철학과 결별한다.

이 결별을 보여주는 대표적 문헌은 "은혜 없는 인간의 능력과 의지에 대한 변론서"(1516)와 "스콜라 신학을 반대하는 변론서"(1517)이다. 전자는 1516년 9월 25일에 베른하르디(B. Bernhardi)의 박사학위 시험에 제출된 토론 논제들이요, 후자는 1517년 9월 4일에 귄터(F. Günther)의 성경학사 시험에 제출된 토론 논제들이다.

이 두 가지 문서에서 루터는, 인간의 본성에 주어진 "자연적 능력"을 통해 선을 행할 수 있고, 구원의 은혜를 받을 수 있는 준비를 하거나, 구원에 기여할 수 있다는 스콜라 신학의 구원론을 거부한다. 그는 선에 대한 인간 의지의 자유를 부인하고, 하나님의 의롭다 하심(칭의)과 구원을 얻을 수 있는 길은 오직 하나님의 은혜와 믿음에 있다고 주장한다. 이 문서들은 "후기 스콜라 신학 전체에 대한 선전포고"로 평가된다. 이와 연관하여 그는 스콜라 신학이 근거하고 있는 아리스토텔레스 철학을 거부한다. "그는 '실로 아리스토텔레스를 넘어서지 못한다면 그 누구도 신학자가 될 수 없다'(논제 44)고 단언함으로써 신학과 철학의 관계를 '빛과 어둠'(논제 52)

의 관계로 묘사하였다"(김주한 2016d, 196). 1517년 10월 31일에 발표된 95개조의 신학적 기초가 이 문서에 이미 준비되어 있음을 볼 수 있다(Lohse 1980, 23). 문장이 부드럽지 못하고, 반복되는 부분들이 있지만, 루터의 음성을 직접 들어보기로 하자(논제에 대한 루터의 첨가문을 함께 발췌하여 기술함. Luther 2006a, 1-34).

1) "은혜 없는 인간의 능력과 의지에 대한 변론"

논제

(1) "인간은…오직 그의 자연적 능력들을 통해, 그가 사용하는 모든 피조물을 허무에 예속시킨다. 그는 자기의 것과 육적인 것을 찾는다." 하나님의 "은혜에서 단절된 인간은 좋은 열매를 맺지 못하며, 피조물을 하나님의 영광과 찬양을 위해 사용할 수 없고,…그것을 허무에 예속시키는 나쁜 나무이기 때문이다."

"헛되고 헛되며 오직 헛될 뿐인(전 1:2) 인간은, 다른 선한 피조물들도 헛되게 만든다." 피조물이 아무 죄도 없이 오직 인간으로 말미암아 헛되게 된 것은, "인간의 잘못된 생각으로 인해, 혹은 전도되어버린 사랑과 헌신으로 인해, 피조물이 그 자체의 가치보다 더 높게 평가되기 때문이다."

(2) "하나님의 은혜에서 배제되어버린 인간은, 어떤 방법으로든지 (하나님의) 법규(praecepta)를 지킬 수 없고…은혜를 위하여 준비할 수 없다. 오히려 그는 필연적으로 죄 아래 머문다." 인간이 행하는 어떤 선한 공적도 하나님의 마음을 바꿀 수 없다. 그러나 하나님은 인간의 악한 것을 좋은 것으로 갚으시는데, "그들 때문이 아니라 자기

자신 때문에 그렇게 하신다." "은혜의 수호자" 아우구스티누스와 바울이 말한 것처럼, 하나님의 구원은 "인간의 의욕과 행함에 있지 않고, 하나님의 자비에 있다.…따라서 은혜 받기 이전 인간의 업적들은 불완전하고(cessabunt) 헛된 것이다. 은혜 없는 인간은 필연적으로 진노의 아들로 머문다…."

"은혜 없는 인간의 의지는 자유롭지 못하다. 오히려 그것은 노예로 봉사한다…." 그는 자기의 의지에 반하여 죄의 노예로 봉사하는 것이 아니라, 자신의 의지를 가지고 그렇게 한다. 자기에게 주어진 자연적 능력으로 "행할 수 있는 바를 행할 때, 인간은 죄를 짓는다. 그는 자기 자신으로부터 (선한 것을) 원할 수도 없고 생각할 수도 없기 때문이다." 나쁜 나무는 나쁜 열매만 맺는다고 마태복음 7장은 말한다. 아우구스티누스에 따르면, 하나님의 은혜가 없을 때, 인간은 나쁜 나무이다. "사랑으로 말미암아 일하는 믿음 없이 행하는 것은" 언제나 죄된 것이다. 하나님의 은혜가 함께 하지 않을 때, "그는 항상 죄를 짓는다." 바울의 말씀에 따르면, "여러분 안에서 활동하셔서, 여러분으로 하여금 하나님을 기쁘게 해 드릴 것을 염원하게 하시고 실천하게 하시는 분"은 하나님이다(빌 2:13). "신자들의 의는 오직 하나님의 간주하심으로 말미암아(ex sola imputatione) 온다. 그러므로 시편 32편은 다음과 같이 말한다: 주님께서 그 죄를 헤아리지 않는 사람은 복되고 복되다!"

(3) "우리의 강함이신 그리스도 예수가 우리의 의요, 심장과 신장을 감찰하시는 분이다. 오직 그만이 우리의 업적을 아시는 분이요 심판자이다." 많은 성경 구절이 이를 증명한다. "의로운 자들과 지혜로운 자들과 그들이 행하는 일들은 하나님의 손 안에 있다. 그러므

로 자기가 사랑을 받을만한지 아니면 미움을 받을만한지, 사람은 알지 못한다"(전 9:1).

예수는 이렇게 말씀하신다: "또 너희가 기도할 때에, 이루어질 것을 믿으면서 구하는 것은, 무엇이든지 다 받을 것이다"(마 21:22). 이와 같이 그리스도를 믿는 사람에게는 "그리스도로 말미암아 모든 것이 가능하다." 그렇다면 "어떤 성인에게는 이런 도움의 능력을, 다른 성인에게는 저런 도움의 능력을 부여하는 것은 미신이다"(여기서 성인 숭배를 반대함).

2) "스콜라 신학을 반대하는 변론"

논제

(4, 6) "'나쁜 나무'가 되어버린 인간은 나쁜 것만 바라고 이를 행할 수 있다." 인간의 "의지가 본성적으로(*naturaliter*) (이성의) 올바른 가르침을 따른다는 것은 사실이 아니다. 스코투스(Scotus)와 가브리엘(Gabriel)에 반하여."

(8-9) 마니교가 가르치는 것처럼, 인간이 애초부터 본성적으로 악한 것은 아니다. 그러나 아담의 죄의 타락으로 인해 "그는 본성적으로 피할 수 없이 악하고 훼손되어버린 본성", 곧 죄된 본성을 가진다.

(10-11) 그러므로 인간의 의지는, 자신의 이성이 선하다고 제시하는 것을 행할 수 있는 자유를 갖지 않는다. 그것은 "원하거나 원하지 않을 수 있는 힘을 갖지 못한다."

(17-19) 죄 가운데 있는 인간은 "자기가 하나님이고, 하나님이 하나님이 아니기를 원한다." "인간이 본성적으로 하나님을 모든 것보다 더

사랑한다는 것은, 키메라(머리가 셋 달린 괴물)처럼 인간이 만들어낸 생각이다."

(31-32) 하나님의 "은혜에 대한…유일한 준비는 하나님의 영원한 선택과 예정(electio et praedestinatio)이다." 그러므로 하나님의 은혜를 얻기 위해 인간 자신이 미리 준비할 수 있는 것은 아무것도 없다. 만일 인간이 그 무엇을 준비할 수 있다면, 그것은 "적절하지 않은 것에 불과하며, 은혜에 대한 반항(rebellio gratiae)이다."

(40-42) 인간의 "본성은…선한 업적을 마음으로 자랑하며, 교만한 마음으로 그것을 내비친다." "교만도 없고 슬픔도 없는, 다시 말해 죄가 없는 도덕적 덕목(virtus moralis)은 존재하지 않는다." "우리는 의롭게 행함으로써 의롭게 되지 않는다. 오히려 의롭게 되었기 때문에 의롭게 행동한다."

(43-46, 52) "아리스토텔레스의 거의 모든 윤리학은 매우 나쁘다. 그것은 은혜에 대적한다." "행복에 대한 아리스토텔레스의 생각이 가톨릭교회의 이론에 모순되지 않는다는 것은 틀린 말이다." "아리스토텔레스가 없다면, 어떤 신학자도 없을 것이라고 말하는 것은 틀린 말이다." "오히려 아리스토텔레스가 없을 때에만 신학자가 될 수 있다." 아리스토텔레스와 신학의 관계는 "빛과 어둠"의 관계와 같다.

(59) "의롭게 하는 은혜가 없다면, 하나님은 인간을 받아들일 수 없다."

(65, 67-71) "하나님의 은혜 바깥에 있는 자는, 살인하지 않고, 간음하지 않고, 도둑질하지 않을지라도, 끊임없이 죄를 짓는다." "하나님의 은혜 없이 화를 내지도 않고 욕심을 갖지 않는다는 것은 불가능하다…." "외적으로 살인하지 않으며, 간음하지 않는다" 하여 죄를

짓지 않는 것은 아니다. 외적인 행위의 죄를 짓지 않았다 하여 자기를 의롭다고 생각하는 것은 거짓이다. 하나님의 은혜가 있을 때, "욕심을 갖지 않으며, 화를 내지" 않을 수 있다. "그러므로 하나님의 은혜 없이 율법이…이루어진다는 것은 불가능하다."

(77-79) "율법은 죄를 더 넘치게 한다. 그것은 (죄에 대한) 의지를 자극하기 때문이다…." 그러나 "하나님의 은혜는 예수 그리스도로 말미암아 의를 더 넘치게 한다. 그것은 율법을 기뻐하도록 일하기 때문이다." "하나님의 은혜 없는 율법의 모든 업적은, 겉으로 좋게 보일지라도, 내적으로는 죄다. 스콜라 학자들에 반하여."

(87-91) "'선한 율법'과, 인간이 그 율법으로부터 사는 것은, 성령을 통해 우리 마음속에 부어지는 하나님의 사랑이다." 그러나 "모든 인간의 의지는 율법이 없어지기를 바라며, 완전히 자유롭게 되기를 바란다." "모든 인간의 의지는…율법을 증오하며…자기 사랑(amor sui)을 원한다." 본래 "율법은 선하다. 그러므로 율법에 대적하는 의지는 선할 수 없다." "모든 자연적 의지는 불의하고 악하다는 사실이 여기서 분명히 추론된다."

(92-93) 하나님의 "은혜는, (인간의) 의지가 율법을 받아들일 수 있게 하는 중재자다." "하나님의 사랑 안에서도 범죄하지 않도록 인간의 의지를 인도하기 위해 하나님의 은혜가 주어진다."

(98-99) "하나님을 사랑하는 것은, 자기 자신을 미워하며, 하나님 외에 아무것도 알지 못함을 말한다." "우리는 우리의 의지가 하나님의 의지와 완전히 일치하도록 해야 한다."

3) 1538년의 「슈말칼던 조항」에서 루터는 원죄에 대한 스콜라 신학의 잘못된 이론을 다음과 같이 정리한다. 스콜라 신학에 따르면,

- (1) 아담의 죄의 타락 이후에도 선을 행할 수 있는 인간의 자연적 능력들은 전혀 타락하지 않은 채 남아 있다. 따라서 인간은 그의 본성에 있어 올바른 이성과 선한 의지를 가지고 있다.
- (2) 인간은 선을 행하고 악을 버릴 수 있으며, 거꾸로 선을 버리고 악을 행할 수 있는 자유로운 의지를 가지고 있다.
- (3) 인간은 그의 자연적 능력으로부터 하나님의 모든 계명을 행할 수 있고 지킬 수 있다.
- (4) 인간은 그의 자연적 능력으로부터 하나님을 모든 것보다 더 크게 사랑할 수 있고, 자기의 이웃을 자기 자신처럼 사랑할 수 있다.
- (5) 인간이 자기의 능력껏 행할 때, 하나님은 그에게 은혜를 주신다.
- (6) 성례에 참여코자 할 때, 선한 일을 행하겠다는 선한 생각은 필요하지 않다. 앞으로 죄를 짓지 않겠다고 생각하는 것으로 충분하다. 이와 같이 인간의 본성은 선하고, 성례는 효력을 가진다.
- (7) 선한 일을 행하기 위해 성령이 그의 은혜와 함께 필요하다는 것은, 성경을 통해 근거되지 않는다.

루터에 따르면, 위에 기술된 스콜라 신학의 통찰들은 죄와 우리의 구원자이신 그리스도를 제대로 알지 못하기 때문에 일어난다. 이것은 "이방인의 이론"이다. 만일 이 이론이 타당하다면, 그리스도는 헛되이 죽은 꼴이 될 것이다. 인간 안에 죄가 없다고 생각하기 때문이다. 아니면 그리스도는 인간의 몸만 위해 죽고, 영을 위해서는 죽지 않는 꼴이 될 것이다. 인

간의 몸만 죄와 죽음에 빠지고, 그의 영은 건강하다고 생각하기 때문이다 (1964b, 195-196). 하나님의 은혜 없이, 자신의 자연적 본성을 통해 선을 행할 수 있고, 자신의 의로움과 거룩함을 얻을 수 있다는 스콜라 신학에 반해, 루터는 「대교리문답서」에서 다음과 같이 말한다. "우리가 그리스도를 통해 하나님의 은혜를 얻고, 성령을 통해 거룩함을 얻었다 할지라도…여전히 우리는, 우리 자신과 함께 이끌고 다니는 우리의 육 때문에, 죄가 없을 수 없다. 그러므로…우리는 우리가 사는 동안 우리 양심을 위로하고 바르게 세우기 위해, 매일 말씀과 (성례의) 표징을 통해 죄의 용서를 받아야 한다.…우리는…아래의 두 가지 길을 통하여 산다. 첫째는 하나님이 우리를 용서하시며, 둘째는 우리가 우리를 서로 용서하고, 용납하고, 도와주는 이 두 가지 길을 통하여 산다. 기독교 바깥에, 복음이 있지 않은 곳에는, 용서가 없으며, 거룩함이 있을 수 없다. 그러므로 복음을 통하지 않고, 죄 용서를 통하지 않고, 오히려 자신의 업적을 통해 거룩함을 찾고, 이를 상급으로 얻고자 하는 자는 모두 버림을 받고 (구원에서) 배제될 것이다"(1964b, 101).

제3부

95개조에서 교황의 파문을 받기까지

신학의 영역에서 우리는 루터를 중세 스콜라 신학의 거장들과 맞먹는 위대한 인물로 알고 있다. 그런데 1517년 10월 종교개혁 운동을 시작할 당시, 루터는 아우구스티누스 은둔자 수도원의 이름 없는 수도사에 불과하였다. 그는 비텐베르크 대학의 성경교수이기도 했지만, 당시의 신학계에서 무명의 인물이었다. 그에게는 명예도, 권력도, 소유도 없었다. 그는 "가진 것이 없으니, 잃을 것도 없다"고 말할 정도로 가난하였다. 이같은 루터가 교황의 면죄부 장사를 비판하는 95개조를 발표한 것은 바위에 달걀을 던지는 것과 같은, 참으로 무모한 짓이었다. 결국 그는 교황의 파문과 황제의 파문을 받게 된다.

파문(Excommunikation)은 친교 내지 공동체로부터(ex-communio) 배제되는 것을 말한다. 루터 당시에 파문에는 "대 파문"과 "소 파문"이 있었다. 대 파문은 교회공동체는 물론 시민사회 공동체로부터 쫓겨나는 것을 말한다. 대 파문을 받은 사람은 법의 보호를 받을 자격을 상실함으로써 누가 그를 죽여도 벌을 받지 않았다. 따라서 대 파문은 죽음과 같은 것이었다. 소 파문은 일정 기간 교회의 성례에서 배제되는 것을 말한다(1964b, 213, 각주 44, 45). 1521년 루터가 교황과 황제로부터 받은 파문은 대 파문이었다. "중세기에는 교회법이 국가법의 상위에 있기 때문에 교회법에 의해 파문되면 국가법에 의하여도 보호에서 배제되기 때문에 곧 사형이나 감금을 의미했다"(최종고 2017, 224). 그것은 "한 개인에게 일어날 수 있는 가장 무서운 것"이었다(Hegel 1968, 840).

루터가 이같은 의미를 가진 파문을 받은 것은, 1517년 10월 31일 비텐베르크 성 교회 문에 붙인 95개조로 말미암아 일어난 일이었다. 루터 자신도 이런 결과에 도달하리라고 전혀 상상하지 못했다고 한다. 물론 95개조의 모든 내용이 완전히 새로운 것은 아니었다. 이미 1516년부터 루터는 자기의 새로운 신학적 통찰을 학문적 변론을 통해 공개하였고, 이에 지지를 받기도 하고 공격을 받기도 하였다(Lohse 1980, 22). 앞서 기술한 "스콜라 신학을 반대하는 변론"은 당시 가톨릭 교회의 신학적 기초에 대한 공격이었다. 그러나 95개조 속에는 당시의 교황체제를 와해시킬 수 있는 매우 위험한 요소들이 내포되어 있었다. 이로 인해 95개조는 거대한 파문을 일으키게 된다.

I
"하늘이 무너지고, 땅에 대 화재를 일으킨 것 같은" 루터의 95개조

1. 95개조의 중심 문제인 면죄부 장사, 그 역사적 배경

1) 일반적으로 "종교개혁의 주제" 혹은 "종교개혁의 중심 문제"는 루터의 칭의론이라 말한다. 그래서 우리는 종교개혁을 생각할 때면 칭의론을 연상케 되고, 루터의 종교개혁은 칭의론 때문에 일어난 것으로 생각하기 쉽다. 그러나 루터의 종교개혁은 가톨릭교회의 면죄부 장사 문제 때문에 시작되었다. 물론 그 배경에는 칭의론이 전제되어 있지만, 종교개혁의 출발점은 칭의론이 아니라 면죄부 장사 문제였다. "면죄의 효력에 대한 해명을 위한 변론"(*Disputatio pro declaratione virtutis indulgentiarum*)이란 95개조의 제목이 이를 나타낸다.

면죄(indulgentia)는 라틴어 *indulgeo*에서 유래한다. 그것은 "면제해주다", "깎아주다"를 뜻한다. 따라서 본래 면죄부는 죄에 대한 벌을 면제해주거나 깎아주는 증명서(Ablaßbrief)를 말한다. 한국의 어떤 신학자는 면죄부라는 개념 대신 "면벌부"라는 개념을 사용한다. 즉 죄를 면제하는 것이 아니라 죄에 대한 벌 곧 죄벌을 면제해주는 증명서라는 것이다. 가톨릭 신학자들도 이렇게 주장한다. 그런데 루터의 문헌을 읽어보면, 죄의 면제와 죄벌의 면제가 엄격히 구별되지 않는 경우가 많다. 사실 루터의 문헌에서 Ablaß는 죄의 용서(*remissio*)를 뜻하는 단어로 사용되기도 한다. 또 이 개념의 성경적 근거는 **죄를 용서할 수 있는 "하늘나라의 열쇠"**에 있기 때문에(마 16:19), Ablaß는 면죄부로 번역될 수도 있다.

면죄부 판매
[자료 출처: 위키미디어]

2) 면죄부는 오랜 역사를 가진다. 이미 9세기에 불신자들이나 이단자들에 대항하여 싸우다가 생명을 잃은 사람들에게 면죄부가 주어졌다. 면죄부 제도가 "성행하기 시작한 것은 십자군 때부터였다. 성지를 회복하기 위해 이교도들과 싸우며 생명을 내건 사람들에게 면죄의 특혜를 베풀기 시작했고, 후에는 성지 탈환에 직접 참여하는 대신 기부금을 바치는 사람들에게까지 면죄의 혜택을 베풀었다. 십자군 시대에 활성화된 면죄부는 '행위의 보속'을 대체하는 것이며, 참회와 상관없이 죄로 인한 모든 형벌을 소멸하는 기능을 갖고 있었다"(정병식 2017, 55).

11세기 후반에 면죄부의 종류와 용도가 다양성을 갖기 시작했다. "면죄부 제도가 교황청의 중요한 재원이 되기 시작하자 중세교회는 성당, 수도원, 병원 등의 건축을 위해 기부금을 바치는 사람들에게까지 면죄부를 배부하게 되었다"(이영호 2017b, 50). 프랑스 남부에서는 "구제와 건축을 위한 재원 조달의 수단"으로 면죄부가 판매되었다(정병식 2017, 63). "어느 지역에 재난이 일어났을 때 도움을 주기 위해서든가 전쟁이 일어났을 때 모병을 위하여 사용하기도 하였다"(강근환 2016, 55). 교황의 군대에 속하여 "그 영토를 넓히고, 교회의 적(敵)을 징벌하고, 법왕의 영적 최상권을 부인하는 자들을 박멸하는 자는 과거, 현재, 미래의 모든 죄의 사유를 받고, 마땅히 받아야 할 고통과 형벌에서 면죄된다고 약속되었다"(White 1999, 51). 1300년 보니파티우스 8세는 로마 순례를 조건으로 희년 면죄(Jubeljahrablass)를 도입하였다.

희년 면죄는 교황이 특별히 결정하는 해에 행하는 "완전 면죄", 곧 태어나서 죽을 때까지 짓게 될 모든 죄의 면제를 뜻한다. 처음에 그것은 100년 단위로 시행되었으나, 그 연수가 50년, 33년으로 줄어들다가, 마지막에는 25년으로 줄어들었다. 이리하여 1300년, 1350년, 1390년, 1423년,

1450년, 1475년, 1500년, 1525년에 희년 면죄가 실시되었다(1964b, 202, 각주 16). 희년 면죄를 받기 위한 조건인 로마 순례는 교회에 돈을 바치는 것으로 대체되었다.

13세기에 아퀴나스는 "보편 교회의 무오류성에 근거하여 면죄부 제도(Ablaßpraxis) 역시 오류가 없음을 보증해 주고, 더 나아가 연옥의 죽은 자들에게 면죄부 사용 가능성을 인정했다"(정병식 2017, 63-64). 이리하여 1393년 보니파티우스 9세 이후부터 면죄부는 살아 있는 사람들의 죄는 물론 이미 죽은 사람들의 죄의 면제로 확대되었다.

면죄부 판매에 대한 성경의 근거는 "땅에서 매면 하늘에서도 매일 것이요, 땅에서 풀면 하늘에서도 풀릴" "하늘나라의 열쇠"를 예수께서 베드로와 그의 후계자들, 곧 교황들에게 맡겼다는 마태복음 16장의 말씀에 있었다. 사도계승을 통해 이 열쇠를 물려받은 교황은 죄를 용서할 수 있는 전권을 가진다. 그는 그리스도를 대신하여 죄를 용서할 수 있는 "그리스도의 대리자"다. 그러므로 교황은 죄를 면제할 수 있는 면죄부를 발행할 수 있다는 것이다.

이에 덧붙여 가톨릭교회는 "동정녀 마리아나 성인들의 경우에는 자신들이 받아야 할 벌을 면제하고도 남는 공로, 즉 '잉여공로'가 있다고" 주장하였다. 교회는 잉여공로 곧 "선한 업적들의 보물"(thesaurus bonorum operum)을 보관하는 "보물창고"이다(박경수 2017, 75). 잉여공로의 이 보물을 얻을 때, 신자들은 하나님의 의를 얻을 수 있다. 교황은 이 창고의 관리자이다. 그러므로 그는 면죄부를 나누어줄 수 있다는 생각이 가능케 된다.

3) 면죄부 장사를 가능케 한 직접적 근거는 중세 가톨릭교회의 회개(Buße)의 이론과 실천에 있다. 죄용서를 받을 수 있는 길은 회개에 있다. 회개

는 (1) 마음의 깊은 후회 내지 통회(contritio cordis), (2) 사제에게 입으로 죄를 고백하는 것(confessio oris), (3) 죄에 대한 객관적 보상 혹은 보속(satisfactio operis), 이 세 단계로 구성된다. 그런데 "11세기 이후에는 마지막 행위의 보속(보상, 필자)이 금전 기부로 대체되기도 하고, 12세기 이후부터는 사죄를 선언하는 용서의 형식이 '하나님이 너를 용서했다'(Deus te absolvat)에서 '내가 너를 용서한다'(ego te absolvo)는 직설법적 형식으로" 바뀌었다(정병식 2017, 55). 사제가 죄용서의 주체가 되어 돈의 보상을 받고 죄를 용서해주는 것, 바로 여기에 면죄부 판매의 직접적 배경이 있다.

4) 「대교리문답서」(1529)와 「슈말칼던 조항」에서 루터는 당시 가톨릭교회가 행하던 회개의 성례의 문제점을 다음과 같이 기술한다(1964b, 164, 199-207). 일부 반복되는 점도 있지만 새로운 내용도 있기 때문에, 루터의 음성을 직접 들어보기로 하자.

교황 지지자들은 원죄, 곧 죄를 짓고 싶어 하는 인간의 욕망, 죄의 자극 등을 죄로 간주하지 않고, 악한 생각, 악한 말, 악한 일 등 실제로 지은 죄(peccata actuale)만 죄로 간주한다. 이 죄를 용서받기 위해 회개를 해야 하는데, 회개는 마음의 통회, 죄의 고백, 죄에 대한 보상이라는 세 부분으로 이루어진다. 이 세 가지를 하나님이 기뻐하실 만큼 충분히 행하면, 죄에 대한 값을 충분히 치르게 되고, 죄의 용서를 받게 된다. 여기서 인간은 "하나님이 행하시는 일"을 신뢰하지 않고, 자기 자신이 행하는 일을 신뢰한다. 그래서 "주 하나님, 저의 죄를 회개하고 저의 생활을 개선할 때까지 살게 하소서"라는 말을 성직자의 설교에서 들을 수 있다.

(1) **통회의 문제**: 1215년부터 가톨릭교회는 일 년에 최소 한 번씩, 사제에게 가서 회개해야 한다는 법규를 정하였다. 그러나 사제 앞에서 지난 일 년 동안 지은 모든 죄를 생각해낸다는 것은 불가능하다. 그래서 신자들은 마음속 깊이 숨어 있던 죄가 나중에 생각나면 통회한다는 조건으로 죄를 용서받았다.

그런데 얼마나 많이 통회를 해야 하나님께 충분한지 알 수가 없다. 그래서 사제들은, 죄에 대한 마음의 고통에서 나오는 통회(contritio)를 할 수 없는 사람은 적어도 지옥의 벌에 대한 두려움에서 나오는 초보적 통회(attritio)를 해야 한다고 가르친다. 이같은 통회는 "믿음 없이, 그리스도의 인식 없이, 자신의 능력으로" 행하는 인간의 업적으로, 죄에 대한 즐거움을 극복하지 못한다.

1520년 교황 레오 10세의 파문 경고 교서에 대한 루터의 항변서(Assertio)에 따르면, "정의에 대한 사랑 속에서 그리고…하나님에 대한 사랑 속에서 일어나지 않는 통회는 참된 통회가 아니라 위선으로 가장된 통회이다. 바울이 고린도전서 13장에서 가르치는 것처럼, 사랑 없이 일어나는 모든 것은 무가치하며 거짓된 것이다. 그것은 온 마음에서 일어나지 않기 때문이다. 마음으로부터 일어나지 않는 것은 이미 위선(hypocrisis)이다"(2006b, 123).

(2) **죄 고백의 문제**: 교회는 모든 죄를 조금도 "실수 없이", 완전하게 사제에게 고백해야 한다고 말한다. 그러나 지나간 모든 죄를 생각해내고, 이것을 사제에게 빠짐없이, 정확하게 고백하는 것은 불가능하다. 그렇다면 사제의 죄 사면이 효력을 갖지 못하게 되고, 죄가 용서를 받지 못하게 된다. 그래서 마음속 깊이 숨어 있는 죄가 나중에 생각나면 그것을 고백한다는 조건으로 사제의 용서를 받는다.

그러나 신자들은 죄를 충분히 고백했는지, 언제 죄의 고백이 끝날 것인지 알 수가 없다. 그러므로 사제가 죄 사면을 선언해도, 신자들은 그것을 믿지 못하게 되고, 불확실과 절망 속에서 죄 고백에 매달리게 된다. 여기서 하나님의 은혜도, 은혜에 대한 믿음도 필요 없고, 그리스도도 필요가 없게 된다. 인간을 위해 행하신 하나님의 일은 망각되고, 인간이 행하는 죄 고백의 업적을 통해 하나님의 죄용서를 받아내려는 인간의 노력만 있을 뿐이다. 신자들에게 이것은 일종의 고문이요, 하나님 대신 자기의 업적을 숭배하는 우상숭배이다.

(3) **보상의 문제**: 개별의 모든 죄에 대해, 또 모든 사소한 죄에 대해 얼마나 많이 통회하고 고백해야 하는지 알 수 없기 때문에 신자들은 죄에 대한 보상(*satisfactio*)에서 해결책을 찾는다. 주기도문을 다섯 번 외우기, 일일 금식 등을 행함으로써 그들은 죄에 대한 보상을 하나님께 바친다. 그들은 충분히 바치지 못한 보상을 연옥의 벌을 통해 바쳐야 한다. 그런데 회개에 관한 교회법은 각 죄에 대한 회개의 연수를 정하였다. 개별의 심각한 죄에 대해서는 7년간 회개해야 한다고 규정하였다. 이럴 경우, 영원히 연옥을 벗어날 수 없는 사람이 있게 된다. 여기서도 신자들은 그리스도 없이, 믿음 없이, 자신의 업적에 의존한다. 100년을 회개해도, 하나님께 충분히 죄의 보상을 바쳤는지 모른다.

바로 여기서 생각해낸 것이 면죄부다. 돈을 주고 면죄부를 사면, 보상을 바칠 필요가 없게 된다. 7년, 100년, 1000년간, 아니 액수에 따라 더 긴 시간 동안 보상이 면제된다. 교황은 면죄부를 팔 수 있는 권한을 추기경과 주교에게 나누어주었는데, 어떤 추기경과 주교에게는 100일간 유효한 면죄부를, 다른 추기경과 주교에게는 100년간 유효한 면제부를 팔 수 있는 권한을 주었다. 그러나 모든 보상을 면제할 수 있는 권한, 곧 완전 면제는 교황의 고유 권한으로 남겨 두었다.

면죄부 장사를 통해 돈이 쌓이기 시작하고, 교황의 "교서 시장"(Bullenmarkt, 교황의 교서에 따른 면죄부 장사)이 호황에 이르자, 교황은 로마에서 "모든 죄와 죄벌을" 완전하게 용서하는 "희년 면죄"를 도입한다. 이를 얻기 위해 많은 사람이 로마로 달려간다. 돈이 더 쌓이자, 교황은 희년 면죄를 연달아 시행한다. 한 걸음 더 나아가 교황은 전권자들을 파견하여, 연옥에 있는 죽은 사람들을 위한 미사와 기도회(Vigilien, 사망일 혹은 장례일에 드리는 기도예배)에서 시작하여, 면죄부와 희년 면제를 판매하게 한다. 결국 한 그로쉐(Grosche)의 동전 한 닢에 한 영혼을 풀어주는 일을 하게 한다. 그러나 어떤 사람의 영혼이 연옥에 있는지도 불확실하고, 연옥에서 정말 통회하고 죄를 고백했는지도 불확실하다. "그래서 교황은 사랑스러운 돈을 취하고, 그의 전권과 면죄부를 가지고 신자들을 거짓으로 위로하며, 다시 그들 자신의 불확실한 업적을 추구하도록 하였다"(1964b, 203).

또한 루터 자신처럼 수도사나 사제가 되어 완전한 면죄를 얻고자 하는 사람들도 있었다. 이들은 금식, 잠을 자지 않고 깨어 있기, 기도, 미사, 딱딱한 옷, 딱딱한 침대 등을 통해 악한 생각들을 물리치고 거룩한 사람이 되고자 하였다. 죄가 없고 선한 업적으로 충만하다는 수도사가 있을 경우, 하늘나라에 들어가고도 남을 그의 선한 업적을 다른 수도사들에게 나누어주기도 하고, 돈을 받고 그것을 넘겨주기도 하였다. 다른 수도사에게서 선한 업적을 선물로 받거나 돈을 주고 사는 수도사는 통회를 할 필요도 없고, 죄를 고백할 필요도 없고, 보상을 바칠 필요도 없게 된다. "그래서 이들은 다른 불쌍한 죄인들에게 그들의 잉여 의(완전 면죄를 얻고도 남을 의)를 판매할 수 있었다. 이같은 성인들은 그리스도 시대의 바리새인들과 율법학자들이었다"고 루터는 말한다(204).

5) 처음에 면죄부는 각 사람이 지금까지 지은 **과거의 죄**에 대한 벌을 면제하는 것으로 제한되어 있었다. 그러나 면죄부의 적용 범위는 점차 확대되었다. 먼저 그것은 아직 행하지 않은 **미래의 죄**에 대한 면제로 확대되었다. 달리 말해 태어나서 죽을 때까지 지을 모든 죄에 대한 면제로 확대되었다. 한 걸음 더 나아가 그것은 **죽은 조상이나 친척들**이 연옥에서 당하는 벌의 기간을 단축시키는 것으로 확대되었다. 이에 머물지 않고 그것은 죽은 조상이나 친척들을 아예 연옥에서 **빼내어 하늘나라로 가게 하는 것**으로 확대되었다. 한마디로 면죄부는 죽은 후 하늘나라의 구원을 약속하는 보증수표로 발전하였다. 하나님의 대리자인 교황은 죄에 대한 벌의 주권자인 동시에 연옥에 대한 주권자이므로, 하늘나라의 보증수표를 판매할 수 있는 권세를 주장할 수 있었다.

가장 인기 있는 품목은 위에서 언급한 "완전 면죄부"였다. 신자들이 교회에서 사제에게 죄를 고백하고 죄용서를 받아도, 자신이 의식하지 못하는 미세한 마음의 죄는 언제나 남아 있기 마련이다. 인간이 하나님과 같은 완전한 존재가 되지 않는 한, 이것은 불가피한 일이다. 이 죄에 대해서도 그들은 연옥에서 유황불에 타는 벌을 받아야 한다. 완전 면죄부는 평생에 지은 외적 행위의 죄는 물론 미세한 마음의 죄까지 면제해주고, 죽은 후 하늘나라로 가는 것을 보장하는 가장 확실한 보증수표였다. 이 수표만 있으면, 죽는 순간까지 행위나 마음으로 아무리 많은 죄를 지어도, 하늘나라로 들어갈 수 있게 된다. 따라서 완전 면죄부는 바로 구원을 뜻하였다. 완전 면죄부를 구입하기만 하면, 아무리 많은 죄를 지어도 하늘나라의 구원이 보장되었다.

그런데 완전 면죄는 교황만이 줄 수 있는 것으로, 로마 순례를 할 때에만 받을 수 있었다. 그러나 로마 순례는 많은 시간과 금전 지출을 요구하였다. 신자들은 생업 중단으로 인한 재정적 손실을 감수해야만 했다. 그런데 완전 면죄부를 사면, 로마 순례를 할 필요가 없게 된다. 생업을 중단할 필요가 없게 되고, 가족과 오랫동안 헤어져 있을 필요도 없고, 순례에 필요한 시간과 비용 및 수고를 절약하게 된다. 추운 겨울에 알프스 산맥을 넘어 로마까지 걸어가는 고통을 당할 필요도 없게 된다. 그러므로 완전 면죄부가 가장 인기 있고 값비싼 상품이었다. 루터의 95개조는 바로 이 면죄부 장사를 중심 문제로 다룬다.

2. 면죄부 장사 뒤에 숨어 있는 돈 거래

1) 당시 교권자들에게 면죄부는 기가 막힌 수입원이었다. 인쇄된 종이 한 장만 주면 돈이 들어오는 면죄부는, 두드리기만 하면 돈이 쏟아지는 요술방망이와 같은 것이었다. 많은 학자는 "교황청은 바티칸의 성 베드로 성당 건축과 함께 사치스러운 장식을 위한 많은 재정적 필요를 충당하기 위하여 면죄부를 판매했다"고 말한다(강근환 2016, 56). 그러나 1545년의 루터의 회고에 따르면, 마인츠의 대주교인 동시에 선제후였던 알브레히트

(Albrecht, 1490-1545)와 교황 사이에 뒷거래가 있었다(2006b, 495).

독일 호엔촐런(Hohenzollern) 가문에 속한 귀족 알브레히트는 황제를 선출할 수 있는 권리를 가진 브란덴부르크의 선제후로서, 1513년에 막데부르크(Magdeburg)의 대주교가 되었다. 이에 만족하지 않고 그는 1514년에 마인츠의 대주교가 되어, 독일 교회의 수장인 동시에 신성 로마 제국의 선임총리(Erzkanzler)로 선출되고자 하였다. 이를 통해 그는 자기와 경쟁 관계에 있는 작센의 선제후 프리드리히를 물리치고, 황제 다음가는 제국의 최고 권력자가 되고자 하였다. 그런데 대주교 선출은 교황의 재가를 받아야 했다. 이를 위해 알브레히트는 교황에게 14,000굴덴을 바치기로 했다. 또 막데부르크 대주교, 브란덴부르크의 선제후, 할버슈탓트(Halberstadt)의 행정관, 마인츠의 대주교의 중임에 대해 그는 교황의 면제(Dispens)를 받아야 했다. 이를 위해 그는 다시 10,000굴덴을 교황에게 바치겠다고 하였다(약간 다른 돈 액수에 관해 이영호 2017b, 51 참조).

2) 이 많은 돈을 조달하기 위해 알브레히트는 아욱스부르크의 사업가 푸거(Fugger) 가(家) 은행에서 돈을 빌리고자 했다. 푸거 가는 이에 대한 보증을 요구했다. 이때 교황은 알브레히트의 관할 영지에서 면죄부를 8년 동안 판매하는 대신, 판매 대금을 알브레히트와 절반씩 나누자는 제안을 하였다. 이것은 알브레히트에게 매우 기쁜 소식이었다. 알브레히트는 교황의 이 제안을 푸거 가에게 보증으로 제시한다. 푸거 가는 1514년에 알브레히트의 이 보증이 확실한지 교황에게서 확인을 받은 다음, 알브레히트에게 돈을 빌려주었다. 교황은 금화 10,000두카텐(1 Dukaten은 순금 3.44그람)을 받는 조건으로, 알브레히트에게 면죄부 장사를 허락하였다. 매일 들어오는 면죄부 판매 대금의 50%가 원금과 이자 지불을 위해 푸거 가 은행에

즉시 입금되었다고 한다(Schorn-Schütte 2017, 31).

무거운 부채를 벗어나기 위해 알브레히트는 면죄부 판매에 진력하지 않을 수 없었다. 그는 도미니코 수도사인 요한 텟첼(Johann Tetzel, 1460-1519)을 면죄부 설교자로 채용한다. 영리에 밝고 경험이 많은 텟첼은 1517년 초 막데부르크 지역에서 면죄부 장사를 시작한다. "굴덴이 돈 궤에 뗑그렁 하고 떨어지자마자, 영혼은 연옥에서 하늘로 올라간다"는 그의 말은 유명하다.

3) 면죄부는 마인츠와 막데부르크 지역에 한정되었다. 그런데 막데부르크에 속한 작선 지역에서는 면죄부 판매가 금지되었다. "이는 양쪽의 작센, 곧 에르네스트 측 작센의 (선제후) 프리드리히와 알버트 측 작센의 게오르크(Georg)가 자신들의 영지에서 알브레히트에게 돈이 흘러들어가기를 원치 않았기 때문이다"(Kaufmann 2015, 51). 그러나 비텐베르크의 많은 주민들은 거기서 가까운 위터복(Jüterbog)으로 가서 면죄부를 구입하였다. 대주교 알브레히트는 "면죄부 지침"(Instructio summaria)을 통해 텟첼의 면죄부 장사를 독려하였다.

"면죄부의 가격은 신분에 따라 차이가 있었다. 임금과 황후, 대감독, 왕자들은 금화 25플로린, 수도원장, 고위 성직자, 백작, 남작, 귀족들과 그의 부인들은 금화 20플로린, 기타 성직자들과 하급 귀족들은 금화 6플로린, 그리고 평민들은 금화 1플로린을 지불하고 면죄부를 샀다. 루터는 더 이상 참을 수가 없었다"(이영호 2017b, 51).

루터를 더욱 분개시킨 것은 텟첼의 "면죄부 설교"였다. 그 내용은 다음과 같다. 하나님에 대한 사랑 때문에 자기가 가진 보물들을 나누어주고 자기의 몸을 불사르게 한 라우렌티우스(Laurentius)를 너희는 알지 못하느냐?

그러나 너희는 한 푼도 바치고자 하지 않는다. 이를 갈면서 죄를 회개하고 상자에 돈을 넣는 자는 모든 죄를 완전히 용서받을 것이다. 너희의 영혼을 구원하기 위해 속히 면죄부 판매자에게 달려가라. 너희는 죽은 부모들을 위시한 다른 사람들이 자비를 베풀어 달라고 연옥에서 부르짖는 소리를 듣지 못하느냐? 우리는 너희를 낳고, 양육하고, 우리의 재산을 유산으로 주었는데, 너희는 우리에게 너무도 인색하고 잔인하구나. 너희들이 조금만 자비를 베풀면, 우리는 연옥의 불을 벗어날 수 있을 텐데! 면죄부를 사기만 하면, 너희는 죽을 때까지 저지를 모든 죄에 대한 벌을 면할 수 있을 것이다…(Oberman 1981, 15-16).

4) 95개조를 발표할 당시, 루터는 가톨릭교회에 큰 파문을 일으킬 생각을 전혀 갖지 않았다. 또 95개조가 어떤 결과를 초래할지, 그 결과에 대해서 아무것도 예감하지 못하였다. 1545년의 회고에 따르면, 그는 교황을 비판하고, 가톨릭교회를 전적으로 거부할 생각을 전혀 갖지 않았다. 그 당시 그는 교황에게 조금이라도 복종을 거부하는 자가 있다면, 서슴지 않고 그를 죽일 수 있을 정도로 교황의 가르침에 심취하였다. 그는 바울 이전의 사울과 같았다. 지금 생각하면 저주하고 싶을 정도로, 말할 수 없이 겸손한 마음으로 그는 교황의 생각을 존중하였다고 한다(2016, 493).

1520년 6월 루터에 대한 교황의 "파문 경고 교서"가 발표되기 직전까지 루터는, 교황이 그를 적대시 한 것은 "아첨꾼들" 때문이라 판단하고, 교황에게 정확한 정보를 전달해야 한다고 생각하였다. 그래서 그는 1521년 교황에게 보내는 「그리스도인의 자유」에 "교황 레오 10세에게 보내는 서신"을 첨부한다. 이 서신에서 그는, 교황은 "사자들 한가운데 있었던 다니엘처럼, 늑대들(추기경을 위시한 교황의 신하들) 한가운데 있는 양이요, 에스겔과 함께 독사들 가운데 거하고 있다"고 말한다(2006b, 107).

1517년에 "비윤리적 돈벌이를 위한" 면죄부가 비텐베르크 인근 위터복에서 판매되고, 비텐베르크 주민들이 거기로 가서 면죄부를 구입하자, 루터는 수차례 설교를 통해 주민들에게 충고하며 면죄부를 사는 것보다 더 좋은 일들에 관심하라고 권면한다. 이때도 루터는 교황을 신뢰하였고, 교황이 자기의 보호자가 되리라 믿었다고 회고한다. 왜냐하면 교황은 "세금 징수자들의 횡포"를 자신이 공포한 법에서 경계한 적이 있기 때문이다("세금 징수자"는 면죄부 설교자를 뜻함).

5) 면죄부가 판매될 당시, 루터는 알브레히트와 교황과 푸거 가 사이의 돈 거래를 몰랐다고 한다. 그는 교황과 알브레히트가 면죄부 판매 대금을 절반씩 나누어 갖기로 했다는 사실도 몰랐다고 한다. 그는 교황에 대한 깊은 신뢰와 헌신의 마음을 가지고 있었다. 면죄부를 오용하는 것은 알브레히트와 교황 자신의 뜻에 반하는 일이라 믿을 정도로, 그는 신실한 가톨릭 신자요, "교회와 교황의 열정적 방어자"였다(Aland 1980, 25).

그래서 루터는 마인츠의 대주교 알브레히트와 막데부르크의 대주교 히에로니무스 슐체(Hieronymus Schulze)에게 편지를 보낸다. 이 편지에서 그는 "세금 징수자들의 부끄러움과 하나님 모욕을" 막아달라고 간청하면서, 라틴어로 작성된 95개조를 동봉하고, 부모님이 정해준 "마르티누스 루더"(Martinus Luder)란 본래의 이름 대신에 "마르틴 루터"(Martin Luther)라는 이름으로 서명한다. 이때부터 "마르틴 루터"가 그의 공적인 이름이 된다. "루터"는 "해방된 자"를 뜻하는 그리스어 *Eleutherios*(엘류테리오스)에서 유래한다. 따라서 "마르틴 루터"는 "자유자 마르틴"을 뜻한다. "그는 성경의 신적 말씀을 통해 스콜라 전통의 양심의 감옥과, 구원의 확실성에 대한 교회의 환상과, 인간이 만든 로마 교회의 규약들로부터 해방된 자"임을 말한다(Hamm 2008, 40).

그러나 두 권력자는 "불쌍한 구걸 수도사 형제"를 무시해버린다. 이에 실망한 루터는 1517년 10월 31일 비텐베르크 성 교회 문에 못을 박아 95개조를 발표한다. 95개조는 "성명서나 조항이 아니라 토론 목적의 주장들"로서, 텟첼의 면죄부 설교 내용을 학문적 공개토론에 부치기 위함이었다. 그 당시 성 교회 문에 "논제를 제시하는 것은 학문적 공개토론을 위하는…일반적인 행동이었다"(정병식 2017, 49, 51).

1517년 10월 31일 루터가 95개조를 발표함
[자료 출처: 위키미디어]

3. 매우 위험스러운 95개조

1) 일반적으로 루터의 95개조는 당시 가톨릭교회의 면죄부 장사 문제를 비판하는 문서로 알려져 있다. 그러나 좀 더 깊이 들여다보면, 95개조는 중세 말기 회개에 대한 가톨릭교회의 이론과 실천의 문제를 다루고 있다고 학자들은 말한다. 그러나 필자의 생각에 따르면, 루터의 95개조는 교황체제를 뒤흔드는 매우 위험한 통찰들을 담고 있다. 여기서 우리는 먼저 95개조를 살펴보기로 하자(반드시 필요하지 않다고 생각되는 조항은 생략함).

논제

(1) 우리의 주님 그리스도께서는 "회개하여라, 하나님 나라가 가까이 왔다"고 말씀하신다. 이로써 그는 다음과 같이 말한다. "신자들의 전 삶이 회개이어야 한다"(omnem vitam fidelium penitentiam esse voluit).

(2) 이 말씀은 사제들이 집례하는 "성례적 회개, 다시 말해 죄의 고백과 보상으로 이루어지는 회개(poenitentia)로 해석될 수 없다."

(3) 또 주님의 이 말씀은 "외적으로 다양한 육의 고통"을 동반하지 않는 "내적 회개"를 말하지 않는다.

(4) "참된 회개"는 "하늘나라에 들어가기까지 자기를 미워하는 것(odium sui)", 곧 자기를 죽이는 것이다.

(5) 교황 자신의 판단이나 교회법에 따라 부과된 죄 외에 "어떤 다른 죄도 교황은 용서할 수 없고, 용서하고자 할 수도 없다."

(6) "교황은 어떤 죄도(ullam culpam) 용서할 수 없다. 그는 하나님의 죄 용서를 선언하고 증명할 수(declarando et approbando) 있을 뿐이다."

(7) 하나님은 "그의 대리자인 사제에게 겸손히 복종케 하는 자에게만

죄를 용서한다."

(8) 회개에 대한 교회법은 "살아 있는 사람들에게만" 해당하며 "죽은 사람들에게는 부과되지 않는다."

(10) 따라서 "임종 가운데 있는 사람들(morituris)에게 연옥에서 받을 교회법적 회개의 벌이 기다리고 있다고 말하는 것은 어리석고 악한 일이다."

(11) "교회가 행하는 회개의 성례를 연옥의 벌로 바꾼 것은, 주교들이 잠자는 동안 심어진 잡초이다."

(13) "임종 가운데 있는 사람들은 교회법에 대해서도 죽기 때문에, 그들은 교회법의 요구를 벗어난다."

(20) 교황이 말하는 "모든 죄의 완전한 용서는 '모든' 죄의 용서가 아니라 교황 자신이 부과한 죄들의 용서일 뿐이다"(여기서 루터는 교황의 완전 면죄, 곧 *remissionem plenariam omnium penarum*을 부인함).

(21) "교황의 면죄부를 통해 모든 벌을 벗어나고 구원을 받는다고(*ab omni pena solvi et salvari*) 말하는 면죄부 설교자들은 실수를 하는 것이다."

(22) "교회법의 규정에 따라 살아 있는 동안 받았어야 할 어떤 벌도, 교황은 연옥에 있는 영혼들에게 용서해줄 수 없다."

(23) "모든 죄"가 용서받을 수 있다면, 그것은 "가장 완전한 사람들에게만" 가능할 것이다. 그러나 "가장 완전한 사람"은 별로 없기 때문에, 모든 죄의 용서는 "극소수의 사람들에게만" 가능할 것이다.

(25) 연옥에 대한 교황의 힘(*potestas*)은 주교에게도 있고, 특히 각 교구의 사제에게도 있다.

(27) "동전이 땡그랑 하고 상자 속에 떨어지자마자 영혼이 연옥을 벗어

난다고 말하는 자들은, 완전히 거짓말을 설교하는 자들이다."

(28) "동전이 땡그랑 하고 상자에 떨어질 때, 이익과 욕심이 증가할 수 있다.…"

(30) "자기의 통회(contritio)가 참된 것인지, 아무도 확신할 수 없다. 완전한 벌의 면제를 받았다고 확신할 수 있는 사람은 훨씬 더 적다."

(31) "참으로 회개하는 사람도 드물지만, 참으로 면죄를 얻는 사람도 드물다. 참으로 드물다."

(32) "면죄부를 통하여 자기의 구원을 보장받았다고 믿는 자들은, 그들을 가르치는 자들과 함께 영원히 저주를 받을 것이다."

(33) "교황의 면죄부는, 인간이 하나님과 화해될 수 있는 하나님의 위대한 선물(donum dei inestimabile)이라고 말하는 사람들"을 우리는 각별히 주의해야 한다.

(35) "자기의 영혼을 구하거나 회개 증명서를 얻기 위해 통회를 필요로 하지 않는다고 가르치는 자들은, 비기독교적으로 설교하는 자들이다."

(36) "참으로 통회하는 모든 그리스도인은 벌과 죄에서 완전한 용서(remissionem plenariam a pena et culpa)를 얻는다. 면죄부를 사지 않아도 그것을 받는다."

(37) "모든 참된 그리스도인은, 살아 있는 자이든지 아니면 죽은 자이든지(sive vivus sive mortuus), 면죄부가 없어도, 교회와 그리스도의 모든 재화에 참여한다."

(38) "그러나 교황이 면제해주고 참여케 하는 것을 멸시해서는 안 된다. 이미 말한 바와 같이, 그것은 하나님의 용서의 선언(declaratio)이기 때문이다."

(39) "백성들 앞에서 면죄의 풍요함과 통회의 진실됨을 부인하는 것은, 가장 학식이 많은 신학자들에게도 매우 어렵다."

(40) "참된 통회는 벌을 구하며 사랑한다. 그러나 면죄의 풍요함은 벌로부터 해방하며…벌을 미워하게 한다."

(41) 그러나 "사도적 면죄에 대해 조심스럽게 설교해야 한다. 그래서 백성들이, 면죄가 사랑의 선한 업적들보다 더 좋은 것이라고 잘못 생각하지 않도록 해야 한다"(*ne populus false intelligat, eas preferri ceteris bonis operibus charitatis*).

(42) "우리는 그리스도인들을 이렇게 가르쳐야 한다. 즉 교황은 면죄부 구입과…자비의 선한 업적이 동일한 가치를 가진다고 생각하지 않는다는 것이다."

(43) "우리는 그리스도인들을 이렇게 가르쳐야 한다. 즉 가난한 사람을 도와주고, 어려운 사람에게 돈을 빌려주는 것이 면죄부를 사는 것보다 더 좋은 일이라는 것이다."

(44) "사랑의 업적을 통해 사랑이 자라나고, 좋은 사람이 된다. 그러나 면죄부를 통해 좋은 사람이 되지 않는다. 단지 벌로부터 자유로운 사람이 될 뿐이다."

(45) "어려운 사람을 보면서도 그를 돕지 않고 면죄부 사는 데 돈을 쓰는 사람은 교황의 면죄를 얻지 못한다. 오히려 하나님의 멸시 (*indignationem dei*)를 얻을 뿐이다."

(46) 면죄부 구입은 반드시 지켜야 할 명령이 아니라 각자에게 맡겨진 임의 사항이다.

(47) 그러므로 크게 부유하지 않은 그리스도인들은 가사를 위해 필요한 것을 저축해야 하며, "면죄부 구입에 돈을 낭비해서는 안 된다."

(49) "그리스도인들이 면죄부를 신뢰하지 않는다면, 교황의 면죄부는 유익하다. 그러나 면죄부로 말미암아 하나님을 경외하지 않게 된다면, 그것은 해가 될 뿐이다."

(50) "면죄부 설교자들의 돈벌이를 교황이 안다면, 그는 자기의 양들의 살과 뼈를 가지고 성 베드로 성전의 바실리카가 건축되는 것보다 차라리 먼지와 재로 무너져버리는 것을 더 기뻐할 것이다."

(51) 교황은 면죄부 설교자들이 가난한 민중에게서 빼앗은 돈을 되돌려 주어야 할 것이다.

(52) "교황과 면죄부 담당관이 자신의 영혼을 담보물로 맡긴다 해도, 면죄부를 통해 구원을 받으리라고 믿는 것은 헛된 일이다."

(53) "면죄부 설교 때문에…하나님의 말씀에 대해 침묵케 하는 자는 그리스도와 교황의 적이다."

(54) "설교 시간에 하나님의 말씀보다 면죄부에 대해 더 많은 시간을 할애하는 것은 하나님의 말씀에 불의를 행하는 일이다."

(55) 면죄부는 "가장 작은 것"이라면, 그리스도의 복음은 "가장 높은 것"이다.

(59) "성 라우렌티우스(Laurentius)는, 교회의 보물은 교회의 가난한 사람들이라 말하였다.…"

(62) "교회의 참 보물은 하나님의 영광과 은혜의 거룩한 복음이다."

(63) "그러나 이 보물은…(교황의) 미움을 받는다. 그것은 처음의 것을 마지막의 것으로 만들기 때문이다."

(64) "이에 반해 면죄부의 보물은…크게 환영을 받는다. 그것은 마지막의 것을 처음의 것으로 만들기 때문이다."

(65) "복음의 보물은 한때 사람들을 부(富)에서 건져 올리는 그물이

였다."

(66) "면죄부의 보물은 오늘날 사람들로부터 부를 건져 올리는 그물이다."

(67) "설교자들이 '가장 큰 은혜'라고 외치는 면죄부는 이익 증대 면에서는 정말 그러한 것으로 이해될 수 있다."

(68) "그러나 십자가에 있는 하나님의 은혜와 그의 자비에 비추어 볼 때, 사실상 그것은 가장 작은 은혜이다."

(75) "있을 수 없는 일이지만, 교황이 하나님을 출산한 여자를 성폭행했을지라도, 교황의 면죄부는 너무도 위대하여 한 사람의 죄를 사면할 수 있다고 믿는 것은 미친 짓이다."

(76) "이에 반해 우리는 이렇게 말한다. 교황의 면죄부는…무거운 죄들 가운데 가장 작은 죄도 없앨 수 없다."

(78) "베드로와 교황이 가지고 있는 더 큰 은혜는 복음, 기적의 능력들, 고린도전서 12:28이 말하는 유익하게 할 수 있는 은사들이다."

(79) "교황의 문장(Wappe)과 함께 높은 곳에 잘 보이도록 세워진 십자가가 그리스도의 십자가와 동일한 가치를 가진다고 말하는 것은 하나님에 대한 모독이다."

(84) "하나님 없는 자와 하나님을 적대하는 자에게…돈 때문에 구원해 준다고 확언하는 것은, 도대체 무슨 새로운 하나님과 교황의 자비인가?"

(86) "오늘날 가장 부유한 사람들보다 훨씬 더 큰 부를 소유한 교황이 왜 자신의 돈을 가지고 성 베드로 성당의 바실리카를 한 개라도 건축하지 않고, 가난한 신자들의 돈을 가지고 건축하는가?"

(87) "교황이 면죄를 통해 돈보다도 영혼의 구원을 추구한다면, 왜 그

는 이전에 보장한 문서와 면죄들이 아직도 유효함에도 불구하고 이를 무효화시키는가?"

(90) 평신도의 이같은 비판적 주장을 순리로 설명하지 않고 힘으로 억압하는 것은 "교회와 교황을 적대자들의 조롱거리가 되게 하는 것이며, 그리스도인들을 불행하게 만드는 것이다."

(91) "교황의 정신과 뜻에 따라 면죄에 대해 설교한다면, 이 모든 이의는 쉽게 풀릴 수 있을 것이다. 아니, 이 이의가 전혀 없게 될 것이다."

(92) "그러므로 그리스도의 백성에게 평화, 평화를 외치지만 평화가 없는 모든 예언자는 없어지는 게 좋을 것이다."

(93) "'십자가, 십자가!'를 그리스도의 백성에게 외치지만, 십자가가 없는 모든 예언자에게는 복이 있을 지어다."

(94) "고난과 죽음과 지옥을 통해 머리 되신 그리스도를 뒤따르는 것을 유념하도록, 그리스도인들을 격려해야 할 것이다."

(95) "그들은 (면죄부가 약속하는) 평화의 보장을 통해(per securitatem pacis) 하늘로 올라가기보다, 많은 시련을 통해(per multas tribulationes) 하늘로 올라간다고 믿어야 할 것이다"(문헌 근거, 2006a, 1-15. 95개조의 풀이 된 전문에 관해 손규태 2005, 31-40 참조).

2) 많은 학자가 말하는 것처럼, 루터의 95개조는 정확한 체계성과 논리성을 갖지 않는다. 루터 자신도 이것을 알고 있었다. 그러나 95개조에서 루터는 정확한 체계와 엄격한 논리성을 가진 학술논문을 발표하고자 한 것이 아니라 변론을 위한 논제들을 발표했을 뿐이다. 그에게 중요한 문제는 학문적 체계와 논리성이 아니라, 서민들의 피를 빨아먹는 면죄부 장사와

교황의 불의를 극복하는 데 있었다. 학문적 체계성과 논리성은 그에게 중요하지 않았다. 그러나 체계와 논리성이 약하기 때문에 그의 95개조는 더 큰 열정과 강한 호소력을 가질 수 있었다.

일반적으로 루터의 95개조는 면죄부 문제를 다룬다고 말한다. "면죄의 효력에 대한 해명을 위한 변론"이란 제목이 이같은 인상을 준다. 이영호는 면죄부의 핵심 내용을 좀 더 확대하여 파악한다. (1) "베드로 성당 건축을 반대했다", (2) "교황이 연옥을 다스릴 수 있다는 주장을 반대했다", (3) "면죄부 제도의 해로움을 지적했다"(이영호 2017b, 52-53). 그러나 95개조는 베드로 성당 건축 반대, 연옥에 대한 교황의 통치권에 대한 반대를 넘어서는, 훨씬 더 위험스러운 통찰들을 담고 있다. 몇 가지 내용을 정리해 본다면,

(1) 95개조의 첫째 논제는 "신자들의 전 삶이 회개이어야 한다"고 말한다. 이로써 95개조는 중세 가톨릭교회의 그릇된 회개(*metanoia*)의 이론과 실천을 문제화한다. 회개는 사제가 특정한 시간에 주관하는 성례의 사건 곧 "참회"(*poenitentia*)로 제한될 수 없다(Hägglund 1990, 172). 또 그것은 죄에 대한 보상으로써 교회에 돈을 바치는 것으로 대체될 수 없다. 회개는 끊임없이 자기의 옛 사람을 죽이고 그리스도의 대속의 죽음에 참여함으로써, 새 사람으로 다시 태어나는 삶의 과정이어야 한다. 참 회개는 외적으로 자기의 육을 죽이는(*varias carnis mortificationes*) 데 있다. 여기서 루터는 가톨릭교회의 회개의 성례(성사)를 상대화한다. 이것은 사실상 중세기 가톨릭교회의 체제를 뒤흔드는 행위였다.

(2) 95개조는 가톨릭교회의 업적사상 내지 공로사상을 거부하는 내용을 담고 있다. 면죄부는 아무 죄도 용서하지 못한다. 그것은 인간을

구원하지 못한다. 면죄부를 통해 구원을 얻는다고 믿는 것은 "미친 일"이다. 죄의 용서와 구원을 얻을 수 있는 길은, 돈을 주고 면죄부를 구입하는 인간의 업적 내지 공로에 있지 않다. 그것은 그리스도에게 있다고 95개조는 말한다. 이로써 "업적에서의 해방"과, 업적을 빙자한 성직자들의 착취에서의 해방이 일어나게 된다. 인간이 행하는 업적 대신에 그리스도의 복음에서 구원의 길을 발견하는 구원론의 개혁이 일어나게 된다. 이것은 당시 성직자들의 돈줄을 끊는 일과 연관되어 있었다. 돈줄이 끊어질 때, 사람은 아주 민감하게 된다.

(3) 95개조는, 교황의 면죄를 "하나님의 용서의 통보"라고 인정하며, 교황의 면죄를 멸시해서는 안 된다고 말한다(38조). 또 95개조는 "면죄의 풍요함"을 인정한다(39조). 그러나 진정한 회개가 없는 면죄, 돈을 주고 살 수 있는 면죄를 루터는 부인한다. 한마디로 면죄부는 거짓이다. 면죄부는 다음과 같은 역효과를 일으킨다. ① 마음 깊은 데서 나오는 참 회개가 필요하지 않게 되며, ② 마음이 하나님에게서 멀리 떨어져 있기 때문에 참 믿음과 하나님 경외와 이웃을 사랑하는 마음이 사라지며, ③ "하나님이 명령한 것에 대해서는 아무도 관심을 갖지 않고", 이 명령을 지키기 위해 필요한 돈은 없게 되며(2012, 69), ④ 악한 사람이 선한 사람으로 변화되지 않고 도리어 계속 악하게 살게 되며, ⑤ 면죄부는 "부를 건져 올리는 그물"이 되어 성직자들의 돈 욕심을 증대시키고, 가난한 사람들의 삶을 더욱 피폐시키는 결과를 초래한다. 그것은 "사람들에게서 부를 건져 올리는 그물"이다. 여기서 루터는 면죄부의 거짓을 폭로하며, 면죄부 뒤에 숨어 있는 교황과 마인츠의 대주교 알브레히트의 돈거래를

막아버린다. 그것은 교황의 절대 권위에 대한 위험스러운 도전이었다.

(4) 교황의 절대 권위에 대한 부인은 교황의 권한의 축소로 이어진다. 95개조에 따르면, 교황은 교회법과 교황 자신의 명령을 어긴 죄만 용서할 수 있고, 그 외의 죄들을 용서할 수 있는 권한은 갖지 않는다. 이것은 하나님만이 하실 수 있는 일이다. 특히 연옥에 있는 죽은 사람들은 교황의 법적 통치를 벗어난다. 그들은 교회법에 대해서도 죽었기 때문이다. 그러므로 교황은 죽은 사람들의 죄를 용서하고 죄벌을 면제할 수 있는 권한을 갖지 않는다. 죽은 사람들을 위해 교황이 할 수 있는 유일한 일은 중보의 기도뿐이다. 죽은 사람들의 영혼은 하나님께 속하며, 교황의 손안에 있지 않다. 또한 루터의 95개조는 교황의 "완전 면죄"(remissio plenaria)를 반대한다. 개인의 행위의 죄는 물론 마음속 깊이 숨어 있는 미세한 마음의 죄와 원죄를 교황은 용서할 수 없다. 완전 면죄는 그리스도만이 할 수 있는 일이요, 진정으로 회개하는 사람에게만 가능하다.

여기서 루터는 죄용서와 구원의 직접성을 시사한다. 죄용서와 구원은 그리스도께서 신자들에게 직접 주시는 것이지, 성직자들의 중재를 통해 얻을 수 있는 것이 아니다. 이로써 95개조는 성직자들의 구원의 중재직을 부인한다. 나중에 루터는 다음과 같이 말한다. 죄의 사면(absolutio)은 성직자의 특권이나 독점물이 아니다. 그것은 모든 신자 상호간에 할 수 있는 일이다. 믿음의 형제자매들끼리 서로 죄를 고백할 수 있고, 또 죄용서를 받을 수 있다(「대교리문답서」의 주기도문 가운데 "우리의 죄를 사하여 주시고"에 대한 루터의 강해 참조, 1964b, 163). 죄의 사면은 신자들 상호 간의 봉사이다.

이로써 루터는 구원을 중재하는 성직자 계급과 법적 제도로서의 교회 및 교황체제를 부인한다. 나중에 그는 교황체제를 가리켜 "신적 법"에서 오는 것이 아니라 "인간의 법"에서 오는 것이며, 교회는 구원을 중재하는 법적 기관이 아니라 복음의 말씀을 믿고 그리스도의 뒤를 따르는 "양들", 곧 "거룩한 사람들(성도)의 모임"이라고 말하게 된다. 면죄부 장사 문제에서 시작한 95개조는 교황체제에 대한 부인과 새로운 교회관의 출발점을 그 속에 담지하고 있다.

물론 루터는 죄의 고백과 사면의 필요성을 부인하지 않는다. 그는 오히려 그것을 "귀중하고 위대한 보물"로 여기고, 그것을 지킬 것을 권유한다. 신자들은 그것을 멸시해서는 안 된다. 그러나 루터는 죄의 고백과 회개를 반드시 사제 앞에서 행해야 할 강제성을 부인하고, 형제자매들 사이에서 이루어질 수 있는 것으로 간주한다. "이로써 우리는 교황의 계명과 강요와 함께 그의 독재를 폐기한다. 우리는 그것을 어디에서도 필요로 하지 않기 때문이다"(1964b, 165).

(5) 95개조는 교황의 권위는 그리스도의 권위 아래에 있다고 주장한다. 교황의 문장에 새겨진 십자가는 그리스도의 십자가와 같은 가치를 갖지 못한다(79조). 달리 말해, 교황은 그리스도와 동격에 있지 않다. 그는 그리스도 아래에 있다. 이에 근거하여 루터는 나중에 "교회의 머리"는 교황이 아니라 그리스도이며, 교황을 위시한 성직자와 평신도는 "그리스도의 몸"에 속한 동등한 지체들이라고 말하게 된다. 이로써 평신도 위에 있는, 평신도 없이 독자적으로 존재하는 성직자 계급은 부인된다. 면죄부 장사 문제를 일차적으로 다루는 95개조는 사실상 성직자 계급을 부인한다.

그리스도의 권위가 교황의 권위보다 높다면, 교회의 모든 것은 그리스도의 빛에서 판단되어야 한다. 교황의 모든 법과 명령 및 공의회의 결정도 그리스도에 의해 검증되어야 한다. "그리스도의 십자가가 모든 것을 검증한다"는 하이델베르크 변론서의 명제가 여기서 도출된다.

(6) 95개조에 따르면, "교회의 보물"은 그리스도와 성인들이 자신의 구원을 위해 쓰고도 남을 "잉여공적" 혹은 "잉여 의"를 교회에 맡긴 것이 아니라, "하나님의 영광과 은혜의 거룩한 복음이다." 그러므로 복음의 설교가 면죄부 설교보다 중요하다. 하나님이 기뻐하는 것은 면죄부 구입에 돈을 쓰는 것이 아니라, 복음의 말씀에 따라 사랑의 선한 일들을 행하며, 가난한 사람들을 위해 돈을 쓰는 데 있다. "면죄부를 구입하고자 돈을 쓰기 보다는…가난한 자를 위한 자선과 곤궁한 이웃돕기 그리고 공적 봉사(병원)를 목적으로 하는 건물에 헌금하는 것이 바른 순서"다(정병식 2017, 65).

여기서 95개조는 그리스도인의 올바른 삶의 길을 제시한다. 그리스도인의 올바른 삶의 길은 면죄부 구입에 있지 않다. 그것은 성인들이 자기의 구원을 위해 쓰고도 남은 "잉여 의"를 얻기 위해 그들의 성상 앞에 돈이나 보석을 바치는 데 있지 않다. 그것은 자기의 육을 죽이고 그리스도의 사랑을 행하며, 그리스도의 뒤를 따름에 있다. 이로써 95개조는 성인 숭배와 성상 숭배를 위시한 가톨릭교회의 경건의 형식들을 반대하고, 그리스도인의 올바른 삶의 길을 제시한다. 이 모든 것은 한마디로 당시 가톨릭교회의 체제와 질서에 대한 거부를 뜻한다. 이런 뜻에서 95개조는 가톨릭교회에게는 참으로 위험한 문서였다.

4. 하나님의 정의와 자유를 회복코자 한 95개조

많은 루터 연구자는, 루터의 95개조는 가톨릭교회의 면죄부 장사를 금지하기 위한 것이라고 말한다. 또 95개조는 중세기의 회개의 이론과 실천, 죄용서에 대한 교황의 권한을 중심 문제로 다루고 있다고 말한다. 그러나 필자의 입장에서 볼 때, 95개조는 전체적으로 하나님의 진리와 정의와 자유를 부르짖고 있다고 말할 수 있다. 우리는 이같은 관점에서 95개조는 물론 루터의 종교개혁 전체를 파악할 수 있다.

헤겔도 그의 역사철학 강의에서 "자유의 역사"라는 관점에서 종교개혁을 파악한다. 그의 역사철학 강의에 따르면, 당시 고위 성직자들과 그들의 관리인들은 풍요로운 삶을 누렸다. 관리인들은 고위 성직자들이 고용한 수도사들과 하위 성직자들에게 아주 빠듯한 임금을 지불하였다. 그들은 성직자에게 속한 재산의 주인 행세를 하였고, 마음대로 행패를 부렸다. 수도원은 이 행패를 수용할 수밖에 없었다. 인근 귀족들이 그들 자신이나 그들의 아들을 관리자로 세웠기 때문이다. 이로 인해 민초들은 비참한 생활을 면하기 어려웠다. "무서운 굶주림의 고통" 때문에 "시장에서 사람의 고기(인육)를 공개적으로 판매할" 정도로 그들은 가난하였다(Hegel 1968, 819). 그럼에도 불구하고 교황은 로마의 베드로 성당 바실리카를 건축한다는 명목으로 민초들에게 면죄부를 팔아먹었다. 오죽하면 루터는 면죄부를 가리켜 "사람을 낚는 그물"이 아니라 "부를 낚는 그물"이라고 불렀을까! 아래에서 우리는 하나님의 진리와 정의와 자유의 관점에서 95개조의 연관 내용을 다시 한번 살펴보고자 한다.

1) 교황이 베드로 성당 바실리카를 건축하고 싶다면, "양들의 가죽과 살과

뼈에서" 갈취한 돈으로 건축할 것이 아니라 "가장 부유한 사람들보다 더 부유한" 교황 자신의 돈으로 건축해야 한다고 루터는 외친다(86조). 교황은 성 베드로 성당의 바실리카를 팔아서라도, 면죄부 설교자들이 갈취한 가난한 사람들의 돈을 돌려주어야 한다고 루터는 주장한다(51조). 당시의 상황에서 이보다 더 분명하게 하나님의 진리와 정의와 자유를 외치는 표현은 없을 것이다.

또 루터는 과거에 행한 면죄를 취소하고, 면죄부를 새로 구입해야 한다고 요구하는 사제들에 대해 다음과 같이 항의한다. "만일 교황이 면죄부를 통해 돈보다도 영혼들의 구원을 더 구한다면, 왜 그는, 이전에 보장한…면죄가 아직 유효함에도 불구하고 이를 취소하는가?"(87조). 한 번 면죄했으면 그것으로 끝나야지, 왜 그것을 취소하고 면죄부를 팔아먹느냐는 것이다. 여기서 우리는 하나님의 진리와 정의와 자유에 대한 루터의 뜨거운 열정을 분명히 볼 수 있다.

2) 당시 신성 로마 제국에서 정치와 교회는 밀접히 결합되어 있었다. 왕이나 황제를 세울 때 교황과 주교들이 이에 개입하였다. 황제를 선출하는 선제후 7명 가운데 3명은 교회 주교들이었다. 성직자들이 세속의 재판권을 행사하기도 하였다.

이같은 상황에서 교회의 면죄부 장사를 중단시키고, 회개와 믿음과 교회의 순수성을 회복한다는 것은, 교회는 물론 사회 전체에 하나님의 진리와 정의를 세우며 억눌린 민초들을 억압에서 해방하는 일과 직결될 수밖에 없다는 사실을 우리는 간과해서는 안 될 것이다. 따라서 루터의 95개조는 단지 하나의 종교적·신학적 문서에 불과한 것이 아니라 사회 정치적 의미를 내포하고 있었다.

3) 또한 루터의 95개조는 칭의론을 전제하지만, 칭의론 자체에 관해서는 한마디도 언급하지 않는다는 사실을 우리는 유의할 필요가 있다. 따라서 종교개혁의 출발점은 칭의론이 아니라 면죄부 장사 문제를 다루는 95개조였다. 95개조의 목적은 단지 바울의 칭의론의 회복에 있는 것이 아니라, 하나님의 죄용서와 구원을 돈만 주면 살 수 있는 상품처럼 만들어버리고, 돈 장사 소굴처럼 변해버린 교회의 순수성을 회복하며, 순수한 회개와 믿음을 회복하는 데 있었다. 달리 말해 그것은 하나님의 진리와 정의를 회복하는 데 있었다. 이를 위해 루터는 가난한 민초들의 피를 빨아먹는 면죄부 장사를 반대하고, 교황은 교회법과 교황 자신의 법령이 규정하는 죄 외에 다른 죄와 관련해서는 아무것도 용서해줄 수 없다고 말한다.

95개조의 이 말 속에는 혁명적 의미가 숨어 있다. 이 말은, 각 사람이 하나님 앞에서 짓는 죄에 대해 교황을 위시한 성직자들은 아무것도 할 수 없다는 것을 뜻한다. 그것은 하나님과 각 사람 사이의 문제이지, 성직자가 개입할 수 있는 문제가 아니다. 각 신자는 하나님과 직접 관계하며, 하나님에게서 직접 죄용서를 받을 수 있다. 이로써 "교황에서의 자유, 면죄부에서의 자유, 구원의 확실성에 대한 교회의 모든 기만적 제공에서의 해방"이 일어난다(Hamm 2008, 39).

이리하여 나중에 루터는 "죄의 용서는 죄인의 통회에도 근거하지 않지만, 사제의 직분이나 전권에도 근거하지 않는다", "사제는 죄용서의 원인자가 아니라 용서에 대한 믿음을 위한 말씀의 봉사자이다", 죄용서는 "오직 우리 안에서 역사하는 성령의 사역이다"라고 말하게 된다(2006b, 27, 29). 이같은 생각이 숨어 있는 95개조는 가톨릭 체제의 억압에서의 해방과 자유에 대한 선언이었다. 그것은 "그리스도인의 자유"의 선언이었다. 마인츠의 대주교 알브레히트는 95개조의 이런 위험성을 직시하였다. 그래서 그는 루터는 이단자일 가능성이 크다고 교황에게 보고하였다.

4) 중세기 서민들의 삶을 묘사하는 미술품들을 보면, 그 당시 서민들의 생활이 말할 수 없을 정도로 피폐하였음을 볼 수 있다. 그들은 굶주림과 질병 및 무지와 미신의 공포 속에서 죽지 못해 간신히 살아가는 형편이었다. 부유한 사람들이 면죄부를 구입하는 것은 크게 문제가 될 것이 없었다. 면죄부를 구입해도, 그들에게는 먹을 것이 충분하기 때문이다. 그러나 굶주림과 질병 속에서 죽지 못해 살아가는 사람들에게 면죄부를 파는 것은 잔인무도한 경제적 착취였다. 그것은 물속에 숨어 있는 "거머리"가 피골이 상접한 농노의 장딴지의 피를 빨아먹는 것과 같았다(이 표현은 루터의 저서 『교회의 바빌론 포로신세』에서 유래함).

그래서 루터는 면죄부를 가리켜 "돈을 낚는 그물"이라 부르면서, 돈이 남아도는 형편이 아니라면 차라리 돈을 저축하라고 권하였다. 가난한 사람들을 돕지 않으면서 면죄부를 사는 사람은 하나님의 멸시를 받을 뿐이다. 교황은 면죄부 장사를 통해 빼앗은 가난한 사람들의 돈을 돌려주어야 하며, 가장 부유한 사람들보다 더 큰 부를 소유한 교황은 자기의 돈으로 베드로 성당 바실리카를 건축해야 한다고 루터는 주장한다. 이같은 내용을 담은 루터의 95개조는 교황의 불의에 대한 저항이요, 하나님의 정의와 자유에 대한 부르짖음이었다. 교황과 대주교 알브레히트의 돈줄이 달려 있는 면죄부를 반박한 그 자체가 세상의 불의에 대한 저항이요, 하나님의 정의와 자유에 대한 외침이었다.

독일 민중들이 95개조에 열광하였던 이유는 여기에 있다. 그것은 하나님의 구원을 하나의 상품처럼 팔아먹는 가톨릭교회의 불의와 착취에 대한 저항이요, 독일 민중들의 "무거운 짐"(Gravamina)에 대한 투쟁의 선언이었기 때문이다. 그것은 가난한 사람들의 돈을 뜯어 첩 생활을 하는 성직자들의 거짓과 각종 미신 및 법과 규례를 통한 공갈 협박과 억압 속에서 신음하는 민중들에게 해방과 자유와 정의의 빛을 비추어 주었다. 한마디로 당시의 역사적 상황에서 루터의 95개조는 혁명의 횃불과 같은 것이었다. 강근환도 95개조의 이 측면을 주장한다. 루터는 "부패한 교황청의 오류와 가련한 동족에 대한 사기적인 금전적 갈취에 분노한 나머지 95개조항의 항의문을 내걸게 되었던 것이다"(강근환 2016, 80). 95개조가 빠른 시간에 독일을 넘어 그 인근 국가에 큰 파문을 일으킨 것은, 그 안에 숨어 있는 "신학적·교회적·사목적 해방의 잠재성" 때문이었다(Hamm 2008, 41).

    결론적으로 루터의 종교개혁의 밑바닥에는 하나님의 진리와 정의와 자유를 회복하고자 하는 정신이 깔려 있다. 루터의 종교개혁으로 말미암아 생성된 개신교회는 바로 이 정신을 자신의 기초로 가진다. 이리하여 종교개혁 이후 근대사에서 하나님의 진리와 정의와 자유를 쟁취하고자 하는 운동이 끊임없이 일어나게 된다. 루터의 종교개혁, 그것은 순수성을 상실한 교회를 개혁코자 한 운동인 동시에, 성직자들이 지배하는 사회 속에 하나님의 진리와 정의와 자유를 회복코자 한 운동이었다. 루터는 이에 대한 신학적 근거를 칭의론에서 발견하였다. 이리하여 1518년 이후 칭의론이 종교개혁의 주제로 등장한다.

5. 95개조의 발표는 진짜 있었던 사실인가?

1) 루터의 95개조는 1517년 10월 31일, 비텐베르크 성 교회 정문에 루터가 못을 박아 발표하였다는 것이 정설로 알려져 왔다. 그러나 1950년대

에 일단의 학자들은 이에 대해 회의를 표명한다. 1957년 괴팅언(Göttingen)의 루터 연구자 한스 폴츠(Han Volz)는 주장하기를, 루터는 두 가지 문서에서 면죄부에 관한 그의 투쟁이 모든 성인의 대축일(Allerheiligentag)인 1517년 11월 1일에 시작되었다고 말하였다. 이로써 10월 31일 설은 부인된다. 이에 대해 교회사가 쿠르트 알란트(Kurt Aland)와 하인리히 보른캄(Heinrich Bornkamm)은, 모든 성인의 대축일은 그 전날 저녁도 포함할 수 있기 때문에 10월 31일을 면죄부 발표일로 이야기한 것은 문제될 것이 없다고 반박하였다.

1961년에 카톨릭교회 신학자 에르빈 이절로(Erwin Iserloh)는 폴츠의 연구 결과에 근거하여 루터의 95개조 발표는 전혀 사실이 아니라고 주장하였다. 이에 대한 근거로 그는 다음의 사실을 제시한다. 즉 루터는 비텐베르크 성 교회 정문에 95개조를 못 박아 붙였다고, 한 번도, 어디에서도 말한 적이 없었다는 것이다. 그의 주장에 따르면, 루터의 생애 전체를 통하여 이 사건에 대해 보도하는 증거가 발견되지 않는다. 비텐베르크 성 교회 정문에 95개조를 못 박아 붙였다는 이야기는 1546년에 출판된 루터의 라틴어 전집 제2권에 대한 멜랑히톤의 서문에 나오는데, 루터의 이 사건과 멜랑히톤의 진술 사이에는 30년간의 시차가 있고, 또 루터가 95개조를 발표하였다는 1517년에 멜랑히톤은 비텐베르크가 아니라 틔빙언(Tübingen)에 체류하고 있었기 때문에 멜랑히톤의 이 말은 신빙성이 없다는 것이다.

2) 이절로의 주장에 반해, 1967년에 라이프치히 교회사가 프란츠 라우(Franz Lau)는 1517년 10월 31일이라는 날짜는 의심할 수 없는 사실이라 주장한다. 이날에 루터는 95개조를 막데부르크와 마인츠의 대주교 알브레히트에게 보낸 편지에 첨부하였는데, 이 편지가 스톡홀름(Stockholm)의

국회 문서보관소에 보관되어 있다는 것이다. 독일 북부 키일(Kiel)의 역사학자 페터 마인홀트(Peter Meinhold)는 95개조 발표에 대한 새로운 증명을 발견하였다고 말한다. 즉 루터가 그의 친구 슈팔라틴에게 보낸 서신에서, 95개조에 대한 토의를 위해 사람들을 교회 "문 앞으로"(ante fores) 초대하였다고 말했다는 것이다.

가톨릭교회 신학자 클레멘스 혼젤만(Klemens Honselmann)은 95개조의 초기 인쇄물들을 면밀히 조사한 결과, 다음과 같은 결론에 도달한다. 95개조의 원문에는 변론에 초대하는 머리말과 92, 93조가 없었는데, 이 원문을 루터는 교회 당국에 제출하였다. 이 원문의 사본을 전달받은 면죄부 장사꾼인 설교자 텟첼(Tetzel)이 반대 논제들을 기술하자, 루터는 1517년 성탄절을 앞두고 95개조를 변론의 목적에 대한 글과 함께 발표하였다는 것이다.

1967년에 프란츠 라우와 쿠르트 알란트는 95개조의 발표에 대한 매우 중요한 증명을 제시한다. 루터는 늦어도 1517년 11월 5일에 슈팔라틴에게 편지를 보냈는데, 이 편지는 95개조에 대해 슈팔라틴의 질문을 전제하고 있다는 것이다. 이것은 95개조가 10월 31일에 비텐베르크 성 교회 문에 발표되었고, 그다음 날인 11월 1일에서 4일 사이에 널리 알려졌음을 말한다.

프란츠 라우는 이보다 더 명백한 증명을 제시한다. 1517년 12월 17일에 마인츠 대학 신학부가 루터의 95개조에 대한 의견서를 썼다. 이 의견서에 따르면, 루터는 95개조에 대한 변론에 사람들을 초대하였고, 95개조는 주교들에게만 보낸 비공개 문서가 아니라 애초부터 변론을 위한 공개적 논제들이었다. 마인츠 대학 신학부의 이 의견서와, 루터가 슈팔라틴에게 보낸 서신은, 루터가 95개조를 비텐베르크 성 교회 문에 못을 박아 발표하였음을 분명히 증명한다고 알란트는 주장한다. 1967년에 보른캄은 루터의 95개조의 발표에 대한 이야기를 조금도 의심할 근거가 없다고 주장한다(위의 토의에 관해 Staedtke 1978, 115-119 참조).

이에 반해 성공회대학 양권석 교수는, "루터는 망치를 들고 95개조 반박문을 교회 대문에 못 박은 적이 없다"고 잘라 말한다. "망치를 손에 든 전투적 개혁자 루터의 모습은 역사적 사실이 아니라 이후의 과열된 교파주의적 경쟁의식을 반영한 전설적인 이야기"라는 것이다(양권석 2017, 97, 91).

3) 이 문제와 연관하여 우리는 비텐베르크 성 교회(Schloßkirche)에 대해 간단히 살펴보고자 한다. 작센의 선제후 프리드리히 3세는 비텐베르크 시를 그의 영지로 삼고, 이 도시를 경건과 학문의 중심지로 세우고자 하였다. 그리하여 그는 이 도시에 성 교회를 건축하고, 이 교회 안에 그의 유명한 성유물 수집을 가지고 있었다. 그의 성유물 수집은 중세 후기의 경건의 한 중심지가 되었다. 또한 그는 비텐베르크를 학문과 교육의 중심지로 세우기 위해 1502년에 대학을 세우고, 성 교회를 대학교회로 사용하도록 하였다. 대학교수 취임강연, 예배, 변론, 박사학위 심사 등이 성 교회에서 시행되었다. 이 교회의 문은 대학의 대자보 게시판 역할을 하였다. 공개변론을 하고자 하는 사람은 이 교회의 문에 변론 논제들을 붙였다. 그 당시 이것은 비텐베르크 대학의 관습이었다. 따라서 루터가 모든 성인을 기념하는 대축일(11월 1일) 하루 전에 95개조를 비텐베르크 성 교회 문에 못을 박아 붙인 것은 역사적 사실일 가능성이 크다. 루터가 이 문제에 대해 침묵한 것은, 95개조를 성 문에 붙인 사건이 중요한 것이 아니라, 95개조의 내용과 그것이 초래한 결과가 중요했기 때문이다(Hamm 2008, 34, 40).

지금까지의 고찰에서 우리는 아래의 사항을 확실한 것으로 확정할 수 있다. (1) 95개조를 비텐베르크 성 문에 못을 박아 발표하였다는 사실에 대해 루터는 한 번도 말한 적이 없다. 그것을 분명히 이야기한 사람은 멜랑히톤이었다. (2) 루터는 1517년 10월 31일, 손으로 쓴 95개조를 대주교 알브레히트에게 보낸 서신에 동봉하였다. (3) 95개조는 애초부터 공개변론을 위한 기초로 생각되었다. 그는 자신이 이를 널리 알렸다는 비난을 항상 반대하였다. (4) 1517년 11월 5일 이전에 슈팔라틴은 95개조를 이미 알고 있었다. (5) 루터 동시대의 인물들, 그의 친구들과 적대자들 가운데, 95개조 발표에 대한 멜랑히톤의 보도를 의심한 사람은 아무도 없었다. 만일 멜랑히톤의 보도가 사실이 아니었다면, 적대자들은 그를 물고 늘어졌을 것이다. 위의 (4), (5)항에 근거하여 우리는, 1517년 10월 31일 95개조의 발표가 역사적 사실이었다고 말할 수 있다.

4) 루터가 보낸 95개조에 대해 대주교 알브레히트는 어떻게 생각했을까? 그 대답은 명확하다. 거대한 채무를 갚을 수 있는 돈줄이 면죄부 장사에 달려 있는데, 이 돈줄을 끊으려고 한 루터의 95개조는 있어서는 안 될 문서였다. 한마디로 루터의 95개조는 그의 돈줄을 끊는 행위였다. 이에 그는 마인츠 대학에 95개조의 검토를 요청하는 동시에, 루터는 교황의 권위를 뒤흔드는 이단자일 가능성이 크다고 교황에게 보고한다.

루터의 95개조는 즉각적인 반응을 얻지 못했다고 한다. 그 이유는 무엇일까? 첫째 이유는 그것이 라틴어로 발표된 관계로 대중성을 갖지 못했기 때문이다. 둘째 이유는 사람들이 루터의 95개조를 읽고 어안이 벙벙하였기 때문이라 추측된다. 95개조는 교황의 전권과 권위는 물론 교황제도 자체에 대한 참으로 위험스러운 도전이었기 때문이다. "그러나 이듬해 봄 독일어로 요약하여 인쇄가 되자 이는 눈 깜짝할 사이에 독일 전역으로 퍼져나갔고, 2주일쯤 지나자 도처에서 대중들이 읽을 수 있게 됐다. 이렇게 종교개혁은 민중 속으로 파고들었다"(최주훈 2017, 113).

그 당시 로마 교황청의 거짓과 착취에 대한 독일인들의 분노와 적개심은 극에 달한 상태였기 때문에, 95개조는 "하늘이 무너지고, 땅에 대 화재를 일으킨" 것 같았다고 루터는 회고한다. 그 자신의 회고에 따르면, 95개조는 발표된 지 2주 내에 독일 전역에 퍼졌다(2006b, 495). "서 유럽에서는 4주가 채 못되어서 읽혀졌다"(강근환 2016, 60). 그것은 1517년 12월에 뉘른베르크, 라이프치히, 스위스 바젤에서 출판되어 독일은 물론 서 유럽 일대에 큰 파문을 일으켰다. 출판업자들의 상업적 관심도 이에 가세하였다.

이 과정에서 루터는 가톨릭교회 측으로부터 격렬한 비판과 무서운 위협을 받은 것으로 보인다. 사실 그럴 수밖에 없었을 것이다. 그의 95개조는 로마 교황청에게 있어서는 안 될 문서였기 때문이다. 우리는 당시 루터가 당한 고통을 1518년 5월 30일에 그가 자신의 스승 슈타우핏츠에게 보낸 서신에서 볼 수 있다. 이 서신에 따르면, 루터는 "파멸에 이를 수 있는 모든 것을 머리 위에 뒤집어쓰게 되었다"고 말한다. "가난한 사람은 아무것도 두려워하지 않는다. 그는 아무것도 잃을 것이 없기 때문이다"(*Qui pauper est, nihil timet, nihil potest perdere*, 인문주의자 로이힐린의 말). "나는 재산이 없다. 나는 그것을 원하지도 않는다. 내가 좋은 평판과 영광을 가지고 있었다면, 이제 그것을 잃어버리는 자는 계속 잃어버린다"고 말하면서, 그는 연약하고 지친 자기의 육체만 남았다고 한탄한다(2006b, 23).

6. "영광의 신학"에서 "십자가의 신학"으로
– 루터의 하이델베르크 변론서(1518) –

1) 루터가 속한 아우구스티누스 은둔자 수도회는 전체적으로 루터의 95개조에 대해 찬동하는 입장을 취한다. 루터의 정신적 스승인 슈타우핏츠도 루터에게 호의적이었다. 이에 반해 도미니코 수도회는 적대적 입장을 취하면서 교황을 옹호한다. 작센 지역의 도미니코 수도사들은 95개조 문제를 루터에 대한 법적 소송으로 비화시키고, 같은 수도회 형제인 텟첼을 변호한다. 이리하여 개혁적 성향을 가진 아우구스티누스 수도사들과 보수적 성향을 가진 도미니코 수도사들 사이에 분쟁이 일어난다. 텟첼은 자신이 속한 도미니코 수도회 형제들의 지지 속에서 루터의 95개조를 50가지 논제로써 공격한다. 중요한 내용을 열거한다면,

- 교회에 대한 교황의 권력은 최고의 것이며, 이는 하나님에 의해 세워진 것이다. 그러므로 어떤 사람도 이를 축소시키거나 확대시킬 수 없다. 오직 하나님만이 그렇게 할 수 있다.
- 교황은 모든 신자에 대한 사법권을 가진다. 기독교 종교와 성직(*ad religionem Christianam et ad Cathedram*)에 관한 교황의 가르침이 신적인 법과 자연법에 상응할 때, 신자들은 이에 복종해야 한다.
- 신앙의 문제에 관해 교황만이 확실히 말할 수 있고, 성경의 의미를 권위 있게 해석할 수 있다. 그는 다른 사람들의 말이나 행동을 인정하거나 거부할 권리를 가진다고 우리는 신자들에게 가르쳐야 한다.
- 신앙과 구원에 필수적인 것에 관한 교회의 판단이 오류일 가능성은 거의 없다(*minime*).

- 교회의 열쇠는 모든 신자의 모임인 교회 전체에 주어진 것이 아니라, 베드로와 바울과 그들의 모든 계승자들(successores) 및 미래의 모든 교회 지도자에게 주어졌다.
- 신약과 구약의 정경 안에 포함되어 있는 많은 것을 교회는 가톨릭적 진리로 보유하고 있다(문헌 근거, Leppin 2012, 39-40).

2) 도미니코 수도원장이기도 했던 텟첼은, 루터 문제를 아우구스티누스 수도사와 도미니코 수도사, 이 두 계열 사이에 일어난 "수도사 분쟁"(Mönchsgezänk)으로 그 의미를 축소시키고, 1518년 1월에 작센 지역 도미니코 수도사 총회에 106가지 논제의 변론서를 제출한다. 여기서 그는 루터를 이단자라고 주장한다. 그 당시 "이단자"는 장작불 화형을 뜻하였다.

당시 가장 뛰어난 신학자로 알려진 잉골슈탓트(Ingolstadt)의 교수 요한 엑크(Johann Eck)도 루터를 공격하기 시작한다. 처음에 그는 비텐베르크 교구장 카를슈탓트(Karlstadt)를 공격하면서 12가지 논제를 발표한 다음, 화살을 루터에게로 돌린다. 1518년 3월 엑크는 "작은 창살"(Obelisci, 문서 가운데 의심스러운 부분의 표시)이란 제목의 문서에서, 루터의 95개조에 일면 동의하지만, 루터의 주장은 사제들의 권한과 교회 사목을 훼손한다고 주장한다. 결국 루터는 후스파에 속한 이단자라고 엑크는 규정한다. 이로써 엑크는 도미니코 계열의 입장을 두둔한다. 엑크의 주장에 대해 루터는 "작은 별"(각주 표기에 사용되는 표시)이란 제목의 문서로 응답한다.

이어 루터는 20가지 논제로 구성된 "면죄와 은혜에 관한 설교"(Sermon von Ablaß und Gnade, 독일어로 된 최초의 설교)를 통해 자신의 입장을 천명한다. 이 설교에서 그는 네 가지 사항을 중점적으로 다룬다. (1) 교회의 모든 가르침은 스콜라 신학의 방법을 통해서가 아니라 성경을 통해 근거되어야 한다. 성경을 통해 근거되지 않는 스콜라 신학의 진술들은 포기되어야 한다. (2) 성직자가 집행하는 성례적 행위를 통해 기계적으로 죄용서를 받을 수 없다. 진정한 내적 통회가 있어야 한다. (3) 하나님은 인간의 업적이나 공적이 아니라 그의 믿음을 보시고 은혜를 주신다. (4) 면죄와 연옥은 결합될 수 없다.

이 당시만 해도 루터는 교황 레오 10세를 신뢰했던 것으로 보인다. 그래서 루터는 1518년, 95개조에 대한 해명서를 교황에게 보낸다. 그는 교황에게 복종하는 태도로 이렇게 말한다. "교황의 명예를 존중하여 면죄를 저주하지 말아야 하지만, 면죄보다 이웃 사랑의 사역을 더 중요시해야 한다고 저는 확신합니다", "저는 당신의 말씀을 그리스도의 말씀으로 인정할 것입니다. 그리스도께서 당신 안에서 다스리시고 말씀하시기 때문입니다"(WA 1, 529).

루터 문제가 계속 파문을 일으키자, 교황은 루터를 파문할 수 있는 이단적 증거를 찾아보라고 아우구스티누스 은둔자 수도원장에게 지시한다. 수도원 감독이요 루터의 멘토였던 슈타우핏츠는 수도원장의 위임으로 루터에게 변론을 요청한다. 이에 루터는 1518년 4월 26일에 하이델베르크 대학 문학부 강당에서 "하이델베르크 변론서"(Heidelberger Disputation)를 발표한다. 여기서 그는 95개조의 면죄부 문제를 거론하지 않고, 자신의 칭의론에 관한 내용들, 곧 "죄와 은혜, 선에 대한 인간의 무능력, 자유로운 의지와 믿음"의 문제들을 다룬다(Hägglund 1990, 163). 이 변론서는 신학적으로 매우 중요한 동시에, 믿음에 큰 도움을 주는 내용들을 담고 있다. 이에 우리는 루터의 원문을 살펴보기로 하자(2006b, 35-70, 논제와 첨가문을 함께 기록함).

논제

(1) "생명의 구원에 가장 큰 도움이 되는 하나님의 율법은 인간의 의를 장려할 수 없다. 오히려 그것을 방해한다."

(2) 인간 이성의 "자연적 가르침의 도움으로" 행하는 인간의 업적들(*opera hominum*)이 의를 장려할 수 없다는 것은 다시 말할 필요가 없다. 인간이 율법의 도움으로 선을 행하지 못한다면, "자기 자신으로부터"(*ex suo proprio*) 선을 행한다는 것은 더욱 불가능하다.

(3) 인간의 업적들은 겉으로 아무리 아름답게 보일지라도 죽음에 이르는 죄(*peccata mortalia*)이다. 그것은 "나쁜 뿌리와 나쁜 나무의 열매들"이기 때문이다.

(7) 의로운 사람이 행하는 업적일지라도, 죽음에 이르는 죄가 아닌지 두려워하는 마음이 없다면, 그것은 죽음에 이를 수 있는 죄이다. 그 까닭은, 하나님을 경외하는 마음 없이 행하는 공적 속에서 인간은 자긍하며, 자기 자신을 섬기며, 자기를 우상으로 경배하기 때문이다.

(8) 하나님을 두려워하는 마음이 전혀 없는 인간이 행하는 업적은 더 말할 필요가 없다. "하나님에 대한 두려움이 없을 때 겸손이 없고, 겸손이 없을 때 교만이 있고, 하나님의 진노와 심판이 있기 때문이다."

(13) 죄의 타락 후 인간이 가진 자유의지의 능력은 "제목에 불과하며"(*de solo titulo*), "자기 자신 안에 있는 것"(*quod in se est*)을 행할 때, 죽음에 이를 수 있는 죄를 짓는다. 인간의 의지는 "죄에 사로잡혀 있는 죄의 노예"(*capitum et servum peccato*)이며, "악에 대해서만" 자유롭기 때문이다.

(14) 인간의 "자유로운 의지의 능력은 죽었다"(*liberum arbitrium est mortuum*).
(16) "자기 안에 주어져 있는 것"을 행함으로써 은혜에 이를 수 있다고 믿는 사람은 죄에 죄를 더한다. 그는 죄로 말미암아 하나님을 떠나 있고, 자기 자신으로부터 선을 행할 수 있다고 자긍하기 때문이다. 그러나 이것은 아무것도 행하지 말아야 함을 뜻하지 않는다. 오히려 이 말씀을 들을 때, 우리는 무릎을 꿇고 은혜를 간구해야 하며, 우리의 구원과 생명과 부활이 그 안에 있는 그리스도에게 희망을 가져야 한다. 우리가 은혜를 찾고 은혜를 얻도록 하기 위해, 율법은 죄가 무엇인지 깨닫게 한다. 하나님은 겸손한 자에게 은혜를 주시며, 겸손한 자가 높임을 받는다. 율법은 겸손케 하고, 은혜는 높인다. 율법은 두려움과 진노를 일으키고, 은혜는 희망과 자비를 일으킨다. 율법을 통해 죄의 인식이 오고, 죄의 인식을 통해 겸손이 오며, 겸손을 통해 은혜를 얻을 수 있다.
(18) 자기 자신에게 절망할 때, 우리는 그리스도의 은혜에 이를 수 있다. 자기 자신 안에 주어져 있는 것을 행하면서, 무언가 선한 것을 행한다고 믿는 자는, 자기 자신을 겸손히 낮추지 못하며, 자기의 능력에 대해 절망하지 않으며, 하나님의 은혜에 대한 준비를 할 수 있는 자기의 능력을 신뢰한다.
(20) "하나님의 눈에 보이지 않는 본성"(*invisibilia Dei*)을 하나님이 "지으신 것을 통해"(*per ea, quae facta sunt*) 보는 자는 올바른 신학자가 되지 못한다(논제 19). "오히려 눈으로 볼 수 있는 것과, 고난과 십자가를 통해 보여지는, 인간을 향한 하나님의 배면", 곧 그리스도의 십자가에 계시되는 하나님의 "인간성, 연약함, 어리석음"을(고전 1장) 인식하는 자가 올바른 신학자가 된다. 지으신 피조물을 통한 하나

님 인식을 인간은 오용했기 때문에, 하나님은 (십자가의) 고난을 통해 인식되기를 원하며, 눈으로 볼 수 있는 것의 지혜를 통해, 눈으로 볼 수 없는 것의 지혜를 버리고자 하셨다. 그리하여 지으신 피조물을 통해 계시되는 하나님을 경외하지 않던 자들이, 고난 속에 숨어 계신 하나님을 경외하도록 하셨다. 이로써 하나님은 "지혜로운 자의 지혜를" 부끄럽게 하였다. 따라서 "십자가의 낮음과 치욕 안에서 하나님을 인식하지 않고, 영광과 권능 안에 계신 하나님을 인식하는 자"에게는 아무것도 소용이 없다. "그러므로 십자가에 달린 그리스도 안에 참된 신학과 하나님 인식이 있다"(Ergo in Christo crucifixo est vera Theologia et cognitio Dei).

(21) "영광의 신학자(Theologus gloriae, 스콜라 신학자를 말함)는 악한 것을 선하다 하고, 선한 것을 악하다고 말한다. 십자가의 신학자(Theologus crucis)는 사실을 사실 그대로(id quod res est) 말한다." 영광의 신학자가 그리스도를 알지 못하는 한, 그는 고난 속에 숨어 계신 하나님을 알지 못한다. 그는 업적들을 고난보다 우선시 하며(praefert opera passionibus), 십자가보다 영광을, 연약함보다 힘을, 어리석음보다 지혜를 우선시하며, 일반적으로 나쁜 것보다 좋은 것을(bonum malo) 우선시한다. 사도 바울이 말한 것처럼, 이런 신학자는 "그리스도의 십자가의 적들"(Inimicos crucis Christi)이다. "그들은 십자가와 고난을 미워하는 반면 업적들과 그 영광을 사랑하기 때문에, 십자가의 선한 것을 악한 것(malum)이라 부르며, 업적의 악한 것을 선한 것(bonum)이라 부르기 때문이다. 그러나 하나님은 오직 고난과 십자가 안에서 발견된다."

(22) "하나님이 지으신 것들을 통해(operibus) 인식되는 하나님의 불가

시적 본성을 파악하는 지혜(Sapientia illa, quae invisibilia Dei, operibus intellecta conspicit)는, 완전히 부풀리고, 눈을 멀게 하며, 딱딱하게 만들어버린다(indurat)." "십자가를 알지 못하고 십자가를 미워함으로써 그들은 필연적으로 그 반대의 것, 곧 지혜와 명예와 힘 등을 사랑한다. 자신이 욕구하는 바를 얻음으로써, 자신의 욕구를 만족케 하는 것은 불가능하다." "돈에 대한 사랑"도 마찬가지다. 돈이 많아질수록, 돈 욕심이 더 커지기 때문이다. "눈은 보는 것으로 만족하지 못하며, 귀는 듣는 것으로 만족하지 못한다"(전 1:8). 지식욕, 명예욕, 지배욕도 마찬가지다. 아무리 채워도 그것은 채워지지 않고, 계속 더 많은 것을 욕구한다. 이 모든 욕구를 치유할 수 있는 길은 욕구를 채우는 데 있는 것이 아니라 그것을 소멸시키는(extinguendo) 데 있다. 그러므로 힘과 명예와 쾌락 등으로 완전한 만족을 얻고자 하는 사람은, 그것들을 "찾을 것이 아니라 오히려 그것들로부터 달아나야 한다. 이것이 세상이 어리석다고 여기는 지혜이다."

(24) 율법은 하나님의 진노를 일으키고, "그리스도 안에 있지 않은 모든 것을…심판하고 저주한다"(논제 23). 그러나 세상의 지혜는 악하지 않으며, 율법을 버려서도 안 된다. "십자가의 신학이 없을 때, 인간은 가장 좋은 것을 가장 나쁘게 오용한다." "그 까닭은 '율법은 거룩하며', '하나님의 모든 은사는 선하며', 모든 피조물은 매우 선하기 때문이다. 그러나…십자가와 고난을 통하여 부서지지 않았고 무로 돌아가지 않은 사람은, 하나님을 중요하게 여기지 않고, (자기의) 업적과 지혜를 중요하게 여긴다. (이로 인해) 그는 하나님의 은사를 잘못 사용하며, 그것을 오염시킨다."

(25) "많은 업적을 쌓는 자가 의로운 것이 아니라 업적 없이 그리스도를 깊이 믿는 자가 의롭다." "그 까닭은, 하나님의 의는, 아리스토텔레스가 가르친 것처럼, 자주 반복되는 행위들로 말미암아 얻을 수 있는 것이 아니기 때문이다. 오히려 그것은 믿음으로 말미암아 (우리 안에) 부어진다. 이것은, 의로운 사람이 아무것도 행할 필요가 없다는 것을 말하는 것이 아니라, 그의 업적들이 그의 의를 일으키지 못하며, 오히려 그의 의가 업적들을 일으킨다는 것을 말한다. 그 까닭은, 우리의 업적들 없이 은혜와 믿음이 부어지기 때문이며, 그것이 부어졌을 때 업적들이 뒤따른다.…다시 말해, 칭의를 위해 업적들은 아무것도 할 수 없다. 이같은 믿음으로부터 행하는 업적들은 자기의 것이 아니라 하나님의 것이란 사실을 알기 때문에 그는 업적들을 통해 칭의를 얻고자 하거나, 명예를 얻고자 하지 않고, 오히려 하나님을 찾는다.…그 자신은 그리스도의 작용 혹은 도구(*Christi operatio seu instrumentum*)이다."

(26) "믿음을 통해 그리스도는 우리 안에 계신다. 그는 우리와 하나이다. 그러나 그리스도께서 의로우시고 모든 계명을 이루었기 때문에 우리도 그를 통해 모든 계명을 이룬다. 그는 믿음을 통해 우리의 것이 되었기 때문이다."

(27) "그리스도의 업적은" 우리의 업적을 "일으키는 업적"이요, 우리가 행하는 업적은 그리스도에 의해 "일어나게 된" 업적이다. 그리스도로 말미암아 일어나는 우리의 업적은, 그것을 "일으키는 업적의 은혜로 말미암아" 하나님을 기뻐하시게 한다. "그 까닭은, 그리스도께서 믿음을 통해 우리 안에 거하시기 때문에, 그의 업적들의 살아 있는 믿음을 통해 우리가 업적을 행하도록 감동시키기 때문

이다. 그분 자신이 행하신 업적들, 곧 하나님의 계명을 이루신 일이 우리에게 믿음을 통해 주어진다. 이 업적들을 보자마자, 우리는 그것을 따라 하도록 움직여진다.…그의 행동이 우리 안에서 믿음을 통해 살아 움직일 때,…우리를 강렬하게 이끌게 된다. '당신께로 우리를 이끄소서, 우리는 당신의 크림 향기, 곧 당신의 업적들의 향기를 따라갑니다.'"

3) 이같은 내용을 가진 하이델베르크 변론서는 지금까지 루터의 신학적 인식들을 요약한 것이라고 말할 수 있다. 그 중요한 내용을 짚어본다면,

(1) 이 문서에서 루터는 먼저 자신의 칭의론의 핵심을 제시한다. 우리의 업적이 하나님의 은혜와 믿음을 일으키는 것이 아니라, 하나님의 은혜와 믿음이 우리의 업적을 일으킨다. 우리의 업적은 겉으로 아무리 아름답게 보일지라도, 죄 가운데 타락한 인간의 본성으로 말미암아 완전하지 못하다. 그것은 "나쁜 나무와 나쁜 뿌리의 열매" 일 뿐이다. 따라서 하나님의 죄용서와 구원을 얻을 수 있는 길은 우리 자신이 행한 업적에 있지 않고, 하나님의 은혜와 믿음에 있다.

(2) 하나님의 은혜를 알지 못하며 믿음이 없는 인간의 업적은, 하나님의 죄용서와 구원에 도움이 되지 못하고 오히려 그것에 방해가 된다. 왜냐하면 그는 하나님을 신뢰하지 않고 자기를 신뢰하며, 자기를 자랑하며, 사실상 자기를 추구하고, 자기를 경배하기 때문이다. 또 그는 자기의 업적을 계산하여 하나님에게 죄용서와 구원을 요구하는 교만한 인간이기 때문이다. 따라서 율법이 요구하는 업적을 행함으로써 죄용서와 구원을 얻는 것은 불가능하다. 율법은

하나님의 요구를 알지만 그것을 행하지 않는 인간에 대한 하나님의 진노와 심판을 계시하며, 알면서도 행하지 못하는 인간 자신에 대한 절망으로 인도한다.

(3) 그러나 이것은 결코 율법을 지키지 않아야 하며, 아무 업적도 행하지 말아야 함을 뜻하지 않는다. 하나님의 은혜와 그리스도의 구원을 믿을 때, 그리스도께서 우리 안에 계시고, 그리스도의 것이 우리 자신의 것이 되어, 우리는 그리스도께서 행하신 일(업적)을 뒤따라 행하게 된다. 우리는 그리스도 안에서, 그리스도에 대한 믿음 속에서 선한 업적을 행하게 된다. 믿음이 없는 선한 업적들 혹은 "자주 반복되는 행위들"(매일 드리는 미사, 성만찬, 회개, 순례 등)은 죄용서와 구원에 아무런 도움이 되지 못한다. 은혜와 믿음 속에서 악한 나무의 뿌리가 변화되어야 한다. 뿌리가 변화되어 좋은 나무가 될 때, 좋은 열매가 저절로 맺히게 된다.

(4) 하이델베르크 변론서에서 루터는 중세 스콜라 신학, 곧 "영광의 신학"과 결별하고, "십자가의 신학"을 하나님 인식과 참 신학의 근거로 제시한다. 참 하나님을 알 수 있는 길은 스콜라 신학이 말하는 "눈으로 볼 수 없는 것"(invisibilia), 곧 "하나님이 지으신 피조물"(ea quae facta sunt) 안에 계시되는 하나님의 영원한 본성의 인식에 있지 않다. 그것은 "눈으로 볼 수 있는 것"(visibilia), 곧 하나님의 고난과 참 지혜를 계시하는 "십자가에 달린 그리스도" 안에 있다. 루터의 이 말은 다음과 같은 함의를 가진다.

첫째, 교황이 "그리스도의 대리자"라면, 그는 자기가 대리하는 그리스도의 위치에 서야 한다. 찬란한 성복과 제단 위의 영광스러운 자리를 버리고 낮은 곳에 처해야 한다. 즉 그리스도 안에 계시되는 하나님의 낮으심과 어리석음을 취해야 한다. 그는 황제와 동일한 세속적 권위를 요구하지 않아야 한다. 그는 통치자가 아니라 "섬기는 자"가 되어야 한다. 세상의 영광과 권세와 명예를 버리고, 그리스도의 낮으심과 무력하심을 취해야 한다. 호화스러운 법복과 모자와 지팡이를 착용한 채 높은 권좌에 앉아 있는 모습을 버리고, 십자가에 달린 그리스도처럼 자기를 낮추는 모습을 보여야 한다.

둘째, 그리스도께서 이 세상의 낮고 추하고 고난을 당하는 곳으로 오셨다면, 성직자들 역시 이같은 곳을 찾아야 한다. 그들은 세상의 영광스러운 곳을 지향하는 해바라기 같은 사람이 되어서는 안 된다. 그들은 이 세상의 낮고 추한 곳에 사는 사람들과 고난 속에서 신음하는 사람들을 보아야 하며, 이들을 섬겨야 한다는 것을 루터는 암시한다. 바로 여기에 "그리스도인의 자유"가 있다.

셋째, 영광의 신학은 인간 "자신 안에 주어져 있는 것"에 근거하여 선한 업적을 행할 수 있는 인간의 가능성을 인정하며, 이 업적은 최소한 하나님의 은혜를 받을 수 있는 준비가 될 수 있다고 주장한다. 하지만 루터는 이를 부인한다. 구원의 길은 인간 "자신 안에 주어져 있는 것"에 있지 않고, "십자가에 달린 그리스도" 안에 있다. 그분만이 우리를 의롭게 하시며 구원할 수 있다. 여기서 "오직 그리스도만이"(solus Christus)라는 명제가 도출된다. "십자가에 달린 그리스도 안에 참 신학과 하나님 인식이 있다"면, 교회의 모든 제도와 교리 및 가르침은 십자가에 달린 그리스도의 빛에서 검증되어야 한다. 십자가에 달린 그리스도가 교회의 모든 것에 대한 규범이다. 따라서 교황과 추기경 및 주교와 사제, 교황의 교서와 교부들의 신학, 교회법, 이 모든 것이 십자가에 달린 그리스도의 빛에서 그들의 타당성을 검증받아야 한다.

(5) 십자가의 신학과 연관하여 루터는 새로운 신학의 방법을 주장한다. 이영호는 이것을 다음과 같이 적절히 기술한다. "'신학자가 되는 것은 삶을 통해 죽음과 지옥에 이르는 것으로 되는 것이지, 아는 것과 읽는 것과 사변을 통해서 되는 것이 아니다'라는 것이다. 신학에서 중요한 것은 책상 앞에서의 학문적 열의나 철학적 사변이 아니라, 자신의 실존적인 삶의 자리에서 죽음에 내던져지고, 영적 시련의 질곡에 빠지고, 십자가의 고난에 이르는 구체적인 신앙의 경험이라는 것이다. 이 신앙적인 경험을 루터의 말로 표현하면 '영적 시련'(tentatio, Anfechtung)인데, 이것 없이는 신학은 바로 배워질 수 없는 것이다. 루터가 이해하는 신학은 스콜라 신학에서 사용되고 있는 의미로의 사변적 학문도 실천적 학문도 아니다. 그것은 하나님께서 우리의 삶 속에서 행하시는 것을 통해 이해하게 되고 깨닫게 되는 실존적 학문, 즉 '경험과 연관되어 있는 지혜'이다"(이영호 2017a, 41).

(6) 스콜라 신학을 지배한 실재론에 따르면, 세계는 보편자 곧 최고의 통치자를 머리로 삼은 위계질서(Hierarchie)를 가진다. 아퀴나스가 말하는 우주론적 하나님 존재증명은 이같은 세계관을 보여준다. 세계는 가장 영광스러운 제1원인자 곧 하나님으로부터 시작하여 원인과 결과로 연결된 위계질서 내지 계급질서를 가진다. 이 질서는 영광스러운 신적 질서이다. 따라서 모든 사람은 이 질서에 만족하고 이에 복종해야 한다.

루터의 "십자가의 신학"은, 스콜라 신학의 영광스러운 신적 질서의 세계를 거부하는 사회 비판적 기능을 가진다. "하나님의 지혜"가 그 안에 있는 "십자가에 달린 그리스도"는 이 "세계의 지혜"와 그 질서의 부정이었다(고전 1:18 이하). 루터에게 그것은 교황을 머리로 가진 성직자들의 영광스러운 체제에 대한 비판이요 부정이었다.

몰트만도 이 점을 인정한다. 루터의 십자가의 신학은 "중세기의 교회사회(Kirchengesellschaft)의 영광의 신학에 대항하는, 십자가에 달린 그분의 해방하는 복음에 대한 종교개혁적 인식을 나타내기 위한" 표현이었다. 그에게 십자가의 신학은 "중세기 교회사회(Kirchengesellschaft)에 대항하여" 싸우는 이론적이며 실천적인 무기였다. 그러나 "사회 비판적인 십자가의 신학"을 교회개혁에 대해서만 적용하고, 독일 농민전쟁에서 보인 것처럼, "봉건사회에 대항하여 사회 비판적으로" 적용하지 못한 데 루터의 한계가 있다고 몰트만은 지적한다(Moltmann 1972, 73-75). 그러나 이 지적이 타당한지는 토의 과제로 남겨 두고자 한다.

루터의 하이델베르크 변론은 교황이 기대했던 결과를 거두지 못했고, 95개조만큼 그 파급 효과도 크지 않았다. 그러나 이 변론을 통해 루터는 더 많은 지지자를 얻게 된다. 후에 독일 남부 뷔르템베르크(Württemberg) 지역과 스트라스부르크(Straßburg)의 개혁자가 된 요한네스 브렌츠(Johannes Brenz)와 마르틴 부처를 동지로 얻게 된다. 도미니코 수도사들과 멜랑히톤도 이 변론에 참여하였다.

하이델베르크 변론 이후 루터의 명성은 더욱 커진다. 그가 쓴 문헌들은 날개 달린 듯이 독일 전역에 급속히 퍼진다. 비텐베르크의 수도사 루터는 독일 민중들의 대변자로 부상한다. 1518년, 스위스 바젤(Basel) 인문주의 출판업자 요한 프로벤(Johann Froben)은 루터의 라틴어 전집 제1권을 출판한다. 이 책은 독일 전역을 넘어 프랑스, 스페인, 이탈리아, 네덜란드, 영국으로 급속히 퍼진다. 1520년 중순에 이 책의 제4판 증보판이 출판될 정도로 루터의 문헌들은 베스트셀러가 된다.

루터가 일하던 비텐베르크 대학은 루터를 통해 유럽 전역에서 유명해진다. 감당하기 어려울 정도의 많은 학생이 이 대학에 등록한다. 이 학생들은 독일 전역에 루터의 사상을 전하는 비둘기 역할을 감당한다. 루터의 영향으로 비텐베르크 대학은 이미 1518년 초에 문과를 개혁하여 인문주의 교수들을 대폭 채용하고, 독일 인문주의의 대표자인 로이힐린의 조카 멜랑히톤을 그리스어 교수로 초빙한다. 하이델베르크 변론에 참석했던 멜랑히톤은 루터의 열렬한 지지자가 되어 그의 오른팔 역할을 하게 된다. 비텐베르크 시의 주민들도 열렬히 루터를 지지한다. 비텐베르크 시와 대학은 개혁운동의 중심지가 된다.

II
왜 칭의론이 종교개혁의 주제로 등장하는가?

위에 기술한 하이델베르크 변론서에서 루터는 면죄부 문제를 제쳐두고, 칭의론을 주요 문제로 다룬다. 이것은 뜻밖의 일이라고 말하지 않을 수 없다. 이것은 면죄부 문제가 아니라 칭의론이 루터의 종교개혁의 주제가 되었음을 말한다. 이리하여 1518년 이후 루터는 수많은 변론서와 설교 및 저서에서 칭의론을 개진한다.

여기서 다음과 같은 질문이 제기된다. 왜 루터는 95개조의 면죄부 문제에 대해 변론해야 할 자리에서 면죄부 문제 대신 칭의론을 개진했을까? 몰트만이 말하듯이(Moltmann 2016, 71), 단지 "하나님과 영혼"의 관계를 해명하기 위해서였을까? 이 문제에 대한 필자의 결론은 다음과 같다.

1518년 5월에 루터가 그의 정신적 스승인 슈타우핏츠에게 보낸 서신에 의하면, 95개조가 발표된 뒤, 루터는 교황 측으로부터 이루 말할 수 없는 협박과 회유를 당했던 것으로 보인다. 도미니코 수도회 측의 비난과 중상모략도 있었다. 그래서 루터는, 연약하고 지친 자기의 육체만 남았다고 슈타우핏츠에게 말한다. 이 과정에서 루터는 면죄부 문제를 넘어 거짓과 불의와 타락에 찌든, 그러나 "영광스러운 질서"로 변장한 당시 가톨릭 체제 전반에 대항하여 싸울 수밖에 없는 현실을 보게 되었고, 이에 대한 무기를 칭의론에서 발견하였다. 그래서 루터는 하이델베르크 변론에서, 면죄부 문제 대신에 칭의론을 중심 문제로 다루게 된다. 만일 그렇지 않다면, 하이델베르크 변론에서 난데없이 칭의론을 주요 문제로 다룰 이유가 없었을 것이다.

필자는 이에 대한 암시를 이영호의 논문에서도 발견한다. "분명 루터의 종교개혁은 면죄부 비판이라는 외형적 사건을 모티브로 한 것이었지만, 종교개혁의 핵심이 면죄부 비판은 아니라는 것이다. 루터는 성서 독서를 통하여 교회의 근본 토대를 뒤집는 새로운 사상을" 칭의론에서 발견하였다(이영호 2017a, 38).

루터는 현실의 상황과 무관한 상아탑 속에서 칭의론을 개진하지 않았다. 그는 가톨릭교회의 거짓과 불의를 극복하고, 하나님의 진리와 정의를 세우고자 하는 투쟁 속에서 거듭거듭 칭의론을 개진하였다. 그러므로 우리는 루터의 칭의론을 관찰할 때, 그의 투쟁의 역사적 배경 속에서 관찰해야 할 것이다. 이 배경을 배제해버리고 루터의 칭의론을 관찰할 때, 루터의 칭의론은 땅의 문제를 간과하고 "하나님과 영혼"을 중심 문제로 가진 또 하나의 구원론으로 축소된다. 루터의 칭의론을 종교개혁의 역사적 상황 속에서 파악할 때, 우리는 칭의론의 진가를 볼 수 있을 것이다.

1. 하나님의 진리와 정의를 향한 부르짖음이었던 "오직 은혜로", "오직 믿음으로!"

1) 루터가 말하는 칭의란 무엇인가? 칭의는 하나님 앞에 설 수 없는 불의 한 죄인이, 십자가에 달린 예수 그리스도의 공로로써 하나님의 의롭다 하심(칭의)을 얻는 것을 말한다. 몰트만에 의하면, 하나님의 의는 죄된 인간을 "확정하고 그에게 벌을 내리는 의가 아니라, 치유하고 바르게 회복하는 '정의의 태양'이다. 그것은 모든 것을 생명으로 소생시킨다. 악의 강요가 파괴되고, 죽음이 세력을 빼앗긴다.…죄책의 무거운 짐을 지고, 죽음에 빠진 생명도 하나님의 영접을 받고, 그의 피조물로서 인정되며 사랑을 받는다." 이를 가리켜 "인간은 하나님의 의롭다 하심을 받는다"고 요약할 수 있다(WA 39.1.175 이하, Moltmann 2010, 77).

루터의 칭의론의 핵심은 세 가지 "오직"에 있다. 곧 "오직 은혜로"(sola gratia), "오직 믿음으로"(sola fide) 하나님의 칭의와 구원을 얻으며, "오직 그리스도만이"(solus Christus) 우리의 구원자가 되신다는 세 가지 명제에 있다. 일반적으로 이 명제들은 올바른 구원론을 회복하기 위한 구원론적 명제로 생각된다. 물론 이 생각은 타당하다. 그러나 당시의 역사적 상황에서 이 명제들은 하나님의 진리와 정의를 회복하기 위한 부르짖음의 성격을 가진다. 세 가지 "오직"은 당시 가톨릭교회의 거짓과 불의를 극복하고, 하나님의 진리와 정의를 세우기 위한 투쟁의 무기였다.

이 세 가지 명제는 중세기 스콜라 신학의 구원론에 대한 루터의 고민과, 성경 주석을 통하여 얻은 그의 독특한 인간관에 그 뿌리를 둔다. 루터는 인간을 영혼과 육체로 구분하고, 영혼은 이성과 감각으로 구성된다고 보았던 스콜라 신학이나 인문주의를 인정하였다. 이들의 관점에 따라 그는, 인간의 이성은 "인간의 의지와 몸과 행동을 지배하고 결정"하는 가장 우월한 부분이라고 보았다. 그러나 아담의 타락 이후 인간이 갖게 된 철저한 죄성을 인식하지 못하는 문제점을 지적하면서, 루터는 그 자신의 독특한 인간관을 주장하게 된다(이오갑 2017, 174 이하).

루터는 이 문제를 "인간에 관한 마르틴 루터의 변론"(1536)에서 매우 명료하게 기술한다(2006a, 664 이하). 이성은 "모든 예술과 의술과 법학과, 이생에서 인간이 가진 지혜와 능력과 힘과 영광의 발견자요 인도자"이다(논제 5). 인간을 짐승과 모든 다른 사물로부터 구별하는 "본질적 차이"(differentia essentialis)는 이성에 있다(6). "성경도 이성을 땅과 새들과 물고기들과 짐승에 대한 통치자로 세운다"(7). "다시 말해, 그것은 이생에서 이 사물들을 관리하기 위해 주어진 태양이요 신적 능력이어야 한다"(8). "아담의 타락 이후에도 하나님은 이성에게서 이 권능(Majestatem)을 빼앗지 않고, 도리어 그것을 확인하였다(confirmavit)"(9). 그러나 이성은 그의 권능이 창조자 하나님에게서 오는 것임을 알지 못하고, 단지 그의 작용에서 자기의 권능을 알 뿐이다. 바로 여기에 이성의 한계가 있다. 인간의 이성이 하나님을 떠나 있을 때, 인간은 자기가 어떤 존재인지 인식하지 못한다. 모든 것의 "원천이신 하나님 안에서 자기를 보지 않는 한, 인간은 그가 누구인가를" 알지 못한다(17).

신학적 인식에 따르면, 인간은 "육과 생동하는 영으로 구성된 하나님의 피조물이요, 처음에는 죄가 없는 하나님의 형상으로 창조되었다.…"(21). "그러나 아담의 타락 이후에 그는 마귀의 세력, 곧 죄와 죽음에 예속되어 있다. 이 두 가지 악은 그의 능력을 통하여 극복될 수 없는 영원한 것이다"(22). "가장 아름답고 가장 우수하다는" 이성도 "죄의 타락 이후에…마귀의 세력 아래에 있다"(24). 그것은 "자신의 논구와 인식에 대해 완전하고 확실한 능력을 갖지 못하고, 도리어…우연과 허무에 종속되어 있다"(18). "왕이든, 지배자든, 종이든, 지혜롭든 지혜롭지 못하든, 정의롭든 정의롭지 못하든, 이생의 어떤 재화를 통해 그가 두각을 나타낼 수 있을지라도, 모든 사람은 죄와 죽음에 예속되어 있고, 마귀의 억압 아래 있다"(25). 한마디로 인간의 존재 전체가 죄와 죽음의 세력에 붙들려 있다. 그의 본성은 죄로 물들어 있다.

그러므로 루터는, 하나님의 은혜와 구원을 준비하거나 그것을 얻을 수 있는 자연적 능력이 인간에게 남아 있다는 스콜라 신학을 철저히 반대한다. 하나님 없는 저 철학자들은 "(인간의) 자연적 능력들이 타락 이후에 손상됨이 없이 유지되고 있다"고 말한다(26). 그들에 따르면, "인간은 자기 안에 있는 것(quod in se est)을 행함으로써 하나님의 은혜와 생명을 얻을 수 있다"(27), "인간은 선과 악, 생명과 죽음 등을 선택할 수 있는" "자유로운 의지의 능력"을 가진다고 생각하는 모든 사람은 "인간이 무엇인지 이해하지 못하며, 그들이 무엇에 대해 이야기하는지 알지 못한다"(29-31). 인간의 철저한 죄성에 대한 이같은 인식에서 루터는 하나님의 은혜와 구원에 대한 인간의 모든 가능성을 부인하고, "오직 하나님의 은혜로", "오직 믿음으로" 하나님의 칭의와 구원을 얻을 수 있고, "오직 그리스도만이" 우리의 구원자가 되신다고 주장하게 된다.

2) 루터에 따르면, 의에는 두 가지 종류가 있다. 곧 외적인 의와 내적인 의가 있다. 외적인 의는 의로운 행동이나 의로운 일을 통하여 얻을 수 있다. 사회적 의도 이에 속한다. 사회 구성원으로서 다른 사람들에 대해 의롭게 행동하고 의롭게 살면, 그는 의로운 사람으로 인정받을 수 있다(이에 관해 Hägglund 1990, 173 참조).

이에 반해 내적인 의는 마음의 순수함과 완전함에 있다. 그것은 외적인 행위나 업적을 통해 얻을 수 있는 것이 아니다. 루터에 따르면, 인간의 외적 행위나 업적이 아무리 의롭게 보일지라도, 그는 내적인 의를 얻을 수 없다. 아담의 죄로 인한 죄된 본성, 곧 언제나 "자기의 것"을 찾는 자기중심적 본성이 그의 마음속 깊이 숨어 있기 때문이다.

여기서 루터는 인간의 죄에 대한 그 자신의 독특한 이해를 전제한다. 스콜라 신학에 의하면, 인간의 원죄는 세례를 통하여 제거된다. 단지 정욕(concupiscentia)의 나머지가 남아 있을 뿐이다. 정욕 자체는 죄가 아니다. 그것은 죄를 지을 수 있는 경향성에 불과하다. 이에 반해, 루터는 인간의 본성 깊이 스며있는 정욕도 죄로 간주한다. 세례를 통하여 원죄의 죄책은 소멸되지만, 인간의 원죄 곧 타락 상태는 소멸되지 않는다. 원죄는 "인간의 능력을 통해 고칠 수 없으며, 자유로운 의지의 능력은 여기서 아무것도 할 수가 없다." 그것은 우리가 어머니의 태에서부터 갖게 되는 것으로(시 51:5, "어머니 태 속에 있을 때부터…"), "행위의 죄처럼 언젠가 지나가버리는 것이 아니다. 그것은 (모든 행위의 죄들이 거기서 솟아나는) 원천, 독(毒), 짠물과 같다"(2006b, 57, "삼중의 의에 대한 설교"에서). 이것은, 인간은 그의 존재 자체에 있어 죄인임을 말한다. 루터가 로마서 강해에서 말한 것처럼, 그는 철저히 "자기 자신 안으로 구부러진 인간"이요(incurvatus in se), 깊은 사랑의 순간에도 "자기의 것"(quae ea sunt)을 찾는 존재이다. 그는 "자기 안에 갇혀서 자기만을 사랑하고, 자기를 넘어서는 모든 것들에 대해 닫혀 있는 사람이다.… 그들이 사랑하고 손잡는 것은 언제나 자신이나 자신의 아바타들, 자기 손안에 들어오는 사람들, 자신의 팽창이나 강화나 상승에 필요한 사람들일 뿐이다"(이오갑 2017, 177).

그러므로 우리 인간은 비록 의롭고 선한 일을 행한다고 할지라도, 죄성을 벗어날 수 없다. 우리가 행하는 선한 일들(업적)도 죄의 그림자 아래 있다. 아무리 노력해도 우리는 하늘에 계신 하나님 아버지처럼 완전한 사람이 될 수 없다(마 5:48). 아무리 깊고 큰 사랑을 행할지라도, 우리는 하나님의 사랑과 같은 "완전한 사랑"에서 행동할 수 없다. 간음을 행하지 않을 수 있지만, 음욕을 벗어날 수는 없다(마 5:28). 우리는 사람들 앞에서(*coram hominibus*) 의롭게 보일 수 있지만, 우리의 심장을 감찰하시는 하나님 앞에서는(*coram Deo*) 항상 의롭지 못한 죄인이다. "우리의 모든 의는 깨끗하지(*immundas*) 못하기" 때문이다(2006b, 240, 라토무스에 대한 반박서에서). 이것은 루터가 수도원의 고행과 금욕생활 속에서 뼈저리게 터득한 인간의 진리였다.

철저히 자기 자신 안으로 구부러진 인간, 자신의 힘으로 구원을 얻을 수 없는 인간이, 하나님의 칭의와 구원에 이를 수 있는 길은 무엇인가? 그 길은 인간의 의로운 행위나 업적이나 공적(*opera, merita*)에 있을 수 없다. 아무리 의롭고 선한 일(업적)을 행할지라도, 인간은 죄의 본성에 묶여 있는 죄인이기 때문이다. 악한 일을 행하지 않는다고 할지라도, 죄성의 샘물에서 음욕과 탐심 및 이기심과 시기심 등이 끊임없이 솟아나기 때문이다. 그러므로 하나님 앞에서 구원을 받을 수 있는 의는 인간 자신으로부터 올 수가 없다. 그것은 인간 자신의 힘으로 해결할 수 있는 문제가 아니다.

인간을 구원할 수 있는 의가 가능하다면, 그 의는 인간 자신으로부터 오는 의가 아니라, 인간 바깥으로부터 오는 "낯선 의"(*iustitia aliena*)일 수밖에 없다. 그것은 인간 자신의 어떤 조건 때문에 얻을 수 있는 "적극적인 의"(*iustitia activa*)가 아니다. 그것은 아무 조건 없이, 아무 값없이 인간에게 거저 주어지기 때문에, 인간이 그저 받기만 할 수밖에 없는 "수동적인 의"(*iustitia passiva*)이다. 그것은 인간 바깥으로부터 오는 하나님의 값없는 공짜 선물, 곧 은혜일 수밖에 없다. 그 외에는 다른 길이 없다. 조건 없이 거저 주어지지 않고, 인간의 어떤 조건 때문에 주어져야 한다면, 그것은 그 어떤 사람에게도 주어질 수 없을 것이다. 인간이 행하는 모든 사랑은 완전하지 못하며, 그가 행하는 의는 깨끗하지 못하기 때문이다. 궁극적으로 인간은 그의 죄성을 벗어날 수 없기 때문이다. 죄 없는 그리스도를 십자가의 죽음에 내어주심으로써, 모든 인간의 죄를 용서하시는 하나님의 무한한 사랑과 은혜만이, 구원의 의를 얻을 수 있는 유일한 길이다. 그것은 인간 자신의 어떤 준비나 행한 일(업적) 때문에 주어지는 것이 아니라, 십자가에 달린 그리스도 안에 계시되는 하나님의 은혜로 말미암아 주어진다. 그리스도인은 "하나님의 순수한 은혜로 말미암아 값없이 의롭고 복되게 된다"(2012b, 132).

루터에 따르면 인간의 이성이 다스리는 세속의 영역과 하나님이 다스리는 영적 영역은 구별된다. 세속의 영역에서 인간은 자유로운 의지를 가진다. 인간은 "외적인 일들에서의 자유"(*libertas in externis*)를 가진다. 그러나 영적 영역에서 인간은 자유로운 의지의 능력을 갖지 못한다. 인간의 의지는 죄의 세력에 묶여 있기 때문이다. 그것은 하나님을 적대하는 관계에 있다. 그러므로 스콜라 신학이 말하는 것처럼, 인간의 구원의 문제에서 하나님의 은혜와 인간의 의지가 협동한다는 것은 불가능하다. 구원의 문제는 오직 하나님 자신만이 해결할 수 있는 문제이다. 그것은 오직 하나님의 은혜로 말미암아 해결될 수 있는 "은혜의 문제이다"(Hägglund 1990, 179). 하나님의 칭의와 구원은 오직 하나님의 값없는 은혜로 말미암아(*sola gratia*) 가능하다. 그것은 하나님의 자비와 공짜 선물로서 가능하다.

이 선물은 "인간 자신 안에 있는 것"(*id quod in se est*)으로 말미암은 것, 그러므로 인간이 마땅히 받아야 하는 것이 아니라, 하나님의 사랑과 자비로 말미암은 하나님의 "그라티아"(gratia) 곧 공짜 선물이다. 그러므로 구원은 오직 하나님에게서 온다. "구원의 원인자"(autor salutis)는 하나님일 뿐이다. 그것은 자기 자신 안에 있는 그 무엇을 행하는 인간이 아니라, 구원에 대한 약속의 말씀을 주시는 하나님일 뿐이다(2016, 71).

여기서 하나님은 절대적 사랑으로 나타난다. "그의 가장 깊은 데에서 하나님은 사랑이다"(Althaus 1975, 107). 하나님의 사랑은 먼저 우리에게 생명을 주시며, 자연의 선물들을 통해 우리를 먹이시고, 모든 피조물이 우리를 섬기도록 하는 데서 나타난다. 이 모든 것을 하나님은 그의 신적 자비하심으로 말미암아 행하신다(WA 17 II 205.33). "그러나 이 모든 시간적 선물을 넘어 하나님은 인간에게 영원한 재화, 곧 그의 아들을 내어주시며, 그 안에서 자기 자신을 내어주신다.…한마디로 그리스도와 그의 '우리를 위하심'은 하나님의 사랑의 가장 높은 선물이다. 이 사랑 안에서 그는 자기 자신을 주신다"(108). 이것은 인간의 어떤 조건이나 행한 일(업적) 때문이 아니라 오직 하나님의 자유로운 사랑과 은혜 때문에 일어난다. 하나님과 인간 사이에는 "법의 질서" 대신에 하나님의 "자유로운 사랑의 질서"가 있을 뿐이다(112).

3) 하나님이 그의 은혜로 그리스도 안에서 인간의 죄를 용서하시고 인간을 의롭다고 하시지만, 인간이 이를 믿지 않을 때, 인간의 죄용서와 칭의는 일어나지 않는다. 좋은 보물을 주어도, 그것을 받지 않으면, 그 보물은 그의 소유가 되지 않는다. 선물을 받아들일 때, 곧 그리스도 안에서 일어난 하나님의 죄용서와 칭의를 믿을 때, 하나님은 그 믿음을 보시고 그를 의롭다고 여긴다. 하나님이 자신의 약속에 대한 아브라함의 믿음을 보시고 그를 의롭다고 하신 것과 마찬가지다(롬 4:3).

그러므로 칭의는 "오직 믿음으로" 가능하다. "우리의 영혼이 살고 의로움을 얻기 위해 오직 말씀을 필요로 하는 것처럼, 우리는 어떤 업적이 아니라 오직 믿음을 통해 의롭게 될 수 있다"(sola fide et nullis operibus iustificatur, Luther 2006b, 125). 그것은 인간이 자기의 선한 업적이 얼마나 되는지, 그것을 계산하고, 이에 대한 대가로 하나님께 요구할 수 있는 것이 아니다. 그것은 예수 그리스도 안에 계시되는 하나님의 약속의 말씀에 대한 우리의 믿음을 보시고 하나님이 거저 주시는 것이다. 우리를 의롭다고 하신 "그리스도의 공적은 우리의 업적이나 우리의 돈을 통해 얻을 수 있는 것이 아니라, 은혜로 말미암아 믿음을 통하여 얻을 수 있다. 결코 돈과 공적으로 얻을 수 있는 것이 아니다. 그것은 교황의 직분의 권세를 통해 주어지는 것이 아니라, 설교나 하나님의 말씀을 통하여 주어진다"(「슈말칼덴 조항」에서, 1964b, 187-188).

따라서 "믿음으로 말미암지 아니하고서는, 어떤 다른 길을 통해서도 인간은 하나님과 화합하거나 관계할 수 없다"(2016, 70). "오직 믿음으로 말미암아 너는 구원을 받을 수 있다…"(130). "믿음만이 의롭게 한다. 하나님에게 오고자 하는 사람은 믿어야 한다.…성례가 의롭게 하는 것이 아니라, 성례에 대한 믿음이 의롭게 한다"(2006b, 51).

1518년의 "죄용서에 대한 변론"(De remissione peccatorum)에서 루터는 이것을 다음과 같이 말한다. 죄의 면제 곧 죄용서는 인간이 행하는 "통회나 사제의 직분이나 전권에 근거하지 않는다"(논제 8). "오히려 그것은 하나님의 말씀에 대한 믿음에 근거한다…"(9). "믿음의 성례가 의롭게 하는 것이 아니라, 성례 속에 있는 믿음이 의롭게 한다." 곧 성례가 집행된다 하여 칭의를 얻는 게 아니라, 믿음으로써 의를 얻게 된다(10). "그리스도는 인간의 구원이 (인간의) 행동이나 결단에 달린 것을 원하지 않았다"(11). 오히려 "그는 믿음을 통해 인간의 마음을 깨끗하게 하신다"(12조). "죄가 용서받았다는 것을 네가 믿을 때, 너의 죄가 용서된다. 구원자 그리스도의 말씀은 확실하기 때문이다"(15). "회개에 대한 설교"(*Sermo de poenitentia*, 1518)에 따르면, 죄에서 자유롭게 되었다는 말씀을 믿으면, 정말 죄에서 자유롭게 된다(2006b, 49).

4) 여기서 루터가 말하는 믿음은 그리스도의 복음의 내용에 관한 역사적 지식에 불과하지 않다. 그것은 "나의 죄를 위해 죽으시고, 우리의 의 때문에 부활하신 그리스도를 붙드는 믿음(*fides apprehensiva Christi*)"을 말한다. 이 믿음은 "그리스도를 십자가에 못 박을 때 유대인들과 빌라도가 행한 일들 및 그의 부활에 대해 이야기되는 것을 듣기만 하지 않는다. 오히려 아버지 하나님의 사랑이, 너의 죄를 위해 내어줌을 당한 그리스도를 통해 너를 대속하고 구원하고자 하신다는 것을 인식한다(*intelligat*)." 그것은 "우리의 능력으로 얻을 수 있는 믿음"(*fides acquisita*)이 아니라, 성령께서 우리 마음속에 일으키는 것이다.

참 믿음은 그리스도의 고난과 죽음 및 부활이 "나를 위한, 나의 죄를 위한"(*pro me, pro peccatis meis*) 것임을 깊이 믿는 데 있다. 인간 자신의 능력으로 얻은 믿음 내지 스콜라 신학의 이해에 따라 부어진 믿음(*fides infusa*)은, "하나님의 아들이 고난당하였고 부활하였다는 것을 나는 믿는다"고 말하는 것으로 그친다. "그러나 참 믿음은 이렇게 말한다. 하나님의 아들이 고난당하였고 부활하였다. 그러나 이 모든 것은 나를 위한, 나의 죄를 위한 것이다. 이것을 나는 확신한다."

그리스도의 복음에 대한 지식을 듣기만 하는 믿음, "얻어진 믿음은 자기의 두 손을 겨드랑이 아래에 집어넣으면서 '그것은 나와 상관없는 일이다'라고 말하는 게으른 자와 같다." 그러나 참 믿음은 "나를 사랑하였고 나를 위해 그 자신을 내어준" 하나님의 아들을 "두 손을 벌리고 기쁘게 끌어안으며…이렇게 말한다. '나의 사랑하는 분이여, 당신은 나의 것이요, 나는 당신의 것입니다.'" 참 믿음은 업적이나 율법의 행함이 아니라 "율법과 업적 없이, 그리스도 안에서 (우리에게) 전하여진 하나님의 자비를 통하여 우리를 의롭게 하는 믿음이다"(2016b, 405, WA 39 I.44 이하).

여기서 루터가 강조하는 "*pro me*"(나를 위한) 혹은 "*pro nobis*"(우리를 위한)라는 표현은, "그리스도를 믿는 믿음이란 다른 사람이 대신 믿어주는 믿음에 의존하는 것이 아니라", "하나님의…신실함을 한 개인 자신이 직접 올바로 인식하고 최대한 신뢰하는 것"이란 점을 나타낸다(김선영 2014, 169). 그것은 인격적 신뢰(*fiducia*)로서의 믿음을 가리킨다.

5) 그런데 믿음은 인간 자신이 결단하고 선택하는 인간의 업적이 아닌가? 그렇다면 "오직 믿음으로" 말미암은 하나님의 칭의는 사실상 인간의 업적으로 인한 것이 아닌가? 이에 대해 루터는 믿음마저도 하나님의 선물이라고 말한다. "바울이 가르치는 것처럼, 믿음은 인간의 업적이 아니라 하나님의 업적이다"(2016, 130). 믿음은 인간이 자신의 의지로써 행하는 적극적 행동이 아니라, 하나님의 은혜로운 판단을 수동적으로 받아들임에 불과하다. 이 받아들임도 하나님의 은혜에 기인한다. 따라서 "믿음도 하나님의 선물이다. 하나님은 성령을 통해 그의 말씀에 대한 믿음을 인간 안에 일으킨다"(Joest 1986, 440).

"'참된 믿음'은 '성령의 선물'(*donum spiritus Sancti*)로 이해되어야 한다"(2006b, 402). 그것은 "우리 자신의 능력으로 얻을 수 있는 것이 아니라", "복음의 설교를 들을 때", 성령께서 우리 마음속에 부어주신 것이다. 그것은 곧 "부어진 믿음"(*fides infusa*)이다. 우리가 복음의 말씀에 대한 설교를 들을 때, "성령께서 신자들의 마음속에서 선물로 주시고 유지한다"(405). 하나님은 "전혀 우리의 노력 없이, 자기의 유익을 찾지 않는…자비하심으로 말미암아 우리에게 먼저 오셔서, 그의 약속의 말씀을 우리에게" 주신다. 믿음은 이 하나님의 말씀을 들음으로써 온다. 따라서 자기의 "업적을 가진 인간이 아니라, 그의 약속을 가진 하나님이 구원의 원인자다"(2016, 71). 믿음마저 하나님의 선물이요, 이 선물로 말미암아 우리가 의를 얻는다면, 우리는 하나님 앞에서 자랑할 것이 아무것도 없다. 우리의 "자기 자랑은 배제된다"(롬 3:27, Calvin Inst. III,11,19). "오직 은혜로", "오직 믿음으로"라는 칭의론의 명제는 구원의 문제에서 인간의 자기 자랑을 배제한다. 하나님의 구원은 오직 하나님의 은혜로, 오직 믿음으로 가능하기 때문이다. 이로써 루터는 참된 구원론을 회복한다.

6) 최근 한국 개신교회의 일부 신학자들은 "오직 은혜로", "오직 믿음으로"라는 루터의 명제가 크게 잘못된 것처럼 이야기하고 있다. 이 명제들로 인해 행함이 없는 믿음, 믿음과 삶, 믿음과 윤리의 괴리가 초래되었다는 것이다. 이같은 비판이 타당한지는 차치하고, 이런 신학자들은 왜 루터가 이 명제들을 끝까지 고집했는지, 그 배경을 보지 못하는 것 같다. 만일 그 배경을 충분히 파악했다면, 루터의 이 명제들을 일방적으로 비판할 수 없을 것이다.

루터 자신도 "행함이 없는 믿음"이 초래될 수 있는 위험성을 잘 알고 있었다. 그럼에도 불구하고 그가 이 명제들을 끝까지 주장한 이유는 무엇일까? 지면상 이 문제에 대한 자세한 논고는 이 책의 부록으로 넘기고, 여기서 우리는 한 가지 이유만 간단히 제시하고자 한다.

7) 앞서 기술한 바와 같이, 중세 가톨릭교회는 신자들에게 반(半)펠라기우스주의에 근거한 업적사상을 가르쳤다. 곧 인간은 자신이 행하는 업적들을 통해 하나님의 구원을 얻거나, 최소한 그것을 준비할 수 있다는 것이다. 비록 타락했을지라도, 그렇게 할 수 있는 가능성이 인간에게 남아 있기 때문이라는 것이다. 그러나 루터에 따르면 인간 자신이 행한 업적을 통해 하나님의 구원을 받거나 그것을 준비하는 것은 불가능하다. 인간이 하나님이 아닌 이상, 그가 행하는 모든 업적 내지 공적은 완전하지 못하기 때문이다. 성인 추대를 받은 성인들도 인간의 기본 죄성을 벗어날 수 없기 때문이다. 그러므로 신자들은 얼마나 많은 공적을 행해야 구원을 받을 수 있을지를 확신하지 못하게 된다. 아무리 많은 업적이나 공적을 쌓아도, 자기의 전 재산을 바칠지라도 그것을 확신하지 못하게 된다. 그 까닭은, 그는 모든 인간의 한계상황인 자기중심적 죄성을 벗어날 수 없기 때문이다.

이리하여 신자들은 자신의 힘으로 도저히 빠져나올 수 없는 끝없는 구원의 불확실성 속에서 사제에게 의존하게 되며, 사제가 명령하는 바를 행할 수밖에 없게 된다. 죄를 용서할 수 있는 "하늘나라의 열쇠"를 예수께서 베드로를 통해 모든 사제의 수장인 교황에게 맡겼기 때문이다. 신자들은 사제들이 요구하는 대로 통회하고, 죄를 고백하며, 보상을 바친다. 그래도 구원의 불확실성을 극복할 수 없기 때문에, 신자들은 업적에 업적을 쌓는 악순환에 묶인 "업적의 노예"가 되어버린다. 업적은 결국 사제들이 신자들을 착취하는 수단이 되어버린다. 앞서 언급한 바와 같이, 회개의 마지막 단계인 "보상"은 돈으로 대체된다. 마지막에는 하나님의 구원을 돈을 받고 팔아먹는 면죄부 장사의 희극이 일어난다.

8) 이같은 역사적 상황에서 루터는 *sola gratia, sola fide*를 외친다. 왜 그것

을 외쳤을까? 그 이유는, 이 명제들이 가진 다음과 같은 기능에 있다. *Sola gratia, sola fide*라는 칭의론의 주제는 (1) 업적사상에 기초한 가톨릭교회의 거짓된 구원론에서 신자들을 해방하고, 구원에 관한 성경의 진리를 회복한다. 그것은 아무리 업적을 쌓아도 구원을 확신할 수 없기 때문에 끝없이 업적을 쌓아야 하는, 그리고 마지막에는 면죄부를 사야 하는 악순환에서 신자들을 해방한다. (2) 이를 통해 *sola gratia, sola fide*는 "거머리" 같은 사제에 대한 의존과 예속 및 착취에서 신자들을 해방한다. 루터가 그의 초기문헌에서 거듭 부르짖는 "자유의 정신"은 바로 이것을 가리킨다. (3) 중세 가톨릭교회의 성례와 모든 종교의식과 형식, 교황의 휘황찬란한 법복과 모자와 지팡이, 곧 모든 종교적 권위를 상대화시킨다. 그것은 신자들을 부자유하게 하며 성직자들의 밥으로 만드는 모든 "외적인 것"에서 신자들을 자유롭게 한다. 이런 점에서 루터가 외친 *sola gratia, sola fide*는 단순히 구원론적 명제에 불과한 것이 아니라, **하나님의 진리와 정의와 자유를 향한 루터의 부르짖음이요 투쟁의 무기였다.**

2. 교황이 아니라 오직 그리스도만이!

1) 수도사 루터에게 가장 중요한 문제는, "나는 어떻게 은혜로운 하나님을 얻을 수 있는가?"의 문제였다. 루터는 이 문제에 대한 대답을 그리스도에게서 발견한다. 그리스도는 "매일 우리가 보아야 할 우리 마음의 가장 귀중한 거울"이다. "하나님이 우리를 얼마나 사랑했으며, 선한 하나님으로서 우리를 너무도 염려하셔서 그의 사랑하는 아들을 우리를 위해 내어주셨다는 것을" 우리는 그리스도 안에서 볼 수 있다(WABr 6, Nr. 1811). 구원의

"확실성"을 우리에게 주는 것은 "그리스도의 상처"이다(WA 56, 400). "육이 되신 하나님", "십자가에 달린 예수" 안에서 하나님은 "구원에 필요한 모든 것을 모든 사람에게" 보이신다(WA 18,689).

여기서 우리는 루터의 칭의론의 셋째 출발점을 발견한다. 오직 십자가에 달린 그리스도만이(solus Christus) 우리의 구원자시다. 우리는 오직 그리스도로 말미암아(solo Christo), 그리스도 때문에(propter Christum) 하나님의 칭의와 구원을 받을 수 있다. "십자가에 달리신 그리스도"가 하나님의 참 지혜다(고전 1:23). 죄 없으신 그리스도께서 모든 인간을 대신하여 하나님의 심판을 당하고 죽음을 당한다. 이를 통해 그는 하나님의 의를 이루신다. 하나님은 그리스도께서 이루신 의, 곧 그리스도의 의를 인간에게 돌린다. 그리스도로 말미암아, 그리스도 때문에 우리에게 주어지는 칭의와 구원은 우리 자신 안에 있는 것으로부터 오는 것이 아니라 철저히 우리 바깥에서부터(ad extra) 온다.

"십자가에 달린 그리스도 안에 참 신학과 하나님 인식이 있다"는 루터의 하이델베르크 논쟁서 20조는, 구원은 오직 십자가에 달린 그리스도 안에 있음을 시사한다. 구원의 길은 영광의 신학 곧 스콜라 신학이 가르치는 하나님의 자연인식과 인간의 자연적 능력에 있지 않다. 구원의 길은 십자가에 계시되는 하나님의 "인간성과 연약함과 어리석음" 그리고 "고난"에 있다. "십자가에 달린 예수" 안에서 하나님은 "구원에 필요한 모든 것을 모든 사람에게" 보이신다(WA 18,689). 루터의 이 통찰은 이미 95개조에 나타난다. 고난과 죽음과 지옥을 통해 그리스도가 "그들(그리스도인들)의 머리"가 되신다(95개조의 94조). 이를 간과하고, "자기 안에 있는 것을 행함으로써 은혜에 이르고자 하는 사람은 죄에 죄를 더할 뿐이다. 그는 두 배의 죄책을 짊어지게 된다"(16조).

2) 루터는 그리스도로 말미암은 칭의와 구원을 "돌린다"(*imputare*)라는 개념으로 설명한다. (1) 하나님은 죄로 말미암아 우리 인간이 당해야 할 심판과 죽음을 그리스도에게 돌린다. (2) 그 대신 그리스도께서 이루신 그리스도의 의를 우리 인간에게 돌린다. 인간이 당해야 할 죽음을 그리스도에게 돌리고, 그리스도의 영원한 생명을 인간에게 돌린다. 루터는 이 "돌림"을 "즐거운 교환"으로 부르기도 한다. 그리스도는 자기의 의와 생명을 인간에게 내어주고, 인간의 죄와 죽음을 자기의 것으로 삼는다. 그리스도에게 속한 것과, 인간에게 속한 것이 교환된다(2012b, 124).

루터는 이 교환을 신랑과 신부의 결혼에 비유한다. 두 사람이 결혼할 때, 신랑의 모든 것이 신부의 것이 되고, 신부의 모든 것이 신랑의 것이 되는 교환이 일어난다. 두 사람은 모든 것을 함께 가진다. "믿음의 결혼반지"를 통해 그리스도와 신자들 사이에 이 교환이 일어난다. 인간의 죄와 죽음과 지옥은 그리스도에 의해 삼켜지고, 신자들은 의와 생명과 구원의 선물을 받는다(135-137).

"교환" 혹은 "바꿈"이란 개념은 의에 대한 루터의 생각을 잘 드러낸다. 그것은 "그리스도의 의와 그리스도인의 불의가 교환"되는 것을 말한다(김선영 2014, 174). 인간의 불의는 그리스도의 것이 되고, 그리스도의 의가 인간의 것이 된다. 이 교환을 통해 불의한 죄인이 칭의를 얻는다. 그러므로 칭의는 인간 바깥에서 오는 "낯선 의"(*iustitia aliena*), 곧 십자가에 달린 "그리스도의 의"로 말미암아 일어난다. 이로써 루터는 아래의 두 가지 점을 말하고자 한다. (1) 십자가에 달린 그리스도가 칭의의 원천이다. "그리스도 때문에 우리는 의로운 자로 인정된다"(WA 39,I,83). (2) 인간은 칭의를 하나님의 선물로 받아들일 수 있을 뿐이다. "그리스도의 의는 우리가 단지 받아들일 수 있는 수동적 의(*iustitia passiva*)다. 타자, 곧 하나님이 우리 안에서 일하시도록 하기 위해 우리 자신은 아무것도 할 수 없다. 우리는 그것을 단지 수용할 뿐이다"(WA 40,I,41).

3) 인간 바깥으로부터 오는 칭의는 "그리스도의 의를 단지 외적으로 (인간에게) 돌리는 것"에 불과한가? 그것은 "인간의 내적 상태를 변화시키지 못하는" 하나님의 법적 행위에 불과하지 않은가?(Pannenberg 1993, 245). 루터에 따르면, 하나님의 의는 불의한 죄인을 "의롭게 하는 의"(iustitia iustificans)이다. 불의한 죄인을 의롭다고 하는 "'법적' 판단 그 자체는 '효력적'(effektive) 힘을 가진다"(Joest 1986, 242). 우리가 하나님의 법적 판단을 믿고 그리스도의 의를 우리 자신의 것으로 받아들일 때, 그리스도께서 우리 안에 계시고, 우리 안에 살게 된다. "의롭게 된 사람은 그 자신이 사는 것이 아니라, 그리스도께서 그 안에 산다. 믿음을 통해 그리스도께서 그 안에 거하시기 때문이다"(WA 2,502).

우리 안에 거하시는 그리스도로 말미암아 우리는 의로운 사람으로 변화된다. 우리는 새로운 사람으로 다시 태어난다. 곧 새 창조의 시작(initium creaturae novae)이 우리 안에 일어난다. 이런 뜻에서 하나님의 의는 인간을 의롭게 변화시키는 의이다. 이 내적 변화 속에서 하나님의 의지에 대한 자발적 복종이 일어난다. 그것은 죄악에 대한 싸움과 이웃 사랑의 행위로서 표출된다. 그러나 이것은 시작에 불과하다. 그것은 이미 받은 의가 완전케 될 종말론적 미래를 가리킨다. "우리가 받은 의는 아직 완성되지 않았다. 그것은 활동 속에서 되어가는 과정 안에 있다.…그것은 죽은 자들이 부활할 때 완성될 것이다"(WA 39,I,252).

4) 루터에 따르면, 하나님의 "영원하신 능력과 신성은 사람이 그 지으신

만물을 보고서 깨닫게 되어" 있지만, 사람들은 "썩지 않는 하나님의 영광을 썩어 없어질 사람이나 새나 네 발 짐승이나 기어 다니는 동물의 형상으로 바꾸어 놓았다." 그리고 "마음의 욕정대로" 살면서 "하나님의 진리를 거짓으로 바꾸고, 창조주 대신에 피조물을 숭배하고 섬겼다"(롬 1:20-25). 바울의 이 말씀에 따라 루터는 타 종교를 통한 구원의 가능성을 배제하고, 오직 십자가에 달린 그리스도 안에서 구원의 길을 발견한다.

십자가의 고난을 통해 우리를 죄에서 구원하셨다는 "그리스도의 복음"만이 우리를 구원할 수 있다. 이 세계를 구원하는 "하나님의 지혜"가 십자가에 달린 그리스도 안에 있다(고전 1:18-31). "아담의 타락 후에 인간은 마귀의 세력, 죄와 죽음의 세력에…예속되어 있다. 이것은 인간의 능력으로 극복될 수 없는…것이다." 그러므로 어떤 인간도, 어떤 성인도 자신의 능력과 업적으로 구원을 얻을 수 없다. 그는 "오직 하나님의 아들이신 그리스도 예수를 통해" 구원과 영원한 생명을 얻을 수 있다(20C6a, 667). 이에 대한 근거를 루터는 요한복음 14:6에서 발견한다. "나를 거치지 않고서는 아무도 아버지께로 갈 사람이 없다."

5) 루터는 그리스도를 본질적으로 "십자가에 달린 분"으로 파악한다. 곧 우리의 행위와 업적에 따라 우리를 판단하고, 악한 자에게 벌을 주는 "심판자"가 아니라 아무 조건 없이, 단지 그의 자비하심 때문에 우리의 죄를 짊어지시고, 우리를 용서하시는 분으로 이해한다. 따라서 루터는 세상의 종말에 다시 오셔서 "최후심판"을 할 때, 인간을 업적에 따라 심판하고 벌을 주는 전통적 그리스도의 상을 거부한다. 최후심판 때에도 그리스도는 그의 구원을 믿는 모든 사람의 구원자시다. 초림(첫 번째 오심) 때와 마찬가지로, 그는 재림(두 번째 오심) 때에도 자비로운 구원자로 오실 것이다

(Schwarz 2016, 271).

중세 가톨릭교회는 초림 때의 "구원자 그리스도"와 재림 때의 "심판자 그리스도"를 구별하고, 그리스도의 공적은 자기의 생명을 하나님께 속죄제물로 바침으로써 하나님의 의를 만족케 하는(satisfactio) 과거의 행위에 있는 것으로 간주하였다. 이를 회상하고 반복하는 행위로서 가톨릭교회는 속죄제물의 미사 제도를 도입하였다. 여기서 우리의 구원을 위해 자기의 생명을 보상물로 바친 "보상의 중재자직"(Mittlerdienst der Genugtuung)은 강조되지만, 지금 우리를 위해 기도하시고 도우시는 그리스도의 직분, 곧 "우리를 위하는 중재자직"(Mittlerdienst der Fürsprache)은 약화되었다. 우리를 위하는 그리스도의 중재자직을 중세 가톨릭교회는 성인들에게 돌렸다. 가톨릭교회는 성인들이 "우리를 위하는 중재자직"을 수행한다고 믿었다.

중세기 그리스도인들에게 그리스도는 인간의 행위에 따라 심판하는 "심판자"였다. 그들에게 그리스도는 두려움의 대상이었다. 그래서 급한 일을 만나면, 사람들은 "그리스도를 떠나 성인들에게로 달려갔으며, 위기의 조력자로서 마리아와 또 다른 이들의 이름을 불렀다. 그리고 이들이 그리스도보다 더 거룩하다고 여겼다. 그리스도는 사형 집행자요, 성인들은 우리의 중재자였다." 그러나 요한복음 3:17에 의하면, 그리스도는 심판자가 아니라 "중재자요, 조력자요, 위로자요, 은혜의 보좌요, 주교요, 목자요, 형제요, 우리를 위하는 분…"이라고 루터는 말한다(요 3:17f. 주석, 1538-1540, WA 47.99).

6) "십자가에 달린 그리스도 안에 참 신학과 하나님 인식이 있다"는 루터의 명제는, 십자가에 달린 그리스도가 기독교 신앙의 중심이자 근거와 규범이라는 것을 말한다. 기독교의 모든 것은 십자가에 달린 그리스도의 빛

에서 검증되어야 한다.

십자가에 달린 그리스도가 기독교 신앙의 중심이자, 기독교의 중심과 근거와 규범이 되는 까닭은 무엇인가? 그 까닭은 그리스도와 하나님의 하나 됨에 있다. 루터는 이것을 요한복음에 대한 설교에서 중점적으로 말한다. 그리스도는 하나님의 아들이다. 그리스도와 그의 아버지 하나님은 분리될 수 없이 하나로 결합되어 있다. 그가 아버지 하나님 안에 있고, 아버지 하나님이 그 안에 있다는 요한복음의 말씀은(요 14:10, 11), 그리스도와 아버지 하나님의 분리될 수 없는 하나 됨을 가리킨다. "나와 아버지는 하나이다"(요 10:30).

따라서 그리스도의 의지는 그의 아버지 하나님의 의지요, 그의 말씀은 그 안에서 아버지 하나님이 하시는 말씀이요, 그가 행하는 일은 그 안에 계신 아버지 하나님이 하시는 일이다. "내가 너희에게 하는 말은 내 마음대로 하는 것이 아니다. 아버지께서 내 안에 계시면서 자기의 일을 하신다"(요 14:10). 아버지 하나님과 하나이기 때문에, 그는 아버지 하나님의 마음을 계시한다. 그는 "아버지 하나님의 마음의 거울"이다(WA 30 I.12.3). 아버지 하나님의 마음을 알고자 한다면, 우리는 십자가에 달린 그리스도를 보아야 한다. 십자가에 달린 그리스도를 통해서만 우리는 하나님께 이를 수 있다. 루터는 이에 대한 근거를 요한복음 14:6에서 발견한다. "나를 거치지 않고서는 아무도 아버지께로 갈 사람이 없다."

여기서 루터는 그리스도의 하나님 되심을 그의 신적 본성 곧 신성에서 찾지 않고, 아버지 하나님과의 인격적 하나 됨에서 찾는다. 그리스도께서 사람인 동시에 하나님이 되시는 것은 형이상학적 신성에 있는 것이 아니라, 그리스도와 그의 아버지 하나님의 인격적·관계적 하나 됨에 있다. 여기서 루터는 그리스도와 하나님의 본성적 일치를 질문하지 않고, 인격적·

관계적 일치를 질문한다. 그리스도께서 우리의 "길과 진리와 생명"이 되신 것은(요 14:6) 단순히 그리스도의 말씀과 행위 때문이 아니라, 그의 아버지 하나님과의 인격적·관계적 하나 됨에 있다.

이 하나 됨의 뿌리는 "참 하나님"인 동시에 "참 사람"이신 그리스도의 인격적 통일성에 있다. 그리스도는 "참 하나님"(vere Deus)인 동시에 "참 사람"(vere homo)이었다. 그리스도 안에서 참 하나님이 사람으로 계셨고, 그 사람이 하나님이었다. 루터의 그리스도론의 핵심 요소는 "이 사람이 하나님이다", "이 하나님이 사람이다"라는 두 가지 명제에 있다(Schwarz 2016, 297). 하나님의 것(기쁨, 평화, 축복, 생명)과 인간의 것(죄로 인한 저주, 슬픔, 멸망, 저주, 죽음)이 그리스도 안에서 결합되어 있다. 여기서 루터는 신성(divinitas)과 인성(humanitas)이라는 추상적 개념 대신에 "참 하나님"과 "참 사람"이라는 관계적 개념으로 그리스도의 인격을 설명한다. "단 한 분이신 주님 그리스도를 참 하나님과 (참) 사람이라고 고백하는(ut unum dominum Christum confiteamur verum Deum et hominem) 이것이 보편적 (기독교) 신앙이다."

루터는 이른바 "속성들의 교통"(communicatio idiomatum)을 신성과 인성이라는 형이상학적 본성의 개념으로 설명하지 않고, 참 하나님과 참 사람이라 불리는 "두 실체들의 진리와 인격의 통일성으로부터"(veritate geminae substantiae et unitate personae) 설명한다. 그것은 유한-무한, 사멸-불멸 등의 정반대되는 특성을 가진 두 가지 본성의 교통을 말하는 것이 아니라, 그리스도 안에서 사람에게 속한 것(죄와 저주와 죽음)이 하나님의 것이 되고, 하나님에게 속한 것(구원과 축복과 생명)이 사람의 것이 됨을 말한다(WA 39.2.93).

7) 참 하나님과 참 사람이 어떻게 둘로 구별되면서 하나로 결합될 수 있는

가? 이 문제를 루터는 인간의 사고와 언어로 설명할 수 없는 문제로 간주한다. 그러나 "그리스도의 신성과 인성에 대한 변론서"(1540) 43조에서 루터는 용광로 안에 있는 쇳물의 은유를 통해 이를 설명한다. 이글거리는 쇳물은 불과 쇠로 구성되어 있다. 불과 쇠는 구별되지만, 이글거리는 쇳물 속에서 하나로 결합되어 있다(WA 39 II.2.95).

용광로 안에 있는 불과 쇠처럼 참 사람과 참 하나님은 구별되는 동시에 하나로 결합되어 있다. 참 하나님과 참 사람이 구별 속에서 하나로 결합되어, 하나님의 것과 인간의 것이 그 안에서 교환되는 그리스도만이 우리의 구원자가 되신다. "죄와 은혜, 율법과 복음, 그리스도와 인간에 대해 기독교적으로" 말하고자 한다면, "오직 그리스도 안에 있는 하나님과 인간(de Deo et homine in Christo)에 대해" 말해야 한다. 하나님을 바르게 알 수 있는 길은 스콜라 신학자들의 "영광의 신학"에 있지 않고, 참 하나님과 참 사람이 구별 속에서 하나로 결합되어 있는, 십자가에 달린 그리스도 안에 있다. 스콜라 신학을 가르치는 대학 공부(Universitatum studia)는 수백 년 동안 수많은 학생을 가르쳤지만, 그 가운데 한 사람의 순교자와 성인도 배출하지 못하였다(WA 8.126, 2006b, 394. 루터의 이 말은 오늘날의 한국 신학계에도 해당한다).

8) "오직 그리스도만이"라는 명제 역시 하나님의 진리와 정의에 대한 부르짖음이요, 이를 회복하기 위한 투쟁의 무기였다. 이 사실을 간과할 때, "오직 그리스도만이"라는 명제 역시 상황성을 결여한 무시간적 구원론의 명제가 되어버린다. 당시의 상황에서 이 명제는 무엇을 말하는가?

(1) 당시의 종교적·사회적 상황에서 "*solus Christus*"는 가짓수를 헤아리기 어려울 정도로 많은 "업적에서의 해방"을 선언한다. 구원의 길

은 업적이나 공적에 있지 않다. 그것은 오직 십자가에 달린 그리스도에게 있다. "그리스도 때문에(propter Christum) 우리는 의로운 자로 인정된다"(WA 39,I,83). 구원의 확실성을 우리에게 주는 것은, 교회가 요구하는 업적이 아니라 "그리스도의 상처"이다(WA 56,400). 인간의 업적이 아니라, 그리스도 안에서 십자가에 달린 하나님만이 우리를 구원할 수 있다. 구원의 확신에 이르기 위해 항상 더 많은 업적을 쌓으려는 억압에서 "그리스도인의 자유"가 이로써 일어난다. "십자가가 없다면 하나님의 사랑은 공허하다. 십자가가 없다면 하나님은 세상을 구원할 수 없다. 십자가에 달리신 하나님만이 우리를 도울 수 있다"(김요한 2017, 118). 이로써 업적 및 그 업적을 빙자한 "거머리들"의 착취에서의 해방이 일어난다.

이와 동시에 solus Christus는 신자들의 올바른 삶의 방향을 가리킨다. 신자들은 업적을 쌓는 데 열중하기보다 십자가에 달린 그리스도를 바라보며, 그리스도의 뜻을 행하는 데 열심을 내야 한다. 업적을 쌓는 데 관심을 집중하기보다 자기를 비우고 낮추신 그리스도의 마음을 본받아야 하며, 순수한 마음의 믿음을 얻는 일에 관심을 집중해야 한다. 아무리 많은 죄를 지어도 죽은 다음 천국행을 보장하는 면죄부를 구입하는 데 돈을 낭비하지 말고, 가난한 사람들을 돕는 데 써야 한다. 하나님은 이것을 더 기뻐하신다고 루터는 95개조에서 말한다.

(2) *Solus Christus*는 "우상에서의 해방"을 선언한다. 곧 마리아 숭배, 성인 숭배, 성유물 숭배, 그리스도의 성체로 변한 빵과 포도주 경배 등 그리스도 외의 모든 것에 대한 숭배에서의 해방과 자유를 선언한다. 그리스도만이 우리의 구원자가 되신다면, 이같은 숭배는 불

필요하다. 그리스도는 과거에 자기의 몸을 속죄제물로 드린 우리의 구원자일 뿐 아니라, 지금도 우리 안에 계시며(요 14:20; 15:4) 우리를 위해 기도하는 우리의 중보자시다. 그리스도께서 교회와 그리스도인들의 삶의 중심이 되어야 한다. 성인, 성유물, 성화, 성상 등이 그리스도를 가려서는 안 된다. 성인과 성유물 및 성상이 아니라 그리스도가 숭배 대상이 되어야 한다.

십자가에 달린 그리스도는 "매일 우리가 보아야 할 우리 마음의 가장 귀중한 거울"이다. 하나님이 우리를 사랑하고 염려하여, "우리를 위해 그의 사랑하는 아들을 내어주셨다는 것을" 우리는 그리스도 안에서 볼 수 있다(WABr.6.1811). 그러므로 위급한 일이 있을 때, 신자들은 마리아나 마리아의 어머니(예수의 외할머니) 안나를 찾지 말고 그리스도를 찾아야 한다. 루터의 이같은 생각은 나중에 성화 및 성상파괴 운동(Bildersturm)을 일으키게 된다.

(3) *Solus Christus*는 "교황들과 주교들과 수도원들과 교회들과 교사들의 수없이 많은 명령들과 규정들"(*in infinitis...mar datis et praeceptis*, 2006b, 170)에서의 자유를 뜻한다. 이 모든 것은 인간이 만든 것으로 규정된다. 물론 루터는 교회의 모든 법과 규정을 폐기해야 한다고 말하지 않는다. 그는 오히려 죄된 인간의 욕정을 제어하고 믿음의 성장을 위해 신자들, 특히 정욕이 왕성한 젊은이들은 이들을 필요로 한다고 말한다(181). 그러나 교회가 정한 모든 법과 규정을 지킴으로써 믿음과 의를 얻는 것은 불가능하다. 교회의 법과 규정, 교부들의 가르침과 교황의 교서와 명령, 공의회의 결정 사항, 인간이 만든 이 모든 것은 십자가에 달린 그리스도의 빛에서 검증되어야 한다. 그리스도만이 우리의 구원자시요, "십자가에 달린 그리스도

안에 참 신학과 하나님 인식이 있기" 때문이다.

(4) *Solus Christus*는 성직자 계급과 교황 독재체제 및 교회 전통에서의 해방과 자유를 선언한다. 교회의 머리는 교황이 아니라 십자가에 달린 그리스도이다. 그러므로 교황은 그리스도 위에, 혹은 그리스도와 동등한 위치에 있을 수 없다. 교황은 그리스도와 동등한 권위를 가질 수 없다. 교황의 문장에 새겨진 십자가는 그리스도의 십자가와 동등한 위치를 가질 수 없다. 진리를 확정할 수 있는 규범은 교황에게 있는 것이 아니라 십자가에 달린 그리스도에게 있다. 교황이 아니라 그리스도가 나를 가르치는 "나의 장인(*Magister*)이다"(2006b, 115).

교황의 찬란한 망토와 모자 및 지팡이, 공의회의 신앙고백들, 교황의 추종자들이 만든 교회법, 스콜라 신학자들의 신학사상들, 휘황찬란한 제단과 향불의 연기가 그리스도를 가려버려서는 안 된다. 인간이 만든 이 모든 외적인 것, 인간적인 것이 뒤로 물러나고, 십자가에 달린 그리스도께서 전면에 나타나야 한다. 인간이 만든 제도와 전통이 교회와 신자들의 삶을 지배하지 않고, 십자가에 달리고 부활하신 그리스도께서 그들의 삶을 지배해야 한다. 그리스도만이 "교회의 머리"요, 그리스도 외의 모든 사람은 "그리스도의 몸"의 지체들에 불과하다. 그러므로 평신도로부터 독립된, 평신도 위에 있는 성직자 계급과 교황 독재체제는 인정될 수 없다.

(5) 십자가에 달린 그리스도만이 우리의 구원자요 우리의 머리라면, 교황을 위시한 모든 성직자는 십자가에 달린 그리스도를 닮아야 한다. 위에서 섬김을 받는 자가 아니라 아래에서 섬기는 자가 되어야 한다. 자기를 낮추고 하나님께 모든 영광을 돌리며, 세속의 힘과

부와 영광을 포기하고 겸양과 청빈의 삶을 살아야 한다. 황제의 힘과 권위와 영광을 얻으려고 애쓰지 말고, 양들을 위해 기도하고 사목에 전념해야 한다. 교황의 영광은 황제처럼 높아지는 데 있지 않고, 십자가에 달린 그리스도처럼 낮아짐에 있다고 루터는 거듭 말한다.

(6) 십자가에 달린 그리스도만이 우리의 구원자요 머리라는 루터의 명제 속에는, 세속의 통치자들도 그리스도의 모습을 닮아야 한다는 의미가 내포되어 있다. "모든 것, 곧 땅과 지옥이 그에게 속한다"(WA 7.54). 세속의 통치권도 하나님께서 세운, 하나님의 것이다. 그러므로 세속을 다스리는 세속의 통치자들은 "만왕의 왕"이신 그리스도를 닮아야 한다. 위에서 군림하는 자가 되지 않고, 아래에서 섬기는 자가 되어야 한다(선거운동 할 때에만 허리를 90도로 굽히지 말고, 정말 허리 굽힌 마음으로 국민을 대리하여 나라를 관리해야 한다). 루터가 강조하는 십자가에 달린 그리스도는 세속의 통치자들에게도 모범(Vorbild)이 된다. 하나님의 진리와 정의는 교회의 영역 안에서는 물론 세속의 영역 안에서도 실현되어야 한다. 나중에 루터는 이것을 「그리스도인의 자유」에서 말한다.

3. 왜 루터는 인간의 업적을 배제하는가?

인간은 자신의 업적이나 공적이 아니라 "오직 은혜로", '오직 믿음으로", "오직 그리스도로 말미암아" 하나님의 칭의와 구원을 받을 수 있다고 루터는 시종일관 주장한다. 이로 인해 루터는 선한 업적이나 의롭고 선한 삶이 없는 믿음만을 설교한다는 비판을 받게 된다. 이 비판은 이미 종교개혁 당시 주로 영성주의자들에 의해 제기되었다. 이같은 비판에도 불구하고, 칭의와 구원의 문제에서 루터가 인간의 업적을 철저히 배제하는 이유는 무엇인가?

그 일차적 동기는 중세 말기 가톨릭교회의 업적사상을 깨뜨리고 참된 구원론을 회복함에 있었다. 앞서 기술한 대로, 중세 말기 가톨릭교회는 선한 업적을 쌓을 수 있는 수많은 방편을 신자들에게 제시하였다. 매일 드리는 교회의 공적(公的) 미사, 교회 신자들의 부탁으로 사제 혼자 드리는 사적 미사(교회 예배실 제2, 제3의 제단 구석에서 미사를 드렸기 때문에 "구석미사"[Winkelmesse]라 불리기도 하였음), 일곱 가지 성례, 로마와 예루살렘 순례, 마리아 숭배, 마리아의 어머니 안나 숭배, 천사장 미가엘 숭배, 성인 숭배, 성유물 숭배, 예수의 성체(살과 피)로 변한 빵과 포도주 경배, 금욕, 죄에 대한 보상물 바치기, 면죄부 구입 등 그것은 오늘날 우리의 상상을 초월한다. 이같은 방편들을 통해 선한 업적을 쌓음으로써 칭의와 구원을 받을 수 있거나, 아니면 최소한 이를 준비하거나 협동할 수 있다는 데에 업적사상의 핵심이 있다. 그러나 업적사상은 다음과 같은 문제점을 가진다고 루터는 그의 저서 도처에서 말한다.

1) 인간 자신이 행한 업적 내지 선하고 의로운 행위를 통해 죄용서와 구원을 얻을 수 있다면, 하나님에 대한 믿음이 필요하지 않게 된다. 믿음이 없어도, 업적을 쌓기만 하면 죄용서와 구원에 이를 수 있다. 그렇게 되면 그리스도의 복음도, 하나님의 구원의 은혜도 불필요하게 된다. "너무도 많은 수도회들, 너무도 많은 제의들, 종파들, 서약들, 노력들, 사역들"(*Tot ordines, ritus, sectae, professiones, studia, opera*)은 있지만, 그리스도가 사라져버린다. 반

드시 있어야 할 믿음과 희망과 사랑은 보이지 않고, 업적을 쌓으려는 인간 자신의 노력과 거룩함을 가장한 종교 행사들만 남게 된다"(2016, 138). "만일 우리의 영혼이 어떤 다른 것(업적)을 통해 의롭게 될 수 있다면, 말씀도 필요 없고, 믿음도 필요 없을 것이다"(2006b, 125).

2) 죄용서와 구원은 인간 자신의 업적에 근거하여 하나님에게 요구할 수 있고, 업적에 대한 대가로 마땅히 받아야 할 물건처럼 되어버린다. 결국 그것은 돈을 주고 살 수 있는 상품처럼 되어버린다. 하나님과 인간의 관계는, 인간이 하나님 앞에 내어놓는 업적의 목록에 대해 하나님이 죄용서와 구원을 그 대가로 내어주는 상거래와 같은 것이 된다. 면죄부 장사는 이 문제성을 가장 분명히 나타낸다. 이리하여 교회는 상품을 팔고 사는 시장 바닥처럼 되어버린다. 수도사들 사이에 자기의 업적으로 얻은 하나님의 의를 믿음이 약한 형제 수도사에게 팔고 사는 일이 일어난다. 루터가 칭의와 구원의 문제에서 인간의 업적을 배제하는 한 가지 동인은, "구원"이라는 상품을 팔아먹는 시장 바닥처럼 되어버린 교회를 정화하고 하나님의 진리와 정의를 세우기 위함이었다.

3) 자신의 업적으로 칭의와 구원에 최소한 협동할 수 있다고 생각할 때, 인간은 하나님 앞에서 교만하게 된다. "네가 업적을 열심히 행할지라도, 교만이 자란다"(라토무스 반박서에서, 2006b, 386). 그는 이웃 앞에서 자기의 업적을 자랑하며, 하나님 앞에서 자기의 업적을 내어놓고, 이에 대한 대가로 구원을 요구할 수 있다. 하나님의 죄용서와 구원은 그가 마땅히 받아야 할 당연한 것이 되어버린다. 이에 대해 그는 감사할 필요가 없다. 스콜라 신학자들이 가르치는 것처럼, 하나님의 은혜는 인간 자신이 행한 업적 때

문에 하나님이 "필연적으로 그리고 실수함 없이"(necessario et infallibiliter) 주실 수밖에 없는 것이 되어버린다. 은혜를 받을 수 있는지 없는지의 문제가 인간 자신의 손에 있게 된다(215). 여기서 인간은 하나님을 신뢰하지 않고, 자기의 업적을 신뢰한다. 그는 사실상 자기 자신을 신뢰한다. 그는 자기의 업적을 통해 자기를 의롭게 하고자 한다. 이것은 하나님에 대한 불신앙이다. "불신앙은 자기칭의의 원리(Prinzip der Selbstrechtfertigung)를 고집하는 것이다"(Ebeling 1964, 153).

이오갑은 이 문제점을 다음과 같이 설명한다. "공로를 통한 구원은 실제로는 가능하지 않지만, 상대적으로는 자기의 공로와 의를 자랑하고 자만할 수 있다. 자기의 의가 있다고 믿는 자에게 구원은 당연한 것이고, 그 구원을 이룬 자신은 인정과 존경을 받아야 한다. 그는 하나님 앞에서도 당당하고, 자신이 행한만큼 보상을 받지 못하면 항변하거나 불만을 품을 수 있다. 은혜나 감사함이 없고, 하나님과의-더 나가서 타자들과의-관계의 기쁨이 없는 구원이다. 루터에게 그런 구원은 자기실현이나 자기상승일 뿐, 자신을 값없이 받아주신 하나님과 평화를 누리는 구원도 아니고, 종이 아니라 자녀로서의 자유를 누리며 그분과 그분이 창조하고 사랑하는 세상을 사랑하며 사는 구원도 아니다"(이오갑 2017, 187).

4) 교회가 요구하는 업적은 행하지만 진정으로 하나님을 경외하지 않는 신자들, 하나님을 믿는다고 하지만 사실상 믿지 않는 신자들이 양산된다. 그들의 마음속에 하나님이 계시지 않고, 자신의 업적에 대한 계산만 있기 때문이다. 루터의 표현에 따르면, "어떤 사람은 로마로, 어떤 사람은 여기로, 다른 어떤 사람은 저기로, 또 어떤 사람은 카르토이저(Kartäuser) 수도원으로, 다른 사람은 다른 장소로 오고 간다. 어떤 사람은 채찍으로 자

기를 매질하고, 어떤 사람은 오랫동안 잠을 자지 않고 금식함으로써 자기의 육체를 죽인다. 모든 사람이 동일한 망상에 사로잡혀 '보라, 여기에 그리스도가 있다. 저기에 그리스도가 있다!'고 외친다. 우리 안에 있는 하나님 나라는 (교회가 요구하는) 규례들을 지킴으로써 올 것이라고 그들은 믿는다.…그들은 자신의 행위를 통해 죄에 대한 보상을 하나님께 행할 수 있다고 믿는다." 그러나 "그들의 생활 방식을 개선하고", "육을 죽일 생각"은 한 번도 하지 않는다(2016, 201-203). 업적은 있지만, 그리스도께서 그의 마음속에 계시지 않기 때문이다. 하나님에 대한 겸손이 없고, 자기의 죄에 대해 통회하고 자복하는 마음이 없기 때문이다.

한마디로 교회가 요구하는 업적은 있지만 순수한 믿음도 없고 사랑도 없고, 하나님을 믿는다고 하지만 그 마음에 하나님이 계시지 않는 신자들, 이웃에 대해 하나님처럼 교만한 신자들이 양산된다. 이리하여 면죄부를 살 돈은 있지만, 어려운 이웃을 돕기 위해 필요한 돈은 없게 된다(2012a, 69). 하나님에 대한 "불신앙 속에서 하나님을 경배하는…우상숭배"가 일어난다(2006b, 99).

5) 업적사상은 "하나님에 대한 모독"이다. 하나님은 자기 외아들의 고난과 죽음을 통해 죄용서의 약속을 거저 주시는데, 우리는 그것을 전적으로 믿지 않고, 우리 자신의 업적을 내세우기 때문이다. 또 성령의 능력으로 우리가 다시 태어났는데, "하나님과 함께 협동하여" 내가 다시 태어났다고 말하는 것 역시 하나님에 대한 모독이다. 내가 하나님과 협동하여 구원을 받았고 새로운 피조물로 다시 태어났다면, 하나님만이 하나님이 아니라 "내가 하나님이기도 할 것이다." 구원과 다시 태어남(중생)이 하나님과 나의 협동을 통해 이루어진다면, "하나님은 자기 곁에 나를 하나님으로 갖게

된다"(2012a, 69). 한마디로 하나님과 내가 공동 구원자가 된다.

6) 하나님의 칭의와 구원의 문제에서 루터가 끝까지 인간의 업적을 배제하는 이유는 죄에서 자유롭지 못한 업적의 불완전함에 있다. 루터에 따르면, 우리가 하나님의 죄용서를 받았다고 할지라도 죄가 완전히 없어지는 것은 아니다. 언제나 "자기의 것"(*quae ea sunt*)을 추구하는 인간의 본성이 없어지지 않기 때문이다. 루터는 이 문제를 네덜란드 뢰번(Löwen) 대학 교수 라토무스(Jacob Latomus)에 대한 반박서(1521)에서 다음과 같이 말한다. 하나님의 칭의와 세례를 받았다 할지라도, 인간의 마음속에서 죄된 욕정(*concupiscentia*)은 없어지지 않는다. 이로 인해 인간은 마지막 죽는 순간까지 "완전한 사랑"(*plena charitas*)에 이르지 못한다. 그는 불완전한 사랑 속에서 선한 업적들을 행한다. 그러므로 그가 행하는 선한 업적들은 죄에서 자유롭지 못하다. 달리 말해 그것은 죄이다. 그가 아무리 선한 일을 행한다 할지라도, 그 속에는 "완전한 사랑"이 결여되어 있기 때문이다. 그러므로 인간은 어떤 업적을 통해서도 하나님의 칭의와 구원을 얻을 수 없다(2006b, 301).

루터는 이에 대한 수많은 성경적 근거를 제시한다(2006b, 227 이하). "살아 있는 어느 누구도 주님 앞에서는 의롭지 못하다"(시 143:2), "너희 모두는 다른 길로 빗나가서 하나같이 썩었으니, 착한 일을 하는 사람이 하나도 없구나"(시 14:3), "의인은 없다. 한 사람도 없다.…선한 일을 하는 사람은 없다. 한 사람도 없다"(롬 3:10-12). "우리는 모두 더럽게 되었다. 우리의 모든 의는 더러운 옷(루터는 "생리대 천 조각"이라 말함)처럼 되었다…"(사 64:6). "비록 내가 흠이 없다고 하더라도, 그분께서 나를 틀렸다고 하실 것이다"(욥 9:20). 이같은 성경 말씀은 "우리의 모든 의는 순수하지 못하며",

우리가 행하는 "모든 선한 업적은 죄"라는 것을 시사한다(241). 만일 하나님의 자비가 없다면, 우리가 행하는 선한 일들도 선하지 못하며, 우리의 의는 불결하기 때문이다(245, 261). 우리는 사람들과 자신의 양심에 대해 흠이 없을지 모르지만, 하나님 앞에서는 흠이 있다(247).

언제나 "자기의 것", 곧 자기 자신을 추구하는 인간의 본성은 인간이 죽는 순간까지 벗어날 수 없는 "인간의 기본 구조"에 속한다. 인간은 살아 있는 한, 이 구조를 벗어날 수 없다. 그의 모든 행위는 이 구조 속에서 일어난다. 잠자리에서 상대방과 깊이 하나가 된 순간에도 그는 집요하게 자기의 즐거움을 추구하며, 이에 머물지 않고 새롭고 더 큰 즐거움을 추구한다. "언제나 자기 자신을 추구하는 인간의 이 기본 구조는 그의 모든 관계, 곧 이웃과의 관계, 그를 둘러싸고 있는 세계와의 관계, 그리고 하나님과의 관계를 훼손한다"(Schneider 2014, 64-65). 이 기본 구조 곧 인간이 피할 수 없는 죄성 때문에 인간이 행하는 모든 일(업적)은 죄에서 자유롭지 못하다. 그러므로 하나님의 칭의와 구원의 문제에서 인간의 업적은 일고의 가치가 없다.

7) 1529년 6월 27일, 십계명의 제1계명에 대한 설교에서 루터는 업적의 문제점을 다음과 같이 설명한다. 자기의 구원을 얻기 위해, 어떤 사람은 수도회를 세우고, 어떤 사람은 교회 제단과 성만찬에 쓰이는 잔을 기부한다. 또 어떤 사람은 이런저런 일들을 행한다. 이를 통해 그들은 "성인들의 공적에 참여한다"고 생각한다. 그러나 이들은 하나님을 신뢰하지 않으며, 그분에게서 선한 것을 기대하지 않는다. 하나님은 우리에게 구원의 보물을 거저 주시고자 하지만, 우리는 그것을 겸손한 마음으로 받아들이지 않는다. 거꾸로 우리는 자기의 업적을 쌓고, 이 업적으로 말미암은 "법

적 요구"(Rechtsanspruch)와 함께 그 보물을 하나님에게서 당당하게 받고자 한다.

인간은 하나님의 은혜를 신뢰하지 않고, 자기의 업적을 신뢰한다. 그는 자기의 업적에서 도움과 위로와 지복을 찾으며 "하나님에게서 하늘을 받아내고자" 한다. 그는 아무것도 하나님의 선물로 받지 않고, 모든 것을 스스로 얻고자 한다. 그에게는 자신의 업적이 하나님이 되어버린다(1964b, 25). 곧 자기의 업적이 하나님의 자리를 대신 차지한다. 자기가 교회에 기부한 제단이 그의 하나님이 되어버린다. 그는 자기가 기부한 돌이나 나무를 경배한다. 하나님이 그에게 구원을 주시는 것이 아니라 그가 쌓은 업적이 그에게 구원을 주게 된다. 업적이 그의 우상이 되어버린다. 자기의 모든 것을 내어주고자 하는 하나님을 섬기지 않고 우상을 섬길 때, 인간은 "자기의 것을 주어야 할 이웃에게 주고자 하지 않으며 오히려 그에게서 무엇을 얻고자 할 뿐이다." 집을 한 채 가진 사람은 "그의 집과 그의 소를 가졌으면!" 하고 생각한다. "우리가 그리스도를 망각하면, 아무 좋은 것도 나오지 않는다"(1967, 15-16, 18. WA 28.568-573).

8) 십계명의 제1계명에 대한 루터의 「대교리문답서」(1529)에 의하면, 업적을 통해 구원을 얻을 수 있다고 생각할 때 인간은 자신이 얼마나 많이 기부하고 금식하며 미사를 드렸는지를 계산하게 된다. 그러나 얼마나 많이 이런 업적을 쌓아야 구원을 얻을 수 있는지를 확실히 계산하는 것은 불가능하다. 그러므로 자기의 업적을 신뢰하는 자는 자기의 구원을 확신할 수 없게 된다. 끝없는 불확실성 속에서 그는 끝없이 공적을 쌓고자 허덕이는 "공적의 노예"가 되어버린다(이것은 수도사 루터 자신의 경험으로 보인다). 몰트만은 이것을 다음과 같이 말한다. "만약 나의 의가…하나님의 은혜는 물론

나의 행위에도 달린 것이라면, 구원의 확신은 있을 수 없을 것이다. 내가 (하나님의 구원을 얻을 수 있을 만큼) 충분히 행했는가를 결코 알 수 없기 때문이다"(Moltmann 1997, 176-177).

9) 1536년 6월 11일에 행한 "영적 다시 태어남의 필요성"에 대한 설교에서 루터는 업적의 문제점을 다음과 같이 설명한다. 가톨릭 신학자들은 믿음만으로는 부족하며 인간의 협동이 있어야 한다고 말한다. 그리고 그들은 우리는(개혁파를 말함) 업적을 소홀히 여기며 인간을 게으르게 만든다고 비난한다. 그들은 이렇게 가르친다: 믿음은 선한 업적들의 도움을 받아야 한다. 내가 수도사가 되어 수도원에 살고 있을 때, 그곳에는 세속에서 입지 않았던 다른 옷들과 다른 업적들이 있었다. 하루 일곱 번의 기도 시간, 미사, 성유(聖油), 독신생활 등의 업적들이 있었다. 그러나 '업적들의 변화'가 새로운 사람을 만드는 것은 아니었다. 오히려 믿음 속에서 우리의 인격이 변화되고, 다르게 생각하게 되고, 다른 가치관을 가질 때, 새로운 사람으로 다시 태어날 수 있었다. 그러므로 업적을 행하기 전에 먼저 믿음이 있어야 한다고 루터는 주장하게 된다.

아기가 태어날 때 아기는 아무것도 하지 못한다. 자기의 신체 부위들이 자라도록 하기 위해 아기 자신이 할 수 있는 일은 아무것도 없다. 이 일들은 아기에게 그저 일어날 뿐이다. 여기에 "협동하는 업적"이란 존재하지 않는다. 그리스도인들의 중생 곧 다시 태어남도 이와 같다. 그들의 다시 태어남은 믿음을 통해 일어나는 것이지, 업적을 통해 일어나지 않는다. 그것은 업적 없이, 값없이 일어난다. 그럼에도 불구하고 그들은 "하나님의 동역자"가 되고자 하는 교만한 마음을 가진다. 우리는 하나님이 지으신 "그의 자녀들"이라 불린다. 우리가 하나님의 자녀로 다시 태어날 때 우리의 업적이 협동한다는 것이 사실이라면, 내가 하나님과 함께 협동했다고 말해야 할 것이다. 이것은 하나님에 대한 모독이다." 나는 하나님과 협동하는 하나님과 같은 존재일 것이다(1967, 28-29).

10) 그러나 루터의 이 모든 얘기는 그리스도인의 선한 일들(업적)이 불필요하다는 것으로 오해되어서는 안 된다. 오히려 루터는 "모든 업적은 필요하다. 율법의 업적도 필요하고, 은혜의 업적도 필요하다"고 말한다(2006b, 437). 그러나 선한 업적을 행하기 전에 먼저 자기의 죄에 대한 통회와 자복과 회개가 있어야 한다. 하나님의 대한 신실한 믿음과 희망과 사랑이 있어야 한다. 믿음과 희망과 사랑 속에서 하나님의 "새 피조물"로 변화되어야 한다. 이런 일이 없이 단지 업적을 통하여 자기의 구원을 얻고자 하는 것은 하나님에 대한 교만일 뿐임을 루터는 말하고자 한다.

좋은 나무에서 좋은 열매가 저절로 맺히듯이, 신실한 믿음이 있을 때 선한 업적은 저절로 따른다. "믿음이 사람을 경건하게 만들고, 또 선한 업적을 행하게 한다." "계명과 업적을 통해서가 아니라 하나님의 말씀(다시 말해 은혜의 약속)과 믿음을 통해" 우리는 좋은 나무로 새롭게 태어나고, 좋은 업적을 행하게 된다(2012b, 133-134). "업적들로부터 믿음과 의가 오는 것이 아니라 믿음의 의로부터 업적들이 온다"(2006b, 99). 믿음과 업적, 믿음과 사랑은 "구별되지만 결코 분리될 수 없다." 믿음은 "끊임없이 선을 행하는, 생동케 하는 힘이다"(Hägglund 1990, 174).

마지막으로 업적에 대한 루터의 거부 역시 하나님의 진리와 정의를 세우고 "업적의 노예"에서 신자들을 자유롭게 하는 일과 결부되어 있음을 우리는 간과해서는 안 될 것이다. 업적에 대한 루터의 거부는 업적으로 말미암은 "바빌론 포로신세"(captivitas Babylonica)에서의 해방이었다. 믿음과 업적의 관계에 대해 우리는 아래 부록에서 보다 더 상세히 고찰하고자 한다.

4. 루터는 구약의 율법을 부인했는가?

1) 루터의 신학에서 율법과 복음의 문제는 칭의론에 버금가는 중요한 위치를 차지한다. 그것은 루터의 "신학적 사고의 진수(Nerv)"라 불리기도 한다(Ebeling 1964, 121). 루터에 따르면, "거의 성경 전체와 모든 신학의 인식은 율법과 복음에 대한 올바른 인식에 달려 있다"(WA 7.502).

루터가 율법과 복음의 문제를 중요시하는 이유는, 이 문제가 그의 칭의론의 핵심을 밝혀주기 때문이다. 십자가에 달린 그리스도만이 우리의 구원자시요, 오직 은혜와 믿음으로 하나님의 칭의와 구원을 얻을 수 있다면, 율법이 요구하는 업적을 통해 칭의와 구원을 얻는다는 것은 불가능하다. 율법은 인간이 행해야 할 바를 명령하지만 그것을 행할 수 있는 힘을 주지 못한다. 이 힘을 줄 수 있는 것은 복음에 대한 믿음이다. 그리스도의 복음을 믿을 때, 율법이 요구하는 바를 이룰 수 있다. "아우구스티누스가 말한 것처럼 '율법은 요구하고, 믿음은 그것을 이룬다'"(*Lex imperat, quod fides impetrat*, 하이델베르크 변론서 논제 26). "생명의 구원에 가장 큰 도움이 되는 하나님의 율법은 인간의 의를 장려할 수 없다"(논제 1). 그러므로 율법과 복음, 율법과 은혜, 율법과 믿음은 엄격히 구별되어야 한다.

1523년의 구약성경 서론에서 루터는 (1) 인간의 악행을 금지하기 위한 형법에 관한 율법, (2) 제의에 관한 율법, (3) 하나님 사랑과 이웃 사랑에 관한 도덕법을 구별한다(WA.DB 8.17-19). 형법과 제의에 관한 율법은 하나님이 선택한 이스라엘 백성의 확실성을 강화하는 긍정적 기능을 갖지만,

시간적으로 제한된 옛 시대의 것으로 루터는 간주한다. 특히 제의에 관한 율법은 그리스도인들에게 그 타당성을 완전히 상실하였다. 그리스도께서 자신의 몸을 바쳐 하나님께 드린 제물은 구약 율법이 명령하는 모든 제물과 제의를 폐기하기 때문이다. 그러나 하나님 사랑과 이웃 사랑에 관한 도덕법은 그리스도인들에게도 해당한다. 루터가 구약의 "율법"이라고 말할 때 그것은 주로 도덕법을 가리킨다.

도덕법의 핵심은 십계명에 있고, 십계명의 핵심은 하나님 사랑과 이웃 사랑에 있다. 십계명의 제1계명부터 제3계명까지는 하나님 사랑에 관한 것이요, 제4계명부터 제10계명까지는 이웃 사랑에 관한 것이다.[1] 하나님 사랑과 이웃 사랑을 핵심으로 가진 율법은 우리 인간에게 전혀 낯선 것이 아니라 타락하기 이전 아담(=인간)의 본래적 본성이었다. 인간이 하나님의 형상으로 창조되었다는 것은 하나님 사랑과 이웃 사랑 안에서 살게 된 존재임을 말한다.

그러나 타락한 인간이 율법의 핵심, 곧 하나님 사랑과 이웃 사랑을 완전히 지킨다는 것은 불가능하다. 이웃에게 다소간의 사랑을 베풀고 선한 일을 행할 수는 있지만, 이웃을 자신의 몸처럼 사랑하는 것은(레 19:18) 사실상 불가능하다. 하나님과 이웃을 사랑한다고 하면서도, 그는 "자기의 것"(그들의 것, 빌 2:21)을 챙기는 이기적 본성을 버릴 수 없기 때문이다.

2) 루터는 예수의 산상설교를 통해 율법의 이런 문제성을 드러낸다. 속옷을 가지려는 사람에게 겉옷까지 내어주고, 상대방이 나에게 해주기를 바

---

[1] 일반적으로 안식일에 관한 제4계명은 하나님에 관한 계명으로 분류된다. 그러나 제4계명 전체를 읽어보면, 그것은 이웃에 관한 계명에 더 가깝다. 제4계명은, 이웃의 생명을 보호하는 것이 "안식일을 거룩하게" 지키는 길임을 말하기 때문이다.

라는 대로 상대방에게 해주는 것은 사실상 불가능하다. 곧 "자기 없는" 절대적 사랑, 완전한 사랑을 행한다는 것은 불가능하다. 산상설교의 빛에서 볼 때, 십계명에 요약된 율법은 인간 자신의 능력으로 이를 수 없는 "불가능한 것"을 인간에게 요구한다. 이리하여 율법은 "전통적으로 원죄라고 불리는 인간의 근원적인 죄, 극단적인 죄를 드러낸다." 율법의 본뜻은 "정의와 평화의 세계에 대한 인간의 보편적인 희망과" 일치하지만, 우리 인간은 자신의 죄성으로 인해 그것을 이룰 수 없다는 것을 율법은 깨닫게 한다 (Schwarz 2016, 136). 율법은 인간이 자신의 힘으로 "이룰 수 없는 것", "불가능한 것"을 요구함으로써, 인간의 깊은 죄성과 이 죄성을 극복할 수 없는 그의 무능력을 보게 한다. 나아가 그것은 인간이 범해서는 안 될 일들을 지적함으로써, 죄에 대한 의식과 죄의 유혹을 자극한다. '은혜가 없는 인간은 율법을 통해 더 나쁘게 된다", "율법은 하나님의 진노를 불러오고(롬 4:15), 범죄를 더 증가시키기 위해 끼여 들어왔다"(롬 5:20. 라토무스 반박서에서, 2006b, 215).

이리하여 루터는 율법에 대해 다음과 같이 말하게 된다. 율법은 인간의 죄를 깨닫게 하고, 죄에 대한 하나님의 진노를 계시한다. 그것은 인간을 구원하는 것이 아니라 도리어 인간을 고발하고 저주한다. "율법은 하나님의 분노를 일으킨다(롬 4:15). 그것은 죽이고, 저주하고 죄책감을 주고, 그리스도 안에 있지 아니한 모든 것을 심판하고 저주한다"(하이델베르크 변론서 23조).

우리는 율법이 명령하는 이것저것을 행할 수 있다. 그러나 인간의 타락한 본성으로 인해 거기에는 행하지 못하는 부분이 항상 있기 마련이다. 사랑을 행하면서도 "자기의 것"을 챙기려는 생각을 벗어나지 못하며, 간음하지 않는다 할지라도 음욕을 완전히 벗어나지 못하며, 어려운 형제에게 도움을 베풀지만 형제를 자신의 몸처럼 사랑하지는 못한다.

이리하여 율법은 인간을 깊은 절망으로 인도한다. 율법은 인간이 자신의 마음 깊은 데서 동경하는 바를 계시하고 이를 명령하지만, 그것을 행할 수 있는 힘을 주지 못하며, 도리어 인간의 뿌리 깊은 죄성을 드러내기 때문이다. "아, 나는 비참한 사람입니다. 누가 이 죽음의 몸에서 나를 건져 주겠습니까?"라는(롬 7:24) 바울의 말씀은, 율법의 본뜻을 알지만 그것을 행하지 못하는 인간의 깊은 좌절과 절망감을 나타낸다.

3) 율법의 또 한 가지 문제점은 하나님과 이웃 앞에서 인간을 교만하게 만드는 데 있다. 하나님 없는 인간은 율법의 명령을 행한 자기의 업적을 하나님과 사람들 앞에서 내보이며 이를 자랑한다. 그는 하나님의 자비와 은혜를 신뢰하지 않고, 자기의 업적을 신뢰한다. 그는 자기의 업적을 계산하면서 하나님에게 "그래도 이만큼 행하지 않았습니까?"라고 교만한 마음을 갖게 된다. "하나님, 감사합니다.…나는 이레에 두 번씩 금식하고, 내 모든 소득의 십일조를 바칩니다"라고(눅 18:11-12) 기도하는 바리새파 사람은 바로 이같은 인간의 교만을 나타낸다. 그는 하나님의 이름을 부르고 선한 일을 행한다 하지만, 그의 마음에는 하나님이 없다. 그에게는 자기 자신이 자기의 하나님이다. 그는 자기를 자기의 하나님으로 섬긴다.

이로써 그는 "내 앞에서 다른 신들을 섬기지 못한다"는 제1계명을 지키지 않는다. 제1계명을 지키지 않을 때, 모든 다른 계명들을 완전히 지킨다는 것은 불가능하다. 하나님의 계명을 지킬수록, 교만이 더 커지고, 자기를 더 속이게 된다. 이같은 사람이 행하는 업적은 아무리 아름답고 선하고 신빙성 있게 보일지라도 "죽음의 죄"(peccata mortalia)라고 루터는 말한다(2006a, 37, 하이델베르크 변론서 논제 3).

하나님은 사람이 행하는 업적을 보지 않고, 사람의 속마음을 보신다. 이 하나님의 의를 얻을 수 있는 길은, 후기 유대교가 가르치는 것처럼, 율법의 명령을 완전히 지키는 데 있지 않다. 타락한 본성을 가진 인간에게 율법의 명령을 조금도 흠 없이 지키는 것은 불가능하다. 하나님의 의를 얻을 수 있는 길은 하나님 앞에서 통회하고 회개하며, 십자가에 달린 그리스도 안에 계시된 하나님의 자비와 은혜를 믿는 데 있다. "이만큼 했습니다"라고 자만하는 바리새인이 아니라 "하늘을 우러러볼 엄두도 못 내고, 가슴을 치며 '아, 하나님, 이 죄인에게 자비를 베풀어 주십시오' 하고" 기도하는 세리가 하나님의 의롭다 하심을 얻는다(눅 18:13-14). "은혜와 믿음 없이 순수한 마음을 가지는 것은 불가능하다. 하나님께서는 (행위가 아니라) 그들의 믿음을 보셔서 그들의 마음을 깨끗하게 하신다"(행 15:9, 2006a, 37). 은혜와 믿음이 있을 때, 선한 업적이 저절로 뒤따른다.

4) 그럼 루터는 율법을 폐기해야 한다고 보았는가? 그는 율법과 복음을 완전히 분리시키고자 했던가? 한국 개신교회 보수계열의 목회자들은 구약 본문, 특히 율법에 대해 설교하는 것을 꺼려하는 경향을 가진다. 그 이유는 구약의 율법과 복음을 서로 대립하는 것으로 보기 때문이다. 이에 대한 근거는 율법에 대한 바울과 루터의 가르침에 있다고 그들은 생각한다. 그러나 루터가 말하는 복음과 율법의 구별은 결코 "분리"를 뜻하지 않는다. 복음과 율법 두 가지 중에 어느 하나를 버리고 다른 하나를 택해야 한다고 루터는 말하지 않는다. "기독교의 선포는 복음이기 때문에 율법과 아무 관계가 없다고 보는 반율법주의적 오해에 반하여, 루터는 열정적으로 투쟁하면서 자기의 입장을 취하였다. 복음의 순수성 때문에 그는 율법을 옹호해야 한다고 생각하였다.…율법은 그 자체로 충분하지 못하므

로, 복음이 첨가되어야 한다. 이와 마찬가지로 복음만으로는 충분하지 못하다. 복음은 율법을 필요로 한다"(Ebeling 1964, 125-126).

복음이 율법을 필요로 하는 이유는 무엇인가? 그 이유는, 복음은 율법의 전제 속에서 등장하였기 때문에 율법과의 연관 속에서 바르게 파악될 수 있다는 점에 있다. 복음은 율법의 성취다. "성취를 향해 외치는 율법이 없다면, 복음은 무의미하게 되며, 그 필연성을 상실한다. 죄가 없으면, 죄의 용서가 선포될 수 없는" 것과 같다(148).

하나님은 병든 자를 고치며, 눈먼 자를 보게 하며, 죽은 자를 살리며, 죄인을 경건한 사람으로 만들며, 어리석은 자를 지혜롭게 만든다(WA 1.183). 이와 마찬가지로 하나님은 율법으로 말미암아 그의 저주와 심판 가운데 있는 자에게 복음을 주신다. 이것은 단지 유대인에게만 해당하는 것이 아니라 구약의 율법을 알지 못하는 모든 사람에게 해당한다. 율법은 모든 "인간의 본성 안에 이미 있는 것"을 나타내기 때문이다. "율법은 그 이전에 (모든 사람의 본성 안에) 이미 사실적으로 있다"(WA 39.1).

율법과의 관계 속에서 우리는, 하나님의 칭의와 구원을 얻을 수 있는 길은 인간의 업적에 있지 않고 그리스도의 복음에 있다는 사실을 보게 되며, 우리를 구원할 수 있는 하나님의 의가 무엇인가를 보게 된다. 그것은 율법이 요구하는 "업적의 의가 아니라 믿음의 의요, 적극적 의가 아니라 수동적 의요 선물되어진 의다. 그것은 (인간) 자신의 의가 아니라 낯선 의, 약속되는 의, 바로 그렇기 때문에…자기의 소유로 삼을 수 없는 의, 도리어…믿음을 통해 얻을 수 있는 의"라는 사실을 깨닫게 된다. 그러므로 신학이 철학을 제거하지 않으며, 영이 글자를 제거하지 않는 것처럼, "복음은 율법을 제거하지 않는다"(Ebeling 1964, 134, 157).

5) 복음이 율법의 성취라면, 복음을 믿는 사람은 율법을 성취하고자 할 수밖에 없다. 그러므로 루터는 사도 바울의 말씀대로 "율법을 이루어야 한다"고 거듭 주장한다. 참된 믿음을 가진 사람은 율법을 버리는 것이 아니라 오히려 율법을 이루게 된다. "믿음은 율법이 명령하는 바를 이룬다." 우리가 그리스도를 믿을 때, 그리스도께서 우리 안에 계시고, 우리와 하나가 되신다. 우리가 그리스도의 것이 되고, 그리스도가 우리의 것이 된다. 의로우시며 율법을 이루신 그리스도와 우리가 하나라면, 우리도 그리스도처럼, 그리스도를 통해 모든 율법을 이룰 수밖에 없다. "믿음을 통하여 그가 우리의 것이 되었기 때문이다"(하이델베르크 변론서 26조).

바울이 로마서 7:12에서 말하는 것처럼, 본래 율법은 "거룩하고, 의롭고 선한" 것이다. 그것은 우리에게 좋은 것이다. 그러나 인간의 본성이 죄로 물들어 있기 때문에 "좋은 것"이 "우리에게 좋을 수 없고, 우리를 살리지 못하고 도리어 우리를 죽인다. 최고의 선이신 하나님마저 하나님 없는 자들에게는 선한 것이 아니라 도리어 가장 경악스럽고 귀찮게 하는 것이 된다." "율법의 성취요 의가 되는 믿음을 네가 가질 때, 십계명의 율법도 좋은 것이다"(2006b, 255-257). 그런데 율법이 인간의 죄를 더 크게 하고, 죄에 대한 하나님의 진노를 계시하게 되는 이유는, 율법이 나쁘기 때문이 아니라 인간의 본성이 타락하여 율법을 지키지 못하기 때문이다.

결론적으로 루터는 결코 구약의 율법을 부인하지 않는다. 오히려 그는 복음의 전제로서 율법을 인정하며, 그리스도인들이 성취해야 할 종말론적 목적으로서 율법을 인정한다. 그러므로 루터는 「대교리문답서」(1529)에서 십계명은 사도신경 및 주기도문과 함께 그리스도인들이 "먼저 한 자 한 자 암송해야 할 가장 필요한 부분들이다", "성경에 기록되어 있는 가장 기본적인 모든 것이 이 세 부분 속에…요약되어 있다"고 말한다(1964b, 19).

성경 해석 문제와 연관하여 루터는 이렇게 말한다. "율법은 그리스도를 가리키며, 그리스도 안에 있는 믿음의 의에 관한 설교를 통하여 성취된다. 이리하여 율법은 존속하며, 모든 사람이 지켜야 할 하나님의 계명으로서 새 계약의 시대에도 타당성을 가진다"(Hägglund 1990, 169). 이 문제에 대해 우리는 이 책 제4부의 6장 중 "반율법주의 논쟁"에서 보다 더 상세히 고찰하게 될 것이다.

5. 칭의론에 숨어 있는 해방과 자유의 힘

1) 위에서 기술한 대로, 루터의 칭의론의 일차적 동인은 가톨릭교회의 업적사상을 극복하고, 그리스도의 복음에 근거한 순수한 마음의 믿음을 회복하며, 교회를 교회다운 교회로 개혁하는 데 있었다. 그러나 이같은 동인에서 출발한 칭의론은 교황을 머리로 한 성직자 계급의 불의와 착취에서 민초들을 해방하는 기능을 내포하고 있다. 이 점을 간과한 채 칭의론을 구원론의 한 형태로만 본다면 그것은 칭의론의 절반 밖에 보지 못하는 것이다.

칭의론의 절반 밖에 보지 못하는 원인은, 칭의론을 당시의 구체적 상황에서 분리시켜 생각하는 데 있다. 루터는 그의 칭의론을 조용한 상아탑 속에서 개진한 것이 아니라 자신의 생명이 오락가락하는 개혁운동의 투쟁 속에서 개진하였다. 이같은 상황을 충분히 고려할 때에만 우리는 칭의론의 진의를 제대로 파악할 수 있다.

2) 루터가 쓴 「교회의 바빌론 포로신세」(1520)에 따르면, 그 당시 가톨릭교

회의 교황체제는 "독재체제"였다. 신자들은 이 독재체제의 포로가 되어 있었다. 교황의 아첨꾼들은 성경 말씀을 교묘히 날조하여 교황의 독재체제를 강화하였다. 예를 들어, 예수는 베드로에게 다음과 같이 말하였다. "내가 너에게 하늘나라의 열쇠를 주겠다. 네가 무엇이든지 땅에서 매면 하늘에서도 매일 것이요, 땅에서 풀면 하늘에서도 풀릴 것이다"(마 16:19). 루터에 따르면, 예수의 이 말씀은 교회에 대한 말씀이 아니라 제자들이 행하게 될 죄용서에 대한 말씀이었다. 그런데 교황에게 아첨하면서 자기의 유익을 찾는 교황의 지지자들은, 베드로와 그의 후계자들에게 "하늘나라의 열쇠"가 주어졌으므로 교황은 교회의 모든 법을 제정할 수 있는 전권을 가지며, 교황은 교리나 교회법 문제에서 오류를 범할 수 없다고 주장한다.

그러나 이들은 마태복음 16:19 다음에 오는 말씀을 무시한다. 그다음에 오는 말씀에 따르면, 베드로는 예수께서 이 세상에 오신 목적이 무엇인지 알지 못한다. 그래서 그는 예수께서 고난과 죽임을 당하는 것을 반대한다. 이에 예수는 베드로를 가리켜 자기의 지상 사역을 방해하는 "사탄"이요 "걸림돌"이라고 부른다(마 16:21-23). 이같은 베드로에게 "하늘나라의 열쇠"를 맡기며, 베드로 위에 교회를 세운다는 것은 불가능하다고 나중에 루터는 말한다. 여하튼 예수께서 베드로에게 "하늘나라의 열쇠"를 맡겼다는 말씀에 근거하여 교황은 터키인들보다 더 심하게 "교회의 자유"를 파괴하고, 법적으로 교회를 억압할 수 있게 되었다.

또 교황의 추종자들은 "너희의 말을 듣는 사람은 곧 나의 말을 듣는 것이다"라는 예수의 말씀을 변조한다. 본래 이 말씀은 예수께서 복음을 전하러 가는 그의 제자들에게 하신 것으로, 단지 "복음과 관계된" 것이었다. 그런데 교황의 하수인들은 복음을 빼버리고, 교회와 사제들의 말을 듣는 사람은 곧 예수의 말을 듣는 것이라고 살짝 바꾸어버린다. 또 "나의 양들은 나의 음성을 듣지, 낯선 사람의 음성을 듣지 않는다"라는 요한복음 10장의 말씀도 교황의 하수인들은 이렇게 날조한다. 이에 근거하여 교황과 사제들은 그들 자신의 말을 예수의 말씀으로 듣게 한다. 이와 같이 "인위적으로 조작된 그의(교황의) 말들과 힘으로 훼손되어버린 하나님의 모든 말씀을 통해" 그들은 신자들을 억압하고 착취하는 "독재체제"(tyrannis)를 만들었다(2016, 153-157). 독재체제는 부패하기 마련이다. 이리하여 교회는 부패와 타락에 빠진다. 구원의 방편인 회개는 돈벌이하는 "시장 바닥"(nundinus)이 되어버리고(2006b, 120), 성직자들은 신자들의 피를 빨아먹는, 그러나 아무리 빨아먹어도 배부르지 못하는 "거머리" 같은 존재가 된다(2016, 203).

3) 루터는 교황 독재체제에서 "교회의 자유", "그리스도인의 자유"를 되찾고자 한다. 우리는 이것을 「교회의 바빌론 포로신세」라는 책 제목에서 분명히 볼 수 있다. 교황체제의 포로가 되어 있는 교회와 그리스도인들을 그 포로신세(captivitas)에서 해방하고 자유를 되찾는 것이 루터의 중요한 목적임을 이 책의 제목은 시사한다. 루터는 이에 대한 해결책을 칭의론에서 발견한다. 그럼 칭의론 어디에 그리스도인의 자유를 되찾을 수 있는 힘이 있는가?

위에서 기술한 바와 같이, 이 힘은 "오직 은혜로", "오직 믿음으로", "오직 그리스도만이"라는 칭의론의 세 가지 명제에 있다. 이 명제들은 당시 가톨릭교회가 가르친 반(半)펠라기우스주의의 업적사상과 교회의 모든 외적인 제도와 형식에서 신자들을 해방하는 기능을 가지고 있었다. 이 해방과 자유는 교황 및 성직자 계급에서의 해방과 자유이기도 하였다. 중세 말기에 이들의 세력이 약화되기는 했지만, 그들은 아직도 유럽 세계에서 가장 큰 힘을 가진 사회적·정치적 세력이었다. 따라서 그리스도인들의 업적에서의 해방과 자유는 바로 이 사회적·정치적 세력에서의 해방과 자유일 수밖에 없었다.

결론적으로 루터의 칭의론은 종교개혁 당시 가톨릭교회의 그릇된 구원론을 극복하고, 신자들의 순수한 믿음과 교회다운 교회를 회복하기 위한 **새로운 구원론의 형태**였다. 이 새로운 구원론 속에는 교황 독재체제 및 성직자 계급의 거짓과 불의와 착취에서 민초들을 구하고, 하나님의 진리와 정의를 세울 수 있는 힘이 숨어 있었다. 루터에게 그것은 단지 하나의 구원론에 불과한 것이 아니라 불의한 세계 속에 **하나님의 정의와 자유를 세우기 위한 저항의 무기**요, "교회의 존망이 달려 있는 신앙조항"이었다 (*articulus stantis et cadentis ecclesiae*, 김창락 2017, 125). 이 문제에 대해 우리는 이 책 "부록 2"에서 보다 더 자세히 고찰하고자 한다.

III
교황의 파문으로 이어진 심문과 변론

1518년 이후 루터는 칭의론에 입각하여 가톨릭교회의 많은 신학적 문제를 비판한다. 그는 처음에는 주로 회개의 이론과 실천의 문제점을 비판하였다. 그러나 교황주의자들과의 대립과 논쟁 속에서 그는 가톨릭교회의 아킬레스건과 같은 문제, 곧 교황체제와 성직자 계급의 정당성과 권위를 부인하기 시작한다. 이에 경악한 로마 교황청은 루터를 당근으로 달래기도 하고, 파문의 채찍으로 위협하기도 하였다. 로마 교황청은 수도회 지도자들을 통해 그를 회유하기도 했다. 그러나 모든 노력은 수포로 돌아가고, 결국 루터는 1521년 1월 3일에 교황의 파문을 받게 된다(1월 5일에 파문을 받았다고 보는 학자들도 있음). 그 과정의 단면들을 살펴보기로 하자.

1. 일방적 철회를 요구받은 아욱스부르크 심문(1518)

1) 1518년 4월 하이델베르크 변론이 아무 효과 없이 끝난 뒤, 동년 6월 루터는 교황이 파문을 남발한다는 내용의 설교를 통해 교황의 심기를 다시 한번 크게 건드린다. 즉 교황은 세금 체납과 같은 사소한 일로 파문을 선고하는데, 이로 인해 개인은 물론 특정 지역 전체가 정신적·심리적·경제적 피해를 당한다는 것이다. 청중들은 루터의 설교에 열광하였다. 그러나 이를 엿들은 도미니코 수도사들은 그 내용을 즉시 교황에게 보고한다.

이에 교황은 루터에게 60일 내에 로마로 자진 출두하여 95개조를 무조건 철회하라고 명령한다. 교황은 루터가 이를 거부할 경우, 사제직과 교수직을 박탈하고, 그를 로마로 압송하겠다고 통보한다. 루터는 이 통보를 1518년 8월 7일에 받는다. 당시 도미니코 계열의 교황청 신학자 프리에리아스(Silvester Prierias)는, 교황과 공의회도 실수할 수 있다는 루터의 주장은 이단이므로 루터를 로마로 압송하는 것은 정당하다고 교황의 명령을 지지한다. 이제 루터에게 남은 것은 자기의 발로 로마에 가서 95개조를 철회하든지, 아니면 로마로 압송당하든지, 두 가지 중 하나 밖에 없었다. 로마로 압송될 경우, 그는 종교재판을 받고 이단자로 화형을 당할 수 있었다.

이에 루터는 선제후 프리드리히의 비서인 슈팔라틴에게 도움을 요청한다. 슈팔라틴의 요청을 받은 선제후 프리드리히는 황제 막시밀리안 1세의 지지 속에 루터 문제를 독일에서 다룰 것을 교황에게 요청한다. 95개조는 독일에서 일어난 독일의 문제이므로 루터는 로마에서 심문을 받을 것이 아니라 독일에서 받아야 한다는 것이다. 신임 황제의 선출을 눈앞에 둔 교황은 독일의 명망 있는 선제후 프리드리히의 의사를 무시하기 어려왔다. 루터 문제보다 새 황제의 선출 문제가 교황에게 더 중요하였다.

이같은 상황에서 교황은 제국의회 참석 차 아욱스부르크에 와 있는 그의 특사 카예타누스(Thomas Cajetan, 1469-1534)에게 루터를 즉시 체포하라고 지시한다. 교황은 필요한 경우 세속 통치권의 힘을 빌리라고 말한다. 그러나 교황은 루터가 자발적으로 카예타누스에게 와서 참회할 경우 루터를 체포하지 않을 수 있는 권한을 그에게 부여한다. 이와 동시에 교황은 선제후 프리드리히에게 루터를 넘겨달라고 거듭 촉구한다. 카예타누스는 루터를 체포하기 전에 먼저 루터를 심문하는 절차가 필요하다고 생각한다. 그래서 그는 루터를 아욱스부르크로 소환하는 것을 허락해 달라고 교황에게 건의한다. 교황의 허락에 따라 카예타누스는 1518년 9월 루터를 아욱스부르크로 소환한다.

2) 카예타누스는 이탈리아 가에타(Gaeta) 출신으로, 본명은 Tommaso de Vio였다. 그가 태어난 도시 "가에타"에 근거하여 그는 카예타누스(Caetanus)라 불리게 된다. 그는 이탈리아 여러 대학의 교수로 일한 지도급 신학자였다. 1508년 도미니코 수도원 총무가 되었고, 1517년에는 추기경으로, 1519년에는 출생지 가에타의 주교로 봉직한 카예타누스는 토마스 아퀴나스의 신학에 정통한 최고의 스콜라 신학자로서, 로마 가톨릭교회의 개혁이 필요하다고 생각하는 소수의 이탈리아 신학자 중 한 사람이었다.

1518년, 아욱스부르크 제국의회에 참석했던 선제후 프리드리히는 여기서 카예타누스를 만난다. 그는 루터를 체포하여 로마로 압송하지 말고 대화를 통해 문제를 해결해 달라고 카예타누스에게 요청한다. 아욱스부르크 제국의회가 끝나자, 루터는 걸어서 비텐베르크에서 아욱스부르크로 간다. 프리드리히는 그를 보호할 몇 사람의 시의원과 호위자, 그리고 얼마의 돈을 지원한다. "아욱스부르크로 가는 루터는 공포와 근심에 사로 잡혀 있었다. 그때의 공포는 3년 후 보름스 국회에서보다 훨씬 심했다고 나중에 술회했다. 그는 도중에 위장염으로 기절할 뻔 할 정도로 긴장했었다고 전해진다. 또한 루터는 자기주장이 참으로 옳은가 하는 회의에 빠지기도 했었다고 기록한다"(이영호 2017b, 55).

루터가 아욱스부르크에 도착하자, 시의원들은 황제의 신변보호 약속 없이 카예타누스에게 가서는 안 된다고 그에게 조언한다. 이 조언에 따라 루터는 3일간 황제의 신변보호 약속을 기다린다. 이 3일 동안 카예타누스는 매일 중재인을 보내 루터를 회유한다. 3일 째에 카예타누스의 중재인이 왜 카예타누스를 방문하지 않느냐고 힐난하자, 루터는 황제의 신변보호가 보장되면 즉시 방문하겠다고 대답한다. 같은 날 황제의 보좌관이 루터에 대한 황제의 신변보호를 카예타누스에게 전달하고, 루터를 너무 심하게 다루지 말라고 부탁한다. 카예타누스는 이를 수용하되, 자기의 직무는 수행하겠다고 대답한다(2016, 497).

3) 카예타누스는 1518년 10월 12일과 14일 사이에 그가 머물고 있던 아욱스부르크의 대 사업가 푸거(Fugger)의 저택에서 루터를 심문한다(이것은 매우 웃기는 일이다). 이때 아욱스부르크 제국의회는 이미 끝난 상태였다. 루터의 회상에 따르면, 카예타누스는 아버지처럼 매우 온화하고 정중하게 그를 영접하였다. 그에게서 권위와 거만함은 조금도 보이지 않았다. 그는 루터와 변론하기를 원하지 않으며, 단지 문제를 평화롭고 조용하게 조정하기를 원한다고 하면서, 아래의 세 가지를 요청하였다. (1) 자기의 오류를 철회해 달라. (2) 잘못된 생각들을 더 이상 주장하지 않겠다고 약속해 달라. (3) 교회를 혼란시키는 모든 일을 중지해 달라.

루터가 이에 대해 즉각 응답하지 않자, 카예타누스는 르터에게 아래의 세 가지 주장을 철회하라고 요구한다. (1) 그리스도의 업적만이 면죄를 가능케 하는 은혜의 보물이다. 교황은 이 보물에 대한 전권을 갖지 않는다. (2) 교황의 권위는 성경과 공의회의 권위 아래에 있다. (3) 구원의 확실성을 얻을 수 있는 길은 성례 자체에 있는 것이 아니라 오직 믿음에 있다. 따라서 믿음이 없는 사람에게 성례는 아무 효력도 갖지 못한다. 이 세 가지 주장을 철회하라는 것이다.

카예타누스의 이 요구는 무척 실망스러웠다고 루터는 회고한다. 루터는 카예타누스와의 변론을 기대하였다. 그러나 카예타누스는 일방적 철회를 요구하면서 앞으로 더 이상 문제를 일으키지 말고 입을 다물라는 것이었다. 사실 당대의 대 신학자요 교황청의 추기경인 카예타누스는 비텐베르크의 이름 없는 수도사인 루터와 변론하는 것을 불명예로 생각했을 것이다.

루터는 철회를 거부하면서 카예타누스에게 이렇게 다답한다. 교회의 전통이나 교황의 가르침보다 성경이 더 높은 권위를 가진다. 따라서 교회의 전통과 교황의 가르침은 성경에 의해 검증될 때에만 타당성을 가진다. 교황은 공의회의 권위를 존중해야 한다. 루터의 이런 주장에 대해 카예타누스는, 성경은 교황의 가르침에 따라 해석되어야 하므로 교황의 가르침이 성경과 공의회 위에 있다고 주장한다.

이 문제들 외에 두 사람은 회개, 하나님의 은혜 등에 대해 토론을 벌이지만 합의점에 도달하지 못한다. 토마스 아퀴나스의 신학에 정통한 카예타누스는, 각 사람의 믿음이 죄용서에 대한 조건이 된다는 루터의 입장을 수용할 수 없었다(Lohse 1980, 24). 이에 카예타누스는 아들 같이 젊은 루터를 달래기도 하고, 교황의 파문을 위협하기도 한다. 그러나 루터는 이렇게 대답한다. 성경 말씀과 교부들 및 교황의 명령들과 올바른 이성에 반하여 (recta ratio) 내가 무슨 오류를 범했는지 알지 못하겠다. 내가 말한 모든 것은 진실되고 가톨릭적(=보편적)이며, 구원에 도움이 될 것이다. 그러므로 루터는 자기의 주장을 한 마디도 철회할 수 없다고 대답한다. 루터의 이런 대답은 그 당시 대 석학이요 추기경이며 교황 대리자에 대한 명령 불복종이었다.

두 사람의 논쟁에서 궁극적 문제는 교회론의 차이에 있었다. 카예타누스는 교회를 신자들의 주관적 믿음에 앞서는 객관적 제도로 이해하였던 반면, 신자들의 믿음이 없는 객관적 제도로서의 교회는 루터에게 불가능한 것이었다. 루터에게 교회는 신자들이 없는 법적·객관적 제도가 아니라, 목자 되신 그리스도의 말씀을 듣는 신자들의 공동체였다. 이에 카예타누스는 한 논문에서, 루터는 "새로운 교회를 세우려고"한다고 말한다 (Lohse 1980, 25).

1520년에 「그리스도인의 자유」와 함께 교황 레오 10세에게 보낸 첨부 서신에 따르면, 루터는 자신의 반대자들이 침묵을 지킨다면, 자기도 침묵함으로써 논쟁을 끝내겠다고 카예타누스에게 약속하였다고 한다. 그러나 자기의 명예를 중요시하는 카예타누스는 루터의 제안을 거부하고, 루터의 반대자들을 변호하면서 계속 일방적 철회를 요구하였다고 한다(2006b, 111).

결국 두 사람의 논쟁은 합의에 이르지 못한다. 이에 카예타누스는 "슈타우핏츠와 저녁을 먹으면서 루터의 마음을 변화시켜 보라고 했다. 슈타우핏츠는 자기의 능력으로는 성경 지식에 능한 루터를 설득할 수 없다고 사양했다"(이영호 2017b, 56). 논쟁 결과를 보고받은 선제후 프리드리히는, 루터가 이단자라는 점이 증명되지 않았다고 판단한다. 루터는 시의원들과 함께 "더 정확한 정보를 얻어야 할 교황에게" 보내는 호소문(Apellation)을 작성하여 공증인의 공증을 받고, 10월 20일 아욱스부르크 대성당 출입문에 붙인다.

그 사이에 루터의 호위자들은 그를 체포하려는 교황 사절단의 움직임을 감지하고 루터에게 즉시 아욱스부르크를 떠날 것을 권유한다. 이에 루터는 10월 22일 안개가 가득한 어두운 밤에 아욱스부르크에서 비텐베르크로 도주한다. 도중에 루터는 뉘른베르크에 숨어 있다가, 호위자들의 보호 속에서 무사히 비텐베르크에 도착한다. 이때 슈타우핏츠는, 루터가 자유롭게 행동할 수 있도록 하기 위해 수도회에 대한 복종의 서약에서 루터를 풀어준다.

비텐베르크로 돌아온 후에도 루터는 협박과 암살의 톱안에 시달린다. 파문을 당할 경우, 그는 자기를 지지하는 사람들에게 누를 끼치지 않기 위해 작선 지역을 떠날 마음의 준비를 하고 있었다. 작선 지역을 떠날 경우, 그는 선제후 프리드리히의 보호를 더 이상 받을 수 없기 때문에 즉시 살해당할 수 있었다. 선제후 프리드리히는 루터를 로마로 보내라는 교황의 요구를 계속 거절하면서 루터에 대한 정당한 심문을 거듭 촉구한다. 1518년 11월 28일에 루터는 "아우구스투스 헌장"(*Acta Augustana*)을 발표하고, 교황에게 공의회 개최를 간청한다. 교황은 이를 묵살한다. 이 헌장의 후서에서 루터는 이렇게 말한다. "하나님의 진리가 교황 위에 있는 주이시다"(WA 2.18).

이때부터 루터가 교황을 적그리스도로 생각하기 시작했음을 보여주는 문헌들이 발견된다. 1518년 12월 18일에 지인 링크(Wenzel Link)에게 보내는 편지에서, 적그리스도가 교황청을 다스리는 것 같다고 루터는 말한다(WABr 1.121). 루터는 1519년 3월 13일에 친구 슈팔라틴에게 보낸 서신에서 교황이 바로 적그리스도가 아닌지 질문한다(WABr 1.161).

2. 교황의 금장미 뇌물을 거절한 선제후 프리드리히

1) 루터와 카예타누스의 담화가 실패로 끝나자, 교황 레오 10세는 "루터 건"을 조용히 해결하기 위해 1518년 말 의전관 밀팃츠(Karl von Miltitz, 라틴어 명 Carolus Miltitius)를 선제후 프리드리히에게 보낸다. 교황은 밀팃츠 편에 가톨릭교회 최고의 공로자에게 수여하는 금으로 만든 장미(Goldene Rose)를 선제후 프리드리히에게 보낸다. 밀팃츠는 그다음 해(1519) 1월에 알텐부르크(Altenburg) 성에서 프리드리히에게 금장미를 바치면서 루터의 로마 압송을 허락해 달라고 간청한다. 사실상 이 금장미는 프리드리히에게서 루터를 넘겨받기 위한 뇌물이었다. 그러나 프리드리히는 금장미를 정중히 거절하면서 루터의 로마 압송을 거부한다.

이에 밀팃츠는 1519년 1월 5/6일 사이에 수차례 루터와 담화를 가진다. 「그리스도인의 자유」에 첨부된, 교황 레오 10세에게 보내는 서신에서 루터는 밀팃츠를 매우 긍정적으로 평가한다. 그는 루터를 자상한 아버지처럼 대하면서 최대한 합의점을 얻고자 노력하였다. 그리하여 두 사람은 다음과 같은 합의에 도달한다. 즉 루터의 반대자들이 루터에 대해 침묵할 경우, 루터도 더 이상 글을 쓰지 않고 설교도 하지 않고 평화를 지킨다는 것이다. 그리고 학문적으로 권위 있는 트리어(Trier) 대주교와 나움부르크(Naumburg) 주교를 심판자로 세우고, 문제 해결을 위해 서로 노력한다는 중재안에 합의하였다고 루터는 말한다(2006b, 113).

협상 중에 밀팃츠는 다음과 같이 자기의 마음을 털어놓았다고 루터는 회상한다. 로마에서 작센으로 오는 길에 밀팃츠는 루터에 관한 사람들의 생각을 물었다. 네 사람 중 세 사람은 루터가 옳다 하고, 나머지 한 사람만 교황이 옳다고 대답했다는 것이다. 그러나 로마 교황의 특사에 대한 두려움 때문에 네 사람 중 나머지 한 사람도 거짓말을 했을 가능성이 크다. 따라서 거의 모든 독일 사람이 루터를 지지한 것으로 보인다. 그래서 밀팃츠는 루터에게 이렇게 말한다. "25,000명의 군사가 나에게 있어도, 당신을 로마로 끌고 가는 것은 어려울 것 같다."

밀팃츠가 사람들의 여론을 물으면서 "'로마의 의자'(Römischen Stuhl, 교황을 뜻함)를 어떻게 생각하느냐"고 물으면, 그들은 이 말을 이해하지 못해, 자기 집에 있는 의자를 생각하면서 "당신들이 로마에 나무 의자를 갖고 있는지, 돌로 만든 의자를 갖고 있는지, 우리가 어떻게 알 수 있느냐?"고 대답했다고 한다. 루터는 이 말을 재미있게 들으면서, 밀팃츠가 그래도 인간적인 사람이라 생각했다고 회고한다(2006b, 503). 여하튼 25,000명의 군대가 있어도 루터를 로마로 압송하는 것이 어려울 정도로, 루터에 대한 독일 민중들의 지지는 압도적이었다.

루터와 밀팃츠 사이의 약속은 약 2개월 후 파기된다. 레오 10세에게 보낸 루터의 서신에 의하면, 밀팃츠와 맺은 평화의 약속을 엑크가 모두 깨어버렸다. 엑크가 갑자기 교황의 수장직 문제로 루터를 공격함으로써 "이 평화의 계획을 완전히 망쳐버렸다"는 것이다. 밀팃츠의 중재 노력이 있었지만, "엑크의 거짓말과 기만과 모함으로 인해" 모든 것이 수포로 돌아갔다고 루터는 교황에게 전한다(위의 책 113). 카예타누스는 1519년 5월에 밀팃츠를 통해 선제후 프리드리히와 협상하여 루터를 사제직에서 면직시키고자 하였다. 그러나 선제후 프리드리히는 이를 허용하지 않았다.

2) 선제후 프리드리히가 교황의 금장미를 거절하면서까지 루터를 보호한 이유는 무엇일까? 단지 경건하고 덕망 있는 인물이었기 때문에 루터를 보호한 것일까? 아니면 루터를 지지하는 독일 민중들의 신뢰를 얻기 위한

정치적 계산에서 그를 보호한 것일까?

현자(der Weise)라 불리는 선제후 프리드리히는(1463-1525) 매우 경건하고 큰 덕망을 가진 인물로, 신성 로마 제국의 황제 선출권을 가진 7명의 선제후 가운데 한 사람이었다. 그는 법과 질서를 지키는 신뢰성 있는 인물로, 외교와 정치적 전략의 대가로 인정받고 있었다. 그는 제후들의 중재자 역할을 맡기도 하였다. 작선 인근 지역의 주교들도 그를 존경하였다. 1519년 막시밀리안(Maximilian) 황제가 사망하자, 그의 후계자로 천거될 만큼 많은 사람의 존경을 받고 있었다. 그러나 당시 신성 로마 제국의 정치적 상황에서 자신이 황제직

선제후 프리드리히
[자료 출처: 위키미디어]

에 적절하지 않다고 판단하여, 그는 황제 천거를 거절하였다. 그리하여 20세 밖에 되지 않은 스페인의 왕 카를로스 1세가 신성 로마 제국의 황제 카를 5세로 선출되었다. 앞서 기술한 대로, 여기에는 아욱스부르크의 푸거가에서 빌린 거액의 뇌물이 크게 작용하였다.

선제후 프리드리히는 에르츠 산맥의 많은 은광을 통해 큰 부를 이루었다. 그는 성유물 수집에 열중하였다. 1510년에 그는 5,000점의 성유물을 비텐베르크 성 교회 안에 가지고 있었다. 1520년에 그것은 19,000점으로 늘어났다. 그것은 알프스 이북의 유럽 지역에서 가장 큰 것으로 알려져 있었다. 학문과 예술의 발전에 큰 관심을 갖기도 했던 그는, 1502년 비텐

베르크 대학을 세우고, 이 대학을 독일의 다른 유수한 대학에 맞먹는 대학으로 발전시키고자 하였다. 그는 1517년, 자신의 영지 내에서 면죄부 장사를 금하였다. 그럼에도 교황이 프리드리히를 함부로 대할 수 없었던 이유는, 프리드리히의 덕망이 매우 컸기 때문이었다. 또 독일인들 거의 모두가 로마의 교황청에 대해 적대적이었기 때문이다.

선제후 프리드리히는 자기 영지의 통치자로서의 사명을 하나님 앞에서 공정하게 수행하는 것을 자기에게 주어진 의무로 생각하였다. 그는 루터 문제도 공정하게 처리해야 한다고 교황에게 거듭 요청하였다. 루터는 독일인이요, 루터 문제는 독일에서 시작되었기 때문에, 독일의 법정에서 공정한 심문 절차를 거쳐 처리되어야 한다는 것이다.

이렇게 선제후 프리드리히는 루터 건에 대한 공정성을 주장했지만, 사실상 그는 루터 편에 서서 루터를 보호하고, 그의 개혁운동을 지원하였다. 1521년 1월 3일에 루터가 교황의 파문을 당했음에도 불구하고, 그는 루터를 교황에게 넘겨주지 않고 보호하였다. 1521년 4월 17/13일에 루터가 자기의 입장을 변증해야 했던 보름스 제국의회에서 루터에게 법적 조언자를 지원해 주고, 루터의 여행비와 체류비는 물론 그를 코호하고 조언하기 위해 따라간 모든 조력자의 비용을 감당한 사람도 프리드리히였다. 그의 노력 덕분에 황제는 루터가 보름스로 와서 비텐베르크로 돌아가기까지 신변보호를 약속하였다. 또한 그는 황제와의 비밀 회담을 통해 루터에 대한 황제의 파문이 자신의 통치 지역 안에서는 법적 효력을 갖지 않도록 조치하였다. 보름스 제국의회가 끝난 후, 루터를 바르트부르크로 납치하는 연극을 꾸민 것도 사실상 선제후 프리드리히였다. 이와 같이 선제후 프리드리히가 루터를 지원하고 보호한 이유는 무엇일까? 우리는 그 이유를 다음과 같이 열거할 수 있다.

- 죽음의 위험을 마다하지 않고 가톨릭교회의 거짓과 불의에 끝까지 저항하는 청년 루터에 대한 프리드리히의 개인적 호감. 1521년 보름스 제국의회에서 루터의 변론을 들은 프리드리히가, "그는 너무 대담하다"고 그의 비서 슈팔라틴에게 말한 것이 이를 증명한다.
- 루터에 대한 민중의 압도적 지지 및 비텐베르크 대학의 학생들과 인문주의 교수들의 뜨거운 지지.
- 자기의 제자 루터를 살리기 위한 수도원 총감독 슈타우핏츠의 노력과 충언.
- 루터의 대학 친구로서 선제후 프리드리히의 비서요 도서관장이었던 슈팔라틴의 중재 노력.
- 자신이 세운 비텐베르크 대학과 그 대학의 교수인 루터를 보호하고, 이 대학을 크게 발전시켜야 할 선제후의 책임 의식.
- 황제와 교황의 권력을 억제하고 제국의회의 힘을 신장코자 했던 선제후의 정치적 관심.
- 당시 스페인, 프랑스, 영국의 대립 속에서 희생물이 될 수 있는 독일의 정치적 독립의 필요성에 대한 정치적 인식.

3) 가장 중요한 원인은, 선제후 프리드리히 자신이 로마 교황청을 좋지 않게 보았고 교회 개혁의 필요성을 절감했기 때문으로 보인다. 그는 당시 교황청의 불의와 부패, 독일에 대한 경제적 착취를 잘 알고 있었고, 이탈리아인이 독점한 교황청에 대해 반감을 가질 수밖에 없었다. 그는 교황청의 착취로 인한 "무거운 짐"(gravimana)을 짊어진 독일 제후들 중 한 사람이었다. 그가 자기의 영지 내에서 면죄부 장사를 금지한 것은 로마 교황청에 대한 그의 반감을 잘 나타낸다. 그 자신은 물론 독일인 거의 전부가 적

대감을 가진 교황에 대해 외로운 싸움을 하는 루터를 그는 보호하지 않을 수 없었다.

여하튼 여러 가지 이유가 있겠지만, 프리드리히 자신이 루터의 개혁운동이 옳다고 생각하였다. 그는 경건에 관한 루터의 글을 높이 평가하였고, 루터의 주장대로 성경을 믿음의 근원으로 굳게 믿었다. 그가 1522년에 성유물 수집을 중단한 것은 루터의 영향으로 추정된다. 루터가 성유물 숭배를 반대했기 때문이다. 1525년 5월 5일, 프리드리히는 죽음 직전의 마지막 성만찬에서 가톨릭교회의 관습에 반해 빵과 포도주를 함께 받는다. 이 사건은 프리드리히가 루터의 개혁운동에 찬동하였음을 분명하게 나타낸다. 그의 후계자가 된 동생 요한 1세는 형의 유지에 따라 작선 지역의 교회 개혁에 앞장선다.

그러나 외적으로 선제후 프리드리히는 루터와 거리를 유지하였다. 그는 루터에게 생명의 은인이었지만, 루터를 직접 대면하는 것을 피하였다. 1521년 보름스 제국의회가 끝나고, 루터가 바르트부르크(Wartburg) 산성에 납치되어 은둔생활을 할 때에도, 프리드리히는 루터를 대면하지 않았다. 1521년 보름스 제국의회에서 루터가 변론할 때, 그는 멀리서 루터를 단 한 번 보았는데, 이것이 처음이자 마지막이었다. 왜 프리드리히는 루터의 생명을 지켜주면서도 그와 대면하는 것을 피하였을까? 이 질문에 대한 대답은 독자들의 현명한 판단에 맡기고 싶다. 단지 유의할 사항은, 선제후 프리드리히는 매우 신중하고 지혜로운 사람이었다는 사실이다.

3. 교황체제에 대한 총체적 거부로 발전한 라이프치히 변론(1519)

1) 1519년 1월 12일 신성 로마 제국의 황제 막시밀리안 1세가 세상을 떠나고, 동년 6월 28일 스페인의 국왕 카를로스 1세가 신성 로마 제국의 황제 카를 5세로 선출되기까지 제국은 정치적 공백 상태에 있게 된다. 이 기간에 루터 문제는 수면에 떠오르지 않는 잠복기를 갖게 된다. 그러나 황제 선출 문제가 종결에 이르면서, 로마의 교황청은 "루터 건"(카우사 루테리, causa Lutheri, 루터 문제를 가리키는 공식 이름이었음)에 대한 칼을 빼든다. 1519년에 일어난 라이프치히 변론은 "루터 건"의 새로운 재점화를 뜻한다.

라이프치히 변론은 루터의 동료 교수인 카를슈탓트(Karlstadt, 본래 이름은 Andreas Bodenstein, 그가 태어난 곳인 Karlstadt가 그의 이름이 됨)와 당대의 저명한 신학교수인 요한 엑크 사이의 논쟁에 그 뿌리를 둔다. 1518년 5월, 두 사람은 인간의 자유의지에 관한 논쟁을 가졌다. 동년 7월 4일부터 두 사람의 논쟁은 교황 수장직 문제로 확대되었다.

1519년 2월, 카를슈탓트를 비판하는 13개의 논제에서 엑크는 루터를 함께 비판한다. 이리하여 엑크와 카를슈탓트의 논쟁은 루터에게로 비화된다. 이 논쟁에서 엑크는 모든 교회에 대한 가톨릭교회의 수위(首位)와, 베드로의 후계자요 그리스도의 보편적 대리자인 교황의 수장직(Primat)을 강력히 변호하였다. 이에 루터는 1519년 5월, 엑크의 13개 논제를 반대하는 자신의 13개 논제에서 교황 수장직을 반대하였다. 이에 대한 엑크의 신랄한 비판을 받게 되자, 루터는 라이프치히 변론이 시작되는 날인 1519년 6월 27일, 자신의 13개조에 대한 해명서(Resolutio)를 발표한다. 그 주요 내용을 살펴본다면,

(1) 마태복음 16:18-19에 따르면, "반석"이라 불리는 베드로가 예수에게서 "하늘나라의 열쇠", 곧 교회의 전권을 받았다. 그러므로 베드로의 후계자인 로마의 주교들(나중에 교황이라 불림)이 땅 위에 있는 모든 교회의 수장이라고 교황주의자들은 주장한다. 이 주장은 아래의 근거에서 타당하지 않다.

- 마태복음 16장의 본문에서 베드로는 개인이 아니라 모든 사도의 대표자로서, 곧 전 교회의 대표자로서 말하고, 또 그리스도의 말씀을 받는다. 그러므로 이 본문이 말하는 베드로의 수장직은 "베드로와 그의 후계자들, 어떤 주교나 개인에게" 주어진 것이 아니라, "성도들의 공동체"인 예수 그리스도의 교회 전체에 주어진 것이다(문헌 근거: 2009, 47).
- 베드로가 예수의 제자들의 수장이요, 다른 제자들은 베드로 밑에 있었다는 증거를 성경 어디에서도 발견할 수 없다. 제자들은 예수에 의해 파송을 받지, 베드로에 의해 파송을 받지 않았다. 예수의 제자들의 공동체는 베드로를 수장으로 가진 위계체제가 아니라 자유로운 형제자매들의 공동체였다. 베드로만이 예수의 승계자(successor)가 아니라 모든 제자가 그의 승계자였다. 따라서 예수의 제자들에 의해 세워진 모든 교회의 주교들은 동등하다(163). 예수께서 가장 사랑하여 자기 어머니를 맡긴 제자는 베드로가 아니라 요한이었다.
- 사도행전의 그리스도인 공동체에서도 베드로가 모든 제자의 수장이었다는 기록을 발견할 수 없다. 여기서 베드로는 다른 제자들과 동격에 있는 것으로 나타나며, 15:13-21에 따르면 야고보에게서 자신의 연설에 대한 확증을 받는다. 그는 안디옥에서 바울의 꾸

중을 받기도 한다(갈 2:11, 159). 교부 히에로니무스에 따르면, 베드로 곧 "게바"(Kephas)는 본래 시리아어로 "확실함"(soliditas)을 뜻한다. 그런데 한 그리스인이 이 말을 "베드로" 혹은 "페트라" 곧 "돌", "단단한 반석"(kephale)으로 번역하였다. 그런데 교황의 추종자들은 시리아어 "cepha" 대신에 그리스어 "kephale"를 선택하였다. 이리하여 로마 교회의 첫 주교 베드로가 모든 교회의 반석 곧 수장이요, 그의 모든 후계자는 사도계승을 통해 베드로의 수장직을 승계한다고 주장하였다(93). 그러나 우리가 의지해야 할 교회의 반석은 베드로와 그의 승계자인 교황들이 아니라 하나님의 말씀이다(라토무스에 대한 반박서[1521]에서, 2006b, 282). 고린도전서 10:4에 의하면, 자기를 죄인의 자리에 세우신 그리스도가 교회의 반석이다(295).

- 로마 교황의 수위는 성경을 통해 증명될 수 있는 것이 아니라 11세기 이후 교황들의 교서를 통해서만 증명된다. 니케아 공의회 시대의 초기 교회는 예루살렘, 비잔틴, 로마 등지의 대교구 사이에 평등성이 있었다는 것을 보여준다. 니케아 공의회는 명예 수장직을 로마 교황에게 부여하지 않고 예루살렘 주교에게 부여하였다(167).

- 로마의 주교가 알렉산드리아, 안디옥, 예루살렘 주교, 그 밖의 이집트, 아라비아, 시리아, 소아시아와 전체 아시아 주교들을 세웠다는 증명은 어디에도 없다. 325년 니케아 공의회는 "모든 주교는 로마 주교에 의해 임명되지 않고, 지역 주교들에 의해 임명된다"고 결정하였다(167). 초기 교회 시대에 로마 주교(교황)의 수장직에 대한 법적 요구가 로마 교회에 의해 제기되기는 했지만, 1054년 동방 정교회와 서방의 로마 교회가 분열되기 이전에 로마 교회의 이 요구가 보편적으로 인정되는 교회 전체의 상태는 존재한 적이 없었다(135).

- 가톨릭교회는 "시몬아, 네가 나를 사랑하느냐? 내 양 떼를 치라"(요 21:16)는 말씀에 근거하여 교황의 수장직을 주장한다. 여기서 교황의 추종자들은 "양 떼"를 "모든 양"으로 살짝 바꾼다. 그러나 만일 베드로가 예수의 모든 양을 쳐야 할 수장이라면, 예수의 다른 사도들도 베드로에게 맡겨져, 베드로의 돌봄을 받아야 할 것이다. 그러나 다른 사도들이 베드로가 쳐야 할 양으로 베드로에게 맡겨지지도 않았고, 베드로의 파송을 받지도 않았다.

  또 예수는 베드로에게 "모든 양"을 맡기지 않았다. 베드로에게 맡겨진 양들은 할례를 받은 유대인 출신 그리스도인들이었다. 할례 받지 않은 이방인 그리스도인들은 바울에게 맡겨졌다. 그러므로 베드로는 "할례의 사도"가 되고, 바울은 "이방인들의 사도"가 되었다(갈 2:8). 에베소, 빌립보, 갈라디아, 데살로니가 등지에 있는 교회들의 양들을 친 사람은 베드로가 아니라 바울과 그의 제자들이었다. 베드로는 결코 "모든 양의 목자"가 아니었다.

  또 "양을 친다"는 것은 수장이 되어 권력을 행사하는 것을 뜻하지 않는다. 그것은 "하나님의 말씀을 설교하고 가르치는 것"을 말한다. 만일 교황이 참 목자라면, 그는 수장직을 내려놓을 수밖에 없을 것이다. 그는 밤낮으로 성경을 연구하고 기도하며 말씀을 위한 노력 속에서 위험과 죽음을 짊어져야 하기 때문이다(2009, 49-51). 그가 정말 모든 양의 목자 곧 수장이라면, 양들을 위해 자기의 생명을 내어주는 목자의 모습을 보여야 한다.

- 한마디로 로마 교황의 수장직은 "하나님의 법에서" 나온 것이 아니라 "인간의 결정에서"(*non iure divino, sed decretis hominum*) 나온 것이다(65). 그것은 인간의 결정에서 나온 것으로 존중될 수 있지만, 신적

법에서 나온 것으로 정당화될 수 없다. 성경만이(*sola scriptura*) 교회의 가르침과 질서에 대한 최고 규범이다. 교황의 수장직은 성경을 통해 근거되지 않는다. 가톨릭교회는 교황의 수장직을 통해 교회 전체의 질서와 통일성을 세우고자 한다. 그러나 땅 위에 있는 모든 교회의 통일성은 교황에 대한 "복종"에 있는 것이 아니라 "믿음과 희망과 사랑, 성례와 말씀과 같은 것"에 있다. 키릴로스에 의하면 그것은 사랑에 있다. 요한복음 17장이 시사하는 것처럼, 교회의 통일성은 "'로마 교회 안에' 있는 것이 아니라 '우리' 안에" 있다(107).

(2) 로마 교황이 땅 위에 있는 모든 교회의 수장이 아니라면, 로마 가톨릭교회가 모든 교회의 어머니라 말할 수 없다. 만일 어머니 교회가 있다면, 그것은 로마 교회가 아니라 예루살렘 교회일 것이다. 미가를 위시한 모든 예언자가 선포한 것처럼, 시온으로부터 복음의 율법이 나오고, 예루살렘으로부터 주님의 말씀이 나오기 때문이다. 그리스도는 거기서 속죄제물의 죽음을 당하고 성령을 보내주셨다. "간단히 말해, 여기서부터 하나님의 말씀이 온 세계 속으로 퍼지며, 여기서부터 모든 교회가 유래하기 때문이다."

초기 교회 시대에 모든 교회의 어머니는 예루살렘 교회였다. 콘스탄티노플 공의회에 모인 주교들은 로마의 주교 다마수스(Damasus)에게 이 사실을 다음과 같이 말한다: "모든 교회의 어머니로 지정된 예루살렘 교회 안에 가장 존경스러운 주교 키릴로스(Kyrill)가 계신다…." "예루살렘 교회가 로마 교회를 포함한 모든 교회의 어머니요, 원천이요, 뿌리요, 품속이다"라는 사실이 여기서 밝혀진다(165).

또한 니케아 공의회 결정문 제6조는, 알렉산드리아 교회는 이집트 교회를 감독하고, 로마 교회는 인접한 이탈리아 교회를 감독해야 한다고 말한다. 이것은, 로마 주교는 "수장직과 군주적 통치권(*primatum et monarchiam*)을 갖지 않을 뿐 아니라 초기 교회 시대에 로마 교회가 모든 교회의 어머니가 아니었음을 말한다"(165).

(3) "하늘나라의 열쇠"가 성도들의 공동체 전체에 주어졌다면, 교황만이 성경을 해석할 수 있는 권리를 가진다고 말할 수 없다. 모든 성도가 성경을 해석할 수 있는 권리를 가진다. 따라서 성도들은 교황이 하는 말의 포로가 될 것이 아니라 "자유로운 판단력을 가지고 그것을 읽어야 한다"(109). 예수가 베드로에게 맡겼다는 하늘나라의 열쇠, 곧 교회의 전권은 교황의 배타적 소유물이 아니라 공동체 전체의 것이다. 모든 성도처럼 교황과 주교들도 오류를 범할 수 있다. 주교와 추기경으로 구성된 공의회도 오류를 범할 수 있다. 성도들은 오류를 범할 수 있지만, 교황과 공의회는 오류를 범할 수 없다는 논리는 성립되지 않는다.

(4) "여러분은 인간이 세운 모든 제도에 주님을 위하여 복종하십시오. 주권자인 왕에게나 총독에게나 그렇게 하십시오…"(벧전 2:13-15). 이 말씀에 근거하여 루터는, 세속의 정치적 질서에 대한 교황과 성직자들의 복종을 주장한다. 루터의 이 주장은, 교황은 태양이요, 황제는 태양의 빛을 반사하는 달과 같은 존재라 보았던 당시의 상황에서 혁명적인 것이었다. 영적인 일들, 곧 말씀을 가르치고 성례를 집행하는 일에 있어서 교황과 성직자들은 모든 사람 위에 있다. 그러나 공직, 관세, 이자, 세금, 국가의 법 제정, 재판과 같은 세속의 일에 있어서 교황과 성직자들은, 이를 관리하는 세속 통치자들의

권리를 존중하고 이에 복종해야 한다. 세속 통치자들의 법적 통치에서 교황과 성직자들은 예외가 될 수 없다. "황제의 것은 황제에게 바쳐야 한다"고 예수께서 말씀하실 때, 그는 교회은 여기서 예외가 된다고 말하지 않았다(121). 여기서 루터는 두 왕국론의 기초를 제시한다.

(5) "보편적 교회의 머리"(caput ecclesiae universalis)는 교황이 아니라 그리스도이다. 그리스도 외에 그 누구도 교회의 머리일 수 없다. 만일 교황이 하나님의 법에 따라 모든 신자 위에 있다면, 아무도 교황의 죄를 용서할 수 없고, 그의 죄 고백을 들을 수 없을 것이다. 그리스도만이 교회의 머리이고, 성직자를 포함한 모든 그리스도인은 그분의 몸의 지체라면, 교황과 사제들을 포함한 모든 그리스도인은 평등하다. 지체들 사이에 위아래가 있을 수 없기 때문이다. 따라서 아무도 다른 사람을 자기에게 예속시킬 수 없고, 권력으로 억압할 수 없다(169).

이같은 생각에서 루터는, 오늘 우리의 말로 표현한다면, 교회의 민주화를 주장한다. 순교자 키프리아누스가 시사하는 것처럼, "주교들의 주교"(교황을 말함)라 할지라도 자기를 높일 수 없고, 독재적 권력으로 동료 성직자들에게 복종을 강요할 수 없다. 주교가 다른 주교들에게 복종을 요구하는 것은 독재이다. 교회의 민주화는 성직자들 사이에서는 물론 성직자와 평신도 사이에도 이루어져야 한다. 교황과 주교와 사제는 신자들의 공동체에 의해, 아니면 공동체가 보는 앞에서 선출되고, 필요할 경우 면직될 수 있다고 루터는 주장한다(147-149).

2) 루터의 이같은 주장은 500년 전 가톨릭 세계에서 혁명적인 것이었다. 교황의 추종자들에게 그것은 경악스러운 것이었다. 루터의 지지자들 중에도 루터의 생각이 너무 과격하다고 말하는 사람들이 있을 정도였다. 이에 당시 작선 지역의 공작이요 라이프치히의 통치자였던 게오르그(Georg)는 엑크와 카를슈탓트 그리고 루터를 라이프치히로 초청하여 그들의 입장을 변론케 한다. 게오르그는 본래 엑크와 카를슈탓트를 위해 이 논쟁을 준비했지만, 루터도 함께 초빙하였다. 이리하여 1519년 6월 27일부터 7월 16일까지 3주 동안 유명한 "라이프치히 변론"(Leipziger Disputation)이 열리게 된다. 루터는 변론의 논제로서 그동안 자기가 주장한 바를 제시한다. 주요 내용을 살펴보면,

- 인간은 선한 일에서도 죄를 지으며, 죄는 세례를 받은 후에도 어린 아이 속에 남아 있다.
- 선한 업적이나 회개가 의에 대한 사랑보다 더 귀중하고, 선한 업적에서 인간은 죄를 짓지 않는다고 주장하는 것은, 그리스도와 바울을 발로 짓밟는 일이다.
- 하나님은 영원한 벌을 십자가를 짊어지는 시간적인 벌로 돌리신다. 교회의 규례와 사제는 이 벌을 부과할 권리도 없고 면제할 권리도 없다.
- 진심으로 회개하는 사람에게 사제는 벌과 죄책에서(a poena et culpa) 사면해야 한다. 그렇게 하지 않으면, 죄를 짓는 것이다.
- 임종을 맞이한 사람에게 하나님이 죽음에 대한 자발적 태도 이상의 것(죄에 대한 보상 등)을 요구한다는 것은 근거가 없는 일이다.
- 자유로운 의지의 능력(자유의지)이 인간의 선하고 악한 행동에 대한

주인이요, 말씀을 통한 믿음을 통해서만 의롭게 되는 것은 아니며, 범죄를 저질러도 믿음이 폐기되지 않는다고 생각하는 것은 믿음의 무지에 속한다.
- 그리스도의 공적이 교회의 보물이요, 이 보물이 성인들의 공적을 통해 더 풍요롭게 된다는 것은 옳다. 그러나 이 보물은 "면죄부의 보물"이 아니다.
- 그리스도인들에게 면죄부는 좋은 것이라고 설교하는 것은 미친 짓이다. 사실상 면죄부는 선한 행위를 방해한다. 그러므로 그리스도인은 면죄부를 버려야 한다. 주님께서는 "돈 때문이 아니라" "나 때문에 너의 범죄를 사한다"고 말하신다(사 43:25).
- 교황은 과거와 현재는 물론 미래에 일어날 모든 죄에 대한 벌을 면제할 수 있고, 아무 악도 행하지 않는 사람에게도 면죄부가 도움이 된다는 것은, 아첨꾼들의 얘기다.
- 로마 교회가 모든 교회 위에 있다는 주장은 400년 이후부터 발표된 로마 교황들의 교서를 통해 증명되지 않는다. 1,100년의 역사와 성경 말씀과 가장 거룩한 니케아 공의회의 결정은 이를 반박한다 (Oberman 1981, 41-42).

엑크가 제기한 논제는 다음과 같다.

- 인간의 자유의지가 인간 행동의 주인이 아니며, 인간의 의지가 악한 일에는 적극 활동하지만 선한 일에는 수동적으로만 활동한다는 주장은 틀린 주장이다.
- 교황 실베스터(Silvester) 이전부터 로마 교회는 다른 교회들 위에 있

었다. 성 베드로의 자리와 믿음을 가진 사람들을 우리는 "베드로의 승계자와 그리스도의 대리자로 인정하였다"(Oberman 1981, 42-43).

3) 1519년 7월 20일에 스승 슈타우핏츠에게 보낸 서신에서 루터는 라이프치히 변론의 과정을 다음과 같이 보고한다. 변론 첫째 주에는(6.27.-7.3.) 카를슈탓트와 엑크 사이에 자유의지에 관한 논쟁이 있었다. 둘째 주에는 (7.4.-7.8.) 로마 교황의 수장직에 대한 논쟁이 있었고, 마지막 셋째 주에는 (7.8.-7.14.) 회개, 연옥, 면죄부, 각 사제의 권한, 사죄에 대한 논쟁이 있었다.

로마 교황의 수장직에 대한 둘째 주의 논쟁에서 엑크는 "너는 베드로이다"(마 16:18), "나의 양을 치라"(요 21:16), "나를 따르라"(요 21:19), "네 형제를 굳세게 하여라"(눅 22:32)는 말씀 외에, 콘스탄츠 공의회에 근거하여 교황의 수장직을 변호하였다. 그리고 그는 교황체제는 황제에게 속한 것이라고 말한 얀 후스를 화형에 처한 콘스탄츠 공의회에 근거하여 루터를 "이단자요, 이단적 보헤미아인들의 보호자"라고 공박하였다.

이에 대해 루터는 다음과 같이 변론한다. 동방 정교회 그리스 신자들과 교부들은 천 년이 넘도록 로마 교황 아래 있지 않았다. 그러므로 가톨릭교회의 교황 수장직은 인정될 수 없다. 또 공의회가 결정한 어떤 조항들은 잘못된 것으로 파기되기도 하고, 파기된 어떤 조항들은 이단적이지 않다는 것이 공의회 진술 자체를 통해 증명되었다. 결국 두 사람 사이의 논쟁점은 해결되지 못한 채, 여전히 공중에 뜬 상태에 있었다고 루터는 전한다(Leppin 2012, 49).

루터의 라이프치히 변론의 핵심은 다음과 같이 요약될 수 있다. 교황이 교회의 머리라는 가톨릭교회의 가르침은 신적인 법(*ius divinum*)에 따른 것이 아니라 인간적인 법(*ius humanum*)에 따른 것에 불과하다. 교회의 머리는 교황이 아니라 그리스도이다. 그리스도만이 영원하고 유일한 사제이다. 따라서 평신도 위에 있는 사제계급은 인정될 수 없다. 그것은 하나님의 법이 아니라 인간이 만들어낸 것이다. 그리스도만이 교회의 머리이다. 따라서 로마의 교황이 땅 위에 있는 모든 교회의 수장이라는 주장도 부정된다. 교황을 머리로 한 성직자들의 위계체제(교황-추기경-주교-사제-부사제) 역시 근거를 상실한다. 하늘나라의 열쇠는 교황에게 주어진 것이 아니라 교회공동체에게 주어진 것이다. 따라서 교황의 전권은 교황의 전유물이 아니라 교회공동체 전체의 것이다. 교회가 구원을 중재하는 법적 기관이라는 주장은 성경적 근거가 없다. 교황과 주교도 실수할 수 있고, 공의회도 실수할 수 있다.

4) 엑크는 뛰어난 학자요 변론에 능숙한 인물이었다. 루터는 "설전에 관한 한 엑크를 당해낼 수 없었다." 엑크는 이단자로 화형을 당한 얀 후스가 이단이 아니라고 루터가 진술하도록 변론을 유도함으로써 "루터 스스로가 이단이라 선언하게끔 유도하였다"(강근환 2016, 61). 그는 "세상 군주의 원리는 로마 교황권에도…적용된다고 주장하였다. 만약 이 점에서 루터가 엑크의 주장이 잘못이라고 공격한다면 루터는 이단으로 쉽게 고소될 수 있었다. 왜냐하면 콘스탄츠 공의회(1414-1418)는 교황권은 구원을 위해서 필요하고 신적으로 인가받았다고 결론을 내렸기 때문이다. 그래서 엑크는 교회의 최고 우두머리에 관한 질문을 던짐으로써 루터를 함정에 빠뜨리려고 하였다"(김주한 2015, 80).

변론 참여자들은 루터가 엑크에게 패배하였다고 생각하고서 엑크에게 환호를 보냈다. 그들은 그의 승리를 축하하는 주연을 베풀고, 위엄스럽게 보이는 법복(法服)과 양모 옷감을 선사하기도 하였다. 이를 통해 그들은 루터에 대한 엑크의 승리를 극대화시키고자 하였다(Oberman 1981, 44). 물론 이것은 자신의 이익을 노리는 아첨꾼들의 장난이었다. 엑크는 로마의 교황에게 다음과 같이 말한다. "죄악의 자식이 이제는 삭손의 후스가 되었다." 즉 가톨릭 체제를 뒤흔드는 죄악의 자식 루터가 "작센의 후스"가 되었다는 것이다. 그러나 라이프치히 변론 이후 루터는 "일약 국가적 영웅으로 그리고 국제적 인물로 등장했다. 루터의 저서들이 프랑스, 스페인, 영국, 스위스, 그리고 로마에까지 배포되었다"(이영호 2017b, 58).

5) 엑크는 1529년 7월 24일, 쾰른의 신학자요 종교재판관인 호호슈트라텐(J. Hochstraten, 1460-1527)에게 라이프치히 변론에 대해 다음과 같이 보고한다. "루터는 베드로가 사도들 가운데 가장 높은 사도라는 사실을 부인하였다. 또 교회에 대한 복종은 신적 법을 통해 정당하다는 것도 부인하였다.…교회가 베드로 위에 세워졌다는 것도 부인하였다.' 엑크는 "이 반석 위에" 곧 베드로 위에 교회를 세운다는(마 16:18) 주님의 말씀과, 아우구스티누스, 히에로니무스, 암브로시우스 등 여러 교부의 진술을 통해 이를 반박하였다. 그러나 "루터는 전혀 부끄럼 없이 모든 것을 부인하고,…그리스도만이 교회의 주춧돌이며, 그 누구도 다른 주춧돌을 세울 수 없다고 주장하였다." 이에 대해 엑크는 요한계시록 21:14의 열두 가지 주춧돌을 들어 루터를 반박하였다. 루터는 비록 교황의 통치를 받지 않았던 "그리스도인들은 물론 분리주의자들도 구원을 받았을 것"이라고 주장하면서, 콘스탄츠 공의회가 정죄하였던 얀 후스의 조항들 가운데 여러 가지 조항은 "매우 기독교적이고 복음적이라 말하였다"(Oberman 1981, 45).

엑크는 변론 결과를 에르푸르트 대학과 파리 대학에 통보하고 판단을 요청한다. 그러나 두 대학은 침묵한다. 이에 반해 쾰른 대학과 네덜란드의 뢰번(Löwen) 대학은 즉시 엑크의 손을 들어주었다. 이에 힘을 얻은 엑크는 루터에 대한 교황의 파문 경고 교서를 추진하기 시작하였다.

1520년에 쓴 「그리스도인의 자유」에 첨부한 "교황 레오 10세에게 보내는 서신"에서 루터는 엑크를 다음과 같이 기억한다. 엑크는 "세속의 영광에 무한한 욕심을 가진 그리스도의 특별한 적"이었다. 그는 로마 교회의 수장직을 반대하는 나의 말 한 마디를 가지고 완전히 나를 궁지에 몰아넣으려 했다. "말쟁이요 자기를 자랑하는 자" 엑크는 "하나님의 영광과 거룩한 사도직의 영광을 위해 어떤 모험도 감행하겠다고…이를 갈면서 자랑스럽게 말했다. 그는 교황의 힘을 등에 업고 나를 이기는 것만을 목적으로 삼았다. 그에게 정말 중요한 것은 베드로의 수장직이 아니라 우리 시대의 신학자들 중에서 자신의 수장직을 지키는 데 있었다. 엑크의 최대 관심은 패배자 루터를 포로로 끌고가면서 개선행진을 하는 데 있는 것으로 보였다"(2006b, 111).

6) 라이프치히 변론 이후 루터는 베스트셀러 작가가 되었다. 면죄와 은혜, 선한 업적들, 십계명과 주기도문 해석 등에 관한 루터의 사목적 문헌들은 대중에게 큰 위로를 주었다. 교황의 수장직과 절대적 권한, 구원에 대한 성직자들의 중재직, 금식과 순례, 서민들의 돈을 갈취하는 미사와 성례, 교회의 수많은 축일과 축제, 업적을 통해 얻을 수 있는 하나님의 의, 성직과 세속 직업의 구별, 특별한 성직자 계급을 부인하는 루터의 설교와 문헌들은 당시 독일인들에게 해방의 기쁜 소식이었다. 그들에게 루터는 교황청에 대항하여 싸우는 민족의 영웅이었다.

민중들은 물론 수많은 지식인도 루터를 지지하였다. 특히 많은 인문주의자가 루터를 지지하였다. 에라스무스의 친구인 훗텐의 울리히(Ulrich von

Hutten, 1488-1523)는 로마 교황청으로부터 독일의 해방과 자유를 얻고자 하는 정치적 관심에서 루터를 지지하였다. 그러나 오래지 않아 루터와 훗텐의 차이가 드러난다. 루터의 일차적 관심은 교회 개혁에 있었던 반면, 훗텐의 일차적 관심은 교황청에 대한 독일의 정치적·경제적 독립과 자유에 있었다. 훗텐은 자신의 이러한 관심을 루터의 교회 개혁과 결부시킨다. 나중에 훗텐은 라인강 중부 지역에서 사제들에 대한 전쟁을 일으켰지만 실패하고, 스위스 취리히의 츠빙글리에게로 도피한다.

훗텐을 통해 루터는 혁명적 정신을 가진 제국 기사단을 지지자로 얻게 된다. 프랑컨 지역(지금의 Main 지역)의 기사 실베스터(Silvester von Schaumberg)와 지킹언의 프랑크(Frank von Sickingen)는 1520년 6월, 루터에 대한 선제후 프리드리히의 보호가 충분하지 않을 경우 100명의 귀족의 보호를 약속하고, 위급할 경우 그들의 성으로 도피할 것을 루터에게 제의하였다. 뉘른베르크의 화가 알브레히트 뒤러(Albrecht Dürer, 1471-1528), 의회 서기 슈펭글러(Lazarus Spengler)도 루터에 가세하였다. 루터가 거주하던 비텐베르크의 시민들과 대학의 학생들과 교수들 대부분이 루터를 지지하였다. 이리하여 비텐베르크는 종교개혁의 중심지가 된다.

4. 교황의 파문경고(1520)와 파문(1521)

1) 1519년 6월 28일에 스페인의 카를로스 1세가 신성 로마 제국의 새 황제로 선출되자, 교황은 더 이상 선제후 프리드리히의 눈치를 볼 필요가 없었다. 이에 교황과 추기경들은 1520년 1월 9일에 루터 문제를 엄격히 다루기로 결정하고 특별위원회를 구성한다. 아욱스부르크에서 루터를 심문

했던 카예타누스도 이 위원회에 참여한다. 위원회는 루터에 대한 파문 경고 교서를 작성한다. 쾰른 대학과 뢰번 대학의 도미니코파 교수들이 교서의 기초를 제공하였다. 이들은 루터의 문헌들을 면밀히 조사하고, 루터의 41개 논제에 근거하여 그를 이단자로 정죄하였다. 교황의 교서가 이단으로 정죄한 루터의 논제들 가운데 몇 가지를 살펴본다면,

- 성례를 의도적으로 방해하지 않는 한, 신약성경의 성례는 의롭게 하는 은혜를 준다는 것은 이단적 생각이다(논제 1).
- 세례를 받은 아이에게 죄가 남아 있다는 것을 부인하는 것은 바울과 그리스도를 함께 발로 짓밟는 것이다(2).
- 회개가 통회, 죄의 고백, 보상이라는 세 부분으로 구성된다는 것은 성경을 통해서도 근거될 수 없고, 옛 교부들을 통해서도 근거될 수 없다(5).
- 일상의 가벼운 죄들과 죽음에 이를 수 있는 죄들, 이 모든 죄를 고백해야 한다고 생각해서는 안 된다. 일상의 가벼운 모든 죄를 인식하는 것은 불가능하기 때문이다. 초기 교회에서는 명백한 죄들만 고백하였다(9).
- 우리가 모든 것을 고백하고자 한다면, 우리의 죄를 용서하시는 하나님의 자비를 인정하지 않는 꼴이 될 것이다(10).
- 사제가 선언하는 "죄의 용서와 은혜의 선물만으로 충분하지 못하다. 죄가 용서받았다는 것을 믿어야 한다." 그것을 믿지 않으면, 죄는 남아 있다(11).
- 네가 통회한다 하여 죄를 용서받는다고 생각하지 말아라. 오직 "그리스도의 말씀 때문에"(마 16:19) 죄용서를 받는다. 사제가 사면을 선

포할 때, 그것을 굳게 믿으라. 그 믿음 때문에 정말 모든 죄를 용서받는다(12).

- 통회하는 마음 없이 죄를 사제에게 고백하고, 사제가 장난 삼아 죄를 용서할지라도, 네가 그것을 믿으면, 정말 죄용서를 받는다(13).
- 교황이나 주교가 행하는 회개와 죄용서의 성례나, 가장 낮은 사제가 행하는 성례나 모두 동일한 효력을 가진다. 사제가 없다면, 여자와 어린이도 죄용서를 행할 수 있다(14).
- 성만찬과 연관된 외적 행위들(통회, 기도, 준비, 빵과 포도주를 먹고 마심 등)이 은혜를 주는 것이 아니라, 성만찬을 통해 은혜를 얻는다는 것을 믿는 믿음을 통해 은혜를 얻게 된다. 성만찬을 "깨끗하고 고결하게 만드는 것은 이 믿음뿐이다"(16).
- 성만찬의 두 가지 형태, 곧 빵과 포도주를 받는 보헤미아 후스파는 이단자도 아니고 분리주의자도 아니다(17).
- 교황이 거기에서 면죄를 나누어주는 교회의 보물은 그리스도와 성인들의 공적들이 아니다(18, 그것은 사기이다, 필자).
- 면죄부는 "신자들의 경건한 사기"이고, 선한 일들을 중요하게 여기지 않게 한다. 그것은 허용되지만, 반드시 필요한 것은 아니다(19).
- 면죄부를 통해 은혜를 얻으며 영혼의 구원에 도움을 받을 수 있다는 것은 잘못된 생각이다(20).
- 출교를 두려워하지 말고, 사랑하라고 그리스도인들에게 가르쳐야 한다(25).
- 베드로의 후계자인 로마 교황은 온 세계의 교회를 위해 그리스도 자신이 세운 그리스도의 대리자가 아니다(26).
- 신앙의 조항들을 확정하거나 도덕적 규례나 선한 업적에 관한 계

명들을 만들 수 있는 권한은 교회에도 있지 않고, 교황에게도 있지 않다(28).
- 교황이 오류 없이 자기의 의견을 말했을지라도, 공의회의 판단이 있을 때까지 이와 반대되는 것을 말하는 것은 지금까지 죄가 아니다(29).
- 공의회의 결정들을 판단하고 그것을 집행할 수 있는 권한이 우리에게 있다(30).
- 콘스탄츠 공의회가 정죄한 얀 후스의 어떤 명제들은 매우 그리스도 교적이며 복음적이다(31).
- 이단자를 불에 태워 죽이는 것은 성령의 뜻에 반하는 일이다(34).
- 의로운 사람은 모든 선한 업적 속에서 죄를 짓는다. 아무리 선하게 보이는 업적일지라도, 그것은 무거운 죄이다(35).
- 죄의 타락 이후 인간의 자유로운 의지는 공허한 개념에 불과하다. 자기 안에 있는 것을 행함으로써 인간은 죽음에 이르는 죄를 짓는다(36).
- 연옥은 성경으로부터 증명될 수 없다(38).
- 살아 있는 사람들의 중재 기도를 통해 연옥을 벗어난 영혼들은 자신의 힘으로 자기를 의롭게 하는 것보다 더 작은 복을 받게 될 것이다(41, Oberman 1981, 48-50).

2) 교황은 위의 논제들을 이단으로 규정하고, 루터의 파문을 경고하는 교서 "*Exsurge Domine!*"(주여 일어나소서! 시 7:6)를 1520년 6월 15일에 발표한다. 교서의 주요 내용은 다음과 같다. (1) 루터는 60일 내에 로마로 와서 이 논제들을 철회해야 한다. 이에 복종하지 않을 때, 그를 로마로 압송하여 이단자로 처형할 것이다. (2) 훗텐과 슈펭글러를 위시한 루터의 지지자들도 교회법에 따라 로마로 와서 자신의 입장을 철회해야 한다. 그렇지

않을 때, 이들도 파문될 것이다. (3) 모든 신자는 루터의 문헌을 소각해야 한다. (4) 41개 논제에 대한 변호는 일체 금지된다. (5) 이같은 조치에 대해 황제와 제후도 예외가 될 수 없다.

교서 기획위원회 위원이었던 카예타누스는 41개 논제를 보다 더 면밀히 검토한 다음에 마지막 결정을 내리자고 제의하였다. 그러나 갑자기 얻게 된 질병으로 인해 카예타누스가 쉬게 되자, 엑크가 교서의 발표를 강력하게 추진한다. 교서가 발표되자, 엑크는 교황의 대리자인 히에로니무스 알레안더(Hieronymus Aleander)와 함께 교서의 공지와 집행을 위해 독일로 파견된다. 알레안더는 네덜란드에서 별다른 어려움 없이 교서를 공지한다. 그러나 독일에서 교서의 공지는 주민들과 시 의회의 강력한 저항을 받게 된다. 특히 작선 지역 주민들의 저항이 강력하였다. 작선의 선제후 프리드리히는 교서의 공지는 물론 교서 내용의 집행을 거부하였다. 쾰른, 마인츠, 뢰번을 위시한 몇 도시에서만 루터의 문헌들이 소각되었고, 대부분의 다른 도시에서는 시 의회의 반대로 교황의 소각 명령이 무시되었다. 1520년 8월에 교황의 파문 경고 교서 소식을 들은 루터는 슈팔라틴의 권고로, 자기의 적대자들이 침묵할 경우 자기도 침묵하겠다는 서신을 교황에게 보낸다. 그는 나중에 이 서신을 「그리스도인의 자유」에 첨부한다.

3) 루터는 1520년 10월 10일에 교서를 접수한다. 루터는 거듭 공정한 심문을 요청하고, 공의회에서 자신의 문제를 다루어달라고 호소한다. 그는 자신과 교황을 화해시키려는 밀팃츠와 수도원 스승 슈타우핏츠의 권고를 따라 「그리스도인의 자유」라는 소책자를 교황에게 보내면서 자기의 입장을 천명한다. 그러나 교황의 파문 경고는 철회되지 않는다. 이 책자는 "교황제도에서의 궁극적 분리"를 뜻하는 내용들을 담고 있었기 때문이다(아래

의 IV. 3.「그리스도인의 자유」참조).

그 사이에 루터는 1519년부터 갖기 시작했던 마지막 확신에 도달한다. 교황은 적그리스도이다. 교황이 요구하는 세속에 대한 지배권과, 교황의 권력이 세속 통치자의 권력보다 더 높다는 주장으로 말미암아 교회가 망가지고 말았다. "그리스도의 대리자"라 자처하면서, 사실상 자기를 그리스도의 자리에 세운 교황은 신자들의 믿음과 교회를 파괴하였다. 하나님의 말씀 대신에 인간이 만든 법과 규례와 명령이 교회를 지배하고 있다. "교회의 머리" 되신 그리스도는 뒤로 사라지고, 교황이 그리스도의 자리에 앉아 교회를 지배하는 교황체제는 완전히 무너져야 한다. 그리스도의 복음 및 신자들의 진실된 믿음과 희망과 사랑이 회복되어야 한다. 교황제도와 성직자 계급제도는 완전히 거짓이다. 그것은 성경을 통해 근거되지 않는, 인간이 만들어낸 것에 불과하다.

이같은 확신 속에서 루터는 마지막 시한 60일에서 하루 지난 1520년 12월 10일에 비텐베르크 성 동문 엘스터 성문(Elstertor) 앞에서 교황의 교서는 물론 교회법과 교황의 법령집, 그의 적대자 엑크와 히에로니무스 엠저(Hieronymus Emser)의 문헌을 함께 불태워버린다. 가톨릭교회의 교회법을 불에 태운다는 것은 가톨릭교회를 완전히 거부하고, 가톨릭교회와 결별함을 뜻한다. 이 자리에는 멜랑히톤을 위시한 비텐베르크 대학의 동료 교수들과 학생들도 참여하였다.

이즈음에 쓴 것으로 보이는「독일 그리스도인 귀족에게 보내는 글」에서 루터는 교황의 파문 경고에 대해 다음과 같이 응대한다. 교황은 자기(루터)를 적그리스도라 하지만, 교황이 "바로 적그리스도이다." "가장 거룩한 자가 아니라, 가장 죄가 많은 자 교황이여, 하나님은 하늘로부터 너의 자리를 부수어버릴 것이며, 너를 지하로 끌어내릴 것임을 듣지 못하느냐?

하나님보다 너를 더 높이고, 하나님이 명령한 바를 파괴하고 폐기할 권리를 누가 너에게 주었느냐?"(2012a, 76).

교황이 루터를 향해 "주여, 일어나소서"라고 부르짖은 것처럼, 이제 루터가 교황을 향해 "그리스도 나의 주여, 일어나소서"라고 외치면서 이렇게 말한다. "당신의 최후심판의 날이 오게 하시고, 로마에 있는 사탄의 둥지를 파괴하소서. 바울이 말씀하신 대로 자기를 당신보다 더 높이고, 자기를 하나님의 자리에 세우는 인간, 죄의 인간과 저주의 아들이 당신의 교회 안에 앉아 있습니다. 교황의 권력은 죄와 악을 가르치고 그것을 증대시킬 뿐이며, 당신의 이름과 가면을 쓰고 영혼을 저주받게 하는 것에 불과하지 않습니까?"(77). 여기서 루터는 죽기 아니면 살기를 각오한 것으로 보인다.

4) 결국 교황은 1521년 1월 3일에 "로마의 대제사장을 보낸다"(*Decet Romanum pontificem*)는 제명의 교서를 통해 루터의 **파문을 선언**한다. 이로써 루터는 가톨릭교회에서 추방된다. 루터와 가톨릭교회가 화해할 수 있는 길은 완전히 사라진다. 100년 전 보헤미아의 얀 후스처럼 루터가 불타는 장작더미 위에서 화형을 당하든지, 아니면 교황이 지배하는 가톨릭 체제가 와해되든지, 두 길 중에 한 가지 길밖에 없게 된다.

그러나 루터에 대한 교황의 파문은 큰 반응을 얻지 못한다. 오히려 독일의 민중들은 교황의 파문 선고에 크게 분노한다. 이에 놀란 교황의 전권대변자 알레안더는 1521년 2월 8일에 다음과 같은 소식을 로마로 보낸다. "10명 중에 9명은 '루터!'라 외치고, 그의 문헌에 관심을 갖지 않는 사람은 '교황청에 죽음을!' 부르짖는다. 모든 사람이 '공의회를!', '공의회를!' 요구한다"(Mau 2000, 25).

이로써 교황은 매우 난처한 국면에 빠진다. 파문을 선고했으면, 루터를 로마로 압송하고, 종교재판을 거쳐 이단자로 화형에 처해야 한다. 그러나 루터에 대한 독일 민중들의 압도적 지지 때문에 강제 압송은 거의 불가능하였다. 또 작선의 선제후 프리드리히는 여전히 루터를 보호하면서 계속 독일 내에서의 공정한 심문을 요구하였다. 루터를 로마로 강제 압송하여 화형에 처할 경우, 독일의 제후들과 민중들이 로마 가톨릭교회에 완전히 등을 돌리고, 독일 교회의 분리를 선언할 수 있는 위험성도 배제할 수 없었다. 이리하여 교황은 루터를 로마로 압송할 수도 없고 내버려둘 수도 없는 난처한 입장에 빠진다. 그 사이에 루터는 교황의 파문에 대한 항변서를 발표한다.

5. 교황의 파문에 대한 루터의 항변

1) 루터에 대한 교황의 파문 경고가 파국으로 치닫고 있을 때, 선제후 프리드리히는 루터에게 그의 입장을 해명할 것을 요청한다. 이에 루터는 교황이 이단으로 지적한 41개 논제에 대한 자신의 입장을 해명한다. 이 문서의 라틴어 판은 1520년에 작성된 것으로 전해진다. 그러나 그것은 「레오 10세의 최근 교서를 통해 저주를 받은 마르틴 루터의 모든 조항들의 항변(Assertio)」이란 제목으로 1521년 1월에 출판되었다. 교황제도 자체를 부인하는 이 문서의 내용과, 교황에 대한 매우 공격적인 문체를 고려할 때, 이 문서는 1521년 1월 3일 교황이 루터를 파문한 후에 작성되었을 가능성이 크다. 문장이 부드럽지 못하지만, 루터 자신의 음성을 들어보기로 하자(논제와 첨가문을 함께 발췌 기록함. 문헌 근거: 2006a, 71-217).

서문

교황이 선포한 최근의 교서를 누가 작성했는지 모르지만, 이를 작성한 자들은 파문의 근거를 제시하지 않는다. 그들은 "성경의 점 하나도" 참고하지 않는다. 역대 교황의 가르침대로 그들은 "성경을 자신의 영에 따라 해석해서는 안 된다"고 말하지만, 사실상 "그들 자신의 영에 따라 해석한다. 그들은 성경을 한쪽에 제쳐두고, 인간의 주석에만 몰두한다. 그들은 성경이 말하는 바를 찾지 않고, 그들 자신이 생각하는 바를 성경 안에서 찾는다. 결국 그들은 배운 것이 별로 없는 궤변론자들에게 에워싸인 교황에게 성경을 해석할 수 있는 권리를 부여하고, 교회(곧 교황)는 믿음에 있어 오류를 범할 수 없다는 얘기를 꾸며낸다…"(77).

성경을 쓴 것은 성령이다. 이 성령은 성경 자체 안에 있다(79). 우리가 성경을 읽을 때, "성령이 스스로 오셔서 우리의 영을 몰아내고"(81), 성경을 바르게 이해하게 한다. 그러므로 "성경은…성령을 통해서만 이해되어야 한다"(79). 성경은 "그 자신의 해석자"(*sui ipsius interpres*)이다(80). "신적인 말씀"인 성경은 "그리스도인의 첫째 원리들"(*prima principia*)이요, "진리의 첫째 원리들"이다. 성경을 "자기 자신(성경 자신)과 자신의 영을 통해" 이해하지 않고, 비꼬는 듯한 인간의 설명들(*glossas*)을 통해 이해하려는 것은 "무신적인 타락(*irreligiosa perversitas*)이다"(82).

그러므로 우리는 성경을 집중적으로 읽고 연구해야 한다. 스콜라 신학자들의 책들과 아리스토텔레스의 철학이 성경을 대신해서는 안 된다. 최고의 권위를 가진 것은 성경이다. 따라서 교부들의 모든 문헌과 교황의 교서와 가르침들, 신학자들의 진술들은 성경을 통해 검증되어야 한다.

2) 이로써 루터는 자신에 대한 교황의 파문도 "성경의 심판대"(*scripturae*

tribunal, 2006a, 88) 앞에서 검증받아야 함을 주장한다. 이같은 전제에서 루터는 교황의 파문을 반박한다. 이 반박에서 우리는 루터의 엄청난 성경 지식을 볼 수 있다. 지면상 그 일부만 살펴보기로 하자.

논제

(1) "새로운 법의 성례들은, 이들에 대한 방해물을 세우지 않는 사람들에게 은혜를 준다는 것은…이단적 논제이다." 여기서 루터는 성례를 명백히 부인하지 않기만 하면 구원의 은혜를 받는다는 성례 자동주의를 반대한다. 루터에 따르면, 성례 자체가 은혜를 주는 것이 아니라 성례의 내용에 대한 믿음이 은혜를 준다. 로마서 1장과 하박국서 2장은 "의로운 사람은 믿음으로 말미암아 산다"고 말하지, "의로운 사람은 성례들로 말미암아 산다"고 말하지 않는다. "그러므로 성례를 받기 위해서는 성례를 받는 사람, 곧 약속되는 바를 믿는 사람의 믿음이 필요하다."

(2) "세례를 받은 어린아이 안에 죄가 남아 있다는 것을 부인하는 것은 바울과 그리스도를 함께 멸시하는 것이다." 가톨릭교회의 가르침에 따르면, 세례를 통하여 인간의 죄는 모두 제거된다. 세례를 받은 뒤에 일어나는 죄는, 죄가 아니라 "결함"(*defectum*)에 불과하다(108). 루터에 따르면, 죄를 죄라고 생각하지 않고 결함이라 생각할 때, 인간은 "안전함과 교만한 기대에(*in securitatem et superbam praesumptionem*)" 빠져서 죄를 의식하지 못하게 되고, 죄에서 자기를 깨끗하게 하고자 노력하지 않게 된다(2006a, 114).

이에 반해 루터는 다음과 같이 주장한다: 비록 세례를 받고 영 안에서 산다고 할지라도, 죄가 인간 안에 남아 있다. 그러므로 바울은 "죄가 여러분의 죽을 몸을 지배하지 못하게 해서 여러분이 몸의 정욕에 굴복하는 일이 없도록" 하라고 말한다(롬 6:12). 이 말씀은 성인들에게도 해당한다. 죄를 유발하는 정욕은 성인들 안에도 남아 있기 때문이다(101). "어느 정도 자기 자신을 사랑하지 않는 사람이 어디 있는가?"(111).

세례를 통해 그리스도인들이 새로운 피조물이 되었다는 것은 "그의 (새) 피조물의 시작"(initium aliquod creaturae eius)에 불과하다. "우리가 새로운 피조물로 완전히 변하기까지" 우리는 죄에 대항하여 싸워야 한다. 하나님은 불가피하게 일어나는 "죄의 불결함"을, 죄가 완전히 제거되기까지, 그의 자비하심 때문에 용서해 주시기로 결정하였다. 그러므로 바울은 로마서 8장에서 "그들 안에 아무 죄도 없다"고 말하지 않고, 우리 안에 죄가 있을지라도 "저주가 없을 것"이라 말한다. 그 까닭은 첫째, 우리의 죄를 용서하시는 "그리스도 예수 안에…우리가 있기 때문이요", 둘째, "육에 따라 살지 않기 때문이다. 다시 말해 죄를 없애기 위해 죄에 대항하여 싸우기 때문이다"(113). 아우구스티누스는 이를 다음과 같이 말한다: "세례를 통하여 죄가 용서받는다. 그것은 죄가 더 이상 있지 않기 때문이 아니라 간주되지 않기 때문이다(non ut non sit, sed ut non imputetur)"(112).

(5) "회개의 세 부분, 곧 통회(contritio)와 죄의 고백(confessio)과 보상(satisfactio)은 성경에도 근거가 없고, 고대의 성현들에게도 없다." 여기서 루터는 통회와 죄의 고백을 부인하지 않지만, 보상은 부인한다고 말한다. "죽음에 이를 수 있는 단 하나의 죄에 대해 7년간 보상을 해야 한다'"는 말은 성경 어디에도 없다. 그리스도와 사도들이 (성경) 어디에서 다양한 죄들에 대해 다양한 벌들을 확정했는

가? 이 모든 것은 나중에 주교들에 의해 고안된 것이 아닌가?" 보상은 교부들의 문헌에서도 발견되지 않는다(119). 그들은 "그들의 이익을 늘리고, 사람들을 착취하고, 속이고, 사멸시키기 위해 이것을 생각해내었다." "그러나 가장 좋은 것은" "우리가 진심으로 삶 전체를 변화시키는 일이다"(121). 하나님은 우리의 모든 것을 그의 은혜로 말미암아 용서하신다. 그러나 교회는 죄에 대하여 하나님에게 보상을 해야 한다고 가르친다. 이리하여 교회는 회개를 "시장 바닥"(*nundinas*)처럼 만들어버린다(121).

(6) "의에 대한 사랑과 하나님에 대한 사랑 안에서 일어나지 않는 통회는 참된 것이 아니라 위선적인 것이다. 곧 사랑 없이 일어나는 모든 것은 아무것도 아니요, 무가치하고 거짓된 것이다. 바울이 고린도전서 13장에서 말하는 것처럼, 그것은 온 마음으로 행하는 것이 아니기 때문이다. 온 마음에서 일어나지 않는 것은 위선이다." 교회가 규정하는 통회를 온 마음으로 행하지 않고 단지 하나의 의식으로 행할 때, 그것은 신자들을 "위선자로, 더 큰 죄인으로 만든다"(123).

(7) 아무리 통회를 할지라도 삶이 변하지 않으면, 그것은 헛된 것이다. "가장 좋은 회개는 새로운 삶에 있다." 참으로 통회할 때, 하나님의 은혜가 부어지며, 하나님의 의를 사랑하게 된다. 회개하는 "동시에 사랑하지 않으면, 참 회개를 하지 않은 것이다"(131).

(8) "죽음에 이르는 죄는 물론 심각하지 않은 죄들(*venialia peccata*)도 (사제에게) 고백하려고 해서는 안 될 것이다. 죽음에 이르는 모든 죄를 네가 알게 되는 것은 불가능하기 때문이다." 또 심각하지 않은 모든 죄들, 예를 들어 마음속에 일어나는 정욕과 욕심도 사제에게 고백해야 한다면 그것은 끝없는 일이 될 것이다. 우리는 이에 대한 성경

적 근거를 발견할 수 없다(133). "모든 것을 완전하게 고백하고자 하는 것은 용서를 위해 하나님의 자비에 아무것도 맡기지 않고자 하는 것에 불과하다"(논제 9). 우리의 모든 죄를 하나님의 자비하심에 맡기지 않고 빠짐없이 하나님께 고백해야 한다면, 우리의 양심은 평화를 얻을 날이 없을 것이다(135).

(10) "사제가 죄를 용서할 때…그 누구도 죄용서를 얻지 못한다. 죄의 용서를 믿지 않는다면, 죄는 여전히 남아 있다. 죄의 용서와 은혜의 선물만으로 충분하지 못하다. 죄가 용서받았다는 것을 믿는 것이 필요하다." 교황이 이 논제를 부인하는 것은, 죄를 고백하는 자가 죄의 용서를 받았다는 것을 믿을 필요가 없음을 말하는 것이다. 예수께서 막달라 마리아를 용서할 때, 그의 믿음을 보시고 용서하였다(137).

(11) "너는 결코 너의 통회 때문에 죄용서를 받는다고 믿어서는 안 된다. 오히려 '네가 푸는 대로'라는(마 18:18) 그리스도의 말씀 때문에 죄용서를 받는다고 믿어야 한다.…너의 죄가 용서받았다는 것을 과감히 믿으라. 그리하면 너의 통회가 어떠하든지, 너의 죄는 정말 용서받는다." 우리는 우리의 참회를 신뢰해서는 안 된다. 하나님은 우리의 "신뢰에 대해서가 아니라 믿음에게 죄용서를 약속하였다"(139).

(13) "회개와 죄용서의 성례에서 교황과 주교는 가장 낮은 사제보다 더 많은 것을 일으킬 수 없다. 사제가 없을 때, 어떤 그리스도인이 (사제처럼) 똑같이 성례를 집행할 수 있다. 그것은 한 여자일 수도 있고, 어린아이일 수도 있다." 사제가 없을 때, 여자나 어린이나, 어떤 그리스도인이든지 죄를 용서할 수 있다. "너희가 땅에서 푸는 것

은 하늘에서도 풀릴 것이다"라는 (마 18:18) 그리스도의 말씀은 모든 그리스도인에게 하신 말씀이기 때문이다(143).

(15) 성례를 받기 전에 기도를 하거나 어떤 준비를 하였다 하여 성례를 받을 수 있다고 생각하는 것은 "큰 오류이다. (빵과 포도주의) 이 모든 먹고 마심은 심판이 된다. 그러나 성례를 통해 은혜를 받을 것이라 믿고 신뢰할 때, 오직 이 믿음이 그들을 깨끗하고 귀하게 한다." "네가 믿음을 배제한다면, 네가 행하는 모든 것은 거짓이요 죄다. 모든 성례에는 약속의 말씀이 있기 때문에,…어떤 업적이 아니라 믿음이 요구된다. 물론 업적이 뒤따르지 않는 믿음은 있을 수 없다." "때로는 믿음 이전에, 때로는 믿음 없이" 행하는 업적을 통해 성례의 은혜를 받을 수 있다고 가르치는 "이 늑대들을 너는 피하여라.…하나님께 가까이 오고자 하는 사람은 믿어야 한다. 믿음 없이 하나님을 기쁘게 하는 것은 불가능하다, 히브리서 11장"(145).

(16) "평신도가 (빵과 포도주의) 두 가지 형태의 성만찬을 가져야 하며, 두 가지 형태의 성만찬을 가지는 보헤미아인이 이단자나 분리주의자가 아니라는 것을" 공의회는 확인해야 할 것이다. 「교회의 바빌론 포로신세」에서 철회한 이 항목을, 이 문헌에서 다시 한번 철회하면서, 나는 보헤미아인들과 그리스인들이 이단자나 분리주의자가 아니라 "철저한 그리스도인이요 완전히 복음적인 신자들이라고 말한다." 그들은 교회를 "황폐시키는, 하나님 없는 로마의 독재자와 적그리스도(교황)의 명령들 앞에서 복음서의 명백한 본문"을 보존하기 때문이다(147). "빵과 함께 모든 것을 받기" 때문에 평신도는 포도주 잔을 받을 필요가 없다고 교황의 하수인들은 주장한다. 그렇다면 사제들도 빵만 받아야 하지 않는가? 주님은 모든 신자가

두 가지를 모두 받도록 하였다. "그러나 교황은 모든 사람이 단 하나의 잔에 참여하는 것을 원하지 않음으로써, 평신도를 이 하나의 몸(곧 그리스도의 몸)에서 배제하려고 한다." 이리하여 그는 그리스도는 물론 바울과 하나님의 교회 전체에 대립한다(149. 13세기 이후 평신도에게 빵만 주어짐. 1414-1418년의 콘스탄츠 공의회는 이를 확정하고, 이를 반대하는 자를 이단자로 정죄함).

(17) "교황이 면죄를 나누어주는 교회의 보물들은, 그리스도와 성인들의 공적들이 아니다." "그리스도의 공적들은 (신자들의) 마음을 의롭게 하는, 살아 있는 영적이며 거룩한 일들이다.…그리스도의 말씀과 공적만이 그것을 받아들이는 모든 사람의 생명을 구원하며, (신자들은) 오직 믿음 속에서 그것을 붙들 수 있다. 그러므로 어떤 사람도 그것을 자기의 뜻대로 처리할 수 있는 힘을 갖지 않는다"(149). 그리스도의 공적은 참으로 필요하다. 그러나 신자들의 믿음을 살리지 못하는 면죄는 필요하지 않다. 또 그것은 성경이 명령하는 일도 아니다. 그것은 "구원을 위해 아무 쓸 데도 없다." 우리는 "보상의 방법으로"(per modum satisfactionis) 또 "칭의의 방법으로"(per modum iustificationis) 그리스도의 공적을 받는다고 교회는 가르친다. 이에 대해 나는 다음과 같이 대답한다. "이같은 망상들(Hirngespinsten)과 나는 아무 관계도 없다. 오늘날 신자들은 그리스도의 공적들을 돈의 방법으로(per modum pecuniae) 받는다는 것을 나는 알고 있다. 오늘날 그리스도의 공적들은 범죄적 오용을 위한 수단으로 봉사하고 있지 않은가?"(151)

(18) "면죄는 신자들의 경건한 기만이요, 선한 업적들을 감소시킨다.…" 그것은 "범죄적 교황들의 가장 무신적 기만이요 속임수이다." 바

울에 의하면, 우리가 저주를 받지 않도록 하기 위해 아버지 하나님은 우리를 훈육하시고 질책한다(히 12장; 고전 11장). 그런데 "땅 위에 있는 가장 거룩한 하나님의 대리자는, 하나님이 부과하신 것을 자기가 폐기하고 용서할 수 있다고 가르친다." 참 보상은 "선한 업적과 선한 고난"에 있다. 그런데 교황의 면죄로 말미암아 신자들은 이같은 선한 업적들을 행하지 않게 된다. "사람들에게 선한 업적들을 면제해주고, 신자들이 경건의 탈을 쓰고 (선한 일을 행하는 데) 나태하게 되며, 단지 돈을 거두어들이는 이 기만보다 더 악질적인 일이 어디에 있는가?"(151)

(20, 21) "면죄는 구원에 도움이 되며 영의 열매에 유익하다고 믿는 사람은 스스로 자기를 속인다." "아래의 여섯 부류의 사람들에게 면죄는 필요하지도 않고, 유익하지도 않다. 즉 죽은 사람이나 임종 가운데 있는 사람들, 병자들, 법적 선고를 받은 사람들, 죄를 범하지 않은 사람들, 죄를 범했으나 공적으로 범하지 않은 사람들, 더 선한 일을 행하는 사람들을 말한다." 나는 이 논제를 이전에 철회한 적이 있는데, "그 당시 나는…교황이 사탄의 명령으로 기독교 세계를 파멸시키는 적그리스도임을 알지 못했다." 하나님이 용서하시고 매로 때릴 일을, 교황 곧 한 인간이 이를 대신 행한다는 것은 있을 수 없는 일이다(153).

(23) 교황의 "파문은 외적인 벌에 불과하다. 그것은 보편적 영적 교회의 기도를 사람들에게서 훔쳐가지 못한다." 파문은 사람을 뿌리째 뽑아버리지 않기 때문에 치명적 상처를 주지 않는다고 교황은 말한다. 그러나 교황의 파문이 어떤 사람을 보편적인 영적 재화로부터 분리시킬 때, 그것은 치명적 상처를 준다. "그것은 영혼을 하나

님으로부터 분리시키기 때문이다." 교황은 영혼을 하나님에게서 분리시키는 파문의 권한을 갖지 않는다. 이 문제는 믿느냐 믿지 않느냐에 따라 결정될 문제이다(155).

(25) "베드로의 후계자인 로마의 주교(곧 교황)는…온 세계의 모든 교회 위에 있는 그리스도의 대리자(Christi vicarius)가 아니다." 로마의 주교는 "한 번도 온 세계의 모든 교회 위에 있었던 적이 없다.…다시 말해 그는 그리스, 인도, 페르시아, 이집트, 아프리카의 교회들 위에 있었던 적이 없고, 지금도 이들 위에 있지 않다." 교황은 이들 위에 있고자 많이 노력했지만, 수포로 돌아가고 말았다(157).

"저 불쌍한 사람 로마 주교는 자기의 로마 교회를 다스리지도 못하고, 그것을 양육하지도 못한다. 그는 그렇게 할 능력이 없다. 그는 단지 자기의 교황청을 먹이고 돌볼 뿐이다.…그러나 그는 수백 년 이전부터 자기 자신의 인격도 다스릴 수 없었다.…자기의 양 우리 안에 있는 늑대가 어떻게 낯선 자들 사이에서 목자일 수 있겠는가?"(159)

교황은 온 땅 위에 있는 교회들의 수장(primatus)이라 하지만, 온 땅은 이 수장을 필요로 하지 않는다. "그것은 수장이 없어도 존속할 수 있고, 이 수장이 없을 때 더 잘 존속할 수 있을 것이다.… 보편 교회가 혼란에 빠지지 않도록 하기 위해, 또 그것을 다스리기 위해 교황제도가 있어야 한다고, 저 불쌍한 사람들(교황주의자들)은 짓거린다"(161). 이들은 "반석"을(마 16:18) "베드로의 힘이나 교황의 왕적 통치"(potestas Petri seu Papae monarchia)로 이해한다. 그러나 교회가 그 위에 서 있는 반석은 "오직 그리스도이다. 다시 말해 말씀과, 그리스도에 대한…믿음"이 교회의 반석이다(163).

"내 어린 양 떼를 치라"(요 21:16)는 말씀은 "'윗자리에 서다'(*praesidere*)를 뜻하는 게 아니라 '섬기다'(*servire*)를 뜻하며, 힘의 말씀이 아니라 섬김의 말씀(*non potestatis, sed servitutis verbum*)을 뜻한다.…양을 친다는 것은 그리스도의 복음을 설교하며 추진하는 것을 뜻하지, 교황체제를 의미한다는 것은 불가능하다." 교황이 그의 양들을 사랑하지도 않고 그들을 치지도 않을 때, "교회는 교황체제 없이 존재할 수 있다. 그러나 하나님의 말씀이 없을 때, 교회는 존재할 수 없다. 교회는 말씀을 통해 태어나고 영양 공급을 얻으며 살고 보존되기 때문이다. 그러나 교황이 수백 년 동안 사랑하지도 않고 양을 치지도 않았다면, 교황체제와 교회는 도대체 어디에 있었던가?"(165). "말씀과 양육이 없는 교회"는 교회가 아니며, 교황은 "하나님의 교회의 목자가 아니라 오히려 그리스도와 그의 복음에 대립하는 우상(*Idolum*)에 불과하다"(167).

(26) "'네가 무엇이든지 땅에서 풀면…'이라는 베드로에 대한 그리스도의 말씀은, 베드로 자신에 의해 매여진 것에 관한 말씀이다." "그리스도의 이 말씀이 단지 베드로를 향한 것이었다"고 나는 한 번도 말한 적이 없다. "너희는 나를 누구라 하느냐"고 주님이 모든 제자에게 물었을 때, 베드로가 모든 제자를 대표하여 "당신은 그리스도입니다"라고 대답하였고 "모두를 대표하여 열쇠를 받았다. 여기서 가장 거룩한 교황님의 거룩하심이…거짓말을 한다는 것을 우리는 볼 수 있다"(167).

(27) "신앙에 관한 조항들, 특히 관습이나 선한 업적들에 관한 법들을 제정하는 것이 전혀 교회나 교황의 손안에 있지 않다는 것은 분명하다." 믿음과 선한 관습들에 관한 말씀은 성경에 기록되어 있다.

그러므로 어떤 다른 것을 제정할 수 있는 권리는 누구에게도 있지 않다. 예식의 순서를 정하는 것은 모든 신자의 의사에 달려 있다. 그들은 하나님께서 비싼 "값을 치르고 산 사람들"이기 때문이다(고전 6:20, 169). 교황이 "주님 앞에서 땅 위의 강한 사냥꾼이 되어 그리스도인의 자유를 소멸시키기 위해 법을 정할 수 있는 힘을 가진다는 것을 나는 인정한다. 예수는 이 거짓된 힘을 다음과 같이 경고한다: 누구에게도 속지 않도록 조심하여라…"(169).

"거짓 교사들"은 "외적으로 나타나는 것들, 외적인 일들의 화려함과 의식들"(예를 들어 교황과 주교의 화려한 성복, 화려하고 웅장한 제단, 거룩하게 보이는 동작 등)을 통해 힘을 가진 것처럼 보이지만 그들에게서 "믿음의 영은 사라져버렸다. 믿음의 영이 가득한 것처럼 보이는 예배들, 성직자 단체들, 위원회들, 의식들, 복장들, 동작들, 건축물들, 성상들, 규칙들, 감독회들은 너무도 많아 그 명칭들의 수를 외울 수 없을 정도이지만, 복음에 대해서는 전혀 관심을 갖지 않는다"(171).

(28) "교황이 대다수의 교회와 함께 어떤 판단을 내리고 오류를 범하지 않을지라도, 이에 반대되는 생각을 가진다 하여 죄나 이단이라고 말할 수 없다. 특히 구원에 반드시 필요하지 않은 일에 있어 보편적 공의회를 통해 하나가 거부되고 다른 하나가 수용되기까지, 그렇게 말할 수 없다." 면죄, 교황의 수장직, 화체설 등 구원에 반드시 필요하지 않은 문제들에 대해 교황이나 공의회에 너무도 큰 권한을 부여하여 "반드시 필요하지 않은 일을 반드시 필요한 일로" 만들기 위해 많은 시간과 수고를 허비하는 것은 타보 같은 일이다 (171). 교황의 교서도 이같은 일을 하고, "이것을 하나님의 백성에

게 신앙의 조항으로 강요한다"(173).

(29) "우리는 공의회의 권위를 흔들고, 결정 사항들을 자유롭게 반박하며, 그 명령들을 판단하고, 어떤 공의회에서 수용되었거나 거부된 것이 진실된 것으로 보일 때, 그것을 충성된 마음으로 고백할 수 있다." "성경이 공의회에 대한 재판관이다." 성경에 모순되는 공의회의 결정 사항은 거부되어야 한다. 성경을 따르지 않고 인간적인 규약들과 상상에 따라 결정을 내리는 최근의 공의회들은 "교회의 공의회가 아니라 인간의 시장 바닥과 같다."

(30) "콘스탄츠 공의회에서 저주를 받은 요한네스 후스의 몇 가지 항목들은 완전히 기독교적이요, 절대적으로 참되고 복음적이다. 보편적 교회도 이를 저주할 수 없을 것이다." 이전에 나는 이렇게 말했지만, 이제 나는 이렇게 말한다. 즉 "몇 가지 항목들이 아니라, 사탄의 회당 안에 있는 적그리스도와 그의 사도들에 의해 콘스탄츠 공의회에서 저주를 받은 요한네스 후스의 모든 항목이 기독교적이요, 절대적으로 참되고 복음적이다.…요한네스 후스에 의해 저주를 받은 모든 것이 복음적이고 기독교적인 반면, 너의 모든 것은 완전히 무신적이며 악마적인 것이라고, 나는 하나님의 가장 거룩한 대리자라고 하는 너의 얼굴에 대고 자유롭게 말한다"(177).

나를 후스파로 간주하는 것은 옳지 않다. "그가 이단자였다면, 나는 열 번도 더 이단자이기" 때문이다. "후스를 불에 태워 죽인 콘스탄츠 공의회의 주교들과 바리새인들은 범죄적이고 무신적인 살인자들"이었다. 나는 "그들의 저주의 판결을 인정하지 않는다"(177). 후스는 교황의 왕적 통치(monarchia)를 전적으로 부인하지 않았다. 그러나 "거룩한 베드로가 오늘 로마 도시 앞에 서 있을

지라도, 로마의 주교가 교황이라는 것을 나는…부인한다. 교황은 세계 속에서 상상된 것(res ficta)으로, 과거에도 없었고, 지금도 없으며, 미래에도 없을 완전한 가공물(fingitur esse)이다. 모든 주교들의 자리 위에 있다는 교황의 보좌는, 하나님의 법에서 볼 때, 교회 안에 존재하지 않는다." "모든 자리는 동등하다. 믿음도, 세례도, 그리스도도 하나이요, 모든 것 안에서 일하시고, 모든 것 위에서, 모든 것을 통해 모든 것 안에 계신 아버지도 하나이기 때문이다, 에베소서 4장. 나는 교황의 선언들을 위클리프나 후스처럼 '외경'이라 부르지 않고, 오직 사탄의 영을 통해 주어진 '무신적'이며 '그리스도에 적대적인' 것이라 부른다"(179).

(31) "모든 선한 업적 속에서 의로운 사람은 죄를 짓는다." "우리는 모두 부정하고, 우리의 모든 의는 더러운 옷과 같다"(사 54:6), "좋은 일만 하고 잘못을 전혀 저지르지 않는 의로운 사람은 이 세상에 하나도 없다"(전 7:20)는 말씀은, 인간이 행하는 "모든 선한 일(업적)은 죄로 더러워져 있다"는 것을 말한다(181). "어떤 선한 일도 하나님의 심판을 견디지 못한다." "의로운 사람의 인격도 부분적으로 의롭고, 부분적으로 죄인이다." 그렇다면 그가 행하는 업적도 "부분적으로 선하고, 부분적으로 나쁘다"고 말할 수밖에 없다. 나무가 그렇기 때문에 그 나무의 열매도 그럴 수밖에 없다(182). 그레고리우스(Gregorius)도 욥기 9장을 주석하면서 이렇게 말했는데, 왜 그를 저주하지 않는가?(183)

(33) "이단자들을 불에 태워 죽이는 것은 영의 의지에 반한다." 하나님의 진리의 이름으로 사람을 불에 태워 죽이는 것은, "나의 거룩한 산 모든 곳에서, 서로 해치거나 파괴하는 일이 없다"는(사 11:9) 말

씀에 모순된다. 그리스도는 그의 제자들을 무기로 무장시키지 않았고, 말씀을 거부하는 자를 "이방인으로" 간주하는 것 외에 다른 벌을 도입하지 않았다(마 18장). 바울은 이단적인 사람을 피하라고 경고했지만(딛 3장), "그를 무기로 혹은 불로 죽이라고 명령하지 않았다.…'사람의 아들은 영혼을 죽이기 위해 오지 않고, 구하기 위하여 오셨다.'…불을 가지고 사람을 박해하는 자들은 선한 영의 자녀들이 아니다. 누구의 자녀들인가? 그들은 처음부터 살인자였던 악령의 자녀들이다"(187).

교황의 추종자들도 교회법에서 성직자들에게 무기 소지를 금한다. 그리고 어떤 성직자가 세속의 법에 따라 처벌을 받게 되었을 때, 교회의 기도를 통해 죽음을 당하지 않기를 바란다. 그러나 모든 성직자의 제후인 교황은 "모든 왕들과 함께 잔인한 방법으로 전쟁을 한다 – 교황의 명령 없이 일어나는 군사적 개입이 어디에 있는가?…그러면서 성직자들 자신은…무기를 소지하지 않는다. 그다음에 그들은 죽음을 당해야 할 사람들을 위해 열심히 기도하면서, 그들의 죽음이 알려지지 않아야 한다고 주장한다. 이는 그들이 땅의 모든 구석에서 아주 철저히 사라지도록 하기 위함이다. 오 사탄이여,…교황과 너의 교황주의자들에게 저주가 있을지어다…"(189).

(34) "터키인들에 대항하여 싸우는 것은, 그들을 통해 우리의 죄를 벌하시려는 하나님에 대항하는 것이다." "우리가 교황의 교서와 면죄부와 함께 전쟁을 한다"고 비웃는 터키인들은 "우리의 불의에 대한 (하나님의) 매"이다(189). "터키 전쟁을 위해 면죄부와 참회 증명서가 판매되었고, 우리의 돈과 우리의 소유를 먹어치웠다." "가

장 추악하고 견딜 수 없는 것은, 가장 기만적인 면죄부 장사를 통해 먼저 영혼 속에…거짓된 약속들을 불어넣고, 우리의 모든 소유를 (그들 자신의 것으로) 쌓아두는 데 이르렀다는 것이다." 이리하여 "항상 새롭게 고안된 착취의 기술들을 가진 로마의 소유욕에 기여하지 않는 교회 제단이 남아 있지 않게 되었다." "터키와의 전쟁을 빙자하여 우리의 모든 소유를 차지하는" 자들이야말로 "로마의 가장 터키적인 터키인들"이다. 예언자 미가가 아합에게 말한 것처럼, 나도 이렇게 말한다: "가서 터키인들과 싸워라. 그래서 너희를 때리려는 하나님의 매에 맞서다가 죽도록 해라"(191).

(35) "마음속 깊이 숨어 있는 교만의 실수(*vitium*) 때문에 죽음에 이를 수 있는 죄를 짓지 않는다고 자신할 수 있는 사람은 아무도 없다."

(36) "죄의 타락 후 (인간의) 자유로운 의지의 능력은 이름뿐이다. 이 능력이 자기 안에 있는 것을 행할 때, 그것은 죽음에 이를 수 있는 죄를 짓는다(*peccat mortaliter*)." 아우구스티누스는 그의 책 "영과 글자" 4장에서 이렇게 말한다: "은혜 없는 자유로운 의지의 능력은 죄를 짓는 것 외에 아무 소용이 없다." 이에 반해 교황은, 자유로운 의지의 능력은 "도덕적으로 선한 업적들을 통하여" 은혜에 이를 수 있는 준비를 할 수 있다고 말한다. 그러나 그리스도는 이렇게 말한다: "나를 떠나서 너희는 아무것도 할 수 없다"(195). 교황이 말하는 대로, 자유로운 의지의 능력의 준비를 통해 하나님의 은혜에 이를 수 있다면, 하나님의 은혜는 "우리의 손안에" 있게 될 것이다 (209).

마지막 논제

(41) "교구장들과 세속의 제후들이 (구걸 수도사들의) 모든 구걸 자루들을

찢어버리는 것은 나쁜 일이 아니다." 내가 말하는 "구걸 자루들"은 "폐기할 수 있는 글자판들 혹은 문헌들 혹은 상(像)들"을 가리킨다. 교황이 말하는 대로, 이 자루들은 폐기되는 것이 좋을 것이다. 그러나 구걸 자루들만 파괴되고 구걸과 구걸자들은 존속한다면, 상황은 나아지지 않을 것이다. 구걸 자루가 없어지면, 이들은 "그릇과 수레를 발견해낼" 것이다.

본래 내가 말하고자 한 것은 구걸 수도회가 없어져야 한다는 것이다. 그러나 제후들이 구걸 자루들을 없애버리는 것은 좋은 일이라고 내가 말했다면, 대관절 나는 어떤 문서와 신앙의 조항에 대해 죄를 지었단 말인가? "틀림없이 나는 교황과 교황주의자들의 배(腹)에 대해, 사탄과 적그리스도의 왕국에 대해 죄를 지었을 것이다"(215. 여기서 루터는 구걸을 반대함. 청빈함을 시사하는 구걸은 또 하나의 업적의 수단이 되기 때문임).

위의 항변에서 루터의 입장은 매우 단호하다. 교황의 파문에도 불구하고 그는 자기의 입장을 조금도 양보하지 않는다. 오히려 그는 교황을 적그리스도로 규정하고, 교황체제와 성직자 계급의 폐기를 주장한다. 이로써 루터와 교황이 화해할 수 있는 기회는 완전히 사라지고, 네가 죽든지 아니면 내가 죽든지 하는 양자택일만 남게 된다. 이에 교황은 새로 선출된 황제 카를 5세에게 루터의 "제국파문"을 종용한다. 이리하여 만 19세밖에 되지 않았고 정치적 실권을 갖지 못한 스페인 출신 카를 5세는 1521년 5월 보름스(Worms) 제국의회에서 "루터 건"을 다루게 된다. 이로써 "루터 건"은 종교의 영역을 넘어 제국 전체의 문제로 비화된다.

IV
하나님의 정의와 자유를 부르짖는 "종교개혁 3대 문서"

1519년부터 1520년 사이에 루터는 많은 글을 남긴다. 라틴어로 쓴 글보다, 독일어로 쓴 글이 더 많았다. 루터는 자기를 보호해준 선제후 프리드리히에게 위로의 글(Tesseradekas)을 쓰기도 하고, 설교집을 출판하기도 한다. 그는 면죄와 은혜, 선한 업적, 교회추방, 십계명과 회개의 시편 및 주기도문 해석 등 신자들의 믿음에 도움이 되는 글들과 성례에 관한 논문들을 쓰기도 한다. 성직과 세속의 직업, 수도사의 윤리와 평신도의 윤리의 차이를 반대하고, 외적인 금식의 계명들, 일곱 가지 성례, 성인과 성유물 숭배, 순례, 너무도 많은 축제와 교회의 법과 규례와 간섭을 거부하고, 순수한 마음의 믿음을 주장하는 루터의 문헌들은 해방의 메시지가 되었다.

그중에 대표적인 문서는 「독일 그리스도인 귀족에게 보내는 글」, 「교회의 바빌론 포로신세」, 「그리스도인의 자유」, 이 세 가지 책이다. 이 책들을 가리켜 한국의 일부 신학자들은 "종교개혁 3대 논문"이라고 말한다. 그러나 「그리스도인의 자유」를 제외한 다른 두 책은 논문이 아니라 상당한 부피를 가진 책이다. 그러므로 우리는 이 세 가지 문서를 "종교개혁 3대 문서"라 부르는 것이 적절할 것이다.

이 세 가지 문서는 1520년에 출판된 것으로 전해진다. 그 내용과 문체를 고려할 때, 이 문서들은 1520년 6월 교황의 파문 경고 교서가 발표된 이후에 시작하여, 1521년 1월 3일 파문이 공포되기 전후에 집필된 것으로 보인다. 따라서 이 세 가지 문서는 1521년에 출판되었을 가능성이 더 크다.

여하튼 이 세 가지 문서는 1520년에 이르기까지 루터의 신학적 통찰들을 요약하는 동시에 종교개혁의 기본 정신을 보여준다. 이런 점에서 학자들은, 이 문서들이 루터의 주요 문헌이라고 말한다. "500년의 시간을 뛰어넘어 이 논문들(문서들)의 위대한 호소력은…힘차고 경이로운 신학적인 촉구"로 평가되기도 한다. "우리는 이 논문들을 고찰함으로써 루터의 종교개혁의 핵심에 접하게 되는 동시에 오늘 한국 개신교회가 깊이 각성해야 할 개혁적인 도전들을 재발견, 도출할 수 있을 것이다. 참되고 바른 교회와 그리스도인, 기독교적 삶의 정체성이 무엇인지, 그러한 교회의 사명을 다하기 위해 어떻게 우리의 교회가 개혁, 갱신되고 회복되어야 할지를 밝혀주기 위해 이 세 논문만큼 생동적으로 힘 있게 우리 마음을 두드리고 울려줄 글도 별로 없을 것이다"(이후정 2017, 81-82).

1. 「독일 그리스도인 귀족에게 보내는 글」
- 왜 종교개혁이 일어날 수밖에 없었던가? -

청년 루터는 결코 교회의 분열을 원하지 않았다. 그가 진심으로 바란 것은 교회의 개혁이었다. 그러나 교황과 교황주의자들은 이를 거부하고 루터를 파문한다. 이제 교회의 개혁을 기대한다는 것은 불가능하게 되었다. 남은 길은 세속의 제후들, 귀족들에게 호소하는 길밖에 없었다. 이에 루터는 "세속 군주들, 독일 귀족들에게 개혁을 고하는 길을 선택하였다. 세속의 많은 일들은 로마의 개입과 지배에서 벗어나 오히려 세속 권위에 의해 바르게 다스려지고 시정되어야 하겠기 때문이다"(이후정 2017, 86). 이같은 동기에서 루터는 「독일 그리스도인 귀족에게 보내는 글」을 집필하게 된다. 이 책에서 우리는 왜 종교개혁이 일어날 수밖에 없었는지, 그 역사적 필연성을 가장 분명히 볼 수 있다. 이 책은, 루터가 로마 교황과의 화해를 포기하였음을 보여준다. 교황도 파문당할 수 있다고 말할 정도로 그는 교황체제를 공격한다(문헌근거: 2012a).

머리글에서 루터는 교황체제의 "세 가지 장벽"(drei Mauern)을 지적한다. 곧 (1) 교회의 영적 권력이 세속의 권력 위에 있고, 세속의 권력은 교회의 권력에 대해 아무 힘도 갖지 않는다는 주장. (2) 오직 교황만이 성경을 무오하게 해석할 수 있는 권리를 가진다는 주장. (3) 오직 교황만이 공의회를 소집할 수 있다는 주장이다. 로마주의자들은 이 세 가지 장벽 안에서 "지금 우리가 보고 있는 온갖 유치하고 악한 일들을 행하고 있다"고 루터는 고발한다(9). 세 가지 장벽을 허물기 위해 루터는 다음과 같이 제의한다. 가능한 루터 자신의 음성을 들어보기로 하자.

1) 첫째 장벽을 허물기 위해

- 영적 직분과 세속 직분의 차이를 허물어야 한다. 교황, 주교, 사제, 수도사의 영적 직분과, 제후, 통치자, 수공업자, 농부 및 목자의 세속

적 직분은 동등하다. 그 근거는 다음의 사실에 있다. (1) "모든 그리스도인은 영적 직분에 속하며, 그들 사이에는 구별이 없다." (2) 모든 그리스도인은 "그리스도의 몸"의 지체로서 한 몸을 이룬다. "우리는 한 세례, 한 복음, 한 믿음을 가지며, 동등한 그리스도인들이기 때문이다"(10).

- 여기서 루터는 만인사제직, 정확히 말해 "모든 신자의 사제직"을 주장한다. 베드로전서 2:9가 말하듯이, "세례를 통해 우리는 모두 사제로 서품을 받았다." "그리스도의 피를 통해" 모든 신자는 사제와 왕이 되었다. 모든 신자는 "영적 신분에 속하며, 참으로 사제요 주교요 교황이다." 그리스도가 모든 신자의 "한 머리"요 "한 몸을 갖기" 때문이다(12). 그러므로 교황이나 주교의 서품을 받았다고 하여 사제가 될 수 없고, 미사와 설교와 죄용서를 행할 수 없다(10). 모든 신자가 사제라면, "긴급한 경우"에 모든 신자가 세례와 죄용서를 행할 수 있다(11).

뢰번 대학의 라토무스(Latomus)를 반박하는 글에서(1521) 루터는 사제계급을 다음과 같이 비판한다. "하나님은, 오늘 우리를 지배하는 이 성직자 계급을 알지 못한다. 그는 교회에서 복음 전도자들과 말씀의 사역자들만을 주문하였다. 그들(성직자 계급)은 사람들을 통해서도 세워지지 않았다. 오히려 그들은 노아 홍수 이전의 거인들처럼 하나님과 사람들의 뜻에 반하여 그들 자신을 높이 세웠다"(2006b, 203). 여러 문헌에서 루터는 (1) "그리스도의 몸"의 지체들에 대한 바울의 가르침, (2) 그리스도만이 하나님의 유일한 대제사장이라는 히브리서의 가르침, (3) 모든 신자는 "왕과 같은 사제들"이라는 베드로전서 2:9의 말씀에 따라 평신도와 구별되는 사제계급을 거부하고 "모든 신자의 보편적 사제직"을 주장한다. 사제계급에 대한 루터의 거부는 당시 성직자들의 타락에 그 원인이 있기도 하다. 다음과 같은 루터의 글은 이를 시사한다. "하나님의 말씀에 관심을 갖지 않은 주교는, 비록 그가 거룩하다 할지라도, 늑대요 사탄의 사도이다"(203).

- 그러나 "모든 신자의 사제직"은 모든 신자가 자기 마음대로 사제직을 행할 수 있음을 뜻하지 않는다. 사제직을 행하기 위해서는 교회 공동체의 "승인과 선택"이 있어야 한다. 교회의 모든 것은 모든 신자의 공동 소유이다. 따라서 모든 신자의 승인과 명령 없이 그 누구도 "모든 사람에게 속한 것"을 자기의 것으로 취할 수 없다. 공동체의 선출과 인정을 통해서만 "모든 사람을 대신하여, 모든 사람의 이름으로" 성직자 직분을 행사하여, "하나님의 백성 안에 혐오스러운 혼잡을 피해야 한다"(2009, 617). 사제직을 행하던 사제가 그 직책에서 해제될 때, 그는 평신도로 돌아간다. 이것은 공직자가 해임될 때, 더 이상 공직자가 아니라 평민으로 돌아가는 것과 마찬가지다(2012a, 11-12).

- 이와 연관하여 루터는 성직자와 평신도의 신분적 차이는 물론 세속 직업들의 차이도 부인한다. "구두 제작공, 목수, 농부, 각자가 자기의…직분이나 사역을 가지며, 그럼에도 그들 모두가 서품을 받은 사제요 주교이며, 각자가 자기의 직분이나 사역을 가지고 다른 사람에게 유익이 되고 섬겨야 한다." 이는 몸의 각 지체가 다른 지체를 섬기는 것과 같다. 그렇다면, 황제나 구두 제작공이나 모두 "한 몸의 지체들"로서, 직분과 사역이 다를 뿐, 하나님 앞에서 동일한 사제요 주교이다(13). 여기서 루터는 모든 인간의 평등을 시사한다.

- 성직자들의 영적 권력이 세속의 통치권력 위에 있다고 말할 수 없다. 성직자들의 영적 권력은 물론 세속의 통치권력도 악을 벌하고 경건한 자를 보호하기 위해 하나님께서 세우신 질서이기 때문이다. 그러므로 세속의 권력은 성직자들의 간섭을 받을 수 없다. 그것은 교회의 영적 권력의 간섭 없이 "기독교 세계의 몸 전체를 통하여 자유롭게 집행되어야 한다." 세속의 통치권력은 "교황, 주교, 사제, 수도사, 수녀 등에게도 해당한다"(13). 즉 성직자들도 세속 권력의 법질서 아래에 있다. 그러나 로마 교황청은 법을 만들어, 성직자들이 세속 권력의 법을 벗어나 "자유롭게 악을 행할 수 있도록" 하였다. 즉 성직자들은 죄를 지어도 법의 적용을 받지 않기 때문에 "벌을 받지 않도록 만들었다"(15). 이것은 불의한 일이다. 죄를 지었을 때, 교황도 세속의 통치기관에 의해 벌을 받아야 한다.

- 세속 권력의 통치는 교황과 주교와 사제를 포함한 "몸 전체의 모든 지체에게" 적용되어야 한다. 벌을 받을 일이 있다면, 교황과 주교와 사제도 예외 없이 벌을 받아야 한다. 성직자들이라 하여 법 적용을 받지 않는 것은 불의한 일이다. 우리 모두가 동일한 그리스도인들이요, 동일한 세례와 믿음과 영을 가지는데, 왜 성직자들의 몸과 생명 및 재산과 명예만 법 적용에서 자유로울 수 있는가? "동일한 그리스도인들 사이에 이같이 거대한 차이는 어디에서 오는 것인가? 그것은 오직 인간의 법과 거짓된 조작에서 오는 것이다"(15).

여기서 우리는 루터의 "두 왕국론"의 의도를 볼 수 있다. 두 왕국론은 종교의 영역과 세속 정치의 영역의 완전한 분리를 말하려는 것이 아니라, 하나님이 세우신 두 영역의 동등함과 독립성을 서로 존중하되, 종교의 영역에 속한 성직자들이 죄를 지었을 때 세속 권력의 법에 따라 벌을 받아야 하고, 이를 통해 하나님의 정의와 질서를 세우고자 함에 있다. 루터의 다른 신학 사상들과 마찬가지로 그의 두 왕국론도 성직자들이 죄를 지어도 세속의 법에 따라 벌을 받지 않는 종교개혁 당시의 역사적 배경 속에서 이해되어야 한다. 그렇지 않을 때, 그의 두 왕국론은 종교와 정치의 관계에 대한 메마른 이론으로 생각된다.

2) 둘째 장벽을 허물기 위해

- 루터에 따르면, 교황을 위시한 성직자들은 "한평생 성경을 배우지 않았음에도 불구하고, 그들만이 성경의 장인(Meister)이요 지배계층이라"고 생각한다. 교황이 악하든지 경건하든지 간에, 그는 믿음의 문제에 있어 "오류를 범할 수 없다"는 주장은 성경 어느 글자를 통해서도 증명되지 않는다. 이리하여 교회법 안에는 "너무도 많은 이단적이며 비기독교적이고 비자연적인 법이 있다"(16).
- 예수께서 "하늘나라의 열쇠"를 베드로에게 주었기 때문에 베드로의 후계자인 교황만이 성경을 해석할 수 있는 권한을 가진다고 로마주의자들은 주장한다. 그러나 하늘나라의 열쇠는 베드로에게만 주어진 것이 아니라 "모든 교회공동체에게 주어졌다." 그것은 곧 "모든 사도와 그리스도인에게" 주어졌다. 그렇다면 모든 신자가 성경을 해석할 수 있는 권한을 가진다(17). "우리 가운데 올바른 믿음과 그리스도의 영과 오성과 말씀과 생각을 가진 경건한 그리스도인들이 있다." 그렇다면 자신의 오성과 생각을 버리고 "믿음도 없고 영도 없는 교황을 따를" 필요가 없다(18).

- "우리 모두가 사제이며, 모두가 한 믿음, 한 복음, 한 성례를 가진다." 그렇다면 우리 모두가 "믿음에 있어 무엇이 옳고 무엇이 그른지 음미하고 판단할 수 있는 권세를 가진다." "영적인 사람은 모든 것을 판단하며, 아무에게서도 판단을 받지 않는다"(고전 2:15). "우리 모두는 한 믿음의 영을 가지고 있다"(고후 4:13). 그렇다면 우리는 "무엇이 믿음과 일치하며, 무엇이 일치하지 않는지, 믿음이 없는 교황만큼 잘 판단할 수 있지 않은가?" 그러므로 우리는 "자유의 정신"을 버리지 말고, 교황들이 행하는 일과 행하지 않는 모든 일이 성경과 일치하는지 판단해야 하며, 교황이 자신의 생각을 따르지 않고, 성경의 뜻을 따르도록 요구해야 할 것이다(18).

3) 셋째 장벽을 허물기 위해

- 위의 두 가지 장벽이 무너지면, 셋째 장벽은 저절로 무너진다. 교황이 성경에 반해 행동할 경우, 우리는 성경을 근거로 교황을 벌하고, "마태복음 18:15에 기록된 그리스도의 말씀에 따라" 행동할 것을 요구할 의무가 있다.
- "오직 교황만이 공의회를 소집할 수 있거나 그것을 확증할 자격이 있다는 성경의 근거를 그들(교황주의자들)은 가지고 있지 않다. 단지 그들은 그들 자신의 법들을 가질 뿐이다." 교황이 벌을 받을 정도로 불법적으로 행동할 때, 이 법들은 효력을 상실한다(19). 사도행전 15:6에 따르면, 사도들의 공의회를 소집한 것은 베드로가 아니라 모든 사도와 장로였다. 만일 베드로 혼자 그렇게 했다면, 그것은 "기독교적 공의회가 아니라 이단적 공의회였을 것이다. 가장 유명한 니케

아 공의회를 소집하고 확증한 사람은 로마의 주교가 아니라 콘스탄티누스 황제였다." 그 뒤의 황제들도 그렇게 하였다(19-20). 따라서 교황만이 공의회를 소집할 수 있다는 법은 무효하다.

- 성직자를 포함한 모든 그리스도인이 사제요 영적 신분에 속한다면, 모든 그리스도인이 공의회를 소집할 수 있는 권리를 가진다고 말할 수밖에 없다. 긴급한 일이 있거나, 교황이 교회에 해가 되는 일을 행할 때, 신자들은 공의회를 소집하여 문제를 해결해야 할 의무를 가진다. 교회를 개선코자 하는 공의회를 막기 위해 교황이 권력을 사용할 경우, 우리는 교황과 그의 권력을 존중하지 말아야 한다. 그리고 교황이 우리를 파문할 경우, 우리는 "거꾸로 하나님에 대한 신뢰 속에서 교황을 파문하고 추방해야 할 것이다"(20-21).

- 교황의 권력은 "그리스도를 거스를 수 없다.…그리스도를 역행할 경우, 그것은 적그리스도와 마귀의 권력이다"(21-22). 로마인들은 권력을 통하여 성경을 해석할 권한을 갖지 않으며, 공의회를 방해하거나 자기 마음대로 공의회를 제한할 권한을 갖지 않는다. 만일 그렇게 한다면, 그들은 "그리스도의 공동체가 아니라 적그리스도와 마귀의 공동체일 것이다"(22).

4) 세 가지 장벽을 허물 수 있는 대안을 제시한 다음, 루터는 공의회, 교황, 추기경, 주교들이 개혁할 수 있는 사항들을 제의한다.

- "그리스도의 대리자요 베드로의 후계자"라고 자랑하는 교황은 왕이나 황제보다 더 "세속적이고 화려하게" 생활한다. "'가장 거룩하며' '가장 영적이라' 불리는 교황이 세상보다 더 세상적인 존재"이다.

가장 높은 왕들은 한 가지 왕관만 쓰는데, 교황은 "세 가지 왕관을 쓴다." 교황이 하나님 앞에서 눈물로 기도할 때, 그는 왕관들을 벗어야 한다(22).

- 빌라도 앞에서 예수는 "내 나라는 이 세상에 속한 것이 아니오"라고 (요 18:36) 대답하였다. 그렇다면 그리스도의 대리자인 교황은 세상을 지배하는 "세상의 주"가 될 수 없다. 그는 "높이 들리신 그리스도의 대리자가 아니라, 십자가에 달린 그리스도의 대리자다." 그러므로 바울은 "나는…십자가에 달리신 그분 밖에는 아무것도 알지 않기로 작정하였다"고 말한다(고전 2:2, 24). 한마디로 교황은 세속의 권력을 쥐고자 해서는 안 된다.

- 교황은 추기경의 수를 대폭 줄이든지, 아니면 교황 자신이 추기경을 부양해야 한다. 교황은 추기경들에게 교구와 수도원을 소유로 주어서 이들을 착취하고 황폐화하도록 해서는 안 된다. 그들은 예배와 설교는 하지 않고, 도둑처럼 돈이 될 만한 일들과 분쟁거리만 행한다. 주교가 없어도, 교회는 무너지지 않을 것이다(25).

- 교황청은 너무 비대하다. 교황의 서기관들만 해도 3,000명이나 된다. 직책의 수가 너무 많아 그 수를 헤아릴 수 없을 정도이다. 교황의 신하들은 늑대가 양을 기다리듯이, 독일의 종교기관(Stift)들과 봉토를 삼키려고 기다린다. 그러므로 교황청은 구조조정을 해야 한다. 지금 크기의 99%를 없애고 1%만 남겨도 교황청 본래의 사명을 감당하기에 충분할 것이다(26).

- 교황청의 경제적 착취를 막아야 한다. 매년 30만 굴덴 이상의 돈이 독일에서 로마로 흘러들어간다고 사람들은 말한다. 성직자의 첫해 수입 전액을 교황에게 바치는 제도(Annaten)를 철폐해야 하며, 자체

재산과 고정 수입을 가진 가장 좋은 교직 자리(Pfründe)와, 교회의 고위 직분들과 모든 봉토의 소유를 막아야 한다. 제후들과 귀족들은 교황이 착취한 재산을 되돌려 주도록 조치해야 한다. 신임 황제 카를 5세는 돈이 되는 독일의 교직 자리와 봉토가 로마로 흘러들어가지 않도록 법을 세우고, "로마의 도적들"이 빼앗아 간 것을 되찾아야 한다. 교황은 터키인들을 방어하기 위한 명목으로 독일로부터 돈을 거두어가지만, 독일인들이 터키인들을 더 잘 방어할 수 있을 것이다(28-29).

- 수도원을 자기의 소유로 삼고 "재산과 이자"를 취하며, 수도사들을 쫓아낸 다음, 돌팔이 수도사를 연 5 내지 6굴덴의 보수로 고용하여 순례자들에게 성화나 성물을 판매토록 하는 교황은 "기독교를 방해하는 자요 예배의 파괴자"이다. 어떤 수도원은 6,000굴덴 이상의 수입을 가진다고 한다. 이리하여 로마는 "구매, 판매, 교환, 대체, 잡음, 거짓말, 기만, 강탈, 도적질, 사치, 매춘, 유치한 일들, 하나님 멸시"로 가득하게 되었다. 교황청은 봉토와 돈이 되는 성직 자리를 팔고 사는 "대형 백화점"이요, 가장 저질적인 "창녀 집" 같이 되었다(36). 그것은 "지옥문의 공적인 도적질과 기만과 독재"를 일삼고, 신자들의 몸과 마음을 파괴한다. 우리는 힘을 다해 이를 막아야 한다. 터키인들과 싸우기 전에, 우리는 가장 사악한 교황과 싸워야 할 것이다. 도둑을 목매달아 죽이거나 목을 베어 죽이는 일이 정당하다면, 우리는 이 땅 위에서 "가장 큰 도둑이요 강도인 자"를 "그리스도와 성 베드로의 거룩한 이름으로" 처형해야 할 것이다(38-38).

5) 이제 루터는 세속 통치자들과 교회가 개혁해야 할 구체적 사항들을 제시한다. 내용이 좀 많지만, 이를 살펴보기로 하자. 그중에는 오늘의 한국교회에도 해당하는 사항들이 발견된다.

- 모든 제후와 귀족과 제국도시의 통치자는 그들의 신하들이 봉직 첫해의 수입금 전액을 로마로 보내는 것을 엄격히 금지하고, 이 제도를 폐기해야 한다(39).
- 독일의 종교기관들을 불법으로 탈취하여 로마의 낯선 자들에게 넘겨주거나 팔아먹고, 돈이 되는 성직 자리와 봉토를 로마의 망나니들에게 팔아먹는 "공동의 적과 기독교의 파괴자"에 대해 그리스도인 귀족들은 불쌍한 영혼들의 구원을 위해 대항해야 한다. 더 이상 봉토를 로마로 넘기지 않도록 조치해야 하며, 빼앗긴 봉토를 되찾도록 해야 할 것이다(40).
- 주교의 망토나 고위 성직에 대한 확증을 로마 교황청에서 받아오지 않고, 니케아 공의회의 질서에 따라 "한 주교가 가까이 있는 두 사람의 다른 주교나 대주교로부터 확증을 받도록" 하는 황제의 법이 세워져야 할 것이다. 주교와 대주교들의 권한을 빼앗고 "그들에게 이름과 칭호만 남겨두는" 교황은 "죄의 인간"(*homo peccati*)이다(41).
- 세속의 일은 세속의 권력에게 맡기고, 교황은 영적인 일, 곧 "그리스도인들의 믿음과 거룩한 생활"에 관한 일만 관리해야 한다. 주교의 재판권을 행사하는 교회 법관은 믿음에 관한 일만 처리하고, "돈, 재산, 몸과 명예에 관한 일은 세속의 재판관에게 맡겨야" 한다. 이리하여 "교회 법관들의 무시무시한 억압을" 금지해야 한다(42-43).
- 성직 자리와 봉토의 소유자가 죽거나, 이에 관한 싸움에 주교나 교

황과 관계된 인물들이 연루되었을 때, 교황이 그 성직 자리와 봉토를 차지하는 것을 금해야 한다. 교황 아래에서 일하는 어떤 사람도 봉토 문제로 분쟁을 일으켜서는 안 되며, 경건한 사제들을 소환하여 계속 심문하고 괴롭히며 돈을 요구해서는 안 된다. 파문과 하나님의 이름을 팔아먹는 도적질을 강화하고, 인간이 만들어낸 거짓말로 우리를 위협하도록 해서는 안 된다(44).

- 성직자들만이 죄용서의 권한을 가진다는 가톨릭교회의 가르침(casus reservati, 하늘나라의 열쇠를 베드로와 그 후계자들에게 주었다는 마 16장의 말씀에 근거함)을 폐기해야 한다. 성직자들이 신자들로부터 돈을 뜯어내고, 불쌍한 영혼들이 사나운 독재자들의 사슬에 묶이며 혼란에 빠지는 일을 막아야 한다(45).

- 교황청의 기구를 축소시키고, "교황 가족"을 교황 자신의 재산으로 먹여 살려야 한다. 교황청을 황제의 궁전보다 더 호화롭게 만들어서는 안 된다. 교황은 호화로운 생활을 버리고, 성경 말씀의 연구와 기도에 전념해야 하며, 믿음에 관한 일 외에 다른 관심을 갖지 않도록 해야 한다(46).

- 교황에게 충성 서약을 해야만 주교직의 효력을 얻게 된다는 (Significasti) 법을 폐기해야 한다. 황제와 귀족들은 주교를 노예처럼 교황에게 예속시키는 "이같은 독재를 막아야 하고, 이를 벌해야 한다"(47).

- 대관식에서 교황이 황제의 머리에 왕관을 씌워주는 것 외에, 교황은 황제에 대해 어떤 권력도 갖지 않는다. 그러므로 황제가 교황의 발에 키스를 하거나, 교황의 발 아래 앉거나, 교황의 말안장 발걸이 (Steigrief)와 술(Zaum)을 붙들어 주어야 하며, 교황에게 겸손과 복종

을 서약해야만 하는 교황의 "악마적인 교만"을 폐지해야 한다. 세속의 권력이 영적 권력 아래에 있다는 교황의 교서는 폐기되어야 한다(47). 교황은 이것을 요구할 하등의 권리도 없다. "그는 하늘에 계신 그리스도의 대리자가 아니라 땅 위에서 일하시는 그리스도의 대리자일 뿐이다." 하늘에 계신 그리스도는 "다스리는 형식"을 가진 대리자를 필요로 하지 않는다. 그는 땅 위에서 "섬기는 형식"을 가진 대리자를 필요로 한다. 그러나 교황의 하수인들은 "하늘의 다스리는 형식을 그리스도에게서 빼앗아 그것을 교황에게 부여하고, 섬기는 형식을 내버렸다"(48). 그러므로 교황은 땅 위의 그리스도처럼 섬기는 자가 되어야 한다. "황제제도의 상속자"(Erbe des Kaisertums)라는 교황의 교서와, "콘스탄티누스 황제의 기부"(De donatione Constantini)는 뻔뻔스러운 금시초문의 거짓말이다(48-49).

- "우리도 여러분과 똑같은 성정을 가진 사람입니다"라고 바울은 말한다(행 14:15). 즉 모든 사람은 똑같다는 것이다. 그렇다면 교황의 발에 키스하는 일을 없애야 한다. "한 불쌍한 죄인(교황을 말함)이 자기보다 백배나 더 경건한 사람에게 자신의 발에 키스를 하게 하는 것은 비기독교적이며 적그리스도적인 일이다"(50). 또 교황이 스스로 말을 타고 갈 수 있을 만큼 건강하고 힘이 있음에도 불구하고, 이루 말할 수 없이 화려하게 치장된 (가마 비슷한) 운구로, 자기를 우상 모시고 가듯이 운반케 하는 것도 폐지되어야 한다(51). 교회에서 성만찬을 거행할 때, "가장 거룩한 아버지 교황보다 훨씬 더 거룩한 모든 그리스도인"은 일어나서 성찬을 받는다. 그러나 교황은 "은혜로운 귀족처럼 가만히 앉아서, 무릎을 꿇고 허리를 굽힌 추기경이 금으로 된 그릇으로 바치는" 성찬을 받는 교만한 일도 사라져야 한다(52).

- "로마가 가까워질수록, 그리스도인들은 더 분노한다"고 사람들은 말한다. 로마 교황청이 그만큼 타락했다는 것이다. 그러므로 로마 순례를 폐지해야 한다. 하나님은 로마 순례를 명령한 적이 없다. 그럼에도 불구하고 남자들은 부인과 아이들을 집에 내버려두고 로마 순례를 하면서 50-100굴덴을 먹고 마시는 데 써버린다. 순례를 폐지하는 대신, 신자들의 거짓된 믿음을 바로 고치고 선한 업적을 바르게 이해하도록 해야 한다. "순례는 하나님의 계명과 복종을 가르치기보다 수없이 많은 죄와 하나님의 계명에 대한 멸시의 원인들"을 제공한다(52-54).

- 수도원을 더 이상 세우지 말아야 하고, 현재 있는 수도원들은 통폐합해야 한다. 수도회 내에 많은 분파와 차이가 일어나 서로 갈등하고 증오하며, 참 믿음과 경건에 관심을 갖기보다 외적인 법들과 업적들 및 형식들에 관심하기 때문이다. 한마디로 경건의 형식은 있지만, 참된 영적인 삶이 무엇인지 알지 못한다(딤후 3:5). 참으로 영적이고 신심이 깊은 수도원장이 없을 경우, 수도원은 없는 것이 더 나을 것이다(56).

- 수도원과 종교기관들이 자유화되어야 한다. 입단과 퇴출이 자유로워야 하며, 하나님을 위한 헌신과 봉사가 강요되어서는 안 된다. 입단 서약을 통해 수도원이 "영원한 감옥"이 되어서는 안 된다. "원하는 사람은 (수도원을) 떠나라"고 나는 권고한다. 수도원의 순결서약을 지키는 것은 좋은 일지만, 그것이 법이 될 수는 없다. 그리스도는 순결서약을 요구하지 않았다. 바울에 따르면, 그것은 소수의 사람들에게만 주어졌다(고전 7:7, 55-57).

- 성직자 독신제를 폐기해야 한다. 그리스 교회의 박해와 이단자 논

쟁 때문에 교부들이 자발적으로 결혼을 포기했지만, 성직자 독신제가 보편적인 법이 될 수는 없다. 마지막 때에 "속이는 영과 악마의 교훈을" 따르는 자들이 결혼을 하지 말라고 할 것이라는 바울의 말씀에서 볼 때(딤전 4:1-3), 성직자의 결혼은 허용되어야 한다. 단지 성직자의 연약함 때문이 아니라 성직자의 가사를 위해 결혼생활이 필요하다. 많은 성직자가 여자와 아이를 데리고 부끄러움과 양심의 가책을 받으며 살고 있다. 여자와 아이들이 길을 지나갈 때, 이 여자는 "사제의 창녀"요, 그 "아이들은 사제의 아이들"이라고 동네 사람들이 곁눈질을 한다(60). 교회는 사제의 가사를 돌보는 여자 도우미를 허용하는데(지금도 그렇게 하고 있음), 한 지붕 밑에 한 남자와 한 여자를 함께 머물도록 하면서 두 사람 사이에 아무 일도 일어나서는 안 된다고 기대하는 것은, 마른 지푸라기와 불을 함께 두면서 불이 나지 않아야 한다고 기대하는 것과 마찬가지다(61). 지금 여자를 데리고 있는 사제는, 교황이 반대해도 그 여자를 아내로 삼아야 할 것이다(60). 그리스도는 인간이 만든 모든 법에서 우리를 해방하였다(갈 5:1, 62).

- 수도원장, 수녀원장, 수도회 원장에게 마음속 깊이 숨어 있는 비밀스러운 죄를 자백하려 해도, 이들이 그것을 허락하지 않을 경우, 자기가 원하는 형제나 자매에게 죄를 자백하고 죄용서를 받을 수 있다. 형제나 자매가 그 죄를 용서할 때, 우리는 정말 용서받았다고 믿어야 한다(63).

- 성경 말씀을 읽지도 않고, 기도를 드리지도 않으며, 게걸스럽게 먹고 마시고, 돈과 의무감 때문에 드리는 죽은 사람들을 위한 미사(Totenmesse)와 수많은 축일(Festtage)을 없애거나 일 년에 한 번으로

줄여야 한다. 미사 전날 저녁에 드리는 저녁 기도회(Vigilien)도 없애야 한다. 오용되고 하나님의 분노를 사는 일들을 폐지하는 것이 기독교적이다(64).

- 출교를 남발하지 않아야 한다. 바르게 믿지 않거나, 공공연하게 죄를 지으며 사는 등 성경이 명령하는 경우에만 출교 처분을 내려야 한다. 성직의 일시 정지(Suspension), 교회법에 의한 처벌과 신체적 장애 등으로 인한 자격 정지(Irregularität), 면직(Deposition), 벌의 강화(Aggravation) 등을 폐기해야 한다(65).

- 모든 축제의 날들을 폐지하고 일요일만 유지해야 할 것이다. 마리아 축제, 마리아의 어머니 안나 축제, 수많은 성인들의 축제를 일요일에 거행해야 할 것이다. 축제한다고 일을 하지 않고, 평일보다 더 많이 먹고 마시며, 여러 가지 죄를 짓기 때문이다. 하나님의 뜻에 역행하고 인간의 몸과 영혼에 해가 되는 일은, 교황이나 주교가 알든 모르든 간에, 지역 공동체나 의회나 통치자가 폐기해야 할 것이다(66).

- 세례를 받을 때 수세자는 대부(Pate) 및 그의 친척들과 영적 친척관계를 갖게 된다. 교회는 사촌, 육촌의 영적 친척들과 결혼하는 것을 금지하는데, 교황은 돈을 받고 이 금지를 면제해 주었다. 이에 루터는, 사제들은 돈을 받지 않고 면제해 주어야 한다고 말한다. 면죄, 면죄부, 미사 증명서, 죄의 고백 증명서(Confessionalia), 각종 유치한 악행들을 통해 불쌍한 백성들이 사기를 당하고 돈을 착취당하는 일을 지역 사제들이 폐기할 수 있어야 한다. 이런 일을 행할 수 있는 권리가 사제에게 없다면, 교황에게도 없을 것이다(67).

- 먹을 수 있는 음식물과 금식 문제는 개인의 자유에 맡겨야 한다. 로마에 있는 교황의 일꾼들은 금식을 우습게 여기면서 우리에게는 금

식을 명령하고, 그들의 구두를 닦는 데도 사용하지 않을 기름을 우리에게 먹게 하고, 버터를 먹지 못하게 한다(67-68).

- 소 예배당(Kapelle)과 야외교회들, 이곳을 찾는 순례를 폐지해야 한다. 이 모든 것이 신자들의 돈을 빼앗는 수단으로 전락하였기 때문이다. 또 지역교회보다 이런 것을 더 존중함으로 인해 지역교회가 약화되고, 술집과 음행이 더 늘어난다(68). 교황의 성인추대도 중지되어야 한다. 거룩하고 자비한 성인들이 교황의 돈벌이 수단이 되어버렸기 때문이다. 성인추대는 하나님에게 맡겨야 한다(69-70). 하늘에 계신 성인들보다 세례와 성례 및 설교와 이웃이 더 중요하다. 교황이 발행하는 교서, 은혜 증명서(Indulta), 각종 특권, 면죄, 은혜, 은혜 증명서를 줄 수 있는 전권(facultates) 등 이 모든 것을 행할 수 있는 자유를 모든 교회에 부여해야 한다. 천사도, 교황도, 하나님이 지역교회를 통해 너에게 줄 수 있는 것보다 더 많이 주지 못한다(72).
- 가난한 사람들이 굶주리거나 추위에 떨지 않도록 적절히 보호해야 한다. 그러나 구걸 수도사, 순례객들이 무위도식하면서 풍요하게 사는 것을 막아야 한다. 이를 위해 구걸을 일체 없애야 할 것이다. "일하기를 싫어하는 사람은 먹지도 말라"(살후 3:10, 74).
- 과거의 종교기관들, 예를 들어 대성당의 성직자 단체는 귀족들에 의해 세워졌다. 제1상속자나 통치자가 될 수 없는 귀족의 자녀들을 보호하고, 그들이 교육을 받은 후 자유롭게 하나님을 섬기도록 하기 위해서였다. 그런데 하나님의 특별한 영적 은혜를 얻기 위해 기도와 미사를 목적으로 세워진 최근의 종교기관들은 요란한 오르간 연주 및 성가대와 함께 고성을 지르면서 무신앙적 미사를 드리며, 기부로 얻은 이자로 먹고 산다. 이들에게 미사는 생계수단이 되어버렸다. 그

러므로 더 이상 종교기관을 세우지 않는 것이 좋을 것이다. 또 "적절한 생활 수준의 유지"를 위해 여러 개의 기관장 자리를 보유는 것을 금해야 할 것이다(75). 이에 앞서 유치하고 악한 방법으로 우리에게서 돈을 거두어가는 교황의 대리인과 전권자들을 독일 땅에서 추방해야 한다(76).

- 우리는 형제 공동체에 들어갈 필요가 없다. 세례를 받을 때, 우리는 그리스도와 성인들과 땅 위의 모든 그리스도인의 형제 공동체에 속하게 되었기 때문이다. 이들 형제 공동체들이 어려운 이웃들을 돌보기 위해 모금한 돈이 풍요하게 먹고 마시는 데 사용되고 있다(76).

- 얀 후스와 프라하의 히에로니무스(Hieronymus von Prag)를 콘스탄츠 공의회에서 불에 태워 죽이고, 그들의 가르침을 추종하는 보헤미아인들을 박해하는 것은 불의하며 하나님의 뜻에 반하는 일이다. 우리는 보헤미아인들과 연합하여 쌍방에 일어나는 저주와 증오를 극복해야 한다. 이단자 문제는 글을 통해 해결되어야지, 화형의 불을 통해 해결되어서는 안 된다. 교회은 주교들에게 자신의 대주교를 세울 수 있는 자유를 허락해야 한다(80). 교황의 법이 없어도 기독교 신앙은 존속할 수 있다. 세례를 통해 우리는 자유롭게 되었고, "오직 하나님의 말씀 아래에 있다. 왜 한 인간(교황)이 그의 말을 가지고 우리를 포로로 삼아야 하는가?" 바울은 이렇게 말한다. "여러분은 자유롭게 되었습니다. 결코 사람의 노예가 되지 마십시오"(고전 7:23, 81-82).

- 성경과 그리스도를 가르치지 않고, 이방인 철학자 아리스토텔레스의 철학을 가르치는 대학교육의 개혁이 필요하다. 아리스토텔레스의 철학, 이에 근거한 스콜라 학자들의 주석과 명제들, 교황의 가르침과 법들 대신에 성경이 신학교육의 중심이 되어야 한다. 신학자들

의 책을 읽는 것도 필요하지만, 무엇보다 먼저 성경을 읽고 배워야 한다. 신학자들의 책은 성경으로 인도하는 이정표에 불과하다면, 성경은 "우리 모두가 그 안에서 연습하고 일해야 할 포도밭이다"(89).

- 교황은 그리스 황제(동로마 제국의 황제)에게서 신성 로마 제국을 취하여 독일인들에게 주었기 때문에 독일인들은 교황에게 감사하고 그에게 복종해야 한다고 말한다. 이리하여 교황은 독일의 황제들을 박해하고 억압하며 독일인들을 "교황의 노예"로(92) 삼았다. 교황은 "거룩한 로마 제국"의 명칭을 우리에게 주는 대신, 제국의 권력은 자신이 취하였다. 그는 대관식에서 황제의 머리에 왕관을 씌워줌으로써 "황제 위에" 있는 존재라고 생각한다. 그는 황제를 지배하는 황제인 동시에 황제보다 더 높은 교황이고자 한다. "우리는 제국의 이름을 갖고 있지만, 교황은 우리의 재산과 명예와 몸과 생명과 영혼과 우리가 가진 모든 것을 가지고 있다"(93). "우리는 가장 음흉한 독재자의 노예가 되었고, 황제의 이름과 칭호와 문장(Wappen)을 갖지만, (알맹이가 되는) 황제의 보물과 권력과 권리와 자유는 교황이 갖고 있다. 알맹이는 교황이 먹고, 우리는 빈껍데기만 가지고 논다"(94).

예언자 사무엘은 사울과 다윗의 머리에 왕관을 씌워주었다(삼상 10:1; 16:13). 그러나 그는 하나님의 명령에 따라 왕 아래에 있었다. 예언자 나단도 그렇게 하였다(왕상 1:38). 따라서 교황은 황제 아래에 있어야 한다. 세 사람의 추기경이 교황에게 관을 씌워주지만, 교황은 결코 추기경 위에 있지 않다. 마찬가지로 교황은 황제 위에 있지 않다. "신적인 일들, 곧 설교와 가르침과 성례를 행하는 일"에 있어 그는 황제 위에 있지만, 세속의 일에 있어 그는 황제 아래에 있다. 그러므로 독일 황제는 "바르고 자유롭게" 자기의 통치권을 행사해야 한다. "교황의 아첨꾼들"이 "(황제의) 검을 독단적으로 휘두르도록" 내버려두어서는 안 된다(96).

- 독일인들에 대한 교황의 이자 착취를 막아야 한다. 앞으로 100년 동안 이를 방치할 경우, 독일은 돈이 한 푼도 없을 것이며, "우리는 서로를 뜯어먹어야 할 것이다." 또 제국의 거대한 부가 소수의 사람들에게 쌓이지 않도록 푸거(Fugger) 가를 위시한 사업가들의 입에 망을 씌워야 할 것이다. 그렇지 않을 때, 최후 심판의 날이 올 것이다. 이를 막기 위해 황제의 "세속의 검"이 필요하다(97).

- 끝으로 루터는 이렇게 말한다. 이 책에서 나는 실현되기 어려운 것을 너무 많이 말하였다. 그러나 하나님이 나의 입을 열어 "말하고, 짖어대고, 외치고, 쓰라고" 강요하기 때문에, 나는 그렇게 말할 수밖에 없다. 내가 하는 말이 땅에서는 저주를 받을 수밖에 없지만, 하늘에 계신 그리스도께서 정당하다고 판단하실 것이다. 그리스도와 기독교의 일은 "오직 하나님에 의해" 판단을 받아야 한다. 교황과 주교와 사제 및 수도사와 학자는 진리를 따라야 할 하나님의 백성이다(101).

2. 「교회의 바빌론 포로신세」

이 책에서 루터는 가톨릭교회의 성례론을 집중적으로 다룬다. 성례론을 다루는 책이 왜 "교회의 바빌론 포로신세"라는 제목을 가지는가? 그 이유는, 교회를 교황 및 성직자들의 포로로 만든 가장 중요한 요인이 성례론에 있다고 보기 때문이다.

책을 시작하면서 루터는 바빌론의 포로가 되었던 이스라엘 백성처럼 교회가 교황청의 포로가 되어 있다고 전제한다. "마치 이스라엘이 구약에서 바벨론으로 사로잡혀 포로가 되었듯이 이제 바벨론 왕국과 힘센 사냥꾼인 님로드의 힘처럼 교황권이 휘둘러지는 '대 사냥'이 행해졌다"(이후정 2017, 89).

"바빌론 포로신세"(Babylonica captivitas)란 표현은 이 책에서 처음 사용되는 것이 아니라 "교황의 권력에 대한 해명서"에서 이미 사용되고 있다(2009, 103). 이 해명서에서 "바빌론 포로신세"는 하나님의 말씀이 가톨릭교회의 포로가 되어 있음을 가리킨다면, 이 책에서 그것은 성례가 로마 교황청의 포로신세가 되어 있음을 가리킨다.

교회의 포로신세는 외부의 어떤 세력으로 말미암아 온 것이 아니라, 하나님의 백성을 지배하고자 하는 로마 교황청의 권력에 대한 욕망으로 말미암아 온 것으로 파악된다. 따라서 이 책의 목적은 성례에 대한 올바른 이해를 통해 하나님의 백성을 로마 교황청의 포로신세에서 해방하고, 순수한 마음의 믿음과 하나님의 진리와 정의를 회복하는 데 있다. 이같은 정신이 책 전체에 흐르고 있음을 우리는 볼 수 있다.

이미 1519년 가을에 루터는 가톨릭교회의 성례론을 집중적으로 다루었다. 그리하여 그는 "회개의 성례에 관한 설교"(WA 2.713-721), "거룩하고 가장 숭고한 세례의 성례에 관한 설교"(WA 2.727-737) 등을 발표하였다. 1519년 12월 18일 슈팔라틴에게 보낸 편지에서 루터는 세례, 견신, 성만찬, 고해, 결혼, 종유, 성직자 서품식(ordinatio), 이 일곱 가지 성례 중에 세례와 회개 및 성만찬만 성례로 인정하고, 나머지 네 가지는 성례가 아니라고 말한다(WABr 1.594).

「교회의 바빌론 포로신세」에서 루터는 성례를 결정하는 두 가지 기준을 제시한다. 첫째, 성례는 하나님께서 세우신 외적 표징(*institutum divinitus signum*)을 가지고 있어야 한다. 둘째, 성례는 죄용서에 대한 하나님의 약속 (*promissio remissionis peccatorum*)과 결합되어 있어야 한다. 이 기준에 따라 루터는 이 책의 앞부분에서 세례, 고해, 성만찬, 이 세 가지를 성례로 인정한다(2016, 23. 아래 내용은 이 책에 근거함).

그러나 책의 마지막 부분에서 그는 고해를 배제하고 세례와 성만찬, 이 두 가지 성례만 인정한다. 세례와 성만찬은 하나님이 세우신 외적 표징을 가진 동시에 죄용서의 약속과 결합되어 있기 때문이다. 이에 비해 고해는 하나님께서 세우신, 눈으로 볼 수 있는 표징을 갖지 않기 때문이다. 그러나 본래의 성례는 세례와 성만찬의 "표징이 첨부된 (하나님의) 약속"이다 (2016, 291). 성례의 본질은 외적 의식들 및 빵과 포도주를 취하는 행위 자체에 있는 것이 아니라 하나님의 죄용서의 약속에 있다고 루터는 주장한다.

책의 시작 부분에서 루터는 면죄부에 대해 다음과 같이 언급한다. 95개조를 발표할 당시, 나는 "로마의 독재의 미신"을 굳게 믿었다. 그래서 면죄를 완전히 버려서는 안 된다고 생각하였다. 그러나 면죄는 "사람들의 하나님 신앙과 저축된 돈을 없애버리는, 로마의 위선자들의 완전한 속임수에 불과함을 나중에 깨닫게 되었다"(7). "면죄는 로마의 아첨꾼들이 날조한 것이다"(9).

1) 교회의 첫째 포로신세는, 성만찬을 거행할 때, 성직자들은 빵과 포도주 두 가지를 모두 받지만(*communio sub utraque*), 평신도에게는 빵만 주고 포도주는 주지 않는 "성례의 포로신세"에 있다. 이에 대해 교회는 두 가지 이유를 말한다. 첫째, 그리스도의 피로 변한 포도주 잔을 받거나 또 그것을 마실 때 땅바닥에 흘릴 위험성이 있다. 그리스도의 피를 땅에 흘리는 것은

구원자 그리스도에 대한 모독이요, 큰 벌을 받아야 할 실수이다. 둘째, 그리스도의 "몸" 속에는 그의 피도 포함되어 있다. 따라서 그리스도의 몸, 곧 빵을 받을 때 그 속에 있는 피도 함께 받는다. 그러므로 평신도는 포도주잔을 받을 필요가 없다는 것이다(평신도에게 포도주를 주지 않는 것은 13세기에 시작되었고, 1414-1418년의 콘스탄츠 공의회는 이를 반대하는 자를 이단자로 규정함. 당시 이단자는 화형을 뜻하였다).

성만찬의 이같은 질서는 심각한 문제점을 가진다. 그것은 성직자 계급과 평신도 계급을 구별하며, 성직자 계급을 평신도 계급 위에 있는 것으로 보게 한다. 이로써 그것은 평신도에 대한 성직자의 지배와 억압을 정당화하는 수단이 된다. 이것은 교황의 추종자들이 만들어낸, 완전히 인간적인 조작품이다. 이것은 "로마의 독재체제가 우리에게서 빼앗아 간" "성례의 첫째 포로신세"(prima captivitas sacramenti)이다(45).

성만찬 제정사에서 바울은 "내가 여러분에게 전해 준 것은, 주님으로부터 전해 받은 것이다"라고 말한다(고전 11:23). 여기서 바울은 교황주의자들이 말하는 것처럼 "내가 여러분에게 허락하였다"고 말하지 않는다(35). 또한 여기서 "여러분"은 성직자와 평신도를 포함한 모든 신자를 뜻한다. 바울은 성만찬에 참여하는 모든 사람에게 그리스도의 몸과 피를 받고, 그를 "기억하라"고 말한다.

마가복음 14:24에서 예수는 "이것은 죄를 사하여 주려고 많은 사람을 위하여 흘리는 나의 피, 곧 언약의 피"라고 말한다. 여기서 "많은 사람"은 성직자를 뜻하는 것이 아니라 "모든 사람"을 말한다. 그리스도는 "모든 사람을 위하여" 피를 흘리셨다. "그 피가 평신도를 위해서는 흘려지지 않았다고 누가 감히 말할 수 있는가?" 그는 "모두 돌려가며 이 잔을 마셔라"고 말한다(14:23).

그럼에도 불구하고 평신도에게 잔을 거부하는 것은 성만찬의 성례를 깨뜨리는 일이요, 평신도를 성직자 아래 있는 존재로 보는 성직자들의 횡포이다. 그것은 "무신적인 일이요 독재"(*impium et tyrannicum*)이다(43). "여러분에게 전해 준 것"이라는 바울의 말씀은, 성만찬이 모든 사람에게 맡겨졌음을 말한다. 여기서 바울은 사제와 평신도를 전혀 구별하지 않는다. 따라서 성례는 사제들에게만 맡겨진, 사제들의 소유가 아니다. 그것은 모든 사람의 것이다(43). "사제들은 주인이 아니라" 빵과 포도주 두 가지를 모두 받고자 원하는 평신도에게 "두 가지 형태를 주어야 할 의무가 있는 봉사자들이다(*nec domini, sed ministri*)." 물론 평신도 자신이 잔을 거부할 수도 있다. 그러나 이것은 개인이 결정할 일이지, 제도적으로 개인의 결정을 애초부터 차단해버릴 수 있는 일이 아니다. 평신도는 성만찬의 두 가지 형태를 받을 권리를 가진다. "만일 사제들이 평신도의 이 권리를 빼앗고, 힘으로 거절한다면, 그들은 독재자들(*tyranni*)이다"(43).

이에 근거하여 루터는 교황체제의 지지자들을 이단자라고 공격한다. "만일 누군가가 이단자요 하나님 없는 분리주의자라고 불린다면, 그것은 (얀 후스를 따르는) 보헤미아 형제들도 아니고 그리스 정교회 신자들도 아니다. 그들은 복음을 기초로 삼기 때문이다. 오히려 로마인들(로마에 있는 교황주의자들)이 이단자들이고 불신앙적 분리주의자들이다. 그들은 명백한 하나님의 성경 말씀에 역행하는 조작품을 만들면서, 그들만이 모든 것을 잘 안다고 자만하기 때문이다"(37).

2) 교회의 둘째 포로신세는 화체론(化體論)에 있다. 화체론은 사제가 "이것은 주의 몸이다", "이것은 주의 피다"라고 말하는 순간, 성찬대 위의 빵과 포도주의 외적 형태는 그대로 남아 있지만, 그것의 실체는 그리스도의 살

과 피의 실체로 변한다(transsubstantiatio)는 것을 말한다. 루터에 따르면, 둘째 포로신세는 개인의 양심과 관계된 것이므로 첫째와 셋째 포로신세에 비해 별로 심각하지 않은 것으로 보인다. 그러나 화체론은 가톨릭교회의 교리가 되어 있기 때문에 이 이론을 공격한다는 것은 그에게 매우 어려운 일이라고 말한다. 이 문제를 다룸으로써 그는 영국의 위클리프처럼 이단자로 몰릴 수 있기 때문이다. 그러나 로마의 주교는 더 이상 주교가 아니라 독재자(tyrannus)가 되었고, 그는 믿음에 관한 새로운 이론을 세울 전권을 갖지 않음을 알기 때문에, 루터는 교황의 보편적 명령들을 두려워하지 않는다고 말한다(47).

- 루터에 따르면, 화체론의 근거는 성경에 있는 것이 아니라 아리스토텔레스의 철학에 있다. 그것은 이성을 통해서도 근거되지 않는다. 화체설에 대한 성경의 근거를 제시하라고 요구하면, 교황주의자들은 대답하기를, "우리는 이렇게 판단한다. 그리고 교회는 (다시 말해 우리 자신은) 이렇게 정의하였다"고 대답하면서, "교회의 권위로 그들이 만든 상상물(phantasmata)을 우리에게 신앙의 조항으로" 믿으라고 요구한다(51. 심지어 가톨릭교회는 구약의 십계명까지 변조하여, 우상에 대한 제2계명을 제거하고, 제10계명을 이웃의 재산에 관한 계명과 이웃의 아내에 관한 계명으로 나누어 10개의 계명으로 만들었다).
- 물론 가톨릭교회가 화체론을 주장하는 깊은 의도에 대해 우리는 충분히 동의할 수 있다. 화체설의 의도는 지금 우리 가운데 계신 그리스도의 현존 내지 임재를 진지하게 나타내고자 한다. 그리스도는 빵과 포도주의 형태로 지금 우리 앞에 계신다. 따라서 우리가 빵과 포도주를 먹고 마실 때, 그의 몸에 참여하며, 그와 하나가 된다는 것을

화체론은 말하고자 한다.

루터에 의하면 화체론의 의도는 타당하다. 그러나 빵과 포도주의 실체가 그리스도의 피와 살의 실체로 변한다는 것은 성경적 근거가 전혀 없는 하나의 공상에 불과하다. 교회의 교부들 가운데 화체론을 이야기한 사람은 아무도 없다. 빵과 포도주의 형태는 그대로 남아 있지만, 그것의 실체가 그리스도의 피와 살의 실체로 변했다는 것을 이해하는 사람은 아무도 없을 것이다(53). 빵과 포도주의 실체가 그리스도의 몸과 피의 실체로 변했다면, 신자들이 빵을 먹고 포도주를 마실 때, 입으로 그리스도의 살을 먹고 그의 피를 마신다고 (manducatio oralis, physica) 생각하게 된다.

- 루터가 교회의 둘째 포로신세가 화체설에 있다고 보는 이유는 무엇일까?

(1) 첫째 이유는, 화체설은 빵과 포도주를 신격화시키고, 그것을 신적인 것으로 숭배하도록 신자들에게 요구하기 때문이다. 달리 말해 화체설은 "우상숭배의 위험"(periculum Idolatriae)을 신자들에게 요구한다(53). 실제로 중세 가톨릭교회는 신자들에게 빵과 포도주에 대한 경배를 요구하였다. 교회는 빵과 포도주를 도시나 마을의 광장(Marktplatz)에 비치해 놓고, 신자들이 그것을 그리스도의 몸과 피로 경배하도록 하였다. 그것을 경배하면서 신자들은 동전 한 푼이라도 바쳐야 했다. 이리하여 화체설은 교회의 수입을 늘리는 또 하나의 수단이 되었다.

(2) 둘째 이유는, 화체설은 사제들의 힘을 더욱 강화시키기 때문이다. 빵과 포도주, 곧 성찬을 관리하는 사람은 사제들이다. 그런데 사제들이 관리하는 빵과 포도주가 그리스도의 몸과 피로 변

했다면, 사제들은 그리스도의 몸과 피를 관리하는 사람들로서 평신도보다 더 높은 위치에 있는 사람으로 자리매김 된다. 이것은 평신도에 대한 사제들의 지배와 착취를 가능케 하는 또 하나의 수단이 된다. 그러므로 루터는 화체설을 둘째 바빌론 포로신세라고 말한다.

(3) 셋째 이유는, 화체설은 성직자를 구원의 중재자로, 교회를 구원의 법적 중재기관으로 세우고, 신자들을 교회와 성직자들에게 의존케 하고 예속시키기 때문이다. 빵과 포도주가 그리스도의 몸과 피로 화체하는 일은 사제를 통하여 일어난다. 그리스도의 몸과 피로 화체한 빵과 포도주를 속죄제물로 하나님께 바치는 일도 사제를 통하여 일어난다. 하나님에게 바친 속죄제물 곧 빵과 포도주를(물론 포도주는 생략되었지만) 신자들에게 나누어주어 죄용서를 받게 하는 일도 사제를 통하여 일어난다. 여기서 사제는 구원의 중재자 역할을 한다. 아니, 구원의 주체자 역할을 한다 해도 과언이 아니다.

따라서 신자들은 죄용서와 구원의 문제에 있어 사제들에게 의존한다. 사제는 하나님의 구원을 전해주는 자의 위치에, 신자들은 사제를 통해 구원을 전달받는 자의 위치에 있게 된다. 사제에 대한 신자들의 이같은 의존성은, 평신도가 빵을 자기의 손으로 받지 않고, 사제가 빵을 평신도의 입에 넣어주는 당시 가톨릭교회의 성례 의식에 분명히 나타난다. 이리하여 교회는 사제들이 지배하는 구원의 중재기관이 되어버린다. 이 교회의 주체는 사제들이요, 평신도는 주체의 입만 쳐다보는 객체에 불과하다.

(4) 포도주는 그리스도의 피로 변했기 때문에 사제들은 미사에

서 사용하고 남은 포도주를 쏟아버릴 수 없게 된다. 그리스도의 피를 쏟아버린다는 것은 죄악 중에 죄악이기 때문이다. 그래서 사제들은 성만찬을 거행한 후 남은 포도주를 모조리 마셔야만 했다. 이로 인해 많은 사제가 알코올중독에 걸렸다고 한다. 이것도 화체설을 반대하는 이유가 될 수 있다.

- 화체설 대신에 루터는, 부활하신 주님이 빵과 포도주 안에 함께 계시다는 실제적 임재(Realpräsenz, res-Präsenz), 곧 실재설 내지 공체론을 주장한다. 주님께서 "이것은 내 몸이다", "이것은 내 피다"라고 말씀하셨다면, 우리는 주님이 정말 공간적으로 빵과 포도주 "안에, 함께 그리고 그 아래에" 계신다고 생각할 수밖에 없다. "반율법주의자에 대한 첫째 변론서"(1521) 15조에 따르면, 우리는 "'이것은 나의 몸이다'라는 말씀의 단순한 의미를 지켜야 한다"(2006ㄷ, 451). "이다"(est)는 화체가 아니라, 공간적 함께 계심 곧 공체로 이해되어야 한다.

루터는 이에 대한 근거를 먼저 그리스도의 편재(어디에나 계심, Ubiquitas)에서 발견한다. 승천하신 주님은 하나님의 편재하심에 참여한다. 그리하여 주님은 빵과 포도주가 있는 모든 곳에 함께 계신다. 또 루터는 불과 쇳물의 비유를 통해 그리스도의 공체를 설명한다(55). 벌겋게 이글거리는 용광로의 쇳물은 불과 하나로 결합되어 있다. 그러나 불의 실체와 쇠의 실체는 그대로 남아 있다. 실체는 그대로 존속하지만, 불과 쇠는 하나로 결합되어 함께 있다(공체한다). 이와 같이 그리스도의 살과 피의 실체는 그대로 남아 있지만, 빵과 포도주와 함께 있다.

루터는 자신의 공체론에 대한 또 하나의 근거를 그리스도의 신성과 인성의 관계에서 발견한다. 신성을 담기 위해 그리스도의 인성은 변화되지 않았다. 두 가지 본성은 조금도 변화되지 않고 남아 있었다. 그러나 두 본성은 그리스도 안에서 하나로 결합되어 있었다. 그래서 "이 사람이 하나님이요, 이 하나님이 사람이다"라고 말하게 된다. 주님의 몸과 빵 그리고 피와 포도주도 이같은 관계에 있다. 각자는 자신의 실체를 유지하되, 주님이 빵과 포도주와 함께하시기 때문에 "이 빵은 나의 몸이요, 이 포도주는 나의 피다"라고 말할 수 있다. 또 이를 거꾸로 말할 수도 있다(61).

- 루터의 실재설 혹은 공체설은 성경의 글자를 그대로 믿어야 한다는 그의 신념에 근거한다. 주님이 "이것은 나의 몸이다", "이것은 나의 피다"라고 말했다면, 빵과 포도주는 그리스도의 몸과 피"이다"로 보아야 한다는 것이다. "단지 그리스도의 몸이 빵 안에 있다는 것이 아니라, 빵은 그리스도의 몸'이다'라는 것을 나는 확실히 믿는다"(59). "이것은 나의 몸이다"(Hoc est corpus meum), "이것은 나의 피다"(Hoc est sanguis meus)라는 주님의 말씀은, "여기 있는 빵은 나의 몸이다"(hic panis est corpus meum), "이 포도주는 나의 피다"(hoc vinum est sanguis meus)로 생각되어야 한다(61). 여기서 루터는 빵과 포도주를 그리스도의 몸과 피와 동일시한다.

「슈말칼던 조항」에서도 루터는 그리스도의 몸과 피, 그리고 빵과 포도주를 동일화시킨다. "성만찬에서 빵과 포도주는 그리스도의 참 몸이요 피이다"(WA 50.242). 여기서 그리스도의 몸과 피, 그리고 빵과 포도주의 "객관적 동일화"(objektive Gleichsetzung)가 일어난다(Schwarz 2016, 512). 한마디로 부활하신 그리스도는 빵과 포도주 안에, 함께, 그 아래에 계시기만 한 것이 아니라, 빵과 포도주로서 여기에 계시다는 것이다. 루터에 의하면, 이것은 인간의 이성으로 설명될 수 없는 믿음의 대상이다. 하늘에 계신 하나님이 지금 우리와 함께 계신다는 것이 이성으로 설명될 수 없는 것처럼, 그리스도의 몸과 피가 빵과 포도주와 함께 있다는 것도 이성으로 설명될 수 없다. 하나님이 믿음의 대상인 것처럼, 이것도 믿음의 대상이다.

성찬대 위에 있는 빵과 포도주는 부활하신 그리스도의 몸과 피이기 때문에, 신자들이 빵과 포도주를 먹고 마실 때, 그들은 그 속에 은폐되어 있는, 눈에 보이지 않는 그리스도의 살과 피를 입으로 먹고 마신다(manducatio oralis). 그러나 이것은 눈에 보이지 않는 형태로 일어난다. 신자는 물론 불신자도 그것을 먹고 마시지만(manducatio impiorum), 전자는 구원으로, 후자는 심판으로 그것을 먹고 마신다.

- 여기서 스위스의 개혁자 츠빙글리를 위시한 루터의 반대자들은, 루터가 가톨릭교회의 화체설을 완전히 떠나지 못하였다고 비판한다. 차이가 있다면, 그 차이는 화체하느냐 하지 않느냐에 있을 뿐, 성찬대 위에 있는 빵과 포도주가 그리스도의 살과 피"이다"라는 점에서 가톨릭교회의 화체설과 루터의 공체설은 일치한다는 것이다.

이같은 공격에도 불구하고 루터가 "객관적 동일화"를 말하는 이유는 무엇일까? 그 이유는 츠빙글리와의 논쟁에서 분명히 드러난다. 츠빙글리에 따르면, 성만찬은 그리스도의 십자가의 죽음을 회상하는 만찬이다. 그것은 과거에 일어난 구원의 사건에 대한 감사와 고백의 행위이다. 회상의 형식을 통해 신자들은 과거의 사건을 현재화시킨다. 그들의 믿음은 과거에 일어난 역사적 사건을 회상한다.

이에 반해 루터는 그리스도의 구원을 성만찬 안에서 일어나는 현재의 사건으로 이해한다. 성만찬은 과거에 일어난 그리스도의 구원에 대한 회상에 불과한 것이 아니라, 십자가에 달린 그리스도께서 지금 우리에게 그의 구원을 나누어 주시는 현장이다. 우리의 저주가 그의 것이 되고, 그의 구원이 우리의 것이 되는 거룩한 "교환"이 지금 여기 성만찬의 자리에서 일어난다. "이것은 나의 몸이다", "이것은 나의 피다"라는 말씀 속에서 그리스도는 지금 우리에게 구원을 나누어 주신다. 그리스도는 십자가에서 이룬 죄의 용서를 "그가 계신 그곳에서, 항상 그리고 모든 장소에서 나누어 주신다." 그러나 이것은 단지 먹고 마심 때문에 일어나는 것이 아니라, 그리스도의 "말씀 때문에" 일어난다. "말씀을 통해 그는 그가 이룬 죄의 용서를 우리 가운데 나누어 주시며, '이것은 너희를 위해 주어지는 나의 몸이다'라고 말씀하신다"(WA 26,294).

3) **교회의 셋째 포로신세**는 미사에 대한 그릇된 이해와 오용에 있다고 루터는 주장한다. 우리는 그 이유를 루터의 문헌에 근거하여 다음과 같이 말할 수 있다. 가톨릭교회가 실천하는 미사의 본질은 (1) 빵과 포도주에서 화체한 그리스도의 몸과 피를 사제가 속죄제물로 하나님에게 바치고, (2) 이 몸과 피를 신자들이 먹고 마심으로써 하나님의 죄용서를 받는 데 있다. 여기서 그리스도 대신에 사제가 죄용서의 중재자로 등장한다. 이천 년 전 그리스도께서 우리의 구원을 위해 자기를 속죄제물로 바친 사건은 사라지고, 사제가 그리스도의 속죄제물을 하나님께 바친다. 이리하여 우리의 구원은 사제에게 의존하게 된다. 그리스도가 구원의 주체가 아니라, 미사의 제단 위에서 그리스도의 속죄제물을 하나님께 바치는 사제가 구원의 주체이다. 그리스도께서 그의 양들을 다스리는 것이 아니라, 사제가 그들을 다스리게 된다. 헤겔이 그의 역사철학 강의에서 말한 것처럼, 평신도는 하나님의 거룩에서 분리되었고, 오직 사제의 중재를 통하여 하나님의 거

룩에 참여할 수 있는 존재로 격하되었다. 달리 말해 평신도는 사제들 앞에서 언제나 미숙아 내지 미성년자로서, 사제의 보호와 중재를 받아야 할 위치에 자리매김 되었다.

가톨릭교회는 이같은 성격을 가진 미사를 매일 아침과 저녁에 드렸고, 신자들은 이 미사에 참여해야 했다. 참여하지 못하면, 보상을 바쳐야 했다. 공적인 미사만 있었던 것이 아니라 신자들 개인의 부탁으로 사제들이 드리는 "죽은 사람들을 위한 미사, 여행을 위한 미사, 재산 증식을 위한 미사" 등(2009, 655) 각종 "사적 미사"(missa privata, 111)도 있었다. "사적 미사"는 개인들의 다양한 사적 필요에 따라 드린 미사를 가리킨다. 예배당 구석에 있는 작은 제단이나 성화 앞에서 사제 혼자 드리는 "구석자리 미사"(Winkelmesse) 등 오늘날 우리가 알지 못하는 다양한 종류의 미사가 있었던 것으로 보인다. 그래서 어떤 사제는 하루 종일 미사를 드렸다고 한다. 이같은 미사들은 신자들을 갈취하는 또 하나의 수단이었다. 이에 루터는 미사를 가리켜 교회의 셋째 포로신세라고 말한다.

루터에 따르면, 미사(Missa) 혹은 "제단의 성례"의 본질은 그리스도의 언약 혹은 계약의 말씀에 있다. "그들이 먹고 있을 때에, 예수께서 빵을 들어서 축복하신 다음에 떼어서 제자들에게 주시고 말씀하셨다. '받아서 먹어라. 이것은 너희를 위해 주어진 내 몸이다.' 또 잔을 들어서 감사 기도를 드리신 다음에 그들에게 주시고 말씀하셨다. '모두 돌려가며 이 잔을 마셔라. 이 잔은 너희와 많은 사람을 위하여 죄를 용서하기 위해 흘리는 나의 피 안에 있는 새 언약이다. 이를 행하여 나를 기억하여라'"(루터의 번역을 따름).

- 이 말씀에 따르면, 미사의 본질은 그리스도의 새 언약, 곧 "죄의 용서에 대한 약속", "하나님의 아들의 죽음을 통해 이루어진 약

속"(*promissio quae per mortem filii dei firmata sit*)에 있다. 이를 가리켜 성경은 "주님의 서약, 계약, 언약"(*pactum, foedus, testamentum domini*)이라 부르기도 한다(2016, 69). "언약"(*testamentum*)은 본래 죽음을 앞둔 사람이 남기는 약속 내지 유언을 말한다.

그런데 죽음을 앞둔 사람의 유언 내지 약속은 그것을 받는 사람의 "업적이나 능력이나 공적 때문이 아니라 오직 믿음 때문에"(*nullis operibus, nullis viribus, nullis meritis... sed sola fide*) 주어진다. 이와 마찬가지로 죄용서에 대한 하나님의 약속도 그것에 대한 믿음 때문에 주어진다. 우리의 구원은 이 믿음과 함께 시작된다. 믿음은 약속의 말씀을 전제한다. 그러므로 "하나님의 말씀이 제1의 것(*primum*)이고, 말씀에서 믿음이 나온다"(71). 이 믿음은 "우리의 모든 노력 없이 우리 앞서 오시고, 그의 약속의 말씀을 주시는 하나님의 말씀에 의존한다." 우리는 오직 믿음을 통해 죄용서와 구원을 받을 수 있고 하나님과 화해할 수 있다. 이 "믿음에서 사랑이 따르며, 사랑에서 모든 선한 업적들이 따른다. 사랑은 악을 행하지 않고 도리어 율법의 완성이기 때문이다"(71). 그러므로 미사를 바르게 지키는 길은 약속하시는 하나님에 대한 믿음을 가지며, "성령을 통해 그리스도에 대한 믿음 속에서 선물되는 사랑"이 나오고, 사랑으로 말미암아 "내부로부터 변화된 새로운 사람이 되는" 데 있다(75). 바로 여기에 미사의 본질이 있다고 루터는 주장한다.

— 이에 반해 가톨릭교회는, 미사의 본질은 사제가 하나님께 드리는 "선한 업적이나 제물"(*opus bonum et sacrificium*)에 있다고 본다(63). 그리스도의 몸과 피로 변한 빵과 포도주를 사제가 제단 위에서 하나님께 바침으로써, 그는 십자가에서 피 흘린 그리스도의 속죄제물을 피 흘

림이 없는 형태로 하나님께 바친다. 사제가 바친 "제단의 제물"(hostia altaris, 102)을 통해 신자들은 죄용서를 받는다. 우리의 죄용서와 구원을 위해 하나님이 그의 아들을 제물로 내어주는 것이 아니라, 웅장한 오르간 연주와 성가대의 찬양, 수많은 촛불과 향불 연기, 사제의 화려한 옷차림과 거룩하게 보이는 몸짓 속에서 인간이 그리스도의 속죄제물을 하나님께 바치고, 이 공로로 말미암아 신자들이 죄용서와 구원을 받는다. 한마디로 죄용서와 구원은 하나님의 자비와 우리의 믿음으로 말미암아 하나님에게서 값없이 받는 것이 아니라, 속죄제물을 바치는 사제의 "선한 업적"으로 말미암아 하나님에게서 받는 것이 되어버린다. 하나님이 구원의 주체가 아니라 속죄제물을 바치는 사제가 구원의 주체가 된다.

　　미사는 화체설을 전제한다. 빵과 포도주가 그리스도의 몸과 피로 변하기 때문에 미사를 드릴 때마다 속죄제물을 바칠 수 있게 된다. 루터가 가톨릭교회의 화체론을 부인하는 이유는 여기에 있다. 히브리서가 말하는 것처럼 그리스도의 자기희생은 유일회적인 것이다. 이 희생은 "미사의 속죄제물"을 통해 반복될 수 없다고 루터는 주장한다(93).

- 1523년 "비텐베르크 교회의 미사와 친교의 질서"에 관한 글에 따르면, "미사의 잔치는 제물과 선한 업적이 아니다." 그것은 "성례 혹은 언약, 라틴어로 축복(benedictio), 그리스어로 성만찬(Eucharistia), 주의 식탁 혹은 주의 만찬, 주의 회상, 친교(communio)"를 뜻한다(2009, 655). 미사는 자기를 제물로 내어주는 그리스도의 몸과 피에 참여하고, 믿음으로 말미암아 죄용서와 구원을 받는 성례로 파악되어야 한다. 그것은 결코 인간(사제)이 하나님께 바치는 "제물과 업적"으로 생각되

어서는 안 된다고 루터는 거듭 말한다.

루터 당시에 미사는 사제들에게 상당한 수입원이었던 것으로 보인다. 그래서 루터는 미사가 "무수히 많은 돈벌이와 영업행위"(*infinita lucri et quaestus*)가 되어버렸다고 말한다(93). 빵과 포도주와 함께 주어지는 약속의 말씀은 망각되고 "소유욕의 노예봉사로"(*in avaritiae servitutem*) 빠져버렸다. "믿음 대신에 업적이, 언약 대신에 제물이" 등장하였다고 루터는 말한다(185). 그는 미사 제도가 무너질 때, 가톨릭 교회 전체가 무너질 수 있다고 말한다.

4) 미사 문제와 연관하여 루터는 **성례 자동주의**를 결사반대한다. 곧 그는 사제가 집례하는 성례의 행위 그 자체로부터(*ex opere operato*) 구원의 은혜가 일어난다는(*opus operatum*) 생각을 거부하고, 성례는 오직 믿음을 통하여 효력을 가진다고 주장한다.

- 루터에 따르면, 성례는 사제가 집례하기만 하면 구원의 은혜를 토해내는 커피 자판기와 같은 것이 아니다. 성례의 행위 그 자체가 구원의 은혜를 일으키는 것이 아니라, 성례를 동반하는 말씀의 힘이 구원의 은혜를 일으킨다. 성례 혹은 미사의 "힘과 본성과 모든 본질"(*vis, natura et tota substantia*)은 말씀에 있다(65). 말씀의 선포가 없는 성례는 내용이 없는 빈 형식일 뿐이다. 말씀 속에서 하나님은 우리를 만나고, 우리에게 구원의 은혜를 베푸신다. "가장 중요한 것은 하나님의 말씀이다"(71).

말씀은 믿음을 필요로 한다. "약속하는 하나님의 말씀이 있는 곳에는, 그것을 받아들이는 인간의 믿음이 필요하다"(71). 말씀에 대한 믿음은 성례가 없어도 생길 수 있고 또 유지될 수 있다. 그러나 말씀에 대한 믿음 없는 성례는 아무 효력도 갖지 못한다. 죄인을 의롭게 하는 것은 약속의 말씀에 대한 믿음이지, 성례 자체가 아니다. "믿음이 없다면, 성례는 아무것도 행할 수 없다"(162). "그것은 성례가 없어도 구원할 수 있다"(145). 하나님은 성례를 믿는 자에게만 은혜를 주신다(95).

가톨릭교회의 화체설에 의하면, 성만찬의 빵과 포도주는 "이것은 나의 몸이다", "이것은 나의 피다"라는 사제의 성별(聖別)의 말씀을 통해 그리스도의 몸과 피로 변화된다. 그리스도의 몸과 피는 그 자체 안에 구원의 능력을 갖기 때문에 그것을 취하기만 하면 죄용서와 구원을 얻을 수 있다. 그러므로 "가톨릭 신자는 성체(빵과 포도주) 앞에 무릎을 꿇는다. 이리하여 외적인 것(곧 물질적인 것)이 거룩한 것으로 되어버린다." 이에 반해 루터에 따르면, 빵과 포도주는 "믿음에 대해서만 의미를 가지며, 그리스도는 그에 대한 믿음 속에서 취하여진다." 믿음이 없을 때 빵과 포도주는 "외적인 것에 불과하며, 세상의 다른 사물들에 비해 아무런 더 큰 가치를 갖지 못한다"(Hegel 1968, 823).

- 루터는 이것을 세례를 통하여 설명한다. 세례는 옛 사람은 죽고, 새 사람으로 태어나는 것을 말한다. 그러나 세례(침례)를 받을 때, 물속에 들어갔다가 물 위로 다시 떠오르는 행위 자체로 말미암아 그렇게 되는 것이 아니라 믿음으로 말미암아 그렇게 된다. 세례 의식 자체가 아니라 "믿음이 옛 사람의 가라앉음과 새 사람의 일어남(*submersio veteris et emersio novi hominis*)이다"(140).

세례와 연관하여 루터는 교황체제에서의 해방과 자유를 외친다.

세례를 통하여 신자들은 "자유의 영"을 받은 자유로운 사람으로 태어난다(고후 3:17; 갈 5:1). 그들은 "자유를 가진 여자의 자녀들"이다(갈 4:31, 2009, 665). 그러므로 그들은 그 누구의 노예가 되어서는 안 된다(고전 7:23). 그들은 인간이 만든 "결정들과 독재적 법들에" 예속되어서는 안 된다(155). 어떤 교황도, 어떤 주교도, 어떤 사람도, 그리스도인 자신의 동의 없이 그에 대한 글자의 획 하나라도 확정할 수 있는 권리를 갖고 있지 않다(2016, 153). 교황의 독재체제와 자유의 파괴는 "여러분은 사람의 노예가 되지 마십시오"라는(고전 7:23) 사도 바울의 말씀에 위배된다(155). "주님의 영이 계신 곳에는 자유가 있다"(고후 3:17).

"교황체제는 사실상 바빌론과 진짜 적그리스도의 왕국(regnum Babylonis et veri Antichristi)에 불과하다"(158). 모든 그리스도인은 이 체제에서 해방되어야 한다. 교황을 위시한 성직자들의 특권을 보장하기 위한 성경의 자의적 해석, 신자들을 억압하고 착취하는 교회법과 교황의 법령들, 교회의 각종 관습들과 수없이 많은 축제와 행사, 특히 교회가 요구하는 업적들로부터의 자유를 쟁취해야 한다. 이로써 하나님의 정의를 세워야 한다.

그러나 교황체제에서의 해방과 자유의 쟁취만이 「교회의 바빌론 포로신세」의 목적은 아니다. 이 책에서 루터는 성례의 올바른 개혁을 통해 (1) 그리스도의 복음의 말씀을 교회의 삶의 중심으로 세우고, (2) 진실한 믿음과 희망과 사랑 안에 있는 신자들의 신실한 삶을 회복하며, (3) 교회다운 교회를 회복코자 한다는 것을 우리는 유의할 필요가 있다.

- 책의 결론에서 루터는 "기도와 말씀과 십자가"를 성례로 간주할 수

있지만, 이들은 외적 표징을 갖지 않기 때문에 성례로 간주될 수 없다고 말한다(289). 그러나 인간이 만든 법과 의식 및 제도 대신에 "기도와 말씀과 십자가"가 교회의 삶의 중심에 있어야 함을 루터는 강조한다. 이 책에는 수없이 많은 주옥 같이 귀중한 생각이 기록되어 있지만, 이에 관한 고찰은 다른 기회로 미룰 수밖에 없다.

루터의 이 책은 루터 생존 당시 많은 사람의 비판을 받는다. 그 중 대표적인 문서는 영국 국왕 헨리 8세의 성례에 관한 문서이다. 그러나 이 문서는 헨리 8세 자신이 아니라, 그의 재상이었던 토마스 모어(Thomas More, 1478-1535) 경이 쓴 것일 가능성이 크다. 모어는 법률가로서 공직을 시작하기 전에 수도사가 되기 위해 수도원에서 신학을 공부한 대학자로서, 성례에 관한 책을 저술하였기 때문이다. 그는 충실한 가톨릭 신자였다. 그래서 헨리 8세의 이혼 문제로 말미암아 영국 교회(오늘의 영국 성공회)가 가톨릭교회에서 분리되는 것을 거부하다가 투옥되었다. 감옥에서 그는 왕의 회유를 끝까지 거절하다가 1532년 교수형으로 생을 끝냈다(김균진 1986, 11-12).

3. 「그리스도인의 자유」

루터의 이 글은 하나의 소책자로서, 1518/19년 루터와 협상했던 교황 의 전관 밀팃츠의 권고로 저술되었다. 루터와 교황청을 평화롭게 화해시키려고 했던 밀팃츠는 루터의 스승 슈타우핏츠와 협의하여 "루터로 하여금 교황 레오 10세에게 친절한 편지를 쓰게 하여 그가 결코 개인적으로 교황을 공격하려 하지 않았다는 것을 교회에게 밝히도록 권고하였다"(최종고 2017,

215). 이 권고에 응하여 루터는 「그리스도인의 자유」를 집필하고, 교황에게 보내는 서신을 첨부한다.

첨부 서신을 집필하기 이틀 전, 곧 1520년 10월 10일에 교황의 파문 경고 교서(Exsurge Domine)가 루터에게 도착하였다. 이 교서는 루터에게 60일 내에 로마로 와서 41개의 문제성 있는 논제를 취소하고, 자신의 문서들을 소각할 것을 요구하였다. 한마디로 교황의 교서는 "오류에서 자유로운 교황제도의 권위에 대한 완전한 복종을" 요구하였다(Hamm 2008, 20). 루터는 이 교서가 결코 교황 자신이 작성한 것이 아니라 그의 하수인들이 작성한 것이라고 확신하였다.

이에 루터는 교황을 옹호하는 척하면서, 사실은 자기의 유익을 추구하는 "위선자들"을 경계할 것을 교황에게 촉구한다. 이들로 말미암아 교황청은 소돔, 고모라, 바빌론보다 더 악하고 부끄러운 곳이 되어버렸다(2006b, 105). 이들은 교황과 로마 교회의 이름으로 "그리스도의 백성의 코"를 꿰어 끌고 다닌다. 이리하여 벌써 오래 전부터 "재산과 육체와 영혼의 황폐화, 사악하기 짝이 없는 모든 악의 경악스러운 일들이 로마에서 세상 속으로 쏟아져 들어오고 있다." 교황의 위선자들로 말미암아 로마 교회는 "아무런 법도 없는 도적들의 소굴이 되었고, 가장 부끄러운 집창촌, 죄와 죽음과 지옥의 왕국이 되어버렸다"(107). 그러므로 교황은, 모든 권력이 당신의 손에 있다고 아부하는 위선자들을 믿지 말고, "당신을 겸손케 하는 사람들을 믿어야 한다"(117). 당신이 지금 교황의 자리에 앉아 있는 것은 아무 도움이 되지 않는다. "가롯 유다는 당신의 권력과 칭호를 더 오용하고, 사람들의 재산과 영혼을 해치며, 죄와 부끄러움을 증대시키며, 믿음과 진리를 막아버린다. 오, 가장 불쌍한 레오여, 지금 당신은 가장 위험한 자리에 앉아 있다"고 루터는 교황에게 충언한다(106-107).

이 서신에서 루터는 교황의 인격을 신뢰한다고 말한다. 그는 "'형제자매의 사랑'의 음성으로 교황의 인격에 대한 완전한 종속(völlige Untertänigkeit)"을 강조한다. 그러나 교황직에 대해 그는 완전히 비판적이다. 그는 "교황직에 대한…절대적 믿음의 자유를 강조하며, 교황직을 '크게 벌린 지옥의 목구멍'이라 부른다. 이로써 그는 사실상 교황제도와 로마 교회에서의 마지막 분리"를 선포한다(Hamm 2008, 21). 이 분리는 "그리스도인의 자유"의 원칙을 통해 구체화된다.

1) 전체적으로 이 책은 그리스도인의 믿음과 업적(행함)의 문제를 다루면서, 업적과 교회의 권위에 대한 그리스도인의 자유를 되찾고자 한다. 이를 위해 이 책은 그리스도인의 두 가지 삶의 원칙과 함께 시작된다(문헌 근거: 2006b, 101-186).

- "그리스도인은 모든 것에 대한 자유로운 주인이요, 그 무엇에게도 예속되어 있지 않다"(Christianus homo, omnium dominus est liberrimus, nulli subiectus).
- "그리스도인은 철저히 모든 사람의 종이요, 모든 사람에게 예속되어 있다"(Christianus homo, omnium servus est officiosissimus omnibus subiectus. 여기서 omnibus는 "모든 사람에게"로 번역될 수도 있고, "모든 것에게"로 번역될 수도 있음, 120).

간단히 말하여 루터는 (1) 그리스도인은 그 무엇에도 예속되지 않은 자유인이요, (2) 자유인으로서 모든 사람을 섬기는 종이 되는 데에 그리스도인의 삶의 길이 있음을 말한다. 곧 그리스도인의 "영의 자유와 종 됨에 관해"(de libertate et servitute spiritus) 말한다.

이 두 가지 명제를 설명하기 전에, 루터는 먼저 육의 본성을 가진 육적인 사람과 영의 본성을 가진 영적인 사람, 외적인 사람과 내적인 사람, 옛 사람과 새 사람(엡 4:22, 24)을 구별한다. 그리스도인의 삶의 과제는 육적인 사람 곧 옛 사람을 벗어버리고, 영적인 사람 곧 새 사람으로 변화되는 데 있다.

영적인 사람, 새 사람은 어떤 사람을 말하는가? 그것은 먼저 자유로운 사람을 가리킨다. 원칙적으로 그리스도인은 그 무엇에도 예속되지 않은 자유인이다. 그러므로 그들은 자유인이 되어야 한다. 루터의 이 생각은 사도 바울에게서 유래한다: 주의 영이 있는 곳에는 자유가 있다(고후 3:17). 따라서 주의 영을 받은 그리스도인들은 자유인이다. 그들은 그 누구의 노예가 되어서도 안 된다(고전 7:23).

2) **"그리스도인의 자유"의 의미**: 루터가 이 책에서 말하는 "그리스도인의 자유"는 매우 포괄적 의미를 가진다. 그 의미를 우리는 아래와 같이 구별할 수 있다.

(1) 그리스도인의 자유는 교회가 요구하는 업적과 율법의 계명들, 성직자들의 권위, 교회의 전통과 법 및 결정들, 규례와 형식, 수많은 종류의 의식과 축제와 행사, 성인 숭배, 성유물 숭배 등의 각종 숭배, 이 모든 외적인 것에서의 자유를 말한다. 한마디로 그것은 교황 독재체제에서의 자유, 가톨릭교회의 모든 형식과 속박에서의 자유를 말한다. "그리스도인의 믿음과 신분은…교황의 법령들 없이 존속할 수 있다.…우리는 세례를 통해 자유롭게 되었고, 오직 하나님의 말씀 아래 있다. 왜 한 인간이 자기의 말을 가지고 우리를 포로

로 삼아야 하는가? 성 바울이 말한 대로 '여러분은 자유롭게 되었습니다. 더 이상 사람의 노예가 되지 마십시오.'"(2012a, 81-82). 이 자유를 가리켜 우리는 종교적 자유라고 말할 수 있다.

(2) 루터가 말하는 그리스도인의 자유는 이 세상에 속한 것에서의 자유, 끝까지 "자기의 것"을 추구하는 자기 자신에서의 자유, 더 많은 돈을 소유하려다가 돈의 노예가 되어버리고 모든 것을 가지려다가 "모든 것의 노예"가 되어버리는 욕심과 욕정에서의 자유, 자기를 하나님과 이웃에게서 단절하고 자기 자신 안으로 구부러진 인간(homo incurvatus in se ipsum)에서의 자유, 죄와 죽음의 세력에서의 자유를 말한다. 이 자유는 영적 차원의 자유, 내적인 자유라고 말할 수 있다.

(3) 루터가 말하는 그리스도인의 자유에는 정치적 차원의 자유도 내포되어 있다. 이것은 위의 첫째 명제 속에 이미 내포되어 있다. 인간은 그 누구에게도 예속될 수 없다면, 교황을 위시한 성직자는 물론 정치적 통치자들에게도 예속될 수 없다. 모든 사람은 직업과 신분의 차이를 넘어 자유롭다는 뜻이 그 속에 숨어 있다. 선한 업적의 문제와 연관하여 루터는 다음과 같이 말한다. "그리스도인은 모든 것으로부터 자유롭고, 모든 것 위에 있다"(2012b, 127).

우리는 사회, 정치적 차원의 자유를 루터의 소명론에서 분명히 볼 수 있다. 성직자나 제후나 귀족이나 목동이나 농부나, 모든 그리스도인은 성직자와 동일한 "영적 신분"에 속한 사제들이다. "평신도, 사제, 제후, 주교는…직무 혹은 사역의 차이 외에 다른 차이를 갖지 않으며, 사회적 신분 때문에 차이를 갖지 않는다"(2012a, 12). 한마디로 말해, 직업과 기능의 차이는 있지만 계급적 차이는 없기 때문에 모든 사람은 자유롭다는 것이다. 시편 85:10에서 유래하는 루터의 다음과 같은 말도 이를 시사한다. 하나님의 은혜로부터 오는 의를 통해 "인간은 모든 것의 주인(dominus omnium)이 된다. 그분의 정의가 하늘로부터 내려다보며, 정의와 진리가 만나며, 정의와 평화가 입 맞추기 때문이다. 다시 말해 진리가 땅으로부터 솟아난다"(2006b, 58). 루터의 이같은 말은 그리스도인의 사회, 정치적 차원의 자유를 시사한다.

이 책에서 루터는 주로 종교적·영적 차원의 자유를 다룬다. 여기서 사회, 정치적 차원의 자유에 대한 직접적 언급은 발견되지 않는다. 교황체제에서의 해방과 자유, 교황체제 속에서 이지러진 개인의 영적 자유의 회복이 급선무였기 때문이다.

3) 참 자유를 가진 영적 사람, 새 사람으로 변화될 수 있는 길은 무엇인가? 그것은 외적인 것을 지키는 데 있지 않다고 루터는 말한다. 그것은 거룩하게 보이는 성복을 입고, 거룩한 장소에 거하며, 특정한 음식물을 피하고, 예배와 기도 및 금식을 엄격히 지키며, 업적을 행하는 데 있지 않다. 사색과 명상도 도움이 되지 못한다. 이같은 종교적 일들을 아무리 행해도, 믿음이 없는 사람은 영적인 사람으로 변하지 못하며, 믿음 없이 하나님을 경외하는 위선자가 될 뿐이다. 세속의 옷을 입고, 세속 안에서 살고, 정상적으로 먹고 마시며, 큰 소리로 기도하지 않아도, 새로운 영적 사람이 될 수 있다고 루터는 말한다(123).

루터에 의하면, 참 자유를 가진 영적인 사람, 새 사람이 되는 길, 곧 "그리스도인의 생명과 의와 자유에 필요한 것"은 "하나님의 거룩한 말씀, 그리스도의 복음"에 있다(123). "생명, 진리, 빛, 평화, 의, 구원, 기쁨, 자유, 지혜, 능력, 은혜, 영광과 모든 선한 말씀"(125), 구원과 참 생명을 약속하는 하나님의 약속의 말씀, 곧 그리스도의 복음이 없을 때, 인간은 육적인 사람 즉 옛 사람이 되어버린다. 그리스도는 이 말씀을 우리에게 주시기 위해 이 땅에 오셨고, 교황과 주교와 모든 성직자는 "말씀의 봉사를 위해" 세워졌다.

하나님의 말씀은 계명과 약속으로 구별된다. 계명은 선이 무엇인가를 가르치며, "우리가 행해야 할 바가 무엇인가"를 보여준다. 그러나 계명은 "우리가 그것을 정말 행할 수 있는 힘을 주지 못한다." 그것은 선에 대한 우리의 무능력을 인식케 하며, 우리 자신의 능력에 대한 신뢰를 잃어버리게 한다. 그것은 우리를 참 자유를 가진 영적인 사람, 새 사람으로 변화시키지 못한다(129). 그러므로 그것은 "옛 계약"이라 불린다.

4) 성령께서 주시는 참 자유를 가진 영적인 사람, 새 사람으로 변화되는 실제적 길은 복음의 말씀에 대한 믿음에 있다. 외적인 공적이나 업적이 아니라 말씀에 대한 믿음을 통해 인간은 하나님의 의롭다 하심을 얻을 수 있고, 진리와 의와 생명과 평화와 참 자유를 가진 새 사람, 영적인 사람으로 변화될 수 있다. 자기 자신과 세상의 모든 것에서 해방된 그리스도인의 자유는, 그리스도의 죄용서와 구원에 대한 하나님의 약속의 말씀과, 이 말씀에 대한 믿음을 통해 가능하다. 우리를 위해(pro nobis) 죽으시고 부활하신 그리스도의 구원의 약속을 믿을 때, 우리는 "낯선 공적, 곧 그리스도의 공적을 통하여" 모든 죄를 용서받고 하나님의 칭의를 얻으며, "다른 사람"(alius homo), 곧 새 사람, 영적 사람이 될 수 있다. "그리스도에 대한 믿음은 그 무엇과 비교할 수 없는 보물, 곧 모든 구원을 그 안에 가지며 모든 악에서 보호하는 보물이다"(127).

물론 루터는 모든 외적인 것을 거부하지 않는다. 규리와 업적도 필요하고, 교회의 법과 전통도 필요하다. 특히 강한 정욕을 가진 젊은이들에게는 교회의 법과 규례와 업적이 필요하다(181). 그러나 이같은 외적인 것들을 지킴으로써 영적 사람, 새 사람이 될 수 있다고 생각할 때, 신자들은 외적인 것들의 노예가 되어버리고, 참된 믿음을 갖지 못하게 된다. "교황들과 주교들과 수도원들과 교회들과 교사들의 수없이 많은 계명과 지시 사항(in infinitis... mandatis et praeceptis)"을 지키라 명령하고 면죄부를 구입하라고 성직자들은 요구하지만, "한 번도 올바른 믿음을 가르치지 않는다"(171). 참된 믿음이 없을 때, 신자들이 행하는 모든 외적인 행위 곧 업적은 자기 자랑과 교만이 되며, 사랑 안에서 이웃을 섬기는 참 자유에 이르지 못하게 된다. 그들은 오히려 더 많이 소유하려는 욕심으로 말미암아 "모든 것의 노예"(omnium servus)가 되어버린다.

5) 영적인 사람, 새 사람으로 인도하는 "그리스도인의 자유"를 루터는 모든 신자의 제사장직에서 발견한다. 그리스도의 의로 말미암아 하나님의 칭의와 구원을 받을 때, 우리는 믿음을 통해 그리스도와 하나가 된다. 그리스도의 것, 곧 구원과 은혜와 생명이 우리의 것이 되고, 우리의 것, 곧 죄와 죽음과 지옥이 그리스도의 것이 된다. 그리스도가 우리의 것이 되고, 우리가 그리스도의 것이 된다. 그리스도와 신자들의 이같은 관계를 루터는 신랑 신부의 결혼에 비유한다. 결혼을 통해 신랑의 모든 것이 신부의 것이 되고, 신부의 모든 것이 신랑의 것이 된다. 믿음은 이 결혼의 결혼반지와 같다(135-137).

신약성경은 신랑 되신 그리스도를 제사장이라고 부른다. 이에 대한 근거는 그리스도의 "장자" 되심에 있다. 부활하신 그리스도는 "잠든 사람들의 첫 열매"(고전 15:20, 23), 곧 잠든 사람들의 장자이다. 구약성경에 따르면,

자녀들 가운데 장자는 하나님의 것, 곧 제사장이었다(멜기세덱 이야기 참조). 구약의 이 말씀은 그리스도를 가리킨다. 그리스도는 모든 잠든 사람들의 첫 열매 곧 장자이므로, "멜기세덱의 계통을 따라 임명받은 영원한 제사장"이다(히 5:6; 참조. 시 110:4). 그리스도의 제사장직은 거룩하게 보이는 성복(盛服)과 요란스럽게 찬란한 제의에 있는 것이 아니라 하늘에서 우리를 위하시고, 자기를 제물로 희생하시며, 제사장이 행하는 모든 것을 행하는 영적 능력에 있다. 그는 우리를 위해 기도하고 우리를 중보하실 뿐 아니라 성령을 통해 우리를 내적으로 가르친다. 바로 여기에 제사장의 두 가지 본래적 사명이 있다(141).

그리스도는 자기와 결혼관계에 있는 그리스도인들에게 자기의 모든 것을 나누어 주신다. 그분은 자기의 제사장직도 나누어 주신다. 따라서 모든 신자는 "그리스도 안에서 제사장이요 왕이다"(벧전 2:9). 여기서 루터는 다시 한번 모든 신자들의 보편적 사제직을 말한다. 성경은 사제와 평신도를 구별하지 않는다. 지금 자기를 가리켜 교황, 주교, 주라고 자처하는 자들을 성경은 봉사자, 종, 관리자라고 부른다. 이들은 "그리스도에 대한 믿음과 신자들의 자유를 가르치기 위한 말씀의 봉사를 통해" 다른 신자들을 섬겨야 한다(145).

모든 신자가 사제요 왕이라면, 그들은 "믿음을 통해 모든 것 위에 있고, 그의 영적인 능력으로 모든 것 위에 있는 주가 된다"(140). "모든 것이 그에게 예속되고 구원을 위해 봉사할 수밖에 없다.…'죽음이나 삶이나, 현재나 미래나, 모든 것이 다 여러분의 것이다. 그리고 여러분은 그리스도의 것이다'"(141). 바로 여기에 "그리스도인들의 상상할 수 없는 힘과 자유"가 있다(142).

이에 반해 그리스도를 믿지 않는 사람은 "모든 것의 노예가 되고, 모든 것이 그에게 해로운 것이 된다. 그는 모든 것을 하나님 없이, 자기 자신의 유익을 위해 사용하며, 하나님의 영광을 위해 사용하지 않기 때문이다. 이리하여 그는 사제가 아니라 세속인(prophanus)이 되어버리고, 그의 기도는 죄가 되며, 그는 결코 하나님 앞에 나올 수 없게 된다. 하나님은 죄인의 기도를 듣지 않기 때문이다"(142). 이같은 사람을 가리켜 루터는 육적인 사람, 옛 사람이라 부른다. 육적인 사람, 옛 사람을 벗어나 영적인 사람, 새 사람으로 변화되어 그리스도인의 참 자유를 누릴 수 있는 길은 복음의 말씀에 대한 믿음에 있다.

6) 그러나 오직 믿음으로 칭의와 구원을 얻게 된다면, 신약성경이 선한 일들 내지 업적(opera)을 명령할 필요가 없지 않은가? 신자들은 선한 사람이 되기 위해 노력할 필요가 없어지지 않는가?(147)

이 문제에 대해 루터는 이 책의 둘째 명제로써 대답한다. 즉 믿음으로 하나님의 칭의를 받고 참 자유를 얻은 그리스도인은 "모든 사람들을 섬기는 종으로서 모든 것을 섬겨야 한다." 그는 믿음으로 의롭게 되었지만, "이 믿음과 이 풍요를 미래의 생명에 이르기까지 매일 확대시켜야 한다." 하나님의 칭의와 구원을 통해 그는 영적 사람, 새 사람이 되었지만 그것은 시작에 불과하다. "이제 여기서 업적이 시작된다"고 루터는 말한다(149).

여기서 루터는, 오직 믿음으로 의롭게 된다 하여 선한 업적 자체를 부인하는 것은 절대 아니라고 말한다. 그는 오히려 우리는 선한 업적들을 확고히 붙들어야 하며, 이를 행해야 한다고 말한다. 선한 업적이 아니라 오직 믿음으로 하나님의 칭의를 받을 수 있다고 주장하는 것은, 선한 업적 자체를 부인하기 위함이 아니라, 선한 업적을 통해 하나님의 칭의와 구원을 얻을 수 있다는 그릇된 인식을 부인하기 위함이다(159).

7) 그러므로 루터는 교회의 법과 규례와 전통에 대한 두 가지 극단적 입장을 반대한다. 첫째 극단적 입장은, 그리스도인은 자유롭기 때문에 교회의 법과 규례와 전통은 필요하지 않다는 입장이다. 이같은 입장을 가진 사람들은 교회의 법과 규례와 전통을 무시하고 자기 마음대로 행할 수 있다고 생각한다. 그래서 교회가 금식일로 정한 날에 금식하지 않으며, 고기를 먹지 않아야 한다고 정한 날에 고기를 먹는다. 이와 반대되는 둘째 극단적 입장은, 교회의 법과 규례와 전통을 지킴으로써 하나님의 칭의와 구원을 얻을 수 있다고 생각하여 이를 열심히 지키지만, 참 믿음에 대해서는 무관심한 입장이다(175).

루터는 이 두 가지 극단적 입장을 반대하고, 바울에게서 볼 수 있는 "중간 길"(media via) 곧 "주님의 올바른 명령을 따라야" 한다고 말한다. 주님이 원하는 중간 길은, 교회의 법과 규례와 전통에 따라 선한 업적을 행하지만, 이를 통해 하나님의 칭의와 구원을 얻을 수 있다는 계산에서 행하는 것이 아니라, 믿음에서 나오는 사랑 안에서 자발적으로 이를 행하는 데 있다. 그리스도를 믿는다 하여 우리가 선한 업적을 졸업한 것은 결코 아니다. 그리스도에 대한 믿음의 기초 위에서, 믿음에서 나오는 사랑 안에서 우리는 선한 일들을 행해야 한다.

8) 업적의 문제에서도 루터는 "중간 길"을 선택한다. 오직 믿음으로 구원을 얻기 때문에 선한 업적은 불필요하다는 극단과, 선한 업적을 통해 하나님의 칭의와 구원을 얻을 수 있다는 또 하나의 극단을 그는 거부한다. 그래서 그는 이 책의 마지막 부분에서 교회의 규례와 업적의 필요성을 인정한다. 그리스도인은 교회의 규례와 업적 없이 살 수 없다. 특히 정력이 왕성한 성장과정의 젊은이들에게는 규례와 업적의 족쇄가 필요하다. 그들은

육적인 정욕을 죽여야 하기 때문이다. 그러나 교회의 규례를 지키고 선한 업적을 쌓음으로써 하나님의 칭의와 구원을 얻을 수 있다고 생각해서는 안 된다. "음식과 음료와 사멸할 우리의 몸을 위한 모든 수고 없이 우리가 존재할 수 없듯이, 업적은 결여될 수 없고, 또 결여되어서도 안 된다. 그러나 우리의 의는 업적에 있는 것이 아니라 믿음에 있다"(177).

그리스도인은 믿음으로 하나님의 의롭다 하심을 얻었다. 그는 영적 신분을 가진 영적 사람이 되었다. 그러나 이것은 시작에 불과하다. 그것은 선한 업적을 통하여 완성해야 할 종말론적 목적으로 남아 있다. 이 목적에 이르기 위해 그리스도인은 "금식과 밤에 자지 않고 깨어 있음과 노동과 적절한 연습을 통해 육이 훈련을 받고 믿음에 복종하도록" 해야 한다. 그는 "기쁨을 가지고 자발적으로 하나님을 자유로운 사랑 안에서 섬겨야" 하며(149), "죽음아, 너의 승리가 어디 있느냐?"고 외치며 죽음과 죄를 물리쳐야 한다(147). 그가 행하는 의롭고 선한 일들은 자신의 의로움을 얻기 위한 계산에서 억지로 행하는 것이 아니라, 자기의 욕망을 제어하고 "하나님께 복종하기 위한 자발적 사랑에서" 나오는 자유로운 활동일 뿐이다. 그것은 타락 이전에 아담과 하와가 행했던 것처럼 "하나님을 기쁘시게 하기 위해" 행하는, "참으로 자유롭게 선택된 일들(업적들)"일 뿐이다(152-153).

그리스도인의 인격을 의롭게 하고 구원하는 것은 믿음뿐이다. 믿음을 통해 그리스도인은 "모든 율법에서 자유롭게 되며, 자유로부터…대가를 바라지 않고 행한다. 여기서 그는 자기의 유익이나 구원을 찾지 않는다. 단지 하나님을 기쁘시게 하고자 할 뿐이다"(155). "믿음으로부터 주님 안에서의 사랑과 기쁨이 나오고, 사랑으로부터 이웃을 자발적으로 섬기고자 하는 명랑하고, 기쁘고, 자유로운 생각이 나온다. 감사를 받을 것인지 받지 못할 것인지,…이익을 얻을 것인지 손해를 볼 것인지를 그는 전혀 계산하지 않는다. 그는 사람들을 자기에게 예속시키고자 하지 않으며", 도리어 "자기 자신과 자기에게 속한 것을 내어준다"(167).

9) 루터에 따르면 사람은 자기 홀로, 자기만을 위해 살지 않는다. 그는 이웃과 함께 말하고, 행동하며, 이웃과 함께 산다. 타락 이전의 아담과 하와처럼 그는 이웃을 위하여 산다. 그러므로 그는 이웃을 위해 선한 일(업적)들을 행한다. 그것은 자신의 의와 구원을 얻기 위함이 아니라 이웃의 필요와 유익을 위해 봉사하며, 자기가 행하는 모든 것으로 이웃에게 도움이 되고자 하기 위함이다. 이를 위해 우리는 우리 자신의 몸을 돌보아야 한다. 건강한 몸으로 노동하고, 돈을 벌고, 어려운 이웃을 돕기 위해 돈을 보관해야 한다. "우리가 행하는 모든 사역은 이웃의 행복을 목적해야 한다." 우리는 이웃의 짐을 짊어져야 하며, "그리스도의 법을 이루어야" 한다. 기쁨과 사랑 안에서 자유로운 봉사의 사역을 행하는 데에 "참 그리스도인의 삶(vere Christiana vita)과, 사랑 안에서 일하는 참 믿음이 있다. 다시 말해, 그는 기쁨과 사랑을 가지고 자유로운 종의 사역을 행한다." 그는 "자기의 믿음의 충만함과 부요함" 속에서 이웃을 섬긴다(163).

루터는 참 그리스도인의 삶의 모범을 빌립보서 2장이 묘사하는 그리스도 안에서 발견한다. 그리스도는 하나님과 같은 본성을 가진 분이었지만, 하나님과 같이 되고자 하지 않고, 우리의 구원을 위해 자기를 낮추시고 사람이 되셨다. 그는 자유로운 분이지만, 종의 형태(forma servi)를 취하시고, 십자가에서 죽기까지 우리를 섬겼다. 그리스도인은 그리스도가 행한 것처럼 행해야 한다. "우리의 이웃이 가난하고 우리의 도움을 필요로 하는 것처럼, 우리도 하나님 앞에서 가난하였고 그의 자비를 필요로 하였다. 그러므로 하늘의 아버지께서 그리스도 안에서 우리를 자발적으로 도우신 것처럼, 우리도 우리의 이웃을 우리의 몸과 업적들을 가지고 자발적으로 도와야 한다. 그래서 각 사람이 다른 사람들에게 그리스도가 되어야 한다. 그래서 우리는 서로 그리스도의 것이어야 하며(ut simus mutuum Christi), 그리스도께서 모든 사람 안에 계시면서 그들이 참 그리스도인들이 되도록 해야 한다"(166).

"그리스도인은 자기 자신 안에서 살지 않고, 그리스도 안에서 그리고 이웃 안에서 산다. 그렇지 않으면, 그는 그리스도인이 아니다. 그는 믿음을 통해 그리스도 안에서 살고, 사랑을 통해 이웃 안에서 산다. 그는 믿음을 통해 자기 자신을 넘어서 위로 하나님께 이르며, 사랑을 통해 아래로 이웃에게 이른다. 그러나 그는 항상 하나님과 그의 사랑 안에 머문다"(175).

우리가 "그리스도인"이라고 불리는 것은 우리 안에 계신 그리스도의 이름을 따른 것이다. 그리스도인은 "그리스도의 사람"임을 말한다. 우리가 그리스도를 믿을 때, 그리스도는 멀리 계시지 않고 "우리 안에 계신다." 그러므로 "우리는 서로에게 다른 그리스도(alter alterius Christus)이어야 하며, 그리스도께서 우리에게 행하신 것처럼 우리도 이웃에게 그렇게 행해야 한다"(166).

이후정은 루터가 말하는 그리스도인의 삶의 원칙을 명료하게 요약한다. 우리는 단지 이웃에게 사랑을 베푸는 것이 아니라 **하나의 그리스도이어야 한다**. "이웃의 필요, 유익을 위해 자신이 그리스도 안에서 풍부히 가지고 있는 모든 선으로부터 행하며 자신을 줄 때, 그것은 그리스도께서 자신을 주심과 같은 것이므로, 나도 이웃에게 그리스도처럼 된다는" 것이다(이후정 2017, 109). 우리가 우리의 이웃에게 하나의 "다른 그리스도"가 됨으로써, 우리는 서로 그리스도의 것이 되어야 하며, 그리스도께서 우리 모두 안에 계셔야 한다(167). 바로 여기에 그리스도인의 참 자유가 있고,

영적인 사람, 새 사람이 되는 길이 있다.

10) 그러나 이 모든 일은 믿음에서 나오는 것이어야 함을 루터는 거듭 강조한다. 믿음을 통해 먼저 우리의 존재가 변화되고, 변화된 존재로부터 선한 업적이 나와야 한다. 간단히 말해, 존재가 행함에 앞서야 한다. 선한 존재가 선한 행위의 열매를 맺는다. 아무리 선한 일을 행할지라도, 그 행위가 그의 존재를 선하게 만들지 못한다. 위선자도 선을 행할 수 있기 때문이다. 루터의 표현에 따르면, "선한 업적이 선한 사람을 만드는 것이 아니라 선한 사람이 선한 업적을 행한다. 나쁜 업적이 나쁜 사람을 만드는 것이 아니라 나쁜 사람이 나쁜 업적을 행한다"(153). "우리는 의롭게 행함으로써 의롭게 되는 것이 아니라, 우리가 의롭게 되었기 때문에 의롭게 행한다"("스콜라 신학을 반대하는 변론서" 42조, 2006a, 25).

루터는 이것을 건축가와 집의 관계를 통해 설명한다. 건축가가 좋은 집을 지었다 하여 그 집이 그를 좋은 건축가로 만드는 것은 아니다. 그가 좋은 건축가이기 때문에 좋은 집을 짓게 된 것이다. 그러므로 먼저 좋은 건축가가 되어야 한다. 믿음과 업적의 관계도 이와 같다. 인간이 행한 업적이 그를 의롭게 하거나 좋은 신자로 만들지 않는다. 마음의 믿음을 통해 그의 존재가 변화되었기 때문에 좋은 업적을 행하게 된다.

11) 루터는 이것을 나무와 나무 열매의 관계를 통해 설명하기도 한다. 좋은 나무는 좋은 열매를 맺을 수밖에 없다. 그러므로 "좋은 열매를 원하는 사람은 좋은 나무와 함께 시작해야 하며, 좋은 나무를 심어야 한다." 따라서 "좋은 업적을 행하고자 하는 사람은 업적들과 함께 시작할 것이 아니라 믿음과 함께 시작해야 한다. 믿음이 좋은 사람을 만든다. 믿음만이 좋

은 사람을 만들고, 불신앙만이 나쁜 사람을 만든다"(155-157).

그런데 예수께서는 이렇게 말한다. "너희는 그 열매를 보고 그 사람들을 알 것이다"(마 7:20). 많은 사람은 이 말씀을 오해한다. 그 사람의 열매를 보고 그의 사람됨을 알게 된다면, 좋은 열매를 많이 맺어야 한다고 생각한다. 그래서 많은 열매 곧 업적을 쌓기 위해 수고한다. 그러나 그들은 믿음을 알지 못한다. 믿음을 알지 못하기 때문에 그들은 새 사람으로 변화되지 못한다. 이들을 가리켜 디모데후서 3:5는 이렇게 말한다. "그들은 겉으로는 경건하게 보이나, 경건함의 능력들을 부인한다. 그들은 많이 배우지만, 진리의 인식에 이르고자 애쓰지 않는다"(155). 불신자도 많은 업적을 쌓을 수 있다. 그러나 그의 업적은 자신의 의로움과 구원에 도움이 되지 않는다. 선한 사람이 되느냐 아니면 악한 사람이 되느냐의 문제는 업적에 달린 것이 아니라 믿느냐 믿지 않느냐에 달려 있다.

그리스도인들은 왕인 동시에 제사장이다. 그리스도께서 나누어주신 제사장직을 통해 우리는 "하나님 앞에 나타날 수 있고, 다른 사람들을 위해 기도하며, 하나님의 것(*ea quae dei sunt*)을 서로 가르칠 수 있다." 우리가 그리스도를 믿을 때, 그리스도는 우리를 그의 "공동 형제들, 공동 상속자들과 공동 지배자들, 그의 공동 사제들(*confratres, cohaeredes et correges, ita et consacerdotes*)이 되게 하셨고,…믿음의 영을 통해 감히 하나님 앞에 나와 '압바 아버지'를 부르며", 제사장이 하는 "모든 것을 행할 수 있게 하셨다.…그의 제사장적인 힘으로 말미암아 그는 하나님 안에서 모든 것을 행할 수 있다…. 이같은 영광에 이를 수 있는 것은 결코 업적들을 통해서가 아니라 오직 믿음을 통해(*nullis operibus, sed sola fide*) 가능하다"(142).

12) 우리는 「그리스도인의 자유」의 중심 내용을 아래와 같이 요약할 수 있다.

- 그리스도인은 참 자유를 가진 영적 사람, 새 사람이 되어야 한다.
- 참 자유는 하나님의 말씀과 이 말씀에 대한 믿음에 있다. 오직 믿음으로 하나님의 칭의와 구원을 받을 때, 그리스도인은 참 자유를 가진 영적 사람, 새 사람으로 다시 태어난다.
- 참 믿음을 가진 자유로운 사람, 영적 사람이 될 때 사랑이 나오고, 사랑 안에서 자발적 업적이 필연적으로 뒤따른다. 믿음으로 하나님의 칭의를 받은 사람은 율법을 완성한다. 따라서 "선한 업적이 없는 믿음"은 있을 수 없다.
- 그리스도인은 진실한 "마음의 믿음"과 사랑 안에서 그리스도께서 우리에게 행한 바를 우리의 이웃에게 자발적으로 행하는 "다른 그리스도"(alterius Christus)가 되어야 한다. 그리스도인은 그리스도처럼 순수한 사랑에서 자발적으로 "종의 형태"를 취하고 이웃을 섬겨야 한다. 바로 여기에 그리스도인의 자유가 있다. 이것이 그리스도인의 삶의 길이어야 한다.
- 그러나 우리가 행하는 우리 자신의 업적을 통해 하나님의 칭의와 구원을 받을 수 있다고 생각해서는 안 된다. 우리가 행하는 업적은 진실된 믿음과 사랑에서 나오는 필연적 귀결일 뿐이다. 그러므로 우리는 그것을 우리의 업적 내지 공적으로 생각하지 않는다.

  이 무가치하고 저주받은 인간에게 하나님은 그리스도 안에서 "의와 구원의 모든 풍요함을" 거저 주셨다. 그러므로 우리는 오직 하나님을 기쁘게 하기 위해 온 마음과 정성을 다해 모든 것을 자발적으로 행한다. "그리스도께서 나에게 보이신 것처럼, 나의 이웃에게 그리스도처럼 행하고자 한다." 믿음을 통해 모든 보화를 그리스도 안에서 넘치게 받았으므로, "나의 이웃을 위해 필요하고, 도움이 되며, 구원이 된다고" 생각되는 것만 행해야 한다(167).

그리스도께서 하나님의 보화를 우리에게 거저 주셨으니, 우리도 우리가 받은 보화를 우리의 이웃에게 거저 주어야 한다. 그리스도께서 자기를 우리와 동일화시키고 우리를 위해 행동하신 것처럼 우리도 그렇게 행동해야 한다. 그리스도처럼 우리는 우리의 이웃에게 종의 형태로 나타나야 하며, 이웃의 죄를 덮어주고, 이웃을 섬겨야 한다. 바로 여기에 "참 사랑과 그리스도인의 삶의 본래적 규칙"이 있고, "그리스도인의 자유"가 있다(171).

제4부

보름스 제국의회에서 농민전쟁에 이르기까지

1521년부터 1525년까지의 기간은 루터의 생애에서 가장 다사다난한 시간이었다. 1521년 1월 3일 교황의 파문을 받은 루터는, 그해 5월 보름스 제국의회 심문 끝에 황제의 "제국파문"(Reichsbann)을 받고 법외자(法外者, vogelfrei)의 신분이 된다. 황제의 제국파문이 있기 전에 보름스를 떠나 비텐베르크로 돌아가던 중, 그는 정체불명의 기사들에 의해 바르트부르크(Wartburg)로 납치되어 10개월간 자신의 정체를 숨긴 채 은둔생활을 하다가, 1522년 3월 비텐베르크로 돌아온다. 비텐베르크에서 그는 카를슈탓트의 과격한 개혁운동으로 인한 혼란을 진정시키고, 점진적 개혁을 꾀한다. 이 과정에서 그는 자신의 입장을 비판하는 "종교개혁 좌파들"과 대결하게 된다. 1525년 5월 독일 농민전쟁이 실패로 끝나면서, 루터의 종교개혁은 "대중적 종교개혁"에서 "제후들의 종교개혁"으로 발전한다. 이 와중에서 이루어진 루터의 결혼은 루터의 건강과 개혁운동에 큰 도움이 된다. 그 과정을 살펴보기로 하자.

I
보름스 제국의회와 루터의 제국파문(1521)

1. 개선장군처럼 보름스에 입성한 루터

1) 1521년 1월 3일, 루터에 대한 교황의 파문이 선포되었지만, 이 파문은 세속의 법적 효력을 갖지 못했다. 그것은 교황이 선포한 종교적 파문이었기 때문이다. 그러므로 루터에 대한 교황의 파문은 독일의 제후들과 시의회 의원들, 그리고 시민들에 의해 거의 무시당하였다. 루터를 파문하면서 교황은 루터의 모든 문헌을 소각할 것을 명령했지만, 독일은 물론 유럽 대부분의 대학은 그의 문헌을 소각하지 않았다. "독일 전역에 퍼진 루터의 글들을 태우라는 명령은 오히려 루터와 그의 신학을 더우더 알리는 선전 효과를 낼 뿐이었다"(Kaufmann 2015, 55).

교황은 이단자로 파문을 당한 루터를 로마로 압송하여 화형에 처하고 싶었지만, 선제후 프리드리히가 루터를 보호하기 때문에 그렇게 할 수 없었다. 그래서 교황은 선제후 프리드리히에게 사람을 보내어 루터에 대한 파문 선고를 수용할 것과, 루터를 내어줄 것을 요구하였다. 그러나 프리드리히는 루터가 공정한 심사를 받아야 하며, 그의 오류가 증명되지 않는 한 그를 벌할 수 없다고 주장하였다. 이리하여 루터에 대한 교황의 파문은 실효성을 갖지 못했다.

이같은 와중에 황제 카를 5세가 독일의 황제로 등극하고, 1521년 1월 22일 보름스(Worms) 제국의회 개최를 선언한다. 이 회의는 그에게 최초의 의회였다. "이때를 기회로 교황은 그의 사절인 알레안더를 통하여 교황의 최종 파문을 선고받은 루터를 즉각 처형토록 압력을 가하였다"(강근환 2016, 62). 즉 교황은 황제에게 루터를 "제국파문" 혹은 "제국추방"에 처할 것을 요구하였다.

2) 여기서 우리는 교황의 "파문"(Exkommunikation)과 황제의 "제국파문"(Reichsbann)을 구별할 필요가 있다. 교황의 파문은 가톨릭교회에서의 추방을 뜻한다. 그것은 교회 내에서 효력을 갖지만, 교회 바깥의 세속 영역에서는 효력을 갖지 못한다. 물론 정치와 종교가 결합되어 있었던 당시의 유럽 사회에서 교회 추방은 수많은 사회적 불이익과 소외를 초래했지만, 세속 영역에서의 추방을 뜻하지는 않았다. 이에 반해 황제의 제국파문은 "제국추방"(Reichsverbannung), 곧 황제가 다스리는 신성 로마 제국에서의 추방을 말한다. 그것은 신성 로마 제국의 시민권 상실과 함께 모든 법적 의무와 권리의 상실을 말한다. 곧 "포겔프라이"(vogelfrei, 法外者)가 됨을 말한다. 그러므로 그 누가 루터를 죽여도 국가의 형벌을 받지 않게 된다. 따라서 루터의 "제국파문"은 죽음과 같은 것이었다. 교황은 이것을 황제에게 요청하였다.

그러나 20세의 나이에 황제로 선출되어 스페인에서 독일로 온 카를 5세에게는 독일의 모든 것이 생소하였다. 1520년 10월 23일에 독일 아헨(Aachen)의 대성당에서 임직식을 갖기까지, 그는 한 번도 독일 땅을 밟아본 적이 없었다. "루터 건"(casus Lutheri)도 그에게는 완전히 생소한 문제였다. 그는 독일어도 알지 못했고, 신학에는 문외한이었다. 또 루터 문제는 황제가 처리해야 할 정치적 문제가 아니라 교황이 처리해야 할 종교적 문제였다.

3) 여기서 우리는 황제의 난처한 입장을 파악할 수 있다. 한편으로 황제는 교황의 뜻을 외면할 수 없었다. 모든 것이 낯선 독일 땅에서 그가 기댈 곳은 교황 밖에 없었다. 신성 로마 제국의 회복에 대한 원대한 야망을 가진 그에게 교황의 지지는 절대적으로 필요하였다. 이 야망을 이루기 위해 그는 먼저 독일에서 평화와 질서를 세워야 했다. 독일 민중의 압도적 지지 속에서 제국의 평화와 질서를 깨뜨리고 제국 전체에 소동을 일으키는 루터를 황제는 내버려둘 수 없었다. 루터는 그의 야망에 방해물이었다.

다른 한편, 황제는 루터를 보호하는 선제후 프리드리히와, 루터를 뜨겁게 지지하는 독일 민중들과, 루터를 은근히 지지하는 제국의회 의원들을 무시할 수 없었다. 또 20세 밖에 되지 않은 스페인 출신의 애송이 황제의 통치를 받게 된 모욕감에서 그에게 반감을 보이는 독일 민중과 지도층의 분위기 역시 그에게 무거운 짐이 되었다. 가톨릭교회에 대해 비판적인 제국의회 의원들은, 신성 로마 제국의 어떤 시민도 공정한 심문 없이 파문을 당하는 일이 없도록 하겠다는 취임 공약을 황제가 지켜야 한다고 주장하였다. 황제와 교황과 선제후 프리드리히를 위시한 제국의회 의원들 사이의 어려운 협상 끝에, 결국 황제는 1521년 1월 보름스 제국의회에 루터를 소환하여 심문할 것을 다음과 같이 선언한다. "황제나 그 밖의 어떤 사람도 루터의 저서들이 반박을 당하였다는 것을 보여 주지 못했다. 그러므로 루터 박사에게 통행권을 주어 학식 있고, 경건하고, 공정한 재판관 앞에 가서 재판을 받게 하는 것이 마땅한 일이다"(White 1999, 130).

4) 황제의 이 선언은 루터와 선제후 프리드리히에게는 매우 기쁜 소식이었다. 루터가 제국의회에서 자신의 입장을 변론할 수 있는 기회를 얻을 수 있기 때문이다. 그러나 교황에게 황제의 결정은 매우 섭섭한 일이었다. 교황의 파문을 받은 루터를 즉각 처형하지 않고 제국의회 앞에서 변론할 수 있는 기회를 주는 것은 교황의 종교적 파문을 인정하지 않는 것과 마찬가지였다. 그것은 교황의 권위에 대한 모욕이었다. 그러므로 교황은 루터가 제국의회에 서는 것을 막고, 황제의 일방적 "제국파문"을 받아내고자 노력하지 않을 수 없었다. 한 주교는 황제에게 다음과 같이 요구하였다. "우리는 이 문제에 대하여 이미 오랫동안 의논하였습니다. 그러므로 폐하께서는 그 사람을 즉시 처치해 버리십시오. 이미 지기스문트 황제께서도 얀 후스를 화형에 처하지 않았습니까? 우리는 이단자의 통행권에 구애될 필요가 없습니다." 이에 대해 황제는 "그렇지 않습니다. 우리는 약속을 지키지 않으면 안 됩니다"라고 대답한다(White 1999, 138).

그러나 황제는 가능한 한 교황의 심기를 자극하지 않기 위해, 자신이 루터를 제국의회에 소환하지 않고 선제후 프리드리히에게 루터를 소환해 달라고 부탁한다. 그 대신 자기는 루터의 신변 보호를 책임지겠다고 제의한다. 프리드리히는 황제의 제의를 거절한다. 제국의회에 루터를 소환하는 것은 어디까지나 황제의 소임이었기 때문이다. 결국 황제는 스스로 루터를 소환하면서, 보름스 여행과 체류 동안에 루터의 신변 보호를 약속한다. 그는 제국 호위대를 비텐베르크로 파견하여 루터가 보름스에 도착하기까지 루터를 보호하게 한다. 호위대장 카스파르 슈투름(Kaspar Sturm)은 루터에 대한 자신의 호의를 숨기지 않는다.

　루터에게 소환장을 보낸 며칠 후, 황제의 태도는 돌변한다. 황제는, 루터의 문헌과 사상은 콘스탄츠 공의회가 이단으로 정죄한 가르침을 포함하고 있기 때문에 루터의 문헌과 사상이 퍼지는 것을 일체 금지하고 루터의 문헌을 거두어들이라는 명령을 내린다. 루터는 보름스를 향해 길을 떠난 지 여러 날 후에야 이에 대한 소식을 접하였다. 이 소식은 루터에게 위험스러운 징조였다. 이에 호위대장 슈투름은 루터에게 보름스로 가는 것을 중단하고 비텐베르크로 돌아가지 않겠느냐고 묻는다. 루터는 돌아가지 않겠다고 대답한다: 교황이 바라는 것은 "내가 보름스에 가는 것이 아니라 나의 정죄와 죽음이다. 그러나 그것은 문제가 되지 않는다. 나를 위해 기도하지 말고, 하나님의 말씀을 위해 기도하라.…그리스도께서는 당신의 성령을 내게 주셔서 그 오류의 사자들을 이기게 하실 것이다.…나는 죽음으로써 승리할 것이다"(White 1999. 135).

5) 호위대장 슈투름이 전하는 바에 따르면, 보름스로 가는 루터의 여행은 전쟁에서 승리한 로마 개선장군의 개선 행진과 같았다고 한다. 수도원 규정에 따라 한 사람의 수도사가 루터와 동행하였다. 또 루터의 지지자들이 따라왔다. 도중에 비텐베르크 대성당 주임사제인 유스투스 요나스(Justus Jonas)가 이에 동참하였다. 이들은 라이프치히, 바이마르 에르푸르트, 고타, 아이제나하를 거쳐 보름스로 향하였다. 가는 곳마다 수많은 시민 및 시장과 시 의회가 그들을 뜨겁게 맞이하였다. 에르푸르트에서는 인문주의 학자들이 큰 환영식을 베풀었다. "보름스로 향하는 루터의 행렬에는 그를

지지하는 수많은 사람들이 뒤따랐으며 보름스에는 각지로부터 무수한 사람들이 모여들었다"(강근환 2016, 62).

황제가 여행 도중 설교하는 것을 금지했지만, 루터는 에르푸르트, 고타, 아이제나하 등지에서 설교 초대를 받았다. 수많은 신자가 그의 설교에 열광하였다. 그 사이에 "그들은 얀 후스에게 한 것과 같이 당신을 화형시켜 당신의 몸을 재로 만들려고 합니다"라는 슈팔라틴의 경고 서신이 루터에게 도착하였다. 이에 루터는 다음과 같이 응답한다. "그들이 보름스에서 비텐베르크에 이르는 길에 불을 질러 그 불꽃이 하늘에 닿는다 해도 나는 주님의 이름으로 그 가운데를 통과하여 그들 앞에 설 것입니다. 나는 그 맹수의 입 안으로 들어가서 그 이를 부수고 주 예수 그리스도를 증거하렵니다"(White 1999, 137).

루터 일행이 보름스에 도착하기 직전에 예기치 못한 일이 일어난다. 프란체스코 수도사이며 황제 카를 5세의 죄 고백 사제인 요한 글라피온(Johann Glapion)이, 루터가 제국의회에 서는 것을 막기 위한 비밀회동을 꾀한다. 그는 제국 기사인 지킹언의 프란츠에게 부탁하여, 루터를 에번부르크(Ebernburg)로 초대하도록 한다. 4월 15일, 루터는 부처를 통해 비밀회동 초대를 받는다. 그러나 슈팔라틴은, 황제와 교황 측에서 무엇을 획책했는지 알 수 없기 때문에 이에 응하지 않는 것이 좋겠다고 충고한다. 이 충고에 따라 루터는 비밀회동을 거절한다.

6) 보름스가 가까워졌을 때, 루터의 지지자들은 루터의 신변을 염려하여 보름스 입성을 만류한다. 그러나 루터는 이에 흔들리지 않고, "그를 대적하는 적의 수가 지붕 위의 기왓장같이 많다고 할지라도 단연코 가야 한다"고 대답한다(이영호 2017b, 61). 루터 일행이 보름스에 도착했을 때, 도

시의 분위기는 완전히 반(反)교황적이었다고 교황의 대리자 알레안더는 전한다. 1521년 2월 8일 알레안더가 교황에게 보낸 서신에 따르면, 독일에서는 10명 중 9명이 "루터! 루터!"를 외치고, 나머지 1명은 "로마 교황청에 죽음을!"이라고 부르짖었다. 모든 사람이 "공의회를" 열어야 한다고 외쳤다(Mau 2000, 25). 그 당시 보름스의 인구는 7,000명이었는데, 그 배가 되는 14,000명의 사람이 온 도시를 돌아다니면서 "루터를!" 부르짖었다. 알레안더는 루터를 동반자 없이 혼자 보름스에 들어오게 하고, 황제의 숙소에 머물게 하는 것이 좋겠다고 황제 측에 건의한다. 그러나 그의 건의는 반응을 얻지 못한다.

4월 16일에 루터 일행이 제국 호위대의 보호 속에서 보름스에 도착했을 때, 시민들은 나팔을 불면서 루터의 입성을 알린다. 수많은 군중이 루터 일행을 에워싼다. 어떤 사람은 기적을 바라는 마음으로 루터의 수도사 망토에 손을 대기도 한다. "무리들 가운데는 루터에게 그를 기다리고 있는 운명을 경고하기 위해 장례식에서 부르는 만가(輓歌)를 비감한 목소리로 부르는 사람도 있었다"(White 1999, 137). 루터가 숙소에 도착하자마자 귀족들과 제후들이 그를 방문한다. 루터 문제에 대해 아직 확실한 입장을 정하지 못한 헷선의 영주 필립(Landgraf Philipp von Hessen)도 루터를 방문한다.

2. "그는 너무 대담했다"
  - 제국의회 앞에서 철회를 거부한 루터 -

1) 루터 일행이 보름스에 도착한 바로 그날, 황제의 고위 관리인 폰 파펜하임(von Pappenheim)은 다음 날(4월 17일) 오후 4시에 제국의회에 출석하라

는 명령을 루터에게 전한다. 그런데 그는 루터에게 제국의회 회의장인 대성당으로 오지 말고, 그 옆에 있는 주교궁(宮)으로 오라고 말한다. 이것은 교황 측의 주장에 따라 루터를 대성당에 세우지 않기 위함이었다. 교황은 이단자를 대성당에 서게 할 수는 없었다.

거리를 가득 메운 군중들 때문에 루터는 우회로를 택해야만 했다. 심문이 시작되기 몇 시간 전에, 알레안더와 글라피온은 루터에게 자기를 변론할 수 있는 기회를 주지 말고 이단자 심문 관례에 따라 입장 철회만 요구하기로 계획한다. 그러나 이들의 계획은 이루어지지 않는다.

일반적으로 우리는 1521년 보름스 제국의회가 루터 문제 때문에 열린 것으로 알고 있다. 그러나 이 의회는 본래 제국의 정치적·경제적·외교적 현안들을 토의하기 위한 정규 회의였다. 의회는 황제가 대관식을 가진 3개월 후인 1521년 1월 27일에 시작되었다. 먼저 정치적 문제가 토의되었다. 여기서 황제의 관심과 제국의회의 관심은 큰 차이를 보였다. 황제는 로마 교황청에 대한 급속한 재정적 지원, 프랑스 왕 프랑수아 1세의 위협과 스페인의 반란 진압에 필요한 재정적 지원, 제국의 중앙집권적 통일과 황제의 단독 통치권 확보에 주요 관심을 가지고 있었다. 그 반면 제국의회는 황제의 통치권에 대한 제한, 황제의 통치에 대한 제국의회의 참여권 확대, 교황청의 일방적인 법과 재정정책으로 인한 "독일 국가의 무거운 짐"을 해결하기 위한 제도 개혁에 큰 관심을 가지고 있었다.

루터 문제는 본래 의사일정에 속하지 않았다. 그러나 독일의 거의 모든 민중이 루터에게 열광하는 분위기 속에서, 제국의회는 루터 문제에 관심을 갖지 않을 수 없었다. 또 온 나라를 들끓게 하는 이름도 없는 한 수도사가 누구인지, 대관절 그의 주장이 무엇인지, 그의 생각을 들을 필요가 있었다. 사실 독일의 제국의회 의원들은 교황체제와 성직자 계급의 횡포를 비판하는 루터에게 일말의 호감을 갖지 않을 수 없었다. 이리하여 루터 문제는 제국의회가 시작된 지 약 3개월 후인 4월 17일에 추가 의제로 다루어지게 된다.

1521년 보름스(Worms) 제국의회에서 변론하는 루터
[자료 출처: 위키미디어]

2) 4월 17일 오후 제국의회 심문이 시작되기 전, 황제의 고위 관리인 폰 파펜하임은 "묻는 말에 대답만 하라"고 루터에게 명령한다. 심문 주관자 엑크는 긴 나무의자에 진열된 20여 가지의 루터 문헌들을 가리키면서, 루터에게 (1) 이 문헌들이 자기의 것임을 인정하는지, (2) 문헌들의 내용을 인정하는지, 아니면 철회할 것이 있는지를 질문한다. 이때 선제후 프리드리히가 파송한 비텐베르크의 법학자 슈르프(Hieronymus Schurf)는 진열된 문헌들이 정말 루터의 것인지, 그 제목들을 검증해야 한다고 요구한다. 검증이 끝나자 루터는 이 문헌들이 자기의 것임을 인정한다. 그러나 루터는 엑크의 둘째 질문은 하나님의 진리와 믿음과 영혼의 구원에 관한 것이므

I. 보름스 제국의회와 루터의 제국파문(1521)　　403

로, 신중히 생각할 수 있는 시간을 달라고 요청한다(WA 7.825-830).

이때 루터의 음성이 너무 작아 청중들이 알아듣기 어려울 정도였다고 한다. 그 까닭은, 루터가 전혀 예기치 못한 상황에 부딪쳤기 때문이다. 황제가 루터에게 제국의회 소환장을 발송할 때, 자기의 입장을 한번 들어보기 위해 소환한다고 명시하였다. 이에 루터는 제국의회에서 자기의 입장을 변론할 수 있을 것이라 기대하였다. 그러나 이단자를 파문하는 과정에서 행하는 것처럼 변론의 기회를 주지 않고 일방적으로 자기의 입장을 철회하라는 요구를 받았을 때, 루터는 놀라움과 실망에 빠지지 않을 수 없었다.

약간의 휴정을 가진 뒤, 엑크는 루터를 향해 근엄하게 말한다: 그는 자신의 생각과 잘못 해석된 성경 구절을 가지고 기독교를 붕괴시키고자 해서는 안 되며, 경건한 영혼들을 오도해서는 안 된다. 그는 자기의 실수를 깨닫고, 회개하는 마음으로 이를 철회해야 한다. 그렇게 할 경우 황제는 교황에게 그를 구해달라고 간청하겠지만, 그렇지 않을 경우 황제는 교회와 교황을 보호하기 위해 그를 벌할 수밖에 없을 것이다. 이단자로 교황의 파문을 받은 자가 자신의 입장을 철회하기는 고사하고 생각할 시간을 달라는 것은 뻔뻔스러운 일이다. 그럼에도 불구하고 황제는 하루의 시간 여유를 허락하고자 한다. 하루 뒤에 그는 자기의 생각을 글로 설명하지 말고 말로 설명해야 한다고 엑크는 말한다. 이로써 4월 17일의 심문은 끝난다. 루터가 숙소로 돌아왔을 때, 또다시 많은 귀족이 그를 찾아와 생명을 염려할 필요가 없도록 하겠다고 약속한다.

3) 4월 18일 오후에 심문이 속개된다. 엑크는 또 한 번 루터에게 경고한 다음, 첫날의 둘째 질문을 반복한다. "너는 너의 것이라고 인정한 책들을 모두 변호하고자 하느냐, 아니면 그중 어떤 것을 철회하고자 하느냐?" 이

질문에 대해 루터는 라틴어로 미리 써두었던 자기의 생각을 겸손하게, 그러나 확고하게 대답한다(WA 7.831). 대답 내용을 요약한다면,

루터는 자기의 책들을 세 종류로 구별한다. 첫째 종류의 책들은 그리스도인의 "믿음의 경건과 관습"(pietas fidei et morum)에 관한 책들인데, 이 책들은 자신의 반대자들마저 유익하다고 인정할 수밖에 없을 정도로 매우 단순하고 복음적이기 때문에 철회할 수 없다.

둘째 종류의 책들은 "교황체제와, 근본적으로 나쁜 가르침과 예들을 가지고 기독교 세계의 영과 몸을 황폐화시키는 교황주의자들을 반대하는" 책들이다. 이 책들은 "교황의 법들과 인간의 가르침들이 신자들의 양심에 족쇄를 채우고, 학대하고, 죽도록 고문하며, 무엇보다도 이 명예로운 독일 국가의 소유와 재산이 불신의 독재체제에 의해 끝없이, 그리고 정당하지 못한 방법으로 삼켜져버렸고 지금도 삼켜지고 있다는 것을" 기술한다. 이 일들은 아무도 부인할 수 없는 사실들이다. 그럼에도 불구하고 내가 이 책들을 철회한다면, "나는 독재체제를 더 강화시키고, 너무도 큰 불신앙(tanta impietas)에 대해 창문은 물론 대문까지 열어즈는" 꼴이 될 것이며, 나 자신은 악의 도구가 될 것이다. 그러므로 나는 둘째 종류의 책들도 철회할 수 없다.

셋째 종류의 책들은 "로마의 독재체제를 변호하고자 하며, 내가 가르친 믿음(pietas a me docta)을 흔들기로 작심한" 사람들을 반박하는 책들인데, 그리스도인으로서 또 수도사로서 너무 거칠게 기술한 측면이 없지 않다. 그러나 중요한 문제는 글을 쓴 사람의 태도가 아니라 "그리스도의 가르침"에 있다. 그리스도의 가르침을 말하는 이 책들을 철회한다면, 불신앙과 독재를 방조하는 꼴이 될 것이다. 그러므로 나는 셋째 종류의 책들도 철회할 수 없다.

이같이 루터는 자기의 모든 책을 철회할 수 없다고 말하면서, 만일 자기의 책에 철회해야 할 내용이 발견된다면 자기가 먼저 이 책들을 불태워버리겠다고 말한다. 그는, 하나님의 진리를 내버리면서 논쟁을 끝내는 것은 옳지 않다. 이것은 더 나쁜 결과를 초래할 것이며, 젊은 황제의 통치가 좋지 않게 시작되는 꼴이 될 것이라고 말한다(Leppin 2012, 63-66).

여기서 엑크는 또다시 루터를 도와주는 형국이 되어버린다. 자기의 책들을 철회하겠느냐, 철회하지 않겠느냐는 엑크의 질문으로 말미암아 모든 제국의회 의원 앞에서 루터에게 자기의 입장을 변론하는 기회를 제공하였기 때문이다. 뿐만 아니라 교황체제와 그 지지자들의 치부가 루터의 변론을 통해 모든 제국의회 의원에게 드러났다. 이 변론에서 루터는 이른바 "루터 건"과 "독일 국가의 무거운 짐"(Gravamina nationis germanicae)이 서로 연결되어 있음을 암시한다. 자신의 문제는 단지 종교적·교회적 문제만이 아니라 독일 민족의 정치적 문제이기도 하다는 것이다. 엑크는 루터의 적대자였지만, 결과적으로 루터의 조력자가 되고 말았다.

루터의 변론이 끝나자, 황제의 대변인은 사실(*facta*)에 관해 말하지 않았다고 루터를 질책하면서, 철회냐 아니면 철회 거부냐를 간단히 대답하라고 호통을 친다. 이에 루터는 다음과 같이 대답한다. "성경의 증언이나 명백한 이성을 통해 나의 생각이 잘못이라고 부인되지 않는다면, 나는 교황도, 공의회도 믿을 수 없다. 그들은 반복하여 오류를 범했고 그들 자신에게 모순되는 일들을 행하였음이 확실하기 때문이다. 나는, 내가 의지하는 성경 구절들에 사로잡혀 있다고 생각한다. 나의 양심은 하나님의 말씀에 사로잡혀 있다. 나는 아무것도 철회할 수 없고, 철회하고자 하지도 않는다. 양심을 거슬러 행동하는 것은 안전하지도 않고 정직하지도 않기 때문이다(*neque tutum neque integrum*). 하나님이여, 나를 도우소서! 아멘"(WA 7.838).

루터의 이 증언 속에는 "종교개혁 정신의 핵심이요 종교개혁의 주춧돌이 놓여 있다. 왜냐하면 성서에 기초하지만 양심의 소리와 이성의 판단이…전통의 권위나 어떠한 권력으로 치장한 이념적 허구보다도 더 우선적이고 침해당할 수 없는 신성한 것이라고 선언하기 때문이다"(김경재 2018, 229). 일반적으로 "내가 여기 있습니다. 나는 달리 어떻게 할 수 없습니다. 하나님이여, 나를 도우소서! 아멘"(Hier stehe ich. Ich kann nicht anders. Gott helfe mir, Amen)이라는 말이 루터의 마지막 말이라고 많은 학자는 전한다. 그래서 그들은 루터를 매우 용감한 사람으로 극대화시킨다. 그러나 이 말은 루터 자신의 말이 아니라 신빙성이 약한 나중의 전언에서 유래한다(Welker 2008, 69).

여하튼 루터는 보름스 제국의회에서 아무것도 철회할 수 없다고 자신의 입장을 천명한다. 루터의 이 말이 끝나자마자, 황제의 신하들은 루터를 회의장에서 끌어낸다. 사람들은 루터가 황제의 명령으로 체포되었다고 생각했다. 스페인에서 온 황제의 측근들은 스페인어로 "저 놈을 불에 처넣어라"(Al fuego)고 고함을 질렀다. 그러나 다행히도 루터는 체포되지 않았다. 많은 지지자와 제국 호위대의 보호 속에서 숙소로 돌아온 루터는 두 팔을 위로 뻗고 외친다. "나는 끝까지 해냈다, 끝까지 해냈다!"

루터가 제국의회에서 변론할 때, 작선의 선제후 프리드리히는 루터의 얼굴을 처음으로 보았다. 그가 루터의 얼굴을 본 것은 이것이 처음이자 마지막이었다고 한다. 루터의 변론이 끝나자, 프리드리히는 루터의 친구요 자기의 비서인 슈팔라틴에게 다음과 같이 말한다. "사제 마르틴 박사는 황제와 모든 제후들과 제국 의원들 앞에서 명료하게 잘 말하였다. 내가 보기에 그는 너무나도 대담했다"(Ludolphy 1984, 436, 이영호 2017b, 63).

'아무것도 철회할 수 없다', '교황도, 공의회도 때로 오류를 범했기 때문에 나는 이들을 믿을 수 없다', '모든 것이 성경을 통해 증명되어야 한다'는 루터의 말에, 제국의회에 참여한 모든 사람은 어안이 벙벙했을 것이다. "이것이 사람에게서 오는 일이라면 망할 수밖에 없지만, 하나님에게서 오는 일이라면, 당신들은 그것을 막을 수 없을 것이다." 오직 성경의 말씀이 모든 것을 판단해야 한다는 루터의 말에, 그들은 할 말이 없었을 것이다. 자, 이 문제를 어떻게 해결할 것인가!

4) 루터의 변론 다음 날인 4월 19일 아침, 황제는 제국의회 의원들을 불러 자기의 입장을 천명한다: 나는 고귀한 독일 국가의 가장 기독교적인 황제들과, 스페인의 가톨릭 여왕들과, 오스트리아의 대 공작들과, 부르고뉴 공작들의 후손이다. 이들 모두는 죽을 때까지 로마 교회에 충성하였던 아들들이요, 가톨릭 신앙과 예배의 거룩한 관습과 습관의 옹호자였다. 나는 지금까지 이들의 모범에 따라 살아왔다. 그러므로 나는 콘스탄츠 공의회 이후로 일어난 모든 것을 지키기로 결심하였다. 교회 전체를 혼란에 빠뜨린 한 사람의 수도사가 옳고, 지금까지 교회가 거짓과 오류 속에 있었다는 것은 있을 수 없는 일이다. 이제 더 이상 루터의 말을 들을 필요가 없다. 그러므로 루터에 대한 제국파문이 불가피하다. 황제의 이 선언에 대해 제국의회 의원들은 먼저 생각할 시간을 달라고 황제에게 요청한다.

그다음 날인 4월 20일, 의회 의원들은 다음과 같이 황제를 은근히 협박한다. 지금 보름스에는 농민반란을 상징하는 "계약의 신발"(Bundschuh)이 그려진 선전문이 나돌고 있다. 충분한 심문과 증명 없이 루터를 파문에 처한다면, 흥분한 농민들이 반란을 일으킬 수 있다. 또 400명의 기사와 1,000명의 보병이 전쟁을 준비하고 있다. 그러므로 지금 당장 루터를 파문하지 말고 3-4명의 학자와 협상을 하는 게 좋겠다고 그들은 황제에게 건의한다. 교황의 대리자들은 이 건의를 반대한다. 그러나 황제는 이를 수용하고 3일간의 시간 여유를 준다. 이리하여 4월 23일부터 25일까지 3일간의 협상이 있게 된다.

협상의 중심 주제는 공의회의 권위에 대한 루터의 부인과, 모든 것이 성경을 통해 증명되어야 한다는 주장에 있었다. 교황 측 학자들은, 루터의 이 주장은 교회의 통일성을 파괴할 수 있으므로 비록 공의회가 오류를 범한다 할지라도 공의회의 권위를 존중해야 한다고 주장한다. 이에 대해 루터는 자기의 소신을 굽히지 않는다. 협상 마지막 날에 교황 측 인물들은, 루터의 책 내용을 황제와 의회 의원들의 판단에 맡기고, 특별한 항목들은 공의회의 판단에 맡기자고 제의한다. 이에 루터는 성경을 통하여 검증된다면 이 제의에 동의하겠다고 대답한다. 마지막 권위는 공의회에 있는 것이 아니라 성경에 있고, 공의회도 실수를 할 수 있기 때문에, 하나님의 말씀에 모순되는 공의회의 결정은 수용될 수 없다는 것이 루터의 소신이었다. 결국 3일간의 협상은 실패로 끝나고, 상황은 원점으로 돌아간다.

5) 4월 25일 저녁, 황제는 거룩한 교회의 보호자로서 루터를 처벌할 수밖에 없다는 뜻을 공적으로 루터에게 전하면서 다음과 같이 명령한다. 그는 21일 내에 비텐베르크로 돌아가야 하고, 가는 길에 설교를 하거나 집필을 해서도 안 되며, 사람들을 자극하는 일을 일체 피해야 한다. 황제의 명령에 대해 루터는 "주님께서 기뻐하시는 대로 따르겠다. 주님의 이름이 찬양을 받을지어다"라고 대답한다. 그는 자기의 변론을 들어준 황제와 의회 의원들에게 감사드리는 동시에, 자기의 입장이 성경을 통해 검증받지 못한 것에 유감을 표한다. 그는 황제의 명령에 복종하겠지만, 하나님의 말씀에 대한 자유로운 증언과 고백은 포기할 수 없다고 말한다.

지금까지의 모든 과정을 지켜본 선제후 프리드리히는 루터가 이단자로 입증되지 않았다고 판단하고, 보름스를 떠나기 전, 루터의 신변보호를 황제에게 요청한다. 황제는 이 요청을 받아들이고 21일간의 신변보호를 약속한다. 4월 26일, 루터는 황제가 보낸 호위대의 경호와 민중들의 환호 속에서 보름스를 떠난다.

3. 루터의 내적인 힘은 어디서 오는가?

비록 중세 말기에 교황의 힘이 약해졌다고 하지만 그는 아직도 막강한 정치적 힘과 거대한 부를 소유하고 있었다. 신성 로마 제국의 황제 선출도 교황의 동의가 있을 때 가능할 정도였다. 제국의회 의석을 차지한 78명의 제후 가운데 52명은 가톨릭교회 주교들인 동시에 자기 교구를 자기의 영지로 가진 제후들이었다. 이들은 자신의 영지에서 왕과 같은 위치에 있었다. 황제 카를 5세도 독일에서는 별로 힘이 없었지만, 합스부르크 왕가의 후손으로서 프랑스와 수년간 전쟁을 치를 정도의 힘을 가지고 있었다. 당시 프랑스와 영국에 맞설 정도의 부와 군사력을 가진 스페인은 황제의 고향이었다.

이에 반해 루터는 그 자신이 말했듯이, 돈도 없고 권력도 명예도 없는 무명의 수도사요 성경교수에 불과하였다. 이같은 루터가 제국의회에서 당당히 자기의 확신을 증언하고, 자기의 주장을 끝까지 철회하지 않을 수 있었던 그 힘은 어디서 오는 것일까? "자신의 주장을 철회하라는 명령에 대해 '저는 달리 할 수가 없습니다. 여기 제가 서 있습니다. 하나님, 도와주시옵소서! 아멘.'을 외쳤던 루터. 무엇이 그로 하여금 참으로 하나님을 두려워하고 사람을 두려워하지 않는 당찬 모습을 취하게 했을까?"(김선영 2014, 14) 그것은 작선의 선제후 프리드리히가 자기를 끝까지 지켜줄 것이란 계산에서 오는 것일까? 아니면 교황에 대한 적개심을 가진 독일 민중들과 제국의회 의원들의 힘을 믿었기 때문일까?

1) 이에 대한 해답을 우리는 1531년 12월 10일 비텐베르크에서 행한 루터의 한 설교에서 발견할 수 있다. "그들은 칼을 차고 다니며, 굴덴(돈)을 소유하고 있으며, 땅과 사람을 가지고 있다. 이에 반해 나는 무엇을 가지고 있는가? - 나는 이 책을 가지고 있다! 이 책을 가지고 나는 나를 방어해야 한다. 종이로 된 이 책 외에 나를 위로할 수 있는 것은 아무것도 없다.… 내가 작선의 선제후 때문에, 비텐베르크에 있는 너희들 때문에, 돈 때문에, 나의 이성 때문에… 위로를 받는다면, 나는 벌써 끝났을 것이다." 사람들은 자루에 가득한 굴덴과 맥주로 가득한 지하실에서 위로를 발견한다. 그들은 돈과 양식 및 맥주 등을 갖지 않으면 위로를 얻지 못한다. 그러나 죽음과 마지막 심판 때에 이 모든 것은 우리에게 아무런 위로가 될 수 없다(1967, 80-81, WA 28,485).

루터의 이 글에서 우리는 루터의 내적인 힘의 원천은 성경이었음을 볼 수 있다. 그는 성경 "말씀에 붙들린 사람"이었다. 그에게 성경은, 하나님이 모세에게 주신 "하나님의 지팡이"(출 4:20)와 같은 것이었다. 그러므로 "그는 성경을 일 년에 두 번씩 읽기를 몇 년간 지속하였다(WATr2: 244,20-23).… 루터는 성경 안에서 그리고 성경과 함께 살았다. 성경은 그에게 죽음의 공포를 느끼게 하는 동시에 구원의 길도 알려 주었다. 성경은… 그에게 삶의 거울과 규칙이 되었다. 로마 교회와의 싸움에서나 종교개혁자들 내부의 싸움에서도 루터가 끝없이 성경 말씀을 근거로 한 싸움을 원했던 것은 그의 의식이 하나님의 말씀에 사로잡혀 있었음을 보여준다(WA 7, 838,4-9; 876,11-877,6)"(Kaufmann 2015, 68-69).

보름스 제국의회에서 루터는 성경 말씀에 근거한 자신의 양심에 따라 증언하였다. 그의 양심은 "하나님의 말씀 안에 붙들려 있었다"(WA 7.838, Brecht 1983, 438). 루터의 양심에서 가장 높은 권위를 가진 것은 황제나 왕이 아니라 하나님의 말씀이었다. 그에게 성경 말씀은 하나님의 진리였다. 그는 이 진리를 포기할 수 없었다. "하나님은 모든 황제들과 제후들 위에, 교황들과 교직 위에, 교수들과 높은 학파들 위에 계신다. 그는 우리 시대의 모든 힘의 소유자들 위에 – 예를 들어 오늘날 강력한 영향력을 가진 언론 위에 계신다. 양심은 그가 원하는 것을 행하기 때문에 자유로운 것이 아니라…, 하나님과 그의 진리에 묶여 있기 때문에 자유롭다. 바로 그렇기 때문에 하나님의 말씀에 사로잡힌 양심은 진정으로 자유로운 양심이다"(Welker 2008, 69-70).

루터에 따르면 성경은 글자로 기록되어 있다. 그러나 성경은 그리스도를 증언한다. "그 속에는 이 남자 예수 그리스도가 묘사되어 있기 때문에, 성경은 너에게 생명을 준다." 마귀의 방해에도 불구하고, 이 글자들이 인간을 구원할 수 있는 힘을 준다. "성경은 잉크와 펜으로 기록되었지만, 그리스도를 가리키기 때문에" 너를 복되게 한다. 광야에서 하나님은 이스라엘 백성에게 구리 뱀을 나무 기둥 위에 달아놓게 하시고 이 뱀을 쳐다보면 살게 하셨다(민 21:4-8). 구리 뱀은 바로 십자가에 달린 예수 그리스도를 가리킨다. 그를 보는 자는 살 것이다(1967, 82. WA 28.487). 성경이 증언하는 생명의 구원자 그리스도가 세속의 모든 힘에 맞설 수 있는 루터의 힘의 원천이었다. 루터의 "진정성과 대담무쌍한 기개를 가능케 하는 원동력은 다름 아닌 성경과 삼위일체론에 확고히 근거한 '오직 그리스도'(solus

Christus)라는 신념"이었다(김선영 2014, 14).

2) 루터에게 내적인 힘을 주는 또 하나의 원천은 기도에 있었다. 한 교회사가에 따르면, "종교개혁의 큰 능력은 밀실(密室)의 기도에서 나왔다.…아욱스부르크의 투쟁 때에도 루터는 '적어도 하루 세 시간 기도하지 않은 날이 없었다. 그리고 그것도 연구하기에 가장 좋은 시간을 그렇게 했다.' 은밀한 그의 방에서 '존경(尊敬)과 두려움과 희망에 넘치는 말로 마치 친구와 이야기하듯이' 하나님 앞에 그 마음을 토로하는 음성을 사람들은 듣게 되었다. '당신은 우리 아버지요, 우리 하나님이시므로 당신의 자녀의 핍박자들을 흩어버리실 줄을 이 종은 알고 있습니다. 이는 아버지께서도 우리와 함께 어려움을 당하고 계시기 때문입니다. 이 모든 일은 아버지의 사업입니다. 우리는 다만 아버지의 강권에 못 이겨 그 사업에 일하게 된 것뿐입니다. 그러므로 아버지여, 우리를 보호해 주옵소서'"(White 1999, 190).

「탁상담화」에서 루터는 다음과 같이 말한다. "기도의 능력이 얼마나 큰지, 어떠한 효과를 낼 수 있는지는 경험을 통해 터득한 사람 외에는 믿을 수 없습니다. 극한 곤궁에 빠졌을 때 기도를 드린다는 것은 작은 일이 아닙니다. 나는 진실하게 기도할 때마다 주께서 내 기도를 들으시고 기도한 것 이상으로 넘치게 내려주셨음을 압니다. 주께서는 때로는 지체하시지만 마침내는 응답해 주십니다. 기도하는 사람은 그리스도께서 이미 우리의 기도를 들으신 줄을 믿어야 합니다. 옛 성도들은 기도를 '마음이 하나님을 향해 솟아오르는 행위'라고 근사하게 정의해 놓았습니다"(박경수 2017, 85). 박경수는 "루터의 기도"를 다음과 같이 소개한다.

기도만이 전능한 여왕이다. 기도를 통해서 우리는 올바른 길을 찾게 되고, 그릇된 것을 가지런히 정리하게 되며, 회복될 수 없는 것을 견디어내며, 모든 불행을 극복하고, 선한 모든 것을 얻게 된다.

나는 기도를 더욱 열심히 드린다. 악마는 기도가 없는 곳에서 우리 주변을 맴돌기 때문이다.

기도 속에서만 우리 모두가 보호를 받게 된다는 것을 우리는 알아야 한다.

아무도 기도가 얼마나 힘이 있고 강한 것인지, 얼마나 많은 능력이 있는지를 믿지 않는다. 나는 그것을 알고 있다. 따라서 나는 항상 진지하게 기도를 드렸다. 나의 기도가 진지하게 드려질 때, 나의 기도는 충만하게 응답을 받고 더 많은 것을 부여받는다. 내가 기도를 드렸기 때문이다(85).

3) 성경과 기도 외에 루터에게 내적인 힘을 준 것은 하나님의 진리에 대한 책임의식이었다. "하나님의 말씀에 붙들린" 루터의 양심은 거짓 앞에서 하나님의 진리에 눈을 감아버릴 수 없었다. 루터 자신이 말한 대로, 그는 하나님의 진리를 하나님 없는 "돼지들"에게 내버려둘 수 없었다. 그의 양심은 하나님의 진리를 증언해야 할 자기의 책임을 외면할 수 없었다. 이런 점에서 루터는 그 시대의 예언자였다.

우리는 이것을 1520년에 쓴 루터의 편지에서 읽을 수 있다. "공적 생활의 변두리에서 조용히 숨어 지내는 것 외에 바랄 것이 없는 이 불쌍한 사람인 내가 어떻게 세상의 영광을 구하겠는가? 나의 직분을 갖고자 하는 사람은 그것을 가질 수 있다. 나의 책들을 태워버리고자 하는 사람은 그것을 태워버릴 수 있다.…나는 많은 죄를 짊어지고 있다. 그러나 직분을 맡았음에도 불구하고 이 직분을 게을리 하고, 진리에 대해…침묵하고, 진리를 등한히 하는…이 죽음의 죄를 나는 짊어지고자 하지 않는다"(WABr 2.135, Nr. 309).

이름도 없는 수도사 한 사람이 "모든 주교와 제후에 맞서는 것은 참으로 힘든 일"이었다. "그러나 지옥과 하나님의 분노를 벗어날 수 있는 다른 길은 없다"고 루터는 고백한다(WABr 2,210, Nr. 351). 성경이 증언하는 하나님의 진리 때문에 그는 자기의 입장을 취소할 수 없다고 천명한다. 자기의 입장을 취소할 경우, 하나님의 진리를 포기하는 꼴이 될 것이고, 그는 "하나님의 분노"를 피할 수 없을 것이다. 그는 황제의 소환을 하나님의 부르심으로 간주하면서, 자신이 어떤 위험에 빠지든지 상관하지 않고 오직 하나님의 진리를 위해 싸우겠다고 말한다. "황제가 나를 소환할 때, 하나님께서 나를 부르신다는 것을 나는 의심하지 않는다.…내가 위험에 빠질 것인지, 아니면 상황이 호전될 것인지 나는 염려하지 않는다. 도리어 내가 염려하는 것은, 우리가 주장하기 시작한 복음을 하나님 없는 자들의 조롱감으로 포기해서는 안 된다는 것뿐이다…"(WABr 2,242, Nr. 365).

그러나 하나님의 진리에 대한 루터의 확신은 더 이상의 성찰과 대화를 거부하는 맹신이 아니라, 건강한 이성의 판단과 조화되는 성경 해석에 열린 확신, 하나님의 진리를 끊임없이 새롭게 찾는 확신이었다. 그것은 아집에 사로잡힌 맹목적 확신이 아니라 건전한 이성을 통하여 하나님의 진리를 새롭게 찾는 개방된 확신이었다. "만일 내가 성경의 증언들(testimoniis scripturarum)이나 명확한 이성을 통해(ratione evidente) 반박되지 않는다면…" 이란 루터의 말은 "명확한 이성을 통한" 올바른 성경 해석에 열려 있는 루터의 자세를 시사한다.

4) 이와 연관하여 루터는 좋은 신학자가 되는 "세 가지 규칙"을 제시한다. 이것은 특히 신학생들과 신학자들에게 좋은 가르침이 될 것이다(이에 관해 Kaufmann 2015, 65 참조).

첫째 규칙은 기도에 있다. "성경은 사람의 '이해나 이성'으로는 알 수 없기 때문에 성경을 이해하기 위해 우리는 기도로 성령의 함께하심을 간구해야 한다"(WA 50, 659).

둘째 규칙은 말씀을 끊임없이 읽고 묵상하는 데 있다. "마음으로만 하지 말고 입으로 그리고 글자 하나하나를 깊이 음미해야 한다"(WA 50,659). "좋은 '신학자'는 항상 새로운 마음으로 말씀을 묵상하고, 두 번 읽었다고 만족하지 말고 끊임없이 읽어야 한다. 하나님은 자신의 영을 '외적인 말씀' 없이는 주시지 않기 때문이다. 하나님을 알기 위해 끊임없이 말씀을 깊이 파고 '또다시 되새김질'해서 직접 말씀을 통해 오시는 성령과 함께해야" 한다(WA 50,659).

셋째 규칙은 "시험"을 이기는 데 있다. 신자들은 세상에서 많은 유혹과 시험을 당한다. 집중된 묵상과 기도와 말씀을 통해 유혹과 시험을 이길 때 좋은 신학자가 될 수 있다. 단지 "앎과 이해"가 아닌, 사탄의 시험을 이기는 경험을 통해 "하나님의 말씀이 얼마나 의롭고, 진실하고, 달콤하고, 사랑스럽고, 권능이 있고 얼마나 위로가 되는지를 경험할 수" 있다(WA 50,660). 아무 힘도 없는 무명의 한 수도사가 교황과 황제와 제국의회 앞에서 하나님의 진리를 지킬 수 있었던 것은 끊임없는 기도, 말씀의 묵상, 사탄의 유혹과 시련을 이기는 연습을 통해 가능하였음을 우리는 볼 수 있다. 여기서 우리는 신학교육의 중요한 과제가 무엇인지 볼 수 있다.

루터가 은둔했던 바르트부르크 성
[자료 출처: 위키미디어]

4. 황제의 제국파문과 루터의 바르트부르크 납치극

1) 루터는 황제의 신변보호 속에서 보름스를 떠났다. 이것은 보름스 제국의회에 파견된 교황의 대리자 알레안더에게는 완패를 뜻하였다. 그는 아무런 열매도 얻지 못하고 로마로 돌아가게 되었다. 황제 호위대의 경호와 민중들의 환호 속에서 보름스를 떠난 루터에 비해, 알레안더는 언제 폭도로 변할지 모르는 민중들에 대한 두려움 속에서 보름스를 떠나게 되었다. 알레안더는 이를 수용할 수 없었다. 그는 어떻게 하든지 자기의 능력과 실적을 교황에게 보여야 했다. 이리하여 그는 황제의 제국파문을 추진한다.

이때 제국의회는 끝난 상태였기 때문에 많은 의원이 보름스를 떠나고 없었다. 작선의 선제후 프리드리히, 팔츠(Pfalz)의 선제후 루드비히(Ludwig)도 그들의 영지로 돌아갔다. 이에 황제의 총리 가티나라(Gattinara)는 알레안더가 기안한 황제의 제국 파문 칙령을 반대한다. 칙령의 내용과 시행에 대해 제국의회의 동의가 있어야 하는데 대부분의 의원들이 자신의 영지로 돌아가 버렸기 때문이다. 그러나 황제는 5월 21일 아직 남아 있는 일부 의원들의 동의를 얻어, 루터 파문 칙령을 1521년 5월 25일에 발표한다. 이것이 그 유명한 "보름스 칙령"(Wormser Edikt)이다. 1521년 1월 3일에 교황의 파문이 있은 지 4개월 23일째였다. 칙령의 주요 내용은 다음과 같다.

- 루터는 콘스탄츠 공의회에서 화형을 당한 얀 후스보다 10배나 더 악하고 고집이 강한 이단자요, 교회와 세속의 모든 질서의 파괴자요, 반란과 분열 및 전쟁의 원인자다.
- 누구도 루터에게 먹을 것과 잠 잘 곳을 제공해서는 안 된다. 그를 체포하여 황제에게 넘겨야 한다. 루터 지지자들도 이를 지켜야 한다. 이를 지키지 않을 때, 그들 역시 체포되어야 한다.
- 루터의 모든 문헌은 소각되어야 한다. 그것을 출판하거나 보급시키는 자는 체포되어 벌을 받아야 한다. 좋은 내용이 들어 있는 책도 마찬가지다. 그 속에는 독이 포함되어 있기 때문이다. 그의 글들은 영원히 사람들의 기억에서 사라져야 한다.
- 독일에서 출판되는 모든 기독교 서적은 주교의 검열을 받아야 한다.
- 비록 제후라 할지라도, 이 칙령을 위반하는 자는 지위 고하를 막론하고 처벌 대상이 된다.

2) 칙령을 발표한 그다음 날인 5월 26일에 황제는 스페인의 대(對)프랑스 전쟁터로 떠난다. 이후로 그는 9년 동안 독일을 떠나 있게 된다. 그는 독일 지역을 동생 페르디난트(Ferdinand)에게 봉토로 넘겨준다. 여기서 우리는 한 가지 석연치 않은 점을 발견한다. 황제는 1521년 4월 25일에 루터의 자유로운 귀향과 신변 보호를 약속하고, 제국 호위대가 루터를 호위하도록 조치하였다. 그런데 한 달 후인 5월 25일에 황제는 루터에게 제국파문을 선고하는 극단적 태도를 취한다. 루터의 신변 보호자에서 파문 선언자로 돌변한 것이다. 이 사실은, 황제의 칙령이 황제 자신의 자발적 결단에서 나온 것이 아니라 교황 측의 집요한 압력으로 말미암은 것임을 암시한다. 이것은 아래의 세 가지 사실을 통해 증명된다.

첫째, 황제의 칙령을 초안한 사람은 황제의 측근 인물이 아니라 교황의 대리자 알레안더였다. 만일 황제의 칙령이 황제 자신의 결단에서 나온 것이라면, 황제의 측근 인물이 칙령 초안을 작성해야 했을 것이다. 황제는 교황의 대리자 알레안더가 작성한 초안을 약간 수정하여 5월 25일 자신의 이름으로 발표하였다.

둘째, 교회사가 호이씨에 따르면, 황제는 칙령을 발표한 그다음 날인 26일에야 이 칙령에 서명하였다(Heussi 1971, 284). 서명 즉시 그는 독일을 떠나버렸다. 이것은, 황제가 아직 서명하지 않은 문서를 발표하였음을 말한다. 이것은 상식 밖의 일이다. 제국의 황제가 자신이 서명하지 않은 문서를 공적으로 발표하는 것은 있을 수 없는 일이기 때문이다. 이 사실은, 칙령의 기획에서 발표에 이르기까지 거의 모든 것을 교황의 대리자인 알레안더가 주도하였음을 말한다.

셋째, 황제는 이미 발표된 칙령에 서명하자마자 독일을 떠나 프랑스 전쟁터로 가버렸다. 그 이유는 이미 시작된 프랑스 전쟁의 상황이 긴박하였기 때문이라고 볼 수 있다. 그러나 20세 밖에 안 된 황제는 더 이상 루터 문제에 매달리고 싶지 않았기 때문이라고 추측할 수도 있다. 객관적으로 볼 때, 루터 문제는 황제가 개입해야 할 정치적 문제가 아니라 교황이나 공의회가 처리해야 할 종교적 문제였다. 그래서 황제는 전쟁을 이유로 루터의 제국파문 칙령에 서명한 바로 그날, 독일을 떠나버렸다고 볼 수 있다. 그가 이때부터 9년이나 독일을 떠나 있는 동안, 루터를 지지하는 수많은 책과 팜플렛이 독일은 물론 그 인근 나라에 널리 유포되었다. 그러나 황제는 이를 방치하였다.

그 배경에는 다음과 같은 정치적 상황도 큰 역할을 하였다. 보름스 제국의회가 있었던 바로 그해(1521)에 발발한 대프랑스 전쟁은 1525년까지 계속되었다. 황제는 이 전쟁을 이겼지만, 바로 다음 해인 1526년에 다시 전쟁이 일어나 1544년까지 무려 네 차례의 대프랑스 전쟁을 치르게 된다. 유럽의 지배권이 달린 이 전쟁 때문에 황제는 독일의 종교적 문제에 적극 개입하기 어려웠다.

또 그 당시 오스만 제국의 터키인들이 유럽을 위협하였다. 1526년에 헝가리에서 승리를 거둔 터키 군대는 1529년에는 오스트리아 빈의 성벽 앞까지 쳐들어와 성벽을 수차례 파괴하였고, 1541년에는 헝가리를 오스만 제국의 속주로 만들어버렸다. 터키 군대를 방어하기 위해 황제는 제국의회 의원들의 경제적·군사적 도움을 필요로 하였다. 그러므로 황제는 루터를 은근히 지지하는 독일 제후들의 눈치를 보지 않을 수 없었다. 이같은 정치적 상황 때문에 황제는 루터의 제국파문에 대한 그의 칙령, 곧 보름스 칙령을 강력히 시행할 수 없었다.

3) 여기서 중요한 점은, 제국의회의 공식 일정이 끝난 다음에 황제가 보름

스 칙령을 발표하였다는 사실이다. 황제가 칙령을 발표할 당시, 제국의회의 공식 일정은 끝나고 소수의 의원들만 보름스에 남아 있었다. 대부분의 의원들은 자신의 영지로 돌아간 상태에 있었다. 황제는 아직 남아 있던 소수 의원들의 동의를 얻어 보름스 칙령을 발표하였다. 또 황제의 루터 파문은 "제국의 어떤 사람도 제국의회의 공정한 심문 절차 없이 황제의 파문을 당하지 않는다"는 황제의 취임 공약에도 어긋나는 일이었다. 따라서 보름스 칙령은 법적 정당성을 가질 수 없었다. 그것은 사실상 황제의 사적 문서였다. 황제가 보름스 칙령의 시행을 철저히 밀어붙일 수 없었던 근본 원인은 여기에 있었다.

보름스 칙령이 법적 효력을 갖지 못함으로 인해 루터를 제거하고자 한 교황의 계획은 사실상 물거품이 되고 말았다. 황제는 "내가 할 수 있는 일은 다 했다"는 태도로 독일을 떠나버렸다. 그 누구도 루터와 그의 지지자를 체포하여 황제나 교황에게 넘기지 않았고, 그의 책을 불태워버리지 않았다. 문서 검열도 이루어지지 않았다. 단지 가톨릭교회를 지지하는 몇몇 대학이 루터의 책을 불태워버렸을 뿐이다. 루터의 개혁사상에 열광하는 민중들 앞에서 황제의 칙령은 효력을 가질 수 없었다.

여하튼 루터에 대한 황제의 제국파문은 "루터 건"의 종결이 아니라 오히려 개혁운동의 새로운 시발점이 된다. 이제 그것은 이름 없는 한 수도사의 문제가 아니라, 교황과 황제는 물론 제국의회가 개입되었고 "독일 국가의 무거운 짐"과 연결된 **국가적 문제**로 발전되었다. 바로 여기에 1521년에 개최된 보름스 제국의회의 중요성이 있다.

루터는 황제의 보름스 칙령이 발표되기 한 달 전인 4월 26일에 보름스를 떠났다. 떠나기 전에 그는 선제후 프리드리히에게서 신변보호의 통보를 받는다. 4월 29일, 그는 헷선(Hessen, 지금의 프랑크푸르트 일대) 지역에서 제국 호위대를 돌려보낸다. 더 이상 생명의 위험이 없다고 생각하였기 때문으로 보인다. 5월 2일과 3일, 그는 황제의 명령을 어기고 헤르스펠트(Hersfeld) 수도원과 아이제나하에서 설교를 한다.

4) 그런데 1521년 5월 4일에 루터는 전혀 뜻밖의(?) 일을 당한다. 그는 아이제나하에서 멀지 않은 알턴슈타인(Altenstein) 성 부근에서 정체불명의 기사들에게 납치를 당한다. 기사들은 납치 사실을 숨기기 위해 직로를 피하고 우회로를 통해 루터를 바르트부르크(Wartburg) 산성으로 데려간다. 같은 날(1521. 5. 4.) 선제후 프리드리히는 바이마르에 있는 그의 동생 요한에게 루터의 납치 사실을 전하면서 하나님이 그를 지켜줄 것이라고 말한다. 이리하여 루터는 흔적도 없이 사라져버린다. 프리드리히의 동생 요한도 9월이 되서야 자기의 호위대장을 통해 루터의 거처를 알게 되었다고 한다. 5월 25일에 황제가 이단자 루터를 체포하라는 칙령을 발표했을 때, 루터는 흔적도 없이 사라져버린 상태에 있었다. 많은 사람이 루터가 감쪽같이 살해되었다고 생각했다. 뉘른베르크의 화가 알브레히트 뒤러(Albrecht Dürr)는 이렇게 한탄한다. "오! 하나님, 루터가 죽었습니다. 이제부터 누가 거룩한 복음을 그렇게 명료하게 가르쳐 주겠습니까?" 그러나 루터의 바르트부르크 납치는, 루터의 생명을 지키기 위한 선제후 프리드리히가 계획한 연극이었다.

납치를 당하기 5일 전인 4월 29일에 루터는, 비텐베르크가 멀지 않았으므로 더 이상의 경호는 필요하지 않다는 이유로 제국 호위대를 돌려보냈다. 호위대가 떠났기 때문에 루터 납치극은 아무 충돌 없이 이루어질 수 있었다. 이 사실은, 루터의 납치는 루터 측과 선제후 프리드리히 측 사이에 사전 모의되었고 또 이에 대해 루터도 미리 알고 있었다는 추측을 가능케 한다. 그러므로 일단의 학자들은, 루터가 자신의 납치 계획을 미리 알고 있었고, 그래서 그는 납치 5일 전에 황제의 제국 흐위대를 돌려보냈다고 말한다(Fuchs 1976, 101).

바르트부르크는 해발 400미터 높이의 깎아지른 벼랑 위에 건축된 천혜의 요새로서 성문을 닫으면 세상과 완전히 단절되는 "루터의 밧모섬"이었다. 여기서 루터는 "융커 외르크"(Junker Jörg)란 이름을 가진 전혀 다른 사람으로 체류하게 된다. 그는 정수리를 동그랗게 미는 수도사 헤어스타일을 버리고 머리카락과 수염을 길렀다. 또한 그는 수도사 옷을 벗어버리고 세속의 옷을 입고 생활하였다. 그 이전에 슈타우핏츠는 루터에게 행동의 자유를 가능케 하기 위해 그를 수도사 서약에서 풀어주었다. 그러므로 바르트부르크에서 루터는 수도사가 아니라 세속인 신분이 되었다.

바르트부르크에서 루터는 외부 세계로부터 완전히 차단되었지만, 선제후 프리드리히의 비서 슈팔라틴을 통해 멜랑히톤과 연락을 주고받을 수 있었다. 이를 통해 그는 비텐베르크에 대한 소식을 들을 수 있었다. 선제후 프리드리히는 루터의 유폐 사실에 대해 아무것도 모르는 척하였다.

어떤 학자는 루터의 태도를 올바르지 못하다고 비판한다. 그는 자기를 유폐시키고자 한 프리드리히의 계획에 동의하고 바르트부르크에 숨어 지냄으로써 이제 갓 태어난 개혁파(프로테스탄트 측)의 불안과 동요를 야기하였다는 것이다(Meissinger 1953, 17장). 그러나 만일 선제후 프리드리히가 루터를 유폐시키지 않았다면, 루터는 생명을 보존하기 어려웠을 것이다. 황제의 제국파문으로 인해 루터는 제국 시민권을 상실하고 법의 보호를 받지 못하는 신분, 곧 누가 그를 죽여도 법에 따른 처벌을 받지 않는 "포걸프라이"(vogelfrei)가 되었기 때문이다.

II
바르트부르크에서 남긴 루터의 업적

1. 수도사 서약, 회개, 성직자 독신제에 관하여

1) 루터는 참으로 부지런한 사람이었다. 그는 1521년 5월 4일부터 1522년 3월 1일까지 약 10개월 동안 바르트부르크의 북향 조그마한 방에 기거하면서 상당한 양의 문헌을 집필한다. 그는 비텐베르크에서 시작했던 마리아 찬가(Magnificat, 눅 1장)의 번역과 해석을 끝내고, 설교자들에게 도움을 주기 위한 모범 설교집들을 작성하기도 한다. 이 설교집들은 복음이 무엇이며, 어떤 설교가 복음적 설교인지를 제시한다. 우리를 위하여 십자가의 죽음을 당하신 예수 그리스도가 복음이다. 그가 "복음의 총화"이다. 그리스도는 모세가 아니며, 복음은 율법서가 아니다. 복음은 입으로 전해진 "기쁜 소식"이다. 그것은 우리를 위한 하나님의 선물이다. 이것을 증언하는 것이 복음적 설교의 과제다. 그리스도인의 영적 삶의 원천은, 그리스도

가 그 중심에 서 있는 성경 말씀에 있다는 것을 루터는 드러낸다.

2) 루터는 또한 "수도사 서약에 관하여"(*De votis monasticis*)라는 문헌을 작성하여 자기 아버지에게 헌정한다(1521년 11월). 이 책을 쓰게 된 동기는, 성직자 독신제도와 수도사 순결서약에 관한, 비텐베르크 대학의 교수요 루터의 박사학위 논문 심사교수였던 카를슈탓트와 멜랑히톤의 논쟁에 있었다. 이 논쟁은 켐베르크(Kemberg)의 주임 사제 베른하르두스(B. Bernhardus)를 위시한 몇몇 사제들이 성직자 순결서약을 파기하고 결혼함으로 말미암아 일어났다. 이들은 루터가 1520년에 쓴 「독일 그리스도인 귀족에게 보내는 글」에서 주장한 성직자 독신제 반대에 근거하여 결혼을 하였던 것이다.

그 당시 많은 수도사와 수녀, 특히 어린아이일 때 자신의 동의 없이 부모에 의해 수도원으로 보내진 수도사들과 수녀들은 세속으로 돌아가고 싶어 했다. 많은 사제는 결혼을 원하였다. 그러나 한 번 맺은 영원한 서약을 깨뜨리는 것은 쉬운 일이 아니었다. 수도원을 떠나고 싶은 수도사들과 이를 반대하는 수도사들 사이에 분쟁이 일어나기도 하였다.

카를슈탓트는, 사제들은 물론 수도사들과 수녀들도 순결서약을 파기하고 결혼을 할 수 있다고 주장하였다. 그는 수도원 제도 자체를 부인하였다. 멜랑히톤은 카를슈탓트의 극단적 입장을 반대하였다. 이로 인해 개혁파 사이에 분란이 일어났다. 루터는 이에 관한 모든 소식을 친구 슈팔라틴을 통해 듣고 있었다. 이 문제에 대한 도움을 요청하는 멜랑히톤의 연락을 받고, 루터는 그 자신이 오랫동안 궁리해 왔던 최종 결론을 기술하게 된다(WA 8.573-669).

책의 서문에서 루터는 이 책을 아버지에게 바친다고 밝히면서, 아버지의 권위를 무시하고 수도사가 되기로 서약한 자신의 실수를 고백한다. 그러나 하나님은 이 실수를 통해 "아버지에게서 나를 빼앗아 많은 사람을 돕게 하였다." 이제 그리스도는 "나를 수도사 서약에서 면제하고, 나에게 자유를 선사하였다. 나는 그리스도 외에 그 누구에게도 예속되어 있지 않지만, 그는 나를 모든 사람의 종으로 세웠다. 그가 나의…직접적 주교이고, 원장, 선임자, 주, 아버지와 장인이다." 그리스도께서 그를 아버지에게서 빼앗아 모든 사람을 섬기도록 한 것을 아버지는 기뻐해야 할 것이라는 말로 루터는 책의 서문을 끝낸다(WA 8,573).

3) 이 책에 따르면, 서약 내지 약속을 지키는 것은 중요하다. 그것은 사회생활의 법적 근간이 된다. 서약이나 약속을 지킬 때 사람은 타인의 신뢰를 얻을 수 있다. 그러나 루터는 다음과 같은 이유로 수도사 서약을 반대한다.

  (1) 인간이 행하는 하나의 업적으로서의 수도사 서약은 오직 믿음을 통해 얻을 수 있는 하나님의 의에 위배된다. 그것은 값없이 의롭다 하시는 하나님의 칭의와 구원에 근거하지 않고, 자기의 순결을 지키는 인간 자신의 업적을 전제한다. 하나님과 인간의 관계는 인간의 서약에 근거하는 것이 아니라 믿음에 근거한다.
  (2) 구약의 율법을 철저화한 예수의 산상설교는 수도사들만 지켜야 하는 것이 아니라 모든 신자가 지켜야 하는 것이다. 그러나 어떤 사람도 자신의 능력으로 예수의 산상설교를 완전히 지킬 수 없다. 그러므로 서약을 지킬 것을 수도사들에게만 요구할 수 없다.
  (3) 수도사 서약은 인간의 양심을 노예로 만들며, 칭의 신앙에 기초

한 인간의 자유에 모순된다. 이 자유는 율법적 강요를 폐기한다. 모든 서약과 약속, 십자가의 계명들은 "자유의 영 안에서" 지켜져야 한다. 성적 순결을 강요하는 것은 그리스도인의 자유의 영에 위배된다. 하나님이 주신 이 자유를 수도사 서약, 독신생활, 성적 순결의 서약이라는 "아주 작은 규례"(minimo statutulo)를 통하여 훼손하지 말아야 한다(WA 8,612).

(4) 수도사 서약은 특히 하나님의 사랑의 계명에 위배된다. 수도사 서약을 통해 수도사들은 하나님이 명령하는 세속의 이웃에 대한 의무와 책임을 벗어버리기 때문이다.

(5) 수도사 서약은 인간의 이성에도 모순된다. 이성에 따라 합리적으로 생각할 때, 지킬 수 없는 서약이나 약속, 특히 독신생활에 대한 서약은 취소될 수 있기 때문이다.

4) 그 당시 루터는 많은 수도사와 수녀가 성적 순결 문제로 양심의 고통을 당하고 있다는 사실을 잘 알고 있었다. 그 자신이 수도원에서 오랫동안 생활하였기 때문이다. 그러므로 루터는 수도원 제도를 부인한다. 수도원 제도는 하나님이 세운 것이 아니라 인간이 세운 것이다. 모든 수도사와 수녀 그리고 사제는 끝없는 양심의 가책과 고통을 받는 삶을 버릴 수 있는 자유를 얻어야 한다. 그러나 루터는 수도원 제도를 완전히 없애야 한다고 주장하지는 않는다. 자발적 수도사 생활과 독신생활은 허용되어야 한다. 수도사가 수도원을 떠나거나 사제가 결혼을 하는 것도 각자의 자유에 맡겨야 한다. 여기서 루터는 "그리스도인의 자유"를 다시 한번 강조한다. 중요한 것은, 수도사 생활이나 독신생활이 구원의 보증수표가 아니라는 사실이다.

루터의 주장으로 인해 많은 수도사와 수녀가 수도원을 탈출한다. 많은 수도원이 문을 닫게 된다. 수도사 서약의 문제와 연관하여 루터는 성직자 계급과 평신도, 성직자의 영적 직업과 평신도의 세속 직업의 동등함을 다시 한번 주장한다. 이로써 성직과 세속 직업의 구별이 무너진다. 세속의 직업도 하나님의 뜻을 이루어야 할 장소로 규정된다.

5) 바르트부르크에서 집필한 루터의 문헌들 가운데 중요한 것은 회개의 개혁에 관한 글이다. 루터는 이 문제를 95개조에서 이미 다루었지만 교회는 이를 수용하지 않았다. 그런데 1521년 4월, 한때 아욱스부르크 대성당의 설교자였고 그 당시 수도원 성직자로 있던 외콜람파디우스(J. Oekolampad, 1481-1531)가 회개의 성례의 개혁을 제안하였다. 이 개혁안의 핵심은, 회개의 성례에서 모든 죄를 고백할 필요는 없다는 데 있었다. 이로 인해 수도원 내에 갈등이 일어나자, 외콜람파디우스는 수도원에서 도주하여 후에 스위스 바젤(Basel) 대학의 교수가 되고, 츠빙글리의 동역자가 된다.

바르트부르크에서 루터는 외콜람파디우스의 문서를 입수하게 된 것으로 보인다. "교황은 회개를 명령할 권한을 가지는가"에 대한 글을 통해 그는 이 문제에 대한 자신의 입장을 표명한다(WA 8.138-185). 여기서 그는 회개의 개혁에 머물지 않고, 교회가 죄의 고백을 강요할 권리를 갖지 않는다고 주장한다. 죄의 고백을 강요하는 것은 영적이지 못하며 성경의 근거가 없다. "너를 사제에게 보여라"는(마 8:4) 예수의 말씀은 반드시 사제에게 죄를 고백해야 함을 뜻하지 않는다. 이 말씀은 "너의 건강한 모습을 사제에게 보여라"는 것이지, 죄를 사제에게 고백하라는 말이 아니기 때문이다.

하나님께 자기의 숨은 죄를 고백하는 것은 참으로 귀하고 중요한 일이다. 그러나 그것은 각 신자가 자발적으로 하는 것이지, 교회가 강요할 수 있는 일이 아니다. 교회가 그것을 강요할 경우, 그것은 참 마음으로 하지 않는 형식적인 것이 되어버린다. 또 신자들은 죄의 고백을 "이웃과 형제에게" 할 수도 있다. 사제에 대한 죄의 고백은 특별한 인물로서의 사제에 대한 것이 아니라, 한 사람의 이웃이나 형제로서의 사제에 대한 죄의 고백일 뿐이다. 여기서 죄의 고백에 대한 강요는 설 자리를 상실한다(WA 8.169).

루터의 이같은 생각 속에는 교회를 형제자매의 공동체로 보는 독특한 교회관이 숨어 있다. 교회는 법적 제도나 기구가 아니라 모든 신자가 서로 자기의 죄를 고백하는 형제자매의 공동체이어야 한다. 이 공동체에서 사제는 한 사람의 형제일 뿐이다. 그러므로 신자들은 공동체의 형제자매들에게 자기의 죄를 고백할 수 있다. 이같은 루터의 생각은 그가 경험한 수도원 형제들의 공동체적 삶에 뿌리를 둔다.

6) 루터가 바르트부르크에 숨어 지내는 동안, 마인츠의 대주교 알브레히트는 또다시 자기의 영적·세속적 권력을 남용한다. 1521년 9월에 그는 할레(Halle) 지역의 성 모릿츠 교회에서 거대한 성유물 전시회를 거행한다. 그는 수많은 신자와 순례자의 헌금 및 기부금을 얻어, 권력 자리를 중임하기 위해 얻은 빚을 갚고자 한다. 또 그는 루터의 95개조로 인해 한동안 주춤했던 면죄부 장사를 다시 시작한다.

루터를 분개시킨 또 한 가지 소식은, 독신서약을 파기하고 결혼을 한 성직자들을 파면시킨 마인츠 시의 처사였다. 사실 이것은 마인츠의 대주교 알브레히트의 요구로 이루어진 일이었다. 그 당시 성직자들은 상위 성직자에게 뇌물을 바치고 첩 생활을 해도 좋다는 면제 조치(Dispens)를 받을 수 있었다. 당시 이것은 거의 보편화된 일이었다. 대주교인 알브레히트 자신도 복잡한 여자관계를 가지고 있다는 것은 널리 알려진 사실이었다. 그럼에도 불구하고 알브레히트는 결혼을 한 성직자들을 파면하도록 조치하였다. 이것은 똥 묻은 개가 겨 묻은 강아지를 별하는 것과 마찬가지였다.

이에 루터는 알브레히트를 공개적으로 공격하기로 계획한다(WABr 2,387 이하, 1521. 10. 7. 친구 슈팔라틴에게 보낸 서신). 이것을 알게 된 알브레히트는 문제를 조용하게 해결하기 위해 자기의 비서 카피토(W. Capito)를 작선으로 보낸다. 그러나 카피토는 루터가 바르트부르크에 숨어 있다는 것을 몰랐기 때문에 루터를 만날 수 없었다.

7) 이리하여 성직자 파면 문제가 해결되지 않은 채 몇 주간이 지난다. 그러자 루터는 면죄부 장사와 사제들의 파면을 14일 내에 취소하지 않을 경우, 할레에 자기의 "집창촌"(Bordell)을 가진 마인츠의 "거짓 신" 알브레히트의 치부를 드러내겠다는 뜻을 친구 슈팔라틴에게 전한다. 1521년 11월 11일에 슈팔라틴에게 보낸 편지에서 그는 다음과 같이 말한다. "내가 그의 창조자 교황에게 대항했는데, 그의 피조물(알브레히트) 앞에서 물러설 이유가 없지 않은가?"(WABr 2,402).

95개조에서 루터는 면죄부 설교자를 비판했지만, 그 뒤에 숨어 있는 대주교 알브레히트를 비판하지는 않았다. 그러나 이제 결혼 때문에 파면을 당한 "주님의 양들"을 구하기 위해 루터는 알브레히트를 공개적으로 비판하겠다는 계획을 알린다. 루터는, 결혼을 한 경건한 부인들과 관계를 맺고 이들을 남편에게서 떼어놓기 전에, 먼저 그 이전부터 관계하던 윤락녀와의 관계를 정리하는 것이 주교의 체신에 어울린다고 외치겠다고 말한다(WABr 2,405-409). 루터의 이 말은 사실상 대주교 알브레히트에 대한 말이었다. 멜랑히톤은 루터의 이 편지를 알브레히트의 비서인 카피토에게 전한다.

비서 카피토를 통해 루터의 편지를 받은 알브레히트는 루터에게 매우 겸손한 태도를 취한다. 그는 루터에게 보낸 회신에서 자기는 불쌍한 죄인이요, 하나님의 은혜가 없다면 자기에게 선한 것이 아무것도 없다고 말한다. 그리고 앞으로는 "경건한 영적, 그리스도교적 제후"로서 살겠다고 "사랑하는 박사님"에게 약속한다. 그 이후로 알브레히트는 조심스럽게 루터를 보호하는 입장을 취한다. 멜랑히톤을 통해 이 편지를 루터에게 전한 카피토는 1522년 비텐베르크에서 루터를 만나게 된다. 1523년에 그는 알브레히트의 비서직을 버리고 스트라스부르크(Straßburg)로 가서 종교개혁 운동에 참여한다.

2. 뢰번 대학 교수 라토무스에 대한 반박서

루터가 바르트부르크에서 집필한 또 한 가지 중요한 문서는 네덜란드 뢰번 대학 신학부 교수인 라토무스(Latomus)에 대한 반박서였다. 그 당시 라토무스는 "스콜라 신학의 대변자"로 알려져 있었다. 1520년에 루터에 대한 교황의 파문 경고 교서가 발표되자, 뢰번, 뤼티히, 쾰른 대학이 루터의 문헌들을 불에 태워버린다. 이와 연관하여 뢰번 대학의 교수 라토무스는 1520/21년에 루터를 비판하는 문서를 발표한다. 이 문서는 1521년 5월 네덜란드 안트베르펀(Antwerpen)에서 출판된다. 이 문서에서 라토무스는 스콜라 신학을 거부한 루터에 반해, 스콜라 신학은 성경과 교부들의 가르침과 일치하며, 보편적 타당성을 가진 가톨릭교회의 신앙을 대변한다고 주장한다. 그에 따르면, 성경은 그 내용이 분명하지 못한 부분들이 있기 때문에 성경 해석은 교부들의 가르침과, 교황과 공의회가 결정한 교회의 가르침을 필요로 한다. 또 인간의 선한 업적도 죄를 벗어나지 못한다는 루터의 생각에 반하여 라토무스는 "선한 업적은 죄가 아니다"라고 주장한다 (WA 8.36 참조).

루터는 이 문서를 바르트부르크에 납치된 지 3주 후인 1521년 5월 26일에 접수한다. 그리고 그는 한 달도 채 안 된 6월 20일, 라토무스에 대한 반박서를 완성한다. 이 반박서는 상당한 부피를 가진 책으로, 루터의 귀중한 통찰들이 그 속에 기록되어 있다. 몇 가지 중요한 내용을 살펴본다면,

1) 교황의 절대 권력과 특별 사제직은 성경을 통하여 증명되지 않는다. 교황도 그리스도의 복음을 모든 피조물에게 설교하기 위해 부르심을 받은 하나님의 피조물에 불과하다. 그러므로 우리는 교황에게 진리를 명백하고 자유롭게 말할 수 있어야 한다. 특히 교회 안에서 지도자가 실수를 할 때, 그것을 더욱 날카롭게 지적해야 한다. 하나님의 말씀이 인간으로 말미암아 사슬에 묶여서는(alligatum) 안 된다. 하나님의 말씀은 사람의 외모를 고려하지 않는다(nec novit personarum respectum, 2006b, 201). 우리는 "사람에게 복종하기보다, 하나님에게 더 복종해야 한다"(203). 교황은 그리스도의 복음에 대해 관심을 갖지 않으며, 디모데전서 3장이 말하는 주교의 의무를 이행하지 않는다(199). 지금 "교회 한가운데 있는 로마에는 한 사람의 괴물 (portentum)이 앉아서 자기를 하나님처럼 찬양한다. 사제들과 스콜라 학자들은 그에게 아첨한다. 아첨꾼들이 행하는 모든 일은 자기의 이익을 위한 것이다. 그 사이에 지옥은 그의 입김을 내뿜고 목구멍을 무한정하게 벌리며, 사탄은 영혼을 파멸시키기 위해 활동한다"(191).

교황은 성경 전체가 예언했던 "괴물이요 적그리스도"이며, "대학들은 사탄의 주요 회당이다"(195). 하나님은 오늘 우리의 교회를 지배하는 사제 계급을 알지 못한다. 그분은 교회 안에 복음과 말씀의 봉사자만을 주문했기 때문이다. "그들은 사람을 통해 세워진 것도 아니다. 오히려 대 홍수 이전의 거인들처럼, 하나님과 사람들의 뜻에 반하여 자기를 높이 세웠다.… 거룩하다고 할지라도 (하나님의) 말씀에 관심이 없는 주교는 늑대요 사탄의 사도이다"(203).

2) 루터에 따르면, 라토무스는 이렇게 말한다. 각 사람의 성경 해석은 오류를 범할 수 있으므로 교부들과 교황 및 공의회가 결정한 가르침이 필요하다. 신자들은 "교부들의 말씀"을 믿어야 하고, 그들의 성경 주석을 규범으로 삼아야 한다. 이에 반해 루터는 다음과 같이 말한다. 하나님은 이 같은 믿음을 요구한 적이 없다. 교부들도 실수를 하였고 모순을 말하기도 하였다(211). 우리는 오직 성경 말씀을 유일한 근거로 삼아야 한다. 믿음의 궁극적 근거는 교황과 공의회의 결정이나 교회 전통이 아니라 성경에 있다. 신자들의 말과 믿음은 "인간의 주석과 그들(교부들, 교황과 주교)의 해명에" 의존하지 않고, 성경 말씀에 의존해야 한다(325). "교부들의 말씀, 공의회의 명령, 교황의 결정, 우리의 장인들의 의견" 등 "신앙의 원리들의 홍수"를 떠나 성경의 말씀으로 돌아가야 한다(217). 성경이 믿음의 기초이다. 믿음은 설교에서 오고, 설교는 성경 말씀에서 오기 때문이다(롬 10:17).

성경은 그 자체로부터 이해될 수 있다. 성경은 그 자신의 해석자이다. 하나님의 말씀은 그 자체 속에 "외적인 명료성"을 갖기 때문이다. 그러므로 성경을 바르게 이해하기 위해 교황의 성경 해석이나 교회 전통을 반드시 필요로 하지 않는다. 교회 안에서 최고의 권위를 가진 것은 교황이나 교회 전통이 아니라 성경이다. "인간의 전승들은 교회에서 제거되어야 한다"(225). 성인들도 죄를 지을 때가 있었다(273). 교부들도 "인간이었고, 실수를 했으며, 모순되는 것을 말했으며, 잠을 잤다(진리를 알지 못하였다)"(211). 교부들도 실수를 할 수 있는 사람이었다(399). 그러므로 우리는 교황이나 교회 전통에서 진리를 찾을 것이 아니라 하나님의 말씀인 성경에서 진리를 찾아야 한다.

성경은 "모든 사람에게 열려 있는 책"으로서 "모든 사람 공동의 것이요, 구원을 위해 무엇이 필요한가를 충분히 분명하게 보여준다.…다함이 없고 모든 사람에게 공통적인 하나님의 말씀 안에서 각 사람은 자기의 입장(suam sortem)을 따라야 한다. 우리는 사람의 말들을 거부하거나, 우리 자신의 판단력을 가지고 읽어야 한다"(325). 여기서 루터는 교황의 배타적 성경 해석권을 거부하고, 각 사람의 성경 해석의 권리를 주장한다.

3) 라토무스 반박서에서 루터는 스콜라 신학을 다시 한번 거부한다. "스콜라 신학은 진리의 무지(ignorantia veritatis)요, 성경 곁에 있는 방해물(scandalum)일 뿐이다.…자기 영혼의 죽음을 피하듯이, 젊은이는 스콜라 철학과 신학을 피해야 할 것이다." 복음서의 내용들은 어린이도 이해할 만큼 분명하다. 그러므로 순교의 시대에 그리스도인들은 철학과 신학이 없어도 올바른 가르침을 받을 수 있었다. 그리스도께서도 스콜라 철학과 신학 없이 가르치지 않았던가? 지금까지 수백 년 동안 많은 사람이 대학에서 스콜라 철학과 신학을 공부했지만, 대학 공부를 통해 순교자나 성인이 된 사람은 아무도 없다(395).

특히 아퀴나스가 하나님의 저주를 받을 것인지, 아니면 하나님의 축복을 받을 것인지가 가장 의심스럽다고 루터는 말한다. "토마스는 많은 이단적인 것을 글로 썼고, 아리스토텔레스의 지배의 원인자요, 경건한 가르침을 황폐화시킨 자이다." 대학에서 스콜라 신학의 명제들과 철학에 대한 글을 읽고 쓰는 사람과, 성경에 대한 글을 쓰고 가르치는 사람을 비교해 보면, "하나님의 말씀이 대학에서 어떤 위치에 있는가를 너는 보게 될 것이다"(397).

4) 라토무스 반박서의 가장 중심적 문제는 세례를 받은 후 그리스도인에게 죄가 남아 있느냐, 아니면 남아 있지 않느냐의 문제였다. 루터에 따르면, 세례를 통하여 신자들의 모든 죄는 하나님의 용서를 받는다. "은혜를 통하여 모든 것이 용서받았다." 그는 거룩하게 되었다. 그러나 이것은 "단지 하나님의 은혜와 관계된" 말이지, "우리의 깨끗함과 관계된" 말이 아니다(345-347). 하나님의 은혜를 통해 우리는 완전히 깨끗하고 거룩하게 되었지만, 우리 안에는 깨끗하지 못하며 거룩하지 못한 부분이 남아 있다. 곧 인간의 죄된 본성인 욕정(concupiscentia)이 남아 있다. 그래서 물건을 보면 탐심이 생기고, 아름다운 이성을 보면 음탕한 생각을 느끼게 된다. "우리의 죄를 용서하여 주옵시고"라는 주기도문의 다섯째 간구는, 그것을 간구하는 그리스도인에게 죄가 남아 있음을 전제한다.

스콜라 신학은 정욕을 죄로 인정하지 않는다. 스콜라 신학은 도리어 그것을 인간의 "연약함, 벌, 불완전, 결함"(infirmatatem, poenam, imperfectionem, vicium, 300)이라 부른다. 따라서 스콜라 신학의 대변자인 라토무스는 세례를 받은 후의 죄를 인정하지 않는다. 루터에 따르면, 바울과 아우구스티누스가 말한 것처럼, 인간의 마음속에 숨어 있는 욕정도 죄다. 예수의 산상설교가 말하는 것처럼, 도둑질과 간음도 죄지만, 탐심과 음욕도 죄다. 곧 욕심 혹은 탐심도 죄다(롬 7:7, 337). 세례를 받아도 욕정은 여전히 남아 있다. 그러므로 선한 업적을 행한다고 할지라도 그 속에는 "완전한 사랑"(plena charitas)이 결여되어 있다. 그러므로 인간의 선한 업적도 죄다(301). 충분히 성장하지 못한 사랑, 곧 불완전한 사랑 속에서 선한 업적을 행하기 때문이다. 모든 선한 업적은 죄이며(227), "우리의 모든 의가 깨끗하지 못한"(241, 참고, 사 64:5 이하) 이유는 여기에 있다.

5) 신자이든 불신자이든 간에 모든 인간 안에는 욕정의 죄, 곧 "내적인 죄"가 숨어 있다. 그러나 이 두 부류의 사람에게서 죄는 매우 다른 성격을 가진다. 불신자의 경우, 그것은 인간을 지배하여 죄를 짓게 하고, 죄에 대한 하나님의 분노를 초래한다. 이에 반해 하나님의 칭의와 세례를 받은 신자들의 경우, 하나님은 내적인 욕정의 죄를 죄로 여기지 않으신다. 하나님의 은혜와 은사 속에서 욕정의 죄는 "사로잡힌 바 되었고(cap'um), (멸해지도록) 심판을 받았고, 완전히 약하게 되었다(infirmatum). 그래서 아무것도 할 수 없게 되었다(ut nihil possit)"(305). 신자들이 하나님의 은혜와 은사 안에 있을 때, 그것은 "분노가 없는 죄, 율법이 없는 죄, 죽은 죄, 죄책이 없는 죄"가 되어버리기 때문이다(347). 죽음이 없어지지는 않았지만, "죽음의 쏘는 것"이 꺾어져버린 것과 같다(고전 15:56).

그러므로 신자들에게 남아 있는 욕정의 내적인 죄는 그들을 지배할 수 없다. 이제 하나님은 욕정의 죄에 복종하지 않고 그것을 완전히 폐기해버릴 것을 명령한다. 이 명령에 따라 신자들은 한평생 자기 안에 숨어 있는 정욕의 내적인 죄와 싸워 이겨야 한다. 신자들은 끊임없이 이 죄를 죽여야 한다. "죄를 추방하기 위해 죽는 시간까지 그는 회개해야 하고 혁신해야 한다." 회개는 "부패의 면역이요, 죄에서의 끊임없는 혁신(immutatio corruptionis, et renovatio depeccato assidua)이다"(350).

6) 마음의 내적인 죄 곧 욕정은 죽는 순간까지 남아 있기 때문에 신자들은 죽음의 순간까지 그리스도의 "낯선 의", "밖으로부터 오는 의"에 의지할 수밖에 없다. 오직 그리스도의 낯선 의로 말미암아 그들은 하나님 앞에서 의롭다. 하나님의 은혜의 말씀을 믿음으로써 그들은 의로운 동시에 죄인이다(simul iustus et peccator). 의로운 동시에 죄인이라는 이 동시성은 그리스도인들의 삶의 중요한 특징이다. 하나님의 칭의와 세례를 통해 그들은 죄가 없는 사람이 되었다. 그러나 인간의 한계상황으로 주어진 죄성 내지 "내적인 죄"는 여전히 인간의 마음속 깊이 숨어 있다. 그것은 사로잡힌 상태 속에서 인간에게 끊임없이 죄된 생각을 일으키고 죄로 유혹한다.

그러므로 그리스도 안에 있는 그리스도인들은 믿음 속에서 한평생 죄와 싸워야 한다. 그들은 끊임없이 "죄의 몸을 멸해야" 한다(롬 6:6). 이 싸움의 과정은 인간 자신 안에 주어진 것의 발전이 아니라, 하나님의 의롭다 하심을 바라는 기다림과 기도 속에서 이루어지는 전진이라 말할 수 있다.

3. 신약성경 독일어 번역

1) 바르트부르크에서 10개월간 숨어 지내면서 루터가 이룬 가장 중요한 업적은 신약성경 독일어 번역이었다. 루터는 이 번역을 1521년 12월에 시작하여 1522년 2월까지 불과 11주 만에 끝냈다. 이 번역은 1522년 9월에 출판되어 "9월 성경"이라 불린다. 제1판 3,000부는 며칠 내에 소진된다. 동년 12월에 멜랑히톤과 함께 본문을 수정한 새로운 수정판이 출판된다. "이후로 11년간 고지독일어로 14회, 저지독일어로 7회 중판을 냈다. 루터가 살아 있는 동안 모두 10만부 이상 인쇄되었다. 1534년에 루터의 신구

약 완역본이 나온 이래로 1622년까지 85판을 찍어 냈다"(최주훈 2017, 115). 물론 루터의 독일어 성경 번역은 최초의 것이 아니었다. 그러나 그 이전의 번역들은 고어체 독일어를 사용하였고, 또 라틴어 문체를 벗어나지 못함으로 인해 읽기가 매우 어려웠다. 이에 루터는 아래의 두 가지 원칙에 따라 신약성경을 번역한다.

첫째, 누구나 쉽게 이해할 수 있도록 하기 위해 입으로 말하는 것처럼 번역되어야 한다. 그래서 "집에 있는 어머니, 골목에서 놀고 있는 아이들, 시장에 있는 남자들에게 물어보고, 그들이 어떻게 말하는지 입 모양을 보아야 한다. 그다음에 그것을 번역해야 한다"(WA 30.2). 사람들이 말하는 대로, 그 입을 보고, 입으로 말하는 것처럼 번역하면, 모든 사람이 쉽게 이해할 수 있을 것이다.

둘째, 고대 그리스어 본문의 의미를 왜곡하거나 위조해서는 안 된다. 그래서 루터는 본문의 의미가 분명치 않을 경우 글자 그대로 번역할 때도 있었다. 정확히 번역하기 위해 그는 전문가들에게 물어보기도 하고, 특정한 일을 시연케 하기도 했다. 예를 들어 구약성경의 속죄제물에 관한 본문을 정확히 번역하기 위해 그는 양을 제물로 바치는 과정을 시연하게 하였다. 그는 성경의 본래 텍스트에 충실하기 위해 불가타(Vulgata, 라틴어 번역)를 사용하지 않고, 로테르담의 에라스무스가 학문적으로 충실하게 회복한 그리스어 성경을 기초로 삼았다.

2) 루터의 성경 번역은 표준 독일어의 모체가 되어 독일의 언어와 문화에 결정적 영향을 주었다. 그것은 지역 사투리로 나누어진 독일어를 하나의 표준어로 통일시킬 뿐 아니라 "정치적·종교적으로 분열된 독일에 문학적 통일성을 제공하였다." 그래서 2015년에 독일 대통령 요아힘 가욱(Joachim

Gauck)은 다음과 같이 말한다. "만일 우리가 루터의 번역을 가지고 있지 않다면, 우리 독일인들은 아마도 전혀 다른 사람일 것이고, 전혀 다르게 생각하고 말할 것이다. 아마 우리는 지금 우리가 가진 것과는 매우 다른 철학적·정치적·심리학적 개념들을 발전시켰을 것이다." 교회에 대해 적대적이었던 니체(F. Nietzsche)도 루터의 성경을 격찬한다. "독일 산문의 기념비적 업적은 독일의 가장 위대한 설교자의 기념비적 업적이다. 성경은 지금까지 가장 우수한 독일어 책이었다. 루터의 성경에 비하여 거의 모든 다른 것은 '문학'(Literaur)에 불과하다"(Birnstein, 59-61).

히브리어 구약성경의 번역은 비텐베르크의 동료들, 특히 멜랑히톤과의 협동으로 완성된다. 이 성경은 히브리어 본문에 근거하여 번역된다. 이리하여 1534년에 신구약 성경 전체가 독일어로 출판된다. 이것은 3년 만에 100,000부가 팔린다. 1539년에 이 번역은 대폭 수정된다. 높은 수준의 교육을 받은 사람들만이 성경을 읽을 수 있었던 시대가 이로써 막을 내리고, 모든 사람이 성경을 읽을 수 있는 새로운 시대가 열린다. 성경을 읽을 수 없는 사람에게는 다른 사람이 읽어줄 수 있었다.

3) "9월 성경"의 서문에서 루터는 신약성경을 번역하게 된 동기를 밝힌다. 교황의 법과 교리 및 각종 규례와 가르침은 있지만, 그리스도의 복음과 율법이 무엇인지, 신약과 구약이 무엇인지를 신자들이 모르기 때문에 그리스도의 복음을 밝히 드러내기 위해 신약성경을 번역하였다는 것이다. 구약은 하나님의 율법과 계명 및 역사를 기록한 책이라면, 신약은 복음과 하나님의 약속, 그리고 이 두 가지의 이야기를 기록한 책이다. 신약에는 네 가지 복음서가 있다. 그러나 단 하나의 복음이 있을 뿐이다. "하나님의 아들과 다윗의 아들, 참 하나님과 참 인간, 우리를 위한 그의 죽음과 부활을

통해 모든 인간의 죄와 죽음과 지옥을 극복하신 그리스도에 관한 설교"가 신약에 기록되어 있다.

그러므로 신자들은 지금까지 행해진 것처럼, 그리스도를 모세로, 복음을 율법이나 교리서로 생각하지 말아야 한다. 그리스도의 복음은 우리에게 업적을 요구하는 것이 아니라 "그리스도에 대한 믿음만을 요구하기" 때문이다. 복음은 "우리의 업적이 아니라 그 자신의 업적, 곧 그의 죽음과 고난을 통해" 우리를 구원하시며, "그의 죽음과 죽음의 극복을 마치 우리 자신이 행한 것처럼, 우리 자신의 것으로 삼게" 하시는 그리스도에 대한 믿음만을 요구하기 때문이다.

네 가지 복음서 가운데 앞의 세 가지 공관복음서는 그리스도의 설교보다 그의 사역을 더 많이 기술하는 반면, 요한복음서는 그의 사역보다 설교를 더 많이 기술한다. 그러므로 요한복음서가 "주요 복음"으로서 공관복음서보다 더 높은 가치를 가진다.

요한복음서와 함께 성 바울의 서신들, 특히 로마서와 베드로전서가 신약의 "모든 책의 올바른 핵심과 중심"을 구성한다. 갈라디아서, 에베소서도 이에 속한다. 이 책들은 "그리스도의 사역과 기적들을" 기술하기보다, "그리스도에 대한 믿음이 어떻게 죄와 죽음과 지옥을 극복하며, 생명과 의와 지복을 주시는가를 기술한다." 그러므로 신자들은 이 책들을 매일 빵을 먹는 것처럼 열심히 읽어야 한다. 이 책들에 비하여 야고보서는 "복음의 성격을 갖지 않은, 지푸라기 서신"이다(Leppin 2012, 72-73). "루터는 야고보서는 사도성이 결여된 책으로 보았다. 이유는 야고보서에는 그리스도의 고난과 부활, 성령 등에 대한 교훈이 없고, 또 로마서에서와 같은 이신칭의에 대한 교리가 없기 때문이라는 것이다. 반면에 성경의 통일성을 확신했던 칼빈은 바울과 야고보 문제에 대하여 훨씬 적절한 조화로운 설명을 제시해주었다"(오성종 2017, 276/7). 그러나 "행함(업적)이 없는 믿음은 죽은 것이다"라는 야고보서 2:26의 말씀을 루터도 인정하였다는 사실을 우리는 간과하지 않아야 할 것이다(이에 관해 이 책의 "부록 1" 참조).

III
비텐베르크 개혁운동과 그 확산

1521년의 보름스 제국의회에 이르기까지 루터는 많은 개혁적 통찰을 제시했지만, 그것을 실천에 옮기지는 못했다. 교황주의자들과의 논쟁 속에서 그의 개혁적 통찰들은 이론에 머물러 있었다. 이로 인해 실제적 변화가 일어나지 않았다. 모든 것이 옛날 그대로 유지되고 있었다. 루터를 지지한 아우구스티누스 은둔자 수도원의 수도사들마저 1521년 가을에 이르기까지 가톨릭 전통을 지키고 있었다.

그러나 루터가 바르트부르크에 숨어 지내는 동안, 그의 개혁적 통찰들을 실천에 옮기려는 운동이 비텐베르크에서 일어난다. 그 중심인물은 루터의 박사학위 논문 심사교수인 동시에 비텐베르크 신학부 동료 교수였던 카를슈탓트, 아우구스티누스 수도회 설교자인 츠빌링(Gabriel Zwilling, 1487-1558), 루터의 동역자 멜랑히톤, 그리고 츠비카우(Zwickau)에서 온 신비주의적 예언자들이었다. 루터가 가르치던 비텐베르크의 대학생들과 이

도시의 수공업자들은 개혁운동의 전위대가 되었다.

1. 개혁운동으로 인한 폭동과 혼란

1) 비텐베르크의 개혁운동은 1521년 8월 24일에 비텐베르크의 인접 도시 켐베르크(Kemberg)의 교구장 베른하르디(B. Bernhardi)의 뒤를 이어 몇 사람의 사제들이 성직자 독신서약과 순결서약을 깨뜨리고 결혼을 함으로써 시작된다(Aland 1980, 31). 1522년 2월에는 비텐베르크 대성당의 주임사제인 유스투스 요나스도 결혼하였다. 이로써 루터가 「독일 그리스도인 귀족에게 보내는 글」(1520)에서 주장한 성직자 독신제와 순결서약의 폐기가 현실화된다.

카를슈탓트는 성직자의 순결서약 파기가 수도사들과 수녀들로 확대되어야 한다고 주장하였다. 그는 수도원 제도 자체를 부인하였다. 루터도 1521년 9월에 쓴 "수도사 서약에 관하여"에서 수도사 서약의 폐지를 주장하였다. 이리하여 수도사들과 수녀들이 수도원을 탈출하는 일들이 속출한다. 처음에는 몇 사람의 수도사들과 수녀들이 탈출했지만, 나중에는 큰 무리를 지어 탈출한다. 이리하여 많은 수도원 및 수녀원이 문을 닫게 된다.

그 당시 수도사들과 수녀들은 어릴 때 부모에 의해 강제적으로 수도사나 수녀가 된 경우가 많았다. 앞서 언급한 중세기의 유명한 수녀인 빙언의 힐데가르트(1098-1179)도 그중에 한 사람이었다. 귀족의 딸이었던 그녀는 10번째 자녀로 태어났기 때문에 십일조를 하나님께 바친다는 뜻에서 부모가 수녀원에 바친 인물이었다. 이와 같이 부모에 의해 강제적으로 수녀나 수도사가 된 인물들은 기꺼이 수도원을 탈출하였다.

    루터가 속했던 아우구스티누스 은둔자 수도원은 개혁운동에 적극 참여하였다. 1521년 11월, 수도사 40명 중에 15명이 수도원을 떠나 대학생들과 시민들 사이로 숨어든다. 1522년 1월 6일, 마이쎈과 튀링언 지역의 아우구스티누스 수도회는 "수도사의 자유에 대한 아우구스티누스 수도회의 선언"을 발표하고 수도사들의 수도원 탈퇴를 각자의 자유에 맡긴다. 수도사 서약을 취소하고 수도원을 떠나도 좋고, 수도원에서 수도사 옷을 입고 수도원의 의식을 지키며 살아도 좋다. 그것은 각자가 곁단해야 할 문제이다. 그리스도 안에는 유대인도 없고 그리스인도 없으며(갈 3:28 이하), 수도사도 없고 평신도도 없다. 그러나 각자의 생계는 각자가 책임져야 한다. 돈을 받는 구걸과 미사는 금지된다. 기부를 얻은 수도사는 성경 말씀을 위해 수고하는 형제 수도사들을 돌보아야 한다. 모든 수도사는 그리스도의 사랑 안에서 상급자에게 복종해야 하며, 수도원 안에서는 물론 수도원 바깥에서도 충돌을 일으켜서는 안 된다(Mau 2000, 57-58).

    1522년 2월 초에는 5, 6명의 수도사만 아우구스투스 수도원에 남게 된다. 일주일 후 수도원장은 두 명의 수도사와 함께 고향 뉘른베르크로 가서 세속의 직업을 얻는다(Müller 1991, 206). 2월 말이 되자 수도사들의 탈퇴 운동은 프란치스코 수도사들에게로 확대된다. 이에 수도원 원장 콘라드 헬트(Konrad Helt)는 선제후 프리드리히에게 다음과 같이 간청한다. "유혹을 받아 수도원을 떠난 형제들"을 하나님과 성 아우구스티누스의 명예를 위해 수도원으로 되돌려 보내달라, 이를 거부하는 수도사들은 시에서 추방해 달라, 그리고 자기의 간청을 대학 측에 알리지 말아달라(67-69).

    수도사들과 수녀들의 수도원 탈출은 많은 문제를 일으킨다. 그들이 떠난 수도원은 폐허처럼 흉물스럽게 되고, 쥐들이 그 안에 득실거리게 된다.

또 수도원의 재산 처리 문제가 등장한다. 수도원을 탈출한 수도사들과 수녀들이 세속에서 생계의 길을 얻는 것도 쉬운 일이 아니었다. 고된 노동의 착취를 당하거나 매춘으로 빠지는 비극도 있었다. 이에 멜랑히톤은 바르트부르크에 숨어 지내는 루터에게 도움을 요청하였다.

2) 한 인간, 곧 사제가 교회의 제단에서 그리스도의 속죄제물을 하나님께 바침으로써 신자들이 죄용서를 얻는다는 가톨릭교회의 미사 제도는 루터의 개혁적 인식에 가장 크게 모순되는 것이었다. 그러므로 개혁파 인물들은 전력을 다해 미사를 개혁코자 하였다. 그러나 보수파(가톨릭교회 지지자들)의 반대로 미사 개혁은 난항을 겪었다. 미사는 "교회의 가장 중요한 재정적 기초"였기 때문이다(Heussi 1971, 76).

보수파의 반대에도 불구하고 개혁파는 먼저 성만찬을 받기 위한 사전의 준비 행위, 곧 금식, 고행, 각종 보상과 헌금 등을 폐기한다. 오직 믿음만이 필요하다. 평신도도 빵과 포도주 두 가지를(sub utraque) 받게 한다. 1521년 9월 29일에 멜랑히톤은 그의 제자들과 함께 비텐베르크 교회의 성만찬에서 처음으로 빵과 포도주 두 가지를 함께 받는다.

1521년 성탄절에 카를슈탓트는 2,000명의 신자가 모인 비텐베르크 시교회(Stadtkirche)에서 성만찬의 복잡한 의식들과 성만찬 이전의 죄 고백을 철폐한다. 이장식은 당시의 혼란스러운 상황을 다음과 같이 묘사한다. 카를슈탓트는 "성만찬 예식을 평복을 입고 집행하면서 떡과 포도주 잔 두 가지를 평신도들에게 나누어주었다. 평신도들은 과거에 자기들의 손으로 빵을 집어 먹어 본 적이 없어서 두려운 생각에 손을 떨다가 빵을 바닥에 떨어뜨리기도 하였고 더욱이 잔을 받기를 주저하였다"(이장식 2011, 318).

아우구스티누스 수도회 설교자 츠빌링은 1521년 10월 20일 설교에서,

가톨릭교회의 전통적 미사는 "우상숭배"라고 말하면서 "우리 비텐베르크 시민들은 더 이상 미사를 드리지 않아야 한다. 우리는 신실한 마음으로 하나님의 말씀을 들어야 한다"고 설교한다. 그의 설교는 많은 사람의 지지를 받는다. 비텐베르크의 대학생들은 츠빌링을 "제2의 마르틴"이라 찬양한다. 수도사 옷을 입고 지복에 이를 수 없다고 가르친 츠빌링은 동년 11월 수도회를 떠나 세속으로 돌아간다.

츠빌링의 주장에 따라 1521년 가을에 비텐베르크의 아우구스티누스 수도원은 미사를 아예 철폐한다. 개인의 사적 요청에 따라 사제 혼자 드리는 사적 미사(missa privata)도 폐기된다. 수도원에서는 물론 시 교회에서도 미사가 중지된다. 미사에 참여하는 신자들이 없었기 때문이다. 루터의 충고에 따라 비텐베르크 시 의회는 가난한 사람들을 위한 모금을 시행하였다. 그런데 모금액이 매일 증가하였다. 그 까닭은, 주민들이 교회의 제단과 미사에 바치던 돈을 가난한 사람들을 위한 모금에 바쳤기 때문이다 (Müller 1991, 71-73).

보수 측 성직자들은 미사 폐지에 강력히 저항하였다. 이 과정에서 물리적 충돌이 일어나기도 하였다. 1521년 12월에 루터가 비밀리에 바르트부르크를 떠나 비텐베르크를 방문했을 때, 개혁파 인물들이 몇 사람의 사제를 죽였다는 소문이 떠돌았다(Lohse 1980, 30). 도시 전체에 폭동이 일어날 수 있는 분위기였다. 이같은 사태를 수습하기 위해 선제후 프리드리히는 대학과 수도원 위원회에 해결책을 요청한다. 위원회는 1521년 10월 20일에 보고서를 프리드리히에게 제출한다. 개혁운동의 주도자였던 카를슈탓트를 중심으로 작성된 이 보고서는 아래의 세 가지 이유로 미사의 폐지가 정당하다고 주장한다.

(1) 가톨릭교회의 미사는, 한 인간이 그리스도의 속죄제물을 하나님께 바침으로써 우리가 하나님과 화해하는 "선한 업적"으로 이해된다. 이것은 미사의 오용이다. 죽음에 이를 수 있는 죄를 지은 사제가 드리는 미사도 효력을 가진다는 것은 말이 되지 않는다.

(2) 특히 사제 혼자 드리는 사적 미사는 그리스도와 사도들이 행하였던 것에 모순된다. 그리스도께서는 12명의 사도와 성만찬을 나누었고, 사도들도 공동체의 친교 속에서 성만찬을 나누었다. 한 사람(사제를 말함)이 자기 혼자 성만찬을 가진 적이 없다. 바울도 고린도 신자들에게 사적 성만찬을 금하였다(고전 11:21, 33).

(3) 그리스도는 빵과 포도주 두 가지를 사도들에게 나누어주었다. 그러나 종래의 미사는 평신도에게 빵만 나누어준다.

3) 보고서는 위의 제1항을 자세히 다룬다. 본래 미사는 그리스도의 죄용서를 회상하기 위한 만찬(manducatio)이었다(고전 11:24-25. 여기서 카를슈탓트는 성만찬을 "회상"으로 파악함). 그 밖의 모든 것은 사람과 교황들이 첨가한 것이다. 미사는 인간이 자기 자신이나 다른 사람을 위해 하나님께 제물을 바치는 인간의 업적이 아니다. 자신의 죄나 죽은 조상의 죄를 위해 하나님께 보상(satisfactio)을 행할 수 있다는 생각은 그리스도교의 믿음과 성례의 진정한 용도를 위조하는 것이다.

그 당시 가톨릭교회의 사제들은 평신도의 사적 요청에 따라 돈을 받고 "사적 미사"를 드렸다. 사적 미사는 사제들의 돈벌이 수단이기 때문에 한 사람의 사제가 하루 종일 미사를 드리는 일도 있었다. 이에 개혁자들은 아무리 경건한 사제라 할지라도 그렇게 많은 미사를 드리고 싶지는 않을 것이라고 말한다. 미사에서 경건한 사제가 드리는 기도는, 경건한 평신도가 그의 골방에서 드리는 기도보다 나을 것이 없다. 죽은 사람들의 영혼을 위한 미사는 많은 속임수와 결합되어 있다고 보고서는 항변한다.

그러므로 보고서는, 종래의 미사는 철폐되어야 한다고 주장하면서 (1) 그리스도의 말씀에 대한 설교와, (2) 빵과 포도주 두 가지를 함께 나누는 올바른 미사를 제의한다. 대성당 주임사제 유스투스 요나스, 카를슈탓트, 암스도르프, 필립 멜랑히톤 등의 인물들이 보고서의 공동 작성자로 서명한다(Oberman 1981, 77-80).

도시의 질서를 회복하고자 하는 선제후의 노력에도 불구하고 비텐베르크 시는 무질서와 혼란을 벗어나지 못했다. 대학생들이 군중들 앞에서 가톨릭교회 사제들과 수도사들을 욕하며 오물을 투척하는 일도 일어났다. 길에서 사제나 수도사를 보면 "죽어라"는 표시로 십자가 성호를 손으로 그었다. 수도원장이 수도원 바깥으로 나갈 경우, 생명의 위협을 느낄 정도였다(Müller 1991, 55-57).

특히 대학생들과 수공업자들이 도시 전체에 소동을 일으켰다. 그들은 마리아를 경배하기 위해 아침 일찍 교회에 나온 사제들에게 돌을 던져 교회에서 쫓아내버리고, 미사용 책을 빼앗고, 사제들을 계단에서 몰아내버리기도 하였다. 1521년 12월, 대학생들은 프란치스코 수도원으로 몰려가서 수도사들에게 욕을 하고 미사를 드리지 못하도록 방해하며, 나무로 된 교회 제단을 파괴해버렸다. 또 이들은 수도원을 파괴하겠다고 위협하였다. 이리하여 도시 전체가 카오스 상태에 빠질 정도였다.

2. 성상파괴 운동과 광신적 소종파의 개입

1) 중세 가톨릭교회의 성상 숭배는 우리의 상상을 넘어선다. 그리스도의 삶과 죽음 및 부활에 대한 그림과 조각상은 물론 하나님의 신성을 묘사하는 성화들, 마리아와 성인들의 상들이 교회와 수도원과 교회기관에는 물론 신자들의 가정과 길거리에 세워졌다. 빈 들판이나 높은 산에도 세워졌다. 그리스도의 특별한 계시와 마리아의 기적을 체험하였다고 알려진 특별한 장소에도 성상이 세워져 숭배의 대상이 되었다. 성상에는 질병의 치유와 같은 기적이 일어날 수 있는 능력이 있다고 믿겨졌다. 특별한 영적 능력을 가진 성상은 순례의 대상이 되었다. 신자들과 순례자들이 성상에 바치는 헌금, 성상의 팔이나 귀에 걸어 놓는 보물은 교회의 수입원이 되었다. 정말 경배를 받아야 할 그리스도는 뒤로 사라지고, 성상이 기도와 숭배의 대상이 되었다. "하나님과 그의 진리와 복음"에 대한 관심이 성상에 대한 관심으로 바꾸어져버린 형국이었다(Welker 2008, 77).

이러한 상황을 극복하기 위해 성상 파괴운동이 일어났다. 그 주동자는 카를슈탓트였다. 그는 결혼 후 며칠 뒤인 1522년 1월 19일에 "성상 철거에 관하여"라는 글을 발표한다. 이 글에 따르면, 구약에서 하나님은 자신에 대한 형상을 금지하였다. "복음적 예언자"라 불리는 이사야와 예레미야도 하나님의 상을 금지하였다(사 30:22; 40:18 이하; 44:10 이하; 렘 8:19; 10:1 이하). 간음, 도적질, 살인 등을 하지 말라는 구약의 명령을 지켜야 한다면, 하나님의 상을 만들지 말라는 명령도 지켜야 한다. 사도 바울도 로마서 1:23에서 하나님의 상을 섬기는 것이 얼마나 위험하고 악한 일인가를 경고하였다. 성상을 숭배하는 것은 "하나님에게서 그의 영광을 훔쳐, 그것을 성상에게 바치는 일이다." 성상 숭배자는 "하나님을 모욕하며 조롱한다"(Oberman 1981, 90).

카를슈탓트의 주도하에 비텐베르크의 대학생들과 시민들(주로 수공업자들)은 교회와 도시 곳곳에 있는 성상들과 성화들, 마리아 상들은 물론 교회 예배실 옆에 있는 제단들(가톨릭교회 예배당 안에는 성화나 성상을 모신 작은 제단들이 여러 개 있음)을 파괴하는 이른바 "성상파괴 운동"(Bildersturm)을 일으킨다. 이들이 "성당의 제단을 뒤엎어버리고 벽에 걸린 성자들의 성화와 조각들을 교회 밖으로 끌고 나와 버리려 하자 그것을 만류하던 교인들과 몸싸움이 벌어져 성상이 바닥에 떨어지고 성당 안이 수라장으로 변했다"(이장식 2011, 318).

카를슈탓트의 성상파괴 운동에 반해 멜랑히톤은 성상의 긍정적 의미를 인정한다. 성상은 예수의 삶과 죽음에 대한 회상의 표징으로서, 또 그리스도 안에 있는 하나님의 은혜에 대한 표징으로서, 신자들의 믿음을 유지하는 긍정적 기능을 가진다고 그는 주장한다. 그러나 멜랑히톤의 주장은 카를슈탓트의 성상파괴 운동을 막지 못한다. 성상 파괴자들과 그 반대자들 사이에 주먹질이 오가기도 한다. 1522년 2월, 츠빌링과 아우구스티누스 수도사들은 수도원과 교회의 모든 성상을 파괴해버린다.

2) 싸움과 폭력을 동반한 대혼란 속에서 "츠비카우의 예언자들" 혹은 "천상의 예언자들"이라고 불리는 신비주의적 소종파 지도자들(N. Storch, Th. Drechsel, M. Stübner)이 1921년 12월 27일에 비텐베르크로 몰래 숨어든다. "츠비카우는 종교적 혁명 발상지로 알려진 곳인데, 1462년에는 27명의 왈도파 신자들을 재판하고 탄압했던 곳이기도 하다"(이영호 2017b, 66). 여기서 온 자칭 예언자들은 하나님과 직접 이야기하였고, 꿈속에서 하나님의 계시를 받았다고 하면서 다음과 같이 주장한다. 성경 말씀만으로는 부족하다. 신자들은 성령께서 주시는 마음속의 내적인 빛을 통해 진리의 계시

를 받아야 한다. 각 사람이 받을 수 있는 내적 계시가 성경 말씀보다 더 중요하다. 미사와 성례는 물론 세상의 모든 외적 권위는 폐기되어야 한다. 곧 터키인들의 침략이 있을 것이며, 모든 사제가 죽임을 당하고, 하나님 없는 자들이 심판을 받게 될 것이다. 이같은 가르침으로 인해 비텐베르크 시는 더 큰 혼란에 빠진다. 이들에 대해 멜랑히톤은 1521년 12월 27일, 선제후 프리드리히에게 다음과 같이 보고한다.

(1) 그들은 하나님의 진리를 가르치라는 하나님의 분명한 음성을(clara voce) 들었다고 한다.
(2) 그들은 하나님과 친밀한 대화를 나눈다고 한다.
(3) 그들은 미래를 예언할 수 있는 예언자요 사도라고 한다.
(4) 그들의 가르침은 루터에 근거한다고 주장한다.
(5) 이들은 어떤 영에 사로잡혀 있는 것 같은데, 이에 대해 루터가 확실하게 판단할 수 있을 것이다(Oberman 1981, 82).

3) 비텐베르크의 대혼란을 부추긴 또 한 가지 원인은 루터가 주장한 만인사제직에 대한 오해에 있었다. 베드로전서 2:9가 말하는 것처럼 모든 신자는 "왕과 같은 사제"이지만, 모든 사람이 나서서 사제로 자처하는 것을 루터는 반대하였다. 사제로 일할 사람은 공동체에 의해 선출되어 공적으로 사제 임직을 받아야 하며, 그렇지 않을 때, 큰 혼란이 일어날 수 있다고 그는 경고하였다. 그러나 루터의 경고를 무시하고, "주의 종"이라고 자처하는 설교자들 및 지도자로서 전혀 자격이 없는 평신도들이 자기 마음대로 설교하고 가르쳤다.

이들 가운데에는 성경 말씀을 사회·정치적 문제와 연결시키고, 사회

개혁을 하나님의 중요한 사명으로 가르치는 자들도 있었다. 그 반면 기존의 제도와 권위 및 서약과 성례와 의식을 거부하며, 마지막 권위인 성경마저 거부하는 자들도 있었다. 진리의 근거는 성경의 외적 글자에 있지 않고, 각 사람에게 주어지는 하나님의 영과, 영을 통한 하나님의 직통계시에 있다고 이들은 가르친다. 이들은 루터의 종교개혁을 철저하지 못한 것으로 보고, 사도행전이 전하는 최초의 기독교 공동체를 이루어야 한다고 주장하기도 한다. 또 그리스도의 복음을 천년왕국적 세계상과 연결시키고, 새로운 신정 세계를 이루고자 하는 자들도 있었다. 토마스 뮌처(Thomas Münzer)를 위시한 츠비카우의 예언자들, 재세례파, 신비적 영성주의파, 반삼위일체파 등의 이른바 "종교개혁 좌파" 혹은 루터가 "광신자들"이라 부르는 사람들이 이에 속한다.

4) 카를슈탓트 역시 비텐베르크 시의 사회적 혼란을 가중시킨다. 루터는 세속의 통치권과 질서를 인정했던 반면, 카를슈탓트는 성경이 세속의 삶의 규범이라고 주장한다. 하나님은 그분의 지혜를 세상의 학식 있는 자에게는 숨기시고, 학식이 없는 단순한 사람들에게 나타내 보인다는 성경 말씀에 따라, 카를슈탓트는 성령에 의한 내적 계시와 가르침은 먼저 배움이 없는 사람들에게 주어진다고 주장한다. 그래서 그는 성경도, 신학도 잘 알지 못하는 평신도의 집을 방문하고, 내용이 어려운 성경 그 절의 설명을 부탁한다. 믿음을 얻는 데 많은 학식이 필요 없다는 그의 가르침에 따라 많은 대학생이 대학을 떠난다(Fuchs 1976, 104). 카를슈탓트의 이 말은, 수백 년 동안 대학에서 스콜라 철학과 신학을 공부한 사람들 중에 한 사람의 성인도, 순교자도 배출되지 않았다는 루터의 말과 맥락을 같이한다(1521년 라토무스에 대한 반박서에서, 2006b, 395).

비텐베르크 시의 혼란은 결국 정치적 문제로 비화된다. 뉘른베르크에 있는 제국정부는 1522년 1월 20일 모든 개혁운동에 엄격히 대처하라는 명령을 독일 전역의 제후들에게 보낸다. 이에 비텐베르크 시 의회는 "비텐베르크 시의 질서"를 회복하기 위한 조례를 1522년 1월 24일에 발표한다. 예배, 사회, 경제 개혁을 포괄하는 이 조례를 통해 시 의회는 소요를 진정시키고 개혁적인 새 질서를 정착시키고자 한다. 그 주요 내용은 다음과 같다.

- 교회와 사제들의 모든 수입은 공동으로 관리되어야 한다. 사제의 사망으로 인해 성직 자리가 비게 될 경우, 그 자리에서 나오는 수입도 공동 관리되어야 한다. 성직 자리는 더 이상 빌려주어서는 안 된다.
- 노동하지 않는 걸인이 이 도시에 있어서는 안 된다. 이들은 노동을 하든지, 아니면 도시에서 추방되어야 한다. 질병과 같은 불행한 사고로 빈곤에 빠진 사람은 공금고와 시의 규례에 따라 보호를 받아야 한다.
- 어떤 수도회도 구걸할 수 있는 특정 지역을 가질 수 없다. 어떤 수도사도 이 도시에서 구걸을 해서는 안 된다. 그들은 지금까지 얻은 수입으로 만족해야 하며, 자신의 손으로 생계를 해결해야 한다. 수도원의 재산과 매년 필요한 수입이 얼마인지 보고해야 한다.
- 이 도시에서 공부하는 대학생들은 구걸을 할 수 없다. 그들은 자신의 생계를 스스로 해결해야 한다. 교회 건축을 위해 구걸을 하거나, 성유물을 가지고 돌아다니면서 기부금을 받아서는 안 된다.
- 일거리가 없는 수공업자들에게는 공금고에서 돈을 빌려주어 먹고 살 수 있도록 해야 한다. 일정 기간이 지난 후 그들은 이자 없이 돈

을 갚아야 한다. 갚을 능력이 없는 사람에게는 하나님의 이름으로 면제해 주어야 한다. 극빈자의 자녀들과 고아들도 공금고에서 지원을 받아야 한다. 재정이 충분하지 않을 경우, 사제들과 시민들은 매년 자신의 능력에 따라 기부금을 내야 한다.
- 사제들은 대축일 전야의 기도회(Vigilien)를 위해 매년 8굴덴을 공금고에서 받아야 하며, 매월 6굴덴으로 생계를 해결해야 한다. 죽은 사람들의 영혼을 위한 사적 미사와 기도회가 폐지되었기 때문에 사제들은 그 돈으로 병든 사람들을 방문하고 위로해야 한다. 임종 환자가 사제에게 유리한 유서를 작성하도록 해서는 안 된다.
- 우상숭배를 피하기 위해 교회 내의 성화 및 성상들과 제단들은 제거되어야 한다. 성상이 없는 세 개의 제단으로 충분하다.
- 미사는 그리스도의 성만찬에 따라 집례되어야 한다. 믿음을 위해 몇 가지 찬양을 불러도 좋다. 입례송, 주여 불쌍히 여기소서(*Kyrie eleison*), 헌금, 서신, 복음서, 사도신경 등의 순서를 가진 다음에 성만찬을 행한다. 성만찬 참여자는 성별된 빵을 자신의 손으로 취하여 입에 넣을 수 있다. 포도주 잔도 자신의 손으로 받아 마실 수 있다.
- 성적으로 문란한 사람이 우리 가운데 있어서는 안 된다. 그는 결혼을 해야 한다. 결혼을 하지 않을 경우, 그는 도시에서 추방되어야 한다. 정착하지 않는 떠돌이를 품어주는 사람은 엄한 벌을 받아야 하며, 문란한 생활을 계속하는 자는 도시에서 추방되어야 한다.
- 연 5% 내지 6%의 높은 이자를 내거나, 빚을 갚고 싶지만 갚을 능력이 없는 사람에게는 원금을 공금고에서 빌려주고, 원금을 갚을 때까지 연 4%의 이자를 받는다. 가난하여 학교에 다닐 수 없는 아이들에게 학비를 보조하여 복음과 성경 말씀을 배우게 하며, 세속 통치를

위한 유능한 인물들을 양성해야 한다. 이에 적절하지 않은 아이들은 수공업이나 노동에 종사하도록 한다.

3. 비텐베르크로 돌아온 루터의 유화책

1) 비텐베르크 시의 질서를 세우기 위한 선제후 프리드리히의 노력에도 불구하고 사회적 혼란은 나아지지 않았다. 개혁운동의 대변자인 루터의 부재로 말미암아 개혁운동이 통일성을 갖지 못함으로 인해 사태 수습이 더욱 어려웠다. 멜랑히톤의 인문주의 사상, 소종파 신비주의, 토마스 뮌처의 극단적 묵시사상, 극단의 영성주의, 자유방임주의 사상 등 다양한 노선들이 혼재하였다(Lohse 1980, 28). 오랫동안 사제에게 당한 사적인 피해와 분노 때문에 교회와 성상과 제단을 때려 부수는 사람들도 있었다(예를 들어 사제로 말미암아 가정이 파괴된 사람들).

멜랑히톤을 통해 이 소식을 들은 루터는 비텐베르크로 돌아가기로 결심한다. 그는 이 결심을 선제후 프리드리히에게 편지로 알린다. 프리드리히는 루터의 신변을 염려하여 차기 제국의회 때까지 기다리는 것이 좋겠다고 루터를 만류한다. 그러나 루터는 선제후의 만류를 뿌리친다. 비텐베르크로 돌아가는 길에 그는 선제후에게 보낸 편지에서 다음과 같이 말한다. 만일 황제가 제국의 질서에 따라 저의 문제를 다룬다면, 저는 그것을 허용하겠습니다. 위의 권세에 복종하라는 하나님의 말씀에 따라 저는 저항하지 않겠습니다(롬 13장). 저는 지금 선제후의 보호보다 더 안전한 하나님의 보호 속에서 비텐베르크로 돌아가고 있습니다. 인간의 모든 염려와 행동 없이, 하나님 홀로 일해야 합니다. "가장 크게 신뢰를 받는 자가,

가장 크게 보호할 것입니다"(WABr 2.454-457). 두 번째 편지에서 그는 이렇게 말한다. "저는 전하의 비위를 거스르고 온 세상의 분노를 받을 것을 알고 있습니다. 비텐베르크의 주민은 저의 양이 아닙니까? 하나님께서 그들도 저에게 맡기지 않으셨습니까? 그러므로 필요하다면, 그들을 위해 죽음을 무릅쓰고 나가는 것이 마땅치 않겠습니까?"(White 1999, 170).

2) 1522년 3월 6일 비텐베르크에 도착한 루터는 혼란 상태를 진정시키기 위해 개혁운동을 한 걸음 후퇴시키는 유화책을 택한다. 자신의 개혁적 통찰들을 언젠가 실천으로 옮겨야 한다는 것을 루터 자신도 잘 알았지만, 욕설과 폭력, 심지어 살인까지 동반한 과격파의 방법에 일단 제동을 걸 수밖에 없었다. 이리하여 루터는 "혼란과 격정을 피해야 할 모든 그리스도인들에 대한 신실한 권고"를 집필한다(WA 8.676-687). 여기서 그는 사회질서를 유지함으로써 공동생활을 가능케 해야 할 세속 통치권의 책임을 상기시킨다. 1522년 3월 9일 일요일부터 3월 16일까지 사순절 첫 주간의 설교(Invokativpredigt)에서 그는 다음과 같이 가르친다.

(1) 비텐베르크의 신자들은 인간이 죄인임을 잘 알고 있으며, 그리스도에 대한 신실한 믿음을 가지고 있다. 그러나 사랑과 인내와 "연약한" 형제들에 대한 고려가 부족하다. 우리는 교황과 주교들에 대항하여 싸우는 것이 아니라 마귀에 대항하여 싸워야 한다. 우리는 서로 도와야 한다. 서로 돕지 않고 각자가 자기의 권리만 행사할 경우, 각자의 자유는 다른 사람에게 해가 될 것이다.

(2) 우리는 미사의 낡은 전통을 극복해야 할 것이다. 그러나 악한 영을 가지고 극복할 것이 아니라 "선한 영 안에서" 극복해야 할 것이

며, 새로운 규례와 새로운 강요를 통해서 극복하고자 해서는 안 될 것이다. 우리는 하나님의 말씀이 일하도록 해야 한다. 하나님의 말씀을 통해 우리는 사람들의 마음을 얻어야 하며, 복음을 선포해야 한다. 미사를 드리는 사제들을 폭력으로 쫓아내는 것은 죄를 짓는 것이다. 미사를 하나님께 바치는 "속죄제물"과 "업적"으로 보는 반복음적 생각은 제거되어야 한다. 그러나 종래의 의식을 당분간 지킴으로써 믿음이 "연약한" 형제자매들이 충격을 받지 않도록 해야 한다. 이들이 스스로 진리를 발견하기까지 시간의 여유를 주어야 한다. 지금까지 나는 폭력 없이 "오직 하나님의 말씀으로" 일하고, 설교하고, 글을 썼다. 만일 그렇게 하지 않았다면, 나는 아무것도 이루지 못했을 것이다.

(3) 중요한 것은 성만찬의 거행, 성상의 제거, 수도원 탈출, 사제의 결혼, 금식 등과 같은 외적인 일들이 아니다. 좋은 그리스도인이 되는 길은 외적인 일을 잘 지키는 데 있지 않다. 성만찬을 자기의 손으로 받음으로써 좋은 그리스도인이 될 수 있다고 생각한다면, 성만찬을 자기의 "주둥이"(Schnauze, 루터 자신의 표현임)로 받을 수 있는 돼지도 좋은 그리스도인이 될 수 있을 것이다.

(4) 성상은 초기 교회 시대에도 문제가 되었다. 그러므로 성상이 없는 것이 나을 것이다. 그러나 성상 그 자체는 좋은 것도 아니고 나쁜 것도 아니다. 중요한 문제는 그것을 어떻게 사용하느냐에 있다. 우리는 성상을 숭배해서는 안 된다. 그러나 성상과 교회 제단을 파괴하는 것은 사탄의 유혹에 넘어가는 일이다. 중요한 변화는 설교를 통해 일어나야 한다. 인간의 행동이 아니라 하나님의 말씀이 일하도록 해야 한다.

본질적 문제는 이것을 개혁하느냐, 저것을 개혁하느냐에 있는 것이 아니라 그리스도의 복음과 믿음에 있다. 거친 감정의 폭발과 폭력은 올바른 길이 아니다. 지금 비텐베르크에서 일어나고 있는 일들은 그리스도의 복음을 부끄럽게 한다(WA 10,26-30).

종합적으로 말하여, 비텐베르크로 돌아온 루터는 폭력을 동반한 과격한 개혁운동을 진정시키고 질서와 평화를 회복코자 한다. 여기서 루터는 두 가지 원칙을 말한다. (1) 개혁을 수용하기 어려운 "연약한" 형제들을 배려해야 한다. (2) 구원과 믿음에 대해 본질적으로 중요하지 않은 외적인 일들, 곧 "중간 매체들"(adiaphora)은 각 신자의 재량에 맡겨야 한다.

3) 루터는 개혁운동의 주인공이었다. 아무도 그의 생각을 반대할 수 없었다. 그러므로 루터의 설교를 통해 비텐베르크 시의 혼란은 진정 국면으로 돌아간다. 카를슈탓트의 활동은 대학 내의 활동으로 제한되고, 츠빌링은 루터의 지침을 따르기로 약속한다. 츠비카우에서 온 "하늘의 예언자들"은 비텐베르크를 떠난다. 이리하여 개혁운동이 한 걸음 후퇴하고, 가톨릭 교회의 관습들이 회복된다. 구걸제도, 사적 미사, 미사의 속죄제물에 대한 사제의 선포, 성직자의 귀에 대고 말하는 죄의 고백은 계속 철폐하기로 한다. 그러나 미사에서 다시 라틴어를 사용하고, 빵과 포도주를 성별한 다음 그것을 높이 들어올리며, 평신도에게 빵만 나누어 주는 관습은 회복된다. 제단과 성상파괴 운동은 일단 중지된다. 이리하여 일부 성상들과 십자고상(Crucifixus, 십자가에 달린 예수의 상)이 교회 안에 남게 된다(Heussi 1971, 288). 카를슈탓트를 위시한 과격파 인물들에게 이것은 개혁운동에 찬물을 끼얹는 것과 같았다.

이같은 유화책으로 말미암아 루터는 보수적이며 가톨릭교회의 전통을 벗어나지 못했다는 비판을 받는다. 그러나 이것은 이보 전진을 위한 일보 후퇴의 전략이라고 볼 수 있다. 만일 그 당시 비텐베르크 시의 소요 사태가 진정되지 않고 온 도시가 카오스 상태에 빠질 경우, 선제후는 무력으로 개혁파를 제압하고 개혁운동을 중단시킬 수 있었을 것이다. 이로써 종교개혁은 실패로 돌아갈 수 있었을 것이다. 사실 그 당시 적지 않은 수의 사제들과 제후들 및 시민들이 개혁파의 폭력적 행동, 갑작스러운 변화와 전통의 단절로 인한 충격 때문에 가톨릭교회 편에 서게 되었다고 한다(Aland 1980, 32). 특히 사제를 살해하는 것은 있을 수 없는 일이었다.

츠빌링을 비롯한 대부분의 개혁파 인물들은 루터의 유화책을 따른다. 그러나 카를슈탓트를 위시한 일부 극단적 인물들은 이를 거부한다. 토마스 뮌처는 루터를 가리켜, 제후들과 타협하면서 편안히 사는, 잡아먹기에 좋을 만큼 살이 찐 돼지라고 비난한다. 루터는 이들을 "광신자들"(Schwärmer)이라고 비난한다. 비텐베르크 시 의회는 카를슈탓트에게 대학을 벗어난 일체의 외부 활동을 금지하는 대신, 그를 신학부 과장으로 세운다. 카를슈탓트는 문서를 통해 자기의 입장을 변호하기를 원했지만, 대학 위원회는 이를 허락하지 않는다.

4) 루터가 비텐베르크로 돌아온 지 약 1년 후 비텐베르크 시의 혼란 상태가 일단 수습된다. 그러자 루터는 개혁운동을 다시 시작한다. 1523년 가을에 그는 "비텐베르크 교회를 위한 미사와 성만찬 친교 의식"(*Formula missae et communionis*⋯)에서 새로운 예배의식을 제의한다. 여기서 그는 전통적 예배를 보존하되, 비복음적 의식들과 화려한 성복, 성찬 용기, 성찬대의 수건, 촛불과 향로의 연기 등 불필요한 요소들로 인해 가려져버린 예

배의 본래 의미를 회복코자 한다. 성만찬에 사용되는 특별한 성복 착용은 각자의 재량에 맡길 문제이지만, 과시와 사치에 빠져서는 안 된다. 사제의 성복은 다른 의복들보다 더 거룩하지 않다. 성복과 같은 외적인 형식들 때문에 더 큰 축복을 받을 수 있다는 생각은 미신이다(2009, 667).

무엇보다도 루터는 속죄제물로서의 미사를 강력하게 거부한다. 미사는 인간이 하나님께 바치는 "제물이나 선한 업적"(*sacrificium seu opus bonum*)이 아니다. 미사는 "성례 혹은 언약, 라틴어로 축복(*benedictio*), 그리스어로 감사(*Eucharistie*), 주의 식탁 혹은 주의 만찬, 주의 기억, 친교(Kommunion)로" 파악되어야 한다(654).

이 문서의 둘째 부분에서 루터는 성만찬의 실천적인 문제들을 다룬다. 먼저 루터는 예배실의 제2, 제3의 제단 구석에서 사제 혼자 드리는 미사(Winkelmesse, 글자 그대로 번역하면 "구석미사")를 반대한다. 아무도 없는 빈 예배실의 "돌과 나무들 사이에서, 혹은 아무도 없는 하늘 아래에서" 사제 혼자 성만찬 입례사를 선포하고 빵과 포도주를 혼자 먹고 마시는 것은 "말이 되지 않는 일이다"(*absurdissimum*). 성만찬을 행하기 전에 사제는, 누가 성만찬에 참여코자 하는가를 보고, 그가 성만찬에 참여할 자격이 있는가를 알아야 한다(666).

루터는 성만찬에 참여할 자격이 없는 자들의 수찬을 반대한다. 윤락녀, 간음한 자, 술주정뱅이, 도박하는 자, 고리대금업자, 중상모략자 등은 자기의 삶을 바꾸었다는 사실이 증명될 때까지 성만찬에서 제외되어야 한다(669). 성만찬 이전에 지은 사적인 죄의 참회는 도움이 되지만, 반드시 필요하지 않으며 강요되어서는 안 된다(671).

그리스도의 말씀대로 모든 신자에게 빵과 포도주가 나누어져야 한다. 그리스도의 말씀을 알지 못하여 빵만 받고자 하는 사람이 있다면 그렇게 하도록 허용해야 한다. 성만찬 의식은 사람들을 강요하는 법이 되어서는 안 된다(671). 성만찬에서 "자유가 다스려야 하며, 법과 규정을 가지고 그리스도인들의 양심을 포로로 삼아서는 안 된다"(675). 루터는 새로운 미사 의식을 다음과 같이 제시한다.

입례.

찬송: 주여, 불쌍히 여기소서! 높은 곳에 계신 주님께 영광을.

헌금기도와 서신 낭독.

그 주의 찬송이나 할렐루야 찬송.

성령의 오심에 대한 간구.

복음서 낭독.

사도신경과 설교(독일어로).

미사 집례(속죄제물의 요소들 없이).

- 빵과 포도주의 준비.

- 인사, "마음을 들어올립니다"(*Sumsum corda*)를 부름, 성찬 준비.

- 빵과 포도주의 제정사(가능한 노래로 부름).

- 빵과 포도주를 들어올리고 "거룩하신 분"(*sanctus*)을 부름.

- 주기도문과 죄의 용서.

- 성만찬의 나눔, "하나님의 어린 양"(*Agnus Dei*)을 부름.

- 받은 은사에 대한 감사를 나타내는 헌금기도.

이 순서에 따라 루터는 가톨릭교회의 전통적 미사를 개혁코자 한다. 그러나 목회자들은 이를 강력히 반대한다. 그러자 루터는 아무것도 개혁할 수 없다면 비텐베르크를 떠나겠다고 1524년 강림절 예배에서 설교

한다. 동년 성탄절에 루터는 시장과 시 의원들, 대학 총장, 시 교회 목사와 함께 속죄제물의 미사를 폐지하고 새로운 예배 의식을 도입한다. 약 일 년이 지난 뒤에야 루터는 라틴어 대신에 독일어로 미사를 집례한다. 1523년에 발표된 이 문서(*Formula missae et communionis*⋯)에 근거하여 루터는 1529년 9월에 "독일 미사"(*Deutsche Messe*)를 발표한다.

4. 초기 개혁운동에 대한 반응과 1522/23, 1524년의 뉘른베르크 제국의회

1) 1521년 이후 비텐베르크에서 시작된 종교개혁 운동은 민중들의 절대적 지지 속에서 초원의 불길처럼 독일 전역으로 퍼진다. 영적 제후들(주교들)이 통치하는 가톨릭 지역에서도 그것을 막아내기 어려울 정도였다. 개혁운동이 확산되면서 도처에 새로운 변화들이 가시적으로 일어났다. 몇 가지 변화를 열거한다면, (1) 예수의 속죄제물을 하나님께 바치는 미사 대신에 복음적 설교 중심의 예배가 등장하기 시작하였다. (2) 신자들의 개인적 목적을 위한 사적 미사가 감소되었다. 이것은 성직자들의 수입 감소로 이어졌다. (3) 교회의 수많은 축일, 축제와 종교행사가 폐지되었다. (4) 신자들이 금식, 금욕, 순례 등 각종 업적 내지 공적에서 자유롭게 되기 시작하였다. (5) 교회의 외적인 장식들이 줄어들고 성상 숭배와 성인 숭배가 약화됨으로써 그리스도의 복음이 전면에 부각되기 시작하였다. (6) 루터가 외친 "자유의 정신"으로 말미암아 교회와 성직자에 대한 평신도의 의존이 약화되고, 평신도들이 자기의 목소리를 내기 시작하였다. 이로 말미암아 신앙에 대한 각종 자유로운 사상들과 소종파 활동이 활성화되었다.

(7) "모든 신자들의 사제직"으로 말미암아 성직과 세속 직업이 동일하다는 인식이 확산됨으로써 성직자의 권위가 약화되었다. (8) 가톨릭교회의 많은 사제와 수도사가 결혼을 하고, 수도원이 문을 닫았다. (9) 로마 교황청에 대한 반감이 증폭되었다. 수많은 문서가 교황을 적그리스도, 이단자라 정죄하였다.

2) 이같은 변화를 일으킨 개혁운동에 대한 반응은 매우 다양하였다. 첫째 반응은 개혁운동을 적극 지지하는 입장이었다. 이 입장의 대표자는 일부 가톨릭 성직자들과 수사들 그리고 제국도시 시민들이었다. 당시 제국도시는 자치권을 가지고 있었기 때문에 시민들은 자기의 입장을 자유롭게 표명할 수 있었다.

그 당시 도시에 거주하던 주교들과 사제들, 수도원과 교회기관들은 치외법권을 누리고 있었다. 그들은 불의한 일을 저질러도 세속의 법에 따른 벌을 받지 않았다. 이에 개혁적 설교자들은 가톨릭교회의 교회법과, 이에 기초한 성직자 계급 및 교회기관들의 특권을 강하게 비판하면서 교회개혁을 요구하였다. 시민들은 이들의 설교를 적극 지지하였다. 이 과정에서 일어난 시민들과 가톨릭교회 측의 충돌은 폭력을 동반한 싸움으로 발전할 때도 있었다.

개혁운동의 처음 단계에 도시 통치자들은 사태를 관망하는 태도를 취하였다. 그러나 가톨릭교회의 착취에 지친 시민들의 개혁에 대한 요구가 거세짐에 따라 시의 통치자들은 시 전체의 평화를 위해 개혁을 허용하거나 장려하는 입장을 취하게 된다. 이들은 매우 조심스러운 태도로 시민들의 개혁에 대한 요구와 이에 따른 정치적 귀결을 수용하였다. 시민들의 "대중적 기초"로 말미암아 "종교개혁은 이제 되돌릴 수 없는 사건이 되었다"(Hamm 1996, 97). 본래 루터의 종교개혁은 "아래로부터" 일어난 "대중종교개혁"(Volksreformation), "도시 종교개혁"(Stadtreformation)이었다는 사실을 우리는 여기서 볼 수 있다.

그 대표적 도시는 뉘른베르크(Nürnberg)였다. 이 도시의 의회 서기인 라차루스 슈펭글러(Lazarus Spengler)는 이미 1519년부터 개혁운동을 지지하였다. 그는 시 의회 의원들에게 그리스도를 위해 박해와 십자가를 짊어질 것을 독려하면서, 독일 남부의 다른 도시들도 개혁운동을 추진케 한다. 1523년 뉘른베르크 제국의회에서 교황의 대사 치에레가티(Chieregati)가 황제의 보름스 칙령의 시행과 개혁적 설교자들의 체포를 요구했을 때, 슈펭글러는 시장과 시 의회 의원들에게 개혁적 설교자들에 대한 보호를 간청한다. 이 도시의 대표적 신학자인 안드레아스 오지안더(Andreas Osiander)는 30년 동안 개혁운동을 추진하였다. 1522년에 뉘른베르크에서 세워지기 시작한 극빈자 보호소는 최초의 종교개혁적 사회시설이었다. 스트라스부르크에서는 마르틴 부처와 볼프강 카피토(Wolfgang Capito, 이전에 대주교 알브레히트의 서기였던 인물)를 주축으로 개혁운동이 일어난다. 뤼벡(Lübeck), 브란덴부르크, 프랑크푸르트(Frankfurt a. M.), 레겐스부르크(Regensburg), 멤밍언(Memmingen), 울름(Ulm) 등 많은 제국도시가 그 뒤를 따른다.

제국도시를 중심으로 한 개혁운동의 확산에 대해 가톨릭교회 성직자들은 정당한 반대 이유를 제시하기 어려웠다. 루터의 개혁사상은 가톨릭 전통을 파괴하는 이단이라는 고발장들이 접수되었지만, 이에 대한 신학적 근거의 결핍이 드러날 뿐이었다. 그 당시 많은 성직자는 귀족 출신으로서 신학교육 없이 사제와 주교가 되고, 심지어 추기경과 교황이 되었기 때문이다. 미성년자가 갑자기 추기경이 되는 경우도 있었다.

3) 개혁운동을 적극 지지하는 시민들 뒤에는 제국의회 의원들 내지 제후들의 눈에 보이지 않는 지지가 있었다. 상당수의 제국의회 의원들, 특히 제국도시 의원들은 교황의 루터 파문과 황제의 보름스 칙령 시행에 관심을 보이지 않았다. 그들은 칙령의 시행을 계속 미룸으로써 루터의 생명을 보호하였다. 루터가 교황과 황제에 맞서는 독일 민족의 영웅처럼 보이는 상황에서, 세속의 제후들은 물론 영적 제후들(주교들)마저 자기를 교황과 황제의 지지자로 드러내는 것을 피하였다.

교황 측에 속하면서도 루터에게 호의를 보이는 인물들도 있었다. 그 대표자는 마인츠의 대주교 알브레히트였다. 비텐베르크 개혁운동이 확산되고 있던 당시, 대주교 알브레히트는 황제 선출권을 가진 7명의 선제후 중 가장 높은 선임 선제후인 동시에 제국의 선임 총리(Erzkanzler)였다. 루터가 95개조를 발표했을 때, 그는 루터를 이단의 위험성을 가진 인물로 교황에게 보고했지만, 1521년 보름스 제국의회 이후 그는 루터에 대한 교황청의 극단적 조치를 반대하였다. 인문주의 사상을 가진 자신의 비서 카피토의 영향으로, 그는 가톨릭교회와 개혁파(프로테스탄트)를 중재하려는 입장을 취하였다. 그는 교황의 루터 파문 교서의 출판을 중단하였다. 또 그는 황제의 보름스 칙령에 서명하는 것을 거부하였다. 그는 자기의 통치 영역에서 1524년까지 보름스 칙령의 발표를 미루었다. 알브레히트 역시 독일에 대한 교황의 횡포를 잘 알고 있었고, 스페인 출신의 새파랗게 젊은 황제에게 호감을 갖지 않았기 때문이다. 그가 이탈리아 메디치(Medici)가(家) 출신 교황에게 바친 거액의 뇌물은 결국 교황에 대한 반감을 일으켰을 것이다. 뇌물을 바치는 자는 뇌물을 바치면서도, 뇌물을 받는 자에게 반감을 갖기 때문이다.

작선의 선제후 프리드리히는 개혁운동에 결정적 힘이 되었다. 프리드리히는 루터에 대해 거리를 유지하면서도 그의 개혁운동을 도와주고, 그의 생명을 보호한다. 그는 루터의 주장에 따라 성유물 수집을 중단하며, 1525년 5월 5일 죽기 직전에 가톨릭교회의 종유식 성례를 거부하고 성만찬에서 빵과 포도주 두 가지를 받는다. 이를 통해 그는 종교개혁에 대한 자신의 지지 입장을 명백히 표명한다. 참으로 그는 "그리스도교적인 제후"이고자 했다. 그의 동생이요 후계자들인 불변자 요한(Johann der Beständige, 1525-1532)과 용감한 자 요한 프리드리히(Johann Friedrich der Großmütige, 1532-1547)는 현자 프리드리히 사망 후에 루터의 충실한 지지자로서 개혁운동을 적극 추진하였다(Heussi 1971, 289-290).

4) 개혁운동 확산에 대한 둘째 반응은 그것을 거부하고 억압하는 태도였다. 특히 교황의 우산 밑에 있는 영적 제후들이 개혁운동을 거부하였다. 사실 교황 앞에 서 있는 루터는, 골리앗 앞에 서 있는 다윗과 같았기 때문에 점차 많은 제후가 교황 편으로 돌아선다. 더구나 개혁운동 내에 다양한 사상 내지 종파들이 혼재함으로 말미암아 혼란과 분열의 징조가 보였기 때문이다. 이리하여 다수의 제후들이 개혁운동을 억압하고 제국의 옛 질서를 유지하려는 입장을 취한다. 특히 합스부르크 가의 세력이 강한 지역에서 개혁운동에 대한 억압과 탄압이 일어난다.

그중에서도 가장 심한 지역은 네덜란드였다. 네덜란드의 합스부르크 정부는 개혁적 설교를 하는 아우구스티누스 수도원 계열을 잔인하게 탄압하였다. 수도원이 폐쇄되고, 개혁파 신자들이 체포되었다. 안트베르펜(Antwerpen)의 아우구스티누스 수도원장 야콥 프롭스트(Jakob Propst)는 1522년 종교재판을 받을 위험 때문에 자기의 입장을 취소하고, 독일 북부 브레멘(Bremen)으로 도주하여 거기서 개혁자로 일하였다. 1523년에 아우구스티누스파 수도사 에쉔(Jan von der Eschen)과 포에스(Hendrick Voes)는 종교재판을 받고 화형을 당하였다.

개혁운동을 억압한 제후들 가운데 대표적 인물은 작센의 공작 게오르그(Georg, 1500-1539)였다. 그는 작센의 선제후 프리드리히의 사촌이었지만, 프리드리히에 반대되는 반종교개혁적 입장을 취하였다. 그는 1519년의 라이프치히 변론 이후 루터를 얀 후스 계열의 이단자로 간주하였다. 1522년 2월 10일에 그는 모든 루터 지지자와, 성만찬에서 빵과 포도주 두 가지를 받은 평신도들에 대한 체포 명령을 내렸다. 이들 가운데는 가톨릭교회의 사제들과 수도사들도 있었다. 이와 비슷한 일들이 여러 영지에서 일어났다. 개혁사상을 주장하는 가톨릭교회의 사제들과 수도사들이 화형을 당하는 일도 일어났다. 평신도의 금식 계명 파기, 사제의 결혼, 수도사와 수녀들의 수도원 탈출, 성상 제거와 파괴에 대해 가톨릭교회는 파면, 감옥, 추방, 화형으로 대응하였다.

5) 개혁운동에 대한 찬성과 반대의 대립 속에서 가톨릭교회의 과오를 인정하고, 그 과오를 개혁하려는 입장이 나타난다. 그 입장의 대표자는 1522년 교황으로 선출되었다가 임기 1년 만에 사망한 네덜란드 출신 하드리아누스 6세(Hadrian VI)였다. 그는 1522년에 이탈리아 메디치 가 출신이었던 교황 레오 10세가 죽은 다음 교황이 되었다. 황제 카를 5세의 전담 교사였고 스페인 대리 통치자이기도 했던 그는 황제의 두터운 신임을 받고 있었다. 황제는 다양한 교회적·정치적 관심들의 중재를 위해 그를 교황으로 세우도록 하였다.

1523년 1월, 교황 하드리아누스 6세는 뉘른베르크 제국의회에 황제 카를 5세의 보름스 칙령의 시행, 가톨릭 신앙의 보호, 루터의 문헌들의 소각을 요청하였다. 그런데 교황이 제국의회에 보낸 서신에는 교황청의 죄책에 대한 고백이 포함되어 있었다. 서신에 따르면, 교회가 어려움을 당하는 이유는 사제들과 감독 사제들의 죄 때문이다. 교황의 자리에서도 많은 고약한 일이 일어났다. 가톨릭교회의 질병은 "머리에서 발끝까지, 교황들로부터 감독 사제들에 이르기까지 퍼져" 있다. 그러므로 로마 교황청이 먼저 개혁되어야 한다. 질병이 너무도 깊고 넓기 때문에 단번에 나아질 수 없다.

이 서신에서 교황 하드리아누스 6세는 먼저 교황청 개혁에 대한 의지를 표명한다. 그러나 교황청의 저항으로 인해 하드리아누스 6세의 개혁 의지는 좌절되어버린다. 그는 동년(1523) 9월 14일에 사망한다(필자의 추측에 의하면, 그는 교황청 개혁을 반대하는 자들에 의해 독살된 것으로 보인다). 그의 뒤를 이어 전(前) 교황 레오 10세의 사촌 클레멘스 7세가 새 교황으로 선출된다. 그 역시 메디치 가의 후손이었다.

1521년 가을부터 뉘른베르크에 자리 잡게 된 제국정부 측에서도 가톨릭교회 자체의 개혁과, 개혁파와 가톨릭교회의 중재를 위해 노력한다. 이같은 분위기 속에서 1522/23년에 뉘른베르크 제국의회가 개최된다(교황 하드리아누스 6세가 사망하기 전이었음). 의회에서 교황의 사절 치에레가티(Chieregati)는 1523년 1월 3일에 교황의 이름으로 보름스 칙령의 시행을 요청하면서, 가톨릭교회의 타락에 대해 교황청의 책임도 크다고 고백한다. 그리고 그는 독일의 무거운 짐(Gravamina)의 해결과 가톨릭교회의 개혁을 약속한다. 이것은 루터의 종교개혁으로 말미암아 가톨릭교회 안에서 일어난 "반종교개혁(Gegenreformation)의 시작"이었다.

6) 1522/23년에 열린 뉘른베르크 제국의회의 종교적 방향을 결정한 것은 가톨릭교회 자체의 개혁을 주장하는 하드리아누스 6서의 입장이었다.

그 당시 황제는 이탈리아의 지배권을 두고 프랑스 왕 프랑수아 1세와 전쟁 중에 있었기 때문에 제국의회에 깊이 개입할 수 없었다. 의회는 다음과 같은 결정과 함께 끝난다. (1) 가톨릭교회의 잘못을 드러낸 루터의 개혁운동을 벌해서는 안 된다. 만일 이것을 벌한다면, 진리를 덮어버리고 불의를 허용하는 것이 될 것이다. 이로 인해 새로운 동요가 일어날 수 있다. (2) 주교들은 "복음적 진리"의 설교에 관심을 가져야 한다. (3) 1년 내에 황제와 교황이 공의회를 소집하여 문제를 해결해야 한다. (4) 필요할 경우, 독일 교회의 국가총회를 1524년에 열 수 있다.

제국의회의 이 결정은 개혁파에 대해 매우 우호적이었다. 루터와 그의 지지자들을 파문한 보름스 칙령의 시행은 연기되었다. 전체 교회의 공의회 및 독일 교회의 국가총회에 대한 요구는 교황의 지배로부터의 자유에 대한 요구였다. 루터는 제국의회의 결정에 깊은 감사를 드린다(WA 12.62-67). 그러나 교황은 제국의회의 이 결정을 거부하였다.

7) 1522/23년의 제국의회가 끝난 지 1년이 채 못 된 1524년에 뉘른베르크 제국의회가 다시 열린다. 이때의 교황은 전전 교황 레오 10세의 사촌 클레멘스 7세였다. 교황의 대리자로 제국의회에 참석한 캄페기오(Campegio)는 보름스 칙령의 즉각적 시행을 제국의회에 요구하지만, 반대에 부딪친다. 특히 제국도시 의원들이 이를 적극 반대한다. 칙령을 강제적으로 시행할 경우 폭동이 일어날 수 있다는 이유로, 이들은 반대 사유를 밝힌다. 제국의회는 아래의 사항을 결정한다. (1) 자유롭고 보편적인 공의회를 독일에서 개최한다. (2) 공의회를 위한 준비로, 1524년 성 마르틴 축제일(11월 11일)에 독일 국가회의를 슈파이어에서 개최하고, 루터의 종교개혁과 독일 민족의 "무거운 짐"(Gravamina)의 문제를 다루기로 한다. (3) 제

국의회 의원들은 "그들에게 가능한 범위에서"(soviel ihnen möglich) 보름스 칙령을 속히 시행한다.

여기서 보름스 칙령의 시행 문제는 매우 모호하게 결정되었다. "가능한 범위"라는 말은 "즉시 시행되어야 한다"는 말로 해석될 수도 있었고, "형편에 따라 미룰 수도 있다"는 말로 해석될 수도 있었다. 이 모호성 때문에 개혁파와 보수파 모두 제국의회의 결정을 거부한다. 작선의 선제후 프리드리히를 위시한 제국도시의 의원들도 이 결정에 대한 서명을 거부하였고, 교황의 사절인 캄페기오도 이를 반대하였다. 황제는 종교적 문제를 다루기 위한 독일 국가회의를 거부하면서, 보름스 칙령의 시행을 거듭 요구하였다.

제국의회가 진행되고 있는 동안 캄페기오는 1524년 6월 27일부터 7월 7일 사이에 독일 남동부 레겐스부르크(Regensburg)에서 가톨릭 측 의원들의 레겐스부르크 연맹(Regensburger Bündnis)을 결성하고, 보름스 칙령의 시행을 통해 루터의 이단을 제거할 수 있는 구체적 대책을 논의한다(Heussi 1971, 289). 회의 마지막 날에 세속 제후들의 주장으로 가톨릭교회 자체의 개혁에 대한 아래의 사항들이 결정된다. (1) 교회의 잘못된 관습들은 제거되어야 한다. (2) 성직자들의 생활이 도덕적으로 개선되어야 한다.

제국도시 의원들과 함께 뉘른베르크 시의 서기 슈펭글러도 황제의 결정을 반대하였다. 그의 노력으로 1524년 12월 12일에 아욱스부르크 동쪽의 울름시 의회는, 자유 제국도시들은 보름스 칙령을 시행할 수 없다는 공개서한을 황제에게 보낸다. 그 이유는, 그리스도인들은 세례를 통해, 죽을지라도 그리스도와 복음에 충성해야 할 의무를 가지기 때문이라고 말한다. 시 의회는, 우리는 황제에게 충성해야 하지만, 황제의 명령이 하나님의 말씀과 우리의 양심에 반할 경우 황제에게 충성할 수 없다고 밝힌다.

5. 종교개혁 운동의 확산 요인들

1521년 이후 비텐베르크에서 일어난 종교개혁 운동은 독일 지역을 넘어 스위스, 오스트리아, 헝가리, 모라비아, 발트해 지역, 네덜란드 등 유럽 각지로 파급된다. 1523년 네덜란드에서는 개혁운동으로 인한 최초의 순교자가 발생한다. 또 비텐베르크 개혁운동은 스위스 취리히에서 일어난 울리히 츠빙글리(Ulrich Zwingli)의 개혁운동과 연결된다. 개혁운동의 중심인물들은 사제들과 수도사들이었다. 비텐베르크 대학의 교수 암스도르프, 멜랑히톤, 비텐베르크 성 주임사제요 신학교수인 유스투스 요나스, 독일 북부 지역과 덴마크의 개혁을 주도한 요한네스 부겐하겐(Johannes Bugenhagen), 선제후 프리드리히의 궁중 비서 게오르그 슈팔라틴, 스트라스부르크의 개혁을 주도한 마르틴 부처는 루터의 개혁운동의 동지들이었다. 멜랑히톤은 루터의 오른팔과 같은 동역자였다.

특히 루터의 대학 친구이자 선제후 프리드리히의 비서 슈팔라틴은, 선제후와 루터를 중재하는 데 결정적 역할을 한다. "그는 1511년 가을부터 선제후의 조카들의 교사로 비텐베르크에 머물게 되었으며 1516년 9월부터는 선제후의 비서로 임명되었다. 또한 이 위치에서 그는 1517년 9월부터는 교회와 대학의 문제를 담당하는 책임자가 되었다"(이영호 2017a, 44). 그는 루터의 생명이 위험할 때마다 선제후의 도움을 중재하였다. 이같은 동지들의 도움 속에서 일어난 개혁운동이 급속히 파급된 요인들을 우리는 다음과 같이 정리할 수 있다.

1) 우리는 첫째 요인을 새로운 금속활자 인쇄술과 이를 통해 가능했던 문서운동에서 발견할 수 있다. 루터는 개혁운동 처음부터 금속활자 인쇄술

을 활용하였다. 그의 초기 개혁운동은 금속활자 인쇄술을 통한 "출판물의 눈사태"(Publikationslawine)였다. 1519년 말까지 루터의 출판물들이 250,000부 이상 팔렸다. 1521년 초 익명의 한 저자가 쓴 "카르스탄스"(Karsthans)라는 제목의 문서는, 교황의 권력을 부인하다가 생명의 위협에 처한 루터의 보호를 호소하였다. 성경만이 하나님의 진리에 대한 인식의 근거이고, 구원의 길은 믿음에 있으며, 모든 신자는 사제와 동일한 영적 신분을 가진 사제들로서 자신의 판단 능력을 가지므로, 그들은 교황과 교회의 그릇된 가르침을 거부할 수 있다는 루터의 사상을 이 문서는 전하였다.

1522년에만 루터에 관한 1,000여 가지의 문서들이 인쇄되어 독일 전역에 유포되었다고 한다. 1525년까지 루터 자신이 쓴 287가지 문서가 출판되어 170만 부가 판매되었다. 1524년에는 루터에 동조하는 작가들이 쓴 2,400가지 문서가 인쇄되어 200만 부가 팔렸다. 이리하여 루터는 일약 "종교적 국민 작가"로 부상하였다. 교육을 받은 사람들에게 루터는 라틴어로 자기의 생각을 전하였고, 교육을 받지 못한 평신도에게는 재미있게 읽을 수 있는 팜플렛을 통해 자기의 생각을 전하였다. 글을 읽을 수 없는 사람들에게는, 다른 사람이 루터의 문서를 가정이나 술집이나 길거리에서 읽어줌으로써 루터의 개혁사상을 전하였다(Hamm 2008, 42). 그러나 루터의 개혁운동은 단지 입소문을 통한 것이 아니라 루터의 개혁적 통찰들을 정확하게 기술한 문서들을 통한 "문서운동"이었다.

글을 읽을 수 있는 많은 성직자, 곧 사제들과 수도사들이 루터의 개혁사상을 수용하였다. 설교직을 맡은 성직자들, 걸인 수도사들, 특히 아우구스투스 수사들의 뒤를 이어 프란체스코 수도사들이 루터의 개혁사상을 지지하였다. 이들은 루터의 주장에 따라 교황체제와 성직자들의 권위를 거부하였다. 루터의 사상을 전한 사람들 중 약 20%는 평신도였는데, 여자들도 있었다. 이들은 루터가 말한 만인사제직에 근거하여 자신의 생각을 대담하게 표명하였다.

앞서 기술한 바와 같이, 선제후 프리드리히의 궁정화가인 크라나하는 청빈한 그리스도의 삶과 세속적 욕망으로 가득한 적그리스도 교황의 삶을 비교하는 13쌍의 목판화 소책자를 발행하였다(이 책의 제1부 III. 9. 참조). 멜랑히톤과 법학자인 슈베어트페거의 짧은 해설이 첨가된 이 책자는 문맹자들도 당시의 사태를 이해할 수 있도록 하였다. 이를 통해 루터의 개혁운동의 대중적 지지 기반을 형성하는 데 크게 기여하였다. 초판 20,000부가 즉시 매진되었고, 독일에서 10판까지 출판될 정도로 그것은 대중적 인기가 있었다.

2) 우리는 둘째 요인을 익명과 가명의 필자들이 쓴 수많은 팜플렛에서 볼 수 있다. 팜플렛 중에는 루터가 쓴 것도 있었다. 두껍지 않고, 구어체로 기록되어 누구나 쉽게 읽을 수 있고, 또 구입하기에 부담이 없는 팜플렛은 당시 가톨릭교회의 부패상과 루터의 개혁사상을 재미있게 전하였다. 익명의 한 팜플렛을 소개한다면,

어느 작은 시골 마을에 쿤츠(Kunz)와 프릿츠(Fritz)라는 두 농부가 살고 있었다(쿤츠, 프릿츠, 펫츠 등의 이름은 익살기를 가지고 있음). 어느 날 두 사람은 다음과 같은 대화를 나눈다.

프릿츠: 여보게 쿤츠, 오랫동안 볼 수 없었는데, 그동안 어디에 갔다 왔어?
쿤츠: 튀빙언(Tübingen)에 갔다 왔지. 거기서 대학생들을 만날 수 있었단다.
프릿츠: 튀빙언에 무슨 좋은 얘기들이 있었나?
쿤츠: 다른 곳과 마찬가지였어. 많은 성직 자리를 소유한 사람은 루터를 미워

하고 그를 이단자라고 욕하더군. 그러나 불쌍한 여자 롯테(Rotte)는 그를 좋아 하더군.

프릿츠: 이것 봐, 쿤츠. 펫츠(Fetz)라고 하는 박사가 거기 있다고 들었는데, 루터가 바울의 말씀을 매우 자주 인용한다는 단지 그 이유 때문에 바울의 말씀을 읽지 않으려고 한다더군.

쿤츠: 그의 이름은 펫츠가 아니라 렘프(대표적 교황 지지자 Jacob Lemp)라네.
……………

프릿츠: 바울과 그리스도의 거룩한 가르침에 근거해서 그들의 거짓된 방법과 교활함과 유치함을 지적하기 하기 때문에, 그들은 루터를 매우 괘씸하게 생각한다더군. 그런데 루터는 무슨 새로운 일을 하는 게 아니라 단지 진리를 말하기 때문에, 그들이 분개한다고 들었네.…(Oberman 1981, 68-69).

다음의 팜플렛 얘기도 당시의 상황을 보여준다. 이 팜플렛은 1520년대 초 독일 남부 울름(Ulm)의 프란체스코파 수도사인 켓턴바하(H. Kettenbach, 1524년경 사망)가 쓴 것으로 전해진다.

중년의 한 여동생: 사랑하는 오빠, 한 시간에 미사를 여러 번 드리는 게 좋을까, 아니면 하루에 한 번만 드리는 게 좋을까?

오빠 하인리히: 오늘 미사를 한 번만 드렸니?

여동생: 사랑하는 오빠, 나는 오늘 미사를 일곱 번 드렸고, 매일 미사를 드리려고 노력해.

하인리히: 오늘 너는 미사에서 무슨 성경 말씀을 들었니? 사제는 어떤 성경 말씀을 읽었고, 복음과 서신들의 뜻은 무엇인지 이야기했니? 또 사제가 성례를 시작할 때 무엇이라고 말했니?

여동생: 오빠, 어떻게 감히 이런 것을 물어보니? "*saeculorum saeculorum*"(영원에서 영원까지)을 세 번, "*Quantus quantus quantus Thomas Scarioth*"(토마스 주 하나님은 거룩하시고, 거룩하시고, 거룩하시다)를 세 번 들었는데, 나는 그것이 무슨 뜻인지 몰라(사제가 라틴어로 중얼거렸기 때문임, 필자).

하인리히: 너는 미사를 드렸다고 하지 않았니?…그런데 사제가 무슨 성경 말씀을 읽었는지 모른다는 것은 말도 되지 않는 얘기가 아니니? 사제가 미사 시간에 너를 저주하는 얘기를 했어도, 너는 그것을 못 알아들었겠구나. 네가 아무것도 못 알아들었다면, 한평생 미사를 드리지 않았다는 것과 마찬가지잖아. 교회와 교황과 교사들과 설교 말씀에 한 번도 복종하지 않았다는 말이 되는데, 그럼에도 너는 매일 미사를 드렸다고 하는구나! 너는 사제가 성경 말씀을 읽을 때 그를 쳐다보지만, 그의 말은 알아듣지 못했구나.

여동생: 오빠, 솔직하게 말해서 나는 미사에서 사제가 하는 말을 한 번도 알아듣지 못했어. 사제가 성경 말씀을 읽어도 못 알아들었다구. 그들은 우리 불쌍한 평신도를 어떻게 생각하는지, 기가 막혀. 우리는 눈이 있어도 보지 못하는데, 저희 학자들은 우리의 지도자라고 말하는구나(마 15:14). 우리가 알아듣도록, 우리 말로 말하라고 왜 명령하지 않을까? 왜 그들은 복음서와 서신들을 우리 말로 읽지 않을까? 그들은 우리가 성경 말씀을 듣고 이해할 가치가 없다고 생각하는 게 아닐까? 미사에서 하나님의 말씀을 듣고 이해하지 못할 바에야 차라리 집이나 작은 골방에서 혼자 기도하는 것이 나을 것 같아.

하인리히: 사랑하는 동생아, 교황의 지지자들이 우리를 어떻게 인도했는지 보지 못하니? 그들은 파문과 복종의 의무를 가지고 우리를 위협하면서 여러 날 미사를 드리라고 명령하지. 그러나 우리가 진정으로 미사를 드리는 것을 그들은 원하지 않는단다. 그들은 그리스도께서 모든 그리스도인에게 하신, "너희 모두가 받아 마셔라"는(마 26:26 이하) 말씀을 우리에게 감추고자 한단다(그래

서 평신도에게는 포도주 잔을 주지 않음을 말함, 필자). 그리스도께서는 모든 사람에게 설교 말씀을 전하라고 명령했는데, 그들은 미사에서 우리가 알아들을 수 있는 독일 말로 서신들과 복음서를 읽는 것을 거부한단다. 교황의 지지자들은 우리가 하나님의 피조물이 아닌 것처럼 우리를 멸시하고, 우리를 교황과 적그리스도의 더러운 오물과 점토처럼 여긴단다. 미사를 드릴 때 서신들과 복음서를 독일 말로 읽는 것이 그리스도의 뜻일 터인데, 그들은 이것을 요구하는 사람들을 이단자라고 협박한단다. 정말이지, 교황의 지지자들은 모든 일에 있어 그리스도의 뜻을 역행한단다. 배운 것이 없는 일반 사람들은 달콤한 말과 거짓된 가르침에 속임을 당하면서 불행을 견디고자 하는구나. 성직자들은 그리스도 당시의 유대인들처럼 눈이 멀어버린 사람들이라고 나는 생각해. 그들의 마지막은 유대인의 마지막과 같을 거야.

여동생: 오빠가 지금 무슨 말을 하는지 나는 잘 모르겠어. 매일 여러 번 미사를 드려야 할까, 아니면 한 번만 드려야 할까?

하인리히: 이건 깊이 생각해 볼 문제야. 분명한 것은, 사제들이 그리스도의 계명에 따라 미사를 드리지 않는다는 사실이란다. 그들은 미사를 헌 옷 시장처럼, 일종의 장사처럼 만들어버렸지. 하나님은 지금 우리가 드리는 미사를 기뻐하시지 않을 거야. 아무것도 알아들을 수 없는 미사를 천 번 드리는 것보다, 하나님의 말씀, 곧 그리스도의 언약을 듣고, 그리스도의 명령에 따라 그의 살과 피를 취하는 한 번의 미사가 더 나을 거라고 생각해. 그들이 주장하는 것처럼, 미사는 인간이 하나님께 바치는 속죄제물이 아니기 때문이란다. 악한 사제가 미사를 드리든, 선한 사제가 미사를 드리든, 하나님은 모든 미사를 기뻐하신다는 말은 그들이 지어낸 거짓말이지.

여동생: 미사를 장려하는 것, 곧 미사를 위해 헌금을 바치는 것은 좋은 일이라고 그들은 말하는데?

하인리히: 네가 사제에게 바치는 헌금은 사제에게 좋은 일이지. 많이 바칠수록 사제는 더 많은 돈을 갖게 되지. "동전에 키스를 하여라"는 말은 한 성인이 생각해낸 것이란다.

여동생: 사랑하는 하인리히 오빠, 오빠는…지도자들을 반대하는구나.

하인리히: 지금 나는 마귀와 적그리스도의 사도들, 사탄의 회당이 되어버린 교회를 반대한단다(Leppin 2012, 79-81).

초기 개혁운동의 중심지는 글을 읽을 수 있는 사람들, 교육을 받은 사람들 그리고 개혁을 희망하는 인문주의자들이 많이 거주하는 도시들이었다. 많은 사람이 만나는 광장과 골목 및 음식점과 술집이 개혁사상을 입에서 입으로 전하는 장소가 되었다. 이렇게 전해지기 시작한 루터의 개혁사상은 시골의 주민들에게도 확산되었다. 입으로 전하거나, 팜플렛을 읽어주거나, 풍자화를 그린 그림 팜프렛을 통해 문맹자들도 루터의 개혁사상을 알게 되었고, 그의 개혁운동에 힘이 되었다. 성경만이 진리의 원천이요, 구원은 교회가 명령하는 업적을 통해 가능한 것이 아니라 오직 그리스도에 대한 믿음을 통해 가능하며, 가톨릭교회의 많은 가르침과 제도와 관습은 하나님의 뜻에 어긋나는 것이라는 사실에 대해 점점 더 많은 사람이 눈을 뜨게 되었다(Mau 2000, 40-43).

이리하여 황제의 보름스 칙령은 하나의 "종이"가 되어버린다(Aland 1980, 30). 루터의 문헌들을 완전히 소멸시키고, 신앙의 문제에 대한 모든 문서를 검열하겠다는 보름스 칙령은 아무런 효력도 갖지 못하게 된다. 거꾸로 교황과 황제에 의해 파문을 당한 루터가 "국민 영웅"처럼 되어버린다.

3) 셋째, 비텐베르크 개혁운동의 초기에 기동성 있는 대학생들이 루터의 개혁사상을 확산시키는 요인이 되었다. 이에 더하여 각 도시를 연결하는 상인들도 개혁운동의 확산에 기여하였다. 이들은 도시에서 도시로, 마을에서 마을로 개혁운동에 관한 소식을 입으로 전하기도 하고 문서를 전달하기도 하였다. 1524년경부터 많은 제국도시에서 개혁사상가들이 복음을 설교하고, 교회의 삶과 체제의 변화를 요구하게 된다. 그들은 성경에 근거하여 교회법과 교회 질서를 거부하기도 하였다.

개혁운동을 거부하는 성직자들과 평신도들도 있었다. 이들은 개혁자들의 설교와 가르침을 비성경적이요 이단적이라고 주장하면서 집단적으로 개혁운동을 저지하기도 하였다. 이에 저항하는 개혁파 시민들은 이들과 몸싸움을 벌이기도 하고, 시편이나 개혁적 찬송가를 크게 부르면서 이들의 예배와 설교를 방해하였다. 그들은 가톨릭교회의 종교적 행진(Prozession)을 방해하기도 하고, 성유물이나 성화를 들고 행진하는 대신 성경 말씀을 들고 행진하였다. 또한 수도원에 몰려가서 수도원을 파괴하기도 하고, 성상들과 각종 의식에 사용되는 기물들을 부수어버리기도 하였다. 개혁운동은 현존의 사회질서를 전복시키고자 하는 사회혁명적 사상과 결합됨으로써 사회정치적 혁명으로 변모할 수 있는 가능성을 보일 때도 있었다.

4) 종교개혁 운동을 크게 확산시킨 넷째 요인은 찬송가였다. 본래 중세 가톨릭교회도 찬송가를 사용하였다. 그러나 15세기 이후로 가톨릭교회는 미사에서 독일어 찬송가를 금지하였다(Basel은 1435년에, Eichstätt는 1446년에, Schwerin은 1492년에, Köln은 1536년에 이를 금지함, Mau 2000, 109). 이에 반해 개혁자들은 성경의 말씀을 텍스트로 가진 찬송가를 만들어 사용하였다.

1523년부터 찬송가는 독일 프로테스탄트 교회 예배의 중요한 부분이 되었다.

루터는 그 이전부터 "민중들이 미사를 드릴 때 모국어로 부를 수 있는 가능한 많은 찬송가를" 지을 것을 제안하면서, 이를 위해 필요한 시인들이 보이지 않는다고 탄식하였다. 루터에 따르면, 찬송가는 악한 생각들을 물리치고 믿음을 강화한다. "그것을 찬송가로 부르지 않으며 말을 하지 않으려 하는 것은, 믿지 않는다는 표식이다. 음악보다 더 높이 하나님의 거룩한 말씀을 찬양할 수 있는 것은 없다.…음악은 인간의 마음을 감동시킬 수 있는 가장 힘 있는 통치자이기 때문이다. 하나님의 가장 놀라운 음악의 사역에서 우리는 그의 완전한 지혜를 깨달을 수 있다."

찬송가의 힘을 확신했던 루터는 스스로 37개의 찬송가 가사를 쓰고, 수많은 멜로디를 작곡하였다. 1523년에 그는 최초의 찬송가집을 만들게 되는데, 벨기에 브뤼쎌에서 이단자로 화형을 당한 두 사람의 아우구스티누스 수도사의 죽음을 애도하기 위해서였다. 루터가 지은 찬송가 중에 가장 대표적인 것은 루터 자신이 작사 작곡한 "내 주는 강한 성이요"라는 찬송가이다. 시편 46편에 기초한 이 찬송가는 루터가 1529년 아욱스부르크에서 최초로 발표한 것으로 전해진다. 그것은 나폴레옹 전쟁을 위시한 독일의 전쟁에서 국가(國歌)처럼 애용된다.

루터의 영향으로 브라운슈바이크(Braunschweig), 에르푸르트, 스트라스부르크 등 많은 지역에서 개혁 찬송가들이 나타난다. 1523/24년에 토마스 뮌처는 알슈테트에서 라틴어 찬송가를 독일어로 번역한다. 특히 많은 시편 본문이 찬송가 가사로 사용된다. 1524년에 루터, 요나스, 슈펭글러 등이 공동으로 만든 작은 찬송가 책이 발행된다. 157곡이 수록된, 종교개혁 당시의 가장 큰 찬송가 책이 1531년 미하엘 바이세(Michael Weiße)에 의해 출판된다. 이 찬송가 책에는 보헤미아 형제자매들(얀 흐스의 후계자들)의 찬송가들이 포함되었다.

찬송가는 개혁사상을 확산시키는 좋은 매체가 되었다. 그것은 개혁사상의 핵심을 누구나 쉽게 부를 수 있는 노래의 형태로 나타내었기 때문이다. 그것은 "음악화된 개혁사상"이라 말할 수 있다. 그러므로 찬송가를 금지하는 일들이 많은 곳에서 일어났다. 예를 들어 힐데스하임(Hildesheim) 시 의회는 루터의 개혁운동을 노래하거나 말하는 것을 금지하였다. 1524년 5월 6일 막데부르크(Magdeburg)에서는 루터의 찬송가를 부르는 사람들을 체포하는 일이 일어났다. 그러나 이 사건으로 인해 그 도시의 개혁운동이 더 활발하게 일어난다. 1529년 뤼벡(Lübeck)에서 일어난 "찬송가 전쟁" 역시 종교개혁으로 전환하는 계기가 되었다(Mau 2000, 110).

5) 다섯째, 당시의 정치적 상황도 비텐베르크 개혁운동의 확산에 기여하였다. 1521년 보름스 칙령을 발표한 황제 카를 5세는 계속되는 전쟁 때문에 독일을 오랫동안 떠나 있었다. 그가 독일을 떠나 있는 동안 그의 동생 페르디난트가 황제직을 대행하였다. 그러나 페르디난트의 권위는 약할 수밖에 없었다. 독일을 실질적으로 통치한 것은 각 지역의 제후들(혹은 영주들)이었다. 그런데 "루터 건"에 대한 제후들의 입장은 일치하지 않았다. 대체로 그들은 루터를 지지하는 세속의 제후들과, 그를 반대하는 영적 제후들로 분열되었다. 다수의 제국도시 의원들은 세속의 제후들과 함께 루터를 지지하였다. 종교개혁 찬성파와 반대파의 갈등 속에서 보름스 칙령 집행 문제가 계속 미루어지는 사이에 비텐베르크의 종교개혁 운동은 신성로마 제국 전역으로 퍼져나갔다.

6. 제국 기사단과 루터의 종교개혁

종교개혁 당시 독일의 기사들은 사회적·경제적·정치적으로 매우 어려운 상황에 있었다. 십자군 전쟁이 끝난 이후 그들은 군사적 이용 가치를 잃어버렸다. 제후들과 신흥 시민계급 사이에서 그들의 입지는 좁아지기만 하였다. 의리와 충성을 생명처럼 생각하는 기사도는 시대의 변천에 걸맞지 않는 구시대의 유물로 간주되었다. 전쟁이 일어날 경우 용병들이 투입되었기 때문에 기사들의 존재 가치는 대폭 감소되었다.

이리하여 기사계급의 사회적·정치적·경제적 권리는 계속 축소되었다. 그들은 제후의 신하들의 계략, 재판권 축소, 삼림과 목초지 및 사냥과 고기잡이의 권리 축소, 세금과 관세의 증액에 항의했지만, 제국의회의 그 어느 계층도 기사들의 권리 회복에 관심을 갖지 않았다. 그들은 세속의 영리사업에 뛰어들 수도 없었다. 그것은 기사들의 귀족 신분에 걸맞지 않은 천한 것으로 생각되었기 때문이다. 1500년경, 농장을 가진 기사들의 생활수준은 경제적 여유가 있는 도시 시민들의 생활수준보다 낮았다. 농산물 가격의 폭락으로 인해 기사들의 수입이 대폭 감소하였기 때문이다. 기사들은 동맹을 결성하여 자신들의 권익과 존재 가치를 회복코자 했지만 효과가 없었다. 유력한 기사들은 제후와 같은 위치에 이르고자 노력하였지만 제후들은 이를 방해하였다.

이같은 상황에 처한 기사들에게 루터의 종교개혁은 호감을 주었다. 반기독교적인 로마 교황과 타락한 성직자 계급에 대한 루터의 비판은 기사들의 관심과 부합하였다. 이리하여 기사들은 루터의 종교개혁을 지지하게 된다. 그 대표적 인물은 독일 제국기사단의 지도자인 지킹언의 프란츠(Franz von Sickingen, 1481-1523)와 그의 친구 훗턴(Ulrich von Hutten, 1488-1523)

이었다. 인문주의 사상을 가진 훗턴은 1522년 팜플렛을 통해 교회 성직자들에 대한 투쟁을 선언하였다. 성직자 계급에 대한 저항과 독일의 국가적 관심에 있어 훗턴은 루터와의 일치점을 발견하였다.

지킹언의 프란츠는 개혁적 설교자들을 지원하고, 이들에게 설교와 성만찬의 공간을 제공하였다. 에번부르크(Ebernburg, 마인츠 서남부 약 70Km 지점)에 있는 그의 저택은 개혁사상을 설교하다가 박해를 당한 설교자들이 피신하는 "정의의 여인숙"으로 알려져 있었다. 여러 광산을 소유하고 있었던 프란츠는 광산 수익으로 프랑스 접경 엘자스(Elsaß) 인근의 성들을 사들이고 자기의 세력을 확장하였다. 1520/21년에 그는 에라스무스 지지자인 친구 훗턴을 통해 루터의 개혁사상을 접하게 된다. 그는 에번부르크 성에서 매일 드리는 미사를 폐지하고 일요일 예배를 도입한다. 그는 평신도가 빵과 포도주 두 가지를 받는 성만찬을 거행하며, 신약성경의 복음서와 서신들을 라틴어 대신 독일어로 읽도록 한다. 그는 루터의 사상을 변호하기도 하고, 1521년 보름스 제국의회 직전 루터에게 자기의 성 에번부르크를 도피처로 제의하기도 한다. 제후들과 사제들에 대한 그의 적개심은 루터의 개혁사상과 일맥상통하였다.

1522년에 기사들이 결성한 "형제연합"(Brüderliche Vereinigung)은 라인강 상부 지역 기사들의 정치적·군사적 동맹체로서 종교적 색채를 지니고 있었다. 이 연합에 속한 기사들은 서로간의 법적 분쟁을 폭력이나 세속 법정을 통해 해결하지 않고 자체적으로 해결하며, 기독교적인 형제애 속에서 함께 살았다. 이 연합의 지도자 프란츠는 1522/23년, 트리어(Trier)의 대주교인 동시에 제후였던 리햐르트(Richard von Greiffenklau)에 대항하여 반란을 일으킨다. 이 반란에서 그는 가톨릭교회 체제 및 성직자 계급과 제후 계급을 해체하고 제국 기사들의 사회적·정치적·경제적 권리를 회복하고자 한다. 그는 이같은 정치적 관심을 루터의 종교개혁과 결합시킨다. 선전포고문에서 그는, 이 반란은 기독교의 자유를 말살시킨 자들에 대항하여 그리스도의 영광을 회복하기 위한 것이라고 하면서 자기의 반란에 종교개혁적 색채를 부여한다. 이로써 그는 자기의 반란은 그리스도의 "복음의 길을 열기 위한" 것이라고 하면서 자기의 반란을 종교적으로 정당화한다. 그것은 단지 기사들의 지위 향상을 위한 정치적 반란이 아니라 가톨릭 체제를 거부하는 종교개혁 운동의 일환이라는 인상을 주게 된다.

그러나 프란츠의 반란은 실패로 돌아간다. 1523년 5월 7일 심한 부상을 당한 프란츠는 란트슈툴(Landstuhl)에 있는 그의 산성에서 항복하고 같은 날 사망한다. 이때 그의 나이 42세였다. 반란에 연루된 그의 친구 훗텐은 스위스 바젤로 도피한다. 계산에 빠른 에라스무스는 훗텐을 거절한다. 그러나 츠빙글리가 훗텐을 받아주고, 취리히 호수에 있는 우페나우(Ufenau) 섬에 도피처를 제공한다. 여기서 훗텐은 동년 8월에 사망한다. 이로써 루터의 개혁사상의 확산에 기여한 독일 기사단의 생명은 끝난다(Mau 2000, 92-93).

루터는 제국 기사들과 친분관계를 갖지 않았다. 그는 기사단의 반란에 대해 시종일관 침묵하였다. 루터는 타락한 교회를 개혁하고 그리스도의 복음을 회복코자 하는 자신의 개혁운동이 기사단의 정치적 관심과 결합되는 것을 원하지 않았기 때문으로 보인다. 또 위에 있는 권세에 복종해야 한다는 자신의 확신 때문에 루터는 프란츠의 반란에 전혀 개입하지 않은 것으로 보인다(롬 13:1; 벧전 2:13-14).

IV
츠빙글리의 스위스 종교개혁

1. 사순절 소시지 문제로 인한 츠빙글리의 개혁운동

1) 비텐베르크에서 개혁운동이 일어나고 있을 당시 스위스에서도 개혁운동이 일어나기 시작하였다. 바젤, 베른, 취리히(Zürich) 등지에서 "자유로운 개혁의 분위기"가 조성되고 있었다. 바젤에서 인쇄된 루터의 많은 문헌이 이에 영향을 준 것으로 보인다. 스위스 개혁운동은 먼저 독일어권에 속한 취리히에서 시작되었다. 그 지도자는 울리히 츠빙글리(Ulrich Zwingli, 1484-1531)였다. 그는 1484년 1월 1일에 스위스 동부 톡건부르크(Toggenburg) 지역 빌트하우스(Wildhaus)에서 상당히 부유한 농가의 셋째 아들로 태어났다. 그의 본래 이름은 울리히(Ulrich)였으나, 이것을 그는 형용사 "huldreich"(은혜가 풍성한)로 해석하고 Huldrych라고 표기하였다. 이리하여 "홀드리히 츠빙글리"가 그의 공식 이름이 된다.

1494년에서 1497년까지 바젤과 베른에서 학교교육을 받은 후, 그는 1498년 오스트리아 빈에서 인문학을 공부한다. 그는 1506년 인문학 석사(magister artium)학위를 받고 신학 공부를 시작한다. 신학 공부를 시작하면서 그는 글라루스(Glarus)에서 민간사제(Leutpriester, 민간인 사이에 거주하는 사제)로 일하게 된다. 사제직을 얻을 때, 그는 당시 가톨릭교회의 관례에 따라 은화 100개를 지불하였다고 한다(이장식 2011, 327). 1506년 9월에 사제 서임을 받은 츠빙글리는 1516년까지 글라루스에서 봉직한다.

2) 글라루스에서 봉직하는 동안 그는 세 번에 걸쳐(1512, 1513, 1515년) 스위스 용병들의 종군사제로서 교황의 봉토 문제로 인한 이탈리아 전쟁에 참여하였다. 그 당시 스위스의 경제 상황은 매우 열악하였다. 그래서 스위스의 많은 젊은이는 기꺼이 외국의 용병이 되었다. 인근 국가들로부터 뇌물을 받은 스위스 관리들과 귀족들은, 용병에 지원하라고 젊은이들을 부추겼다. 그 당시 스위스 용병은 가장 용감한 군인으로 인정받아 인기가 매우 좋았다. 교황과 프랑스는 스위스 용병을 얻기 위해 후한 은급을 약속하면서 더 많은 스위스 용병을 얻고자 경쟁하였다. 스위스 젊은이들은 계속 용병으로 일할 수 있기 위해 그들이 받은 은급을 시청이나 귀족들에게 공적으로, 혹은 비밀리에 맡겼다. 이들에게 맡겨진 용병들의 은급은 경제적으로 빈곤한 도시 행정기관과 귀족들의 수입원이 되었다. 자기의 은급을 비밀리에 귀족에게 맡긴 용병이 전쟁에서 사망할 경우, 그 은급은 고스란히 귀족의 소유가 되었다.

츠빙글리는 세 번이나 교황 측 용병의 종군 설교자로 이탈리아에서 일하였다. 교황은 이를 매우 감사하게 생각하여 츠빙글리에게 후한 은급과 교황 전속 사제의 직분을 하사하였다. 그러나 교황청이 벌인 전쟁에서 많은 스위스 용병이 "죽고 시체들이 스위스로 돌아오면 그들의 젊은 과부들이 통곡하는 것을 본 츠빙글리는 용병제도를 철폐할 것을 주장"하게 된다(이장식 2011, 327). 용병으로서의 "군복무는 그들을 거칠고 잔인하게 만들었다. 많은 이들이 불구와 질병을 얻어 귀국하였다.…가정에 남아 있던 여인들과 아이들과 노인들은 일을 처리할 수 없었고, 반면에 남자들은 그들의 에너지를 한편으로는 전쟁에, 다른 한편으로는…'돈을 위하여 살인을 일삼는 데' 소진하였다"(강경림 2016a, 103).

이에 츠빙글리는 용병제도를 다음과 같이 고발한다. "군대에 끌려간 그의 아들은 굶주렸고 죽음과 병 때문에 거의 죽게 되었습니다. 그리고 그는 전쟁터에서 총상과 부상의 위험에 시달렸습니다. 마침내 군대 간 아들이 그동안 모았던 돈을 계산해보았는데, 그때서야 그는 비로소 '내가 집에서 농사를 지으면 매일 먹을 것과 4페니히 이상을 벌을 수 있고, 칼에 찔려 죽을 위험도 맞아 죽을 위험도 없었을 텐데, 그리고 자신과 같이 일하는 불쌍하고 늙은 아버지가 거지가 되지도 않았을 텐데'라고 깨닫게 되었던 것입니다. 그러나 외국 군대가 들어왔을 때 돈을 챙긴 사람은 아무 부족한 것이 없었습니다.…보조금을 받은 사람들은 외국세력으로부터 뇌물을 받고나서 외국세력과 용병계약을 체결했습니다.…그들은 돈으로 우리의 젊은이들을 유혹하고 있습니다." "여러분들의 젊은이들이 현재 마일란트(이탈리아 Mailand)에 있으며, 굶주림과 갈증 그리고 병에 고통당하고 있으며, 계속해서 진흙탕 같은 전투에서 목숨을 잃어가고 있다는 사실을 생각해보십시오. 그들은 고향으로 돌아오기를 원합니다. 그러나 우리의 권력자들은 돌아오기를 원하는 젊은이들에게 만약 그들이 돌아온다면 사형선고를 내릴 것이라고 위협하고 있습니다"(Zwingli 2014, 374, 376).

1513년부터 츠빙글리는 에라스무스의 인문주의 사상을 배우게 된다.

그 당시 바젤의 한 출판업자와 친분을 가졌던 에라스무스는 매년 스위스를 방문하였다. 츠빙글리는 1516년 초에 에라스무스를 처음으로 만나 그의 인문주의적 개혁사상을 수용한다. 츠빙글리가 용병제도와 은급제도를 반대하게 된 것은 인문주의적 평화주의 사상의 영향이었다. 1518년에 츠빙글리는 면죄부 상인인 베른하르트 잠손(Bernhard Samson)을 비판한다. 이로 인해 그는 가톨릭교회와 대립각을 세우게 된다.

3) 1519년 1월 츠빙글리가 취리히 대성당 민간사제로 부임할 당시 소의회와 대의회, 이 두 가지 의회가 취리히시를 통치하였다. 24명의 소의회는 귀족들과 도시 부유층으로 구성되었고, 200명의 대의회는 소의회 의원들과 도시 시민들로 구성되었다. 도시의 구체적 안건들은 대의회에서 결정되었다. 도시의 실질적 통치기관은 대의회였다. 종교개혁 문제도 대의회의 사안이었다. 츠빙글리는 도시의 다른 설교자들과 함께 시 의회의 종교정책에 관해 자문하였다. 그러나 그는 취리히시가 속한 콘스탄츠 교구의 주교인 콘라드 호프만(Konrad Hofmann, 1454-1525)의 끊임없는 간섭을 받게 된다.

1519년 1월 1일에 행한 취리히 대성당의 첫 설교에서 츠빙글리는 앞으로 마태복음 전체를 연속적으로 설교하겠다고 선언한다. 이를 계기로 츠빙글리는 성경 전체를 연이어 강해하는 이른바 "연속 강해"(lectio continua)를 하게 된다. 그는 이에 대한 선례를 초기 교회의 역사에서 발견하였다. 그러나 이것은 당시 가톨릭교회에서 매우 생소한 일이었다.

츠빙글리는 자기의 설교 원고를 남기지 않았기 때문에 그가 무엇을 설교했는지에 대한 직접적 자료는 없다. 단지 그를 비난한 주교 호프만의 문서에서 그것에 관한 간접적 자료를 얻을 수 있을 뿐이다. 호프만의 문서에 의하면, 츠빙글리는 교회의 지침을 따르지 않고 자신의 관심에 따라 설교하였다. 츠빙글리는 완전한 의미의 종교개혁적 내용을 설교하지 않았지만, 죄의 고백과 회개와 삶의 변화에 대해 설교하면서 신자들을 꾸짖고 질책했다고 한다. 또 그는 취리히에서 죽음의 위험을 감수해야만 복음의 진리를 설교할 수 있다고 말하였다고 한다.

츠빙글리가 언제부터 종교개혁의 통찰들을 주장하게 되었는지 그 시점을 확정하기는 매우 어렵다. 최근의 연구에 따르면, 취리히 대성당에서 성경 연속 강해를 시작한 1519년부터 1520년 사이에 그가 인문주의 사상을 떠나 종교개혁적 통찰을 수용케 된 것으로 추정된다.

4) 1519년 8월과 1520년 2월 사이, 취리히에 퍼진 흑사병은 츠빙글리의 생애에 큰 변화를 일으킨 것으로 보인다. 당시 흑사병으로 인해 7,000명에 달하는 취리히시 인구의 1/3이 사망한다. 츠빙글리 자신도 흑사병에 걸려 죽음의 문턱을 넘나들게 된다. 이때 츠빙글리는 하나님의 은혜로 말미암은 치유를 경험하고, 마음의 진정한 회개를 한 것으로 보인다. 이때 츠빙글리가 지은 "페스트의 노래"는 그의 깊은 믿음의 체험을 보여준다. 그 일부만 살펴본다면,

    이제 마지막이 가까이 왔습니다.
    내 혀는 굳어졌고
    더 이상 한 마디 말도 할 수 없습니다.
    내 감각은 완전히 굳어버렸습니다.
    이제 당신이 저를 위해서 계속해서 싸울
    시간이 되었습니다.
    저는 더 이상 발악하는 악마와 사악한 그의 공격에

버틸 수 있는 힘이 하나도 없습니다.

그러나 항상 그렇게 악마가 날뛸지라도,

제 영혼은 당신만을 믿겠습니다(Zwingli 2014, 38-39).

깊은 회개와 함께 츠빙글리는 1520년에 교황청의 은급을 거부한다. 은급 거부는 교황과의 관계를 단절하고 종교개혁으로 넘어가는 결정적 계기가 된다. 여기서 츠빙글리에 대한 루터의 영향을 우리는 부인할 수 없다. 루터의 개혁적 문서들은 일찍부터 스위스 바젤에서 출판되었다. 이 문서들을 통해 츠빙글리는 루터의 개혁사상을 잘 알고 있었을 것이다. 특히 1519년 루터의 라이프치히 변론 이후 츠빙글리는 루터의 문서에서 깊은 감명을 받은 것으로 전해진다.

비텐베르크 개혁운동의 여파로 1522년 취리히에서도 성화와 성상 제거 문제로 큰 소동이 일어난다. 성화와 성상이 평화롭게 제거되기도 했다. 그러나 일부 "폭도들"은 성화나 성상을 "우상"이라고 주장하면서 이를 파괴하고자 했다. 그러나 성화나 성상을 기증한 인물들의 후손들은 이를 되찾고자 했다. 이리하여 성화 및 성상 기증자들의 후손들과, 이를 파괴하려는 "폭도들" 사이에 피를 흘리는 몸싸움이 일어나기도 하였다. 구두 제작공 클라우스 호팅어(Klaus Hottinger)와 그의 동지들이 취리히 성 정문에 붙어 있는 "십자고상"(*Crucifixus*, 십자가에 달린 그리스도)을 기부자의 허락을 받고 제거했지만, 시 의회는 이 행위가 사형에 해당하는 범죄 행위라고 주장하였다. 이에 츠빙글리를 위시한 개혁파 설교자들은 이 행위의 정당성을 주장하면서 사형 집행을 반대하였다. 2년간 취리히시에서 추방 명령을 받은 호팅어는 자기의 개혁적 확신을 계속 주장하다가 가톨릭 세력이 지배하는 루체른(Luzern)에서 참수된다.

5) 츠빙글리가 스위스 종교개혁에 적극적으로 가담한 것은 "사순절 소시지 사건" 때문이었다. 그 당시 가톨릭교회는 예수의 고난을 앞둔 사순절 금식기에 육식을 금지하였다(지금도 유럽에서는 예수가 십자가에 달린 성 금요일에 육식을 피한다). 그런데 1522년 사순절 기간에 취리히의 유명한 인쇄업자 프로샤우어(Ch. Froschauer)를 비롯한 몇몇 츠빙글리 지지자들이 모여 소시지를 먹었다. 이것은 가톨릭교회에 대한 의도적인 도전이었다. 이 자리에 츠빙글리도 있었지만, 츠빙글리 자신은 소시지를 먹지 않았다. 이에 감독 주교인 파버(Johann Faber)는 교회법을 어긴 프로샤우어 일당을 교회재판에 넘겨야 한다고 시 의회에 강력히 요구하였다(Zwingli 2014, 43). 교회재판에 넘겨진다는 것은 화형을 당할 수 있음을 말한다.

이에 츠빙글리는 "자유로운 음식 선택에 관하여"라는 제목의 글에서, "사순절에 육식을 금하는 것은 아무런 성서적 근거가 없으며, 하나님이 주신 음식은 무엇이나 먹을 자유가 있다고 주장하였다"(박경수 2013, 104). 상당한 부피를 가진 이 문서에서 츠빙글리는 사순절의 육식 금지 문제를 넘어 성직자들의 불의를 지적한다. 그는 "사람이 만든 계명"을 가지고 신자들의 자유를 제한하는 교황과 사제들의 불의를 고발하며, 그들이 지배자처럼 군림하는 것을 부정하고, 그리스도인의 자유를 주장한다.

"구약성서에 보면 몇 가지 음식이 못 먹게 금지되어 있지만 신약성서에 와서는 모든 것을 자유로이 먹게" 되었다. 그럼에도 불구하고 "그들은…금지된 음식규정을 만듦으로써 음식에 관한 그리스도인의 자유를 강탈"하였다(Zwingli 2014, 55). "그들은 다른 그리스도인들 위에 군림할 수 없으며, 노예들 위에 군림하는 독재자처럼 다른 그리스도인들을 지배하려고 해서는 안 됩니다"(61). "신앙의 자유함을 얻은 사람은 자신의 신앙을 완전히 성서에 근거해야 합니다"(75). "고위 성직자들은 위에서 언급한 문제들을 요구하거나 명령할 위치에 있지 않으며, 만약 그럼에도 불구하고 그들이 그렇게 명령한다면 그들은 가장 무거운 죄를 짓는 것입니다"(106). 여기서 츠빙글리는 가톨릭 전통에 대해 등을 돌리고 성경에 기초한 개혁적 통찰들을 주장한다.

이에 근거하여 츠빙글리는, 성직자 독신제는 성경적 근거가 없다고 주장하고, 사제들에게 결혼과 복음적 설교의 자유를 허락해 달라는 청원서를 아홉 명의 친구와 함께 주교에게 제출한다. 이 문서에서 그는 수도사 서약 및 성직자의 성적 순결에 대한 서약, 수도원의 생활 양식, 성인 숭배의 문제점을 거론한다. 콘스탄츠의 주교는 이 청원서를 거절하고, 가톨릭 교회의 참된 신앙을 보호해줄 것을 1522년 8월 10일 시 의회에 요구한다.

동년 8월 19일에 열린 취리히시의 목사 총회(Pfarrkapitel)는 지금부터 성경에 따라 설교할 것을 결정하고, 츠빙글리의 손을 들어준다. 취리히 교구와 로잔(Lausanne) 교구는 개혁적 성향의 인물들에 대해 파문을 경고했지만, 취리히시 의회는 이에 굴하지 않는다. 츠빙글리가 주교에 대한 복종을 거부하였음에도 불구하고 취리히시 의회는 그를 민간사제로 인정한다. 시 의회는 그를 가톨릭교회 성직자의 의무에서 해방하고 취리히시의 사제로 일하게 한다. 1522년 초에 취리히시 의회는 용병제도를 철폐한다.

1523년에 출판된 "신적 의와 인간적 의"에 관한 츠빙글리의 문서는 루터의 영향을 보여준다. 이 문서에서 그는, 종교개혁이 세속 통치권에 대한 저항을 조성한다는 주장을 반대하고 세속 통치권의 정당성을 변호한다. 신적 의는 인간 내면에 관한 것이라면, 인간적 의는 외적 세계에 관한 것이다. 공동체 전체의 정의와 행복을 추구하는 세속의 통치권은 필요할 경우 무력을 행사할 수 있다고 츠빙글리는 항변한다.

1523년에 출판된 츠빙글리의 문서 "목자"는 (1) 복음의 용감한 선포,

(2) 흠이 없는 생활, (3) 가난한 사람들의 행복을 위한 개입을 목회자가 지켜야 할 세 가지 요건으로 제시한다. 목회자로서 적절하지 않을 경우, 공동체는 다수결에 의해 그를 면직할 권리를 가진다. 여기서도 우리는 루터의 영향을 볼 수 있다(Dingel 2017, 90-96).

2. 제1차 취리히 변론과 츠빙글리의 67개 논제

1) 1522년 사순절의 소시지 문제 이후, 개혁파의 과격한 개혁운동으로 말미암아 취리히시에 큰 혼란이 일어난다. 교회의 실제적 삶의 문제와 더불어 신학적 문제들이 제기된다. 이에 취리히 의회는 1523년 1월 29일에 제1차 변론을 개최한다. 변론 참여자들은 600명의 주교들과 신학자들 및 법학자들 그리고 시민들 앞에서 라틴어 대신 독일어로 변론해야 했다. 이 변론은 츠빙글리의 개혁운동이 본격적으로 시작되는 계기가 된다. 츠빙글리는 이 변론의 기초로 67개 논제(Schlußreden)를 발표한다. 이 논제에서 우리는 루터의 많은 사상이 반복되고 있음을 볼 수 있다. 그러나 루터의 95개조는 면죄부 문제에 집중하는 반면, 츠빙글리의 67개조는 가톨릭교회 문제 전반을 포괄한다. 주요 내용을 살펴본다면,

- 교회의 확인을 받지 않은 복음은 타당하지 않다고 말하는 것은 잘못이며, 하나님을 부끄럽게 한다(논제 1).
- 우리 주 예수 그리스도, 참 하나님의 아들께서 우리에게 하늘에 계신 아버지의 뜻을 알려주며, 우리를 죽음에서 구원하며, 하나님과 화해케 한다는 것이 복음의 핵심이다(2).

- 그리스도는 과거와 현재와 미래의 모든 사람의 지복을 위한 유일한 길이다(3).
- 그리스도 외에 다른 문을 찾는 자는 영혼의 살인자요 도적이다(4).
- 인간이 만든 이론을 복음과 동격에 세우거나 더 높이 세우는 것은 잘못된 일이다. 이러한 사람들은 복음이 무엇인지 모른다(5).
- 그리스도가 우리의 인도자요 대장이다. 그는 영원한 구원이요, 그의 몸인 모든 신자의 머리이다(6, 7).
- 머리 아래 있는 모든 사람은 그리스도의 지체요 하나님의 자녀들이다. 이들이 교회 혹은 성도의 친교이며, 보편적 교회(Ecclesia catholica)이다. 머리 되신 그리스도 없이는 아무도 무엇을 할 수 없다(8, 9).
- 성직자들의 화려함과 부와 지위와 호칭과 법에 대한 규정들은 모든 어리석음의 원인이요, 머리 되신 그리스도와 일치하지 않는다. 그들이 분노하는 것은 머리 되신 그리스도 때문이 아니라, 어리석은 일들을 자제하고, 머리의 말씀을 들어야 한다고 요구하기 때문이다(11, 12).
- 머리의 말씀을 들을 때, 우리는 하나님의 뜻을 분명히 배울 수 있다. 그러므로 모든 그리스도인에게 그리스도의 복음만을 설교해야 한다(13, 14).
- 우리의 구원은 믿음에 있고, 불신앙에는 저주가 있다. 모든 진리가 복음 안에 있다(15).
- 미사에 관하여: 그리스도만이 영원하고 가장 높은 사제이다. 자기를 가장 높은 사제라고 하는 자들은 그리스도의 영광과 권세에 저항하며 이를 버리는 자들이다. 단 한 번 자기를 희생하신 그리스도는 신자들의 죄를 위한 유일한 속죄제물이다. 그러므로 미사는 제물이

아니라 그리스도의 제물에 대한 회상이요, 그리스도께서 이루신 구원에 대한 보장일 뿐이다(17, 18).

- 성인들의 대도(代禱)에 관하여: 그리스도만이 하나님과 우리 사이의 중재자다. 죽은 후에도 우리는 다른 중재자를 필요로 하지 않는다. 오직 그리스도를 통해 모든 것이 우리에게 주어진다(19, 20, 21).
- 선한 업적에 관하여: 그리스도가 우리의 의이다. 그리스도로 말미암은 우리의 업적은 선하고, 우리 자신으로 말미암은 업적은 선하지 못하다(22).
- 성직자의 재산에 관하여: 그리스도는 이 세상의 소유와 화려함을 버린다. 그리스도의 이름으로 자기의 부를 탐하는 자들은 그리스도를 부끄럽게 한다. 자기의 욕심과 방자함을 그리스도의 이름으로 은폐하기 때문이다(23).
- 음식물 금지 명령에 관하여: 그리스도인들은 하나님이 명령하지 않은 것을 지킬 의무가 없다. 그들은 언제나 모든 음식을 먹을 수 있다. 사순절 금식 기간에 치즈와 버터와 달걀을 먹어도 좋다는 교황의 허락은 속임수다(24).
- 축제일과 순례에 관하여: 시간과 장소가 인간을 위해 있는 것이지, 인간이 시간과 장소를 위해 있는 것이 아니다. 특별한 시간과 장소를 법적으로 정하는 것은 그리스도인들의 자유를 빼앗는 일이다(25).
- 성직자의 품이 넓은 옷(Kutten), 의상, 휘장에 관하여: 사람 앞에서 자기를 과시하는 것은 하나님이 가장 싫어하는 위선이요 사악한 일이다. 품이 넓은 옷과 휘장과 머리 중앙부의 삭발 등이 이에 속한다(26).
- 수도사들의 수도회에 관하여: 모든 그리스도인은 그리스도의 것이

요 형제자매다. 아무도 자기를 대부로서 높일 수 없다. 수도회, 소종파, 특별한 집단들이 이에 속한다(27).

- 사제의 결혼에 관하여: 하나님이 허락하였고 금하지 아니한 모든 것은 옳다. 따라서 모든 사람이 결혼을 하는 것이 옳다. 결혼을 통하여 자기를 죄에서 지키지 않고 많은 여자와 관계하는 모든 성직자는 죄를 짓는다(28, 29).

- 성직자의 성적 순결의 서약에 관하여: 성적 순결을 서약하는 사람은 유치하거나 바보와 같다. 이같은 서약을 받는 사람은 경건한 사람을 모독하는 것이다(30).

- 성직자들에게 결혼을 허락하지 않고, 벌금을 내는 조건으로 윤락녀와의 관계를 허용하는 것이야말로 가장 사악한 일이다(49).

- 출교에 관하여: 한 개인이 누구에게 출교를 명할 수 없다. 출교당해야 할 사람이 속한 교회 공동체만이 목사와 함께 출교를 명할 수 있다. 공개적으로 문제를 일으킨 사람에게만 출교를 명할 수 있다 (31, 32).

- 불의한 재물에 관하여: 불법으로 얻은 재물을 본래의 소유자에게 돌려줄 수 없을 경우, 그 재물은 성전이나 수도원이나 수도사나 사제나 수녀에게 주어질 것이 아니라 가난한 사람들에게 주어져야 한다 (33).

- 권세에 관하여: 성직자들의 현란한 영적 권세에 대해 그리스도의 가르침은 아무 근거도 제시하지 않는다. 그러나 세속의 권세는 그리스도의 가르침과 행동에 그 힘과 근거를 가진다. 성직자들이 자기의 것이라고 주장하는 모든 사법권은 기독교적인 세속의 권세에 속한다(34, 35, 36).

- 세속의 권세가 하나님의 뜻에 위배되는 것을 명령하지 않을 때, 모든 그리스도인은 세속의 권세에 복종해야 할 의무가 있다. 그 누구도 예외가 될 수 없다. 그러므로 세속의 모든 법은 하나님의 의지와 일치해야 한다. 세속의 권세만이 공적으로 문제를 일으킨 자를 사형에 처할 수 있는 권리를 가진다. 세속의 통치자들이 그리스도의 가르침을 떠나 불충실하게 행동할 경우, 그들은 하나님의 뜻에 따라 파직될 수 있다(37, 38, 39, 40, 42).
- 기도에 관하여: 참된 기도자는 사람들에게 보이지 않고, 영과 진리 안에서 하나님께 기도한다. 위선자들은 사람들에게 보이기 위해 선한 일들을 한다. 예배를 드리지 않고 단지 돈을 얻기 위해 성전에서 찬송을 부르거나 소리를 지르며 노래하는 것(Geplärr)은 자기를 사람들 앞에서 자랑하거나 자기의 이익을 얻기 위함이다(44, 45, 46).
- 죄용서에 관하여: 하나님은 오직 그의 아들 예수 그리스도를 통하여 죄를 용서한다. 사람에게 그것을 허락하는 자는 하나님의 영광을 빼앗아 하나님이 아닌 사람에게 그것을 준다. 그러므로 사제나 이웃에게 죄를 고백하는 사람은 죄용서를 얻기 위한 것이 아니라 충고를 얻기 위한 것이라고 생각해야 한다. 사람이 부과한 참회의 업적(보상)은 죄를 소멸하지 못한다. 그리스도는 우리의 모든 고통과 고난을 짊어지셨다. 오직 그리스도에게만 속한 참회의 업적을 사람이 사람에게 부과하는 것은 잘못된 일이다. 회개하는 사람에게 죄용서를 거부하는 자는 하나님과 베드로에게 속하지 않고, 사탄에게 속한다. 돈을 받고 죄를 용서하는 자는 시몬과 발람의 동료이며 사탄의 사자이다(50-56).
- 연옥에 관하여: 성경은 연옥에 대해 아무것도 알지 못한다. 죽은 사람

들에 대한 심판은 하나님만이 아신다. 죽은 사람들을 위해 하나님께 은혜를 간구하는 것을 나는 반대하지 않는다. 그러나 그것을 특정한 시간에 제한하고 이익을 얻기 위해 거짓말을 하는 것은 사탄이 행하는 일이다(57-59).

- 사제 봉헌에 관하여: 사제 봉헌의 성례에 대해 성경은 아무것도 알지 못한다. 그것은 사제들이 생각해낸 것이다. 성경은 성경을 선포하는 사제들만을 알 뿐이다. 신자들은 이들을 부양해야 한다(61- 63).

- 그릇된 관습의 폐지에 관하여: 자기의 잘못을 인정하는 사람에게 속죄의 보상을 요구해서는 안 된다. 오히려 그들이 평화롭게 세상을 떠날 수 있도록 해야 하며, 그리스도의 사랑으로 사제의 수입을 가지고 처리해야 한다. 자기의 잘못을 인정하지 않는 자는 하나님의 심판에 맡겨야 하며, 그들에게 폭력을 가해서는 안 된다. 모든 영적 지도자는 즉시 자기를 낮추고, 면죄부 판매 대금 상자를 치워버리고 그리스도의 십자가만을 세워야 한다. 그렇지 않을 경우, 그들은 멸망할 것이다. 이자, 십일조, 세례를 받지 못한 어린이, 견신에 관한 변론에 나는 응할 수 있다(64-67).

2) 위의 논제에서 츠빙글리는 자기의 개혁적 통찰들을 요약한다. 그것은 츠빙글리의 개혁 신학의 최초의 요약이라고 말할 수 있다. 그는 성경과 예수 그리스도의 권위 앞에서 성직자의 권위를 상대화시키고, 예수 그리스도의 복음을 교회의 모든 가르침에 대한 규범으로 제시한다. 교황제도, 미사, 성인 숭배, 금식, 수도원 제도, 성직자 독신제, 세속의 통치권, 이 모든 것이 그리스도의 복음의 빛에서 판단되어야 한다. 인간의 업적을 가지고 하나님의 의를 얻는 것은 불가능하다. 츠빙글리는 복음의 규범을 위배하

지 않는 통치권에 대해 복종해야 하지만, 그것을 따르지 않는 통치권은 비기독교적인 것이므로 폐기되어야 한다고 주장한다.

시 의회는 츠빙글리의 손을 들어준다. 츠빙글리의 논제들이 성경 말씀에 모순된다는 것을 아무도 증명하지 못했다. 그러므로 츠빙글리의 주장이 이단이라고 볼 수 없다. 그러므로 츠빙글리는 계속 자기의 주장을 가르쳐도 좋다. 취리히시의 다른 목사들은 그리스도의 복음을 설교해야 한다. 이와 같이 시 의회는 "츠빙글리의 손을 들어줌으로써 취리히는 스위스 프로테스탄트 운동의 중심지가 되었다"(박경수 2013, 105).

1523년 7월 14일, 츠빙글리는 "논제들의 해석과 근거"에 관한 글에서 자신의 입장을 다시 한번 확인한다. 그는 인간의 자유의지와 속죄제물로서의 미사를 반대하며, 인간 자신의 업적으로 하나님의 칭의를 얻을 수 없다는 루터의 입장을 천명한다. 그는 성상 숭배, 성인 숭배를 우상숭배라고 비판하며, 사제의 귀에 대고 하는 죄의 고백과 가톨릭교회의 사법권을 반대한다.

3. 제2차 취리히 변론과 개혁의 신학적 기초

1) 취리히시 의회는 츠빙글리의 주장에 따라 성상과 미사를 폐지하고, 성만찬을 회상의 만찬으로 거행하도록 하며, 예배에서 찬양과 오르간 연주 등 모든 음악적 요소를 제거한다. 설교 중심의 예배가 도입된다. 이 과정에서 개혁파와 보수파 사이에 물리적 충돌이 일어난다. 특히 우상으로 규정된 성상 제거와 관련하여 심한 충돌이 일어난다. 성상 기부자가 성상을 자발적으로 치울 경우, 성상 폐기는 평화롭게 이루어졌다. 그러나 성상 기

부자의 뜻에 반하여 성상을 강제로 제거하고자 할 경우, 성상을 지키려는 보수파와 그것을 제거하고자 하는 개혁파 사이에 몸싸움이 일어났다.

이 문제로 인해 취리히시 의회는 1523년 10월 26일 제2차 변론을 개최한다. 동년 10월 28일에 끝난 이 변론에는 취리히 지역 성직자들과 평신도는 물론 스위스 여러 지역과 대학의 대표자들이 참석한다. 약 900명의 사람—그 가운데 사제는 수백 명—이 참여한 이 변론은 성상과 미사를 주요 의제로 다룬다. 변론은 다음과 같은 결정으로 끝난다. 우상처럼 섬기는 성상은 복음적 가르침을 통해 점진적으로 폐지하기로 한다. 미사는 그리스도의 고난과 약속에 대한 "회상"의 예배로 대체되어야 한다. 언제 성상을 제거하고 미사를 폐지할 것인지, 그 시점을 정하는 것은 시 의회에 맡긴다.

이같은 결정에 대해 두 소수파가 이의를 제기하였다. 첫째 소수파는 가톨릭 측 참여자들이었다. 이들은 시 의회가 종교적 문제를 결정할 수 있는가에 대해 이의를 제기하였다. 둘째 소수파는 개혁파 중에 종교와 세속 통치권의 결합을 반대하는 인물들(재세례파)로, 시 의회의 동의 없이 개혁을 즉시 그리고 철저하게 추진해야 한다고 주장하였다. 그러나 두 소수파의 의견은 무시되고, 점진적 개혁을 원하는 시 의회와 츠빙글리의 다수파가 승리한다.

2) 츠빙글리가 주축이 된 다수파의 결정에 따라 취리히의 개혁운동은 점차적으로 추진된다. 그러나 1524년부터 시 의회는 루체른, 프라이부르크, 운터발던(Unterwalden)을 위시한 보수 세력들의 위협에도 불구하고 종교개혁을 강력히 추진한다. 1524년 1월 13, 14일, 소규모 대화를 통해 속죄제물로서의 미사에 대한 전통적 이해가 거부된다. 교회의 각종 축제일에 따

른 교회력과, 이와 결합된 종교적 행진이 폐지된다. 시 의회는 미사의 철폐를 미루었지만, 성상 및 성화와 십자고상(Crucifixus)은 지체 없이 폐기하기로 결정한다. 동년 4월 12일에 미사가 완전히 폐지되고, 설교 중심의 예배로 대체된다. 금식, 축제 행진, 금욕, 순례 등도 폐지된다. 시골 지역의 성화와 성상 철거 문제는 주민 다수의 결정에 맡긴다. 1524년 여름에 취리히시와 콘스탄츠 주교 사이의 관계는 완전히 단절된다.

1524년 12월 1일 시 의회는 수도원을 폐쇄하기 위한 특별 위원회를 구성하고, 수도원 폐쇄를 추진한다. 세 개의 걸인 수도원이 세속화되고, 수도원의 재산은 시에 귀속된다. 수도원을 떠나지 않으려는 수도사는 계속 수도원에 머물도록 허락한다. 나아가 취리히시 의회는 가톨릭교회의 종교 의식 및 교회법과 완전히 결별한다. 성경을 통하여 근거되지 않는 모든 것을 교회에서 제거하고자 한다. 이리하여 미사와 성상 및 성화는 물론 교회의 오르간, 찬송가, 제단, 견진 성사, 종유 성사가 제거된다. 츠빙글리는 성만찬을 일 년에 네 번으로 제한하고자 한다. 성만찬은 찬송, 오르간 연주, 값비싼 성만찬 기구 없이 최대한 간소하게 거행하기로 한다.

1525년 부활절 전의 세족 목요일(Gründonnerstag)에 츠빙글리의 구상에 따른 성만찬이 거행된다. 츠빙글리는 "이다"(est)에 대한 축자적 이해를 거부하고, 빵과 포도주를 예수의 몸과 피에 대한 상징으로 이해한다(아래의 제4부 IV. 4. 참조). 1525년 1월 15일에 시 의회는 극빈자 구제 활동을 시작한다. 무료 급식과 의료 봉사를 통해 걸인 문제를 해결하고자 한다. 또한 주교의 사법권을 대체하는 윤리재판소(Ehegericht, 결혼법원이 아니라 시민들의 윤리 문제를 다루는 법원 곧 Sittengericht 혹은 Konsistorium을 뜻함)를 세운다. 이 재판소는 2명의 성직자, 그리고 소의회와 대의회 의원 각 2명씩을 두어 도합 6명으로 구성된다. 여섯 명 중 평신도가 2/3를 차지한다. 1525년 취리히에 세워진 이 재판소는 종교개혁 최초의 윤리재판소였다.

이로써 츠빙글리에 의한 취리히의 종교개혁은 완성된다. 그것은 교회개혁에 불과한 것이 아니라 취리히시 전체를 하나님의 뜻에 따라 개혁코자 한 정치적 성격의 개혁이기도 하였다. 이를 위해 개혁적 성직자들과 정치적 통치권, 곧 시 의회가 협동하였다. 이리하여 취리히시의 교회는 점차 국가교회의 형태로 발전하였다. 교회공동체와 세속의 행정 공동체가 일치하였다. 1527/28년에는 시 의회 의원들, 곧 세속의 통치자들과 교회 목사들로 조직된 교회 총회가 구성되었다. 1529년에는 교회 출석이 모든 시민의 의무 사항이 되었고, 교회에 충실히 출석하지 않을 경우 시민권을 박탈당하는 벌을 받을 수 있었다. 또 목사와 시 의회 의원이 공동으로 운영하는 윤리재판소를 통해 시민들의 권징(Zucht)이 시행되었다. 이같은 방법을 통해 츠빙글리는 취리히시의 삶의 모든 영역을 기독교적 규범에 따라 형성코자 하였다. 이를 위해 그는 시 의회와 공동으로 개혁운동을 추진하였다. 이로써 교회와 정치가 결합되었다. 이를 반대한 인물들이 재세례파였다.

3) 1525년에 츠빙글리는 "참 종교와 거짓 종교에 대한 논술"(*Commentarius de vera et falsa religione*)을 통하여 취리히 종교개혁의 신학적 기초를 더욱 공고히 세운다. 이로써 취리히시의 종교개혁은 확실한 기반을 얻게 된다. 거짓 종교는 "불법자 곧 멸망의 자식"(살후 2:3)이요 적그리스도이며, 오로지 그리스도만을 바라지 않는 자들의 대표자인 교황을 가리킨다. 구체적으로 거짓 종교는 속죄제물로서의 미사, 성인 숭배, 교회의 각종 의식과 업적들에 있다. 이에 반해 참 종교의 특징은 하나님의 은혜와 믿음에 있다. 인간은 자신이 행한 업적이 아니라 오직 하나님의 은혜와 믿음으로 하나님의

칭의와 구원을 얻을 수 있다. 칭의는 인간의 윤리적 변화 곧 성화로 이어진다. 여기서 츠빙글리는 구원을 위해 인간이 자신의 업죾을 통해 기여할 수 있다는 스콜라 신학의 생각을 철저히 배제한다.

이 문서에서 츠빙글리는 자신의 성례론, 특히 성만찬론을 분명히 제시한다. 성만찬은 구원의 은혜를 받을 수 있는 매체가 아니다. 그것은 교회 공동체가 그리스도의 속죄의 죽음을 회상하고 기념하는 회상의 만찬, 기념의 만찬이요, 그분의 죄용서와 구원에 대한 고백의 만찬이며, 성만찬에 참여한 모든 신자가 그리스도의 몸으로 연합되는 친교의 만찬이다. 성만찬에 대한 츠빙글리의 이해는 나중에 스위스 종교개혁에 결정적 영향을 주는 동시에 루터의 종교개혁에서 분리되는 원인이 된다. 세속 통치권에 대해 츠빙글리는, 세속 통치권이 하나님의 계명에 복종하는 한, 교회 문제에 개입할 수 있는 권한을 인정한다. 이리하여 나중에 스위스 교회는 국가교회 체제를 갖게 된다.

4. 개혁운동의 발전과 스위스 개신교회의 독립

1) 취리히시의 종교개혁이 진행되고 있을 때, 이를 반대하는 가톨릭 세력이 1524년 4월 20일의 루체른 회의에서 "스위스 연방동맹"을 결성하였다. 그 중심 세력은 우리(Uri), 슈비츠(Schwyz), 추욱(Zug), 운터발던 그리고 루체른의 다섯 주(州)였다. 이 회의에서 그들은 "우리는 우리 조상들이 가졌던 믿음을 유지하겠다'고 결의했고 '그것을 위반할 때는 처벌하겠다'고 위협했다"(Zwingli 2014, 367). 이에 츠빙글리는 "스위스 연방에 대한 간곡한 경고"에서 교황과 주교들 및 외세로 말미암은 스위스 사회의 빈곤과 부패를

고발하고, 스위스 연방의 단결을 호소한다. 그는 "'우리는 미사를 잃어버렸고 미사의 장엄함도 이제 잃어버렸다'고 울부짖으며 불평하는 사제들의 말을 받아들이지" 말고, 순수한 하나님의 말씀에 귀를 기울임으로써 조국을 지킬 것을 호소한다(380-381).

"츠빙글리에 의하면 사회의 근본악은 사리사욕의 추구였다. 이기주의와 사리사욕의 추구는 모든 사람이 공공의 안녕을 완전히 무시하며, 절대 남을 배려하지 않고 개인적인 이익만을 추구하게 만들었다. 츠빙글리는 부동산을 향해 이러한 개인의 욕망이 어떻게 나타나고 있는지 표현하고 있다. 왜냐하면 그 당시 수많은 사람들은 얼마 안 되는 돈을 벌기 위해 목숨을 걸고 일하는 상황인 반면에, 몇몇 사람들은 더럽고 부정한 방법으로 부를 축적하고 있었기 때문이었다. 불신과 불의, 그리고 분쟁들이 부정한 사회의 결과물이었다.…츠빙글리는 자신의 사회가 치유되기를 원한다면, 사리사욕을 추구하지 못하도록 만듦으로써 가능하다고 생각했다. 그는 왜곡되지 않고 순수한 하나님 말씀을 선포함으로써 사리사욕을 제거할 수 있다고 믿었다. 이렇게 츠빙글리의 글은 애국심을 자극하는 주제에서 시작하여 종교개혁 운동의 주제를 다루고 있으며, 동시에 종교개혁의 정치사회적 관심을 제시하고 있다"(369).

2) 로마 교황청의 엑크는 취리히시를 고립시키고, 보름스 칙령에 근거하여 루터의 지지자인 츠빙글리를 심판하기 위해 반(反)츠빙글리 변론을 계획한다. 1526년 5월 19일에서 6월 9일까지 스위스 바던(Baden)에서 열린 이 변론에서 가톨릭 세력이 강세를 차지한다. 3주간에 걸쳐 아래의 일곱 가지 논제가 변론된다. (1) 성만찬에서 그리스도의 몸과 피의 임재, (2) 미사가 지닌 속죄제물의 성격, (3) 성인 숭배, (4) 성화와 성상 숭배, (5) 연옥

에 대한 신앙, (6) 갓 태어난 아기의 원죄, (7) 세례를 통한 원죄의 제거.

변론 주최자는 대부분의 논제들에 대한 츠빙글리의 생각이 루터의 생각과 동일하다고 주장하면서 츠빙글리와 그의 지지자들에게 파문을 선언한다. 또한 모든 설교자는 가톨릭교회의 가르침을 설교해야 하며, 루터와 츠빙글리의 문서를 인쇄하고 보급해서는 안 된다고 금지한다. 이로써 가톨릭 세력이 승리한 것처럼 보인다. 그러나 상당한 시간이 지난 뒤 발표된 변론 기록이 위조되었다는 사실이 나중에 폭로되면서, 취리히를 위시한 베른, 바젤, 샵하우젠(Schaffhausen) 등의 지역 대표들이 가톨릭 측의 판결을 거부한다. 이로써 취리히시를 고립시키고 츠빙글리를 제거하고자 했던 가톨릭 세력의 의도는 실패로 돌아간다.

3) 바던 변론 이후 개혁운동이 스위스 전 지역으로 확산된다. 보수파와 개혁파 사이에 끊임없는 충돌과 싸움이 일어난다. 그 대표적 지역은 베른이었다. 본래 베른시는 가톨릭교회가 지배하던 곳이었다. 그러나 가톨릭교회와 교황에 대한 개혁자들의 비판과 새로운 사상은 시민들, 특히 동업 조합들의 지지를 받게 된다. 시인들, 화가들, 정치인들, 연극인들이 이에 동참한다. 이로 인해 일어난 개혁파와 보수파 사이의 충돌을 해결하고 지역의 평화를 세우기 위해 베른 시 의회는 1528년 6월 6일에서 26일까지 3주 동안 변론을 개최한다. 약 300명의 베른 지역 성직자들과 100명의 외부 성직자들이 참여한 이 변론에 엑크도 초청을 받았지만 그는 거절한다. 츠빙글리는 무장한 200명의 호위병들, 69명의 취리히 성직자들과 시 의원들의 보호 속에서 변론장에 당당히 입장한다. 그는 인간이 만든 교회의 가르침과 명령들, 업적사상, 미사, 성인 숭배, 연옥, 성화와 성상 숭배, 성직자 독신제도를 반대하는 자신의 주장을 성공적으로 변론한다. 이 변론

에서 개혁파가 승리한다.

변론이 끝난 바로 그다음 날부터 베른 시 의회는 미사를 철폐하고, 성화와 성상을 제거하고, 종교개혁의 도입을 명령한다. 시 의회는 법적 절차에 따라 수도원들을 폐기하고, 교회기관들의 재산을 기부자들에게 돌려준다. 1530년에 시 의회는 용병제와 용병들의 연금을 금지한다.

그러나 보수파와 개혁파 사이의 충돌과 싸움은 스위스 전 지역에서 끊이지 않는다. 결국 양측은 1529년 6월 8일 카펠(Kappel)에서 전투를 치르게 된다. 동년 6월 26일에 끝난 이 전투는 츠빙글리 측의 승리로 끝나고, 양측은 평화조약을 맺는다.

4) 전투에서 승리한 츠빙글리는 독일 필립 영주와 연합해, 스위스와 독일의 종교개혁을 막으려는 황제에 대항하여 스위스의 종교개혁을 완성코자 한다. 그의 노력으로 스위스의 종교개혁은 가톨릭 지역으로 확산된다. 그러자 가톨릭 측 사제들과 통치자들은 "복음의 자유로운 설교"를 금지한다. 이것은 1529년에 양측이 맺은 평화조약의 위반이었다.

츠빙글리는 애초부터 1529년의 평화조약을 못마땅하게 생각하였다. 그리하여 그는 가톨릭 지역에 대한 식료품 공급을 차단하고, 특히 "스위스 연방동맹"의 다섯 가톨릭 지역(Uri, Schwyz, Zug, Unterwalden, Luzern)에 대해 소금 공급을 금지하고자 하였다. 예나 지금이나 소금은 생명처럼 귀중한 것이다(빨치산들이 도주할 때 가장 먼저 챙기는 것은 소금이라 함). 소금 공급의 차단은 바로 생명에 대한 위협이었다.

이에 스위스 연방동맹은 1531년 10월 9일 취리히시를 불의에 습격한다. 급속히 조성된 취리히 군사는 잘 준비된 동맹군에게 적수가 되지 못하였다. 취리히 군사는 수적으로 열세인 데다가 병사들의 사기도 부족하였다. 1531년 10월 11일 취리히 군사는 대패한다. 500명의 군사가 사망한다. 그 가운데 25명은 취리히 지역의 성직자들이었다. 츠빙글리도 이 전투에서 전사한다. 츠빙글리와 좋은 관계를 가졌던 그의 의붓아들(남편과 사별하고 츠빙글리와 재혼한 Anna Reinhard의 전 남편의 아들) 게롤트(Gerold)도 22살의 나이에 의붓아버지 츠빙글리와 함께 전사한다. 다섯 지역의 동맹군 군사들은 츠빙글리의 시체를 찾아 네 토막으로 찢고, 이단자로 화형에 처한다. 이로써 츠빙글리의 개혁운동은 실패로 끝난다.

약 한 달 뒤(1531. 11. 24.) 츠빙글리의 동역자요 제2스위스 종교개혁자였던 외콜람파디우스도 바젤에서 사망한다. 츠빙글리의 사망 소식을 들은 루터는 "그의 죽음을 슬퍼하면서도 성직자가 친히 검을 쥐고 전쟁에 나갔으므로 하나님의 진노를 산 것이라고 말했다." 그러나 츠빙글리는 "나는 신학적 근거와 민주적 근거에서 칼을 들었고, 모든 교회는 복음에 거역하여 행동해서는 안 되며, 상실된 복음의 회복을 위해 싸워야 한다"고 확신하였다(이장식 2011, 330).

그 뒤에도 개혁파 연합은 가톨릭 세력에 계속 대항하지만, 병사들의 전투 거부 등의 내분으로 실패한다. 가톨릭 측 지역들도 극심한 기근으로 인해 1531년 11월 16일에 취리히 측과 제2카펠 평화조약을 맺는다. 양측은 상대방에 대한 일방적 선전이나 억압을 중지하고, 서로 관용하기로 약속한다. 스위스의 많은 지역이 가톨릭교회 체제로 돌아갔지만, 가톨릭교회와 개신교회가 평화롭게 공존할 수 있게 되었다. 교황과 황제는 이를 좋아할 리 없었다. 츠빙글리와 외콜람파디우스의 사망 후, 불링어(Heinrich Bullinger)와 뮈코니우스(Oswald Mykonius)가 개혁을 추진한다. 두 사람을 위시한 개혁자들의 노력으로 스위스 개신교회는 1536년 "제1스위스 신앙고백"을 통해 독립교회의 기초를 다지게 된다.

농민전쟁
[자료 출처: 위키미디어]

V
농민전쟁으로 인한 종교개혁의 대중적 기반 상실과 "제후들의 종교개혁"

손규태에 의하면, "13세기 이래로 유럽의 봉건사회의 마지막 단계에 돌입하면서 지배계층의 수탈과 억압이 그 절정에 달했고 이에 저항하는 농민들의 봉기가 영국을 필두로 해서 자주 일어났었다"(손규태 2005, 61). 독일 서남부 지역, 곧 지금의 바덴 뷔르템베르크(Baden Württemberg) 지역에서는 15세기 중엽부터 "연맹의 신발"(Bundschuh)이란 이름으로 농민 봉기가 일어났다. 끊임없는 농민 봉기 중 대표적인 것은 1524-25년에 일어난 이른바 "독일 농민전쟁"이다. 이 전쟁에 대한 루터의 거부로 말미암아, 그가 시작한 종교개혁은 대중적 기반을 상실하고 제후들의 손으로 넘어가게 되었다. 농민들에 대한 승리로 인해 더욱 상승된 제후들의 힘은 (1) 보수파 제후들의 반종교개혁적 태도를 강화시키는 동시에, (2) 영지교회에 대한 개혁파 제후들의 영향력을 강화시키는 결과를 초래하였다.

1. 농민들의 요구 사항과 루터의 응답

1) 농민전쟁의 가장 직접적 원인은 농민들에 대한 귀족 및 제후들의 착취에 있었다. 그러나 이 전쟁은 보다 복합적인 원인을 가지고 있었다. 1524년부터 독일 남부지역과 튀링언, 오스트리아와 스위스에서 산발적으로 일어난 농민봉기의 중요 원인은 농민들의 사회적·경제적 상황과 법적 신분에 있었다. 확실한 법체계를 갖지 않은 농민들은 사회적으로 가장 밑바닥 신분에 속하였다. 대부분의 농민들은 농노 신분이었다. 남부 슈바번(Schwaben)과 프랑컨(Franken) 지역의 소규모 농지를 경작하는 농민들은, 더 많은 이익을 취하려는 귀족 및 제후들의 욕심으로 점점 더 많은 지대 및 사용료를 냈기 때문에 생존의 위협을 당할 정도였다.

농민들의 분노를 더 크게 자극한 것은 그동안 마을 주민들이 공동으로 사용하던 숲이나 강을 귀족 및 제후들이 독점한 데 있었다. 이들은 주민들이 더 이상 숲이나 강에서 사냥을 하거나 생선을 잡지 못하게 했다. 이들은 농민들이 공동의 목초지로 사용하던 땅을 주택 건축용으로 바꾸기도 하였다. 이것 역시 농민들의 생계에 위협이 되었다. 이로 인해 농민들의 사회적 신분은 더욱 비참하게 되었다.

또한 16세기에 이르러 시골 마을의 주민들이 자치권을 요구하기 시작하자, 통치자들은 농민들의 자치적 협동조합을 폐기하고 중앙집권적 관료주의 체제를 도입코자 했다. 이것은 농민들의 자존심과 기본 권리를 깔아뭉개는 행위였다. 상당한 부를 가진 농민들도 전쟁에 참여했는데, 이것은 단지 경제적 수탈 때문이 아니라 그들의 사회적 입지와 예부터 소유한 권리를 지키기 위함이었다. 정리한다면, 독일의 농민전쟁은 (1) 농민들에 대한 경제적 착취와 사회적 소외의 극복, (2) 농노제도의 폐기, (3) 지역 농민들의 자치권 회복, (4) 기존 권리와 경제적 기회 보장을 목적으로 일어났다.

이에 첨가하여 루터의 개혁적 통찰들이 농민전쟁의 중요한 요인이었음을 부인할 수 없다. 루터가 외친 모든 신자의 보편적 사제직과 그리스도인의 자유는 농민들의 저항에 대한 정신적 기초가 되었다.

2) 일반적으로 농민전쟁은 넓은 토지를 소유한 제후들에 대한 농민들의 사회적·정치적 반란이었다고 생각된다. 그러나 그것은 단지 제후들에 대한 반란이 아니라 사실상 가톨릭교회 체제에 대한 반란이기도 하였다. 왜냐하면, 그 당시 귀족 및 제후들은 물론 수도원장, 교회의 주교, 귀족 출신 사제들도 많은 토지를 소유하고 있었고, "이들 역시 농민들에게 가혹하기는 세속적 통치자들과 다를 바가 없었"기 때문이다. 따라서 농민전쟁은 "단순히 사회개혁의 차원만을 내포한 것이 아니라 종교개혁의 성격도 강하게 띠고 있었던 것이다"(손규태 2005, 61-62). 한마디로 그것은 사회적·정치적 반란인 동시에 부패하고 타락한 가톨릭 체제에 대한 "종교적 반란"(religiöse Revolte)이기도 하였다. 그러므로 에라스무스는, 농민전쟁은 수도사들에 대한 농민들의 분노로 말미암아 일어났다고 회고한다. 그것은 농민들에 대한 수도원의 불의한 착취와 특권을 법적으로 해결할 수 없음으로 말미암아 일어났다(Oberman 1974, 310-312).

1524년 6월의 농민전쟁은 집단적 전쟁으로 일어난 것이 아니라 독일 남부 스위스 국경에서 가까운 슈바르츠발트(Schwarzwald) 여러 마을에서 소규모 봉기로 시작되어 남부 일대로 확대되었다. 멤딩언(Memmingen)이 그 중심지가 되었다. 츠빙글리파로 알려진 훕마이어(B. Hubmaier) 목사의 영향을 받은 스위스 발츠후트(Waldshut) 지역 주민들의 지지를 받으면서, 그것은 종교개혁 사상과 결합된다. 1525년 3월 7일, 남부 여러 지역의 농민들이 멤밍언에 모여 종교개혁 정신에 기초한 "기독교 연맹"(Chrisliche Vereinigung)을 조직하고 "슈바번 농민들의 12조항"을 발표한다. 이 문서의 서문은 멤밍언의 목사요 종교개혁인인 크리스토프 샤펠러(Christoph Schappeler)에 의해 작성되었다. 이 문서에서 농민들의 요구 사항은 다시 한 번 종교개혁과 연결된다. 그 주요 내용은 다음과 같다.

(1) 교회는 자신의 목사를 스스로 선택하고, 그가 적절하게 처신하지 않을 경우 그를 내보낼 수 있는 권리를 가진다. 목사는 인간의 학설이나 계명을 첨가하지 않고 그리스도의 복음을 명확하게 설교하여, 우리가 하나님의 은혜를 간구하고 확실한 믿음을 얻도록 해야 한다. 성경에 기록된 대로, 우리는 오직 참 믿음을 통해 하나님께 이를 수 있고, 오직 그의 자비하심을 통해 구원을 얻을 수 있다(딤전 3:1-7; 딛 1:6-9 등. 여기서 농민전쟁이 종교개혁의 정신에 기초함을 볼 수 있음).

(2) 우리는 농산물의 십일조를 하나님과 그에 속한 사람들에게 기꺼이 바치고자 한다. 교회 대표가 이를 모아서 목사 가족의 생계를 위해 바치고, 남는 것은 마을의 궁핍한 사람들에게 나누어주어야 한다. "작은 십일조", 곧 짐승과 축산물의 십일조를 우리는 바치지 않겠다. 하나님은 사람을 위해 짐승을 자유롭게 창조했기 때문이다(히 1장; 시 109:110.4; 창 14:20 등).

(3) 지금까지 그들은 우리를 농노로 삼았다. 그러나 그리스도는 자기의 값비싼 피로써 우리 모든 사람을 구원하였고, 값비싼 대가를 치르고 풀어주셨다. 여기에는 목자나 주인이나 차이가 없다(사 53:4 이하; 벧전 1:17 이하 등). 그러므로 농노제도는 폐지되어야 한다.

(4) 가난한 사람들이 야생의 짐승이나 조류, 흐르는 강의 생선을 잡지 못하도록 하는 것은 매우 이기적인 일이요, 하나님의 말씀을 거역하는 일이다(창 1:11 이하; 행 10:13 이하; 딤전 4:3 이하 등).

(5) 우리의 주인들은 모든 삼림을 자기의 것으로 삼았다. 그래서 우리는 숲의 나무를 이용할 수 없고 사냥을 할 수 없게 되었다. 이로써 우리의 삶은 어렵게 되었고 해를 당하게 되었다.

(6) 제후들이 요구하는 무료 봉사 노역으로, 우리의 삶은 점점 더 어려워지고 있다. 노역의 양도 증가하고, 그 종류도 늘어나고 있다. 하나님의 말씀에 따라 우리를 인간적으로 취급해 주기를 요구한다(롬 10:1).

(7) 우리는 우리의 주인들에 의해 더 이상 불의하게 무거운 짐을 지거나 해를 당하고 싶지 않다. 어떤 주인이 합법적으로 자기의 재산(봉토 등)을 타인에게 임대할 경우, 그는 농부와 합의하여 임대해야 한다. 그래서 농부가 억울한 손해를 보지 않도록 해야 한다(눅 3:14; 살전 4:6).

(8) 주인의 재산을 빌린 임차인이 손해를 당하여 빌린 재산에 대한 이자를 지불하지 못할 경우, 그는 그 이자를 농부들에게 떠넘겨서는 안 된다. 이로 인해 농부들이 손해를 보거나 자기의 재산을 잃어버리는 것은 부당하다. 농부들이 헛되이 노동하지 않도록 해야 한다. 모든 노동자는 자기의 삯을 받을 권리가 있다(마 10:10; 사 10:1 이하).

(9) 우리를 공정하게 벌하지 않고, 항상 새로운 법을 제정하며, 사적 관계 여하에 따라 편파적으로 벌하는 것은 무거운 범죄이다. 과거에 제정된 법에 따라 벌을 내려야 한다(엡 6:9; 눅 3:14; 렘 16:14).

(10) 공동으로 사용하던 목초지를 개인의 소유로 삼는 것은 부당하다. 그것을 정당하게 구입하였다고 할지라도, 그 목초지는 모든 사람 공동의 소유이다(눅 6:21 이하; 신 18:1 이하; 마 8:20; 사 11:3 이하 등).

(11) 농노가 죽었을 때, 그에 대한 값을 주인에게 내야 하는 관습은 즉시 폐기되어야 한다. 농노의 부인과 자녀들을 주인의 소유로 삼는 것은 더 이상 허용될 수 없다. 그들은 우리를 더럽히고 속이며, 하찮은 권리를 가지고 죽은 사람의 것을 취한다.

(12) 우리의 요구 사항이 하나님의 말씀에 비추어 부당하다고 증명될 경우, 우리는 그것을 즉시 취소하겠다. 우리는 기독교의 모든 가르침을 실행하고, 우리의 삶 속에서 그것을 실현하고자 한다. 이를 위해 우리는 주 하나님께 간구하고자 한다(문헌 근거, Oberman 1981, 128-129. 보다 자세한 내용에 관해 손규태 2005, 65-70 참조).

3) 위의 12가지 조항을 발표하면서 농민들은 학문적으로, 또 사회적으로 권위 있는 인물들이 이 조항들의 정당성을 판단해 달라고 요구하였다. 그 명단에는 선제후 프리드리히와 루터의 이름도 포함되어 있었다. 12가지 조항 속에는 인간의 자유와 권리를 회복하고자 하는 루터의 개혁정신이 숨어 있었다. 이리하여 농민전쟁은 시작 단계에서부터 종교적 색채를 갖게 된다. 특히 튀링엔 지역의 지도자였던 토마스 뮌처의 영향으로, 농민전쟁은 모든 사람이 평등한 하나님의 국가를 세우고자 하는 종교-정치적 성격을 띠게 된다. 이로 말미암아 루터는 농민전쟁의 책임이 그에게 있다는 비난을 듣게 된다. 이 비난의 주동자들은 많은 토지를 가진 가톨릭 측 제후들, 수도원장, 주교, 귀족 출신 사제, 여러 성직 자리를 자기의 것으로 소유한 귀족 등이었다. 이들은 농민전쟁에 대한 자신들의 과오와 책임에 대

해서는 침묵하면서 루터에게 모든 책임을 뒤집어씌웠다.

농민들의 12가지 요구 사항이 거부되자, 농민전쟁은 독일 중부의 튀링언, 오스트리아 티롤과 잘츠부르크, 스위스로 확대되었다. 분노한 농민들은 수도원과 귀족들의 성을 파괴하고 약탈하며 불을 지르기도 하였다. 토마스 뮌처의 영향 속에서 튀링언의 뮐하우젠(Mühlhausen)은 농민전쟁의 중요한 거점이 되었다. 하나님의 심판이 임박하였다고 확신한 뮌처는 그의 지지자들에게 폭력 사용을 허락하였다. 1525년 4월, 전쟁에 참여한 농민들의 수는 약 30만 명에 달하였다.

4) 이같은 상황에서 루터는 1525년 4월, "슈바번 농민들의 12조항에 대한 평화를 위한 권면"을 작성한다. 이 권고문은 (1) 제후들과 지주들에 대한 권면, (2) 농민들에 대한 권면, (3) 제후들과 농민들 모두에 대한 권면, 이 세 부분으로 구성되어 있다(손규태 2005, 74-104는 권면의 본문을 충실히 번역, 소개함).

(1) **제후들과 지주들에 대한 권면**에서 루터는 "당신들은 사치와 방탕을 일삼으려고 백성들을 기만하고 강탈하고 있습니다. 가난한 민중들은 그것을 더 이상 참을 수 없습니다. 칼이 이미 당신들의 목을 겨누고 있으나, 아무도 당신들을 말안장에서 떨어뜨릴 수 없다고 당신들은 생각합니다", "당신들이 하나님의 이러한 진노의 원인이기 때문에 당신들이 제때 당신들의 행위를 바꾸지 않으면 그 진노가 당신들에게 임할 것이 분명합니다"라고 제후들과 지주들을 엄중히 경고한다(손규태 2005, 76-77).

이들은 그리스도의 복음을 부끄럽게 만들고, 세속의 통치권을 자신의 이익을 위해 오용한다. 농민들의 봉기에 대한 책임은 더 이상 견딜 수 없을 정도로 그들을 착취한 제후들, 특히 "눈이 먼 주교들과 어리석은 사제들"에게 있다. 이제 하나님은 농노들을 통해 악한 제후들과 사제들을 벌하고자 하신다. 이에 대해 제후들은 폭력으로 대처할 것이 아니라 하나님의 말씀으로 대처해야 한다. 농민들에게서 착취한 돈을 화려한 옷을 사고, 먹고 마시며 웅장한 건물을 건축하는 데 낭비해서는 안 된다. "죽은 자에게 부과하는 세금과 같은 경제적 불의", 자신의 이익을 위한 신하들의 착취, 무거운 세금 부과를 중지하고 "신하들의 복지에 관심을" 가져야 한다. "낭비와 탕진하는 일이 중지되어서 가난한 사람도 뭔가를 가질 수 있어야" 한다고 루터는 지배계층을 향해 경고한다(손규태 2005, 78-79).

(2) **농민들에 대한 권면**에서 루터는 농민들을 "친애하는 친구들"이라고 부르면서 그들을 다음과 같이 질책한다. ① 그들은 "'하나님의 법'에 따라 행동하고 살기를 원한다고 주장"하지만, "하나님의 이름, 말씀, 명칭들"을 헛되게 취급한다. ② "칼을 가진 자는 칼로 망한다"(마 26:52), "모든 사람은 두려움과 존경심을 가지고 정치적 권위에 복종해야 한다"(롬 13:1), "스스로 원수를 갚지 말고 하나님의 진노에 맡기라"(롬 12:19)는 성경의 말씀을 농민들은 위반한다. ③ "통치자들이 사악하고 불의하다는 사실이 무질서와 반란을 정당화해주지 않는다", "통치자들은 불의하게 당신들의 재산을 탈취했습니다. 이것은 한 부분입니다. 반면에 당신들은 그들로부터 그들의 모든 재산과 생명인 권위를 탈취했습니다. 그러므로 당신들은 그들보다 훨씬 더 큰 도적이며, 그들이 한 것들보다 더 사악한 짓을 하려고 합니다"라고 농민들을 질책하면서, 루터는 자신의 입장

을 천명한다. "나는 결코 칼을 빼거나 보복을 원하지 않았습니다.… 나는 문제를 하나님에게 맡기고…항상 그의 손에 의지하고 있습니다"(손규태 2005, 81-97).

농민들이 요구하는 첫째 조항에 대해 루터는 동의한다. 그러나 그는 개혁파(프로테스탄트) 목사와 가난한 사람들의 생계를 위한 십일조에 관한 요구는 통치자들의 고유 권한을 빼앗는 일이라고 본다. 농민들이 요구하는 농노제도의 폐기를 루터는 반대한다. 하나님의 영을 받은 모든 그리스도인은 자유롭다고 말한 바울도 노예제도의 폐기를 주장하지 않았다. 성경은 세속의 불평등과, 주인과 노예의 관계를 인정한다. 12가지 조항 중 나머지 조항들은 세속의 법과 관계된 것이므로 법을 잘 아는 사람들의 판단에 맡기는 것이 좋을 것이다. 마지막으로 루터는 하나님의 무서운 심판을 초래할 수 있는 폭동을 농민들은 중지해야 한다고 권면한다.

(3) **제후들과 농민들 모두에 대한 권면**에서 루터는 양편 모두를 질책하면서 화해를 권면한다. "이제는 어느 편에도 기독교인다운 것이 없고…영주들 모두 정의와 불의의 문제를 이방인들의 방식들로 논의하고 있습니다.…양편은…하나님을 거역해서 그리고 그의 진노 하에서 행동하고 있습니다.…이 문제들을 폭력과 불의가 아니라 정의로 해결하고 독일에서 끝없는 피 흘림을 시작하지 마십시오." 제후들은 "억압적 폭정을 중지"하고 "가난한 사람들에게 거처할 수 있는 곳을 제공"해야 한다. 동시에 농민들은 "과도한 요구들을 포기"해야 한다(손규태 2005, 100-104). 그러나 루터의 권면은 아무런 효력도 갖지 못한다. 1525년 5월 10일경 루터의 이 문서가 발표되었을 때, 사태는 이미 걷잡을 수 없을 정도로 악화되었다(Mau 2000, 148-149).

2. 루터 때문에 농민 대학살이 일어났는가?

1) 농민들과 제후 및 거대한 토지를 가진 성직자들을 중재하고자 하는 모든 노력이 실패로 돌아가면서, 농민 봉기는 피를 부르는 전쟁으로 발전한다. 수많은 성과 산성, 교회와 수도원이 파괴되고, 살인과 방화, 파괴와 약탈이 이어진다. 어떤 지역 통치자들은 농민군에 협조하기도 한다. 많은 통치자가 공황상태에 빠진다. 1525년 4월 초에 마인츠의 대주교 알브레히트는 농민들의 12가지 조항을 지키겠다고 약속할 정도로 농민군의 세력이 커진다. "4월말에는 수많은 성채들과 약 40개의 수도회와 수도원들이 폭동으로 파괴되었다"(손규태 2005, 105). 독일 땅의 약 1/3이 농민전쟁에 휩싸인다.

전쟁이 튀링언으로 확대되기 전부터 선제후 프리드리히는 무거운 질병에 걸려 있었다. 죽음을 앞두고 그는 동생 요한에게 편지를 보내면서 이렇게 말한다. 가난한 농민들은 여러 가지 방법으로 세속적·영적 통치자들을 통해 억압을 당하였다. 만일 하나님의 뜻이라면, 이들이 통치권을 쥐는 것으로 사태가 끝날 수 있을 것이다. 그러나 제후들의 연합군이 농민전쟁을 평정하기를 희망하면서 그는 1525년 5월 5일 로하우(Lochau)에서 사망한다. 사망 직전에 그는 성만찬의 빵과 포도주 두 가지를 받음으로써 종교개혁에 대한 자신의 지지 의사를 표명한다. 그의 뒤를 이어 동생 요한이 선제후가 되어 선제후 불변자 요한(Kurfürst Johann der Beständige, 1468-1532)이라는 공적 이름을 갖게 된다. 나중에 그는 자기의 형 프리드리히보다 훨씬 더 적극적인 태도로 종교개혁을 지원한다.

2) 1525년 5월 초에 루터는 기독교 학교 설립을 위해 멜랑히톤을 대동하

고 아이슬레번으로 여행한다. 여행 도중에 그는 튀링언 지역 농민전쟁의 상황이 얼마나 심각한가를 알게 된다. 노르트하우젠(Nordhausen)에서 그는 설교를 통해 농민전쟁을 진정시키고자 했으나, 야유하는 자들이 그의 설교를 중단시킨다.

아이슬레번에서 비텐베르크로 돌아오는 길에 루터는 "평화를 위한 권면"에 대한 첨가문을 쓴 것으로 전해진다. 그것이 작성된 날짜는 5월 중순으로 추측된다. 이 글이 발표된 지 며칠 후 "평화를 위한 권면" 제2판이 첨가문과 함께 인쇄되어 발표된다. 이때 "다른 농민들의 약탈적이고 살인적인 폭도들을 반대하여"(Auch wider die räuberischen und mörderischen Rotten der anderen Bauern)라는 제목의 부록이 함께 출판된다. 이 부록에서 루터는, 12가지 요구 사항을 잊어버린 채 '도적질하고, 날뛰고, 질주하는 개처럼 행동하는' 농민들의 만행은 "대 마귀" 토마스 뮌처로 말미암은 "악마의 사역"이라 말하면서 아래의 세 가지 사항을 지적한다.

(1) 농민들은 통치자에 대한 그들의 맹세를 배반하였다.
(2) 그들은 자신에게 속하지 않은 수도원과 성을 파괴하고 약탈한다.
(3) 이 무서운 죄를 그들은 복음과 일치하는 것이라고 주장한다. 그들은 세례를 통해 모든 사람이 평등하다고 주장하지만, 세례를 통해 자유롭게 되는 것은 인간의 영혼이지, 몸과 재산이 아니다. 사도행전 4장에서 신자들은 자발적으로 재산을 나누었지, 빌라도와 헤롯의 재산이 공공의 소유가 되어야 한다고 요구하지 않았다.

그러나 루터는 통치자들에 대한 질책을 잊지 않는다. 통치자들은 이 사태를 "하나님에게 맡기고", 그들 자신의 과오로 말미암아 거둔 열매임을 고백해야 할 것이며, 농민전쟁이 통치자들을 벌하기 위해 하나님이 마귀를 일으킨 것은 아닌지 생각해보아야 할 것이다. 마귀에 대항하기 위해 그들은 하나님의 도움을 겸손히 간구해야 할 것이다. 우리의 싸움은 피와 육에 대한 것이 아니라 공중의 악한 권세에 대한 것이기 때문이다. (루터의 이 글은 다음과 같은 말로 끝난다.) 더 이상 인내와 자비는 있을 수 없다. "지금은 은혜의 시간이 아니라 칼과 진노의 시간이다." 그러므로 "찌르고, 때리고, 목을 졸라 죽여라"(steche, schlage, würge hier, Oberman 1981, 136-137).

루터의 이 권고는 아무런 효력이 없었다. 제후들의 연합군이 투입되면서 농민군의 전세는 기울어진다. 우수한 조직과 무기와 전투 경험을 가진 제후들의 연합군 앞에서 농민군은 적수가 될 수 없었다. 사실 농민군은 전투 경험이 전혀 없는 농민들, 거지들, 무직자들, 곧 오합지졸의 집합체였다. 농민군의 상당수가 농기구를 무기로 사용하였다. 도시의 주민들과 전통적인 귀족계급은 농민전쟁에 무관심하거나 냉담한 태도를 보였다. 농민들이 승리하여 집권한다 할지라도 그들에게 득이 될 것이 없고, 오히려 학살당할 위험이 있었기 때문이다.

1525년 5월 15일, 프랑켄하우젠(Frankenhausen)의 마지막 결전에서 농민군은 작센의 공작 게오르그와 필립 영주의 연합군에 패배한다(두 사람은 장인과 사위 관계였다). 농민들과 함께 싸우던 토마스 뮌처는 생포되어 사형을 당한다. 필립과 게오르그는 루터의 권고를 무시하고 농민들을 참형에 처한다. 약 10만 명의 농민이 참수를 당하거나, 창에 찔려 죽거나, 불에 태워 죽임을 당하였다. 이로써 1525년에 독일 농민전쟁은 실패로 끝난다.

3) 1525년 5월 중순에 출판된 것으로 보이는 "평화를 위한 권면" 제2판 부

록의 마지막 문장, 곧 "찌르고, 때리고, 목을 졸라 죽여라"는 문장은 루터 자신이 쓴 것으로 전해진다. 대부분의 학자들은 이에 대해 이의를 제기하지 않는다. 이리하여 루터는 힘없는 농민들에게는 잔인하고, 힘 있는 제후들에게는 아양을 떠는 "제후들의 삽살개", "제후들의 종"이라는 비난을 듣게 된다. "농민들과 기타 피착취 집단들의 종교적인 요구를 채워 주는 데 실패"하였다는 말로 니버는 루터를 평가한다(Niebuhr 1983, 32).

그러나 우리는 루터의 "평화를 위한 권면" 초판과 제2판 부록에 기록된 "찌르고, 때리고, 목을 졸라 죽여라"는 문장 사이에 너무도 심한 논리적 비약을 발견한다. "평화를 위한 권면"에서 루터는, 농민전쟁은 제후들에 대한 하나님의 심판일 수 있다고 말하였다. 그리고 제후들은 사치와 방종을 절제하고 "억압적 폭정을 중지해야만" 한다고 경고하였다.

이렇게 말한 루터가 제2판 부록에서 농민들을 "찌르고, 때리고, 목을 졸라 죽여라"고 말했다는 것은 너무도 큰 논리적 비약이라고 말하지 않을 수 없다. 수도사요 사제이며 성경교수인 루터가 농민들에 대해 이같이 잔인한 말을 했다는 것은 상상하기 어렵다. 뮌스터의 교회사학자 쿠르트 알란트(Kurt Aland)는, 이 말은 루터 자신의 말이 아니라 출판업자가 영업 이익을 위해 위조한 것이라고 말한다. 그는 이에 대한 두 가지 근거를 제시한다.

첫째, "다른 농민들의 약탈적이고 살인적인 폭도들을 반대하여"라는 제목은 "평화를 위한 권고" 제2판의 부록 제목에 불과하다. 그런데 이 부록이 마치 독자적 문서처럼 인쇄되었고, 부록의 제목이 독립된 문서의 제목이 된 것은, 출판사가 독자들의 흥미를 자극하여 책 판매 수입을 올리기 위해 행한 일이었다.

둘째, "평화를 위한 권면"의 제2판 내용은 제1판 내용에 비해 줄여졌고 변조되었다. 또 그것은 농민전쟁의 마지막 참살에 아무런 영향도 미칠 수 없었다. 권면의 제2판과 그 부록은 1525년 5월 중순, 루터가 튀링언에서 비텐베르크로 돌아가는 도중에 기록된 것으로 추정되는데, 튀링언 지역에 속한 프랑켄하우전의 마지막 결전은 이미 5월 15일에 끝난 상태였다. 루터의 이 문서는 그 뒤에 알려졌다. 그러므로 루터의 이 문서 때문에 농민들에 대한 참살이 일어났다는 주장은 타당하지 않다.

전쟁이 끝난 1525년 여름에 루터는 "농민들에 대한 엄격한 소책자에 관한 서한"을 발표한다. 이 서한에서 그는 농민들에 대한 제후들의 관대한 용서와 은혜를 촉구하면서, 하나님이 그들에게 맡긴 권력을 하나님의 뜻에 따라 바르게 사용할 것을 권고한다. 이같은 루터의 권고 역시 "찌르고, 때리고, 목을 졸라 죽여라"는 말과 전혀 조화되지 않는다. 그러므로 우리는 "찌르고, 때리고, 목을 졸라 죽여라"는 말이 루터 자신의 말이 아니라 출판사의 삽입이라는 알란트의 주장에 동의할 수 있다. 이 문장은 물론 부록 자체가 루터의 문서인지 의심스럽다.

3. "제후들의 종교개혁"으로 변모한 루터의 개혁운동, 1526년 제1차 슈파이어 제국의회

1) 제후들과 농민들 양편의 화해를 희망하였던 루터는 농민들에 대한 관대한 은혜를 촉구하였다. 그러나 농민전쟁에 대한 반대 입장으로 인해 그의 개혁운동은 대중적 지지 기반을 상실하게 된다. 농민들에게 루터는 제후들을 지지하는 "제후들의 종"으로 보였을 것이다. 이리하여 농민들은 루터의 종교개혁에 등을 돌리고 가톨릭 신앙으로 돌아가거나, 재세례파를

위시한 소종파 내지 종교개혁 좌파에 가담하였다. 이로써 "민중 종교개혁"(Volksreformation)은 끝났으며 "민중운동으로서의 종교개혁은 의미를 상실하였다"고 일련의 학자들은 평가한다(Fuchs 1976, 124). "결과적으로 농민반란으로 인하여 생겨진 분열은 독일 종교개혁 운동에 치명적이었다"(강근환 2016, 70).

농민전쟁의 실패는 보수파에게 종교개혁을 반대할 수 있는 빌미를 제공하였다. 보수파의 입장에서 볼 때, 농민전쟁은 단지 농민들의 권리를 되찾기 위한 사회적·정치적 사건에 불과한 것이 아니라 가톨릭 체제에 대한 저항이기도 하였다. 농민전쟁의 정신적 기초가 된 것은 루터가 주장한 "자유의 정신"이었다. 따라서 가톨릭교회를 지지하는 보수파에게 농민전쟁은 루터의 개혁운동의 일환으로 보였다. 종교개혁에 대한 이같은 비난으로 말미암아 적지 않은 제국의회 의원들과 지식인들, 특히 인문주의자들이 종교개혁에 등을 돌리고 가톨릭교회로 돌아갔다.

2) 농민전쟁이 끝나자, 가톨릭 측 제후들은 종교개혁을 저지하기 위한 공동전선을 형성한다. 그들은 농민들에게 자유의 정신을 부채질 한 "빌어먹을 루터 종자들"(verdampft lutherisch secten)을 완전히 제거하고자 한다. 이를 위해 1525년 7월 19일에 작센의 공작 게오르그, 마인츠의 대주교 알브레히트를 중심으로 한 보수파 제후들이 "데사우 연맹"(Dessauer Bund)을 결성한다. 이들은 1521년의 보름스 칙령의 강력한 시행을 요구한다.

이에 대항하여 1524년 여름에 멜랑히톤에 의해 프로테스탄트 신앙을 갖게 된 필립 영주와 작센의 새로운 선제후 요한(선제후 프리드리히의 동생)은 1526년 2월 고타(Gotha)에서 개혁파 연맹을 결성한다. 독일 북부 지역의 여러 제후가 이에 참여한다. 고타 연맹은 1526년 5월 2일에 "토르가우 연맹"(Torgauer Bund)으로 갱신된다. 이로써 종교개혁을 반대하는 보수파 제후들의 "데사우 연맹"과, 종교개혁을 지지하는 개혁파 제후들의 "토르가우 연맹"이 대립하게 된다.

　이것은 루터의 종교개혁에서 중요한 의미를 가진다. 이제부터 루터의 종교개혁은 대중 속에 기반을 둔 대중운동이 아니라 제후들의 운동으로 변모한다. 이제부터 종교개혁이 성사하느냐 아니면 실패하느냐의 문제는 종교개혁을 반대하는 보수파 제후들과, 종교개혁을 찬성하는 개혁파 제후들 및 제국도시 통치자들의 손에 달리게 된다.

3) 이리하여 루터가 기대하였던 교회개혁은 루터 자신이 예기하지 못했던 차원으로 발전한다. 1521년의 보름스 제국의회 때 종교개혁 문제를 잘 알지 못했던 제후들이, 이 문제로 자신들의 목숨을 걸고 싸우는 사태로 발전하였다. 이같은 변화 속에서 루터는 자기를 지지하는 제후들과 손을 잡을 수밖에 없었다. 루터 자신은 세속의 권력자 곧 제후들이 교회 문제에 개입하는 것을 탐탁하게 생각하지 않았지만, 교황과 황제의 막강한 힘 앞에서 루터와 제후들의 연대는 불가피하였다. 이제 종교개혁은 대중 중심의 "개혁운동"(reformatorische Bewegung)에서 제후들과 제국도시 통치자들을 중심으로 한 "종교개혁"(Reformation)으로 발전하였다. 그것은 교회의 문제, 대중의 문제에서 제후들의 문제로 변하였다. 대중은 개혁파 제후들과 보수파 제후들의 투쟁을 구경하는 위치에 서게 된다. 이리하여 후대의 학자들은 종교개혁을 가리켜 "제후들의 종교개혁"이라고 부르게 된다.

　일련의 학자들은 이것을 부정적으로 생각한다. 어떤 학자는 이것을 "독일의 비극"이라 부르기도 한다(Meissinger 1953). 종교개혁 당시의 소종파들, 특히 재세례파도 신앙의 문제에 관한 세속 통치자들의 개입을 거부하였다. 그러나 만일 루터의 종교개혁이 제후들의 손으로 넘어가지 않고 대중에게 맡겨졌다면 그것이 성공할 수 있었을까?

마르크스주의 계열의 학자들은, 독일의 대중이 혁명을 일으켰다면 종교개혁이 성공하였을 것이라고 생각한다. 그러나 이것은 매우 단순한 생각이다. 그 당시 대부분의 대중은 농민들이었고, 도시 대중의 수는 많지 않았다. 그러나 농민전쟁의 결말이 보여주는 것처럼, 대중은 영적 제후들(주교들)과 교황 및 황제의 적수가 될 수 없었다. 그들에게는 전쟁에 필요한 조직력, 경제력, 군사력, 전투 경험이 없었다. 이같은 대중이 종교개혁을 위해 혁명을 일으킬 경우, 루터의 종교개혁은 피 비린내 나는 대중에 대한 대 참살로 끝났을 것이다. 보수파 제후들과 교황 및 황제의 세력을 막아내고 종교개혁을 성사시킬 수 있는 현실적인 세력은 개혁파 제후들과 제국도시 통치자들뿐이었다.

제후들의 대립과 긴장 속에서 개혁파 제후들은 자신의 영지에 프로테스탄트 교회를 과감히 도입하였다. 1525년 5월에 세상을 떠난 현자 프리드리히의 뒤를 이어 작센의 선제후가 된 요한은 그의 형 프리드리히보다 훨씬 더 적극적으로 종교개혁을 추진하며 교회 관리에 대한 책임을 짊어졌다. 선제후 요한과 함께 필립 영주도 종교개혁을 추진하는 중심축이 되었다. 더 많은 제후들과 제국도시들이 이에 가세하였다.

이같은 사태는 황제 카를 5세가 전쟁 때문에 1521년부터 1530년 사이에 제국을 떠나 있어야만 했던 정치적 상황을 통해 가능하였다. 자신의 출신 지역 스페인에서 자기의 권력을 지키기 위해, 또 이탈리아 지역의 지배권을 확보하기 위해 황제는 프랑스와 전쟁을 해야만 했다. 전쟁 때문에 황제는 종교개혁 문제로 씨름할 시간적·정신적 여유가 없었다. 이로써 독일에서는 힘의 공백이 생겼다. 이 공백을 이용하여 종교개혁 지지파 제후들과 제국도시들은 종교개혁을 적극 추진할 수 있었다.

4) 그러나 1526년 1월 14일, 황제 카를 5세가 마드리드에서 프랑스와 평화조약을 맺으면서 독일 문제에 관여할 정신적 여유를 갖게 된다. 이리하여 그는 1526년 6월 25일 슈파이어(Speyer) 제국의회를 소집한다. 이 제국의회는 본래 1525년 11월에 아욱스부르크에서 열기로 했던 것이 연기된 것이었다. 이 제국의회에서 황제는 1521년에 발표한 보름스 칙령을 다시 확인하고, 그 시행을 결의하고자 하였다. 1526년의 슈파이어 제국의회는 다음과 같은 황제의 개회사로 시작된다.

> 종교개혁의 이단으로 말미암아 우리의 거룩한 믿음이 크게 흔들리고, 기독교 종교가 파괴되며, 통치자들에 대한 저항과 적개심이 만연하고, 제국의 분열과 폭동이 일어나고, 우리의 창조자 하나님과 그 성인들에 대한 모독으로 인해 황제의 주권과 거룩한 제국이 회복하기 어려운 해를 당하고 있다. 이를 극복하기 위해 제국의회는 기독교 신앙과 선한 실천과 보편적 교회의 질서를 지키며, 제국의 일치를 이룰 수 있는 수단과 방법들을 결의해야 한다…(Oberman 1981, 138).

5) 황제의 이같은 요구에 반해 개혁파 제후들은 "하나님의 말씀은 영원히 서 있다"(*Verbum dei manet in aeternum*, 사 40:8)는 표어를 내걸고 교회의 개혁을 강력히 요구하였다. 구체적으로 이들은 사제들의 결혼 허용, 빵과 포도주를 함께 나누는 성만찬의 시행, 사적인 미사의 폐지, 미사에서 복음서와 서신을 독일어로 읽기, 죄의 고백에 대한 강요의 완화, 성경은 성경을 통해 설명된다는 설교 기준의 인정 등을 요구하였다.

이에 대해 보수파 제후들은 교회의 전통을 지켜야 한다는 황제의 방침에 근거하여 이 제안을 강력히 반대하고 보름스 칙령의 시행을 주장하였다. 보수파와 개혁파의 입장이 워낙 강경하다 보니, 황제 편에서 타협안을 제시하였다. 즉 보름스 칙령 가운데 벌에 관한 조항들의 효력을 중지시키고, 신앙에 관한 논쟁점은 다음 공의회로 연기한다는 것이다. 이에 제국의회는 일 년 반 후에 다시 의회를 열기로 결정한다. 그리고 1526년 8월 27일, 보름스 칙령의 시행 문제는 각자의 양심에 맡긴다는 결정에 합의한다. 이 합의는 사실상 보름스 칙령의 시행을 연기한다는 것과 마찬가지였다. 이 합의를 통해 개혁파 제후들은 자신의 영지교회를 개혁할 수 있는 "법적 기초"를 얻게 된다(Heussi 1971, 296). 여기서 황제는 사실상 개혁파의 손을 들어준다.

황제 카를 5세가 개혁파의 손을 들어준 이유는 무엇일까? 그 이유는 당시의 정치적 상황에 있었다. 슈파이어 제국의회 당시 로마 교황은 전 교황 레오 10세의 사촌인 클레멘스 7세(Clemens VII)였다. 1521년부터 황제 카를 5세가 이탈리아 북부 지역을 얻기 위해 프랑스의 프랑수아 1세와 전쟁을 할 때, 교황 클레멘스 7세는 황제 편에 섰다. 그러나 황제가 가톨릭 교회 전체의 공의회를 가능한 속히 열고 루터 문제를 공의회에서 처리할 것을 교황에게 요구하자, 교황은 황제에게 등을 돌린다. 고황은 1526년 5월 22일에 프랑스의 프랑수아 1세와 동맹(Liga von Cognac)을 맺고 이탈리아에서 황제의 스페인 군대를 몰아내고자 한다. 이것은 황제에 대한 교황의 배신이었다. 동년 6월의 슈파이어 제국의회에서 황제가 개혁파 제후들의 손을 들어준 이유는 교황과 황제의 이같은 불화 때문이었다.

VI
종교개혁 좌파와의 논쟁, 루터의 결혼

루터의 종교개혁은 루터의 음성 밖에 없는 단 하나의 획일적 운동이 아니었다. 그 속에는 다양한 주장들이 내포되어 있는, 다양성을 가진 운동이었다. 다양한 주장들은 종교개혁 운동 그 자체로 말미암아 생성되기도 하였다. 루터가 외친 그리스도인의 "자유의 정신"으로 말미암아 다양한 사상들이 등장할 수 있었기 때문이다. 이 사상들 속에는 중세기 신비주의와 영성주의, 묵시론적 천년왕국 사상, 오컴의 개인주의, 인문주의의 합리적 사고, 루터의 개혁사상 등 다양한 요소들이 혼재하였다. 그러므로 이들은 공통점을 갖기도 하고, 서로 모순되는 측면을 갖기도 하였다. 이들은 루터의 신학적 통찰을 수용하는가 하면, 그의 개혁이 철저하지 못하다고 비판하면서 루터의 개혁적 통찰을 극단화시키는 경우도 있고, 그것을 반대하는 경우도 있었다. 예수의 산상설교에 따라 폭력 사용을 반대하는 경우도 있고, 그것을 인정하는 경우도 있었다. 엄격한 율법주의를 주장하는 경우도 있고, 그 반대인 자유방임주의를 주장하는 경우도 있었다. 지역과 단체에 따라 색채가 다른 소종파들의 특징은 대략 다음과 같다.

(1) 중세기 신비주의에서 유래하는 하나님과의 내적·신비적 만남과 직접계시(직통계시)
(2) 모든 사람 안에 주어진 "내적인 빛", "내적인 음성"과 신적 영에 의한 개인의 내적 조명과 깨달음
(3) 성경의 객관적 말씀에 대한 경시 및 부인
(4) 루터의 공체론에 대한 반대, 빵과 포도주의 상징론 주장
(5) 유아세례 반대
(6) 엄격한 영성주의적 경건, 청빈과 헌신
(7) 율법주의적 규율과 엄격한 도덕성
(8) 국가교회 제도의 부인
(9) 교회와 정치의 분리
(10) 묵시사상적 천년왕국론
(11) 통치권력의 부인 및 통치권력과의 분리
(12) 공산주의 사회질서를 실현코자 하는 사회혁명사상
(13) 성직자 제도의 폐기, 평신도 중심의 공동체 형성
(14) 성례, 성복, 종교적 의식, 성인 숭배, 성유물 숭배 등의 종교적 형식들과 구원의 중재 수단들에 대한 반대
(15) 개인의 양심의 자유
(16) 외적 권위와 제도를 부인하는 개인의 주관적·개체주의적 신앙을 강조
(17) 폭력에 대한 무저항, 폭력 사용의 거부

(18) 법과 질서를 부인하는 자유방임주의(Libertinismus) 등.

이같은 다양성 속에서 소종파들은 대개 한 가지 공통점을 가지고 있었다. 즉 교회의 제도화, 형식화, 교회와 세속 통치권의 결합을 거부하고, 세속의 정치질서에 대해 비판적이었다는 점이다. 이로 인해 소종파들은 세속의 통치자들은 물론 가톨릭교회와 개혁파 양측에서 소외된다. 끊이지 않는 박해와 도피가 그들의 운명이 된다. 루터 역시 이들을 "소종파"(Sekte), "열광주의" 혹은 "광신자들"(Schwärmer)이라고 부르면서 이들을 거부한다. "'교황주의자들'과 '열광주의자들'이 '비록 다른 머리들을 가지고 있기는 하지만 꼬리가 결합된' 두 마리의 이리들"이라고 그는 소종파들을 평가한다(김선영 2014, 146에서 인용).

그러나 루터의 평가는 적절하지 않다. 이른바 열광주의자들, 광신자들 속에는 타당하고 순수한 점도 있기 때문이다. 이들은 단지 종교개혁의 철저하지 못한 부분을 보완하거나 철저화시키며, 루터와는 다른, 비현실적이며 때로 극단적인 입장을 취하기 때문에 "소종파", "열광주의", "광신자" 등의 부정적 명칭을 얻게 된다. 많은 학자는 이들을 "열광주의자"라고 부르는데, 이들은 오늘 우리가 이해하는 이른바 광적인 열광주의자들이 아니었다. 재세례파의 자틀러(M. Sattler)처럼, 그들 중에는 깊은 학식과 진실한 믿음을 가진 사람들도 많이 있었다. 이들은 자신의 신념 때문에 순교의 죽음까지 마다하지 않았다.

어떤 학자는 이들을 가리켜 "종교개혁 좌파"(der linke Flügel der Reformation, Fast 1962) 혹은 "종교개혁의 양심"이라고 부른다(Aland 1980, 111). 필자의 생각에는 "종교개혁 좌파"라는 손규태의 표현이 보다 더 적절하다고 보인다(김경재 2018, 246). 루터의 종교개혁은 한편으로 가톨릭교회와 논쟁하는 동시에, 이들 좌파 세력과의 논쟁 속에서 진행되었다. 이를 통해 그것은 자신의 정체성을 보다 더 분명히 갖게 된다.

1. 순수한 믿음에서 시작한 재세례파

1) 종교개혁의 역사에서 가장 큰 파문을 일으킨 종교개혁 좌파는 재세례파였다. 스위스 취리히에서 시작된 재세례파는 극심한 박해에도 불구하고 스위스와 독일은 물론 유럽 각지로 확산되어 루터의 종교개혁에 대한 비판 세력을 형성하였다.

재세례파 운동을 시작한 주요 인물은 취리히시 의원의 아들인 콘라트 그레벨(Konrad Grebel)과 취리히시 유급 성직자의 아들인 펠릭스 만츠(Felix Manz)였다. 이 두 사람은 본래 츠빙글리 지지자들이었다. 그러나 이들은 츠빙글리의 개혁이 철저하지 못함에 불만을 품고 그를 떠나게 된다. "츠빙글리가 성만찬 예복을 거부하지 않고, 십자가 성호를 긋는 행위를 허용하고, 성상에 대해서도 분명한 반대 태도를 취하지 않는 등 불확실한 태도를" 그들은 수용할 수 없었다(박경수 2013, 105).

그러나 이들이 츠빙글리를 떠난 근본 이유는 교회와 세속 통치권의 결합에 있었다. 1523년 12월 취리히에서 미사 폐지 문제로 보수파와 개혁파 사이에 분쟁이 일어났을 때, 츠빙글리는 이 문제의 조정을 취리히시 의회에 맡겼다. 이에 대해 츠빙글리 반대파는, 시 의회가 신앙의 문제에 개입하는 것을 반대하고, 세속의 통치권이 진리에 충실하지 않을 경우 그것은 더 이상 올바른 기독교적 통치권이 아니며, 이같은 통치권을 지지하는 자는 기독교 공동체의 대표자일 수 없다고 주장하였다. 근본적으로 이들은 교회와 세속 통치권의 결합을 반대하고 교회의 순수성을 지키고자 하였다. 교회와 세속 통치권은 서로 다른 영역에 속하며, 다른 규범과 가치관을 가진다. 교회와 세속 통치권이 결합될 때, 교회의 순수성이 사라지게 된다고 생각하였기 때문이다(Dingel 2017, 131).

또 하나의 중요한 문제는 유아세례 문제였다. 1524년 말 취리히시 의회에 제출한 해명서에서 만츠는 다음과 같이 주장하였다. 예수와 제자들은 유아세례를 명령한 적이 없다. 유아세례는 성경에 근거한 것이 아니라 적그리스도 교황과 그의 지지자들이 만들어낸 것이다. 세례는 옛 사람이 죽고 새 사람으로 다시 태어나는 것을 말하는데, 이것은 분명한 자기의식을 가진 성인들에게만 가능하다. 사도들은 그리스도의 말씀을 듣고, 그와 함께 죽으며, 새로운 삶 속에서 그와 함께 다시 살아나는 사람들에게만 세례를 베풀었다(Oberman 1981, 114). 이런 근거에서 츠빙글리 반대파는 유아세례를 반대하고, 성인세례와 이미 유아세례를 받은 신자들의 재세례를 요구하였기 때문에 재세례파라 불리게 된다.

여기서 우리가 유의할 점은, 유아세례는 국가교회 제도를 유지하는 기둥이라는 사실이다. 유아세례를 통해 모든 국민은 태어나자마자 그리스도인이 되고 국가교회의 구성원이 된다. 그들이 성년이 되어 취업할 때, 그들의 수입액 가운데 일정액이 교회세 혹은 종교세로 징수되어 국가교회를 유지하는 재원이 된다. 이같은 기능을 가진 유아세례를 반대하는 것은 국가교회 제도를 반대하는 것과 마찬가지였다. 그것은 단지 종교적 문제가 아니라 사회·정치적 문제이기도 하였다. 그러므로 재세례파는 박해를 당할 수밖에 없었다.

이미 1523년부터 재세례파는 사제 없이 스스로 성경을 공부하고 성만찬을 나누는 자신의 작은 공동체를 이루었다. 이 공동체는 제도화, 형식화된 국가교회에 반하여 사도행전의 공동체처럼 성령을 통해 다시 태어난 사람들의 공동체로서 순수한 믿음과 성화를 추구하였다. 하나님의 자녀로 다시 태어남(중생)으로써 얻게 되는 칭의는 신자들의 친교와 성화의 삶을 통해 증명되어야 했다. 그들은 "특별히 비폭력을 말씀하신 예수님의 교훈에 순종하면서 살아야" 하며 "절대로 칼을 사용하거나 전쟁에 참여해서는 안 된다고 단호히 말하면서 오직 예수님의 말씀에 따라 살아갈 때만이 우리의 삶의 질은 향상될 것이라고 주장"하였다(김주한 2015, 172). 그들에게 세례는 하나님의 구원을 중재하는 성례적 방편이 아니라 믿음을 통해 이미 얻은 죄용서와 칭의에 대한 가시적인 고백이었다. 그것은 "거룩한 사람들(성도)의 친교"(communio sanctorum)에 입단하는 의식이었다.

세속 통치권은 재세례파를 허용할 수 없었다. 그것은 폭력 사용과 전쟁을 거부하며, 국가의 기초가 되는 국가교회 제도를 사실상 부인하기 때문이었다. 이리하여 재세례파에 대한 세속 통치권의 억압과 박해가 시작된다. 츠빙글리도 재세례파에 대한 억압에 동의하였다. 그는 세속 통치권의 힘을 빌려 개혁을 관철하고자 했는데, 재세례파는 이를 반대하였기 때문이다. 이리하여 재세례파는 가톨릭교회, 프로테스탄트, 세속의 통치권, 이 세 가지 세력 중에서 그 어느 세력의 지지도 받지 못하는 낙동강 오리알 신세가 되고 말았다.

1524년 이후 재세례파의 주장에 따라 유아들이 세례를 받지 않는 일들이 속출하자 취리히시 의회는 유아세례를 즉시 시행하라고 명령한다. 츠빙글리가 비밀리에 재세례파를 설득하고자 했지만 실패로 끝난다. 이리하여 시 의회는 1525년 1월 17일 유아세례 문제에 대한 변론을 열고, 그다음 날 결과를 발표한다: 유아세례 반대는 잘못된 일이다. 지금까지 세례를 받지 못한 모든 유아는 8일 내에 세례를 받아야 한다. 이를 거부하는 자는 취리히에서 추방된다. 동년 1월 25일 시 의회는 유아세례를 반대하는 재세례파의 모임을 금지하고, 그레벌과 만츠에게 설교 및 연설 금지 명령을 내린다. 위의 명령을 거역하는 재세례파를 시 의회는 체포 및 구금한다.

거듭되는 경고와 억압에도 불구하고 재세례파의 세력은 더욱 확산되었다. 이에 취리히시는 1526년 3월 5일에 18명의 재세례파를 무기징역에 처하고, 1527년 1월 5일에 재세례파의 대표 만츠를 익사시켰다. 그러나 순교의 죽음은 신자들의 믿음을 더욱 굳세게 할 뿐이다. 제도화된 국가교회의 형식적 신자들로부터 구별된 자라는 자기인식 속에서 재세례파는 철저한 성화의 삶을 살고자 한다. "삶 전체의 성화가 재세례파의 가장 귀중한 사명이었다"(Fuchs 1976, 149).

이렇게 시작된 재세례파는 대략 다음과 같은 특징을 가진다. (1) 유아세례의 반대와 성인세례 및 재세례 주장, (2) 교회와 세속 통치권의 분리, (3) 국가교회 제도 반대, (4) 세속 통치권에 대한 참여의 거부, (5) 불의와 폭력에 대한 비폭력적 인내와 전쟁 참여의 거부, (6) 산상설교에 기초한 철저한 경건과 성화의 생활, (7) 다시 태어난 신자들의 공산주의적 공동체에 대한 이상, (8) 새 하늘과 새 땅을 기다리는 천년왕국적 이상(Heussi 1971, 327).

2) 취리히에서 도주한 재세례파는 스위스 북부와 독일 남부 지방, 특히 스트라스부르크와 아욱스부르크로 확산된다. 여기서 멀지 않은 오스트리아 발츠후트(Waldshut)에서 재세례파는 많은 지지자를 얻게 된다. 이 도시에는 한때 잉골슈탓트(Ingolstadt)의 신학교수였던 홉마이어(Balthasar Hubmaier, 1480/85-1528)가 1520년부터 사제로 봉직하고 있었다. 그는 에라스무스와 루터 및 멜랑히톤의 문서를 통해 종교개혁을 지지하게 되었다. 그러나 츠

빙글리에 반해 그는 유아세례를 반대하였다.

1524년 가을에 이 도시에서 종교개혁 운동이 시작된다. 미사 대신에 종교개혁적 예배가 도입되고, 교회의 성상들이 제거된다. 독일의 농민전쟁이 한창이던 1525년 부활절 즈음에 재세례파가 이 도시에 자리를 잡게 된다. 부활절 일요일에 홉마이어는 60명의 주민들과 함께 성인세례를 받는다. 이어서 그는 약 300명의 주민들에게 성인세례를 베푼다. 다수의 시의회 의원들이 그 속에 포함되어 있었다. 세례에 이어 이들은 회상의 만찬으로서의 성만찬을 거행하였다.

그러나 1525년 농민전쟁에 참여함으로써 이 도시는 황제의 군대에 의해 점령되고 가톨릭 질서로 되돌아간다. 이에 홉마이어는 그의 부인과 함께 취리히로 도피한다. 취리히시 의회는 그를 체포하고, 고문과 함께 입장 철회를 강요한다. 취리히를 탈출한 홉마이어는 아욱스부르크 등지로 도주하다가, 1528년 3월 10일에 오스트리아 비인(Wien)에서 반란자요 이단자라는 명목으로 체포되어 고문 끝에 화형을 당한다. 믿음은 강요당할 수 없으며 "진리는 사라지지 않는다"고 외치면서 그는 죽음을 당한다. 그의 부인도 3일 후 도나우강에서 익사(물을 먹여 죽이는 것)를 당한다(Dingel 2017, 134-135).

1525년, 홉마이어는 "신자들의 기독교적 세례에 관하여"라는 제목의 글에서 성인세례를 주장한다. 이에 츠빙글리는 1525년 5월 27일 "세례와 유아세례의 재세례에 관하여"라는 글에서 자기의 입장을 공적으로 표명한다. 세례는 은혜의 방편이 아니라 수세자가 하나님께 속한 사람으로 살고자 함을 나타내는 상징이요 고백의 행위라는 점에서, 그는 재세례파에 동의한다. 그러나 믿음을 세례의 조건으로 보는 것은 하나님의 은혜를 제한하고 축소하는 행위다. 그것은 인간의 교만이다. 성경은 유아세례를 권유하지도 않고 반대하지도 않는다. 그러나 그리스도인들의 어린이도 하나님께 속한다는 성경의 말씀은 유아세례를 지지한다고 볼 수 있다. "구약에서 어린아이에게 할례를 베풀었고 신약에서 온 가족이 세례를 받은 것을 고려할 때, 유아세례를 금할 이유가 없다." "또한 성경에 유아세례에 대한 직접적인 언급이 없다고 해서 그것을 거부한다면, 최후의 만찬에 여성이 없었으니 여성은 성만찬에 참여하지 못한다고 말하는 것과 진배없다"(박경서 2017, 89). "믿음이 온전한 사람만이 세례를 받아야 한다면 감히 내 믿음이 온전하다고 주장하며 세례를 받을 수 있는 사람은 아무도 없을 것이라고" 츠빙글리는 논박한다(90). 결국 츠빙글리와 홉마이어는 서로 일치점을 발견하지 못하고 나누어진다.

그러나 츠빙글리 자신은 재세례파에 대한 극단적 박해를 주장하지 않은 것으로 전해진다. 그는 "재세례파 사람들이 근본적 사회혼란의 제공자가 아니라는 사실도 확신하고 있었다. 츠빙글리는 재세례파 사람들의 비생산적인 또는 무정부적인 태도를 보면서 오히려 협력할 수 있기를 원했다. 그는 쟁점이 되고 있었던 유아세례는 그 자체로 종교개혁 운동의 핵심문제가 될 수 없다고 인정했다"(Zwingli 2014, 386).

3) 재세례파는 독일 남부와 중부를 거쳐 네덜란드까지 확산된다. 가난한 사람들, 수공업자들, 청소년 노동자들, 1525년의 농민전쟁에서 살아남은 농민들을 중심으로 한 하층민들이 이에 합세한다. 일부 상층계급에 속한 사람들도 있었다. 뉘른베르크의 학교장이었던 한스 뎅크(Hans Denck, 1495-1527)도 그중 한 사람이었다. 1526년에 아욱스부르크에서 홉마이어로부터 세례를 받고 재세례파에 참여한 뎅크는, 한스 훗(Hans Hut, 1490-1527경)와 함께 영성주의 사상을 재세례파에 접목하였다. 나중에 그는 재세례파

를 떠나 영성주의로 넘어갔다(Fuchs 1976, 150).

토마스 뮌처의 지지자이기도 했던 뎅크는 영성주의의 가르침에 따라 성경과 설교보다 인간 안에 있는 하나님의 내적 말씀과 영을 더 중요시한다. 하나님 나라가 너희 안에 있는 것처럼(눅 17:21), 하나님은 각 사람의 마음속에 계신다. 하나님의 선택을 받은 사람은 성경과 설교 없이 지복에 이를 수 있고, 상충되는 성경의 말씀들을 영 안에서 전체적으로 파악할 수 있다. 성경이나 세례의 핵심 문제는 성화의 영적 과정에 있다. 성만찬의 중심 문제는 하나님의 사랑을 깨닫고 하나님과 연합하는 데 있다.

뎅크에 따르면 하나님은 완전한 사랑이다. 죄 없는 인간이신 나사렛 예수와 사랑의 일치 속에서 하나님은 인간에 대한 그의 사랑을 완전하게 계시한다. 예수가 행하는 일은 하나님이 행하는 일이요, 예수의 고난은 하나님의 고난이다. 새 율법은 하나님의 자녀가 되는 데 있다. 하나님의 사랑을 깨닫게 될 때, 우리는 이웃을 사랑할 수 있게 된다. 예수의 뒤를 따라 우리 자신의 의지를 포기하며 세상에 속한 것을 더 이상 사랑하지 않게 된다. 기독교의 핵심 진리는 하나님에게서 받는 사랑과 이웃을 향한 사랑에 있다. 이것을 충분히 드러내지 못하는 데 루터의 칭의론의 약점이 있다. 진짜 믿음은 마음과 입술과 행동의 일치 속에서 하나님의 계명에 복종하는 데 있다. 우리의 모범이신 그리스도는 율법을 이루셨다. 그의 뒤를 따라 우리도 율법을 이루어야 한다. 하나님의 사랑으로 말미암아 그리스도인들은 자기 자신과 세상에 속한 것에서 자유를 얻는다. 이 자유는 종교적 의식에서의 자유일 뿐 아니라 이웃의 신앙의 인식에 대한 관용과 자유로 나타나야 한다. "성령을 받은 모든 그리스도인은 하나님 안에서 그리스도와 하나이며, 그리스도를 닮는다." 교회의 종교적 형식들과 가르침의 통일성보다도 영 안에서의 통일성이 더 중요하다.

하나님은 자연의 모든 피조물과 인간 안에 내재한다. 하나님의 내재는 구원의 전제가 된다. 각 사람 안에 하나님의 형상과 계시가 담겨 있다. 죄와 악은 하나님의 내적 말씀과 함께 인간 의지의 협동을 통해 극복될 수 있다. 하나님의 사랑은 결국 모든 사람을 구원하실 것이다. 성례는 은혜의 방편이 아니라 상징에 불과하다. 유아세례는 예수께서 제정한 것이 아니라 교회가 제정한 것이다. 뎅크는 1525년 1월 시 의회로부터 직위 해제를 당하고 스위스 바젤로 피신한다. 그는 자기의 영성주의적 믿음을 끝까지 지키다가, 1527년에 흑사병으로 사망한다.

뎅크에게서 세례를 받은 훗트 역시 뮌처의 영향을 받은 인물로, 재세례파의 신비적 천년왕국 사상을 수용하였다. 요한계시록 7:2 이하의 말씀에 근거하여 그는 세례를 최후의 심판 때 살아남을 사람들이 받아야 할 봉인이라 가르쳤다. 그는 구원받을 144,000명 중 가능한 많은 사람들을 구하여 그들의 이마에 십자가 표시를 하는 것이 자기의 사명이라고 주장하였다. 결국 그는 아욱스부르크에서 체포되어 수개월간 고문을 당한 후 사형 언도를 받았다. 그는 사형 집행 전에 탈옥하다가 연기에 질식하여 사망하였다(Seebaß 2002, 44 이하).

4) 토마스 뮌처의 천년왕국적 혁명사상의 영향으로 일부 재세례파는 1525년 독일의 농민전쟁에 참여한다. 이로 인해 정치적으로 위험한 집단으로 인식되면서, 재세례파는 자신을 세속 사회로부터 분리시키는 입장을 취한다. 첫째, 재세례파는 예수의 말씀에 따라 맹세를 거부한다(마 5:34). 맹세는 사회적·정치적 삶을 유지하는 법적 형식이었다. 이같은 의미를 가진 맹세를 거부할 때, 재세례파는 사회에서 소외될 수밖에 없었다. 둘째, 재세례파는 산상설교에 근거하여 철저한 평화주의를 주장하면서 폭력 사

용을 일체 거부하였다. 당시의 국가체제에서 이것은 허용될 수 없었다. 셋째, 재세례파는 공직을 맡는 것을 거부하였다. 힘과 폭력을 사용할 수밖에 없는 공직은 그리스도의 가르침에 모순되는 것으로 생각되었기 때문이다. 넷째, 재세례파는 비기독교적이라고 생각되는 통치권에 십일조와 이자를 바치는 것을 거부하였다. 이로 인해 재세례파는 농민들에게 매우 매력적으로 보였지만, 사회 전체의 구조에서 소외되었다. 다섯째, 재세례파는 외적인 표식들을 통하여 자신을 구별하였다. 예를 들어, 값비싼 옷을 피하고 두꺼운 천으로 만든 모자(Filzhut)를 쓰고 다니며, 비싼 음식과 음료를 피하였다. 사람들 앞에 나타날 때 특별한 겸손의 표시를 하였고, 그들과 동일한 생각을 갖지 않은 사람들과의 접촉을 피하였다. 또한 공동체의 윤리적 순수성을 지키기 위해 교회 추방을 포함한 엄격한 권징을 시행하였다. 이것은 국가교회에서 볼 수 없는 일이었다. 이리하여 재세례파는 점차 사회에서 격리되었다(Fast 1962, 60-71).

그러나 자유방임주의가 재세례파에 침투함으로 말미암아 윤리적 혼란이 일어난다. 이에 재세례파는 1527년 2월 24일 슐라이트하임(Schleitheim bei Schaffhausen)에서 회의를 열고 재세례파의 행동 강령을 확정하였다. 이 회의의 주도자는 본래 베네딕토 수도원장이요 인문주의의 대학자였던 미햐엘 자틀러(Michael Sattler, 1490-1527경)였다. "슐라이트하임 조항"은 다음과 같다.

(1) 회개와 삶의 변화에 대한 가르침을 받고 그리스도의 죄용서를 진심으로 믿으며, 부활하신 그리스도와 함께 살고 그와 함께 죽기를 원하는 자만이 세례를 받을 수 있다. 유아세례는 배제된다.

(2) 그리스도의 몸속으로 세례를 받고 그에게 복종하며, 그의 계명에 따라 살려고 하다가 죄와 오류에 빠진 자는 교회에서 추방되어야

한다. 그는 두 번 비밀리에 권고를 받고, 세 번째에는 그리스도의 가르침에 따라(마 18:15 이하) 공동체 앞에서 공적으로 권고를 받거나 추방된다.

(3) 그리스도의 몸과 피를 회상하기 위해 단 하나의 빵과 단 한 잔의 포도주를 원하는 자는 먼저 세례를 통해 그리스도의 몸과 연합해야 한다.

(4) 세례를 통해 하나님께 속한 신자들은 믿음의 복종을 알지 못하며 하나님과 연합되지 않은 악한 자들로부터 구별되어야 한다. 그들은 하나님과 그리스도와 연합되지 않은 모든 것, 곧 교회의 업적과 예배와 모임과 불신앙의 동맹과 계약 등을 피해야 한다.

(5) 공동체의 목자는 말씀 읽기, 권고와 가르침 등을 열심히 행해야 하며, 모든 형제자매의 개선을 위해 기도해야 한다. 공동체는 목자의 생계를 책임져야 한다. 목자가 죄에 빠질 경우, 모든 사람 앞에서 권고를 받아야 한다. 그가 추방될 경우, 다른 사람으로 대체되어야 한다.

(6) 그리스도의 가르침대로(마 11:29) 신자들은 검을 사용할 수 없다. 검을 사용하는 통치권의 관리가 되는 것은 그리스도인에게 맞지 않은 일이다. 세속에 속한 자는 가시와 강철로 무장되어 있는 반면, 그리스도인들은 진리와 정의와 평화와 믿음과 하나님의 구원과 말씀으로 무장되어 있다.

(7) 신자들은 맹세를 해서는 안 된다. 우리는 맹세의 내용 중에 그 무엇도 보증할 수 없고, 우리의 그 무엇도 변경할 수 없기 때문이다(히 6:17 이하)(Oberman 1981, 140-144).

회의가 끝난 지 며칠 후 자틀러는 독일 서남부 넥카강의 호르프(Horb am Neckar)에서 체포된다. 2개월 후 그는 황제 카를 5세의 보름스 칙령에 의하여 이단자로 화형을 당한다. 자신의 입장이 오류임을 성경을 통해 증명해 보이라고 그는 주장하지만, 그의 주장은 묵살된다. 함께 체포된 남자들은 참수형을 당하고, 여자들은 넥카강에서 익사를 당한다.

5) 1529년의 제2차 슈파이어 제국의회와 1530년의 아욱스부르크 제국의회는 재세례파에 대해 종교재판과 화형을 경고하였다(이 책의 제5부 II. 3. 그리고 제6부 I. 1. 참조). 그러나 재세례파는 계속 확산되었다. 그들은 교회의 순수성을 주장하면서 교회와 국가 권력의 결합을 반대하였다. 그들은 예수의 산상설교에 기초한 철저한 경건과 도덕성을 지키고자 하였다. 칭의론을 강조하는 루터에 반해, 그들은 삶의 성화를 강조하고, 형제자매의 자발적 헌신과 봉사를 실천하였다. 가는 곳마다 그들은 박해를 당하였다. 추방, 감옥, 고문, 불과 물과 칼을 통한 죽음이 그들을 기다리고 있었다.

그들이 박해를 당한 것은 단지 유아세례 문제 때문이 아니었다. 박해의 숨은 이유는, 그들이 교회와 세속 통치권의 결탁을 반대하고 통치권에 대한 참여와 폭력 사용 및 전쟁을 거부하며, 뮌처의 영향으로 또다시 반란을 일으킬 수 있는 위험한 세력으로 보였기 때문이다. 사회 하층민이 대부분이었던 재세례파는 당시의 기독교 세계(corpus christianum)에 통합될 수 없는, 정치적으로 위험스러운 존재였다.

6) 거듭되는 박해 속에서 재세례파는 점차 극단적 천년왕국 사상으로 기울어진다. 이리하여 재세례파는 "가장 위험한 혼란의 뜨거운 화덕"(Herd der schwerster Unruhen)이 된다(Fuchs 1976, 173). 1530년경 슈바번(독일 남부 지

역 사람들) 출신으로 모피 세공자였던 멜키오르 호프만(Melchior Hofman, 약 1495-1543)은 독일 북부와 네덜란드에서 천년왕국 사상을 가르쳤다. "그는 그리스도의 임박한 종말을 선포하며―1533년에 세상의 종말이 올 것이라고 선포하고 스트라스부르크가 새 예루살렘이 될 것이라고 하였다―모든 사람은 그리스도의 순전한 교회로부터 세례를 다시 받아야 한다고 주장하였다. 그는 반 성직주의(anti-clericalism)와 사회정의를 부르짖으며 세상 종말 이전에 세속 사회는 멸망할 것이고 그리스도 재림 이전의 성인들이 예언자들과 경건한 통치자들의 협력을 통해 지상을 다스릴 것이라고 주장하였다"(김주한 2016c, 205-206). 그의 지지자들은 1534/35년에 독일 뮌스터로 모여들었다. 그 당시 뮌스터는 극단적 신앙을 가진 사람들의 도피처였다.

그 즈음에 고난과 인내 대신에 폭력에는 폭력으로 대응해야 한다고 주장하는 새로운 형태의 재세례파가 네덜란드에서 형성된다. 그 대표자는 빵을 굽는 직업을 가진(Bäcker) 얀 마타이(Jan Mathey, 약 1500-1534)였다. 호프만은 하나님 자신이 그분의 나라를 세우리라고 기대하였던 반면, 마타이는 하나님 없는 자들을 제거함으로써 하나님 나라를 세워야 한다고 가르친다. 그는 예언자로, 새 에녹으로 자처하면서 성인세례를 베푼다. 그의 지지자들도 뮌스터로 모인다.

또한 1534년에 네덜란드 라이던(Leiden)의 얀 보켈손(Jan Bockelson, 1509-1536)과 그의 지지자들이 뮌스터로 집결한다. 1534년 2월 23일에 이들은 마타이의 지지자들과 함께 뮌스터시를 장악한다. 재세례 받기를 거부하는 시민들은 도시에서 추방되고, 재세례파의 새로운 집단들이 도시로 모여든다. 이때 뮌스터와 오스나브뤼크(Osnabrück)의 주교였던 탈덱의 프란츠(Franz von Waldeck)와 필립 영주를 위시한 제후들의 연합군대가 뮌스터 지역을 공격하기 시작한다. 전세가 불리해지자, 마타이가 도시의 통치자가 된다. 그는 "6주 동안 뮌스터를 통치하며 사도행전에 기록된 대로 원시 교회의 이상에 기초한 사회를 건설하려고 하였다"(김주한 2016c, 206). 이를 위해 그는 시민들의 재산을 몰수하고, 이에 저항하는 시민들을 죽이며, 소유를 강제로 빼앗는다.

1534년 4월 4일에 마타이가 전투에서 사망하자 보켈손이 통치자가 된다. 그는 하나님의 명령을 받은 예언자로 자처한다. 12지파의 12사사가 그를 보좌한다. 하나님의 율법을 범하는 자는 죽임을 당한다. 하나님 백성의 수를 늘리기 위해 이들은 일부다처제를 도입한다. "그는 자신을 거부하는 것은 곧 주님을 거부하는 것이요 신적 질서를 방해하는 것이라고 선포하고, 사소한 위반을 해도 즉각 사형에" 처하였다(김주한 2016c, 206).

1534년 9월 초에 제후들의 연합군이 뮌스터 교구 지역을 점령하기 시작하자, 보켈손은 온 세상의 왕이 된다. 그는 호화롭고 타락한 생활을 하며 공포정치를 시행한다. 동년 10월에 뮌스터 교구의 수많은 도시 및 마을이 연합군에 함락되고, 재세례파에 대한 살육이 일어난다. 1535년 7월 25일 뮌스터시가 함락된다. 필립 영주의 강력한 반대에도 불구하고 뮌스터는 가톨릭 지역으로 되돌아간다. 이로써 "뮌스터의 하나님 나라"는 실패로 끝난다. 보켈손은 두 명의 다른 지도자와 함께 1536년 처형된다. "뮌스터의 비극은 지도자의 과대망상과 성서를 문자적으로 따르려고 했던 추종자들의 신념이 낳은 필연적 결과였다.…이러한 폭력적인 광신도들 때문에 한동안 원시 기독교로의 회복을 갈망한 아나뱁티스트 운동은 위축될 수밖에 없었다"(김주한 2016c, 207). 그러나 "뮌스터의 비극"의 근본 원인은 교회와 정치 권력의 결탁에 대한 재세례파의 반대에 있었다는 점을 우리는 간과해서는 안 될 것이다. 양자의 결탁은 교회의 정치화, 제도화, 형식화를 초래하기 때문이었다.

7) 재세례파는 또다시 일어난다. 그 지도자는 본래 가톨릭교회 사제였던 메노 지몬스(Menno Simons, 1496-1561)였다. 1524년 28세의 나이에 사제서품을 받은 지몬스는 당시 성직자들의 "윤리, 도덕적인 일탈 행위에 크게 실망을" 하고, "세례란 오직 신앙고백의 근거 위에서만 가능하다고" 확신케 된다. 그는 1536년 재세례파에 가담하여 강력한 지도자로 부상한다. "그는 그리스도께서 모범을 보이셨던 대로 그리스도인들은 의롭고 거룩한 순전한 사랑과 평화의 삶을 살아야 한다고 강력히 주장하였다"(김주한 2016c, 207-208). 그는 다음과 같이 말한다. "'베드로는 그의 칼을 칼집에 다시 넣으라는 명령을 받았다. 모든 기독교인들은 그들의 원수를 사랑하라고 명령받았다.…어떻게 기독교인이 보복이나 복수, 가혹행위, 강도행위 등을 성서적으로 변호할 수 있는지를 나에게 말해 보시오.' 시몬스에게 모든 폭력은 육적이며 악마적인 것이고, 따라서 폭력 사용의 거부는 제자도의 기본이요 교회 훈련의 본질적인 요소"였다(219).

지금도 재세례파 그룹 가운데 가장 큰 공동체를 이루고 있는 "메노파" 혹은 "메노나이트파"(Mennoniten)는 메노 지몬스의 이름에서 유래한다. "그들은 화형을 받기도 하였으나 순교를 영광으로 생각하고 찬양하였다. 이들은 정교의 완전한 분리를 주장하고 전쟁을 반대하는 평화주의자들이었다"(이장식 2011, 322). 그들은 세속에서 자신을 엄격히 구별하고, 모든 소유를 함께 나누면서 경건한 생활을 하였다. 또한 부도덕한 자에 대한 권징을 통해 공동체의 거룩함을 유지하며, 종교개혁 사상을 인정하였다. 오랜 박해 끝에 이들은 1572년 이후 네덜란드와 스위스, 독일 일부 지역에서 관용을 얻게 된다.

8) 무서운 박해 속에서 또 다른 재세례파 집단이 오스트리아 티롤(Tirol) 지역에 등장한다. 그 중심지는 독일 여러 지역의 재세례파들이 모여든 메런(Mähren)이었고, 그 지도자는 남부 티롤(Südtirol) 출신의 야콥 후터(Jakob Hutter, 약 1500-1536)였다. 그를 중심으로 모인 재세례파를 가리켜 "후터파"(Hutterer)라고 부른다. 이들은 세속에서 분리된 자신들만의 공동 거주지 안에서 공동생활을 하였다. 이 공동체는 사도행전의 첫 공동체의 모범에 따라 사유재산을 금하고 모든 재산을 공유하였다. 후터의 가르침에 따르면, "세상 물질들은 그리스도인들이 소유하거나 축적해서는 안 되며 다른 사람들을 돕는 데 사용되어야 한다. 세상 사람들과 달리 그리스도인들은 그들의 재산을 궁핍한 사람에게 나누어 주어야 한다. 그리스도는 부를 공격하였다"(김주한 2015, 174).

후터파 공동체에 새로 입단한 신자는 자기의 소유를 자발적으로 공동체에 바쳤다. 신자들은 농업과 목축업을 위시한 모든 직업 영역에서 일하되, 사치생활을 조장하는 직업이나, 쉽게 죄를 지을 수 있는 직업이나, 손수 제조하지 않은 상품을 팔아 이익을 챙기는 상업을 금지하였다. 이들의 경건생활은 참으로 모범적이었지만, 사회 변두리로 배제된다. "후터파는 종교개혁 그룹 가운데 어느 집단도 실현해 보지 못했던 공산적인 경제 공동체 건설에 성공하였다. 그들은 생산과 소비에서 완벽한 공산 공동체를 유지하였다. 그래서 후터파는 스스로를 '후터파 형제들'(Hutterian Brethren)이라고 불렀다"(김주한 2016c, 205). 이들의 공동체는 오늘날에도 캐나다와 미국 북부에서 발견된다.

16세기 재세례파는 크게 세 집단으로 구별된다. (1) 독일 남부에서 시작하여 헷선(Hessen) 지역에 위치한 스위스 형제자매들, (2) 독일 북부와 네덜란드에 위치한 메노나이트파, (3) 독일 남부, 오스트리아, 유럽 중동부 지역에 위치한 후터파이다. 지금까지 남아 있는 이들의 문헌들과 찬송가는, 산상설교를 글자 그대로 지키고자 하는 재세례파의 진실한 믿음과 경건한 삶을 증언하고 있다(Dingel 2017, 145).

9) 루터는 여러 문헌에서 재세례파를 비판한다. 「대교리문답서」(1529)에 따르면, 세례는 수세자의 믿음 여부에 의존하지 않는 객관적 효력을 가진다. 수세자에게 믿음이 없을지라도, 하나님의 말씀이 세례와 함께하기 때문이다. 나의 믿음이 세례를 세례로 만드는 것이 아니라 하나님의 말씀이 세례를 세례로 만들며, 믿음은 그것을 받아들일 뿐이다. 악한 의도를 가진 유대인이 교회에 와서 세례를 받을지라도 그 세례는 유효하다. 따라서 "어린이들이 믿지 않는다고 할지라도…세례는 유효하며, 누구도 어린이들에게 재세례를 베풀어서는 안 된다.…언젠가 어린이가 믿을 것이라는 생각과 희망 속에서 우리는 어린이가 세례를 받게 하며, 어린이에게 믿음을 달라고 하나님께 간구한다. 그러나 이 때문에 우리가 어린이에게 세례를 베푸는 것이 아니라 오직 하나님께서 그것을 명령했기 때문에 세례를 베푼다"(1964b, 140-141).

재세례파는 "믿음이 없으면, 세례는 아무것도 아니다"라고 주장한다. 이것은 "내가 믿지 않으면, 그리스도는 무의미하다", "내가 복종하지 않으면, 아버지, 어머니, 통치자도 무의미하다"라고 말하는 것과 같다. 우리가 해야 할 어떤 일을 하지 않는다고 하여 그 일 자체가 아무것도 아닌 것은 아니다. 이와 마찬가지로 우리가 세례를 잘못 받았다고 하여 세례 자체가 아무것도 아닌 것은 아니다. 어떤 사물의 "오용은 그 사물을 폐기하지 않고, 오히려 그것을 증명한다"(Abusus non tollit, sed confirmat substantiam, 141). 그러나 세례는 수세자의 믿음 여부에 의존하지 않는 객관적 효력을 가진다는 루터의 주장은, 믿음이 없는 성례는 아무 효력도 갖지 못한다는 그의 성례론적 주장에 모순된다. 루터는 자기가 그렇게도 강조한 믿음의 조건을(오직 믿음으로!), 재세례파 문제에서는 살짝 생략한다.

"제1계명에 대한 설교"(1529)에서 루터는 재세례파의 문제점을 다음과 같이 지적한다. 재세례파는 세례 속에 하나님의 은혜와 죄의 용서가 포함되어 있지 않다고 말한다. 세례는 하나의 상징에 불과하다. 세례에서 은혜가 제거되면, 세례는 하나의 업적이 되어버린다. 성만찬도 마찬가지다. 성례에서 은혜와 죄용서의 약속이 빠져버리면, 성만찬의 빵과 포도주는 빵과 포도주에 불과하게 되고, 성만찬은 인간이 행하는 업적이 되어버린다. 그것은 인간에게 우상이 되어버린다(1967, 19. WA 28,573). 1531년에 멜랑히톤이 비텐베르크 대학 신학부 성명서에서 재세례파의 처형을 제의했을 때, 루터는 이에 동의하였다(Heussi 1971, 327).

"자기 자신에 대한 그리스도인의 투쟁"에 관한 루터의 설교(1546)에 따르면, 재세례파는 이렇게 질문한다. "세례는 단순한 물에 불과하다. 돼지와 소가 마시는 물이 어떻게 그렇게 위대한 일들을 행할 수 있느냐?" 곧 물질에 불과한 물이 어떻게 죄를 용서하고 새 사람으로 다시 태어나게 하는 기능을 가질 수 있느냐는 것이다. 이에 대해 루터는 다음과 같이 대답한다. 물 자체가 그렇게 하는 것이 아니라 영이 그렇게 한다. 세례는 단순히 물로 이루어지는 것이 아니라 "거룩한 삼위일체의 이름으로 너에게 주어진다." 인간의 "저주받은 이성"은 "삼위일체의 비밀과 예수 그리스도의 피의 비밀"을 이해하지 못한다. 재세례파는 이것을 보지 않고, 인간의 이성을 가지고 물질적인 물을 볼 뿐이다(1967, 40. WA 51,129). 재세례파에 대한 루터의 거부로 인해 재세례파의 박해는 정당성을 갖게 된다. 루터가 재세례파를 거부한 내면적 원인은, 교회와 정치 권력의 결합에 대한 재세례파의 반대에 있었던 것으로 보인다. 그 당시 개혁파 제후들과 연합하여 교황과 황제에 저항했던 루터는 재세례파를 반대할 수밖에 없었다.

그러나 많은 점에서 재세례파는 "종교개혁의 양심"이었다고 학자들은 말한다. 김주한에 따르면, 재세례파는 "반(anti) 종교개혁적이 아니라 오히려 종교개혁 신학의 약점을 보완해 주는 '보완재'로서 역사적 의미를 갖고 있다." 그것은 "기존 교회 세력에 대한 단순한 비판의 차원을 넘어 교회의 본질적인 문제와 씨름하며 기존 세력에 대한 '대안공동체'로서 '세상의 위기'로 존재하였다. 신앙의 실천력에서 아나뱁티스트들은 종교개혁 주류 집단보다 급진적이고 철저하였다. 무엇보다 '비폭력 무저항' 정신은 아나뱁티스트 운동의 초기부터 핵심 신념이었고…평화를 추구하는 교회의 전형으로서 '역사적 평화교회 전통'의 근간으로 자리 잡았다"(김주한 2016c, 227-228).

2. 토마스 뮌처와의 논쟁

1) 루터의 영향을 받는 동시에 루터의 종교개혁을 비판하는 가장 직접적인 종교개혁 좌파는 토마스 뮌처(1489?-1525)와 그의 지지자들이었다. 중세기 신비주의와 스콜라 신학에 정통한 뮌처는 1519년의 라이프치히 변론에서 루터를 만나 그의 제자가 된다. 1520년 5월에 그는 츠비카우(Zwickau)의 마리아 교회 목사로 부임한다(루터의 추천을 받은 것으로 보임). 여기서 그는 츠비카우의 "하늘의 예언자들"과 교류하면서 이들의 신비주의적·천년왕국론적 사상을 받아들인다. 그는 성경의 객관적 말씀보다 각 사람의 마음속에 있는 "내면적 빛"에 더 큰 권위를 부여하며, 하나님의 진리

는 성경 말씀의 가르침을 통해 드러나는 것이 아니라 마음의 "내면적 빛"을 통해 드러난다고 주장한다.

뮌처에 의하면, 예수의 사도들이 죽은 후 기독교는 멸망의 길을 걸어왔다. 교회의 성직자들은 기독교를 파멸시키는 자들이다. 그리스도의 천년왕국이 도래하기 전 마지막 시대에 세상의 기존 체제는 파괴되어야 한다. 뮌처의 이같은 가르침은 가톨릭교회의 성직자들은 물론 시 의회와 충돌하지 않을 수 없었다. 그의 가르침에서 우리는 중세기 피오레의 요하임의 영향을 볼 수 있다.

1521년, 뮌처는 비텐베르크로 돌아온 루터의 유화책에 대한 소식을 듣는다. 이에 실망한 뮌처는 루터를 다음과 같이 비판한다. 루터는 살아 계신 하나님의 말씀 대신에 성경의 문자를 붙들고 있다. 그는 신앙적으로 "약한 자들"을 염려하여 버림받은 자들(가톨릭교회를 지지하는 보수파)에게 하나님의 진리를 억누를 수 있는 기회를 제공한다. 그는 현존의 질서를 유지하고자 하는 제후의 아첨꾼이다. 뮌처는 "루터의 종교개혁은 기존 통치자들과의 강력한 연대 속에서 진행되고 있으며 따라서 그의 운동으로는 기존 사회질서를 개혁하기란 불가능하다고 판단하였다.…뮌처는 기존의 통치자들을 강력하게 비난하면서 정치적인 혁명가가 되었다"(김주한 2015, 128-129).

츠비카우 시 의회는 뮌처의 과격한 입장과 적개심으로 가득한 설교를 거듭 경고하지만, 뮌처는 태도를 바꾸지 않는다. 1521년 4월 16일에 츠비카우의 예언자들이 무장 봉기를 일으킨 바로 그날, 뮌처는 츠비카우에서 프라하로 도피한다. 여기서 그는 "루터 지지자"로 큰 환영을 받는다. 기존의 가톨릭교회는 "영적 간음을 통하여 창녀가 되었다"고 비판하면서, 하나님의 선택 받은 자들을 하나님 없는 자들로부터 구별하는 것이 자기의 사명이라고 주장한다. 성경의 죽은 글자를 가지고 백성을 위로하겠다는 자들의 거짓을 폭로할 때가 왔다. 추수할 때가 왔다. 각 신자는 영 안에서 하나님의 말씀을 직접 듣고, 고난 속에서 하나님의 계시를 받아야 한다. 이때 "밀알과 같은 믿음"과 하나님에 대한 경외심이 소생하며, 아담의 타락 이전에 있었던 창조의 질서가 회복될 것이다. 이를 위한 준비로 뮌처는 각 사람이 하나님의 말씀을 직접 듣는 "새로운 교회", 곧 사도행전이 묘사하는 참 사도적 교회를 세우고자 한다(Leppin 2012, 108). 그는 자기를 가리켜 하나님의 선택 받은 자와 하나님 없는 자를 구별해야 할 묵시론적 예언자, 종말의 심판의 천사라 부른다. 이같은 과격한 가르침으로 인해 뮌처는 프라하를 떠나게 된다. 1년 반 가까이 그는 튀링언, 작센 지역을 전전한다.

2) 1523년 4월 작선주 변방의 알슈텟트(Allstedt)에서 목회지를 얻은 뮌처는 예배 의식의 개혁을 통해 지역민들의 큰 환영을 받는다. 그는 라틴어 예배 의식과 옛 찬송가를 독일어로 번역하여 모든 사람이 예배를 이해할 수 있도록 한다. 그에 따르면, 그리스도의 고난의 신비적 경험 속에서 고난당하는 그리스도와 동일한 형태를 가질 때 하나님의 내적 말씀을 체험할 수 있다. 성경의 외적 글자에 집착하는 것은 자기기만에 빠질 뿐이다. 고난과 십자가 앞에서 하나님의 사역과 말씀을 마음속 깊이 새기는 사람만이 참 믿음에 이를 수 있다. 재세례파의 영향 속에서 뮌처는 유아세례를 반대하고 성인세례만 인정한다.

1524년 7월 뮌처는 다니엘서 2장에 관한 설교에서 천년왕국의 사회혁명적 사상을 설교한다. 마지막 때, 곧 종말이 가까웠다. "사제들과 모든 악한 성직자들은, 그리스도의 세례자 요한이 말한(마 3:7) 뱀들이다." 그들은 느부갓네살 왕의 꿈을 해몽하지 못한 술객들과 같다. 이제 새로운 시대를 시작할 "새로운 다니엘"이 일어나 너희에게 계시를 해석해야 한다. 새로운 시대를 맞기 위해 구시대의 제도와 질서는 파괴되어야 한다. 통치자들은 자기의 가르침에 따르는 경건한 사람들 곧 개혁에 동의하는 사람들을 보호하고, 개혁을 거부하는 보수적인 사람들, 특히 수도사들과 수녀들을 추방해야 한다.

뮌처는 루터를 가리켜 "살이 쪄서 잡아먹기 좋은 돼지가 되어 평온하게 사는 형제"라고 비난한다. 루터는 배움이 없는 사람들을 기만하는 "율법학자"이다. 첫째, 루터는 믿음을 일으킬 수 없는 성경의 글자에 집착하기 때문이요, 둘째, 위의 권세자들에 대한 복종을 가르치기 때문이다.

1524년 7월 누가복음 1장을 해석하면서, 뮌처는 루터와 완전히 반대되는 입장을 천명한다. 믿음은 성경의 "죽은 문자"에서 오는 것이 아니라, 성령께서 "사람의 마음에 직접적으로 말씀하시는 '하나님의 살아 있는 목소리'"에 의해 온다. 성경은 "신앙에 대한 증거이지 신앙 그 자체는 아니"며, "신자들의 본질적인 변화는 하나님의 살아 계신 음성인 성령에 의해서만이 가능하다…. 그러므로 우리는 매일의 삶 속에서 성령의 직접성을 기대해야 한다"(김주한 2015, 127).

루터가 쓴 "작선의 제후에게 보내는 편지"에 대한 응답에서 뮌처는, 루터는 "비굴한 아버지", "거짓말쟁이 박사", "비텐베르크의 교황", "대 마귀"라고 비난한다. 그는 루터가 보름스 제국의회에서 철회를 거부한 것은 제후들, 귀족들과 미리 획책한 사기극이었다고 주장한다.

루터를 이렇게 비판하면서, 뮌처는 마지막 묵시사상적 시대의 "새로운 다니엘"이라 자처한다. 하나님의 뜻이 자기에게 계시되었다고 주장하면서 그는 농민들, 시민들, 광부들을 모아 하나님의 "선택받은 자들"의 영적·혁명적 공동체를 세운다. 하나님은 이 공동체를 통해 그분의 나라를 세우고자 하신다. 그러므로 이 공동체는 "땅 위에 있는 하나님의 주권을 물려 받은 자로서 다스려야 한다." 하나님의 "내적 빛"을 받은 이 공동체의 "선택받은 자들"은 세상의 부와 소유에 마음을 두지 않고 모든 소유를 함께 나누는 평등한 세상을 이루어야 한다. 제후들도 그들의 칼을 빼앗기지 않으려면, 이 공동체의 형제들처럼 살아야 한다(Fuchs 1976, 106). 이같은 천년 왕국적 확신 속에서 뮌처는 알슈텟트를 "독일 전체의 종교적·사회적 혁명"을 추구하는 "반비텐베르크"의 거점으로 삼고자 하였다(Mau 2000, 135-136). 결국 뮌처는 시의 관리들과 주민들의 배척을 받게 된다. 1524년 8월 8일 밤에 그는 제국도시 뮐하우젠으로 떠난다.

3) 뮐하우젠에서 뮌처는 수도원 건물들을 파괴한 극단적 시민들의 영접을 받고 설교자로 활동하게 된다. 그러나 뮌처의 천년왕국 사상과 과격하고 적개심으로 충만한 설교는 또다시 충돌을 일으킨다. 그는 동년 9월 27일 작센에서 추방되어 뉘른베르크로 피신한다. 여기서 출판한 "영을 잃어버리고 비텐베르크에서 평온하게 사는 육(루터)에 반대하여"(1524)라는 제목의 서신에서 그는 루터를 다음과 같이 공격한다. 보름스 제국의회에서 네가 그 앞에 서 있었던 독일 귀족에게 감사하여라. "너의 설교를 통해서 보헤미아의 선물들을 안겨줄 것이라고 그는 믿었을 것이다(후스파의 모범에 따라 교회의 재산을 귀족의 것으로 세속화시키는 것을 말함). 너는 수도원과 종교시설들을 제후들에게 줄 것이라고 약속하였다." 이로써 "너는 맛있는 음식으로 귀족의 주둥이(Maul)에 칠을 해주고 그에게 꿀을 주었다. 만일 네가 이것을 확실히 행하지 않았다면, 너는 귀족에 의해 풀려나지 않고, 도리어 칼에 찔려 죽었을 것이라는 것을 모든 사람이 알고 있다.…사랑하는 육이여 잘 자거라! 네가…하나님의 분노로 말미암아 불에 이글거리는 쇠 파이

프나 가마솥 안에서 구워지는 냄새를 맡고 싶구나…. 너 자신의 죄 속에서 사탄이 너를 삶아 처먹어야(fressen) 할 것이다…"(Oberman 1981, 107).

독일 남부 지역을 여행하는 동안 뮌처는 마침 그 지역에서 일어나고 있던 농민전쟁에서 천년왕국의 징조를 발견한다. 뮐하우젠으로 돌아온 뮌처는 자기의 지지자들에게 농민전쟁에 참여할 것을 종용하며, 이 지역 농민전쟁의 지도자가 된다. 1525년 5월 10일, 뮌처는 구약성경의 사사 기드온처럼 300명의 장정을 데리고 제후들의 군대와 싸우기 위해 프랑켄하우젠으로 떠난다. 그는 1525년 5월 15일의 마지막 전투에서 제후들의 연합군에 생포된다. 살을 찢고 태우는 혹독한 고문을 거쳐 그는 동년 5월 27일 사형을 당한다. 그의 나이 36세 때였다. 농민전쟁이 실패한 원인은, 농민들이 하나님의 영광 대신에 그들 자신의 유익을 구하였기 때문이라고 그는 주장한다. 죽음의 순간까지 버리지 않은 자신의 천년왕국 사상 때문에 그는 자기의 행위가 결코 정치적 반란이 아니었다고 확신하였다(Dingel 2017, 154).

4) 뮌처 사건을 계기로 루터는 광신적 소종파들의 천년왕국 신앙을 단호히 거부하게 된다. "천년왕국 신앙은 그리스도의 이중재림을 말하기 때문이다. 그리스도는 천년왕국을 위해 오시고 또다시 세계 심판을 위해 오신다는 것이다.…최후 심판이 있기 전 이 세상에 있을 천년왕국의 평화를 말하고 있는 것은 그리스도인의 소망에 대해 잘못 인도하는 것"이며 "비성서적"인 것이기 때문이다(권득칠 2017, 261).

루터가 보는 천년왕국 신앙의 더 큰 위험성은 기존의 사회질서를 전복시키고 이 땅 위에 새로운 하나님 나라를 세워야 한다는 급진적 정치사상에 있었다. 이 문제에 대해 루터는 그의 두 왕국론을 가지고 대답한다. 하나님 나라는 그리스도께서 다스리는 나라라면, 세속의 나라는 죄된 인간의 칼이 다스리는 나라이다. 전자는 그리스도인들이 속한 나라라면, 후자는 불신자들이 속한 나라다(WA 11.249). 세속의 나라가 존재하는 목적은 악을 억제하고 질서와 평화를 유지하는 데 있다. 본래 그리스도인들은 세속의 나라를 필요로 하지 않는다. 그들이 속한 하나님 나라에서는 사랑과 형제애와 비폭력이 다스리기 때문이다. 그러나 타락한 이 세상에서 두 나라는 공존할 수밖에 없다. 세속의 나라도 하나님이 세운 것이다(롬 13:1). 악한 자들과 불신자들의 통치권도 하나님에 의해 세워진 것이다. 그러므로 신자들은 세속의 악한 통치자들에게도 복종해야 한다(WA. 56.123).

그러나 세속의 통치자는 세속의 나라의 대표자인 동시에 그리스도인으로서 통치해야 한다. 그의 통치권은 자기의 소유물이 아니라 하나님이 맡기신 것이다. 그러므로 그는 하나님을 신뢰해야 하며, 그의 직분을 백성들을 위한 봉사로 이해해야 한다. 백성들은 세속의 통치자에게 복종해야 한다. 그러나 불의한 전쟁과 같은 옳지 못한 일에 대해서는 복종을 거부할 수 있다고 루터는 말한다(Lohse 1980, 31).

5) 또한 루터는 "내적인 빛"을 통하여 하나님과 인간의 "신비적 연합"(unio mystica)과 하나님의 계시를 주장하는 신비주의를 거부한다. "위험한 설교자들" 곧 극단적 광신자들은 인간의 영혼이 하나님과 결합되어야 하며, 하나님과 인간 사이에 어떤 인간도 중재자가 될 수 없다고 주장한다. 각 사람은 하나님과 직접 관계한다. 하나님의 영이 각 사람 안에 있기 때문이다. 각 사람은 영의 말씀을 직접 들어야 한다. 루터에 따르면 이것은 틀린 말이다. 하나님은 중재자 예수 그리스도를 통하여 우리에게 말씀하시며 우리와 관계하신다. 구원에 대한 하나님의 약속은 "그리스도를 통

하여, 그리스도 안에" 주어져 있다. 중재자 그리스도 없이 하나님에게 이를 수 있는 사람은 아무도 없다. 그리스도는 이렇게 말한다. "나는 길이요 진리요 생명이다. 나를 거치지 않고서는 아무도 아버지께로 갈 사람이 없다"(요 14:6. 1967, 131-132).

「슈말칼던 조항」에서 루터는 성경의 외적 말씀을 버리고 영과 "내적인 빛"을 주장하는 뮌처의 입장을 다음과 같이 비판한다. 하나님은 외적 말씀을 통하여, 외적 말씀과 함께 영과 은혜를 주신다. 그러나 뮌처를 위시한 광신자들은 성경의 외적 말씀 없이, 말씀 이전에 신적인 영을 받았다고 자랑한다. 영을 받은 다음, 그들은 성경 말씀을 자기 마음대로 판단하고 해석하고 확대한다. 교황도 광신자에 속한다. 그는 모든 법이 그의 마음의 지성소 안에 있다고 자랑한다. 그는 성경에 기록된 말씀과 사도들이 입으로 전한 말씀에 모순되어도, 자기가 판단하고 명령하는 것은 영이요 법이라고 주장한다. 이 모든 것은 "아담과 하와를 광신자로 만든 옛날의 마귀요 뱀이다." 이들은 신자들을 하나님의 말씀에서 분리시키고, 광신적인 영과 그들 자신의 주장을 주입시킨다. 이때 그들은 "외적인 말들을" 사용한다.

광신자들은 외적인 말씀을 반대하지만, 그들 자신은 침묵하지 않는다. 도리어 그들은 하나님의 "영이 성경이나 사도들의 입으로 전해진 말씀들을 통해 올 수 없고, 그들의 글과 그들의 말을 통해 올 수밖에 없다"고 말한다. 하나님의 영이 성경과 설교 말씀 이전에 신자들에게 온다면, 그들도 그들의 설교와 글을 버려야 하지 않겠는가? 그들이 쓴 글을 읽고 그들이 하는 말을 들어야 한다고 하면서, 하나님의 영이 외적인 말씀 없이(ohne), 외적인 말씀 이전에(vor) 신자들에게 주어진다고 말하는 것은 모순이요 기만이다(1964b, 211).

또 어떤 광신적 소종파는 하나님의 영과 죄용서를 받고 믿음을 갖게 되었다면, 나중에 죄를 지어도 믿음 안에 거하며 죄는 해가 되지 않는다고 말한다. 그러므로 "네가 원하는 것을 행하여라. 네가 믿으면, 네가 무엇을 행하든 상관없다. 너의 믿음이 모든 죄를 소멸할 것이다"라고 그들은 말한다. 이에 반해 루터는 다음과 같이 말한다. 성도들(거룩한 사람들)이 명백한 죄를 지을 경우, "믿음과 영은 사라진다." 성령이 우리 안에 계실 때 죄가 우리를 다스리지 못하게 되며, 우리는 죄가 원하는 바를 행하지 않게 된다. 그러나 죄가 원하는 바를 행할 때, 성령과 믿음이 우리에게 있지 않다. "하나님에게서 태어난 사람은 죄를 짓지 않으며, 죄를 지을 수 없다"(요일 3:9; 5:18, 1964b, 206-207).

3. 카를슈탓트와의 논쟁

1) 1517년 10월에 95개조를 발표한 이후 루터는 여러 가지 개혁 방안을 제시했지만, 계속되는 위협과 변론 및 파문의 소용돌이 속에서 그는 아무것도 구체적으로 개혁할 수 없었다. 그러나 1521년 5월 4일에서 1522년 3월 1일까지 그가 바르트부르크에서 숨어 지내는 동안 비텐베르크에서 구체적 개혁운동이 일어난다. 개혁운동의 주도자는 루터의 박사학위 논문 심사교수인 동시에 비텐베르크 대학 신학부 동료 교수인 카를슈탓트였다. 비텐베르크 시 의회는 카를슈탓트의 요구에 따라 1522년 1월 교회의 모든 성상과 부속 제단을 제거하고, 수도사들의 구걸을 금지하며, 새로운 미사 의식을 도입하였다.

1521년 12월 초 루터가 비밀리에 비텐베르크를 방문했을 때, 그는 카를슈탓트의 개혁운동에 동의하였다. 그러나 그의 개혁운동이 사회적 대혼란과 함께 "마음이 약한" 형제자매들에게 역효과를 일으키자, 1521년 3월 비텐베르크로 돌아온 루터는 카를슈탓트의 개혁운동에 제동을 걸게 된다 (이에 관해 이 책의 제4부 III. 3. 참조). 일시 개혁운동이 중단되고 옛 질서가 되살아나자, 극단적 개혁을 추구한 인물들은 루터에게 등을 돌리게 된다. 그중에 대표적 인물이 카를슈탓트였다.

그는 루터와의 서면 논쟁을 통해 미사와 성상파괴 문제, 성만찬 문제 등에 대한 자기의 입장을 개진하고자 했다. 그러나 대학위원회는 이를 거부하고, 그의 활동을 대학 안으로 제한하였다. 그는 곧 신학부 학장이 되었지만, 설교를 금지 당하였다.

1523년 카를슈탓트는 교수직을 사임하고 1년 동안 오를라뮌데(Orlamünde)의 목사로 일하게 된다. 여기서 그는 자신의 개혁운동을 추진한다. 그는 미사복과 유아세례를 폐지하고, 교회의 성상과 오르간을 제거한다. 주민들은 그의 개혁운동을 크게 환영한다. 그는 성경의 글자에 집착하는 루터를 반대하고, 성경의 말씀보다 영을 더 중요시하며, 마이스터 엑하르트의 제자 타울러(Tauler)의 신비주의에 심취한다. 그리하여 그는 성령의 내적 조명과 영혼의 방념(放念, Gelassenheit)을 강조한다. 곧 그는 세속의 모든 재화를 포기하고 자기를 버림으로써 얻을 수 있는 하나님과 인간의 "영적 결혼"을 가르친다. 우리 앞서 사셨던 그리스도처럼, 우리는 세상의 모든 판단을 멸시하고, 영혼과 하나님의 의지의 일치를 통해 그리스도를 닮아야 한다. 우리 "자신의 의지가 녹아져서 하나님의 의지가 피조물 안에서 실현되어야" 한다.

이와 연관하여 카를슈탓트는 지금까지 강조하던 그리스도의 십자가의 죽음을 중요시하지 않으며, 성경을 상대화시킨다. "참으로 내적 방념에 이른 사람은 성경을 버려야 하며, (성경의) 글자를 알고자 해서는 안 된다." 도리어 그는 영을 통해 주님의 능력 안으로 들어가야 한다. 성경은 하나님이 그의 내적 말씀을 통해 각 사람에게 직접 계시하는 것을 증언할 뿐이다. "아무도 외적인 일(설교, 성례 등)을 통해 하나님과 연합할 수 없다." 영과 내적인 말씀을 통해 신자들은 하나님과 영적으로 직접적 관계를 가질 수 있고, 하나님과 연합할 수 있다. 성직과 성례 등의 외적인 일은 불필요하다.

카를슈탓트에 의하면, 세례와 성만찬의 성례는 구원을 중재하는 의미를 갖지 않는다. 그것은 영혼 깊은 곳에 이를 수 있기에는 "매우 저급한"(sehr grob) 것이다. 성례를 통하여 영혼의 내적 평화를 얻고자 하는 것은 어리석은 생각이요 성경에 위배되며 성령을 모독하는 것이다. 그것은 우상숭배이다. 십자가에 계시되는 그리스도의 사랑을 깊이 묵상하는 것이 가장 중요하다. 영혼의 눈으로 그리스도를 바라보고, 그가 우리를 구원하였다는 것을 확실히 알 때, 우리는 우리 자신 안에서 의롭게 된다(위의 내용에 관해 Benrath 1980, 574-576 참조).

2) 1년이 지난 1524년, 카를슈탓트를 정식 목사로 추대하고자 하는 오를라뮌데 교회와, 그를 비텐베르크로 소환코자 하는 비텐베르크 대학 사이에 갈등이 일어난다. 이에 카를슈탓트는 두 도시의 성직 자리를 모두 내어놓고 오를라뮌데에서 문서 활동을 계속한다. 그는 루터의 성경신학은 성령을 알지 못하는 "글자의 신학"이라 비판한다. 이에 대해 루터는, 카를슈탓트는 토마스 뮌처의 공범자요, 성령의 이름으로 폭력을 행할 수 있는 자라고 응답한다.

두 사람은 문서를 통한 변론을 갖기로 합의하지만, 쌍방의 오해로 변론은 성사되지 못한다. 1524년 8월 23일, 루터는 성상파괴, 유아세례와 성만찬의 철폐를 주장하는 열광주의 설교자들과 담판하기 위한 여행길에 오를라뮌데를 방문한다. 여기서 그는 성상을 폐기하는 카를슈탓트에 반하여 성상을 허용한다고 설교한다. 이에 오를라뮌데 신자들은, 루터가 하나님의 진리에 반해 설교하므로 저주를 받을 수밖에 없다고 그를 욕하며, 그에게 돌을 던지기까지 한다. 루터가 오를라뮌데를 떠난 후 카를슈탓트는 루터에게 공개변론을 제의하지만, 루터는 이미 약속된 문서변론을 주장하면서, 카를슈탓트는 "살인자의 영"을 벗어나지 못했다고 비난한다. 1524년 바이마르(Weimar) 주 의회는 카를슈탓트에게 추방 명령을 내린다.

3) 이에 카를슈탓트는 남부 독일 지역을 전전하면서 루터를 반대하는 다섯 편의 논문을 출판한다. "과거와 현재의 새로운 교황적 미사에 반대하여"라는 논문에서 그는 루터를 다음과 같이 공격한다. 루터는 로마 가톨릭교회의 미사와 완전히 결별하지 못하였다. 그는 "미사"라는 말을 여전히 사용하며, 라틴어 예식을 전적으로 반대하지 않는다. 또 다른 논문에서 그는 루터가 주장한 그리스도의 실제적 임재를 비판하고, 상징론적 성만찬론을 주장한다. "이것은 나의 몸이다.…이것은 나의 피다"라고 예수께서 말씀하실 때 "이것"(touto)은 빵과 포도주가 아니라 예수 자신의 인간적인 몸을 가리킨다. 성찬대 위에 있는 빵과 포도주는 그리스도의 몸과 피에 대한 상징일 뿐이다. 성만찬은 하나님께서 주시는 은혜를 받을 수 있는 방편이 아니라, 교회공동체 앞에서 이루어지는 고백과 증언이요, 그리스도에 대한 기억이요, 영적 친교와 영적 향유이다.

이에 대해 루터는 "하늘의 예언자들에 반대하는 성상과 성례에 관한 글"에서(1525) 그리스도의 실제적 임재를 주장한다(Lohse 1980, 50). 주님께서 성만찬에 실제로 임재하기 때문에 성만찬은 주님의 죄용서와 구원을 우리에게 베푸는 방편이다. 여기서 루터는 과거에 그리스도께서 이루신 죄용서와, 그리스도인들에게 현재적으로 주어지는 죄용서를 구별한다. 성만찬은 과거에 이루신 그리스도의 죄용서가 지금 우리에게 주어지는 방편이다. 성만찬의 빵과 포도주는 그리스도의 죄용서와 구원에 대한 상징에 불과하다는 카를슈탓트의 주장은 "이것은 나의 몸이다…"라는 주님의 말씀에 모순된다. 성만찬을 죄용서와 구원의 은혜의 방편으로 생각하지 않고 그리스도를 기억하는 인간의 행위, 고백과 증언의 행위로 간주할 때, 성만찬은 또 하나의 새로운 "업적 쌓기" 수단이 되어버린다(WA 18,138).

구원을 위한 외적인 공적을 주장하는 카를슈탓트와 신비주의적 예언자들에 대해 루터는 자신의 칭의론을 주장한다. 믿음 없는 공적은 구원에 전혀 도움이 되지 않는다. 복음에 대한 믿음이 먼저 있어야 한다. 그다음에 "옛 사람"을 벗어버리고 "새 사람"을 입으며, 하나님이 주시는 고난을 견디는 외적 업적이 뒤따른다고 루터는 말한다.

스트라스부르크 시민들을 통해 카를슈탓트의 글을 접수한 루터는, 1524년 12월에 쓴 "광신자의 영에 반대하는 스트라스부르크 그리스도인들에게 보내는 서신"에서 카를슈탓트를 경계하라고 부탁한다. 그들은 "새로운 예언자들"의 미혹에 빠져서는 안 된다. 그들은 그리스도의 복음을 굳게 잡아야 하며, 성상과 성례를 파괴하고 세례의 의미를 부인하는 자들의 말에 귀를 기울여서는 안 된다. 또한 그리스도의 피를 뿌림, 자기를 죽임 등의 신비적인 말에 미혹당해서는 안 된다. 오직 그리스도에 대한 믿음과 지혜와 의를 붙들어야 한다(고전 1:30).

4) 루터와 카를슈탓트는 성상 파괴 문제로 구약의 율법에 대해서도 생각을 달리한다. 카를슈탓트에 따르면, 구약의 모든 명령은 유대인들에게는

물론 그리스도인들에게도 타당하다. 형상금지 명령은 물론 하나님 없는 자들을 칼로 죽이라는 구약의 명령도 그리스도인들에게 타당하다. 그러므로 그리스도인들은 성상을 파괴해야 한다.

이에 반해 루터에 따르면, 구약의 율법은 유대인들에게 주어진 것이다. 그것은 그리스도인들의 법이 아니라 "유대인들의 법"이다(der Juden Sachsenspiegel, WA 24.9). 그것은 "우리 이방인들"에게 해당하지 않는다. "모세는(곧 유대교의 제의법은) 유대인들에게만 주어졌고, 이방인이요 그리스도인인 우리와 상관없다. 우리는 우리의 복음과 신약성경을 가지고 있다"(WA 18.76). "그리스도는 율법의 끝마침이다"(롬 10:4). 그러므로 그리스도인들은 구약의 형상 금지 명령에 근거하여 성상을 파괴할 수 없다.

그러나 모든 사람의 마음속에 새겨진 "자연법"과 일치하는 구약의 율법은 그리스도인들도 지켜야 한다. 그 대표적인 예는 십계명이다. 설교를 들을 때, 우리는 마음속에서 다양한 상들을 그린다. 율법을 믿었던 유대인들과 예수는 상들이 새겨져 있는 동전 사용을 거부하지 않았다. 그러므로 성상을 파괴할 필요가 없다. 그리스도를 향한 약속들, 아브라함과 이삭과 야곱이 보여주는 "믿음과 사랑과 십자가의 아름다운 모범" 때문에 구약성경은 그리스도인들에게도 타당성을 가진다. "하나님을 신뢰하고 그를 사랑하는 것을 우리는 여기서 배워야 한다"(WA 24.15). 그러므로 그리스도인들은 구약성경을 읽어야 한다고 루터는 말한다.

5) 성경 말씀과 성례를 외적인 것이라고 거부하고, 영을 통한 내적 말씀과 내적 계시를 주장하는 카를슈탓트의 입장에 대해 루터는 다음과 같이 주장한다. 하나님은 두 가지 방법으로 일하신다. 하나님은 성경과 설교의 말씀과 성례를 통하여 외적으로 일하시는 동시에 영과 믿음을 통해 내적으

로 일하신다. 하나님의 내적인 일은 외적인 수단을 통해 일어난다. 외적인 말씀과 성례가 없을 때, 내적 말씀과 계시는 자의와 광신에 빠질 수 있다. 그리스도의 복음이 왜곡될 수 있다. 그러므로 말씀과 성례가 필요하다. "하나님은 오직 그의 외적인 말씀과 성례를 통하여 우리 인간과 관계하신다. 이 말씀과 성례 없이 '영'을 자랑하는 모든 것은 마귀이다." 하나님은 모세에게도 불타는 떨기나무와 말씀을 통해 나타나셨다(출 3장. 1964b, 212).

1529년 6월 27일에 행한 십계명의 제1계명에 대한 주일 설교에서 루터는 카를슈탓트의 문제점을 다음과 같이 지적한다. 그들은 그리스도께서 우리를 위해 죽었고 부활하였다고 고백한다. 그러나 그들은 그리스도와 하나가 될 수 있는 중재의 길과 다리를 부인한다. 그들은 죄의 용서와 은혜에 대해 많이 이야기한다. 그러나 "어떻게 내가 그것을 얻을 수 있는가?"라고 물으면, 그들은 이렇게 말한다. "영, 영, 영이 그것을 해야 한다!" 그들은 나를 그릇된 길(Holzweg)로 인도하며 이렇게 주장한다. "외적인 말씀, 세례와 성만찬은 아무런 도움이 되지 못한다."

이로써 그들은 "보물을 나의 코앞에 내밀지만, 그것을 얻을 수 있는 열쇠와 다리를 제거한다.···그들은 보물을 부인하지 않지만, 보물을 이용하는 것을 부인한다. 우리가 그것에 어떻게 이를 수 있고 그것을 이용해야 하는지, 그 방법을 그들은 우리에게서 제거한다. 그리고 이렇게 말한다. '너는 영을 얻어야 한다.' 그러나 내가 어떻게 영을 얻을 수 있는가를 그들은 말하지 않는다"(1967, 20, WA 28.574-576).

또 광신자들은 성경의 외적인 말씀과 성례 대신에 "내적인 빛"과 하나님의 직접계시가 중요하다고 말한다. 그래서 그들은 신자들에게서 성경을 제거하고, 그들 자신이 쓴 글을 읽도록 한다. 성경 말씀을 외적인 것이라 하여 제거하고, 자신의 글을 읽게 하는 것은 자기모순이다.

루터의 입장에서 볼 때, 광신자들의 입장은 심각한 문제점을 가진다. 신자들의 구원과 삶의 성화가 성경 말씀과 성례 대신에 각 신자가 받는 직접계시와 각 신자들 안에 주어져 있는 내적인 빛에 근거할 때, 그리스도의 복음이 필요하지 않게 된다. 신자들의 구원과 성화는 인간 자신의 체험과 인간 자신 안에 주어져 있는 것으로 환원된다. 신자들은 하나님의 약속을 신뢰하는 대신, 자신의 주관적 체험과 자기 자신 안에 주어져 있는 것을 신뢰하게 된다. 신자들의 구원과 성화는 인간 자신의 손에 달린, 인간 자신의 업적이 될 수 있다. 이리하여 신자들은 하나님 앞에서 교만하게 된다. 츠빙글리가 주장하듯이, 성례는 인간이 그리스도의 고난을 회상하고 자기의 믿음을 고백하는 외적 상징에 불과하게 된다. 또 하나님의 직접계시와 내적인 빛을 받았다는 특정 인물들(이른바 예언자들)과 그것을 체험하지 못한 신자들 사이에 계층적 구별과, 명령과 복종의 새로운 계급질서가 공동체 안에 생길 수 있다(한국의 이단적 소종파에서도 이것을 볼 수 있음).

루터에 의하면, 말씀과 결합된 성만찬에서 우리는 하나의 상징물을 받는 것이 아니라 그리스도의 몸과 피를 받는다. 그러므로 성만찬은 단지 그리스도의 고난에 대한 회상에 불과한 것이 아니라 신자들에게 그리스도의 구원을 중재하는 기능을 가진다. 말씀과 결합된 성만찬은 그리스도의 고난과 죽음에 대한 회상이나 기억에 불과한 것이 아니라 그의 고난과 죽음과 구원에 참여하는 사건이다. 그리스도는 분명히 빵과 포도주가 자신의 몸과 피 "이다"(est)라고 말씀하셨기 때문이다. 그가 어떻게 빵과 포도주 안에 들어오는지, 나는 알지 못한다. 그러나 나는 그리스도의 실제적 임재를 증언하는 성경 말씀을 믿는다. 성경은 결코 거짓말을 하지 않기 때문이다(WA 18.37-214).

6) 루터가 이 글을 쓰기 이전, 곧 1524년 11월부터 카를슈탓트는 작선으로 돌아가고 싶다는 뜻을 루터에게 전하였다. 이에 루터는 1525년 2월 18일, 광신적 예언자들과 깨끗이 결별할 경우 그를 용납할 수 있다고 대답한다. 카를슈탓트는 선제후 프리드리히에게도 동일한 뜻을 전하지만, 선제후는 그가 비텐베르크로 돌아오는 것을 거부한다. 도시 전체가 또다시 혼란에 빠질 수 있는 위험을 막기 위해서였다. 1525년 6월, 카를슈탓트는 농민전쟁에 적극 가담하였다는 혐의로 인해 프랑크푸르트로 피신한다. 여기서 그는 자기의 부인을 통해 다시 비텐베르크로 돌아가고 싶다는 뜻을 루터에게 전한다. 루터는 자기를 반대하는 문서를 모두 철회하는 조건으로 카를슈탓트를 두 달 동안 자기 집에 숨겨주고, 선제후 프리드리히에게는 비밀로 부친다. 그러나 카를슈탓트는 자기의 성례론을 분명하게 철회하지 않는다.

1525년 9월, 카를슈탓트는 외부와 어떤 연락도 갖지 않는다는 조건으로 선제후 프리드리히에게서 비텐베르크 체류를 허락받는다. 여기서 그는 농장 경영인, 소상인으로 궁핍한 생활을 한다. 그러나 광신적 소종파와의 비밀스러운 연락이 탄로난다. 그는 1529년 비텐베르크를 떠나 여러 도시를 전전하다가 1530년 취리히에 도착한다. 여기서 그는 스위스 종교개혁에 참여하여 설교와 교육의 기회를 얻게 된다. 성만찬에 대한 상징론적 해석 등 여러 가지 신학적 문제에서 카를슈탓트는 츠빙글리와 일치하였다. 그는 바젤 대학 교수로 일하다가 1541년에 흑사병으로 사망한다.

4. 에라스무스의 자유의지론과 루터의 노예의지론

1) 1520년대에 비텐베르크는 독일 인문주의의 중심지였다. 비텐베르크 대학 교수들 대부분이 인문주의자였다. 루터의 지지자들이 인문주의에 참여하기도 하고, 인문주의자들이 루터의 개혁운동에 참여하기도 하였다. 양편의 관계는 매우 우호적이었다.

루터가 1517년 종교개혁을 시작했을 때, 에라스무스는 가톨릭교회의 거짓과 오류를 비판한 루터에게 호의를 보였다. 루터도 에라스무스에게 호의를 보였다. 1520/21년에 바르트부르크에서 신약성경을 독일어로 번역할 때, 그는 1516년에 발행된 에라스무스의 그리스어 신약성경을 기초로 삼을 정도로 두 사람의 관계는 원만하였다. 루터처럼 에라스무스도 중세 스콜라 신학과 교황제도와 가톨릭 교회체제를 비판하였다. 두 사람 모두 기독교의 원천인 성경을 중요시하였고, 성경의 기초 위에서 기독교의 개혁을 요구하였다.

그러나 루터는 인문주의 운동에 직접 참여하지 않았다. 두 사람 사이에는 대립과 갈등도 없었지만, 직접적 관계도 없었다. 두 사람은 "근본으로"(ad fontes) 돌아가야 한다는 점에서 일치했지만, 에라스무스에게 "근본"은 그리스-로마의 고전이었고, 루터에게 그것은 하나님의 말씀 곧 성경이었다. 이같은 차이 때문에 두 사람은 서로 언제나 거리를 둘 수밖에 없었다.

2) 두 사람의 근본 차이는 인간관에 있었다. 에라스무스는 교육을 통해 인간은 보다 더 완전한 존재로 변화될 수 있다는 인문주의의 낙관적 인간관을 가진 반면, 루터는 인간은 자신의 자유로운 의지와 교육적 노력이 아니

라, 오직 은혜로, 오직 믿음으로 구원에 이를 수 있고 새 사람으로 변화될 수 있다는 신학적 인간관을 가지고 있었다. 에라스무스는 인간의 자유로운 의지의 능력을 인정했던 반면, 루터는 일찍부터 이 능력을 부인하였다(1520년 하이델베르크 변론서 참조). 이같은 인간관의 차이로 인해 두 사람은 서로 거리를 둘 수밖에 없었다.

루터의 개혁운동이 시작되면서 에라스무스는 고자세로 이를 관망하는 입장을 취하였다. 관망 속에서 그는 가톨릭교회와 루터를 중재하고자 하였다. 이로 인해 가톨릭교회의 비난을 받게 되자, 1524년 에라스무스는 루터의 적대자 카를슈탓트를 인용하면서, 루터가 부인하는 인간의 자유로운 결단 내지 선택의 능력을 주장하는 글 「자유의지에 관한 대화」(Diatribe de libero arbitrio)를 발표한다(arbitrium은 자신의 결단을 통해 어떤 것을 선택하거나 버릴 수 있는 의지의 능력 내지 가능성을 가리키며, voluntas는 의지를 가리킴. 그러나 한국의 번역 관례에 따라 이 책에서 arbitrium은 "의지"로 번역되기도 함). 이것은 에라스무스가 루터를 버리고 가톨릭교회 편에 선다는 것을 뜻한다. 교황에 의해 "이단자"로 파문되었고, 황제에 의해 제국파문 내지 제국추방을 당한 루터 편에 서 보았자, 자신에게 득이 될 것이 아무것도 없었기 때문이다.

에라스무스에 따르면, 올바른 삶에 대한 성경의 계명들(praecepta bene vivendi)은 인간의 자유로운 결단의 능력을 전제한다. 인간은 하나님의 은혜를 수용할 수도 있고 그것을 버릴 수도 있는 의지의 자유를 가진다. 인간은 하나님의 은혜를 필요로 하지만, 자신의 자유로운 의지를 통해 자기의 구원에 기여할 수 있다. 그러나 루터는 "자유로운 의지를 죽여서 완전히 제거해버렸다"고 에라스무스는 루터를 공격한다(Leppin 2012, 123).

에라스무스의 공격에 대해 루터는 종교개혁의 신학적 논쟁에 뛰어들지 말아달라고 에라스무스에게 부탁한다. 그러나 에라스두스는 이를 거절하고, 1524년 9월에 발표한 "대화"(Diatribe)라는 제목의 문서에서 또다시 루터를 공격한다. 에라스무스는 이 책의 핵심을 다음과 같이 요약한다.

(1) 인간의 자유로운 의지는 타당성을 가진다. 그러나 가장 큰 타당성을 가진 것은 하나님의 은혜이다.
(2) 인간이 행하는 선한 업적들도 있다. 그러나 인간은 자만해서는 안 된다.
(3) 하나의 업적이 있다. 그러나 그것은 하나님에게서 오는 것이다.
(4) 하나님이 잔인하며 불의하다는 비난은 타당하지 않다. 하나님은 이 비난에서 자유롭다. 인간이 윤리적으로 살고자 노력하도록 하기 위해 인간을 절망에 빠뜨리지 않아야 한다(곧 자유로운 의지의 능력을 부인하지 않아야 한다, 필자).

3) 이에 루터는 『노예가 된 의지에 관하여』(De servo arbitrio)라는 제목의 책을 저술한다. 그러나 농민전쟁 등 수많은 일 때문에 일찍 출판하지 못하고, 1525년 12월에야 이 책을 출판한다. 이 책은 상당히 두꺼운 책이다.

이 책에서 루터는 먼저 인간의 의지의 부자유에 관한 성경 구절들이 분명하지 못하므로 의지의 부자유를 명백히 주장하는 것은 잘못이라고 보는 에라스무스를 비판한다. 에라스무스의 이런 생각은 "하나님 없는 궤변론자들"의 주장이다. 이 주장을 통해 사탄은 신자들로 하여금 성경을 읽지 못하게 하였다. 사탄은 철학에서 얻은 자기의 독이 교회를 지배하도록 하기 위해 성경을 멸시의 대상으로 만들고자 하였다. 에라스무스의 주장은 사실상 성경과 성경 해석을 성직자들의 전유물로 삼는 가톨릭교회의 입장을 두둔하는 것이다.

루터 자신도 성경의 많은 구절이 불분명하다는 것을 인정한다. 그러나 이것은 성경이 증언하는 내용 자체 때문이 아니라 우리가 성경의 "단어들과 문법을" 잘 알지 못하기 때문이다. "하나님의 아들 그리스도께서 사람이 되셨고, 하나님은 삼위일체이며…그리스도께서 우리를 위해 고난당하였고 영원히 다스릴 것이라는 가장 깊은 비밀들"을 성경은 매우 분명하게 증언한다. 성경의 불분명한 구절들은 다른 구절들을 통해 분명해진다. 성경이 증언하고자 하는 바는 매우 명백한데, 그것이 때로 "불분명한 단어들 속에 숨어 있기" 때문에 우리에게 불분명한 것으로 보인다(2006a, 235-237).

4) 루터는 인간의 자유로운 의지의 능력(liberum arbitrium) 그 자체를 부인하지 않는다. 일상생활과 사회 정의를 위해 인간의 자유로운 의지의 능력, 곧 자신의 힘으로 악을 피하고 선을 행할 수 있는 능력이 필요함을 루터도 인정한다. 그러나 구원의 문제에 있어 루터는 인간의 자유로운 의지의 능력, 곧 자유의지를 부인한다. 구원으로 인도하는 것을 스스로 결단할 수 있는 의지의 능력을 가지고 있느냐, 아니면 오직 하나님의 은혜의 도움으로 결단할 수 있느냐의 문제에서 루터는 후자를 선택한다.

이 문제에 대해 에라스무스는 인간의 자유로운 의지의 능력을 인정한다. 인간은 자신의 의지의 능력으로 하나님의 구원을 결단할 수 있고, 구원을 위해 기여할 수 있다. 그는 하나님의 특별한 은혜 없이 선한 것을 원할 수 있고, 새롭게 시작할 수 있고, 전진할 수 있다. 그는 하나님의 은혜의 지속적 도움 없이 구원을 완성할 수 있다.

이에 대해 루터는 다음과 같이 대답한다(본문의 정확한 요약에 관해 손규태 2005, 129-142 참조). 하나님은 전능하다. 그러나 그분은 세상을 악에서 지키기 위해 자기와 함께 일하도록 인간을 창조하였다. 이 세상 안에서 그분은 홀로 일하지 않고 인간과 함께 일한다. 그러나 인간의 구원의 문제에서 하나님은 인간의 도움이나 협동 없이 홀로 행하신다. 인간이 함께 일할 수 있는 가능성이 있다면, 그것은 인간 자신으로부터, 곧 그의 원함(voluntas)이나 의지(arbitrium)에서 오는 것이 아니라 하나님의 은혜로부터 온다.

우리의 구원은 우리 자신의 손에 달린 것이 아니라 오직 하나님의 은혜로 말미암아 가능하다. 그것은 우리의 능력 바깥에 계신 하나님으로부터 온다. 그렇다면 우리의 모든 행위는 악하고, 우리는 구원에 도움이 되지 않는 일들을 필연적으로 행한다는 사실이 저절로 추론된다. 오직 하나님으로 말미암아 우리의 구원이 가능하다면, 우리는 하나님의 도움 없이, 우리 스스로 우리의 구원에 도움이 되는 것을 행할 수 없다는 사실이 자명해진다. 인간이 하나님의 영을 갖지 않을 경우, 그는 자신의 의지에 반해서가 아니라 자발적으로 그리고 기꺼이 악을 행한다. 인간은 악을 기꺼이 행하는, 악에 대한 자발성 내지 의지를 자신의 능력으로 없애버리거나, 억제하거나, 변화시킬 수 없다. 그의 의지는 악의 노예가 된 상태에 있기 때문이다. 그러나 하나님이 우리 안에서 활동하실 때, 우리는 하나님의 영을 통해 변화되어 자발적으로 선을 행하고자 하며 선을 사랑하고자 한다 (Oberman 1981, 121).

한마디로 타락한 인간의 의지는 악의 노예가 된 상태에 있다. 그것은 악의 "노예가 된 의지"(servum arbitrium)이다. 그러므로 그것은 "그 자신을 변화시킬 수 없고, 다른 것을 향할 수 없다"(2006a, 288). 선을 원하는 마음이 그에게 있지만, 그는 계속 악을 향한다. "하나님을 떠났고 하나님의 버림을 받은 사탄과 인간은 더 이상 선을 원할 수 없다. 다시 말해 하나님이 기뻐하며 하나님이 원하는 것을 원할 수 없다. 그들은 영원히 그들 자신의 정욕에 묶여 있다. 그러므로 그들은 자기의 것(quae sua sunt)만을 추구할 수 있을 뿐이다"(462).

인간의 의지는 하나님과 마귀, 이 두 마부 사이에 있다. 하나님이 그 위에 앉아 계시면, 우리는 하나님이 원하는 것을 원하며, 그분이 원하는 곳으로 간다. 사탄이 그 위에 앉아 있으면, 우리는 사탄이 원하는 것을 원하고, 그가 원하는 곳으로 간다. 하나님이 이 짐승을 소유하든지, 아니면 마귀가 소유하든지, 두 길 중에 한 길밖에 없다. 두 마부는 짐승을 소유하기 위해 싸운다(291).

그러나 "인간의 자유로운 의지는 마귀의 노예가 된 짐승(*iumentum captivum Satans*)에 불과하다. 그것은 이미 마귀의 노예가 된 상태에 있다. 그러므로 두 마부 중 어느 마부를 택하는가의 문제는, 수레를 끄는 짐승이 자신의 의지의 능력으로 결정할 수 있는 문제가 아니다. 먼저 하나님의 손가락을 통해 마귀가 추방되지 않는다면, 이 짐승은 해방될 수 없다." "인간의 의지는 자유롭지 못하며, 그 자신의 주인이 아니다. 오히려 그것은 죄와 마귀의 노예이며, 이 세상의 통치자가 원하는 것만을 원할 수 있다"(562, WA 18,635).

루터의 이 대답은 대학자 에라스무스의 자존심을 매우 상하게 하였다. 이에 에라스무스는 1526년에 출판한 『항변』(*Hyperaspistes*)이란 제목의 매우 두꺼운 책을 통해 루터의 주장을 반박한다. 루터는 이에 대답할 필요성을 느끼지 못한다. 이로써 두 사람은 결별한다. 이로 인해 루터의 개혁운동을 지지했던 수많은 인문주의자가 가톨릭교회로 돌아간다.

5) 여기서 우리는 에라스무스와 루터의 두 가지 근본 차이를 볼 수 있다. 앞서 언급한 바와 같이, 첫째 차이는 인간관에 있다. 에라스무스는 교육이나 수양을 통해 "자기 자신 안에 있는 것"을 개발함으로써 자기의 구원에

기여할 수 있는 인간의 가능성을 인정하는 반면, 루터는 이를 거부한다. 루터에 따르면 하나님 없는 인간은 자신의 구원을 위해 도움이 될 수 있는 그 무엇도 행할 수 없다. 그가 행하는 모든 것 속에는 죄가 숨어 있다.

둘째 차이는 구원론에 있다. 에라스무스는 자기의 구원을 위해 준비할 수 있고 기여할 수 있는 인간의 자유로운 의지의 능력을 인정한다. 이에 반해 루터는 이 능력을 완전히 부인하고, 구원은 오직 하나님의 손에 있다고 주장한다. 여기서 루터는 자신의 칭의론을 다시 한번 주장한다. 만일 하나님의 구원이 인간의 행함에 의존한다면, 인간은 결코 구원을 얻지 못할 것이다. 구원을 위해 얼마나 많이 준비해야 하고, 얼마나 많이 기여해야 할지 그는 확신할 수 없기 때문이다. 아무리 많은 업적을 쌓아도, 그 속에는 죄의 뿌리가 숨어 있고, "그것이 하나님이 기뻐하는 것인지, 아니면 하나님은 그보다 더 많은 것을 요구하는지" 모르는 불확실성과 의혹을 벗어날 수 없다. 따라서 나의 구원은 나의 의지에 있는 것이 아니라 하나님의 의지에 있다. 구원은 나의 준비나 업적으로 가능한 것이 아니라 "하나님의 은혜와 자비하심"으로 가능하다(WA 18.738). 이같은 기본적 차이 때문에 두 사람은 결별한다.

6) 그러나 이 결별은 루터의 종교개혁과 인문주의의 완전한 단절을 뜻하지 않았다. 루터는 언어와 성경 본문에 대한 인문주의 연구의 중요성을 잘 알고 있었다. 각 사람이 성경을 직접 읽고 해석할 권리를 가진 사제의 직분에 속한다면, 성경을 읽을 수 있는 인문학적 언어 교육이 모든 사람에게 절실하다. 또 구원의 중재자직이 무너지고, 각 사람이 하나님의 죄용서와 구원을 직접 받고 하나님과 교통할 수 있게 되었기 때문에 모든 사람을 위한 인문주의적 교육이 필요하다. 그리스도인들의 믿음은 맹목적 믿음

이 아니라 자신의 믿음의 내용을 이해하는 믿음(fides intelligens), 교육을 통해 가꾸어진 믿음이 되어야 하기 때문이다. 나아가 인문주의적 학교교육은 종교개혁적 통찰을 가진 양질의 공직자들을 양성하기 위해서도 필요하였다.

이리하여 루터는 인문주의 노선의 학교를 세울 것을 시 의회와 통치자들에게 강력히 요구한다. 중요한 교육기관이었던 수도원이 폐쇄되는 당시의 상황 속에서 인문주의 학교 설립은 절실히 필요하였다. 루터의 동역자 멜랑히톤 역시 인문주의 교육을 중요시하여 인문주의 노선의 학교 설립에 노력하였다. 1526년 멜랑히톤이 뉘른베르크에 세운 멜랑히톤 대학예비 고등학교(Melanchthon-Gymnasium)의 건물은 지금도 유지되고 있다. 멜랑히톤은 대학과 학교교육을 인문주의 방향으로 개혁하고자 했던 "독일인들의 스승"(Lehrer der Deutschen)으로 알려져 있다. 스위스의 종교개혁자 츠빙글리도 인문주의 교육의 필요성을 절감하여 1510년 그의 교구에 라틴어 학교를 세우고, 학교교육을 인문주의적으로 개혁하였다.

5. 반율법주의 논쟁

1) 루터의 칭의론에서 구약의 율법은 매우 소극적 의미를 가진 것으로 보인다. 그것은 죄를 깨닫게 하며, 죄에 대한 하나님의 분노와 심판을 계시한다. 그것은 인간을 자기 자신에 대한 절망으로 인도함으로써 그리스도의 복음을 찾게 하는 기능을 가질 뿐이다(WA 1.363). 하나님의 칭의와 구원은 율법이 요구하는 공로 내지 업적을 통해서가 아니라 오직 하나님의 은혜와 믿음을 통해 가능하다. 그렇다면 율법은 그리스도인들에게 더 이상

불필요하지 않은가? 그것은 유대인들에게만 타당하고, 그리스도인들에게는 의미를 상실하였다고 볼 수 있지 않은가?

이 질문에 대해 율법을 반대하는 사람들, 곧 반율법주의자들(Antinomer)은 이렇게 주장한다. 율법은 유대인들에게만 주어진 "유대인의 율법"(Sachsenspiegel)이요, 그리스도인들에게는 해당하지 않는다. 율법에 대한 이 같은 생각은 법 일반을 부인하고, 모든 것을 신자 각 사람의 자유에 맡겨야 한다는 자유방임주의(Libertinismus)를 방조하게 된다. 이 문제로 인한 반율법주의자들과 루터의 논쟁은 양편의 분열로 끝난다.

이 문제에 대한 일말의 책임은 루터 자신에게 있었다고 말할 수 있다. 성상파괴 문제로 인한 카를슈탓트와의 논쟁에서 루터는, 구약의 율법은 유대인들에게 주어진 것이므로 "우리 이방인들"(그리스도인들)에게 해당하지 않기 때문에 "우상을 만들지 말라"는 십계명의 제2계명은 그리스도인들에게 해당하지 않는다고 주장하였다. 루터가 이렇게 주장한 것은, 카를슈탓트의 성상파괴 운동에 제동을 걸고 비텐베르크시의 소요 및 폭력사태를 극복하기 위함이었다. 그러나 루터의 이 입장은 반율법주의를 주장할 수 있는 빌미가 된다.

2) 반율법주의 논쟁은 1522년에 공개적으로 시작되었다. 당시 도미니코 수도사로서 보헤미아 지역의 설교자요 루터의 지지자였던 바이어(Beyer)는, 율법 없이 육적으로 사는 자에게 복음은 아무 도움이 되지 않으므로 설교자는 율법을 먼저 설교해야 한다고 주장하였다. 이에 대해 반율법주의자들은, 율법은 유대인들에게 주어진 것이지, 우리 이방인들에게 주어진 것이 아니므로 율법을 설교해서는 안 된다고 반박하였다. 그리스도는 복음을 전하라고 가르쳤지, 율법을 전하라고 가르치지 않았다고 이들은 주

장하였다. 이 논쟁에 대해 루터는, 복음을 설교하기 전에 먼저 율법을 설교해야 한다는 바이어의 입장이 타당하다고 말하였다. "우리는 복음보다도 하나님의 율법을 더 많이 설교하고 가르쳐야 한다. 많은 사람이 악하기 때문이다…"라고 루터는 말하였다(WA 15,228, 이에 관해 Lohse 1980, 41-42 참조).

이 논쟁은 1527년 작선 지역교회 감찰과 연관하여 멜랑히톤과 아그리콜라(Johann Agricola, 1499-1566, 1515/16년 루터의 친구요 아이슬레벤의 학교장) 사이에 다시 한번 일어난다. 교회 감찰을 실시한 결과, 하나님의 은혜에 대한 일방적 설교로 말미암아 신자들의 도덕성이 사라질 위험이 발견되었다. 이 문제를 해결하기 위해 멜랑히톤은 교회 감찰을 위한 지침서를 만든다. 이 지침서에서 멜랑히톤은 다음과 같이 제의한다. 신자들이 죄를 깨닫고 회개하지 않을 경우, 그리스도의 복음에 대한 설교는 효과가 없다. 그러므로 먼저 죄에 대한 깨달음과 회개가 있어야 한다. 이를 위해 설교자는 율법을 설교해야 한다. 그리스도인들의 성화를 위해서도 율법이 필요하다.

멜랑히톤의 이같은 제의로 말미암아 1527년 멜랑히튼과 아그리콜라 사이에 논쟁이 일어나게 된다. 아그리콜라에 따르면, 복음을 설교하기 전에 먼저 율법을 설교해야 한다는 멜랑히톤의 생각은 루터의 개혁적 통찰에 어긋난다. 루터가 주장했듯이, 율법은 유대인의 것(Sachsenspiegel)이므로 그리스도인에게 해당하지 않는다고 아그리콜라는 멜랑히톤을 반박한다.

이 논쟁을 해결하기 위해 작선의 영주 요한은 1527년 11월 26일에서 28일까지 토르가우(Torgau)에서 회동을 주선한다. 이 회동에는 루터, 부건하건, 멜랑히톤 그리고 아그리콜라, 이 네 사람이 참여한다. 회동 결과, 두 사람의 차이가 극복된 것처럼 보이지만, 두 사람은 결국 합의점에 도달하지 못한다. 아그리콜라는, 구약의 십계명은 교회에서 불필요하다고 주장하는 반면, 멜랑히톤은 다시 태어난 그리스도인들의 윤리적 삶을 위한 율법의 제3용도(tertius usus legis), 곧 교육적 용도를 주장한다.

3) 1536년 아이슬레번에서 비텐베르크로 돌아온 아그리콜라는 점점 더 강하게 반율법주의를 주장하면서 화살을 루터에게 돌린다. 아그리콜라에 의하면, 죄의 깨달음과 회개와 하나님을 두려워하는 마음을 율법을 통해 얻도록 설교할 것이 아니라 복음을 통해 얻도록 설교해야 한다. 하나님의 구원은 오직 그리스도의 복음을 통해 가능하다. 따라서 복음을 설교하기 전에 먼저 구약의 율법을 설교해야 한다는 생각은 타당하지 않다. 복음 이전에 율법을 먼저 설교할 경우, 하나님의 구원의 은혜가 흐려진다. 루터는 율법에 대한 그의 초기 입장을 충실히 지키지 않는다. 루터를 포함한 비텐베르크의 개혁자들은 믿음에서 나오는 업적을 강조함으로써, 예수를 새로운 모세로 만든다(Lohse 1980, 43).

처음에 루터는 한때 자기의 동역자였던 아그리콜라에 대해 우호적 태도를 취한다. 그러나 아그리콜라의 도전이 점점 더 강해지자, 1537년부터 루터는 이른바 "반율법주의 논쟁"을 시작한다. 그는 1537년 "반율법주의자들에 대한 첫째 변론을 위한 논제들"을 통해 아그리콜라의 주장을 반박한다. 먼저 그는 아그리콜라의 **잘못된 주장**을 다음과 같이 열거한다.

- 십계명이나 율법이 아니라 하나님의 아들의 상처로부터, 복음을 통하여 회개를 가르쳐야 한다(1항).
- 마지막으로 그리스도는 "모든 피조물에게 (율법이 아니라) 복음을 설교하라"고 가르쳤다(4항).
- 바울과 바나바에 따르면, "율법은 결코 칭의의 한 부분이 아니다"(6항).
- "인간은 율법 없이 오직 그리스도의 복음을 통해 의롭게 된다"(8항).

- 칭의의 시작에서부터 마지막에 이르기까지 "모세의 율법을 가르칠 필요가 없다"(9항).
- "율법을 칭의론의 첫째 부분으로, 필연적 요소로(primam partem, necessariam)" 세우는 것은 옳지 않다(12항).
- 먼저 율법을 통해 완전히 깨어져버린 영혼에게만 복음을 설교해야 한다고 가르치는 것은 타당하지 않다(13항).
- "먼저 율법을 가르치고 그다음에 복음을 가르쳐야 한다고 가르치는 사람들은 그리스도의 말씀을 왜곡한다"(14항).
- "율법은 하나님의 말씀이라고 불릴 자격이 없다"("다른 항목들" 1항).
- 창녀나 사기꾼이나 간음한 자이거나 죄인일지라도, 믿기만 하면 지복에 이를 수 있다(2항).
- "십계명은 시청에 속하지, 설교단에 속하지 않는다"(1항).
- "모세와 관계하는 모든 사람은 마귀에 속한다. 그들은 모세와 함께 교수형을 당해야 한다"(2항).
- "율법의 설교를 통해 우리는 다른 사람들을 복음을 위해 준비시켜서는 안 된다. 하나님이 그것을 행해야 한다. 그것은 하나님의 일이다"(3항).

위에 기술된 아그리콜라의 잘못된 주장에 대해, 루터는 아래와 같이 자신의 입장을 제시한다.

- "회개는 율법과 함께 시작해야 한다고 성경 전체는 가르친다"(논제 25). 따라서 "회개의 첫째 부분, 곧 (마음의) 고통은 오직 율법에서 온다. 그러나 둘째 부분, 곧 선한 생각(propositum bonum)은 율법에서

오지 않는다." "그러므로 율법에는 (하나님의) 약속 혹은 복음이 첨가되어야 한다"(4, 7).

- 세례를 받은 후에도 남아 있는 원죄에 대해 "율법은 바위를 깨뜨리는 하나님의 망치다.…그것은 모든 사람을 죄 아래 포괄한다(*concludit*)"(16).

- "(반율법주의자들은) 하나님의 율법을 교회에서 제거해야 한다고 위험스럽게 가르친다. 이것은 하나님에 대한 모독이요 무신적인 것이다(*blasphemum et sacrilegum*)"(24).

- 우리는 먼저 "아담으로 말미암아 죄인이요 죽은 자들이다." 그다음에 우리는 "그리스도를 통하여 칭의를 받고 생명을 얻어야 할 자들이다." 그러므로 "먼저 아담(곧 죄와 죽음)을 가르쳐야 한다." 이를 위해 "율법을 통해 죄와 죽음을 알게 하는 것이 필요하다"(29-31). 아담도 "율법의 위반자로서" 고발을 당하였고, 다윗은 "먼저 율법을 통해" 죽었으며, 바울도 "먼저 율법을 통해 거꾸러졌다.…그다음에 그는 복음을 통해 살게 되었다"(32-34. 문헌 근거: 2006b, 447-459).

위의 논제들에서 루터는 아그리콜라의 반율법주의를 거부하고 율법의 필요성을 주장한다. 자기의 죄를 깨닫게 하고 그리스도의 복음으로 인도하는 율법은 칭의의 구성 요소로 인정된다. 율법은 사악한 인간의 마음을 깨뜨리며 통회하고 자복케 하는 "하나님의 망치"(*malleus Dei*)다. 따라서 교회에서 율법을 제거해야 한다는 생각은 "하나님에 대한 모독이요 무신적인 것"이라고 루터는 주장한다.

4) "로마서 3:28에 대한 다섯 가지 변론들에 관한 논제들"(1535년에서 1537)

가운데 "믿음에 관한" 루터의 논제에 따르면, 그리스도와 율법 두 가지 중에 어느 하나를 포기해야 한다면, 우리는 율법을 포기하고 그리스도를 택할 수밖에 없다(논제 51). 그리스도를 택할 때, 우리는 복음서의 그리스도와 바울과 베드로가 행한 것처럼 "새로운 십계명들"을 만들 수 있을 것이다. 예수의 얼굴이 모세의 얼굴보다 더 밝았던 것처럼, 이 십계명들은 모세의 십계명보다 더 분명할 수 있을 것이다(53.54). 그러나 우리는 "불완전한 영"(inaequali spiritu)을 가지고 있고, 우리의 "육은 영을 거역하여 싸우기 때문에,…우리는 (성경에 기록되어 있는) 확실한 계명들과 사도들의 말씀에 머물 수밖에 없다." 우리 모두는 사도가 아니다. 그러므로 우리는 오류와 불신앙에 빠질 수 있다. 그러므로 우리는 성경에 기록된 계명을 지켜야 한다. 이 계명에는 구약의 율법도 포함된다는 것을 루터는 암시한다.

5) 위 문서의 "율법에 관한" 논제에서 루터는 다음과 같이 말한다. 구약의 율법도 하나님께서 주신 하나님의 말씀이다. 그러므로 "하나님은 일점일획에 이르기까지 그의 율법이 이루어지기를 진심으로 바란다." "생명에 이르고자 하는 자는 하나님의 계명들을 지켜야 한다. 그러나 어떤 성인도 하나님의 계명을 지키지 못한다. 따라서 어떤 성인도 생명에 이를 수 없다." "모든 성인도 죄인이기" 때문이다(논제 65-69, 71). 오직 단 한 분, 하나님과 인간의 중재자이신 그리스도 안에서 율법이 성취된다. "그가 율법을 성취하였다"(75). 그리스도를 믿는 "믿음과 함께 새 창조의 시작(initium creaturae novae)과 육의 죄에 대한 싸움(pugna contra carnis peccatum)이 일어난다"(위의 문서 "셋째 논제" 중 논제 35). 이 싸움 속에서 선한 열매들(opera)이 저절로 맺히고, 율법이 성취되기 시작한다. 여기서 구약의 율법은 그리스도의 복음에 대한 믿음 속에서 성취되어야 할 목적으로 인정된다.

6) 위의 "다섯 가지 변론들" 가운데 "다섯째 변론"에서 루터는 다음과 같이 말한다. "모든 업적들이 필요하다. 율법의 업적들도 필요하고, 은혜의 업적들도 필요하다"(논제 1). "율법의 업적들은 믿음을 떠나서 인간의 의지로부터 일어나는 것"이라면, "은혜의 업적들은 믿음으로부터 일어난다. 그것은 성령께서 인간의 의지를 움직이고 새로 태어나게 함으로써 일어난다"(2.8). 그것은 강제적으로 일어나는 것이 아니라 우리 안에 부어진 성령의 감화 감동으로 저절로 일어난다. 이로써 율법이 성취된다. "그럼에도 불구하고 인간의 의지는 말씀과 외적 표징을 통하여, 다시 말해 위협과 약속을 통해 권고와 자극을 받을 필요가 있다"(9). 율법을 통하여 인간의 연약한 의지는 언제나 새롭게 권고와 자극을 받아야 한다. 여기서 율법은 성령의 감화 감동 속에서 율법을 성취해가는 인간을 권고하고 자극하는 요소로 인정된다.

이와 관련하여 루터는 율법을 그리스도인들의 종말론적 삶의 목적으로서 다시 한번 인정한다(16-45). 가능한 한 루터 자신의 말을 충실히 따르기로 하자. "율법은 두 가지 방법으로, 즉 믿음을 통하여 또 사랑을 통하여 성취된다"(16). "믿음을 통하여 율법은, 하나님께서 그리스도를 통하여 이루신 의 내지 율법의 성취를 값없이 우리의 것으로 여김으로써 성취된다. 사랑을 통하여 율법은, 우리가 하나님의 새로운 피조물로서 완전하게 되는 미래의 삶에서 성취될 것이다"(17.18). 하나님의 구원의 역사가 완성되고, 하나님이 모든 것 안에서 모든 것이 되실 때, "우리는 하나님의 정결한 피조물로서 율법 없이 의로울" 것이며, 믿음도 끝나고, 하나님의 죄의 용서와 영의 모든 봉사도 더 이상 있지 않을 것이다. 주기도문과 사도신경과 성례도 더 이상 필요하지 않을 것이다. 이때 율법도 더 이상 있지 않을 것이다(23-27). 율법의 본래 의도가 성취된 상태가 이루어졌기 때문이다.

그러나 지금 이 세상에서 우리는 "육 안에 있고 죄의 몸을 가지고 있다." 우리는 "의롭고 영 안에서 사는" 동시에 "죽음 아래에, 곧 율법의 벌과 죄 아래에 있다"(37). 그러므로 우리는 우리의 "몸을 다스리고 통제해야 하며, 육의 모든 연약함을 죽이고 십자가에 달아야 한다"(39). 이를 통해 "그리스도께서 끊임없이 우리 안에서 형태를 얻게 되고, 우리가 여기서 사는 동안 그의 형상으로 변화되게" 해야 한다(34). "죽은 사람들로부터의 부활 속에서 완전하게 될 때까지, 우리는 마치 새 창조의 시작인 것처럼 하나님의 품 안에 안겨 있다"(31).

우리 안에서 시작된 하나님의 새 창조는 시작에 불과하다. 그것은 죄와 죽음의 세력과의 싸움 속에서 차츰 완성되어간다. 그것은 "완전한 행동을 통해서가 아니라 점진적 힘(potentia propinqua)을 통해" 이루어진다. 완성을 향한 이 과정 속에서 율법은 "우리의 죄와 질병의 숯도를" 보여준다 (43). 그것은 "믿음으로 말미암은 의를 증언하는 동시에 우리가 죄 짓기 이전에(ante peccatum) 어떤 피조물이었고, 장차 죄를 짓지 않게 된 후에(post peccatum) 어떤 존재일 것인가를 보여주는 과제를 가진다"(30). 간단히 말해, 율법은 하나님의 칭의를 받고 "새로운 피조물"이 된 우리가 죄와 죽음에 대한 투쟁 속에서 완전한 피조물로 완성될 때까지, 우리의 죄된 존재와 장차 완성될 새로운 존재를 보여줌으로써 완성을 향해 나아가도록 자극한다.

7) 이미 루터의 초기 사상에서 우리는 반율법주의를 반대하는 통찰들을 발견할 수 있다. "율법과 믿음에 관한 논제들"(1519. 2006b, 87-90)에 따르면, "신적인 율법은 불가능한 것을 요구하지 않는다"(논제 8). 그러나 인간의 본성이 악하기 때문에 신적인 율법은 인간에게 불가능한 것을 요구하게

된다. 그런데 "행위의 율법에 따라 불가능했던 것이 믿음의 율법을 통하여 가능하게 되었다"(11). 즉 그리스도의 복음을 믿을 때, 율법의 명령을 이룰 수 있게 된다. 여기서 율법은 복음을 믿는 그리스도인들이 이루어야 할 하나님의 명령이 무엇인가를 보여주는 것으로 전제된다. 만일 율법이 없다면, 그리스도인들은 그들이 행해야 할 하나님의 명령이 무엇인지 알 수 없을 것이다. 여기서 반율법주의는 거부된다.

우리는 이같은 정황을 "업적이 칭의에 무언가 기여할 수 있는가에 대한 질문"(1520)에서도 발견한다. 이 문서에 따르면, 우리는 업적이 없어도 믿음을 통해 의롭게 된다. 칭의를 얻기 이전에 행한 업적도 우리를 의롭게 하지 못하며, 칭의를 얻은 후에 행하는 업적도 우리를 의롭게 하지 못한다(논제 5,6). 그러나 "업적 없는 믿음은 있을 수 없다"(4). 믿음은 필연적으로 선한 업적들을 동반한다. 사랑의 선한 업적이 없는 믿음은 거짓말이다. 만일 율법이 없다면, 믿음은 무엇을 행해야 할 것인지를 알 수 없을 것이다. 자유방임주의가 주장하듯이, 모든 것을 각자의 자유로운 판단에 맡길 경우 무질서와 혼란이 초래될 것이다(2006b, 97-100).

8) 루터는 1537년의 「탁상담화」(Tischrede)에서 반율법주의에 반하여 율법과 복음이 분리될 수 없음을 분명히 말한다. "율법을 폐기하는 자는 복음도 폐기한다"(WATR 3. Mr. 3650c, 30). 물론 "칭의를 위해 율법이 반드시 필요하지 않고, 도리어 무익하고 무력하다"(WA 39 I,382). 그러나 이것은 결코 율법의 폐기를 뜻하지 않는다. 그리스도인들은 "의로운 자인 동시에 죄인"(simul iustus et peccator)이다. 그러므로 죄를 "고발하는 율법"(lex accusans)은 항상 필요하다. 율법이 칭의를 일으키지는 못한다. 그러나 율법은 칭의의 전제가 된다. 율법과 복음은 구약성경과 신약성경으로 나누어질 수 없다.

구약성경에도 복음이 있고, 신약성경에도 율법이 있다.

회개와 연관하여 루터는 율법의 설교를 통해 회개가 일어난다고 본다. 그러나 그리스도의 복음을 믿는 사람만이 죄인을 고발하는 율법의 설교가 필요하다는 사실을 인식할 수 있다. 믿음을 알지 못하는 사람, 율법 아래 있는 사람은 이것을 인식할 수 없다. 그러므로 "회개는 율법과 복음 두 가지를 포함한다"(Lohse 1980, 44-45).

손규태는 "변증법적 관계", "대립적 통일"이라는 개념을 통해 루터의 신학에서 율법과 복음의 관계를 적절히 설명한다. "루터는 율법과 복음을 좌우에 날선 칼로서 이해했고 옷감의 날줄과 씨줄의 관계로도 보았다." 양자는 날줄과 씨줄처럼 서로를 전제하고 인정할 때, 적절히 파악될 수 있다. 따라서 "율법의 심각성을 전제하지 않은 은총이란 존재할 수 없다. 율법 없이 복음이 선포될 때 그것은 '값싼 은혜'(billige Gnade)에 지나지 않는다. 율법 없는 복음의 선포는 결국 참된 복음의 설교가 될 수 없다"(손규태 2005, 408-409).

결론적으로 루터는 아그리콜라와의 논쟁을 통해 율법에 대한 그의 생각을 분명히 보여준다. 루터의 동역자 멜랑히톤은 1559년에 출판한 그의 교의학(Loci) 마지막 판에서 율법의 세 가지 용도, 곧 사회적 질서를 유지하기 위한 "정치적 용도"(usus politicus), 죄의 인식과 회개로 인도하는 "신학적 용도"(usus theologicus), 그리스도인의 도덕적 삶을 위한 "교육적 용도"(usus pädagogicus)를 요약한다. 이를 통해 멜랑히톤은 반율법주의를 원천적으로 봉쇄한다. 그런데 루터는 「대교리문답서」에서 도덕적 율법에 속한 십계명이 그리스도인에게도 타당하다고 분명히 인정한다. 십계명은 "우리의 삶 전체가 하나님의 마음에 들도록 하기 위해 우리가 행해야 할 바에 대한 신적 가르침의 견본"이라는 것이다(1964b, 85). 그렇다면 루터 역시 율법의 제3용도를 인정했다고 볼 수 있다(반율법주의 논쟁의 보다 자세한 내용에 관해 홍지훈 2018, 149-183 참조).

6. 신비적 영성주의, 반삼위일체론

성경 말씀을 중요시하는 루터에 반해, "영"과 "내적인 빛"을 통한 개인의 다시 태어남과 계시 체험을 중요시하는 신비적 영성주의는 종교개혁 당시 여러 소종파에게 영향을 주었다. 우리는 그 영향을 앞서 기술한 토마스 뮌처와 카를슈탓트에게서 볼 수 있었다. 신비적 영성주의의 대표자는 카스파르 슈벵크펠트(Caspar Schwenkfeld, 1489-1561)와 세바스티안 프랑크(Sebastian Franck, 1499-1542/43)였다.

1) 폴란드 귀족 출신인 슈벵크펠트는 독일에서 인문학과 신학을 공부한 다음 그의 고향 리게닛츠(Liegenitz, 폴란드 서남쪽) 지역 영주의 관리로 일하면서, 1521년 루터의 종교개혁을 이 지역에 도입한다. 그는 비텐베르크를 방문하고 멜랑히톤, 부건하건, 유스투스 요나스를 만나기도 하였다. 또 루터와 서신을 교환하기도 하였다. 그러나 루터의 종교개혁에 적극 참여하는 인물들의 삶이 변화되지 않는 것을 목격하면서, 1525년경 그는 종교개혁에 등을 돌린다.

슈벵크펠트에 따르면, 기독교의 가장 중요한 일은 "신앙의 자유"를 지키는 데 있다. 기독교 신앙은 외적인 것에 의존하는 것이 아니라 "성령의 은사요 하나님의 자유로운 선물"이기 때문이다. 중요한 것은 설교나 성례와 같은 외적인 일들이 아니라 "하나님의 내적인 활동"과, 그리스도와 그의 인식 안에서 마음과 영혼과 양심이 성령과 내적으로 연합하는 데 있다. 이에 반해 종교개혁과 가톨릭교회는 구원을 외적인 은혜의 방편들과 결합시키고, 이로 인해 구원을 변질시킨다. 구원으로 인도하는 것은 지금 여기서 영을 통해 각 신자의 마음속에서 인지되는 믿음이지, 그리스도의 과거 일들을 지향하는 역사적 믿음, 육적 믿음이 아니다. 복음의 설교 및 성례와 같은 모든 외적인 일들과 봉사들은 무가치할 뿐 아니라 해롭다 (Benrath 1980, 588).

츠빙글리와 마찬가지로 슈벵크펠트도 성만찬을 고백의 만찬, 친교의 만찬으로 이해하며 루터가 주장하는 실제적 임재를 부인한다. 그에 따르면, 성만찬의 영적 의미는 인간의 내면에서 일어나는 것이지, 성만찬의 외적 요소들을 통해 일어나지 않는다. 따라서 물질적 빵과 포도주라는 외적 요소를 통해 하나님의 신적 아들이신 그리스도의 몸과 피를 받는다는 것은 불가능하다. 모든 인간적 요소들을 벗어난 신적 아들만이 믿음의 양식이다. 성만찬을 베푸는 자나 그것을 받는 자에게 하나님의 내적 부르심과 다시 태어남의 경험이 없고, 이에 상응하는 거룩한 삶이 없을 때, 성만찬의 외적 행위는 아무 효력도 갖지 못한다. 이 경우, 성만찬에 참여하지 말아야 한다.

말씀을 듣는다고 하여 믿음이 생기는 것은 아니다. 말씀을 귀로 듣는 외적 행위 그 자체는 아무것도 일으킬 수 없다. 하나님의 내적 부르심과 다시 태어남을 통해 믿음이 생긴다. 내적 부르심과 다시 태어남의 경험이 없는 개혁파 설교자들의 설교는 신자들에게 도움이 되지 못한다. 이들은 그리스도의 복음을 "육적인 자유"로 오용한다.

인간의 칭의와 구원을 위해 결정적 역할을 하는 것은 그리스도의 신성이지, 인성이 아니다. 칭의와 구원은 말씀을 듣고 성만찬에 참여하는 외적 사건을 통해 일어나는 것이 아니라 그리스도의 신성이 인간 안에 거하며, 인간을 차츰 신적 품성으로 변화시킴으로써 일어난다. 다시 태어난 그리스도인들에게 구원과 새로운 존재를 보증하는 것은, 그의 인간적 육과 피가 신적 존재로 변용되어 신적 영광 속에 계신 그리스도이다. 신적인 것으로 변용된 그리스도의 육만이 하나님과 인간의 중재를 회복할 수 있다. 그것은 하늘과 땅의 간극을 극복하며, 신자들의 마음속에 성령을 부어줄 수 있다. 영광 속에 계신 그리스도의 신적 육만이 유일한 은혜의 방편이다(Benrath 1980, 589).

"오직 믿음"을 강조하는 루터에 반해 슈벵크펠트는 믿음의 윤리적 열매를 강조한다. 그리스도인은 그리스도의 영광 안에 있는 삶을 살아야 한다. 그는 하나님의 신성을 닮아야 한다. "모든 그리스도인은 인간 그리스도에 의한 하나님의 자녀들이요, 신적 본성의 동지들이요, 성경이 말하는 바와 같이 그들은 신들이다." "영광스럽게 된 그리스도"(Christus glorificatus)를 알게 될 때, 그들은 "자기를 낮추신 그리스도"(Christus humilis), 십자가의 고난을 당하신 그리스도의 뒤를 따르는 삶을 살게 된다(589). 사랑 안에서 일하는 믿음이 의롭게 한다. 과거를 통회하는 것이 참 회개가 아니라 경건한 삶을 사는 것이 참 회개이다. 하나님의 은혜를 받을 때, 인간의 의지는 선한 일들을 행할 수 있는 자유를 얻게 된다(588). "오직 은혜로", "오직 믿음으로" 단번에 칭의와 구원을 받는다는 루터에 반해 슈벵크펠트는 구원의 단계를 다음과 같이 묘사한다.

(1) 죄에 대한 성령의 질책과 죄에 대한 후회와 마음의 고통, 새로운 생명에 대한 갈망
(2) 성령 가운데서 복음의 말씀을 듣고 그리스도의 부활의 힘으로 다

시 태어남, 죄의 몸을 벗어버리고 그리스도 안에 거하게 됨

(3) 하나님의 생동하는 말씀이 누룩처럼 인간의 몸과 마음에 퍼져 복음의 말씀대로 살게 됨

(4) 육이 된 그리스도의 말씀을 더 깊이 깨닫고, 그리스도 외에는 구원과 진리와 사랑과 축복이 없다는 것을 보게 되며 선과 악을 분별하게 됨

(5) 믿음이 더욱 성숙하여 그리스도 안에서 하나님과 함께 행동하며 그리스도의 몸의 지체가 됨. 그러나 그의 믿음과 깨달음은 죽는 날까지 성장해야 함

(6) 말씀의 욕탕, 성령을 통한 다시 태어남과 변화의 목욕 속에서 성화되고 깨끗하게 되어 그리스도의 십자가 밑에서 하나님께 자기를 제물로 바치며, 그리스도의 형상으로 변화되고, 온 세상 앞에서 그리스도를 자기의 하나님으로 고백함

(7) 하나님에게서 얻은 새 생명이 성장토록 하기 위해 성만찬에 참여하여 더 큰 생명과 힘과 능력을 얻고, 완전한 사람으로 자라남

(8) 성령의 봉인을 받고 믿음을 통해 영원한 새 계약 손에서 살게 되며, 죄의 몸을 벗어나 본향으로 돌아가기를 기다림

(9) 그러나 이 땅의 장막과 죄된 육신 속에서 그는 죽는 날까지 육적인 정욕들과 싸워야 함

(10) 그리스도 안에서 모든 죄와 정욕에 대해 완전히 죽고자 함. 육신은 죽음을 두려워하고 죽음을 피하고자 하지만, "하나님의 모든 성도에게 죽음은 선택된 수단"이 됨. 죽음을 통해 불안과 고통을 벗어나 평안과 기쁨과 영원한 복에 이르게 됨(Oberman 1981, 153-155)

루터는 슈벵크펠트의 이름 "Schwenkfeld"를 살짝 고쳐 "Stenkenfeld" (슈텡켄펠트), 곧 "악취나는 들판"(Stenkfeld)이라 조롱하고, 그를 광신자요, 토마스 뮌처와 카를슈탓트 다음의 세 번째 성례주의의 우두머리라고 비판한다(WA 19.122). 스트라스부르크, 아욱스부르크를 거쳐 울름시 의회에서 "위험한 이단자"로 추방을 당한 슈벵크펠트는 1547년부터 자기의 신분을 감추고 에슬링언의 프란시스코 수도회에서 살다가, 1561년 울름에서 사망한다. 모든 외적인 것과 교회의 제도화를 거부한 슈벵크펠트는 조직화된 교회를 세우지 않았다. 그는 서로 모여 성경을 읽고 예배를 드리는 지지자들과 교통을 가질 뿐이었다. "철저히 개인주의적으로 이해된 믿음을" 가진 이들은 미국 펜실베이니아에서 지금도 작은 공동체를 유지하고 있다(Fast 1962, 205).

2) 프랑크는 본래 아욱스부르크의 가톨릭교회 사제였으나 1525년에 루터의 종교개혁에 참여하여 1526년에 브란덴부르크-안스바하(Brandenburg-Ansbach)의 개혁파 설교자가 된다. 1528년 결혼 후에 그는 성직을 버리고 수공업자로 일하면서 문필가로 활동한다. 1530년, 스트라스부르크로 이주한 프랑크는 에슬링언, 울름, 바젤에서 문필가와 출판업자로 크게 성공한다. 1528년, 그는 루터의 칭의론에 대한 실망 때문에 종교개혁에 등을 돌린다. 루터에 따르면, "오직 믿음으로" 말미암은 칭의에는 도덕적 삶의 열매가 뒤따라야 한다. 그러나 개혁파의 인물들에게서 프랑크는 이 열매를 보지 못한다. 이에 프랑크는 개혁파와 작별하고, 외적 제도로서의 교회와 교리, 모든 종류의 구원의 중재를 거부하며, 영 안에 있는 삶과 믿음과 사고의 자유와 관용을 가르친다.

1530년에 쓴 "네 개의 불확실한 교회들에 관한 노래"에서, 프랑크는 가톨릭교회, 루터교회, 츠빙글리의 교회, 재세례파 교회의 문제점을 다음과 같이 지적한다. 교황의 교회는 외적으로 찬란하게 보이지만 사람의 마음을 정결케 하지 못하며, 수도사들과 사제들의 믿음은 매우 부족하다. 루터교회는 "믿어라, 믿어라" 하지만 선한 일을 행하지 않는 신자들을 양산한다. 츠빙글리의 교회는 회개를 외치지만 사람을 개선하지 못한다. 재세례파의 교회는 물로 세례를 베푸는 매우 작은 근거에 서 있다. 하나님 나라에 들어가고자 하는 사람은 이 교회들을 피해야 한다. "그는 그리스도를 따라야 한다"(Fast 1962, 246 이하).

그의 대표작 『연대기』(Chronika, 1531)는 큰 반응을 일으킨다. 이 책에 따르면, 지금까지 기독교 역사는 어둠과 어리석음 및 모순으로 가득하다. 세계의 종교들 가운데 기독교만큼 수많은 종파와 이단으로 나누어진 종교는 없을 것이다. 그 원인은 인간의 무능력에 있는 것이 아니라 사탄과 적그리스도의 활동에 있다. 기독교에는 순수하고 완전한 가르침은 있은 적이 없고, 이단만 있었다. 사도들 이후에 참 교회는 없고 종파들(Sekten)만 있었다. 교회의 지도자들도 오류에 빠져 있었다. 따라서 기독교의 외적 역사는 오류와 혼돈의 역사였다. 진리가 자기에게 있다는 배타적 주장은 과거나 지금이나 거짓된 것이다. 그러므로 모든 사람에게 구속력을 가진 교리는 존재하지 않는다.

그러나 모든 종파에는 부분적으로 바른 가르침도 있다. "하나님은 그의 보화를…이단자들과 이방인들에게도 주신다.…" 그러그로 그리스도인은 잡다한 가르침들 가운데 올바른 것이 무엇인지 스스로 찾아내야 한다. 교회의 교리를 무조건 수용하지 말고 무엇이 참으로 바른 것인지, "너 자신이 판단하라!" 그중에 가장 좋은 것을 발견하는 자가 복되다.

프랑크에 따르면, 종교개혁은 적그리스도 교황의 정체를 드러냈지만,

이단과 종파들의 악을 제거하지 못하고 오히려 그것을 증대시켰다. 루터와 그의 지지자들은 성경의 반쪽만 가르치고, 선한 업적과 삶이 없는 믿음만 설교하는 "개혁적 이단자들"이다. 그들은 "우리 안에 계신 그리스도와 그리스도 안에 있는 우리"를 가르치지 않고 "우리에 대한 그리스도"만을 가르친다. 재세례파도 성경의 글자에 집착한다. 이리하여 "성경의 분리된 글자로부터 이단자들과 종파들"(haereses et sectae ex secta litera scripturae)이 나온다. 이 시대의 모든 악의 뿌리는 성경의 외적 말씀을 우상처럼 여기는 데 있다.

이단자들과 종파들 대신에 프랑크는 영성주의와 종교적 개인주의를 주장한다. 그리스도인들은 성경의 외적 글자에 집착해서는 안 된다. "올바른 신앙은 오직 하나님으로부터 듣고 배우며, 눈으로 볼 수 없는 그의 말씀이신 그리스도만 보아야 한다." 믿음의 열매는 사랑이다. 그러나 믿음은 개인적인 것이요, 그 누구도 왈가왈부할 수 없는 독자적인 것이다. 베드로가 요한의 일에 간섭할 수 없는 것처럼(요 21:20-22), 우리도 타인의 믿음에 간섭할 수 없다. 단지 하나님 앞에서 완전하게 살고자 스스로 노력해야 하며, 두려움과 떨림 속에서 자신의 구원을 위해 일해야 하며, 하나님이 우리의 모든 일에 대해 무엇을 말씀하시는가를 우리 자신 안에서 깨달아야 한다. 아무것도 우리의 양심에 반하여 행해서는 안 된다.

프랑크에 의하면, 기독교의 본질은 교리와 교회, 이단과 종파, 오류와 논쟁에 있지 않다. 그것은 성령을 통하여 생성된 각 신자의 자유로운 믿음에 있다. "기독교는 땅 위에 있는 종파나 승단이나 지위나 법규가 아니라…사랑을 통하여 일하시고 행동하며 열매를 맺는, 자유롭고 올바른 신앙이다. 교회는 순수히 영적인 것이며, 성령의 은사를 받은 모든 시대와 장소의 불가시적 디아스포라다." 각 신자의 자유로운 믿음에 기초한 자유로운 기독교 대신에 교리와 친교의 외적 통일성을 강요하는 것은 하나님의 뜻에 어긋난다. 이러한 교회는 유대교와 교황주의로 전락하며, 자기의 참 본질을 상실한다. 그러므로 사도행전이 전하는 교회의 사도적 형태를 회복하려는 모든 시도는 중지되어야 한다.

프랑크의 영성주의와 종교적 개인주의는 자기와 다르게 생각하는 사람에 대한 "관용"을 요구한다. 모든 신자의 신앙은 그 속에 이단과 오류의 위험성을 항상 지니기 때문에 다른 사람의 생각을 존중해야 한다. 서로의 자유를 허용할 때, 진리를 발견할 수 있고 또 보존할 수 있다. "그러므로 모든 종파와 이단을 허용해야 한다.…" 이때 그리스도인은 기사도를 발휘할 수 있고, 영원한 생명을 향한 비폭력적이고 영적인 승리에 이를 수 있다. 프랑크는 "관용에 대한 최초의 선구자들 가운데 한 사람"이었다. 그러나 가톨릭교회의 불의와 거짓, 소종파들의 일면적 오류에 대항하여 자기 목숨을 걸고 싸우는 루터에게 프랑크가 말하는 "관용"은 허락될 수 없었다.

프랑크에 따르면, 신자들은 기독교 신앙의 지혜를 성경과 교부들에게서는 물론 이단자들과 고대시대의 이방인 철학자들에게서도 얻을 수 있고, 신을 경외하고 영의 가르침을 받는 터키인들과 이방인들에게서 진리 자체를 발견할 수 있다. 프랑크에게 이들은 "영 안에 있는 형제들이었다." 하나님의 말씀은 하나님의 은혜나 그리스도의 구원을 가리키는 것이 아니라 각 사람의 마음속에 있는 "내적인 말씀"을 가리킨다. 영과 내적인 말씀을 통해 모든 사람은 하나님과 함께하며, 하나님의 진리를 바르게 깨달을 수 있다. 자기 자신 안에서 하나님을 발견한 사람은 이 세계 안에서도 그분을 발견할 수 있다. 여기서 프랑크의 영성주의는 범신론으로 빠진다. "그가 가르친 영의 기독교는 영의 보편적 종교로 산화된다"(위의 내용에 관해

Benrath 1980, 578-582 참조).

그의 저서 『모순』(1534)에서 프랑크는 가시적 조직체로서의 교회를 거부한다. 교회는 "(외적) 요소와 시간과 사람과 장소에 묶여 있는 특별한 집단과, 손가락으로 가리킬 수 있는 종파가 아니다. 도리어 그것은 하나님에게서 태어났고 한 뜻과 한 영과 한 믿음을 가진 그리스도의 모든 지체의 불가시적 몸이다. 그러나 그것은 어느 도시나 장소에 외적으로 모여서 사람들이 볼 수 있고 손가락으로 가리킬 수 있는 것이 아니라,…참으로 하나님을 경외하고 선한 마음을 가진, 온 세계의 새 사람들의 모임과 공동체를 말한다"(Oberman 1981, 180). 결국 프랑크는 재세례파요 혁명가이며 성경과 은혜의 방편을 부인한다는 혐의로 1539년 울름에서 추방되어 1542년 스위스 바절에서 사망한다.

성경의 "외적인 말씀"을 경시하고, 각 신자의 마음속에 있는 영의 "내적인 빛", "내적인 말씀"을 중요시하는 영성주의에 대해 루터는 「대교리문답서」에서 다음과 같이 말한다. 하나님의 죄용서와 구원이 십자가에서 이루어졌지만, 우리는 오직 말씀을 통해서만 그것을 알 수 있다. "설교를 통해서, 혹은 입으로 하는 말을 통해서 그것을 제시하지 않는다면, 우리는 그것이 일어났고, 우리에게 선물로 주어졌다는 것을 어떻게 알 수 있겠는가? 성경과 복음을 붙들지 않고 그것을 믿지 않는다면, 우리는 어떻게 그것을 알 수 있고, 죄용서를 붙들어 우리의 것으로 삼을 수 있겠는가?"(1964b, 150).

3) "종교개혁 좌파"에 속한 또 하나의 이론은 반삼위일체론이었다. 반삼위일체론은 종교개혁의 다른 좌파들처럼, 종교개혁이 세속의 통치권과 결합하여 또 하나의 제도로 형식화되는 것에 대한 반발로 생성되었다. 따라

서 그것은 영성주의, 재세례파와 결합되기도 하였다. 그것은 영성주의와 마찬가지로 가시적 조직을 갖지 않았지만, 1550년 이후 프랑스 남부, 이탈리아, 폴란드, 헝가리에서 상당한 세력을 갖게 된다. 동유럽에서 반삼위일체론은 교회공동체로 발전하기도 한다. 여기서 생성된 소키누스파(Sozinianer, Laelius Socinus의 이름에서 유래함)는 계몽주의 운동에 영향을 준다.

하나님의 삼위일체를 거부하는 반삼위일체론은 1520년대부터 시작되었다. 한 신적 본성 안에 세 가지 신적 인격(혹은 품격)이 있을 수 없다는 생각이, 한스 뎅크를 위시한 재세례파와 영성주의자들 사이에 등장하였다. 그 대표자는 스페인의 의사요 법학자이며 종교철학자인 미햐엘 세르베투스(Michael Servetus, 1511-1553)였다.

1531년에 출판된 그의 저서 『삼위일체의 오류들』(De Trinitatis erroribus, 1531)에서 세르베투스는 초기 교회의 양태론적 삼위일체론을 수용한다. 하나님의 삼위일체는 한 분 하나님이 성부, 성자, 성령이라는 세 신적 양태로 나타난다는 것이다. 1553년에 출판된 주요 저서 『기독교의 회복』(Christianismi Restitutio, 1553)에서 그는 자기의 반삼위일체론적 생각을 명백하게 기술한다: 삼위일체는 한 하나님이 세 개의 머리를 가진 괴물과 같다. 예수는 영원 전부터 성부 하나님에게서 나온 신적 르고스가 아니라 마리아의 인간적 아들일 뿐이다. 여기서 세르베투스는 인간 예수를 하나님이 그의 양자로 삼으셨다는 초기 교회의 양자론을 주장한다. 성령은 삼위일체 하나님의 신적 인격이 아니라 하나님의 능력(힘, $dynamis$)일 뿐이다(Friedman 1978, 223 이하). 결국 세르베투스는 "구원의 종교로서의 기독교"를 거부한다(175). 이것은 당시의 교회법에 어긋날 뿐 아니라 신성 로마 제국의 세속법에도 어긋나는 일이었다.

스위스 겐프(제네바)의 종교개혁자 칼뱅과 충돌한 세르베투스는, 프랑스 비엔(Vienne)의 가톨릭교회 종교재판관에 의해 체포되어 1553년 6월 17일 사형선고를 받는다. 그러나 그는 탈옥에 성공하여 이탈리아로 도주한다. 이에 종교재판관은 "모형으로"(in effigie) 화형을 집행한다(그의 상을 세워놓고 화형시키는 것). 이탈리아로 도주하던 중에 세르베투스는 젠프에서 체포된다. 시 의회의 재판에서 그는 화형 선고를 받는다. 공적으로 금지된 자유방임주의자들과 세르베투스의 접촉이 화형 선고의 죄목이기도 하였다. 칼뱅은 화형보다 고통이 덜한 참수형을 내리도록 노력했지만, 화형 선고를 변경할 수 없었다. 결국 세르베투스는 1553년 10월 27일에 불타는 장작더미 위에서 화형을 당한다. 세르베투스에 대한 고발장에서 칼뱅은, 세르베투스가 다음과 같은 가르침 때문에 고소를 당했다고 전한다.

- 단 하나의 신적 본성 안에 있는 세 개의 인격은 "세 개의 머리를 가진 마귀"요 "괴물"이다.
- 예수 그리스도는 성령을 통해 동정녀 마리아에게 수태되었다고 할지라도 하나님의 아들이 아니다.
- 예수 그리스도가 영원 전부터 아버지 하나님에게서 태어난 하나님의 말씀이라고 믿는 것은 말도 안 되는 미신적 표상이다.
- 예수 그리스도의 육이 하늘에서 내려왔고 하나님의 본체에 속하며, 그가 인간이 되었을 때, 신성이 그에게 주어졌다고 믿는 것도 마찬가지다.
- 인간의 영혼은 아담의 죄의 타락 이후에 그의 몸과 함께 죽는다.
- 어린아이들은 죄가 없다. 그러므로 성인이 되기까지 그들은 구원을 필요로 하지 않는다. 유아세례는 기독교 전체를 사멸시키는 "마귀의 작품"이다(Oberman 1981, 241-243).

4) 세르베투스가 화형을 당한 후, 반삼위일체론은 이탈리아, 스위스 남부, 폴란드, 헝가리를 위시한 동유럽 일대에서 많은 지지자를 얻게 된다. 그 가운데 대표자는 이탈리아 시에나(Siena) 출신인 라엘리우스 소키누스(Laelius Socinus, 1525-1562)와 그의 조카 파우스투스 소키누스(Faustus Socinus, 1539-1604)였다. 이들은 주로 폴란드에서 활동한다. 여기서 소키누스파가 형성된다. 삼촌 소키누스가 쓴 「해명서 요약」(Brevis Explicatio, 1561)과, 조카 소키누스가 쓴 「해명서」(Explicatio, 1563)는 소키누스파의 입장을 대변한다. 소키누스파의 특징은 다음과 같다. (1) 삼위일체와 그리스도의 신성에 대한 반대, (2) 그리스도를 마리아에게서 태어난 한 인간으로 보고, 하나님의 특별한 선택을 통하여 신적 능력을 갖게 된 것으로 생각함, (3) 은혜의 방편으로서의 성례에 대한 반대, (4) 철학적 유신론, (5) 내적 성찰에 기초한 죄용서와 칭의, (6) 엄격한 교회 권징(Heussi 1971, 331).

17세기 중엽 소키누스파는 가톨릭교회의 반종교개혁 운동으로 말미암아 폴란드에서 추방되어 헝가리, 네덜란드, 브란덴부르크 등지로 퍼진다. 그것은 끊임없이 박해를 당하는 작은 공동체로 존속한다. 그러나 소키누스파의 합리적 사고는 초기 계몽주의에 상당히 큰 영향을 준다(Daugirdas 2014, 239 이하).

7. 수녀원을 탈출한 카타리나와 수도사 루터의 결혼

루터는 1506년 정식 수도사가 되었다. 수도사 봉헌식에서 그는 독신생활과 성적 순결을 서약하였다. 그러나 1518년 10월, 교황의 특사 카예타누스와 루터의 아욱스부르크 담판 후 위험에 처한 루터의 생명을 구하기 위해 그의 스승 슈타우핏츠는 수도사의 복종의 의무에서 그를 해방하였다. 이로써 루터는 순결서약에서 자유롭게 되었다. 곧 결혼할 수 있는 자유의 몸이 된 것이다.

사실 루터는 그 이전부터 성경 연구를 통해 성직자 독신제가 성경 말씀과 전혀 조화되지 않으며 인간이 만든 제도에 불과하다는 사실을 직시하였다. 한마디로 성직자 독신제는 하나님의 창조질서에 위배되는 일이었다. 그래서 루터는 이렇게 말한다. "원하지 않는 순결서약을 할지라도, 자연은 그가 하는 일을 멈추지 않는다", "좀 상스럽게 말한다면, (여성의) 몸 속으로 흘러들어가지 않으면, 셔츠에 쏟게 된다"(남성의 몽정을 가리킴, 필자). 성(性)도 하나님께서 창조하신 것이다. 그것은 하나님의 창조에 속한다. "성 관계는 모든 자연 속에 있다. 하나님은 지체들, 혈관들, 분비물들, 그리고 몸을 위해 봉사하는 모든 것을 주셨다."

당시의 역사적 한계를 벗어나지 못했지만, 루터는 결혼의 의미에 대해 깊이 성찰하였다. 결혼을 통해 가정이 이루어진다. 여자는 가사를 돌봄으로써 남자가 생업에 전념할 수 있도록 도와준다. 이를 위해 결혼이 필요하다. 더 중요한 것은 "생육하고 번성하라"는 하나님의 명령을 지키는 일이다. 이 명령을 지키기 위해 인간은 결혼을 해야 한다. 결혼은 하나님의 계명일 뿐 아니라 인간이 변경할 수 없는 하나님의 창조질서에 속한다. 이 같은 관점에서 루터는 수도사들과 수녀들의 순결서약 및 수도원 제도의 폐기를 주장한다.

인간의 성을 죄악시하던 당시의 상황에서 성에 대한 루터의 통찰은 혁명적인 것이었다. 특히 순결서약을 했지만, 성적 욕망으로 고통을 당하는 사제들 및 수도사들과 수녀들에게 루터의 주장은 참으로 기쁜 소식이었다. 그 당시 많은 귀족은 어린 자녀들을 수도원에 보내어 일평생 하나님의 종으로 일하게 하는 것을 가문의 영광으로 생각하였다. 그것은 자신이 지은 죄에 대해 하나님께 바치는 보상(satisfactio)이기도 하였고, 자녀 중에 성직자가 있다는 것은 가문의 자랑이기도 하였다. 그 당시 성직자는 사회 특권층에 속하였기 때문이다. 그러나 자신의 의사와 무관하게 어릴 때부터 수도사나 수녀가 된 사람들에게 수도원 생활은 감옥생활이나 마찬가지였다. 특히 성적 욕구가 강한 젊은 수도사들과 수녀들에게 성적 순결을 지키는 것은 무거운 고통이었다. 이같은 수도사들과 수녀들에게 성적 순결서약을 반대하고 수도원 폐기를 주장하는 루터는 구세주와 같은 인물로 보였을 것이다(「독일 그리스도인 귀족에게 보내는 글」 참조).

이리하여 많은 수도사와 수녀가 수도원을 탈출하는 일들이 끊이지 않고 일어났다. 라이프치히 부근 그림마(Grimma) 인근의 님브쉔(Nimbschen) 수녀원의 수녀들도 이에 영향을 받았다. 26세의 카타리나 폰 보라(Catharina von Bora)를 위시한 9명의 수녀들이 "3명의 용감한 시민과 목사 가브리엘 츠빌링(Gabriel Zwilling)과 함께 철저한 사전 계획을" 세운 다음 1523년 부활절에 청어 운반용 큰 나무통 사이에 몸을 숨기고 비텐베르크로 탈출한다. 어릴 때부터 수녀원밖에 모르던 수녀들이 미래가 어떻게 될지 전혀 예상할 수 없는 세속 사회로 탈출하는 것은 일대 모험이었다. "이 여인들이 할 수 있는 선택은 결혼을 하거나, 하녀로 살거나! 이 두 경우가 아니면 창녀로 살아갈 수밖에" 없었다. 또 그 당시 상황에서 수녀원 탈출은 "사형감"이었다. 그러므로 "이들은 목숨을 담보로 내놓고 탈출을 감행한 용기 있는 여인들이었음이 분명하다"(양태자 2018, 170).

루터와 그의 부인 카타리나 폰 보라
[자료 출처: 위키미디어]

    루터는 3명의 시민들과 츠빌링이 데려온 9명의 수녀들을 친구들의 집에 숨겨준다. 그는 카타리나를 선제후의 궁정화가인 루카스 크라나하의 집에 숨겨준다. 아홉 명 중 여덟 명은 결혼에 성공했으나, 카타리나만 1525년에 이르기까지 약 2년 동안 배필을 얻지 못했다. 루터는 아홉 명의 수녀 중 쉔펠트의 아베(Ave von Schönfeld)를 마음으로 좋아하였다. 그러나 아베는 의사와 결혼하였다. 그러자 루터는 아무 배필도 얻지 못한 카타리나를 구해주기로 결단한다. 나중에 그는 다음과 같이 실토한다: 그 당시 나는 카타리나를 사랑하지 않았다. 그녀가 거만스럽게 보였기 때문이다(카타리나가 본래 귀족 출신이었기 때문으로 보임). 그러나 나는 하나님의 뜻에 따라 그녀에게 자비를 베풀기로 하였다. 하나님의 인도하심에 나는 감사드린다.

그 당시 전직 수도사와 수녀가 순결서약을 파기하고 결혼을 한다는 것은 충격적인 일이었다. 더구나 또 42세의 노총각 루터가 딸과 비슷한 26세의 카타리나와 결혼하는 것도 사람들의 비난감이 되었다. 전직 수도사와 수녀가 결혼하여 아이를 낳으면 적그리스도가 태어난다는 당시의 미신 때문에 많은 지인이 이들의 결혼을 반대하였다. "멜랑히톤은 지금 상황이 대단히 복잡하고 힘든 농민전쟁 중이고 또 이런 혼란한 시기에 루터의 절대적인 권위가 필요한 때에 왜 하필 결혼이냐고 반문하였다. 그는 루터가 전직 수녀의 꾐에 넘어갔다고 생각했다. 당시 그들의 결혼을 두고 세간에는 루터가 카타리나와 혼전 성관계를 가졌기 때문에 어쩔 수 없이 결혼하게 되었다는 소문이 퍼지고 있었는데, 멜랑히톤은 그러한 소문을 일고의 가치도 없는 것으로 간주하였다"(김주한 2015, 140).

그러나 이미 1521년부터 많은 개혁파 신학자가 순결서약을 파기하고 결혼을 하였다. 멜랑히톤도 그중 한 사람이었다. 많은 수도사와 수녀가 세속으로 돌아와 결혼을 하였다. 그러므로 루터와 카타리나의 결혼은 그렇게 문제될 것이 없었다. 또 루터는 후손을 보기 원하는 아버지의 강력한 간청을 거절하기가 어려웠다. 루터는 1525년 6월 21일에 친구 암스도르프에게 보낸 편지에서 이렇게 말한다. "후손을 얻기를 갈망하면서 결혼을 요구하는 내 아버지에 대한 이 마지막 복종을 나는 거부하지 않고자 했다"(WA Br. 3,541).

아버지의 간청에 따라 루터는 1525년 6월 13일에 친구 부건하건의 주례로 카타리나와 결혼한다. 유스투스 요나스, 화가인 크라나하 부부, 법관인 요한네스 아펠(Johannes Apel)이 증인으로 참석한다. "이때 루터의 나이는 42살이었고, 카타리나의 나이는 26살에 불과했다. 16년이라는 나이 차를 극복하고 결혼을 한 것이다. 처음에는 단지 의무감으로 결혼했지만, 결혼한 뒤에는 아내를 '여주인'이라고 부르면서 극진히 사랑했으며, 6명의 자녀를 두었다"(박경수 2017, 70). 많은 사람이 결혼 축의금을 보내왔다. "마인츠의 (대주교) 알브레히트도 20굴덴(Gulden)의 선물을 보내 왔을 때 루터는 거절하였지만 카타리나는 받아 두었다"(김주한 2015, 141).

결혼할 당시 루터는 모든 수도사가 떠나고 거의 폐허가 된 것 같은 수도원 건물 안에 원장 브리스거(Brisger)와 단둘이 살고 있었다. 그들을 돌보아 주는 사람은 아무도 없었다. 루터는 식사다운 식사를 하지 못한 채 격무에 시달렸다. 이로 인해 루터는 심한 변비, 위장 통증, 현기증, 신장 결석, 이명 증세 등으로 고통을 당하였다. 그러던 중 카타리나와의 결혼은 그에게 전혀 새로운 생활의 시작을 가져왔다. "아주 당찬 전형적인 독일 여성"인 카타리나는 루터의 생명의 보호자 역할을 하였다. 무엇보다 먼저 루터는 식사다운 식사를 하게 되었고, 집안이 정돈되었다. 그래서 결혼식 며칠 후 루터는 이렇게 말한다. "천사들은 웃고, 마귀는 울기를 나는 바란다"(Aland 1980, 38).

두 사람은 루터가 살고 있던 아우구스티누스 수도원 건물에서 결혼생활을 시작하였다. 전직 수녀였던 카타리나에게 수도원 건물 안에 사는 것은 매우 익숙한 일이었다. 처음에 루터는 카타리나를 별로 좋아하지 않았지만, 점차 그녀를 깊이 신뢰하고 사랑하게 된다. "나의 부인은 남자들이 신뢰할 수 있는 경건하고 충실한 여자이다." 카타리나의 강력한 생활력에 감탄한 루터는, 그녀에게 보낸 편지에서 그녀를 남성으로(Herr Käthe) 호칭한다. 루터는 42년 동안 혼자 살았던 자신에게 일어난 결혼생활의 이변을 다음과 같이 회고한다: 식탁에 앉으면, 나는 이렇게 생각한다. 이전에 나는 여기에 혼자 앉아 있었는데, 지금은 두 사람이 앉아 있다. 침대에서 잠이 깨면, 이전에 전혀 본 적이 없는, 여자의 땋아 늘인 머리자락이 내 곁에 있는 것을 보게 된다!

루터의 집에는 손님이 그치지 않았다. 개혁운동의 지지자들, 대학 동료 교수들과 학생들, 고아들, 친구들, 시 의원들, 순례자들, 수도원에서 도망친 수녀들이 끊이지 않고 찾아왔다. 그 당시 교통 상황이 좋지 않았기 때문에 한 번 찾아온 사람은 며칠 동안 머물기도 하였다. 가톨릭교회의 박해를 피해 상당 기간 머무는 사람도 있었다. 텅 비어 있는 옛 수도원 건물에는 많은 손님이 머물 수 있는 충분한 공간이 있었다. 카타리나는 이들을 마다하지 않고 떠날 때까지 숙식을 제공하였다.

루터는 돈에 관심이 없는 사람이었다. 수도사적 청빈성활이 그의 삶의 이상이었다. 그래서 그는 자기의 책 인세를 제대로 챙기지 않고, 출판사 업자의 배만 불려주는 일이 많았다. 돈에 대해 관심이 없는 루터와 결혼생활을 하는 것은 카타리나에게 쉬운 일이 아니었을 것이다. 가사와 손님 접대에 필요한 모든 경비 조달은 카타리나의 몫이었다. "당시 루터의 부인은 직접 돼지시장에서 사업을 이끌고 있었다. 물론 부인은 자택 마당 한켠에서 직접 돼지를 키우기도 했다"(홍경만 2017b, 94). 그녀는 모든 수입과 지출을 정확히 관리하였다고 한다.

카타리나와 루터는 요한네스(Johannes, 1526), 엘리자베트(Elisabeth, 1527), 막달레나(Magdalena, 1529), 마르틴(Martin, 1531), 파울(Paul, 1533), 마가레테(Margarete, 1534), 이 세 아들과 세 딸을 얻었다. 그러나 "둘째 아이는 태어나자마자 죽었고 셋째도 열네 살 되던 해에 죽었다"(김주한 2015, 140).

여러 자녀를 키우면서 손님들을 접대하고, 땅을 경작하고, 가사의 모든 경비를 책임지는 것은 결코 쉬운 일이 아니다. 카타리나는 아마 눈코 뜰 새 없이 바빴을 것이다. 카타리나가 가사를 돌보는 사이에 루터는 손님들과 식탁에 앉아 담화를 나누었다. "내가 여기서 방귀를 한 대만 뀌어도,

로마에서 냄새가 난다"고 회고할 정도로 담화는 뜨거웠다. 청중들은 루터의 담화를 기록하였다. 이것이 나중에 책으로 출판될 줄이야 루터는 상상도 하지 못했다. 이 담화는 그의 사망(1546) 20년 후인 1566년에 『식탁담화』(Tischrede)라는 제목으로 출판된다. 실로 카타리나는 루터의 숨은 동역자였다(Birnstein 27-31).

제5부

프로테스탄트 교회의 시작과 내부 분열

1525년 농민전쟁이 끝나면서, 독일의 제후들은 가톨릭교회를 지지하는 보수파 제후들과, 루터의 종교개혁을 지지하는 개혁파(프로테스탄트) 제후들로 나누어진다. 전자는 데사우 연맹으로, 후자는 토르가우 연맹으로 발전한다. 토르가우 연맹에 속한 개혁파 제후들은 자신의 영지에 속한 가톨릭교회를 개혁파 교회 곧 프로테스탄트 교회로 개혁한다. 이로써 프로테스탄트 교회(루터교회)가 시작되며, 가톨릭교회와 프로테스탄트 교회의 교단 분리가 일어난다. 그러나 루터와 츠빙글리의 성만찬 논쟁이 결렬되면서 프로테스탄트 교회는 내적으로 분열한다. 이 분열은 종교개혁 운동을 크게 약화시킨다.

I
프로테스탄트 교회의 분리와 개혁 작업

앞서 기술한 1526년의 제1차 슈파이어 제국의회(Speyer Reichstag)는 개혁파의 승리로 끝났다고 볼 수 있다. 황제가 제의한 타협안에 따라 개혁파 제후들은 자신의 양심과 소신에 의거해 교회개혁을 추진할 수 있는 자유를 얻었기 때문이다. 그들은 보름스 칙령에 따른 황제의 처벌과 보수파의 위협을 두려워 할 필요가 없게 되었다. 이리하여 개혁파 제후들은 자신의 영지에 속한 가톨릭교회를 종교개혁의 신학적 통찰에 따라 개혁하는 작업을 강력하게 추진한다. 그 중심지는 작센의 선제후 요한의 영지였다.

이로써 가톨릭교회에서 분리된 프로테스탄트 교회(개신교회: Evangelische Kirche, 루터교회를 말함)가 생성된다. 곧 가톨릭교회에서 프로테스탄트 교회의 교단 분리(Spaltung der Konfessionen)가 일어난다. 그러나 분리도 어려운 일이지만, 분리된 교회를 종교개혁의 신학적 통찰에 따라 구체적으로 개혁하고 관리하는 것 역시 쉬운 일이 아니었다. 가톨릭교회에서 프로테스탄트 교회로 넘어가는 과정 속에서 일어난 힘의 공백으로 인해 여러 가지 문제와 혼란이 일어나기도 하였다. "교회 구조와 운영 방식, 예배 의식, 성직자 임명 등 로마 가톨릭교회와 기존 전통들과는 어떻게 차별화를 시키면서 개혁 정신에 맞게 교회의 틀을 형성해 나가야 하는 문제가 중요한 과제들로 부각되었다"(김주한 2015, 195). 이같은 상황을 극복하기 위해 (1) 영지교회 체제의 도입, (2) 미사를 대신하는 새로운 예배 의식의 도입, (3) 교회 감찰(Visitation), (4) 새로 생성된 프로테스탄트 교회의 신학적 기초와 가르침을 위한 루터의 교리문답서가 등장한다.

1. 두 왕국론에 모순되는 영지교회 제도

1) 가톨릭교회에서 분리된 프로테스탄트 교회를 가리켜 독일에서는 개신교회(Evangelische Kirche)라 부른다. 독일어 "Evangelische Kirche"는 이른바 "복음주의 교회"가 아니라 가톨릭교회에서 구별되는 "개신교회" 혹은 "프로테스탄트 교회"를 말한다. "Evangelische Fakultät"는 복음주의 신학부가 아니라 가톨릭교회 신학부에 대칭하는 개신교회 신학부를 뜻한다. 주민등록부 종교란의 "ev."는 복음주의 신자가 아니라 개신교회 신자임을 나타내고, "kath."는 가톨릭 신자임을 나타낸다(한국에서 통용되는 "복음주의"란 개념은, 그리스도의 복음을 공산주의, 사회주의, 자본주의 같은 세속의 "주의"[이데올로기]로 전락시키는 참으로 한심스러운 표현이다).

16세기 가톨릭교회에서 프로테스탄트 교회가 분리된 현실적 원인은 루터의 교회론과 성직론에 있었다. 교황을 가장 크게 분노케 한 것도 루터의 교회론과 성직론이었다. 루터의 「슈말칼던 조항」에 따르면, 가톨릭교회의 성직자들은 "자신들이 교회이다"라고 말한다(1964b, 215). 즉 예수께서 베드로에게 맡긴 "하늘나라의 열쇠"를 승계한 성직자들이 교회라는 것이다. 이에 반해 루터에 따르면, 교회는 신자들의 모임이다. 달리 말해 신자들이 교회이다. 교회는 "거룩한 신자들이요, 그들의 목자의 음성을 듣는 양들이다"(215). 그것은 수많은 "지체들"이 하나로 결합되어 있는 "그리스도의 몸"이다. 이 몸의 머리는 교황이 아니라 그리스도이다. 교황을 위시한 성직자들은 많은 지체들 가운데 한 지체에 불과하다.

여기서 평신도에게서 분리된, 평신도 위에 있는 성직자 계급은 인정되지 않는다. 성직자는 특별한 계급에 속한 인물들이 아니라 다만 기능이 다를 뿐이다. 그들의 기능은 베드로에게서 계승된 것이 아니라 교회공동체에 의해 그들에게 위탁된 것에 불과하다. 성직자 봉헌식은 "하늘나라의 열쇠"가 승계되는 성례(Weihe)가 아니라, 신자들의 공동체가 제정한 "공적 질서에 따른 방법으로 교직에 세워지는" "인간적·법적 행위" 곧 임직(Ordination)에 불과하다(Hirsch 1963, 245).

한마디로 성직자는 사도계승에 의해 "위로부터" 세워진 것이 아니라 신자들의 공동체에 의해 "아래로부터" 세워진다. 그들의 권위는 신자들의 공동체에 의해 주어진 것이다. 성직자가 공동체에 의해 면직될 경우, 그는 평신도의 위치로 돌아간다. 가톨릭교회는 이것을 도저히 인정할 수 없었다. 이 문제는 지금도 해결되지 않고 있다. 이리하여 루터를 위시한 개혁파 교회 곧 프로테스탄트 교회는 가톨릭교회에서 분리될 수밖에 없었다.

2) 루터로 말미암아 생겨난 새로운 교회 곧 오늘날의 프로테스탄트 교회는 영지교회(Territorialkirche)로 시작되었다. 그것은 각 영지의 제후들이 교회를 책임지고 관리하는 교회가 되었다. 영지교회 제도는 1526년부터 작

선과 헷선 지역에서 시작된다. 루터는 새로 생성된 교회의 질서를 세울 의무를 영지의 제후에게 부여한다. 선제후 프리드리히의 동생으로 그의 후계자가 된 선제후 요한은 그의 형 프리드리히보다 훨씬 더 과감하게 종교개혁을 추진한다. 그는 자기의 영지 내에서 가톨릭 교회법을 무효화시킨다. 이리하여 그의 영지는 가톨릭교회에서 자유롭게 된다. 그의 영지에 속한 교회도 가톨릭교회에서 자유롭게 된다. 이리하여 그는 자기 영지 내의 가톨릭교회를 과감하게 프로테스탄트 교회로 개혁한다. 여러 제후들과 제국도시 통치자들이 그 뒤를 따른다.

이같은 개혁이 가능한 원인은 당시의 정치적 상황에 크게 의존한다. 앞서 기술한 대로, 1526년 5월 22일에 로마의 교황은 황제 카를 5세를 배반하고 프랑스 국왕 프랑수아 1세와 동맹을 맺는다(Liga von Cognac). 그는 프랑수아 1세와 합세하여 황제의 스페인 군대를 이탈리아에서 추방하고자 한다. 결국 황제는 1527년 로마로 진격하여 로마를 약탈한다(Sacco di Roma, 로마의 약탈). 교황은 엥얼부르크(Engelburg)로 피신했지만 황제의 포로가 된다. 1529년, 교황은 바르셀로나에서 황제와 평화조약을 맺고 로마의 바티칸 교회왕국을 되찾는다. 교황은 그 대가로 1530년 2월 24일에 카를 5세에게 대관식을 행한다. 교황과 황제의 이같은 정치적 갈등으로 말미암아 개혁파 제후들은 자신의 영지교회를 과감하게 개혁할 수 있었다.

루터는 새로 생성된 프로테스탄트 교회의 보호와 감찰을 선제후 요한에게 요청한다. 나아가 그는 가톨릭교회의 주교가 담당하던 교회관리의 책임을 선제후에게 맡긴다. 교회의 새로운 질서와 교회법 제정, 교회 재정과 성직자 은급, 교회에 속한 교육기관 관리 등에 대한 책임을 제후가 짊어지게 된다. 이리하여 제후(영주)가 교회를 다스리는 영지교회 체제가 세워진다.

3) 루터가 일찍이 주장한 "두 왕국론"은 교회의 영역과 세속의 영역, 하나님의 왕국과 세상 왕국을 구별한다(요 18:36 참조). 그렇다면 제후가 교회를 통치하는 영지교회 체제는 루터의 두 왕국론에 모순되지 않는가? 그것은 하나님의 왕국이 세상의 왕국에 속하게 되는 것을 뜻하지 않는가? 그것은 교회가 국가의 세속적 관심에 봉사하는 "교회의 정치화"를 뜻하지 않는가? 재세례파는 바로 이 점을 염려하였다. 이 질문과 연관하여 우리는 루터의 "두 왕국론"의 동기를 간단히 살펴보고자 한다.

첫째, 중세기에 교황들은 끊임없이 세속의 부와 권세와 지배권을 얻고자 하였다. 그들은 더 많은 봉토를 확보하기 위해 전쟁을 일으키기도 하였다. 교황이 세속에 대한 지배권을 요구하면서도 교황의 자리에 앉아 있으려 한다는 루터의 비판은, 세속의 권세에 대한 중세기 고황들의 끊임없는 욕심을 시사한다. 이같은 상황에서 루터가 두 왕국론을 주장한 첫째 동기는, 정치와 종교의 영역, 곧 왕이나 황제가 다스리는 세속의 영역과 교황이 다스리는 종교의 영역을 구별함으로써 세속에 대한 교황의 지배권과 부와 권세에 대한 욕심을 차단하고 교황이 말씀과 기도와 사목에 전념케 하며, 이를 통해 교회의 순수성을 회복하는 데 있었다.

두 왕국론의 둘째 동기는, 교황이 불의한 일을 행할 때 세속의 법에 따라 교황에 대한 처벌과 파면을 가능케 하기 위함이었다. 중세기의 교황들은 치외법권에 속하였다. 교황은 땅 위에 있는 "그리스도의 대리자"로서 왕이나 황제보다 더 큰 권위를 가지고 있었기 때문에 세속의 법에 따라 벌을 받지 않았다. 이에 루터는 세속의 영역과 종교의 영역을 구별하고, 교황이 죄를 지었을 경우 세속의 법에 따라 벌을 받을 수 있어야 한다고 주장한다(루터의 「독일 그리스도인 귀족에게 보내는 글」 참조).

두 왕국론의 셋째 동기는 세속의 자율권을 회복하는 데 있었다. 중세기는 교회가 세속의 삶에 간섭하고 이를 지배하는 시대였다. 교회의 교리에 어긋나는 이론이나 사상을 말하는 자는 이단으로 종교재판을 받고 화형을 당하였다. 그 대표자가 지동설을 주장한 이탈리아의 지오르다노 브루노다. 교회가 세속의 삶을 법적으로 지배할 때, 사상의 자유, 학문의 자유, 언어의 자유 등 인간의 자유가 마비된다. 이로써 과학과 예술을 비롯한 세속의 새로운 발전이 불가능하게 된다. 교회에 대한 비판도 불가능하게 된다. 비판이 불가능할 때, 횡포와 억압과 착취가 일어난다. 이같은 동기에서 제기된 루터의 두 왕국론은 분명히 세속의 정치적 권세와 종교의 권세를 구별한다. 이 두 가지 권세는 모두 하나님이 세운 것이다. 두 영역이 분명하게 구별될 때, 두 영역은 자신의 독자성을 가지고 자기의 사명을 바르게 수행할 수 있다.

그런데 루터가 도입한 영지교회 제도에 따르면 제후가 교회의 관리자 내지 통치자가 된다. 이것은 분명히 그가 주창한 두 왕국론에 모순된다. 이장식 교수가 말하듯이, 루터의 영지교회 체제는, 제후는 "교회 관리와 재정, 행정 등의 업무"를 담당하고 "목사들은 교회의 예배와 신학 문제와 예전의 집행과 교인들의 신앙교육에 전임"하는(이장식 2011, 324/5) 이원체제가 아니었다. 그것은 제후가 교회의 교리와 질서 및 신학적 문제에까지 개입할 수 있는 체제였다. 제후는 교회의 외적인 일뿐 아니라 "개혁적 새 질서의 신학, 예배의식, 교회질서의 내용들에 대한 책임도" 감당하였다 (Hamm 2008, 13).

한영복(복음루터교회)은 하나님의 왕국과 세상 왕국의 관계를 (1) 대립(구별), (2) 상호 연관, (3) 긴장감을 가진 조화의 관계로 설명한다(한영복 2017, 233-238). 그러나 제후가 교회의 교리와 인사 문제에까지 개입할 수 있을 때, 두 왕국의 대립 및 구별과 긴장감을 가진 조화의 관계는 원칙상 깨어진다. 하나님의 왕국은 제후가 다스리는 세상 왕국에 속하게 된다.

이리하여 루터가 수용한 영지교회 체제는 "교회의 정치화"라는 비판을 받게 된다. 특히 마르크스주의 계열에서 이것을 강하게 비판한다. 이들은, 루터는 제후들의 정치적 힘을 빌려 종교개혁을 이루고 교회를 제후들에게 넘겨준 "제후들의 하인"(Fürstendiener)이라고 혹평한다(Brinks 1992, 34). 영지교회 체제 속에서 교회는 정치적 독립과 자유를 상실하고 "거의 국가의 시녀처럼 보이게 되었다"고 비난하기도 한다(Fuchs 1976, 144). 사실 이같은 비판은 타당성을 가진다. 영지교회 체제는 교회가 제후의 통치권에 속하게 됨을 뜻하기 때문이다.

4) 그러나 우리는 이 문제를 오늘 우리의 상황에서 판단하지 않고 당시의 상황에서 판단해야 할 것이다. 500년 전 종교개혁 당시의 상황에서 볼 때, 영지교회 체제는 불가피하였다고 여러 학자는 말한다. 그 불가피성을 우리는 다음과 같이 말할 수 있다.

첫째, 가톨릭교회 체제에서는 주교가 그의 교구에 속한 교회들을 관리하였다. 그런데 가톨릭교회에서 분리된 프로테스탄트 교회에는 주교제도가 없었다. 성직자 은급 문제를 위시한 교회 재정 문제, 고회에 속한 교육기관의 유지와 관리 문제, 교회재산 처리 문제, 빈민구제 활동 등의 문제를 통일적으로 관리 및 감독할 수 있는 기관이 없어져버린 것이다. 그러므로 루터는 영지교회 체제를 도입함으로써 영지의 제후에게 교회의 관리 및 통치를 맡길 수밖에 없었다.

둘째, 새로 생성된 프로테스탄트 교회를 황제와 교황의 공격 앞에서 지켜줄 수 있는 것은 제후들밖에 없었다. 농민전쟁에서 볼 수 있는 것처럼 민중들은 황제와 교황의 적수가 될 수 없었다. 만일 제후들이 교회를 책임지지 않았다면, 갓 태어난 프로테스탄트 교회는 황제와 교황의 공격에 무너지고 말았을 것이다.

셋째, 루터의 종교개혁에 대립하는 소종파들 내지 이단적 종파들을 방어하기 위해 영지교회 체제가 불가피하였다. 만일 영지교회 체제를 수용하지 않았다면, 프로테스탄트 교회는 소종파들의 난립으로 큰 혼란에 빠졌을 것이다(재세례파의 뮌스터 왕국 참조). 이것을 법적으로 막아내고 교회의 질서를 지킬 수 있는 길은 영지교회 체제였다.

그 당시 "종교개혁은 제국도시들을 제외하고 자신의 힘으로 관철될 수 있는 상태에 있지 않았다"(Fuchs 1976, 137). 옛날의 제도는 사라졌지만, 새로운 제도가 아직 세워지지 않은 힘의 공백 상태에 있었다. 프로테스탄트 교회 신자들의 대부분은 경제력도 없고 행정 경험이 전무한 농민들이었다. 이들에게 교회개혁 및 그 보호와 관리를 맡긴다는 것은 현실적으로 불가능한 일이었다. 또 루터는 예언자적 사상가였지, 행정가가 아니었다. 영지 내의 수많은 교회와 교육기관 전체를 관리 및 감독할 수 있는 인적 자원도, 조직도 준비되어 있지 않았다. 이런 상황에서 루터가 영지교회 체제를 수용한 것은 어쩔 수 없는 현실적 선택이었다고 일련의 학자들은 말한다.

또 종교개혁이 시작되기 이전부터 독일 교회는 사실상 지역 제후들의 보호 아래 있었다. 물론 제후가 교회의 모든 일에 개입한 것은 아니지만, 제도적으로 교회는 제후의 관리 대상에 속하였다. 특히 주교가 제후직을 겸임할 경우, 교회의 통치자는 "영적 제후"였다. 중세기의 전통에서 황제나 제후가 "교회의 제도, 건물과 인물, 재정과 개혁 등 교회의 일들에 대한 통치적 권한과 책임을 지는 것은" "완전히 자명한" 일이었다. 루터는 고대 로마 제국 시대에서 시작된 이 전통을 벗어나지 못하였다. 이 전통을 깨뜨린 것은 스위스 겐프(제네바)의 칼뱅이었다.

여하튼 500년 전 중세 말기의 상황에서 루터가 영지교회 체제를 수용한 것은 불가피한 동시에 매우 자연스러운 일이었다. 루터가 수용한 영지교회 체제는 오랜 역사를 가진 관습의 연장에 불과하였다. 영지교회 체제를 통하여 새로 생성된 프로테스탄트 교회는 제후의 통치 속에서 보호를 받을 수 있게 되었다. 그 대신 제후는 수도원에 속했던 재산을 확보할 수 있었다.

5) 그러나 루터가 도입한 영지교회는 제후 혼자 교회의 모든 일을 결정하는 체제가 아니었음을 유의할 필요가 있다. 제후는 교회의 중요한 문제를 언제나 교회 대표자들과 협의하여 결정하였다. 예를 들어 교회 감찰은 성직자 대표와 세속 통치자 대표로 구성된 위원회에 의해 시행되었다.

1528년 멜랑히톤이 작성한 교회 감찰 지침서의 서문은 루터가 쓴 것인데, 이 서문에서 루터는 제후에게 교회 내부의 문제에도 개입할 수 있는 "비상사태 주교"(Notbischof)의 권한을 부여하였다. 그러나 이 권한은 교회가 자신의 힘으로 해결하기 어려운 문제들에 제한되었다. 또 교회에 대한 제후의 권한은 다음과 같이 제한되었다. "제후는 자신이 그리스도인이고, 영지를 위한 하나님의 충실한 공인으로서, 또 기독교 신앙을 가진 가부장으로서 보다 더 높은 질서에 봉사할 수 있을 때에만 교회 통치권을 가진다"(Schorn-Schütte 2017, 74). 이것은 교회에 대한 세속 통치권의 무분별한 지배를 거부하고, 세속 통치권자가 "그리스도의 몸"의 한 지체로서 교회를 관리할 수 있음을 말한다.

그러나 어떻든 간에 영지교회 체제는 교회가 제도적으로 제후의 세속 통치권 아래 있음을 말한다. 그러므로 1555년 아욱스부르크 종교평화가 발효될 때, 세속 통치자인 제후가 자기 영지의 종교를 결정할 수 있는 권리를 갖게 된다(쿠이우스 레기오, 에이우스 렐리기오: *Cuius regio, eius religio*). 이것은 교회에 대한 제후의 결정권과 지배권의 결정판이라 말할 수 있다. 이로써 독일의 프로테스탄트 교회 곧 루터교회는 예언자적 기능을 상실하고, 세속 통치자의 도구로 기능할 수 있는 위험성을 항상 지니게 된다. 칼뱅의 개혁교회는 이것을 깨뜨리고자 하였다.

2. 설교, 기도, 찬송으로 구성된 예배의 도입
- 루터의 "독일 미사" -

1) 종교개혁의 과정에서 루터는 끊임없이 가톨릭교회의 미사를 비판하였다. "미사가 무너지면, 교황제도도 무너질 것이다"라고 말할 정도로, 그는 미사를 중요한 문제로 보았다(1964b, 184). 루터에 따르면 미사의 가장 중요한 문제점은, 미사를, 그리스도의 몸과 피로 변한 빵과 포도주를 하나님께 바치고 그 빵과 포도주를 받는(물론 포도주는 생략되었음) 신자들이 구원을 받는 "속죄제물"(*sacrificium*)로 보는 데 있다. 루터에 따르면, 이것은 하나님께서 자기의 아들을 속죄제물로 내어줌으로써 신자들에게 죄용서와 구원을 주신다는 복음의 말씀에 완전히 배리된다. 인간 사제가 그리스도의 몸과 피를 하나님께 제물로 바침으로써 신자들이 구원을 받도록 한다는 생각은 "오직 하나님의 은혜로", "오직 믿음으로" 칭의와 구원을 받을 수 있다는 루터의 칭의론에 정반대된다. 인간 사제가 하나님께 그리스도의 몸과 피를 속죄제물로 바친다는 것은 한마디로 말이 안 되는 표상이다.

루터에 따르면, 그리스도는 "단 한 번의 희생제사로 영원히 완전하게"

하셨다. 그러므로 다시는 죄를 위하여 그리스도의 속죄제물을 하나님께 바칠 필요가 없다. "만일 지금도 우리 죄를 위해서 계속 반복적으로 미사라는 희생 제사를 드려야 한다면, 그것은 그리스도의 십자가 고난이 불완전했다고 말하는 것과 진배없으며 결국 그리스도의 고난을 무효화시키는 것과 마찬가지"다(박경수 2017, 77). 루터의 「슈말칼던 조항」에 따르면, 미사를 드리는 선한 사제나 악한 사제가 "우리의 주님과 구원자이신 예수 그리스도와 동격에 있거나 그분 위에 있는" 것처럼 되어버린다(1964c, 184). 우리의 죄를 짊어지고 가는 것은, 악한 사제나 선한 사제가 드리는 미사의 제물이 아니라 "하나님의 어린 양과 하나님의 아들"이다(183).

2) 미사의 또 한 가지 중요한 문제는 미사의 객관적 효력에 대한 가르침에 있다. 곧 미사에 참여하는 사람에게 믿음이 없어도, 미사 그 자체는 효력을 가진다는(*ex opere operato*) 그릇된 생각이다. 이 그릇된 생각의 기초는 가톨릭교회의 화체설에 있다. 화체설에 의하면, 미사를 집례하는 사제가 제단에서 빵과 포도주 잔을 들고 "이것은 나의 몸이다", "이것은 나의 피다"라고 선언하는 순간, 빵과 포도주는 그리스도의 몸과 피로 변화(화체)된다. 따라서 빵과 포도주는 신자들에게 믿음이 있든지 없든지 간에 그 자체로서 구원의 효력을 갖게 된다. 따라서 신자들은 믿음이 없어도 이 빵과 포도주를 먹고 마시기만 하면(평신도의 경우 빵만 먹었음) 구원을 얻을 수 있다는 것이다. 미사의 핵심(본질)은 그리스도의 몸과 피로 변한 빵과 포도주를 받고 하나님의 죄용서와 구원을 받는 성만찬에 있다. 그러므로 루터는 미사를 성만찬과 동일시하기도 한다.

1519년에 발표한 성만찬에 대한 글에서 루터는 미사의 문제성을 다음과 같이 말한다. "미사는…행하여지기만 하면 효력을 가진 감사한 일(*opus gratum opere operato*)이다." 그것은 "그 자체에 있어 하나님이 기뻐하시는 일이다.…미사를 드릴 자격이 없는 자들이 미사를 드릴지라도, 많은 미사를 드리는 것은 좋은 일이다"(1964a, 151).

3) 루터는, 미사 곧 성만찬이 행해지기만 하면 그 자체로서 효력을 가진다(*opus operatum*)는 생각을 거부한다. 말씀과 믿음이 없는 성만찬 곧 미사는 구원의 효력을 갖지 못한다. 아무리 많이 금식하고 금욕하고 업적을 쌓을지라도 믿음이 없으면, 성만찬을 값있게 받을 수 없다. 성만찬을 가치 있게 받을 수 있는 길은 믿음에 있다. "성만찬에 대한 값있는 참여는 그리스도의 말씀 속에서 그에게 약속되는 죄의 용서를 마음으로 받아들이는 믿음에 의존한다는 것을 루터는 언제나 다시금 강조한다"(Schwarz 2016, 506). 그리스도와 그의 구원에 참여할 수 있는 길은 빵과 포도주를 받는 외적 행위에 있는 것이 아니라 "그리스도의 말씀을 붙드는 믿음을 통하여" 가능하다(508). 죄용서의 약속에 대한 하나님의 말씀을 믿지 않으면서, 성찬을 받는 자에게 성만찬은 무익하다. 그런 사람은 성만찬에 참여하지 않아야 한다(WA 17.174).

더구나 미사에 참여한 신자들이 알아듣지 못하는 라틴어로 집례되는 성만찬은 그들에게 아무 의미도 갖지 못한다. 그것은 사제 혼자 신자들 앞에서 라틴어로 중얼거리며 행하는, 내용 없는 의식에 불과하다. 그러므로 미사는 알아들을 수 있는 말씀과 믿음을 동반해야 한다. 알아들을 수 있는 말씀과 믿음이 있을 때, 미사는 효력을 가질 수 있다(*opera operans*).

4) 루터의 「슈말칼던 조항」은 미사에 관한 또 하나의 문제를 지적한다. 즉 미사는 신자들의 금품을 갈취하는 수단으로 전락하였다는 점이다. 당

시 가톨릭교회는 교회에서 신자들이 참석한 가운데 드리는 공적 미사 외에 "사적 미사"(missa privata)를 시행하였다. 사적 미사는 사업 성공, 자녀의 세속적 성공, 죽은 조상들의 영혼 등을 위한 신자들의 부탁을 받고, 교회에서 사제 혼자 드리는 미사를 말한다. 사적 미사는 금품을 받는 조건으로 시행되었다. 그중 대표적인 것은 연옥에 있는 죽은 조상이나 가족의 영혼을 위로하고 유황불에 타는 고통을 덜어주기 위한 "영혼의 미사"(Seelenmesse)였다. 사제가 혼자 영혼의 미사를 드리는 동안, 죽은 사람의 영혼이 나타나 가족에게 부탁의 말을 남겼다고 하면서 신자들의 금품이나 재산을 갈취하는 비리가 일어나기도 하였다.

영혼의 미사를 드리기 전에 죽은 사람을 위한 기도회(Vigilien)를 드렸다. 이에 대해서도 신자들은 금품을 바쳤다. 기도회와 영혼의 미사는 장례식이 끝난 7일과 30일째에 반복되었다. 매년 9월 29일과 11월 2일에는 교회의 모든 신자가 공동으로 죽은 영혼들을 위한 미사를 드렸고, 연옥에 있는 영혼들의 고통을 줄여주기 위한 "영혼의 목욕"(Seelenbad)을 교회에 바쳤다. 물론 이것은 돈으로 대체되었다. 대부분의 사적 미사는 죽은 사람들을 위한 것이었다. 루터에 따르면, 이것은 살아 있는 사람들을 위해 그리스도께서 세우신 성례에 모순된다. 한마디로 미사는 금품을 통하여 "팔고 사는 것"이 되어버렸다. 그것은 "인간의 사역", "심지어 악인의 사역"에 불과하다고 루터는 말한다(1964c, 183).

5) 루터는 1521년 말 바르트부르크에 숨어 지내면서 비텐베르크의 동지들에게 성경 말씀에 따른 새로운 미사의 실천을 제의하였다. 이를 중심으로 미사의 개혁이 비텐베르크에서 일어난다. 루터의 동료 교수인 카를슈탓트는 1521년 겨울에 예배에서 죄의 고백 순서를 제거하고, 라틴어 대신

에 독일어로 미사를 집례하며, 평신도에게도 포도주를 받게 하였다. 순수한 믿음을 흐리게 한다는 이유로 그는 미사에서 음악도 제거하였다.

그러나 전통에 젖은 가톨릭교회 사제들과 마음이 "약한" 신자들에게 카를슈탓트의 미사 개혁은 너무 급진적이었다. 이에 루터는 1523년 "미사와 성만찬 친교 예식"(Formula Missae et communionis)을 발표한다. 이 문서에서 루터는 가톨릭교회의 전통적 미사를 상당 부분 회복한다. 이로 말미암아 루터는 종교개혁 좌파들(특히 토마스 뮌처와 카를슈탓트)의 비판을 받게 되고, 미사 문제로 인한 혼란이 계속된다.

그러나 프로테스탄트 교회가 생성되면서 새로운 예배의식이 절실히 필요하였다. 이에 루터는 1525년 9월 29일에 "독일 미사"(Deutsche Messe)를 발표한다. 이 문서는 유럽 각지에 퍼져 예배의 모범이 된다. 그러나 루터는 이를 강요하지 않고 각 사람의 자유에 맡긴다. 그가 제시하는 새로운 예배의식은 반드시 지켜야 할 "법"이 아니다. 그것은 "그리스도인의 자유에 따라, 각 사람의 마음에 드는 대로" 사용되어야 한다. 그러나 한 영지에서 동일한 의식의 예배를 드리는 것이 좋을 것이라고 루터는 말한다.

6) "독일 미사"에서 루터는 개신교회 예배의 특징을 분명히 드러낸다. 하나님께 그리스도의 제물을 드리는 미사 대신에 설교의 말씀이 예배의 중심이 된다. 라틴어 대신에 독일어가 예배의 언어로 확정된다. 이로써 독일 교회에 거대한 변화가 일어난다. 그동안 가톨릭교회의 미사에서 거의 아무것도 이해하지 못했던 신자들이 자신의 언어로 설교의 말씀을 듣게 된다. 스콜라 신학의 복잡하고 추상적인 사상과 개념들 대신에 쉽게 이해할 수 있는 성경 본문의 해석을 듣게 된다. "설교는 가장 평범한 청중의 현재적 이해에 대해…성경 본문을 해명하고자 한다"(Hirsch 1963, 252). 루터의

대림절과 성탄절 설교집이 설교에 대한 모범이 된다.

성만찬은 모든 신자가 빵과 포도주 두 가지를 받는 형태로 거행된다. 성만찬을 도입하는 갖가지 순서들(경배송, 기도, 화답송 등)을 제거하고, 간결한 주기도문이 성만찬 기도를 대신한다. 그러나 루터는 전통적 미사의 요소들을 완전히 제거하지는 않았다. 이에 반해 스위스의 거혁자 츠빙글리는 성경에 기록되어 있는 것만 인정하고, 성만찬을 동반하는 모든 외적인 요소들과 찬송들, 교회의 성상들을 제거해버린다.

루터의 "독일 미사"에는 칭의론이 전면에 나타난다. 예배는 인간이 자기 자신과 다른 사람의 구원을 위해 하나님에게 바치는 "제물"(sacrificium)이 아니다. 예배는 하나님이 인간에게 주시는 은혜의 선물(beneficium)이다. 예배에서 낭송되는 성경 말씀과 설교의 말씀 그리고 성만찬은 하나님이 주시는 선물의 구체적 형태들이다. 기도는 인간이 하나님에게 바치는 것이라면, 말씀과 성만찬은 하나님이 인간에게 주시는 은혜의 선물이다. 자기의 구원을 위해 아무것도 기여할 수 없는 인간에게, 하나님은 말씀과 성만찬을 통해 그리스도의 구원을 선사한다. 하나님의 말씀이 없는 예배와 성만찬은 무의미하다. 그것은 의미가 없는 의식에 불과하다. 독일 말로 낭송되는 성경 말씀과 설교의 말씀을 통해 신자들은 예배의 모든 것을 이해할 수 있어야 하고, 새로운 피조물로 변화되어야 한다. 이리하여 프로테스탄트 교회는 설교를 예배의 중심으로 갖게 된다.

7) 또한 루터는 모든 신자가 함께 부를 수 있는 찬송가를 예배의 중요한 요소로 도입한다. 찬송가는 설교의 말씀과 거의 동격에 있는 것으로 간주된다. 찬송가는 악한 영을 몰아내고, 믿음을 굳세게 한다. 찬송가를 부르지 않으며, 하나님의 말씀을 말하고자 하지 않는 것은(당시 사제들을 가리킴),

믿지 않는다는 것과 마찬가지다. 찬송가만큼 하나님을 높이 찬양하고 말씀의 핵심을 명확히 드러내는 것은 없다. 그것은 모든 사람의 마음을 감동시키는 "힘 있는 군주"(gewaltige Regiererin)와 같다. "그의 놀라운 음악의 사역 속에서 우리는 하나님의 완전한 지혜를 깨닫는다." 이같은 확신 속에서 루터는 37개의 찬송가를 작사 및 작곡한다. 그중에서 가장 대표적인 찬송가는 "내 주는 강한 성이요"(585장)이다. 그러나 보수 측 인물들은, 루터의 찬송가는 많은 사람을 그릇된 길로 인도한다고 비난하였다.

루터가 예배에 도입한 "기도와 찬송"은 "종교개혁 특유의 정신을 숨 쉬는 새 창조"였다. 자신의 일상 언어로 기도하기 때문에 신자들은 온 마음으로 함께 기도드릴 수 있게 되었다. 모든 신자가 함께 부르는 찬송은 예배에 참석한 모든 신자의 공동 기도였다. 기도와 찬송은 "예배의 불가결한 부분"이 되었다. 이것은 개신교회를 위한 루터의 "위대하고 천재적인 선물"이었다고 20세기 개신교회의 대학자 히르슈는 평가한다(Hirsch 1963, 259).

3. 교회 감찰을 통한 교회개혁과 정비

1) 가톨릭교회 체제가 프로테스탄트 교회 체제로 바꾸어지면서 예상치 못했던 문제들이 등장하였다. 많은 사람이 원하는 대로 주교제도가 폐기되었지만, 주교가 시행하던 지교회 감독 업무를 대신 시행할 기관이 없었다. 과도기적 힘의 공백으로 인하여 성직자들과 신자들의 정신적 혼란, 삶의 방만함과 무질서가 일어났다. 많은 성직자가 제대로 된 설교를 할 수 없는 상태도 심각한 문제였다. "특히 시골과 작은 도시들의 많은 목사는 제대로 설교를 할 수 있는 상태에 있지 않았다." 가톨릭교회가 프로테

스탄트 교회로 바꾸어졌지만, "루터의 설교집이 없을 경우, 많은 성직자는 (종교개혁의) 새로운 기준에 따라 설교의 과제를 이행할 수 없는 형편이었다"(Hirsch 1963, 243-244).

또 프로테스탄트 교회가 시작되던 당시, 가톨릭교회는 심각한 부패와 타락 속에 있었다. 그리스도의 복음은 사라지고, 무지와 미신적인 신앙과 마녀화형에 대한 두려움이 신자들을 속박하고 있었다. 신학교육을 받지 않은 자격 미달의 사제들이 목회를 하고 있었다. 사제들의 첩 생활은 거의 보편화되어 있었다. 시골 지역교회들은 도시를 중심으로 일어난 종교개혁 운동에서 멀리 떨어져 있었다.

가장 현실적인 문제는, 그동안 가톨릭교회의 착취에 시달렸던 신자들이 교회에 헌금을 바치지 않음으로 인해 목사들의 생계가 어렵게 된 문제였다. 농민들이 목사들에게 아무것도 바치려고 하지 않으며, 자기 마음대로 산다는 소식이 루터에게 전해졌다. 이에 루터는 "'가난한 배(腹)'를 돌보지 않으면, 예배에도 지장이 있다"고 말하면서 선제후 요한에게 도움을 요청한다. 선제후는 루터의 요청을 거절한다. 선제후는, 각 지역의 교회들은 그들의 목사를 스스로 부양해야 하며, 선제후의 재정은 모든 목사의 부양을 책임질 만큼 넉넉하지 않다고 회신한다.

이에 루터는 다음과 같이 오해를 해명한다. 주민들이 새로운 복음적 설교자를 부양할 능력이 없을 때, 선제후가 직접 도와 달라는 것이 아니라 시 의회 혹은 다른 기관들이 그 부양을 책임지도록 선제후가 조처해 달라는 것이다(WABr 3,594-628). 이 문제를 계기로 루터는 교회의 상황을 파악하기 위한 감찰을 실시하게 된다. 1526년, 그는 영지 내에 4, 5개의 구역을 정하고, 각 구역당 2명의 감찰관을 파견하여 교회의 전체 현실을 파악하게 한다. 상당수의 목사들이 개혁적 복음을 알지 못하거나 이를 설교할 자격이 없으며, 어떤 목사는 개혁을 반대한다는 감찰 결과가 보고된다. 옛 교회 체제가 무너지고 새로운 교회 체제가 아직 세워지지 않은 과도기적 공백 속에서 많은 신자가 방종한 생활을 한다는 보고가 접수된다.

이에 루터는 많은 사람이 "돼지처럼" 자기 마음대로 산다고 지적하면서, 새로 등장한 프로테스탄트 교회에는 주교가 없기 때문에 선제후가 "비상사태의 주교"(Notbischof)가 될 것을 요청한다. 그는 특히 청소년 보호와 교육을 강조한다. 배움이 없는 난폭한 자들이 영지를 어지럽히지 않도록 하기 위해 선제후는 청소년을 위한 학교와 설교자를 유지해야 한다. 교황 제도가 무너진 다음 교회의 재산이 영지의 소유가 되었다. 그러므로 선제후는 교회와 학교를 돌보아야 한다고 루터는 요구한다.

2) 루터의 요청을 수락한 선제후 요한은 먼저 영지교회 전체를 감찰하기 위한 감찰위원회를 구성한다. 작센 주 의원들, 멜랑히톤과 슈팔라틴 등이 감찰위원이 된다. 선제후 요한은 감찰 업무를 감찰위원회에 위임하고 지역 공무원들과 귀족들에 앞서는 권한을 부여한다.

위원회는 네 사람의 감찰관을 선정하여 두 사람은 교회의 헌금과 재산을 점검하고, 나머지 두 사람은 목사들의 가르침과 교회 개혁 상황을 점검케 한다. 경제력이 있는 지역들은 자신의 힘으로 목사를 부양하고 교회 시설을 유지하도록 권장하며, 경제적 힘이 없는 지역들은 귀족들이 차지하려고 넘보는 수도원 재산으로 이를 감당케 한다. 예산이 남을 경우, 가난한 사람들을 돌보는 데 사용하도록 한다.

이 지침에 따라 1527년 여름에 영지교회 전체에 대한 감찰이 시행된다. 감찰단의 "주요 관심은 두 가지였다. 첫째는, 루터란 교회 목사는 가장 기본적인 기초지식으로서 루터라니즘과 가톨리시즘과의 차이점들을 알고 있어야 한다.…둘째는, 루터란 교회 성직자들은 그리스도인들을 거룩한 삶으로 인도해야 하는 책임을 지고 있다는 사실을 분명히 자각해야 한다. 그들은 신앙 공동체를 해칠 수 있는 죄를 저지른 사람들에게 경고도 하고 책벌도 내려야 한다. 만일 성직자가 이러한 죄를 범하면 그는 목사직에서 해임될 것이다"(김주한 2015, 199).

감찰 결과는 놀라울 정도로 부정적이었다. 기독교 진리에 대한 성직자와 평신도의 무지, 특히 시골 교회의 영적·정신적 무지와 황폐 상태, 복음에 대한 성직자들과 귀족들의 거부, 성직자들의 타락한 생활, 농민전쟁 이후 교회에 대한 적대심 등의 문제가 감찰을 통해 드러났다(Fuchs 1976, 136). 가톨릭교회 체제에서 프로테스탄트 교회 체제로 넘어온 대부분의 사제들이 어떻게 설교하고 어떻게 성례를 집행해야 할지 모르는 상태에 있으며, 많은 목사가 비윤리적으로 생활한다는 사실이 확인된다.

3) 루터에 따르면, 당시 교회 상황은 비참할 정도였다. 특히 시골의 신자들은 기독교 진리에 대하여 아무것도 알지 못했다. 목사들은 "주기도문과 믿음과 십계명을 제대로 가르칠 수 없었다. 그들은 귀여운 짐승과 어리석은 돼지처럼 산다"고 루터는 보도한다(Birnstein 66, 귀족들이 여러 개의 목회 자리를 소유하고, 세속적 생활을 하던 무자격자를 사제로 세우며, 사제들이 평신도의 돈을 갈취하고 첩 생활을 하던 "중세 암흑기"의 상황을 참조).

이에 감찰관들은 비윤리적으로 생활하는 목사들을 면직시키고, 성만찬이나 세례에 관해 가톨릭 신앙을 가르치는 자, 교회를 혼란시킬 위험성이 있는 극단적 소종파주의자들을 추방한다. 또한 감찰관들은 프로테스탄트 교회의 새로운 예배 의식을 도입하고, 목사들과 설교자들 및 학교장들의 수입과 급료를 조정하며, 교회 건물의 유지, 교회 재정을 통한 극빈자 보호 업무를 회복한다. 감찰 업무를 지속적으로 수행하기 위해 감찰관들은 지역교회 감독(Superintendent)을 세운다. 지역교회 감독은 해당 지역 목사들의 생활과 가르침을 계도하고, 결혼에 관한 주교의 재판권을 공직자들과 함께 행사토록 한다. 지역교회 감독은 선제후 아래 있게 된다.

4) 교회의 상황을 개선하기 위해 멜랑히톤은 1527년 여름에 『작선 선제후 영지 목사들에 대한 감찰자 강의』를 저술한다. 루터가 서문을 쓴 이 책은 1528년 2월에 출판된다. 루터의 서문에 따르면, 이 책은 목사들과 신자들이 무엇을 어떻게 믿고 배워야 하며, 어떻게 사랑하고 살아야 하며, 어떻게 가난한 사람들을 돕고 연약한 사람들을 위로하며, 어떻게 보수파 사람들을 만나야 하는가를 제시하고자 한다. 복음에 대한 새로운 이해와 함께 주교의 교회 감찰이 회복되어야 하는데, 새로 태어난 프로테스탄트 교회에는 주교가 없기 때문에 선제후가 적절한 인물을 뽑아 교회 감찰을 맡기게 되었다고 루터는 밝힌다(WA 26.195-240).

멜랑히톤의 이 책은 교회의 가르침과 성례, 그리스도인의 생활, 예배 참석, 학교 교육 등의 문제들을 다룬다. 이 책은 가톨릭교회의 회개에 대한 비판으로 말미암아 복음적 회개가 경시되고 그리스도인의 자유를 오용하는 현실을 지적한다. 이를 극복하기 위해 그는 율법의 타당성과 회개의 필요성을 강조한다. 죄를 용서하기 전에, 회개의 설교를 해야 한다. 회개가 있은 다음에 그리스도의 죄용서가 선포되어야 한다. 죄를 깨닫게 하기 위해 목사는 십계명을 충실히 가르쳐야 하고, 회개의 기도를 하도록 인도해야 한다. 이 책은 복음적 성만찬의 입례 의식, 공적으로 죄를 지은 자에 대한 성만찬 금지, 예배의 실천, 교구 감독에 대해 자세히 가르친다.

멜랑히톤의 이 책은 보수파는 물론 개혁파 자체의 진영에서 비판을 받게 된다. 한때 멜랑히톤의 동료였던 아그리콜라(J. Agricola, 반율법주의자)는, 율법에 대한 설교를 먼저 한 다음에 회개를 하도록 하는 것은 루터의 가르침에 모순된다고 멜랑히톤을 비판한다. 보수파는, 가톨릭교회의 좋은 가르침을 파괴한 다음에 결국 가톨릭교회의 가르침으로 되돌아가는 것이라고 멜랑히톤을 비난한다. 이에 루터는, 회개는 율법으로 말미암아 필연적인 것이지만, 믿음으로 말미암아, 믿음 다음에 온다는 중재안을 제의한다(Brecht 1986, 263).

5) 1528년, 선제후의 서기 슈팔라틴은 멜랑히톤보다 훨씬 더 엄격하고 구체적인 감찰 지침을 제시한다. 아래의 몇 가지 구체적 내용을 통해 우리는 당시의 상황을 엿볼 수 있다.

(1) 무엇보다 먼저 하나님의 말씀을 순수하고 충성되게 설교해야 하며, 질서와 예식을 지켜야 한다.
(2) 가난한 사람들을 돌보아야 할 의무를 충실히 감당해야 한다. 그러나 공금고가 바닥이 나지 않도록 하기 위해 낯선 걸인들을 거절해야 할 것이다.
(3) 목사에게 충분히 사례해야 하며, 그의 설교 말씀을 열심히 들어야 한다.
(4) 목사에게 봉토 대여를 연장하기 전에 그 자격을 엄격히 검토해야 한다. 충분한 자격을 갖춘 목사에게 봉토 대여를 거부해서는 안 된다.
(5) 설교 시간에 교회 주변을 돌아다니거나 행패를 부려서는 안 된다.
(6) 주일과 경축일 오전에 드리는 예배 시간에 아무것도 판매해서는

안 된다.

(7) 술에 취하여 먹은 음식을 길거리에 토하거나, 낮이나 밤에 소리를 질러대는 자는 처벌되어야 한다.

(8) 살인과 구타는 물론 그리스도인들이 행해서는 안 될 일들, 곧 이웃에 대한 험담과 비난, 반대자에 대한 분노, 하나님의 이름을 함부로 일컫는 일을 행하지 않아야 한다.

(9) 폭음과 폭식, 노름, 게으름, 술집에서 신앙에 관한 일을 모독하거나 이에 관해 다투는 일을 행하지 않아야 한다.

(10) 골목이나 집안에서 음탕한 노래를 불러 청소년을 자극하는 등의 불건전하고 비윤리적인 일을 행하지 않아야 한다.

(11) 혼외정사, 윤락 행위, 처녀를 부끄럽게 하는 일, 부모에 대한 불복종, 말이나 행동으로 부모를 모욕하는 것, 부모의 동의 없는 약혼과 결혼도 처벌을 받아야 한다.

(12) 선동적이고 자극적인 문서, 미풍양속을 해치는 부끄러운 노래를 인쇄하거나 팔고 사는 일을 금해야 하며, 이를 행하는 자는 벌을 받아야 한다(Leppin 2012, 145-146).

선제후 요한의 지시로 이루어진 교회 감찰은, 이제부터 교회가 제후의 통치 아래 있게 되었음을 말한다. 그것은 영지교회 제도의 시작이었다. 선제후 요한의 교회 감찰과 영지교회 체제는 다른 개혁파 제후들에게 모범이 된다(Fuchs 1976, 137).

6) 필립 영주는 작선주의 모범에 따라 자신의 영지에 속한 교회를 개혁한다. 그의 영지는 일찍부터 가톨릭교회를 반대하는 분위기로 가득하

였다. 이미 1522년부터 지방의 사제들이 성직을 버리고 도시로 달아나는 일이 끊임없이 일어났다. 사제의 자리가 비게 되자, 지역 신자들은 개혁파 성직자를 보내달라고 영주에게 간청하였다. 이를 계기로 1526년 10월, 필립은 영지의 모든 교회를 완전히 새롭게 개혁하기로 결단하고 영지의 의원들과 성직자들의 총회에서 "헷선 교회의 개혁"(Reformatio ecclesiarum Hassiae)을 제의한다.

헷선 지역의 교회개혁은 작선의 개혁운동보다 훨씬 더 과감하게 진행되었다. 일 년 내에 모든 수도원이 폐지되었다. 수도원의 재산은 수도사들과 수녀들, 가난한 사람들과 병자들 및 목사들의 부양에 사용되었다. 새로운 목회직과 학교들이 세워졌다. 공무원과 성직자 교육을 위해 그는 세속화된 교회재산을 가지고 1527년 마르부르크(Marburg) 대학을 세웠다. 교황의 허락 없이 세워진 이 대학은 1541년에야 황제의 인정을 받는다. 작선과 헷선 지역의 교회개혁은 다른 제후들에게 영향을 주었다.

4. 무지에서의 계몽을 위한 교리문답서

1) 루터는 오직 은혜와 오직 믿음을 통한 칭의와 구원을 중요시하는 동시에 "교육의 필수성을 진지하게 강조"하였다(한정애 2016, 188). 교육을 통해 신자들의 믿음은 하나님의 진리를 "알지 못하는 믿음"에서 "아는 믿음", "이해하는 믿음"으로 계몽될 수 있고, 사회를 이끌어나갈 수 있는 인재들을 양성할 수 있기 때문이다. 1530년에 행한 "자녀들을 학교에 보내야 할 부모의 의무에 관한 설교"에서 그는 교육의 필요성을 다음과 같이 말한다. "우리의 영주들이…학교에 보내는 것이 얼마나…마땅한 일입니까. 왜냐하

면 그것은 아이를 부모들로부터 빼앗는 것이 아니라 사회 전체의 유익을 위하여 -또한 그 부모들의 유익을 위하여- 또한 그에게 충분한 보수가 허락되는 한 직책을 위하여 그를 훈련시키는 것이기 때문입니다"(위의 책 189에서 인용).

성장하는 아이들에게는 물론 목사들과 평신도에게도 프로테스탄트 교회의 기본 진리에 대한 교육이 필요함을 루터는 절감하였다. 종교개혁 당시 많은 목사와 평신도가 무지 상태에 있었기 때문이다. 이에 루터는 가정의 아버지들과 가족들을 위한「소교리문답서」(Der kleine Katechismus)를 1529년 4월에 발표한다. 여기서 루터는 짧게 요약된 질문과 대답을 통해, 어린이를 포함한 모든 사람이 이해할 수 있는 기독교 신앙의 기본 진리를 기술한다. 그는 십계명, 사도신경, 주기도문, 세례, 성만찬, 죄의 고백에 관한 기독교의 기본 진리를 평이하게 제시한다.

2)「소교리문답서」보다 훨씬 더 자세한 내용을 다룬「대교리문답서」(der große Katechismus)는 "루터 신학의 가장 우수한 요약"으로 평가된다(Lohse 1980, 69). 이 문서는 성직자와 교사들의 신학적 기초를 쌓는 동시에 평신도 교육에 도움을 주기 위한 것이었다. 루터는 이 책의 필요성을 다음과 같이 말한다. "우리가 보는 것처럼, 많은 설교자와 성직자는 게으르다. 그들은 그들이 맡은 직분의 의무는 물론 교육도 경시한다. 어떤 사람은 그들이 가진 많은 고상한 지식 때문에, 어떤 사람은 게으름과 배(腹)에 대한 염려 때문에 그렇게 한다. 그들은 마치 그들의 배 때문에 목사나 설교자가 된 것처럼, 죽을 때까지 그들의 재산의 수확을 소비하는 것 외에 아무것도 하지 않는 것처럼 처신한다. 교황체제 밑에서는 이렇게 사는 것이 그들의 습관이었다."

물론 그들의 설교와 가르침에 도움을 줄 수 있는 많은 책이 있다. 그러나 그들은 이 책들을 구입할 정도로 부지런하지 않으며, 성직자로서 자기의 의무를 의식하지 않는다. 이 책들을 가지고 있어도, 그들은 이 책들을 "읽으려고 하지 않는다. 아, 그들은 부끄럽기 짝이 없는 탐식가요 자기의 배를 섬기는 자들(Fresser und Bauchdiener)이다. 그들은 사제와 목사가 되기보다, 돼지를 치는 목자(Sauhirten)나 개를 돌보는 하인(Hundeknechte)이 되는 게 나았을 것이다"(1964b, 11).

3) 루터의 「대교리문답서」는 질문과 대답의 형식으로 기술되지 않고 서술 형식으로 기록되었고, 전문적 개념의 사용 없이 매우 평이한 문체로 기술되어 있다. 이 책에서 루터는 「소교리문답서」의 내용들을 훨씬 더 자세히 다루되, 종교개혁의 기본 통찰에 근거하여 기술한다. 이로써 그는 프로테스탄트 교회의 이론적 기초를 세운다.

예를 들어 루터는 십계명의 제1계명을 이렇게 설명한다. 돈과 재산, 지식, 권력, 명예, 또 성인들을 하나님처럼 숭배하는 것은 우상숭배에 속한다. "가장 큰 우상숭배"는 "자기의 업적을 통해…하늘의 하나님에게 (구원을) 강요할 수 있다고 생각하는" 데 있다. 하나님은 우리의 업적 때문에 구원을 주어야 할 "빚진 자"처럼 되며, 우리는 "봉토 주인"처럼 되어버린다. 우리는 우리 자신을 "하나님으로 여긴다"(23-25).

여기서 루터는, 하나님의 구원은 인간의 업적이 아니라 오직 하나님으로부터 가능하다는 자신의 칭의론적 통찰을 제시한다. "우리는 모든 선한 것을 하나님에게서 받고, 오직 하나님을 통해 모든 불행에서 구원받을 수 있다." 제1계명은 구원의 문제에서 오직 하나님만 신뢰할 것을 가르친다(26). 중요한 것은 믿음이다. 하나님에 대한 "믿음과 신뢰가 바르면, 너의 하나님도 바른 하나님이고, 거꾸로 신뢰가 거짓되고 잘못되면, 올바른 하나님도 올바르지 못하다. 믿음과 하나님 이 두 가지는 함께 속한다.…너의 마음이 매달리고 신뢰하는 그것이 본래 너의 하나님이다"(22). 루터의 이 말은, 하나님을 신뢰하지 않고 자기의 업적을 신뢰하는 사람에게는 그의 업적이 그의 하나님이 된다는 것을 뜻한다. 여기서 하나님은 사라지고, 업적이 하나님처럼 된다.

성만찬에 대해서도 루터는 자신의 개혁적 입장에서 기술한다. "이것은 나의 몸이다. 이것은 나의 피다…"라는 말씀이 없다면, 빵과 포도주는 물질적 빵과 포도주에 불과하다. 말씀이 선포될 때, 빵과 포도주는 그리스도의 몸과 피"이다." 성만찬을 성만찬이 되게 하는 것은 빵과 포도주 그 자체가 아니라 말씀이다. "이 말씀 위에 우리의 모든 기초가 서 있다"(149). 성만찬이 우리에게 주는 죄의 용서는 "믿음을 통하여" 얻을 수 있다. "이것은 나의 몸이다", "이것은 나의 피다"라는 말씀을 믿을 때, 성만찬은 우리에게 죄의 용서를 줄 수 있다. "믿지 않는 사람은 아무것도 얻지 못한다. 그는 성만찬을 헛되게 받으며, 구원을 주는 이 보화를 향유하지 못한다"(151). 성만찬을 위한 가장 중요한 준비는 "마음의 믿음"이다(152).

4) 결론적으로 루터는 「대교리문답서」에서 가톨릭교회에 대한 공격을 자제하고, 새로 탄생한 프로테스탄트 교회의 이론적 기초를 세우는 데 집중한다. 그는 모든 목사와 가정의 아버지들이 개혁적 통찰에 근거하여 하나님의 말씀을 충실히 배우고, 그리스도인으로서 어떻게 살아야 하며, 하나님을 어떻게 섬겨야 하는가를 분명히 가르칠 수 있는 기초를 마련하고자 한다. 사제들이 성경은 물론 세속의 책들도 읽지 않고, 평신도들이 매일 미사에 참여해도 성경 말씀조차 이해하지 못했던 당시의 상황에서 루터

의 교리문답서는 이들을 무지에서 해방하는 획기적인 것이었다. 「대교리문답서」 중에, 모든 계명이 그 속에 집약되어 있는 "가장 중요한 계명"인 (1964b, 88) 제1계명에 대한 루터의 음성을 직접 들어보기로 하자.

"나 외에 다른 신을 섬겨서는 안 된다"는 제1계명은, 성경이 증언하는 하나님만을 참 하나님으로 생각하고 그를 섬겨야 함을 말한다. 고통스러운 일, 불행한 일을 당했을 때, 우리는 하나님을 신뢰하고 그에게서 도움을 얻어야 한다. 돈과 재산만 있으면 충분하다고 생각하는 사람은 돈과 재산을 신뢰하며, 그것이 그의 하나님이 된다. 곧 맘몬이 그의 하나님이 된다. 맘몬 곧 돈과 재산은 이 세상에서 가장 일반적인 하나님이다. 충분한 돈과 재산을 가지면, 사람들은 안전하고, 기쁘고, 평안하며, 파라다이스에 있다고 생각한다. 많은 지식, 영리함, 힘, 인기, 많은 친구, 세상의 영광을 자기의 하나님으로 섬기는 사람들도 있다. 우상숭배는 바로 이것을 말한다. "한 분 하나님"을 섬긴다는 것은 온 마음으로 그를 의지하고 신뢰함을 말한다. 성인을 숭배하고 성인에게 도움을 구하는 것은 제1계명을 어기는 것이다. 너는 성인에게서 구했던 것, 맘몬에게서 구했던 것을 이제 나에게서 구해야 한다. 너를 도울 수 있고 좋은 것을 넘치게 줄 수 있는 자는 오직 주 하나님 나뿐임을 알아야 한다(이 계명을 무시하고 하나님보다 피조된 것을 더 사랑할 때, 우리는 피조된 것을 무리하게 요구하게 되고, "그것의 연약한 아름다움을 파괴하게 된다"[Moltmann 2010, 239, 각주 60]).

자기가 행한 업적에서 도움과 위로와 지복을 얻고자 하며, 하나님에게 하늘을 달라고 요구할 수 있다고 생각하는 것도 우상숭배에 속한다. 이같은 사람에게는 자기의 업적이 자기의 하나님이 된다. 그는 얼마나 많이 기부했고 얼마나 많이 금식했는지, 얼마나 많은 미사를 드렸는지 계산하고, 이것을 신뢰한다.

그러나 우리는 거짓 하나님을 버리고 참 하나님을 신뢰해야 한다. 물론 우리는 우리의 부모나 이웃에게서 도움과 좋은 것을 받는다. 이들은 "하나님이 그들을 통해 모든 것을 우리에게 주시는 손이요 통로이며 매체일 따름이다." 이것은 하나님이 아기 엄마에게 주신 유방을 통해 아기에게 젖을 주시는 것과 같다. 하나님은 모든 종류의 씨앗과 채소를 땅으로부터 주신다. "이들 중에서 피조물 자신이 만들 수 있는 것은 아무것도 없다…"(1964b, 22-26).

5) 「대교리문답서」에서도 루터는 자녀교육의 중요성을 강조한다. 우리는 자녀들에게 더 많은 돈과 재산을 물려줄 생각만 해서는 안 된다. "하나님은 우리 없이 그들을 먹이시고 부유하게 만들 수 있기 때문이다." 하나님이 우리에게 자녀를 주신 것은 그들을 잘 교육하여 하나님과 세상을 섬기도록 하기 위함이다. 그러므로 무엇보다 먼저 우리는 자녀를 "하나님에 대한 경외와 지식으로 교육하여" 세상을 위해 유익한 사람들이 되게 해야 한다(1964b, 56).

교리문답서, 교회 감찰, 독일 미사(예배)를 통하여 프로테스탄트 교회(루터교회)의 기초가 세워진다. 1526년에 시작된 교회 감찰은 교회의 외적 기초를 세운다면, 독일 미사와 교리문답서는 교회의 내적 기초를 세운다. 이 세 가지는 "비텐베르크를 넘어 프로테스탄트 교회적 영지교회를 체계적으로 건설하는 작업"이었다(Aland 1980, 33).

II
성만찬 논쟁으로 인한 종교개혁 진영의 분열

프로테스탄트 교회의 등장과 함께 가톨릭교회의 미사 대신에 프로테스탄트 교회적 성만찬이 도입된다. 그러나 성만찬에 대한 심각한 논쟁이 종교개혁자들 사이에 일어난다. 이 논쟁은 먼저 루터의 선배 교수인 카를슈탓트와 함께 시작하여, 1525-1528년에 스위스 종교개혁자 츠빙글리와 루터 사이에 일어난 논쟁에서 정점에 이른다. 이들 모두는 미사의 속죄제물과 화체설을 반대하는 공통점을 갖지만, 성만찬에 대한 신약성경의 말씀에 관한 해석에서 생각을 달리한다. 이로 인해 그들 사이에 논쟁이 일어나게 된다. 이 논쟁으로 인해 종교개혁은 그 자체 안에 분열되어 있고, 따라서 애초부터 옳지 않다는 인상을 주게 된다. 이를 빌미로 보수 세력은 종교개혁에 대해 더욱 확실하게 반대 입장을 취하게 된다.

논쟁의 중심점은 성찬대 위의 빵과 포도주가 그리스도의 몸과 피와 어떤 관계에 있는가, 그리스도는 성만찬에 어떤 형태로 현존(혹은 임재)하는

가의 문제에 있었다. 논쟁 과정에서 루터의 이해가 가톨릭교회의 전통에 깊이 뿌리내리고 있다는 사실이 드러난다. 이 논쟁으로 인해 일어난 종교개혁자들의 분열은 그 이후 프로테스탄트 교회 분열의 시발점이 된다.

1. "그리스도의 말씀은 거짓말일 수 없다"
- 루터의 입장 -

1) 성찬대 위의 빵과 포도주는 그리스도의 몸과 피와 어떤 관계에 있는가? 성만찬을 거행할 때 부활하신 주님께서 거기에 임재하신다면, 그는 어떤 형태로 임재하는가? 이 질문에 대해 가톨릭교회는 일찍부터 화체설을 가지고 대답하였다. "이것은 너희를 위하는 내 몸이다"(고전 11:24), "나는 하늘에서 내려온 살아 있는 빵이다.…내가 줄 빵은 나의 살이다", "내 살을 먹고, 내 피를 마시는 사람은…"(요 6:50, 56).

가톨릭교회는 이 말씀을 축자적으로 파악한다. 성찬대 위에 있는 빵과 포도주가 그리스도의 살과 피 "이다"(est). 그렇다면 빵과 포도주는 성직자가 "이다"라고 성만찬 제정사를 말하는 순간, 그리스도의 몸과 피의 실체로 변화된다. 성찬대 위에 있는 빵과 포도주는 그 형태에 있어 빵과 포도주이지만, 그 실체에 있어 그리스도의 몸과 피 "이다." 이제 부활하신 그리스도는 그의 몸과 피로써 성만찬에 임재한다. 이를 가리켜 가톨릭교회는 빵과 포도주의 화체(化體, Transsubstantiatio)라고 말한다. 빵과 포도주의 실체가 그리스도의 몸과 피의 실체로 변했기 때문에 신자들은 입으로 그리스도의 살을 먹고 그의 피를 마신다(manducatio oralis, physica).

2) 가톨릭교회가 화체설을 교리로 가진 이유는 무엇일까? 그 이유는 그리스도께서 성만찬에 정말 현존한다는 그리스도의 실제적 현존 내지 임재(Realpräsenz)를 말하고자 함에 있다. 초기 교회 시대부터 많은 신학자가 말한 상징론은 그리스도의 실제적 임재를 보장하지 못한다. 그것은 그리스도의 임재와 구원에 대한 신자들의 완전한 참여를 나타내지 못한다. 그리스도께서 정말 성만찬의 자리에 함께 계시며, 신자들이 성만찬을 통해 구원의 은혜를 받는다면, 빵과 포도주는 그리스도의 몸과 피이어야 한다. 이같은 소신에서 가톨릭교회는 화체설을 교리로 갖게 된다.

여기서 "이다"(est)는 "변한다"로 파악된다. 그리스도께서 "나의 몸이다"라고 말씀하셨다면, 빵과 포도주는 그의 몸일 수밖에 없다. 그리스도는 자기의 몸과 피로 변한 빵과 포도주의 형태 속에서 성만찬에 몸적으로 임재한다. 이것을 먹고 마심으로써 신자들은 그리스도의 고난과 죽음에 몸적으로 참여하며, 그의 구원을 현실적으로 경험한다. 그리스도와의 친교는 단지 영적인 것이 아니라 실제적·몸적인 것이다. 부활하신 그리스도께서 그의 몸과 함께 제자들 가운데 계셨던 것처럼, 그는 지금 성만찬에 참여한 신자들 가운데 자신의 몸으로써 임재한다. 바로 여기에 화체설의 의도가 있다고 말할 수 있다.

3) 루터는 「교회의 바빌론 포로신세」(1520)에서 가톨릭교회의 화체설을 비판한다. 초기 교회의 교부들은 화체를 말한 적이 없다. 화체설은 빵과 포도주를 신격화시켜 이를 경배하는 "우상숭배의 위험"(periculum Idolatriae)을 가진다. 우리는 그리스도를 경배하는 것이 아니라 그리스도의 살과 피의 "속성"을 경배하는 꼴이 된다. 만일 우리가 그리스도의 몸과 피의 속성을 경배하지 않고 그 안에 숨어계신 그리스도를 경배한다면, 우리가 보지

못하는 빵을 신격화시켜야 할 이유가 무엇인가?(2016, 53).

루터는 화체설을 반대하는 이유를 그리스도의 신성과 인성의 관계에서 발견한다. 하나님의 신성을 담기 위해 그리스도의 인성은 조금도 변하지 않았다. 그리스도 안에서 두 가지 본성은 변하지 않고 병행하였다. 신성이 인성으로 변하지 않았고, 인성이 신성으로 변하지 않았다. 양자의 실체는 유지되었다. 이와 마찬가지로 빵과 포도주의 실체도 그리스도의 살과 피의 실체로 변하지 않는다. "성례 속에 (그리스도의) 참된 몸과 참된 피가 포함되어 있기 위해서 빵과 포도주가 그 실체에 있어 변화될 필요가 없다.…오히려 두 가지가 동시에 유지되기 때문에 '이 빵은 나의 몸이요, 이 포도주는 나의 피다'라고 말할 수 있고, 또 거꾸로 말할 수도 있다"(61).

4) 그럼 루터 자신은 빵과 포도주가 그리스도의 몸과 피와 어떤 관계에 있다고 보는가? 빵과 포도주가 그리스도의 몸과 피로 변하지 않는다면, 그리스도는 어떤 양태로 성만찬에 임재하는가? "이것은 나의 몸이다"라고 할 때, "이다"(est)는 어떻게 파악되어야 하는가?

루터는 부활하신 주님이 빵과 포도주 안에 공간적으로 함께 계신다는 실제적 임재 내지 공체설을 주장한다. 루터는 이에 대한 근거를 주님의 말씀에서 발견한다. "이것은 내 몸이다", "이것은 내 피다"라는 주님의 말씀을 우리는 글자 그대로 받아들여야 한다. 주님이 그렇게 말씀하셨다면, 그 말씀은 결코 거짓말일 수 없다. 성만찬 입례사를 통해 사제가 주님의 말씀을 선포하는 순간, 성찬대 위에는 더 이상 빵과 포도주가 있는 것이 아니라 그리스도의 몸과 피가 그 위에 있다. 부활하신 그리스도께서 이제 빵과 포도주 "안에, 함께 그리고 그 아래에" 임재한다.

성찬대 위에 있는 빵과 포도주가 그리스도의 몸과 피라면, 신자들이 빵과 포도주를 먹고 마실 때 그들은 그 속에 은폐되어 있고 눈에 보이지 않는 그리스도의 살과 피를 입으로 먹고 마신다(manducatio oralis). 그러나 이것은 눈에 보이지 않는 형태로 일어난다. 신자는 물론 불신자도 그것을 먹고 마시지만(manducatio impiorum), 전자는 구원으로, 후자는 심판으로 그것을 먹는다.

5) 루터는 빵-포도주와 그리스도의 몸-피의 관계를 용광로 안에 있는 쇳물과 불에 비유한다. 용광로 안에 있는 쇳물과 불은 하나로 결합되어 있지만, 두 가지 실체로 구별된다. 구별되지만, 양자는 하나로 결합되어 있다. 이와 같이 빵-포도주와 그리스도의 몸-피는 구별되는 동시에 하나로 결합되어 있고, 하나로 결합되어 있는 동시에 구별된다(2016, 55). 따라서 빵과 포도주는 분명히 물질적 실체이지만, 그리스도의 몸과 피가 거기에 함께 계신다.

화체설에 대한 반대의 이유가 되는 그리스도의 신성과 인성의 관계에서 루터는 자신의 공체설에 대한 근거를 발견한다. 신성을 담기 위해 그리스도의 인성은 변화되지 않았다. 그리스도 안에서 두 가지 본성은 조금도 변화되지 않고 공존하였다. 그래서 "이 사람이 하나님이요, 이 하나님이 사람이다"라고 말하게 된다. 빵-포도주도 주님의 몸-피와 동일한 관계에 있다. 각자는 자신의 실체를 유지하되, 주님이 함께하시기 때문에 빵과 포도주는 그의 살과 피로서 성찬대 위에 있다. 그래서 "이 빵은 나의 몸이요, 이 포도주는 나의 피다"라고 말하게 된다. 또 이를 거꾸로 말할 수 있게 된다(61).

루터는 성찬대 위의 빵과 포도주가 그리스도의 살과 피로 있게 되는 근거를 화체에 있다고 보지 않고, "…이다"라는 그리스도의 말씀에서 발견한다. 이 말씀에 근거하여 루터는 화체설에 반대하여 성찬대 위에 있는 빵과 포도주는 "진짜 빵과 진짜 포도주"(verum panem verum que vinum, 50)라고 주장하는 동시에 그것은 진짜 그리스도의 살과 피라고 주장한다.

그러나 빵과 포도주가 어떻게 그리스도의 살과 피로 있게 되는지에 대한 더 이상의 언어적 설명을 그는 거부한다. 그것은 우리의 이성이 설명하거나 증명할 수 없는 일이다. 단지 그리스도께서 "…이다"라고 말씀하셨기 때문에 우리는 이 말씀을 믿어야 한다. 그리스도의 말씀은 거짓말일 수 없기 때문이다. 루터의 표현에 따르면, "그리스도의 몸이 단지 빵 안에 있는 것이 아니라(non modo... in pane) 빵이 그리스도의 몸이다(sed panem esse corpus Christi)라는 것을, 나는 간단히 그의 말씀에 근거하여 확실히 믿는다"(59).

6) 그런데 하나님 오른편에 계신 주님께서 어떻게 성만찬이 집례되는 모든 곳에 함께 계실 수 있는가? 루터는 이에 대한 근거를 먼저 그리스도의 편재(어디에나 계심, Ubiquität)에서 발견한다. 승천하신 주님은 하나님의 편재하심에 참여한다. 그는 하늘에 계시지만, 성만찬이 집례되는 모든 곳에 계시며, 빵과 포도주의 형태 안에 계신다.

여기서 우리는 루터의 생각이 가톨릭교회의 전통을 벗어나지 못하고 있음을 볼 수 있다. 성찬대 위에 있는 빵과 포도주가 그리스도의 몸과 피라는 점에서 루터와 가톨릭교회는 일치한다. 단지 빵과 포도주가 어떤 방법으로 그리스도의 몸과 피로 있게 되는가에 대한 차이점이 둘 사이에 있을 뿐이다. 가톨릭교회에게 그것은 화체에 있다면, 루터에게 그것은 성경에 기록된 "이다"(est)라는 주님의 말씀에 있다. 가톨릭교회에서 "이다"는 화체에 근거하는 반면, 루터에게 그것은 성경의 말씀에 근거한다.

루터의 입장은 성경 말씀에 대한 깊은 신뢰를 보여준다. 성경에 "이다"

라고 기록되어 있으면, 우리는 그것을 글자 그대로 믿어야 한다. 우리는 이것을 루터의 「대교리문답서」에서도 볼 수 있다. "주님 그리스도의 참 몸과 참 피가 빵과 포도주 안에, 그 아래에 있다." 성찬대 위의 빵과 포도주는 "하나님의 말씀 속에서" 그리스도의 몸과 피로서 있다. "말씀이 외적인 물질에 참가하게 될 때, 그것은 성례가 된다"(Accedat verbu·n ad elementum et fit sacramentum)는 아우구스티누스의 말씀은 이를 나타낸다(1964a, 147). "취하여 먹으라, 이것은 나의 몸이다", "모두 이것을 마셔라, 이것은 나의 피 속에 있는 새 언약이다"라는 성경의 말씀에 우리는 머물러야 한다. 이 말씀을 제거하고 말씀 없이 볼 때, 빵과 포도주는 물질적 빵과 포도주에 불과하다. 그러나 이 말씀에 머물 때, 빵과 포도주는 "진짜 그리스도의 몸과 피다." 그리스도께서 이렇게 말씀하셨다면, 그 말씀은 거짓말일 수 없다. "그는 거짓말을 할 수 없고 속일 수 없기 때문이다"(148).

2. 츠빙글리의 상징론과 루터의 반박

1) 루터의 실재론에 반하여 여러 종교개혁자는 상징론을 주장하였다. 빵과 포도주는 그리스도의 몸과 피를 상징한다는 것이다. 개혁자들 중에서 이를 주장한 최초의 인물은 카를슈탓트였다. 1524년 카를슈탓트는 루터가 주장한 그리스도의 실제적 임재를 반대하고, 그리스도께서 말씀하신 "이것"은 자기의 손을 가지고 가리킨 그의 인간적인 몸을 말하는 것이지, 빵을 말하는 것이 아니라고 주장하였다.

네덜란드의 변호사 호에니우스(Cornelis H. Hohenius)도 카를슈탓트와 동일한 생각을 말하였다. 그는 예수께서 마지막 만찬에서 말씀하신

"이다"(est)를 "상징한다"(significat)로 해석하였다. 1524년 사망 직전에 쓴 익명의 편지에서(M. Bucer가 공개한 것으로 전해짐) 그는 다음과 같이 말한다. 결혼 예식에서 신랑이 신부에게 주는 반지는, 신랑이 신부의 것임을 상징한다. 그것은, 이제 두 사람은 한 몸이라는 것을 나타낸다. 이와 마찬가지로 "내 살을 먹고, 내 피를 마시는 사람은 내 안에 있고, 나도 그 사람 안에 있다"는(요 6:56) 말씀도, 그리스도께서 성만찬에 참여하는 신자들과 한 몸으로 연합되는 것을 나타낸다. 빵과 포도주는 그리스도의 살과 피에 대한 상징이요, 빵과 포도주를 먹는 것은 그리스도와 하나 됨을 상징한다. "우리는 입으로 먹는 빵과, 믿음을 통하여 받는 그리스도를 구별"해야 한다. 그리스도의 몸과 피 및 빵과 포도주를 구별하지 않고 그리스도의 몸과 피를 먹고 마신다고 생각하는 사람은 "주님의 몸과 피에 죄를 짓는 것이요, 심판을 마신다(고전 11:28)"(Leppin 2012, 156).

2) 1524년에 츠빙글리도 "주의 만찬에 대해 마태우스 알버에게 보내는 편지"(Brief an Matthäus Alber über das Herrenmahl)에서 이와 동일한 입장을 표명한다. 빵과 포도주는 그리스도의 몸과 피가 아니라 그분의 몸과 피에 대한 상징이다. "이다" 곧 "est"에는 "문자적인 의미가 없다"(강경림 2016b, 6). "Est"는 "significat"(상징한다, 의미한다)로 이해되어야 한다. 본질적으로 성만찬은 빵과 포도주라는 상징들을 통해 그리스도의 죽음을 다시 생각하는 회상의 만찬이요, 교회공동체의 믿음의 고백이다. 여기서 교회공동체가 성만찬의 주체가 된다(Staedke 1977, 114). 성만찬에 대한 이같은 기본 입장과 함께 츠빙글리는 루터의 두 가지 오류를 지적한다.

첫째, 루터는 그리스도의 몸과 피를 먹고 마시는 것, 곧 육을 중요시한다. 그러나 "육은 아무 데도 소용이 없다"(요 6:63). 믿음은 육적인 것을 통해 지속되는 것이 아니라 "우리 마음속에 있는 하나님의 영을 통해 지속된다"(Fides constat per spiritum dei in cordibus). 믿음은 육적인 감각에서 오지 않는다.

둘째, 루터는 믿음을 감각으로 인지할 수 있는 일들과 연관시키고, 감각적인 일들의 중재를 통해 확실성을 얻게 된다고 주장한다. 그러나 어떤 사물이 감각을 통해 파악된다면 그것은 더 이상 믿음을 필요로 하지 않는다. "그리스도의 육이 육적으로 그리고 감각적으로 현존한다는 것을 우리는 믿음을 통해 믿는다. 감각과 전혀 무관한 일들을 우리는 믿음을 통해 믿는다.…믿는다는 것과 감각으로 인지한다는 것은 전혀 다른 일이다.… 감각적으로 만질 수 있는 물질적 육을 먹는다는 것을 믿는다고 말하는데, 이 말 속에 숨어 있는 무서운 오류를 우리는 유의해야 한다. 물질적인 것은 믿음을 필요로 하지 않기 때문이다. 그것은 감각적으로 인지되기 때문이다"(Leppin 2012, 157-158).

3) 츠빙글리의 입장은 많은 사람의 지지를 얻는다. 그러나 루터에게 츠빙글리는 카를슈탓트의 편에 선 인물로 보인다. 이에 루터는 1525년 여름 경고의 편지를 두 사람에게 보낸다. 그 뒤를 이어 부건하건은 공개서한을 통해 츠빙글리의 성만찬 해석을 반대하는 최초의 공적 입장을 발표한다. 이에 대해 바젤 대학 교수요 개혁자인 외콜람파디우스는 츠빙글리의 입장을 지지한다. 그에 따르면 빵과 포도주를 받는 일은 영적인 것으로 이해되어야 한다. 성찬 제정사의 "이다"는 "상징한다", "의미한다"로 파악되어야 한다.

이에 반해 독일 남부의 개혁자들은 루터의 입장을 지지한다. 슈베비쉬 할(Schwäbisch Hall)의 시(市) 교회 목사요 개혁자인 브렌츠(Johannes Brenz)는 외콜람파디우스의 성만찬 이해를 강력히 비판한다. 1525년 10월, 14명의 슈바번 지역 목사 및 신학자들은 브렌츠를 지지하는 "슈바번 성명서"(Syngramma Suevicum)를 발표한다. 이들은 루터의 입장에 따라 "이다"라는 하나님 말씀의 능력을 강조하고, 츠빙글리와 외콜람파디우스의 논증 속에 숨어 있는 "카를슈탓트의 거짓"을 비판한다. 하나님께서 하신 말씀의 능력은 상징적 성만찬 해석을 통해 훼손되어서는 안 된다고 이들은 주장한다.

성만찬에 관한 양측의 논쟁은 개혁자들 사이에 우려를 자아낸다. 가톨릭교회에 대항하여 싸워야 할 상황에서 일어난 이 논쟁은, 적을 눈앞에 둔 자중지란을 뜻하였다. 이에 일련의 개혁자들은 루터에게 입장 표명을 요청한다. 1525년 11월 말, 루터는 공적인 입장 표명을 피하면서 평화를 원한다고 말한다. 그러나 비텐베르크와 슈트라우스부르크에 거점을 가진 양편의 논쟁은 그치지 않고 확산된다. 1526년 3월, 외콜람파디우스는 "슈바번 성명서"를 날카롭게 비판하면서 "빵으로 구워진 하나님"(deus impanatus)을 숭배하는 것은 우상을 숭배하는 것이라고 말한다. 그에 따르면 말씀의 선포만이 "성령의 운반 도구"이다(vehiculum spiritus sancti, Mau 2000, 185-186).

4) 1526년에 츠빙글리는 "그리스도의 저녁만찬에 대한 분명한 가르침"(Eine klare Unterrichtung vom Nachtmahl Christi)에서 자신의 입장을 다시 한 번 표명한다. 그리스도 안에는 신적 본성(신성)과 인간적 본성(인성)이라는 두 가지 본성이 있다. 신성에 있어 그리스도는 아버지 하나님과 완전히 하나이다. 인성에 있어 그는 고난과 십자가의 죽음을 당하고 하늘로 올라가서 하나님의 오른편에 계신다. 이것은 그리스도의 인성에만 해당한다. 그 반면 "내가 세상 끝날까지 항상 너희와 함께 있을 것이다"라는(마 28:20) 말씀은 그의 신성에 해당한다. 인성에 있어 그리스도는 하나님의 오른편에 계시고, 신성에 있어 그는 제자들과 함께 계시며, "영원히 어디에나 계신다." 이것은 엄격히 구별되어야 한다. 인성을 가진 그리스도는 하나님의

오른편에 계시고, 종말이 오기까지 거기에 머물러 계실 것이다. "그렇다면 그가 어떻게 땅 위에 있는 성만찬에서 (신자들에게) 몸적으로 먹힐 수 있는가!"(Leppin 2012, 161-162).

1527년 초에 츠빙글리는 "주석의 여자 친구"(Amica exegesis)라는 제목의 글에서 다시 한번 자기의 입장을 밝힌다. 성만찬 제정사의 "이다"라는 말씀을 통해 빵과 포도주가 그리스도의 몸과 피가 된다는 것은 있을 수 없는 일이다. 이 말씀은 단지 믿음을 불러일으키기 위한 것으로서 성령의 입김을 요구한다. 하나님의 임재는 빵과 포도주라는 물질을 통해서가 아니라 믿음과 성령을 통해 경험될 수 있다. 성만찬에서 그리스도의 몸적인 임재는 그리스도론적 이유로 인정될 수 없다. 하늘에 계신 하나님의 오른편에 계신 그리스도의 인간적 몸이 땅 위의 수많은 장소에 현존한다는 것은 불가능하다.

"생명을 주는 것은 영이다. 육은 아무 데도 소용이 없다"는(요 6:63; 참조. 롬 14:17) 말씀에서 츠빙글리는 자신의 입장에 대한 가장 분명한 근거를 발견한다. 이 말씀에 비추어 볼 때, 그리스도의 몸적 임재는 불필요하다. 영과 육이 엄격히 구별된다면, 신성과 인성의 교류(communicatio idiomatum)는 불가능하다. 신성과 인성은 전혀 다른 것이기 때문에 두 본성은 엄격히 구분되어야 한다. 두 본성이 엄격히 구분된다면, 인성을 가진 그리스도의 몸이 어디에나 계신다는 그리스도의 편재(어디에나 계심)는 불가능하다.

그리스도는 하나님의 오른편으로 올라가셨고, 그의 인간적인 몸은 거기에 있다. "위로 올라가신 그리스도께서 하늘에서 내려와 성만찬 안에 임재한다는" 것은 "말이 안 되는(absurd) 표상"이다. "한 장소에 묶이지 않은 몸이나 육체는…생각될 수 없기 때문이다"(Pannenberg 1993, 345). 따라서 가톨릭교회의 화체설도 불가능하지만, 루터의 공체설도 불가능하다. 그리스도는 "그의 인성에 따라 하나님의 오른편에 앉아 계시기 때문에 땅 위에서 몸적으로 받아들여질 수 없다"(Schneider 1992, 289).

5) 오랫동안 주저하던 끝에 루터는 결국 자기의 입장을 표명한다. 1527년 "광신적 영들에 반대하여"(Wider die Schwarmgeister)라는 제목의 글에서 루터는 "이것은 나의 몸이다"라는 주님의 말씀을 견지해야 한다고 주장한다. 그리스도께서 하나님의 오른편에 "앉아 계신다"는 것을 츠빙글리는 부활하신 그리스도께서 하늘의 특정한 한 장소에 계신다는 것으로 생각한다. 이것은 "유치한" 일이다. 성경은 "하나님의 오른편"을 모든 곳에 있는 하나님의 전능한 임재로 이해한다. "육은 아무 소용이 없다"는 요한복음 6:63의 말씀은 성만찬에 관한 말씀이 아니라 영과 육의 대립에 관한 말씀이요, 인간의 육이 된 말씀을 "영적으로" 먹는 믿음에 관해 말하고 있다. 성령께서 그리스도의 몸을 가리켜 "아무 소용이 없는 육"으로 본다는 것은 말이 안 된다.

그리스도는 분명히 "이것은…내 몸이다"라고 말씀하셨다. 이 말씀에 비추어 볼 때, "그리스도의 몸과 피가 정말 성만찬에 임재한다." 그렇다면 "입은 그리스도의 몸을 몸적으로 먹는다"고 말할 수밖에 없다. 그러나 단 하나의 몸이지만, 입과 마음과 영은 각자 다른 방법으로 먹는다. "입은 마음에 대해 몸적으로 먹고, 마음은 입에 대해 영적으로 먹는다." 그리스도의 육을 먹을 때, 영이 거기서 나온다. "그것은 영적 육이기 때문이다. 그것은 변화되지 않고 도리어 변화시키며, 그것을 먹는 모든 사람에게 영을 준다." 입은 그리스도의 몸을 몸적으로 먹지만, 무엇을 먹는지 알지 못한다. 그러나 "마음은 믿음 속에서 말씀을 파악하고, 입이 몸적으로 먹는 것을 영적으로 먹는다." 이 앎은 어디서 오는가? 그것은 "빵에서 오는 것도 아니고, 입으로 먹는 데서 오는 것도 아니다. 그것은 '먹어라, 이것은 나의 몸이다'"라는 말씀에서 온다(WA 23.64).

6) 루터의 이 글에 대해 츠빙글리는 1527년 6월, 그의 유명한 은유론(Tropuslehre)을 통해 자기의 입장을 변호한다. "내 살은 참 양식이요, 내 피는 참 음료이다"라는(요 6:55) 말씀에서 살과 피는 물질적 사실을 가리키는 것이 아니라 그리스도의 죽음과 영혼의 양식을 가리키는 은유적 표현 방식(tropus)일 뿐이다. "그들은…영적인 바위에서 물을 마셨다"(고전 10:3), "그 바위는 그리스도였다"는(고전 10:4) 말씀도 진리를 나타내는 은유이다. 이와 마찬가지로 "이것은 나의 몸이다"라는 성경 말씀도 은유적 표현일 뿐이다. 그것은 성찬대 위에 있는 빵과 포도주가 정말로 그리스도의 몸과 피 "이다"(est)라는 뜻이 아니라 그리스도의 몸과 피를 "상징한다", "의미한다"(significat)는 것을 가리킨다(Oberman 1981, 147-148).

1528년 2월 "그리스도의 성만찬에 관한 고백"에서 루터는 츠빙글리의 은유론을 다음과 같이 반박한다. "그리스도는 꽃이다"라고 할 때, 그것은 "그리스도는 꽃을 의미한다"는 뜻이 아니다. 그것은 문장 그대로 "그리스도는 꽃'이다'"라는 것을 말한다. 그러나 들판에 피는 "자연적인 꽃과는 다른 꽃'이다'"라는 것을 말한다. "루터는 후스다"라고 말할 때도 마찬가지다. 이 말은 "루터는 후스를 의미한다"라는 말이 아니라 "그는 후스다"라는 것을 말한다. 그러나 과거에 있었던 보헤미아의 후스가 아니라 "새로운 후스", "다른 후스"라는 것을 말한다. 여기서 "'이다'는 '의미하다'를 뜻할 수 없다"(WA 26.27-28, Oberman 1981, 149-150).

또한 루터는 츠빙글리의 속성론을 다음과 같이 논박한다. 그리스도는 하나님인 동시에 사람이다. 신성과 인성이라는 두 본성이 그의 인격을 구성한다. 그의 인격은 신적 인격과 인간적 인격으로 나누어질 수 없다. 그리스도의 단 하나의 인격이 고난을 당하고 죽음을 당한다. 바로 "이 인격이 참 하나님이다." 하나님과 인간이 그리스도 안에서 한 인격이기 때문에 인간 그리스도에게 일어나는 모든 것은 신성에게도 일어나며, 거꾸로 신성에게 일어나는 모든 것은 인간 그리스도에게도 일어난다. 신성과 인성이 그리스도 안에서 한 인격으로 결합되어 있기 때문에 그의 신성과 인성은 서로 교통한다(속성의 교류: *communicatio idiomatum*). 양자는 구별되지만, 분리되지 않는다.

신성과 인성이 한 인격으로 결합되어 있기 때문에 그리스도는 자기가 원하는 모든 장소에 그의 인성에 따라 임재할 수 있다. 그는 어디서나 "몸적이고 만질 수 있는 방법으로 자기를 나타낼 수 있다." 신약성경에 의하면, 부활 후 그는 자기가 원하는 장소에 있었다. 그는 마지막 심판의 날에도 그렇게 하실 것이다. 하나님이 계신 곳 어디서나 그는 자기의 "인성에 따라" 임재할 수 있다. 그러나 "초자연적인 신적 방법으로" 그렇게 할 수 있다. "하늘에 계신" 하나님이 "우리의 아버지"로서 우리와 함께 계시는 것과 마찬가지다.

그러나 그리스도께서 어떻게 성만찬에 몸적으로 임재하는가를 우리는 파악할 수 없다. 그것은 부활하신 그리스도께서 어떻게 그의 제자들에게 가시적으로 나타날 수 있는가를 파악할 수 없는 것과 같다. 성경에 따르면, 하나님은 우리가 파악할 수 없는 방법으로 그의 피조물 가운데 임재하신다. 그는 자기가 원하는 어디에나 계실 수 있다. 이와 마찬가지로 그리스도께서도 우리가 파악할 수 없는 방법으로 성만찬에 임재하신다. 그는 아버지 하나님과 하나이기 때문이다. "하나"라는 것은 "같은 의지", "같은 생각"을 뜻할 뿐 아니라 "한 몸"을 뜻한다. 그러므로 아버지 하나님이 계신 모든 곳에 그리스도께서 함께 계신다. 성경의 언어는 인간의 논리보다

앞선다. 하나님의 삼위일체와 그리스도의 인격과 부활이 인간의 논리를 넘어서는 것처럼, 빵-포도주와 그리스도의 몸-피의 "성례적 통일성"(unio sacramentalis)도 인간의 논리를 넘어선다(WA 26.321-443).

그리스도께서 하나님의 오른편에 계신 동시에 성만찬에 임재하신다는 생각을 루터는 1528년 9월 26일에 행한 "그들 모두가 하나 되게 하옵소서"라는 제목의 설교에서 다음과 같이 설명한다. 광신자들은 이렇게 말한다. "그리스도는 세상 속에 계시지 않는다. 그는 성례(곧 성만찬) 안에 계시지 않으며, 세례와 외적인 말씀 안에 계시지 않는다." 만일 광신자들의 이 말이 맞다면, "그리스도는 신자들의 마음속에도 계시지 않는다"고 말해야 할 것이다. 그러나 부활하신 그리스도는, 그에게 속한 한두 명의 사람이 있는 거기에 함께 계실 것이라 말한다. 아버지 하나님은 그의 자녀들이 있는 그 어디에나 계신다. 그리스도께서 아버지에게로 간다면, 그는 아버지가 계신 바로 거기에 함께 계실 것이다. 아버지 하나님과 그리스도는 하나이기 때문이다. 그러므로 그리스도는 아버지 하나님의 오른편에 계신 동시에 빵과 포도주가 있는 거기에도 계신다(1967, 70-71).

3. 1529년 제2차 슈파이어 제국의회의 위기 상황

1) 루터와 츠빙글리의 성만찬 논쟁이 진행되고 있을 때, 황제 카를 5세와 교황은 적대관계에 있었다. 그러나 1529년에 바르셀로나에서 양자는 평화협약을 맺고, 교황은 바티칸 교회왕국을 되돌려 받는다. 황제와 교황은 다시 동맹관계를 갖게 된다. 이리하여 그들의 화살은 또다시 독일의 개혁파들을 향하게 된다. 개혁파 세력을 파괴하고 로마 가톨릭교회를 유지하고자 하

는 교황의 관심과, 제국의 평화를 깨뜨리는 개혁파 세력을 제국에서 몰아내고자 하는 황제의 관심이 다시 결합한다.

이에 맞서 필립 영주는 제후들과 제국도시 의원들을 규합하여 종교개혁의 공동전선을 형성코자 한다. 그는 보수파 세력에 대항하는 전쟁까지 각오하였다. 이미 오래 전부터 그는 종교개혁을 약화시키려는 슈바번 동맹(Schwabenbund)을 깨뜨리고, 뉘른베르크, 스트라스부르크, 아욱스부르크, 울름 등 독일 남부 도시들을 설득하여 제국의회의 불리한 결정에 저항하려는 준비를 하였다. 나아가 그는 덴마크, 프랑스, 베네치아 등지를 포괄한 반(反)합스부르크 연맹을 구축하고자 하여 합스부르크 가에 속한 황제에 대항하고자 하였다.

2) 이같은 상황 속에서 황제는 교황 측의 요구에 따라 1529년 3월 15일 제2차 슈파이어 제국의회를 소집한다. 여기서 교황 측은 적극적 공세를 취한다. 제국의회가 시작될 때, 황제 카를 5세의 제안서가 아직 도착하지 않았다. 그러므로 황제의 대리자인 페르디난트(Ferdinand, 황제의 동생)는 자기의 제안서를 황제의 제안서인 것처럼 발표한다. 그는 가톨릭교회 전체의 공의회를 열 것을 시사하면서, 1526년 슈파이어 제국의회의 결정이 무효임을 선언하고, 개혁파 신앙을 거부하는 영적 주교들의 면직을 금지한다고 선언한다. 그러나 나중에 황제의 제안서가 도착하자, 페르디난트는 자기의 제안서를 철회한다. 가톨릭교회 측 인물들이 다수를 차지한 제국의회 위원회는 1529년 4월 20일에 황제의 제안을 다음과 같이 더욱 강화시킨다.

(1) 황제의 보름스 칙령을 인정하는 모든 지역에서 이 칙령은 유효하

며, 차기 공의회가 열릴 때까지 개혁운동은 중지되어야 한다.

(2) 가톨릭교회의 미사가 폐지된 지역에서 미사는 다시 허용되어야 한다. 누구도 미사 참여를 방해해서는 안 되며, 미사의 직분을 폐기해서는 안 된다.

(3) 츠빙글리 지지자들과 "성례주의자들"(성만찬에서 그리스도의 몸적 임재를 부인하는 자들)의 가르침은 금지된다.

(4) 재세례파와 재세례를 받은 사람은 남녀노소를 막론하고 사형에 처한다.

(5) 세속적 의원들과 종교적 의원들(가톨릭교회의 주교로서 제후직을 가진 의원들)을 신앙 문제 때문에 면직시켜서는 안 되며, 그들의 연금과 이자와 십일조와 재산을 빼앗아서는 안 된다.

(6) 프로테스탄트 교회로 넘어간 교회 재산들은 가톨릭교회로 돌아와야 한다.

(7) 통치자에 대한 저항감을 자극하거나, 프로테스탄트 교회의 그릇된 가르침을 설교해서는 안 된다.

(8) 논쟁점을 더 이상 토의하지 말고, 앞으로 있을 공의회의 결정을 기다려야 한다.

(9) 새로운 글, 특히 비방문서는 공적으로나 비밀리에 저술되어서도 안 되고 인쇄되어서도 안 된다. 그것을 판매해서도 안 되고 해석해서도 안 된다. 새로운 문서의 인쇄와 판매는 행정관의 검열을 받아야 한다(Oberman 1981, 157-159).

3) 위원회의 이같은 결정은 개혁파 측에 매우 불리하였다. 이에 개혁파 제후들과 제국도시 의원들은 "항소장"(Appelation)을 작성한다. 6명의 제후와

14명의 독일 남부 제국도시 의원이 항소장에 서명하여 4월 20일 제국의회에 제출한다. 이에 참여한 제국도시는 스트라스부르크, 뉘른베르크, 울름, 콘스탄츠였고, 나머지 소도시의 다수는 츠빙글리 지지파였다. 항소장 내용은 다음과 같다.

(1) 개인의 양심의 문제는 다수결로 결정될 수 없다. "하나님의 영광, 우리의 영혼의 구원과 지복에 관한 일들에 있어 각 사람은 하나님 앞에서 자기 스스로" 책임져야 한다. 이 일들은 "소수나 다수의 협상이나 결정을 통해" 결정될 수 없다.
(2) 일부 의원들이 기독교적 가르침으로 간주하는 것을, 공의회가 열리기 전에 제국의회가 비기독교적인 것이라고 선언할 수 없다.
(3) 신앙의 진리에 관한 영적인 일에서 세속의 통치권은 배제되어야 한다.
(4) 인간이 만든 교회의 온갖 가르침은 성경에 기록된 하나님의 말씀에 예속되어야 한다.
(5) 각 사람은 하나님의 진리라고 확신하는 바를 자유롭게 이야기할 수 있는 권리를 가진다.
(6) 하나님의 말씀에서 밝혀진 바를 믿고 순종할 뿐 아니라 가르쳐야 한다. 수도사나 세속의 통치권이 이를 간섭할 권리가 없다.
(7) 1526년 슈파이어 제국의회의 결정 사항들은 유지되어야 한다(Fuchs 1976, 156).

제국의회는 개혁파의 항소장을 무시하고 4월 22일에 결정 사항을 선언한다. 황제의 대리자인 페르디난트는 프로테스탄트 교회 측 의원들에게 다수의 결정에 복종하고 항소장을 공개하지 말라고 요구한다. 그러나 개혁파는 항소장에 대한 공증인의 공증을 받은 다음, 이를 황제와 장차 열릴 공의회에 발송한다. 이들은 "하나님과 그의 말씀에 반하여, 우리 모든 사람의 영혼의 구원과 선한 양심에 반하여, 또 1526년의 제국의회의 결정 사항에 반하는 결정에 동의할 수 없다"고 항의한다. 그러나 이들의 이 주장은 묵살된다. 이 사건을 계기로 개혁파 의원들은 "항의자"(Protestant)라고 불리게 되고, 이들의 교회는 나중에 "프로테스탄트 교회" 곧 개신교회라고 불리게 된다.

1529년 4월 22일에 열린 제2차 슈파이어 제국의회는 개혁파의 항소를 무시하고 보수파의 제안을 일방적으로 통과시킨다. 보름스 칙령의 법적 효력이 다시 확인됨으로 인해 개혁파 제후들과 제국도시 의원들은 황제의 제국파문을 당할 수 있게 된다. 루터 자신도 이단자로 화형을 받을 수 있게 된다. 이에 필립 영주는 의회의 결정 당일(4월 22일)에 개혁파 의원들의 동맹을 결성하고, 황제의 군대가 공격할 경우 서로 돕기로 약속한다. 루터는 이 동맹을 반대하였다. 복음을 흐리게 하는 츠빙글리 지지파가 참여한 이 동맹은 인정될 수 없고, 우리는 정치적 동맹을 신뢰하기보다 하나님을 신뢰해야 하며, 만일 동맹이 유지된다면 그것은 오직 방어를 위한 것이어야 한다고 루터는 주장하였다.

4) 이같은 와중에서 일어난 루터와 츠빙글리의 성만찬 논쟁은 개혁파 세력을 크게 약화시켰다. 루터를 지지하는 독일 동북부 지역과, 츠빙글리를 지지하는 남서부 지역이 나누어졌다. 작선의 제후 요한은, 성만찬에 대한 만족스러운 해명이 있을 경우에만 남부 독일의 도시들이 개혁파 동맹에 가입할 수 있다고 주장한다.

이에 필립 영주는 루터와 츠빙글리를 화해시킴으로써 개혁파 세력을 하나로 규합하고자 한다. 이에 츠빙글리는 이에 적극 호응하는 태도를 보인 반면, 루터는 거부하는 태도를 보인다. 루터에게 츠빙글리는 그리스도의 몸적 임재를 부인하는 카를슈탓트, 토마스 뮌처, 재세례파를 위시한 이른바 "광신자" 계열에 속한 "성만찬주의자"(Sakramentarier)였기 때문이다. 츠빙글리와의 대화는 루터에게 애당초 불가능한 것이었다.

4. 결렬로 끝난 마르부르크 종교대화

1) 성만찬에 대한 통일된 신앙고백 없이는 개혁파(프로테스탄트) 측의 결속이 불가능하였다. 그러므로 필립 영주의 집요한 설득으로 1529년 10월 1일부터 3일까지 "마르부르크 종교대화"(Religionsgespräch zu Marburg)가 열리게 된다. 이 대화는 마르부르크에 있는 필립의 성에서 열린다. 10월 1일에는 루터와 외콜람파디우스, 츠빙글리와 멜랑히톤이 대화를 가진다. 10월 2일과 3일에는 네 사람이 공개 토론을 가진다. 여기서 루터는 여전히 "이것은 나의 몸이다"(Hoc est corpus meum)라는 성경 말씀을 고집하는 반면, 츠빙글리는 "육은 아무 소용이 없다"는(요 6:63) 말씀을 고집한다.

사흘간의 토론에도 불구하고 양측은 합의점에 이르지 못한다. 그러자 루터는, 이 문제는 하나님과 그의 심판에 맡길 수밖에 없다고 말하면서 츠빙글리와 외콜람파디우스의 친절한 대화에 감사한다. 츠빙글리 역시 자신의 과격한 발언에 대해 용서를 빌고, 자기는 평화와 일치를 원한다고 눈물을 흘리며 확언한다. 이에 루터는 "너희가 일치에 이르도록 하나님께 간구하라"고 말한다. 그러자 외콜람파디우스는 너도 그렇게 해야 한다고 응

대한다. 스트라스부르크에서 온 부처(Bucer)가 루터에게 합의를 간청하자, 루터는 이렇게 대답한다: 나는 너희들의 주인이나 재판관이나 선생이 아니다. "우리의 영은 너희의 영과 일치하지 않는다. 우리는 동일한 영을 갖고 있지 않다는 것이 분명하다." "너희가 하나님 앞에서 원하는 대로, 또 책임질 수 있는 대로 가르쳐라"고 응답한다.

1529년 루터와 츠빙글리의 마르부르크(Marburg) 종교대화
대화의 결렬로 개혁운동이 약화됨
[자료 출처: 위키미디어]

2) 이로써 양편의 대화가 실패로 끝날 지경에 빠지자, 필립 영주는 양측이 일치할 수 있는 15개 항목을 확정케 한다.

 (1) 삼위일체에 관하여: 니케아 신앙고백에 따라 양측은 삼위일체 하나님을 믿는다.

(2) 하나님의 아들 예수 그리스도에 관하여: 성령에 의해 인간이 되었고, 동정녀 마리아에게서 태어났으며, 우리와 똑같은 몸과 영을 가졌지만 죄가 없으신 아버지 하나님의 아들을 우리는 믿는다.

(3) 그리스도의 구원 사역에 관하여: 우리를 위해 십자가에 달려 죽으시고, 부활하여 하나님의 오른편에 계시다가, 산 자와 죽은 자들을 심판하러 오실 예수 그리스도를 우리는 믿는다.

(4) 원죄에 관하여: 아담의 원죄는 유전된다. 그리스도께서 고난당하지 않았다면, 우리는 영원한 죽음 속에 있을 것이고, 하나님 나라와 지복에 이를 수 없다는 것을 우리는 믿는다.

(5) 구원에 관하여: 우리를 위해 죽으신 하나님의 아들 예수 그리스도를 믿을 때, 우리는 죄에서 구원을 얻을 수 있다. 어떤 업적이나 신분을 통해서도 죄에서 해방될 수 없다는 것을 우리는 믿는다.

(6) 믿음에 관하여: 믿음은 우리의 업적이나 공적으로 얻을 수 있는 것이 아니라 성령을 통해 주시는 하나님의 선물이다.

(7) 그리스도인의 의에 관하여: 이같은 믿음이 하나님 앞에서 우리의 의가 된다. 업적이나 공적 때문이 아니라 믿음 때문에 주어지는 이 의로 말미암아 하나님은 우리를 의롭고 거룩하다고 여기신다. 수도원 생활이나 서약이 의에 도움이 된다는 생각을 우리는 거부한다.

(8) 외적 말씀에 관하여: 성령은 이같은 믿음을 미리 주어지는 설교나 입으로 하는 말이나 그리스도의 복음을 통하여 주신다(여기서 "내적인 말씀", "내적인 빛" 등에 관한 소종파들의 주장이 거부됨).

(9) 세례에 관하여: 세례는 믿음을 얻도록 하기 위해 하나님이 세우신 성례이다. "너희는 온 세상으로 가거라", "믿고 세례를 받는 사람은 영원한 복을 받을 것이다"라는 성경 말씀은 공허한 표징이 아니라

다시 태어나도록 하기 위해서 우리의 믿음에 대해 요구하는 하나님의 표징과 사역이다.

(10) 선한 업적에 관하여: 믿음은 성령을 통하여 선한 업적들을 행한다. 곧 이웃을 사랑하며, 하나님께 기도하며, 박해를 당한다.

(11) 참회에 관하여: 참회는 강요되지 않고 자유로워야 한다. 시련을 당하고, 죄로 인해 고통을 당하며, 오류에 빠진 양심에 대해, 특히 사면이나 복음의 위로를 위해 참회는 매우 유익하다.

(12) 통치권에 관하여: 일련의 교황 지지자들과 재세례파의 가르침에 반해, 모든 통치권과 세속의 법들과 사법기관과 질서는 올바르고 선한 것이며 금지되지 않는다. 모든 그리스도인은 통치권을 행사하는 직분에 참여할 수 있다.

(13) 인간의 질서에 관하여: 영적·교회적 일들에 있어 하나님의 분명한 말씀에 모순되지 않는 인간적 질서를 허용할 수 있다. 이를 통해 불필요한 충돌을 막고, 사랑을 통해 연약한 사람들과 보편적 평화에 봉사할 수 있다. 사제의 결혼을 금지하는 가르침은 사탄의 가르침이다(딤전 4:1, 3).

(14) 유아세례에 관하여: 유아세례는 타당하다. 어린이는 유아세례를 통해 하나님의 은혜와 기독교 세계에 통합된다.

(15) 그리스도의 몸과 피의 성례에 관하여: 그리스도의 말씀에 따라 성만찬의 두 가지 형태를 사용해야 한다. 미사는 죽었거나 살아 있는 다른 사람들을 위해 얻을 수 있는 업적이 아니다. 참 몸과 피의 성례와, 이 몸과 피를 영적으로 먹고 마심은 각 신자에게 필요하다. 말씀과 마찬가지로 전능하신 하나님이 주신 성례는, 연약한 양심들이 성령을 통하여 믿음에 이르도록 하기 위해 주어진 것

이다. 그리스도의 참 몸과 피가 빵과 포도주 안에 몸적으로 임재하는가에 대한 우리의 생각은 일치하지 않지만, 우리는 서로 사랑을 보여야 하며, 하나님께서 그의 영을 통해 올바른 이해를 우리에게 주시기를 간구해야 할 것이다. 아멘.

서명자: M. Luther, J. Jonas, Ph. Melanchthon, A. Osiander, S. Agricola, J. Brentius, J. Oekolampadius, H. Zwinglius, M. Bucerus, C. Hedio(Leppin 2012, 167-168, WA 30,30,160-171).

위의 14가지 사항에 대해 루터도 동의한다. 성만찬에 관한 15항의 거의 모든 내용에도 루터는 동의한다. 그러나 그리스도의 몸적 임재를 인정하지 않는 15항의 표현, 곧 "영적으로 먹고 마심"이란 표현을 루터는 수용할 수 없었다. 이 표현은 성만찬을 상징과 회상의 영적 사건으로 보는 츠빙글리의 입장을 반영하기 때문이다. 이에 루터는 츠빙글리에 대해 결별을 선언한다. 크게 실망한 필립 영주는, 그래도 우리는 한 형제요 그리스도의 지체들이지 않느냐고 루터를 회유한다. 루터는 필립의 회유도 거부하면서, 우리는 한 형제와 그리스도의 지체들은 아니지만, 서로 평화롭게 호의를 가지고 지낼 수 있을 것이라고 말한다. 이로써 루터와 츠빙글리의 성만찬 논쟁은 일치점을 찾지 못한 채 끝난다. 신학적 일치를 통해 개혁파 전체의 정치적 연맹을 결성코자 했던 필립의 목적도 실패로 돌아간다.

3) 루터가 츠빙글리의 상징론을 끝까지 반대하는 이유는 무엇인가? 십계명의 제1계명에 대한 루터의 설교에 따르면(1529, WA 28,564-565), 세례와 성만찬을 단지 하나의 상징으로 간주할 때, 은혜는 빠져버리고 "업적만 남

게 된다." 죄에 대한 용서의 "약속도 제거된다." 성만찬에서 신자들이 먹고 마시는 것은 물질적 빵과 포도주에 불과하다. "거룩한 성만찬에서 그리스도를 고백함으로써 너는 선한 업적을 행한다"고 말하게 된다(1967, 19).

"삶의 성화"에 관한 루터의 설교에 따르면(1538, WA 46.212-213), 빵과 포도주가 그리스도의 몸에 대한 상징에 불과하다면, 그리스도는 빵과 포도주에 몸적으로 계시지 않게 된다. 그러므로 성만찬은 구원의 은혜를 전달하는 방편이 될 수 없다. 그것은 우리에게 구원의 은혜를 비푸시는 하나님의 행위가 아니라 자기의 믿음을 고백하는 인간의 행위에 불과하다. 이 행위는 인간의 업적이 되어버린다. 여기서 우리는 "전적으로 하나님과 그의 행위와 은사"를 신뢰하지 않고 "자기 자신을 신뢰하며, 자기의 업적 혹은 자기의 소유"를 신뢰한다(55).

4) 논쟁의 마지막에 루터는 츠빙글리에 대하여 "그는 우리와 다른 영을 가지고 있다"고 말한다. 여기서 루터가 말하는 "다른 영"은 무엇을 뜻하는가? 그것은 두 사람의 보다 더 근본적인 차이를 가리킨다.

첫째, 루터와 츠빙글리 두 사람 모두 에라스무스의 인문주의와 관계를 가지고 있었다. 그러나 루터는 애초부터 인문주의와 다른 신학적 전제를 가지고 있었다. 결국 루터는 자유의지의 문제로 에라스무스의 인문주의와 결별하게 된다. 이에 비해 츠빙글리는 인문주의의 영향을 깊이 받았다. 취리히의 종교개혁자가 되기 이전에 그는 "철저한 인문주의자"였다. 글라루스에서 봉직할 때, 그는 스위스 인문주의자 공동체의 명망 있는 회원이었다. 1523년에 에라스무스가 바젤로 피신한 훗텐에게 도움을 주는 것을 거절하자, 이에 실망한 츠빙글리는 훗텐에게 피신처를 제공한다. 이로써 츠빙글리는 에라스무스와 결별하지만, 인문주의의 합리적 사고를 버리지는 못하였다. 루터는 믿음에 관한 일에 있어 인간의 이성을 신뢰하지 않았던 반면, 츠빙글리는 인간의 이성을 신뢰하는 합리주의자였다.

츠빙글리의 합리적 사고는, 빵과 포도주가 그리스도의 몸과 피 "이다"(est)라는 성경 말씀을 도저히 글자 그대로 수용할 수 없었다. 그의 합리적 사고에 따르면, 빵과 포도주는 그리스도의 몸에 대한 상징일 뿐이었다. 성만찬은 은혜로우신 하나님의 행위가 아니라 그리스도의 수난을 기념하는 인간의 행위요, 교회공동체의 고백과 친교의 행위였다. 하나님의 오른편에 계신 그리스도께서 신자들과 함께 계시며, 성만찬이 거행되는 모든 곳에 임재한다는 그리스도의 편재(Ubiquität)와 그리스도의 실제적 임재는 츠빙글리의 합리적 사고에 모순되는 것이었다. 그리스도께서 몸적으로 성만찬에 임재하지만, 그것을 인간의 말로 설명할 수 없다는 루터의 주장 역시 그의 합리적 사고에 모순되었다.

루터에게 성경 말씀은 생명의 말씀이었다. 모세의 유일한 무기가 하나님의 지팡이였다면, 루터의 유일한 무기는 성경 말씀이었다. 그러므로 루터는 "이다"라는 성경 말씀을 끝까지 주장하게 된다. 이에 반해 츠빙글리는 "루터의 문자주의적인 해석을 비판"하고, 성경 말씀을 합리적으로 파악하고자 하였다(강근환 2018, 94).

둘째, 두 사람의 이같은 차이는 삶의 배경과 관계되어 있다. 루터는 "제2의 바울"이란 별명을 얻을 정도로 엄격한 경건훈련을 받은 수도사 출신이었다. 수도원의 영성과 경건이 그의 몸에 배어 있었고, 인간의 죄, 죄에 대한 하나님의 용서, 오직 하나님의 은혜로, 오직 그리스도와 믿음으로 말미암은 하나님의 구원에 대한 깊은 고뇌가 그의 종교개혁 운동의 기반이었다. 이같은 배경을 가진 루터에게 성만찬은 인간과 함께하시는 하나님의 행위요, 그리스도와 신자들이 연합하며 그리스도의 구원이 전달되는 방편이었다. 그는 가톨릭교회의 화체설을 반대했지만, 그리스도의 몸적 임재를 포기할 수 없었다. 그는 "스콜라 신학에 뿌리내리고 있었기" 때문이다(Heussi 1971, 297).

이에 비해 츠빙글리에게는 수도원 생활의 경험이 없었다. 그는 당시의 관례적 경건의 범주에 따라 신앙생활을 하였고, 성직생활을 시작하였다. 그는 당시의 관습대로 돈을 주고 사제직을 얻었고, 사제가 된 다음에도 여성관계가 복잡하였다. 그는 1516년에 아인지델른에서 휴가를 보내는 동안 한 소녀와 관계하여 아이를 얻게 된다. 이 소녀는 이미 많은 남자를 경험한 이발사의 딸이었다고 츠빙글리는 말한다. 그러나 당시 가톨릭교회 사제들의 문란한 성 도덕에 비추어 볼 때, 츠빙글리의 여성 관계는 특별한 것이 아니었다. 그러므로 츠빙글리는 취리히 대성당의 성직을 얻을 수 있었다(Aland 1980, 77-78). 자기의 죄에 대해 츠빙글리는 모든 것을 하나님께 고하였다고 하면서, 의인도 하루에 일곱 번 넘어진다는 신약성경 말씀을 빌려 자기를 변호하였다. 1522년 초에, 그는 1517년에 남편을 사별하고 세 아이를 둔 안나 라인하르트(Anna Reinhard)와 비밀리에 결혼하였다가, 1524년 4월 2일에 교회에서 정식 결혼예식을 갖는다. 이같은 삶의 배경을 가진 츠빙글리는, 신비적 색채를 가진 루터의 실제적 임재론 내지 공체론을 인정하기 어려웠다. "루터는 자신의 영혼구원에 관한 깊은 종교적인 번민에서 수도사로서 시작된 깊은 종교성에서 그의 목표에 이르렀고, 쯔빙글리는 인문주의자들의 노선이었기 때문에 이지적이며 비판적인 면이 강하였다"(강근환 2018, 93-94).

셋째, 수도사 루터의 종교개혁은 면죄부 문제로 출발했다면, 인문주의적 합리주의자 츠빙글리의 종교개혁은 "스위스 국민들의 구원에 대한 갈망"과 깊이 결부되어 있었다(박경수 2017, 35). 루터는 인간의 죄와 회개 및 교회개혁에 주요 관심을 가지고 있었던 반면, 츠빙글리는 교회는 물론 스위스 사회를 개혁하고자 하는 "사회윤리적 성향"을 강하게 지니고 있었다. 루터는 죽을 때까지 교회의 설교자로 일하면서 성경 주석에 열중하였던 반면, 츠빙글리는 "교회와 사회를 철저하게 개혁하고 변혁하는 사명을 지닌 존재"였다(김주한 외 2016a, 45). 루터는 성경에 근거하여 폭력을 거부하고 폭력에 대한 인내를 주장하였던 반면, 츠빙글리는 복음에 근거한 스위스 사회의 개혁을 위해 폭력 사용을 불사하였다.

강경림은 두 사람의 차이를 다음과 같이 명료하게 대비시킨다. "루터는 종교개혁에의 충동을 수도복(修道服)을 입고 일으켰다면, 츠빙글리는 인문주의자들의 토가를 입고 일으켰다. 루터의 종교개혁은 적적한 수도사의 작은 방 안에서 일으킨 그의 투쟁에서 나온 것이며, 츠빙글리의 종교개혁은 그의 목회지에서, 전장에서, 그 당시 정치적 동요 한가운데서 나온 것이다"(강경림 2016a, 101).

루터 역시 독일 사회의 문제를 의식하였지만, 그의 설교와 문서들은 교회와 믿음의 문제에 집중한다. 이에 비해 츠빙글리는 스위스 사회개혁에 집중한다. 츠빙글리에게 종교개혁은 사회개혁의 기초인 동시에 한 부분이었다. 그러므로 츠빙글리는 루터의 두 왕국론을 거부하고, 스위스의 사회적 문제를 집중적으로 비판한다. 츠빙글리의 대표적인 글인 "누가 사회를 혼란스럽게 만들었는가?"는(1524) 그의 "대표적인 정치사회비판 논쟁 문서"로 평가된다(Zwingli 2014, 385). "그는 우리와 다른 영을 가지고 있다"는 루터의 말은, 이같은 두 사람의 차이를 나타낸다.

취리히시의 종교개혁이 완결되었을 때, 츠빙글리는 도시 행정권을 장악하고 자기의 반대자들을 혹독하게 다루었다고 한다. 많은 신자가 츠빙글리의 설교 시간에 질책을 당할 것을 두려워하여 예배 참석을 피할 정도였다. 1529년부터 예배가 모든 시민의 의무 사항이 될 정도로 츠빙글리는 엄격하였다고 한다(Aland 1980, 83).

많은 학자에 의하면, 두 사람의 입장 차이는 하나님과 피조물, 무한과 유한의 관계에 대한 생각에 있었다. "유한은 무한을 포용할 수 있다"(*finitum capax infiniti*)는 루터의 입장과, "유한은 무한을 포용할 수 없다"(*finitum non capax infiniti*)는 츠빙글리의 입장에 그 뿌리가 있다는 것이다. "창조자와 피조물의 '무한한 거리'에 대한 츠빙글리의 강력한 관심", "모든 피조물에 대한 (하나님의) 자유"에 대한 그의 신학적 입장은 성만찬에서 그리스도의 몸적 임재를 인정할 수 없었다(Hamm 2008, 23).

마르부르크 종교대화의 결렬은 종교개혁의 약화를 초래하였다. 개혁파 연맹을 형성코자 했던 필립 영주의 목적도 실패하였다. 그러나 비록 루터와 츠빙글리가 완전한 일치를 이루지는 못했다 할지라도, "성만찬에 있어서 말씀(복음)의 우위성과 주인됨 그리고 이에 대한 절대적인 신앙의 중요성을 강조한 점"은 이 대화의 중요한 일치점이었다(강근환 2018, 97). 이에 기초하여 1536년 5월 26일, 황제의 군대가 개혁파를 공격하려는 위기 속에서, 츠빙글리를 지지하는 독일 남부의 개혁파와 루터를 지지하는 비텐베르크의 개혁파는 "성만찬 일치서"에 합의하고 단합한다. 스트라스부르크의 개혁자 부처의 자기희생적 노력이 이것에 크게 기여하였다.

5. 황제의 무력 사용 문제로 인한 개혁파의 분열

1) 필립 영주는 개혁파 연맹을 이루고자 하는 자기의 계획을 포기할 수 없었다. 계획의 포기는 황제와 교황에 의한 파문과 이단자 화형을 뜻하였다.

이에 필립은 끝까지 개혁파 연맹을 추진할 수밖에 없었다. 이를 위해 그는 합스부르크 가를 반대하는 유럽의 모든 세력을 규합하고자 한다. 1530년 6월에 그는 취리히를, 동년 11월에는 바젤을 개혁파 연맹에 규합한다.

그러나 성만찬 문제로 인해 필립의 노력은 계속 난관에 부딪친다. 루터의 입장을 지지하는 비텐베르크 측이, 츠빙글리에 동조하는 독일 남부 개혁파와 연맹하는 것을 거부하는 일이 발생하기도 한다. 루터는 믿음의 문제를 세속의 정치적 수단을 통해 해결하고자 해서는 안 된다고 주장하면서 개혁파 동맹을 위한 필립의 노력에 부정적 태도를 취한다.

이때 개혁파 내에 새로운 문제가 제기된다. 곧 황제의 군대가 개혁파를 공격할 경우 어떻게 대처할 것인가의 문제였다. 이 문제로 인해 개혁파는 다시 한번 내적으로 분열하게 된다. 이 문제는 마르부르크 종교대화 이전부터 이미 제기되었다. 루터의 친구 부건하건은 복음을 억압하기 위한 목적을 갖고 황제가 무력으로 공격할 경우, 제후들은 황제에게 저항할 권리를 가진다고 주장하였다. 그리스도께서 세우신 성만찬을 부인하는 자는 (츠빙글리 파를 말함) 개혁파 동맹의 대상이 될 수 없다. 황제가 복음을 억압하는 것은 하나님의 뜻에 어긋나는 일이다. 이런 황제는 통치자로 인정될 수 없다. 황제의 무력적 공격에 대해 백성들이 보호를 요청할 때, 제후는 황제의 군대에 저항해야 한다고 부건하건은 주장한다.

1530년, 뉘른베르크 시 의회 서기인 슈펭글러(Lazarus Spengler)는 부건하건의 주장을 반대한다. 황제의 공격에 대해 무력으로 대응하는 것은 위의 권세에 복종하라는 신약성경의 말씀에 모순된다. 그것은 폭력의 악순환을 초래한다. 황제의 최고 권력에 대해 제후들은 자신의 독립적 통치권을 주장할 수 없다. 제후의 통치권은 황제의 통치권 아래에 있기 때문이다. 개혁운동을 중단하고 가톨릭 질서를 회복하라는 황제의 명령에 대해 우리는 "진리의 말씀"과 "고난"을 통해 저항할 수 있을 뿐이다. 그리스도의 복음은 세속의 폭력을 통해 폐기될 수 없지만, 세속의 폭력으로 복음을 보호하려는 것은 하나님의 약속을 신뢰하지 않는 행위다. 협상이 결렬될 경우, 고난을 당하는 것뿐이라고 슈펭글러는 주장한다. 그의 주장은 위의 권세에 복종해야 한다는 루터의 입장을 반영하였다.

필립 영주는 슈펭글러의 생각을 반대한다. 필립의 주장에 따르면, 복음에 대한 폭력적 공격은 "가장 불의한 폭력"이다. 이 폭력은 터키인들의 폭력보다 더 악한 것이다. 제국의 제후들은 황제와 관계없이 자신의 백성을 보호해야 할 직접적 책임과 의무를 가진다. 제후들은 세속의 일에 대해서는 물론 영적인 일에 대해서도 백성을 지켜야 한다. 황제와 제후의 관계는 상호 의무의 관계이지, 신약성경이 말하는 통치자와 신하의 관계가 아니다. 그러므로 제후들은 황제의 폭력적 공격에 대해 폭력으로 저항할 수 있다고 필립은 주장한다. 필립의 주장에 반해 루터와 멜랑히톤 및 뉘른베르크의 슈펭글러는 황제에 대한 폭력적 저항을 반대한다.

2) 작센의 선제후 요한은 이 문제에 대해 비텐베르크 대학의 신학교수들에게 조언을 요청한다. 이때 선제후 요한은 황제에게 저항해야 한다는 조언을 기대하였다. 그러나 1530년 3월 6일, 비텐베르크 대학의 신학교수들은 선제후의 기대에 어긋나는 조언을 제시하였다. 이 답변서는 사실상 루터의 뜻에 따라 작성된 것으로서 루터의 생각을 대변하였다.

답변서에 따르면, 세속의 통치권에 복종하라는 하나님의 명령은(벧전 2:13-14) 폐기될 수 없다. 권력을 오용하는 통치권이라 할지라도, 그것에 복종하는 것이 하나님의 뜻이다. 통치권에 복종하지 않을 경우, 무정부 상태가 벌어질 것이다. 우리는 영토와 백성을 통치자에게 맡기고, 하나님이 문제를 해결해 주시기를 기도하며 기다려야 한다. 기독교가 시작되면서부터 행하신 것처럼, 하나님은 우리를 도우시고 그의 진리를 지킬 수 있는 방법을 발견하실 것이다.

그러나 복음을 억압하는 일에 협조하라는 황제의 명령에 제후들은 복종하지 않아야 한다. 황제가 복음을 억압할 경우, 제후들은 자신의 양심을 걸고 황제의 명령을 거부해야 한다. 황제는 세속의 일에 대해서만 권한을 가질 뿐, 신앙에 관한 일에 대해서는 아무 권한도 없기 때문이다. 그러나 황제의 무력 사용에 대해 무력으로 대항하는 것은 위의 권세에 복종하라는 하나님의 명령에 어긋난다. 그것은 악을 악으로 갚는 일이요, 악의 순환을 초래한다. 황제의 불의한 행위를 복수하기보다는 그것을 "참고 견디어야 한다." 타인의 생명을 죽이는 죄짐을 짊어지기보다, 차라리 죽음을 당하거나 제후직을 잃어버리는 것이 나을 것이다. 악을 행한 자에게는 언젠가 하나님의 벌이 내릴 것이다. 세계사가 이것을 증명한다고 루터는 말한다(1967, 191).

루터의 이같은 입장에 대해 필립 영주는, 독일의 제후들은 황제에게 무조건 복종해야 하는 관계에 있지 않다고 항변한다. 황제와 제후의 관계는 제후와 토르가우의 시장(市長)과의 관계와 다르다. 신성 로마 제국의 황제와 독일의 제후는 빌라도와 유대인과는 다른 관계에 있다고 필립은 주장한다. 루터는 필립의 주장을 인정하지 않는다. 작센의 선제후 요한은 루터의 입장에 동의한다.

황제의 공격에 대한 저항의 문제로 인한 개혁파 내의 분열은 성만찬 논쟁과 함께 종교개혁을 더욱 약화시킨다. 루터의 종교개혁은 통일된 의견을 갖지 못한 잡다한 사람들의 운동으로 보이게 된다. 이에 실망하여 많은 사람이 가톨릭 측으로 돌아선다.

제6부

황제의 정치적 꿈의 좌절과 종교개혁의 종결

− 1555년 아욱스부르크 종교평화에 이르기까지 −

황제 카를 5세에게 1530년은 행운의 해였다. 29세의 나이에 그는 권력의 정점에 도달한다. 1529년에 그는 이탈리아 북부의 지배권을 얻기 위한 8년간의 전쟁을 성공적으로 끝내고, 대립관계에 있었던 교황과 화해하여 자신에게 유리한 위치를 차지한다. 이제 카를 5세는 가톨릭 체제 하에서 고대 로마 제국을 회복하려는 자신의 원대한 꿈을 실행에 옮기고자 한다. 이 꿈을 이루기 위해 그는 이후 독일의 종교문제에 적극 개입한다. 그러나 보수파와 개혁파를 중재하고자 했던 그의 노력은 실패하고, 루터의 종교개혁은 1555년에 종교평화로 종결된다. 그 사이에 수많은 사건이 일어난다.

I
개혁파의 패배로 끝난 1530년 아욱스부르크 제국의회

1. 루터의 입장을 양보한 「아욱스부르크 신앙고백」

1) 1529년 이후 정치적 힘을 확보한 황제는 독일의 종교적 갈등을 해결하는 동시에 자기의 동생 페르디난트를 후임 황제로 만들 계획을 세운다. 이를 위해 황제는 1530년 1월 21일 이탈리아 볼로냐(Bologna)에서 아욱스부르크 제국의회 개최를 발표한다. 제국의회는 동년 4월 8일로 예정된다. 한 달 후인 1530년 2월 24일에 볼로냐에서 열린 황제 대관식에서 카를 5세는 교황 클레멘스 7세(Clemens VII)로부터 신성 로마 제국 황제의 왕관을 받는다.

제국의회 개최 발표문에서 황제는 두 가지 의제를 제시한다. 첫째 의제는 터키인들의 위협에 대한 방어 문제요, 둘째 의제는 독일의 종교 문제, 곧 "루터 건"이었다. 황제는 터키인들의 위협 앞에서 제국의 단합을 이루기 위해 "우리 사이의 모든 좋은 생각과 의사와 의견을 사랑과 상호 인정 속에서 듣고 이해하며, 함께 생각해보고", "동일한 기독교 진리에 이르고자." 한다고 매우 부드럽게 말한다(Förstemann 1966, 8). 여기서 우리는, 황제가 개혁파와 보수파 양측을 화해시키고 이를 통해 제국의 단합을 이루고자 하였다는 것을 볼 수 있다.

2) 그 사이에 개혁파 측은 교황과 황제에 대항할 수 있는 정치적 연맹을 이루고자 했지만 성사되지 못한 상태에 있었다. 작센의 선제후 요한은 츠빙글리파 제후들을 제외한 개혁파 연맹을 계획하고 1529년 10월 16일에서 19일까지 슈바바하(Schwabach) 회의를 개최한다. 멜랑히톤과 루터가 작성한 17개의 "슈바바하 조항"(Schwabacher Artikel)이 회의의 기초가 된다. 이 조항은 나중에 「아욱스부르크 신앙고백」의 기초가 된다. 그러나 선제후 요한이 기대했던 개혁파 연맹은 성사되지 못한다.

이러는 사이에 황제가 제국의회 개최를 발표하였다. "동일한 기독교 진리에" 이르기 위해 상호 인정 속에서 의견을 나누어보자는 황제의 발표문은 개혁파에게 매우 고무적이었다. 이에 작센의 선제후 요한과 비텐베르크의 신학자들은 토르가우에 모여 대책을 협의한다. 협의의 결과물로 1530년 3월 27일에 멜랑히톤이 작성한 "토르가우 조항"(Torgauer Artikel)이 발표된다. 1530년 4월 3일에 선제후 요한은 루터, 멜랑히톤, 유스투스 요나스와 함께 아욱스부르크로 떠난다. 그러나 루터는 1521년의 보름스 칙령에 의해 제국파문을 받은 상태에 있었기 때문에 아욱스부르크까지 가지 못하고 코부르크(Koburg)에 머물게 된다(Koburg는 독일 동부의 외지에 위치한다. 이 중대한 시점에 왜 루터가 변방 외지에 체류했는지에 대한 연구가 필요하다).

3) 일반적으로 「아욱스부르크 신앙고백」은 개혁파 측이 자신의 입장을 황제에게 제시하기 위해 작성된 것으로 알려져 있다. 그러나 이 문서는, 개혁파와 보수파의 화해를 기대했던 황제가 의사일정에 따라 개혁파 측에 요구한 것이었다(Fuchs 1976, 162). 이리하여 멜랑히톤은 아욱스부르크 신앙고백을 작성하게 된다. 이때 멜랑히톤은 화해를 원하는 황제의 뜻에 부응하여 유화적 입장을 취한다. 그는 개혁파의 주장이 가톨릭교회와 동일한 전통에 속한다는 사실을 강조한다. 전체적으로 그는 루터의 입장을 반영하지만, 그것을 일부 양보한다. 루터의 종교개혁의 대명사인 *sola*는 이 문서에 전혀 나타나지 않는다. 이 작업에서 멜랑히톤은 여러 신학자와 법학자의 조언을 받는다. 1530년 5월 12일, 필립 영주가 아욱스부르크에 도착하여 이 문서에 서명한다.

작선의 선제후 요한은 멜랑히톤이 작성한 「아욱스부르크 신앙고백」 초안을 코부르크에 있는 루터에게 보내면서 검토와 수정을 부탁한다. 루터는 이 문서의 "부드러운" 부분들에 대해 매우 조심스럽게 불만의 뜻을 표하면서, 1530년 5월 15일, 수정 없이 문서를 선제후에게 돌려보낸다. 사실상 이것은 루터가 멜랑히톤의 유화적 태도에 동의하지 않음을 뜻한다. 루터의 입장을 일부 양보하는 멜랑히톤의 유화적 태도는 나중에 정통 루터파와 멜랑히톤파 사이에 논쟁의 불씨가 된다.

4) 1530년 6월 15일, 황제 카를 5세가 당당한 모습으로 모든 제후와 의원의 영접을 받으며 아욱스부르크에 도착한다. 이때 그는 더 이상 20세의 어린 청년이 아니라 전쟁과 정치 경험을 충분히 쌓은 29세의 유능한 황제로 등장한다. 1521년 독일을 떠난 지 9년만이었다. 도착과 동시에 황제는 개혁파 대표자들(작선의 요한, 헷선의 필립, 브란덴부르크-안스바하의 게오르그, 뤼네

부르크의 프란츠)에게 개혁적 연설을 금지한다. 이에 필립 영주는 하나님의 말씀을 버릴 바에야 차라리 여기서 죽음을 택하겠다고 대응한다. 황제는 화를 내면서 명령을 반복하여 말했지만 필립의 태도를 꺾지 못한다. 그 사이에 개혁파 측의 신앙고백서가 여러 번 수정된 끝에 완성된다. 이것이 그 유명한 「아욱스부르크 신앙고백」(Confessio Augustana, 아래에서 CA로 약칭하기도 함)이다. 슈바바하 조항과 토르가우 조항이 그 기초가 되었다.

    개혁파 측의 신학자들이 이 신앙고백에 서명을 끝내자, 개혁파 제후들도 이에 서명하겠다고 주장한다. 멜랑히톤은 이를 저지하면서 다음과 같이 말한다. "이것은 신학자와 목사들이 제의해야 할 문제이다. 이 세상의 권세 있는 사람들의 권력은 다른 일을 위해 보류하고 싶다." 그는 이렇게 말하면서 제후들의 서명을 반대한다. 그러나 "나도 주 여호와를 믿는 마음을 고백하고자 한다"는 필립 영주의 주장으로, 다섯 명의 개혁파 제후와 뉘른베르크, 로이털링언(Reutlingen)의 대표가 서명한다. 한 제후는 서명하면서 말하기를 "예수 그리스도의 영광을 위해 필요한 일이라면 나는 나의 재산과 생명까지 바칠 준비가 되어 있다"고 한다(White 1999, 187). 이 말은 당시 개혁파 제후들의 결연한 믿음과 용기를 보여준다.

    본래 1530년 4월 8일로 예정되었던 아욱스부르크 제국의회는 6월 21일에 공식적으로 시작된다. 제국의회가 2개월 반이나 지연된 것은 황제, 교황, 보수파와 개혁파 사이에 있었던 치열한 물밑 협상 때문이었다. 의회가 시작되자 먼저 독일의 종교적 문제들이 다루어진다. 멜랑히톤이 준비한 「아욱스부르크 신앙고백」은 6월 25일 오후, 작센의 선제후 요한의 총리인 크리스챤 바이어(Christian Beyer)에 의해 황제와 의회 의원들 앞에서 낭독된다. 황제는 라틴어로 낭독할 것을 원했지만, 의회 의원들의 요구에 따라 독일어로 낭독된다. 그러나 황제는 독일어를 잘 몰랐기 때문에 그 내용을 제대로 이해하지 못하였다. 총 28항으로 구성된 CA는 제1부(1-21항)에서 믿음과 가르침의 문제를 다루고, 제2부(22-28항)는 교회의 삶과 의식 및 질서를 다룬다. 중요한 내용을 살펴본다면,

- (1-3조) 삼위일체 하나님(*De deo*), 인간의 원죄(*De peccato originis*), 하나님의 아들(*De filio Dei*)에 관한 초기 교회의 니케아 신앙고백을 수용함을 CA는 전제한다. 이를 통해 종교개혁이 가톨릭교회와 공동의 전통에 속함을 강조한다.
- (4조) 칭의에 관하여(*De iustificatione*): "하나님 앞에서 인간은 자신의 능력이나 공적이나 업적을 통하여 의롭게 될 수 없다. 그는 그리스도 때문에 믿음을 통하여 공짜로 의롭게 될 수 있다." 그리스도께서 우리를 위해 고난당하였고, 우리의 죄가 용서받으며 의와 영원한 생명을 선물로 받는다는 것을 믿는 "이 믿음을 하나님은…의로 여기신다." 여기서 "*sola fide*"가 빠져 있지만, 내용적으로 내포되어 있다. 이로써 제4조는 칭의론에 대한 종교개혁의 핵심을 주장한다.
- (5조) 설교직에 관하여(*De ministerio ecclesiastico*): 믿음을 얻도록 하기 위해 하나님은 설교직을 세우시고, 복음과 성례를 주셨다. 복음과 성례의 중재를 통해 그는 성령을 주신다. 성령은 오직 그리스도의 공적을 통해 하나님의 은혜를 얻는다고 가르치는 복음을 듣는 사람들 안에서 믿음을 일으킨다. 복음의 말씀 없이, 자신의 준비와 생각과 업적을 통해 성령을 얻을 수 있다고 가르치는 재세례파는 배격되어야 한다.
- (6조) 업적, 새로운 복종의 필연성에 관하여(*De nova oboedientia*): 믿음은 선한 열매와 업적을 가져올 수밖에 없다. 우리는 하나님께서 명한

모든 선한 일을 행해야 한다. 하나님 앞에서 은혜를 얻을 수 있는 업적을 신뢰하기 때문이 아니라 하나님 때문에 행해야 한다.

(7, 8조) 교회에 관하여(De ecclesia): 그리스도의 거룩한 교회는 복음이 그 속에서 순수하게 설교되며, 거룩한 성례가 복음에 일치하여 거행되는 신자들의 모임이다. 복음이 설교되고 하나님의 말씀에 따라 성례가 거행되는 거기에 교회의 참된 통일성이 있다. 인간이 만든 의식들이 어디서나 동일하게 지켜진다고 해서 교회의 참된 통일성이 있는 것은 아니다. 여기서 교회는 성직자들의 위계체제(Hierarchie)가 아니라 "신자들의 모임" 혹은 "성도의 친교"(communio sanctorum)로 규정되며, 교회를 교회답게 하는 것은 설교의 말씀과 성례에 있음을 밝힌다.

(10조) 주의 만찬에 관하여(De coena domini): 그리스도의 참된 몸과 피가 성만찬의 빵과 포도주의 형태 속에 실제로 임재하며 신자들에게 나누어진다. 따라서 신자들은 그리스도의 살과 피를 먹고 마신다.

(16조) 세속의 통치권에 관하여(De rebus civilibus): 세속의 통치권과 법은 하나님이 창조하시고 세우신 선한 질서이다. 그것은 악을 행하는 자를 검으로 벌하며, 정당한 전쟁을 수행한다. 이런 일은 기독교적인 일이 아니라고 주장하는 재세례파는 거부된다.

(18조) 자유로운 의지에 관하여(De libero arbitrio): 이웃의 신뢰를 얻고, 이성적 판단과 선택을 위해 인간은 자유로운 의지를 가진다. 그러나 하나님의 은혜와 성령의 도움과 역사 없이 인간은 하나님을 기쁘게 할 수 없으며, 하나님을 진정으로 두려워하거나 믿을 수 없으며, 타고난 악한 욕망을 마음에서 추방할 수 없다. 이러한 일들은 하나님의 말씀을 통해 오시는 성령을 통해 일어난다. 바울은 이것을 고

린도전서 2:14에서 다음과 같이 말한다: "자연적인 사람은 하나님의 영에 속한 일들을 받아들이지 아니합니다."

(19조) 죄의 원인에 관하여(De causa peccati): 전능하신 하나님이 자연을 창조하고 이를 유지하지만, 인간의 타락한 의지가 모든 악한 사람들과 하나님을 멸시하는 사람들 안에서 죄를 일으킨다. 하나님이 그의 손을 거두실 때, 마귀와 하나님 없는 모든 사람들의 의지는 하나님을 떠나 악을 택하였다. "마귀가 거짓말을 할 때, 그는 자기의 본성에서 그렇게 말한다"(요 8:44).

(20조) 믿음과 선한 업적에 관하여(De fide et bonis operibus): 우리의 적대자들은 우리가 선한 업적들을 부인한다고 주장하면서, 유치하고 불필요한 업적들, 곧 장미 화환, 성인 숭배, 순례, 일정 기간의 금식, 축제 등을 요구한다. 그러나 그들은 입장을 완화하여, 하나님 앞에서 업적으로 말미암아 의롭게 되는 것은 아니지만, "믿음과 그리고 업적이 하나님 앞에서 우리를 의롭게 한다"고 말한다. 우리는 선한 업적들을 행해야 한다. 그러나 선한 업적들을 가지고 은혜를 얻을 수 있기 때문이 아니라 하나님 때문에, 하나님을 영광스럽게 하기 위해 선한 업적들을 행해야 한다. 믿음을 통해 성령이 주어지기 때문에 선한 업적을 행하고자 하는 마음을 갖게 된다. 믿음과 그리스도 없는 인간의 본성과 능력은 선한 업적을 행하기에는 너무 약하다. 고난 속에서 인내하며, 이웃을 사랑하며, 직분을 성실히 감당하며, 복종하며, 악한 욕망을 피하는 등의 업적들은 그리스도의 도움 없이 일어날 수 없다.

(21조) 성인 숭배에 관하여(De cultu sanctorum): 믿음을 강화하고, 성인들의 업적을 기리기 위해 우리는 성인들을 기념해야 한다. 그러나 그

리스도를 찾지 않고, 성인들의 이름을 불러서는 안 된다. 그리스도만이 우리의 중재자요, 우리를 도우시는 분이다.

(22조) 성례의 두 가지 형태에 관하여(*De utraque specie*): 마태복음 26장에 기록된 주님의 분명한 말씀에 따라 우리는 평신도에게도 포도주잔을 베푼다. 고린도전서 11장에서 바울도 고린도 교회의 모든 회중이 빵과 포도주 두 가지를 취하였다고 보도한다.

(28조) 주교의 권세에 관하여(*De potestate ecclesiastica*): 주교의 영적 권세와 세속적 권세(특히 제후로서의 권세)는 구별되어야 한다. 두 권세의 혼합은 모든 악의 원천이다. 복음의 설교, 죄의 용서, 비복음적 가르침의 배격, 하나님 없는 자들의 출교 등의 영적 권세는 인간적 권세 없이 오직 하나님의 말씀을 통하여 행사될 수 있다. 주교가 복음의 선포와 교회의 새 질서를 인정할 때, 우리는 그에게 복종해야 할 것이다.

이 외에 CA는 수도원 서약, 사제들의 결혼, 속죄제물로서의 미사, 사적 미사, 금식에 관한 계명, 주교의 사법권 등 인간이 만든 교회질서에 대한 개혁파의 입장을 제시한다(Die Bekenntnisschriften 1979, 31 이하). 황제는 이 고백서를 거절한다. 6월 25일의 회의가 끝난 후, 한 주교는 "루터파에서 말한 것은 모두 옳다. 우리는 그 사실을 부인할 수 없다"고 말하였다고 한다. "또 다른 한 사람은 에크 박사에게 '선후(選候, 선제후를 말함)와 그의 동료들이 작성한 신앙 고백서에 대하여 건전한 논리를 가지고 반박할 수 있는가?'라고 물었다. 그러자 그는 '사도들과 선지자들의 글을 가지고는 할 수 없으나 교부(敎父)들과 회의 기록을 가지고 할 수 있다'고 대답하였다. 그 질문을 한 사람은 '그렇다면…루터파는 성경을 중심으로 하고 우리는 그렇지 못하다는 말인 줄 알겠다'고 대답하였다"고 한다(White 1999, 188).

5) 「아욱스부르크 신앙고백」에 이어 개혁파 측의 두 가지 다른 문서가 황제에게 제출된다. 첫째 문서는 츠빙글리가 쓴 「카를 황제에게 바치는 변증서」(Fidei ratio ad Carolum imperatorem)였다. 아욱스부르크 제국의회에 초대를 받지 못한 츠빙글리는 그 자신의 「변증서」를 7월 초에 작성하여 황제에게 제출하였다. 그러나 황제는 이를 거절한다.

이 문서에서 츠빙글리는 특별히 성례에 관한 자신의 입장을 자세히 서술한다. 루터는 물론 가톨릭교회도 주장하듯이, 성례는 구원의 은혜를 중재하는 방편이 아니다. 은혜는 성례가 아니라 성령을 통해 주어진다. 성령은 은혜를 중재할 도구를 필요로 하지 않는다. 성령은 은혜를 베푸는 힘 자체이기 때문이다. 성례는 이미 받은 은혜에 대한 "공적 증언"일 따름이다 (Oberman 1981, 172). 여기서 츠빙글리는 보수파와 개혁파 모두를 공격한다.

둘째 문서는 남부 독일의 제국도시들, 곧 스트라스부르크, 멤밍언, 콘스탄츠, 린다우의 대표들이 제출한 "4 도시의 신앙고백"(Confessio Tetrapolitana)이다. 그들이 지지하던 츠빙글리의 입장이 CA에 반영되지 않았기 때문에, 이들은 자신의 신앙고백서를 작성하여 7월 9일에 황제의 부총리에게 제출한다. 황제는 부처(Bucer)와 카피토가 작성한 이 고백서도 거절한다.

2. 가톨릭 측의 반박서와 개혁파의 「변증서」, 가톨릭 측에 선 황제의 폐회 선언문

1) 「아욱스부르크 신앙고백」(CA)을 거절한 황제는, 엑크를 위시한 가톨릭 측 신학자들에게 이 문서에 대한 반박서를 제출하라고 요청한다. 황제는 이와 동시에 양측의 협상을 요구한다. 이에 멜랑히톤과 가톨릭 측 신학자

사이에 협상이 시작된다. 그러나 잘츠부르크(Salzburg)의 대주교 마태우스 랑(Matthäus Lang)은, 1525년의 농민전쟁 이후 황제와 교황에게 반항적 태도를 취하는 개혁파를 철저히 제거해야 한다고 주장한다. 그 반면 마인츠의 대주교 알브레히트는 터키인들의 침공을 눈앞에 두고 더 큰 갈등에 빠지는 것을 피해야 한다고 주장한다. 멜랑히톤은 "교황을 위해 뇌물을 받은 자"란 말을 들을 정도로 개혁파의 입장을 양보하면서 양측의 일치점을 찾는다. 그러나 로마의 교황은 한 걸음도 양보할 수 없다는 입장을 8월 9일에 그의 대리자 캄페기오를 통해 표명한다. 이로써 협상은 결렬된다.

그 사이에 엑크를 위시한 20여 명의 가톨릭 측 신학자는 CA에 대한 반박서를 황제에게 제출한다. 그러나 이 반박서의 내용은 너무 과격하였다. 이에 황제는 그 내용을 완화할 것을 요청하면서 반박서를 반송한다. 이리하여 초안에 비해 매우 완화된 "아욱스부르크 신앙고백 반박서"(*Confutatio Confessionis Augustanae*) 독일어 판을 1530년 8월 3일에 황제의 비서가 제국의회 앞에서 낭독하게 된다. 반박서의 주요 내용을 살펴본다면,

- 하나님의 은혜 없이 인간 자신의 힘으로 영원한 생명을 얻을 수 없다는 CA의 주장은 타당하다. 그러나 하나님의 은혜 가운데서 행하는 인간의 공적을 부인하는 것은 용인될 수 없다.
- 믿음은 선한 열매를 맺는다는 개혁파의 주장은 타당하다. 행함이 없는 믿음은 죽은 것이기 때문이다(약 2:20). 그러나 오직 믿음으로 말미암아 의롭게 된다는 주장은 용인될 수 없다. 아무리 큰 믿음을 가질지라도, 선을 행하지 않는 사람은 하나님의 친구가 아니기 때문이다. 복음은 선한 업적을 결코 배제하지 않는다. 믿음과 선한 업적은 하나님의 은사이다. 이 은사 때문에 하나님의 자비로 말미암아

영원한 생명이 주어진다.
- CA는 교회를 가리켜 거룩한 사람들의 친교라고 정의한다. 그러나 예수의 말씀에 따르면, 교회는 좋은 물고기와 나쁜 물고기가 그 안에 있는 그물과 같다(마 13:47 이하). 따라서 교회는 거룩한 사람들의 친교라는 조항은 용인될 수 없다. 교회의 다양한 관습들이 믿음의 일치성을 파괴할 수 없다는 고백은 타당하다. 그러나 교회 전체의 관습들과 연관하여 이 고백은 용인될 수 없다.
- 전능하신 하나님의 말씀과 성례의 성별(聖別)을 통해 빵과 포도주의 실체는 그리스도의 몸으로 변화된다. 빵과 포도주의 각 형태 속에 그리스도께서 온전히 임재한다. 그러므로 평신도에게 빵과 포도주 두 가지를 반드시 베풀어야 한다는 주장은 용인될 수 없다.
- 인간 안에 있는 자유의지를 부인하는 것은 인정될 수 없다. 자유의지는 성경에서도 증명된다.
- 오직 그리스도의 공적의 힘으로 죄용서를 얻을 수 있다는 고백은 타당하다. 그러나 그리스도인들은 그리스도의 뒤를 따라 선한 일들을 행해야 하며, 그의 명령에 따라 십자가를 지고가야 한다. 그의 뒤를 따라 십자가를 지지 않는 자는 그리스도의 제자가 아니다. 따라서 선한 업적 없이 죄용서를 얻을 수 있다는 주장은 복음에 모순된다 (Oberman 1981, 173-176).

그 밖에도 반박서는 교황을 머리로 가진 교회체제, 사제의 결혼 문제에서 양보를 거절한다. 사적 미사를 폐기하거나 제한할 수 없으며, 수도원 서약과 주교의 사법권은 조금도 변경될 수 없다. 주교에게 복종하지 않는 것은 하나님을 모욕하는 행위요, 새로운 반란의 위험이 있다. 이같은 내용을 가진 반박서는 한마디로 CA에 대한 부정이었다. 개혁파는 반박서를 수용할 수 없었다.

2) 개혁파가 보수파의 반박서를 거부하자, 황제는 다시 양측의 협상을 요구한다. 8월 7일 모든 선제후들, 공작들과 백작들, 주교들이 협상을 시작했지만 진전이 없었다. 이에 양편에서 각 일곱 명의 대표자(두 명의 제후와 다섯 명의 학자)가 선발되어 8월 16일에 협상을 계속한다. 멜랑히톤과 가톨릭 측의 엑크가 주도한 이 협상도 진전이 없었다. 이에 황제는 양편의 각 두 사람의 대표와 멜랑히톤과 엑크로 구성된 소위원회를 구성하여 계속 합의점을 찾게 한다. 소위원회는 평신도의 포도주 잔 문제, 사제의 결혼 문제, 선한 업적, 성인 숭배, 사적 미사, 교회의 각종 예식, 문을 닫은 수도원의 회복, 주교의 사법권에 대해 집중적으로 논의한다. 멜랑히톤은, 사제들의 결혼과 평신도의 포도주 잔이 허락된다면, 주교의 사법권을 용인할 수 있다는 데까지 양보한다. 그러나 엑크는 가톨릭 측의 강경한 입장을 굽히지 않는다. 이리하여 양측의 협상은 또다시 중단된다.

이때 코부르크에 머물고 있던 루터는 협상이 무의미하다고 판단하였다. 양보와 타협을 통해 진리에 이른다는 것은 그에게 있을 수 없는 일이었다. 양보와 타협은 하나님의 진리를 흐리는 일이었다. 루터는 양보와 타협 대신, 하나님 앞에서 양심의 자유를 택할 수밖에 없었다. 이리하여 양측의 협상은 8월 29일 결렬로 끝난다. 이에 개혁파는, 멜랑히톤이 시간의 압박 속에서 작성한 「아욱스부르크 신앙고백에 대한 변증서」(*Apologia Confessionis Augustanae*)를 황제에게 제출한다.

「변증서」는 하나님, 원죄, 그리스도, 칭의, 교회, 죄의 고백, 회개, 성례, 인간이 만든 교회의 전통, 세속의 통치권, 그리스도의 재림, 인간의 자유의지, 선한 업적, 성인 숭배, 성만찬의 두 가지 형태, 사제의 결혼생활, 미사, 수도원 서약, 교회의 권세 등에 관한 28개 항목을 다룬다. 여기서 교회는 알곡은 물론 죽정이들, 곧 위선자들과 악한 자들도 그 속에 있는 "거룩한 사람들의 모임"(congregatio sanctorum), "거룩한 사람들의 친교"(sanctorum communio), 한 복음을 고백하며 한 가르침과 한 영을 가진 사람들의 "모임"으로 규정된다. 교회의 외적 표식은 복음과 성례에 있다. 악한 자들은 교회의 "죽은 지체들"로 규정된다(Die Benntnisschriften 1979, 233-235).

3) 황제는 9월 22일에 멜랑히톤의 「변증서」를 거절하고, 제국의회 폐회 선언문 초안을 작성한다. 이 초안에서 황제는, 개혁파 측의 CA는 보수파의 "반박서"를 통해 거부되었고, 보수파의 반박서가 제국의회의 결론이라고 선언하면서 다음의 사항을 명령한다: 개혁파는 더 이상 새로운 문서를 발표하지 말아야 하며, 지지자를 얻고자 해서도 안 된다. 문을 닫은 수도원을 다시 세우고, 개혁파 지역에서 회개의 성례와 미사를 허용해야 한다. 개혁파는, 동의하지 않는 "반박서"의 조항들에 대해 1531년 4월 15일까지 동의해야 한다고 황제는 명령한다.

개혁파 의원들, 특히 필립 영주는 황제의 선언문 초안을 거부하면서 자신의 영지로 돌아가 버린다. 이에 황제는 선언문 초안에 대한 제국도시 의원들의 동의를 얻고자 한다. 그러나 황제의 노력은 성공하지 못한다. 하일브론(Heilbronn), 켐프턴(Kempten)을 위시한 제국도시 의원들과 "4 도시의 신앙고백"을 제출한 의원들도 황제의 초안을 거부하고 자신들의 영지로 돌아가 버린다. 수개월 동안 제국의회가 열린 아욱스부르크시의 대표자마저 황제의 초안을 거부한다.

개혁파 제후들과 제국도시 대표들이 아욱스부르크 제국의회를 떠날 당시, 황제가 다루고자 했던 둘째 의제, 곧 터키인들의 침공 문제는 전혀 다루어지지 않은 상태에 있었다. 이리하여 황제는 아직 제국의회를 떠나지 않은 보수파 의원들과 함께 이 문제를 토의한다. 황제는, 독일과 오스트리아의 영적 제후들(주교 제후들)이 그의 동생 페르디난트에게 전쟁 비용을 지원해야 한다고 제의한다. 해당 지역 제후들은 이를 거부한다. 대신 지속적 지원은 불가능하지만, 위급한 경우에는 특별 지원을 할 수 있다고 이들은 제의한다. 영적 의원들과 세속적 의원들 사이의 갈등과 같은 문제들은, 황제가 구성한 위원회에서 처리하기로 한다. 교황청의 착취로 말미암은 독일 제후들의 "무거운 짐"(Gravamina)에 대해서는 황제가 교황과 협상하기로 결론을 내린다.

4) 1530년 11월 19일에 황제가 낭독한 제국의회 폐회 선언문은 초안보다 훨씬 더 엄격한 내용을 선포한다.

(1) 1521년의 보름스 칙령을 시행해야 한다.
(2) 개혁파가 폐기한 교회 예식들과 이론들 및 영적 제후들의 모든 권리를 회복해야 한다.
(3) 교회 및 수도원의 재산과 수입을 회복해야 한다.
(4) 결혼을 한 성직자들은 처벌당할 수 있다.
(5) 설교와 책 및 책의 보급은 엄격히 통제되어야 한다.
(6) 개혁파 제국의회 의원들 밑에서 일하는 공직자들의 권리와 재산은 보호되어야 한다.
(7) 교회의 재산을 차지한 의원들은 제국법원의 소환을 받을 수 있다.
(8) 각 지역의 가톨릭교회는 지역 제후의 보호를 받아야 한다.

(9) 「아욱스부르크 신앙고백」을 지지하는 제국의회 의원들은, 제국의 평화를 깨뜨리는 자로서 제국법원의 재판을 받을 수 있다.

(10) 1년 내에 공의회를 열어 교회의 문제들을 다루기로 한다.

(11) 개혁파는 1531년 4월 15일까지 제국의회의 결정을 인정해야 한다.

약 5개월에 걸친 아욱스부르크 제국의회는 이로써 종결된다. 그러나 1521년의 보름스 제국의회의 황제 칙령과 마찬가지로, 1530년의 아욱스부르크 제국의회의 황제 폐회 선언문도 개혁파 의원들이 모두 떠나버린 상태에서 선포되었기 때문에 법적 정당성을 주장하기 어려웠다. 이리하여 신성 로마 제국 안에 종교의 통일성을 세우고자 했던 황제의 뜻은 사실상 좌절된다. 교황과 추기경들 역시 황제의 폐회 선언문을 탐탁하게 여기지 않는다. 황제가 공의회를 약속했기 때문이다. 황제가 약속한 공의회는 결국 소집되지 않았다(Mau 2000, 226-227).

1530년의 아욱스부르크 제국의회에서 양측의 화해를 기대했던 황제가 가톨릭 측의 손을 들어준 이유는 무엇일까? 그 이유는 다음과 같다. (1) 터키인들의 공격을 방어해야 할 황제는 제후들의 군사적·재정적 도움을 필요로 하였다. 그런데 가톨릭 측 제후들이 의회의 다수였기 때문에 황제는 가톨릭 측의 손을 들어주지 않을 수 없었다. (2) 자기의 동생 페르디난트를 다음 해인 1531년에 신성 로마 제국의 왕으로 세우기 위해 황제는 의회의 압도적 지지를 필요로 했기 때문이다. (3) 그 당시 황제는 교황과 우호적 관계에 있었기 때문이다(1530년 교황에 의한 황제의 대관식 참조).

아욱스부르크 제국의회가 끝난 후 1531년 9월에 멜랑히톤의 「변증서」 라틴어 판이 출판된다. 이 변증서는 성경 말씀에 위배되는 신학과 교회의 경건 및 가톨릭교회의 권력 체계를 거부하고, 그리스도의 복음에 기초한 새로운 교회의 미래를 제시한다. CA는 1531년에 성사된 슈말칼던 연맹 및 그 이후의 휴전과 평화조약의 신학적 기초가 된다. 그러나 1540년에 멜랑히톤은 CA의 원본을 수정하면서 변증서 내용의 일부를 첨가한다. 이를 가리켜 "수정된 CA"(Confessio Augustana variata)라 부르고, 1530년 제국의회에서 낭독한 원본을 "수정되지 않은 CA"(Confessio Augustana invariata)라고 부른다.

II
슈말칼던 동맹에서 슈말칼던 전쟁으로

1. 황제의 공격에 대비한 슈말칼던 동맹

1) 1530년의 아욱스부르크 제국의회는 개혁파(프로테스탄트) 측의 패배로 끝났다. 의회 개최를 발표하면서 개혁파 측에 보인 황제의 유화적 태도는 강경한 태도로 바꾸어졌다. 개혁파는 루터의 입장을 대폭 양보하면서 화해를 원했지만, 그것은 물거품이 되고 말았다. 황제는 개혁운동을 완전히 중단시키기 위해 무력 사용을 시사하였다. 이로써 개혁파의 생명이 위험하게 되었다.

이에 개혁파는 1530년 12월 22일에서 31일까지 슈말칼던(Schmalkalden, Erfurt 부근)에서, 황제의 공격을 방어하기 위한 동맹을 숙의한다. 황제의 공격에 대한 무력 사용의 정당성에 관한 뜨거운 논쟁이 여기서 다시 한번 일어난다. 제후들의 통치권은 하나님이 세우신 것인 반면, 황제는 제후들에 의해 선출되었기 때문에 황제의 불의한 공격에 대해 제후들은 무력으로 대응할 수 있다는 법학자들의 논리가 관철된다. 이 회의에서 합의된 개혁파의 동맹은 1531년 2월 27일 슈말칼던에서 공식적으로 결성된다. 이를 가리켜 "슈말칼던 동맹"(Schmalkaldischer Bund)이라 부른다. 이 동맹은 황제의 공격에 대해 무력으로 대응할 수 있음을 전제하되, 6년의 시한을 둔다. 일부 제국의회 의원들은 황제에 대한 무력적 대응은 허용될 수 없다고 주장하면서 동맹 참여를 거부하였다. 그 반면, 독일 남부 지역 제국도시 의원들은 동맹에 참여한다. 이것은 개혁파 측의 큰 성공이었다.

2) 슈말칼던 동맹은 개혁파 측에 큰 힘을 실어준다. 이것이 가능했던 이유는 1531년 1월 이후에 일어난 정치적 불안 때문이었다. 독일에서 합스부르크 가의 세력을 유지하고자 했던 황제 카를 5세는 자기 동생 페르디난트를 신성 로마 제국의 왕으로 세우고자 하였다. 제국의 왕으로 세운다는 것은 제국의 황제 후계자로 세운다는 것을 말한다. 이때 황제 카를 5세의 아들이 1527년 스페인에서 이미 태어난 상태에 있었다. 그런데 아들도 아닌 동생을 제국의 황제 후계자로 세운다는 것은 제국의 전통에 전례가 없는 일이었다. 그것은 황제 선출권을 가진 제국의회의 권리를 무시하는 행위였다. 또 제국의회 의원들은 황제 카를 5세가 속한 합스부르크 가의 세력 확장을 원하지 않았다. 그러므로 개혁파 의원들은 물론 보수파 의원들도 황제의 동생 페르디난트를 왕으로 세우는 것을 반대하였다. 1530년의 아욱스부르크 제국의회에서 황제가 보수파 의원들의 손을 들어준 것은 이들의 지지 속에서 자기 동생을 사실상 황제 후계자로 세우기 위함이었다. 그러나 막상 뚜껑이 열렸을 때, 보수파 의원들도 황제의 계획을 반대하였다. 특히 작센의 선제후 요한은 이를 강력하게 반대하였다. 덴마크

와 프랑스도 이를 반대하였다.

그럼에도 불구하고 황제는 자기의 뜻을 강행한다. 1531년 1월 5일, 황제는 개혁파 지역에 속한 프랑크푸르트에서 선거를 개최하지 않고, 보수파 지역에 속한 쾰른에 선제후들을 소집하여 선거를 실시한다. 황제 선출권을 가진 7명의 선제후 가운데 작선의 선제후 요한을 제외한 여섯 명의 선제후가 선거에 참여하여 만장일치로 페르디난트를 왕으로 선출하였다. 이 선거는 엄밀한 의미의 선거가 아니라 황제의 뜻을 관철하는 요식 행위에 불과하였다. 그러므로 이 일에 참여하지 않은 선제후 요한은 선거의 부당성을 주장하였다. 1531년 10월, 합스부르크 가를 반대하는 바이언(Beyern)의 가톨릭 공작들도 선제후 요한의 주장에 동의하고 슈말칼던 동맹에 참여하였다. 이리하여 슈말칼던 동맹이 강화되었다. 슈말칼던 동맹 측은 영국, 프랑스 등 외국 세력과도 손을 잡았다.

그 사이에 페르디난트 왕과 교황청은 개혁파에 대한 전쟁을 숙의한다. 제국법원에서는 개혁파 측의 지역에서 가톨릭교회 법을 회복하기 위한 절차가 시작된다. 황제는 슈말칼던 동맹에 대응하는 가톨릭 측 제국의회 의원들의 동맹을 제안하지만, 이들의 반대로 황제의 제안은 무산된다. 팔츠와 마인츠의 선제후들은 개혁파와 보수파의 중재를 시도한다.

2. 뉘른베르크 종교화의, 개혁파의「비텐베르크 일치서」

1) 뉘른베르크 종교화의(1532)

이때 중요한 정치적 사건이 일어난다. 1526년 헝가리를 이기고, 1529년에는 오스트리아 비인(Wien)을 점령한 터키 군대는 신성 로마 제국에 대한 공격을 계획한다. 이같이 위험한 상황 때문에 새로 선출된 페르디난트 왕과 그의 형 카를 5세는 아욱스부르크 제국의회의 결정 사항을 강제적으로 시행할 수 없었다. 1532년에 터키 군대가 신성 로마 제국의 국경선까지 진격하자, 페르디난트 왕은 황제에게 급속한 군사적 도움을 요청한다. 황제는 제국의회 의원들에게 군사적·재정적 도움을 요청한다. 이때 보수파 의원들은 오리발을 내밀었다. 다급해진 황제는 슈말칼던 동맹에 참여한 개혁파 제후들과 제국도시 의원들에게 "반 터키인 지원"(Türkenhilfe)을 요청한다. 이들은 다음과 같은 조건으로 지원을 약속한다. (1) 개혁파에 대한 무력 사용을 중단해야 한다. (2) 개혁파와 휴전협정을 체결해야 한다. (3) 제국법원에서 진행되고 있는 소송을 취하해야 한다. 상황이 급박한 황제는 개혁파의 요구에 따라 1532년 7월 23일 "뉘른베르크 종교화의"(Nürnberger Anstand)를 체결한다. 체결 직후 황제는 터키 군대와 싸우기 위해 오스트리아로 급히 떠나, 10년 가까이 독일을 떠나 있게 된다.

황제가 오스트리아에 도착했을 때, 오스만 제국의 술탄은 오스트리아 그라츠(Graz)를 점령한 것으로 만족하고 본국으로 철수한 상태에 있었다. 황제의 승리를 원치 않았던 프랑스와 베네치아는 술탄과 이미 평화조약을 맺은 상태였다. 이리하여 황제는 승리의 영광을 얻을 수 없었다. 황제는 터키군을 추격하고자 했지만, 독일과 이탈리아 용병들의 명령 불복종으로 인해 그것은 실패로 끝난다. 이에 황제는 이탈리아를 거쳐 자기의 고향 스페인으로 급히 돌아간다.

2) 개혁파의 「비텐베르크 일치서」(1536)

1532년부터 황제가 다시 독일을 떠나 있는 동안 독일의 개혁파는 세력을 더욱 확장시켰다. 오스트리아 군대가 필립 영주의 군대에 의해 격파되고

(1534. 5. 13), 독일 남부에 대한 오스트리아의 영향력이 약해진다. 이리하여 독일 남부 지역에서도 슈말칼던 동맹이 힘을 얻게 된다. 독일 남부 지역에는 츠빙글리 지지자들이 많았다. 그러므로 스트라스부르크의 개혁자 부처(Bucer)는 루터와 츠빙글리의 성만찬론을 화해시키기 위해 필사적인 노력을 하게 된다. 몇 차례의 사전 회동이 있은 후 1536년 5월, 루터와 멜랑히톤이 주도하는 비텐베르크 신학자들과, 부처와 카피토가 주도하는 남부 독일 신학자들이 비텐베르크에서 만난다. 토의의 핵심 문제는 (1) 그리스도의 진짜 몸과 진짜 피를 입으로 받는 것(*manducatio oralis*, 입의 먹음), (2) 그리스도의 몸과 피가 빵과 포도주와 연합하는 것(*unio sacramentalis*, 성례적 연합), (3) 불신자가 그리스도의 몸과 피를 향유하는(*marducatio impiorum*) 문제였다. 이 문제들에 관한 루터 측과 츠빙글리 측의 차이는 내용적 차이가 아니라 표현의 차이에 불과하다는 것을 부처는 거듭 강조하면서 양편이 화해할 수 있는 자신의 해석을 제시한다. 루터가 강조하는 빵과 포도주 "안에", "그 아래에" 있는 그리스도의 실제적 임재는 빵과 포도주와 "함께"하는 실제적 임재로 이해될 수 있으며, 그리스도의 실제적 임재가 빵과 포도주와 "함께"한다는 것은 "성례적 연합"으로 이해될 수 있다고 부처는 설명한다. 부처는 "불신자의 향유"를 비텐베르크의 부건하건의 제의에 따라 "부적격자의 향유"(*manducatio indignorum*)로 파악한다.

1536년 5월 26일 금요일에 멜랑히톤은 부처의 제안이 반영된 양측의 일치서, 곧 「비텐베르크 일치서」(Wittenberger Konkordie)를 제출한다. 그러나 이 문서에 기록된 부처의 제안은 양측이 서로 자기가 원하는 대로 해석될 수 있는 여지를 담고 있었다. 따라서 양측 모두 자기의 주장이 반영되었다고 생각할 수 있었다. 스트라스부르크 측에서는 부처와 카피토가, 비텐베르크 측에서는 루터, 멜랑히톤, 부건하건, 유스투스 요나스가 문서에

서명하였다. 그 밖에 아욱스부르크, 프랑크푸르트, 멤밍엔을 위시한 중요 도시의 신학자들도 서명하였다. 이로써 성만찬론에 관한 남부 독일 측과 비텐베르크 측의 일치서가 빛을 보게 된다(Bizer 1972, 11-139). 그러나 엄밀한 의미에서 「비텐베르크 일치서」는 성만찬에 관한 양편의 참된 일치라고 볼 수 없는 것이었다. 일치된 내용에 대한 양편의 해석이 서로 달랐기 때문이다. 그러므로 어떤 학자는 "남부 지역과의 일치는 거짓이었다. 이편과 저편의 해석이 달랐다"고 말한다. 그것은 "서로의 차이를 분명히 보면서 이루어진 합의"였다(Lohse 1980, 97). 한마디로 「비텐베르크 일치서」는 개혁파의 일치를 이루기 위한 긴급조치였다.

3. 루터의 「슈말칼던 조항」, 프랑크푸르트 종교화의, 1540-41년의 종교대화

1) 루터의 「슈말칼던 조항」(1538)

「비텐베르크 일치서」 문제가 진행되던 1536년 로마의 교황 파울루스 3세(Paul III)는 황제 카를 5세의 요청에 따라 1537년 5월 이탈리아 만투아(Mantua) 공의회 개최를 발표한다. 선제후 요한의 아들로서 1532년에 그의 후계자가 된 선제후 요한 프리드리히(1532-1547 통치)는 개혁파 측의 입장을 정리해 달라고 루터에게 부탁한다. 이것은 공의회에서 개혁파 측이 무엇을, 얼마나 많은 점을 양보할 수 있는지, 또 전혀 양보할 수 없는 점은 무엇인지에 대한 협상을 대비하기 위함이었다. 1536년 2월, 이미 위독한 질병을 앓고 있던 루터는 선제후의 요청에 따라 이를 정리한다. 이것이 그 유명한 「슈말칼던 조항」(Schmalkaldischer Artikel)이다. 이 문서에서 루터는 자기의 입장을 양보한 멜랑히톤의 「아욱스부르크 신앙고백」과 「변증서」에 대해 상당히 분노하였던 것으로 보인다. 그는 공의회를 계속 미루는 교황의 비겁한 태도를 지적하는 동시에 "내가 죽을 때까지" 양보할 수 없는 자신의 입장을 천명한다.

「슈말칼던 조항」은 세 부분으로 구성된다. 첫째 부분은 가톨릭 측과 공통되는 삼위일체론을 다룬다. 둘째 부분은 가톨릭 측과 협상 대상이 될 수 없는 그리스도의 구원의 문제 외에 속죄제물로서의 미사, 수도사 제도, 인간적 법에 따른 교황제도의 문제를 다룬다. 셋째 부분은 가톨릭 측과 협상할 수 있는 문제들, 곧 죄, 율법, 회개, 복음, 세례, 성만찬, 사제의 결혼, 교회 문제 등을 다룬다. 이 문서는 가톨릭교회와 개혁파의 입장 차이가 무엇인지를 누구나 쉽게 읽을 수 있도록 매우 평이하고 명료하게 기술한다. 그 단면들을 소개한다면(1964b, 173 이하),

- 미사는 교황제도의 가장 악한 요소이다. 미사는 하나님이 명령하신 것이 아니라 인간이 만들어낸 것이다. 우리의 죄를 짊어진 것은 악하거나 경건한 미사의 사제가 아니라 하나님의 어린 양 그리스도이다. 사적 미사는 돈을 받고 파는 상품처럼 오용되고 있다. 신자들이 사제에게 돈을 주고 사적 미사를 주문하기 때문이다. 미사가 없어지면, 교황제도도 무너질 것이다(182-184).
- 죽은 사람을 묘지에 묻기 전에 연옥에 있는 그의 영혼을 위해 드리는 "영혼의 미사", 장례 7일, 30일에 드리는 기도회, 매년 한 번씩 드리는 영혼의 미사와 기도예배, 미가엘 주간(9월 29일)에 지키는 보편적 영혼의 미사, 가난한 사람들의 죽은 영혼을 위해 돈으로 바치는 영혼의 목욕(Seelbad), 모든 죽은 영혼의 날(11월 2일)에 온 교회

가 지키는 미사는 연옥을 빙자하여 돈장사를 하는 것이다. 그리스도는 산 자들을 위해 성례를 세웠는데, 미사는 죽은 자들을 위해 오용되고 있다. 영혼의 미사는 카니발과 함께 즐기기도 하는 "연초 장날"(Jahrmarkt)과 같다(184-185).

- 성유물을 경배하고 그 앞에 돈을 바침으로 죄용서와 면죄를 얻을 수 있다면, 그리스도의 죽음은 헛된 일이 될 것이다. 개의 뼈나 말의 뼈를 성유물로 경배하게 하는 사기도 일어난다. 구원이 필요할 때, 그리스도를 찾지 않고 성인들의 이름을 부르는 것은 "적그리스도적 오용"이다. 성경에서 이같은 모범을 발견할 수 없다. 하늘의 천사들과 땅 위의 성인들이 우리를 위해 기도한다 하여 천사나 성인들의 이름을 부르고 이들을 경배하며, 이들의 영광을 위해 금식하고, 축제를 벌이며, 미사를 드리고, 헌금을 바치고, 교회와 제단과 예배를 바칠 필요가 없다.
- 교황은 신적 법이나 하나님의 말씀에 근거하여 기독교의 머리가 된 것이 아니다. 교황은 로마에 있는 교회와, 자발적으로, 아니면 통치권의 지시에 따라 로마 교회에 속한 신자들을 위한 주교나 목사일 뿐이다. 초기 교회는 적어도 500년 동안 교황을 갖지 않았다. 그리스 교회나 다른 언어를 사용하는 많은 교회가 오늘도 교황 아래 있지 않다. 기독교적 직분을 행하지 않는 교황제도는 무익하다. 그러므로 교황제도는 없어져야 한다. 교회의 통일을 위해 교황이 필요하다면, 교황은 신자들의 선거를 통해 선출되거나 면직될 수 있어야 한다. 자기를 그리스도 위에, 그리스도에 반하여 세우는 교황은 적그리스도이다. 다음 공의회에서 우리는 아욱스부르크에서 우리에게 변론의 기회를 준 황제나 세속 통치자 앞에 서지 않고, 우리의 말을 전혀

듣지 않고 우리를 죽이려 하는 "교황과 마귀 앞에" 설 것이다. 그러므로 우리는 교황의 발에 키스를 해서는 안 되며, 스가랴 3:2에서 천사가 마귀에게 말한 것처럼 "사탄아, 나 주가 너를 책망한다"고 말해야 할 것이다(189-194).

- 통회, 죄의 고백, 보상이라는 절차를 통해 이루어지는 회개에서, 신자들은 그리스도와 믿음을 생각하지 않고 회개의 업적을 통해 죄용서를 받을 수 있다고 생각한다. 그러나 얼마나 많이 통회를 해야 하는지 불확실하기 때문에 *contritio*(통회) 대신에 *attritio*(이를 갈며 통회함)라도 해야 한다고 생각한다. 특정한 죄에 대해 통회를 할 수가 없다고 사제에게 말할 경우, 통회를 할 마음이 있을 수 있지 않느냐는 사제의 물음을 부정하지 않기만 하면, 사제는 이를 그의 업적으로 간주하고 죄용서를 선언한다. 신자들이 잊어버린 죄는, 그것이 나중에 생각날 때 회개를 한다는 조건으로 용서를 받는다. 얼마나 진정으로 회개를 해야 하는지, 회개가 언제 끝날 수 있을지를 알지 못함에도 불구하고 회개는 신자들의 업적으로 간주된다. 여기에는 "믿음도 없고, 그리스도도 없다"(201).

- 가장 많이 퍼진 것은 보상(*satisfactio*)이다. 개별의 죄에 대해서는 물론 자기의 모든 죄에 대해 얼마나 많이 회개를 해야 죄용서를 받을 수 있을지를 모르는 상황에서, 그래도 확실한 것은, 사제가 요구하는 보상을 바치는 데 있다. 이에 대한 해결책으로 사제는 주기도문을 다섯 번 외우기, 하루 금식하기를 명령하고, 나머지 보상은 연옥에서 행해야 한다고 명령한다. 교회법은 심각한 죄의 경우 7년의 회개를 요구하기 때문에 영원히 연옥을 벗어날 수 없다고 생각하게 된다. 백 년 동안 회개해도, 충분히 회개했는지를 확신할 수 없게 된다.

이에 대한 해결책으로 로마의 교황은 면죄부를 발견한다. 면죄부와 함께 그는 보상을 면제한다. 먼저 개별의 죄에 대해 7년간, 100년간 등으로 보상을 면제한다. 교황은 100년, 혹은 100일 동안 보상을 면제해 줄 수 있는 권한을 추기경과 주교들에게 나누어준다. 그러나 보상 전체를 폐기할 수 있는 권한은 교황만이 가진다(202).

- 면죄부를 판매한 돈이 들어오면서, 면죄를 보증하는 교황의 "교서 시장"(Bullenmarkt, Bulle는 금으로 된 "함" 혹은 "봉인"을 뜻하는 라틴어 *bulla*에서 유래함, 면죄부 시장을 말함)이 번창하게 된다. 그러자 교황은 모든 벌과 죄를 용서하는 "기념 면죄부"(Jubiläumsablaß)를 로마에서 구입할 수 있는 "희년"(das Goldene Jahr)을 도입한다. 많은 사람이 이를 구입하자, 교황은 수많은 희년을 시행한다. 더 많은 돈이 들어오게 되자, 교황은 로마 바깥으로 사절을 파견하여 모든 교회와 가정에서도 기념 면죄부를 판매하게 한다.

이에 머물지 않고 교황은, 면죄와 희년에 참여코자 하는 자는 통회하고 회개해야 하며 돈을 바쳐야 한다는 내용을 교서에 삽입한다. 이리하여 죄용서와 구원은 또다시 불확실하게 된다. 또 어떤 사람의 영혼이 연옥에 있는지, 그가 통회하고 회개했는지를 아무도 알지 못한다. 이리하여 교황은 더 많은 돈을 취하고, 그의 전권과 면죄부를 가지고 신자들을 위로한다.

- 나와 비슷한 사람들처럼 심각한 죄가 없다고 생각하는 사람들 중에는 수도사나 사제가 된 사람들도 있었다. 우리는 금식, 잠을 자지 않고 깨어 있기, 미사, 딱딱한 의복과 잠자리 등을 통해 악한 생각들을 피하고 거룩한 사람이 되고자 하였다. 우리들 중에는 죄가 전혀 없고 선한 업적으로 충만한, 거룩한 사람으로 알려진 인물들이 있었다.

이리하여 우리는 선한 업적들을 다른 사람과 함께 나누며, 하늘나라에 들어가고도 남을 업적을 다른 사람에게 판매하였다.

이같은 사람들은 회개를 할 필요가 없다고 생각하게 된다. "우리는 이미 회개하였다"고 생각하기도 하고, "우리는 회개를 필요로 하지 않는다"고 생각하기 때문이다. 그러나 이들 "거짓된 회개자들"과 "거짓된 거룩한 자들"에게 세례자 요한은 "너희는 회개하라"고 명령한다(203-204). 신자들은 죽음의 순간까지 회개해야 한다. 한평생 죄가 육 안에 뿌리박혀 있기 때문이다. 그러나 자신의 능력이 아니라 성령의 은사를 통하여 회개해야 한다(206).

- 소종파들은 이렇게 말할 수 있다: 영과 죄의 용서를 한 번 받고 믿음을 갖게 된 사람은, 뒤에 죄를 지을지라도, 믿음 안에 머문다. 이 죄는 그들에게 아무 해가 되지 않는다는 것이다. 그래서 이들은 이렇게 외친다: "네가 하고 싶은 것을 행하여라. 네가 믿는다면, 아무래도 좋다. 믿음이 모든 죄를 제거한다." 이에 대해 우리는 다음과 같이 가르쳐야 한다: 거룩한 사람들도 원죄를 가지며 그것을 느낀다. 그들은 매일 회개하며 이에 저항한다. 원죄 외에 다윗이 행한 간음과 살인과 하나님 모독과 같은(삼하 11장, 24장) 어떤 명백한 죄에 빠질 경우, "믿음과 영은 부재하였다. 성령은…죄가 다스리도록 하지 않으며, 지배권을 얻지 못하도록 하기 때문이다. 오히려 성령은 죄가 원하는 것을 행하지 못하도록 하며, 그것을 금지하기 때문이다. 죄가 원하는 것을 행할 경우, 성령과 믿음은 거기에 있지 않다." 요한이 말하는 것처럼 "하나님에게서 난 사람은 누구나 죄를 짓지 않기" 때문이다(요일 3:9).

- 복음은 죄를 막을 수 있는 지혜와 도움을 준다. 입으로 하는 말씀, 세

례, 성례와 죄용서의 권한, 형제 상호간의 대화와 위로를 통하여(per mutuum colloquium et consolationem fratrum) 그것을 주신다(207).

- 빵과 포도주의 형태와 색깔은 변하지 않지만, 그 실체는 그리스도의 몸과 피의 실체로 변한다는 화체설은 거짓이다. 성만찬에서 빵은 빵으로, 포도주는 포도주로 존속한다. 그러나 이 빵과 포도주와 함께 그리스도의 몸과 피가 우리에게 주어진다. 그리스도의 몸 안에 그의 피도 들어 있으니까 평신도는 빵만 받는 것으로 족하다고 말하지만, 그리스도는 분명히 빵과 포도주 두 가지를 성만찬으로 제정하셨다. 빵과 포도주 두 가지 형태로 성만찬을 거행하지 않는 자는 물론, 그것을 금지하고 이단이라 정죄하면서 자기를 그리스도 위에 세우는 자를 우리는 반대한다(209).

- "열쇠"는(마 16:19) 죄를 매거나 풀 수 있는 직분과 전권을 뜻한다. 그러나 죄의 많고 적음, 심각함과 경미함을 판단할 수 있는 자는 교황이 아니라 오직 하나님뿐이다. 따라서 교황은 죄의 크기에 따라 면죄부를 판매할 수 없다. 어떤 죄를 열거하고, 어떤 죄를 열거하지 말아야 할 것인가의 문제는 각 사람에게 맡겨야 한다(210).

- 하나님은 그의 영이나 은혜를 외적인 말씀을 통하여 주신다. 말씀 없이, 말씀 이전에 영을 받았다고 하는 광신자를 우리는 경계해야 한다. 모든 법은 자기 마음의 지성소 안에 있고, 그가 판단하고 명령하는 것이 성경에 모순됨에도 불구하고 영이요 법이라고 주장하는 교황청도 광신자에 속한다. 하나님은 그의 외적인 말씀과 성례를 통하여 우리와 관계한다. 이 말씀과 성례 없이 영을 자랑하는 모든 것은 마귀이다. 우리는 우리 이전부터 있는 말씀을 통하여 믿음을 얻을 수 있고, 의롭게 될 수 있다(211-212).

- "대 출교"(großer Bann, 교회는 물론 사회로부터의 완전한 추방을 뜻함)는 세속의 사회적인 벌이다. 그러므로 그것은 교회 사역자들에게 해당하지 않는다. "소 출교"(kleiner Bann, 단지 교회의 성례에서 일시적으로 배제함을 뜻함)는 자기 개선과 죄를 피하도록 하기 위한 영적 벌이다. 설교자는 이 영적인 벌을 세속 사회의 벌과 혼동해서는 안 된다. 영적인 벌에 세속의 통치자가 개입할 수 없다(213. 영적인 벌과 세속 사회적인 벌의 구별을 주장함).

- 교회와 복음을 받아들이고 성실히 자기의 직분을 감당하는 주교가 사제를 임직하는 것을 우리는 인정할 수 있다. 그러나 성실하지 않으며 또 그렇게 되고자 하지도 않는 주교들, 오히려 세속적 통치자나 제후가 되고자 하며, 설교도 하지 않고 가르치지도 않으며, 세례와 성만찬을 행하고자 하지 않는 주교들도 있다. 교회공동체는 이들을 면직하고 올바른 인물을 주교로 임직해야 한다. 알렉산드리아 교회의 히에로니무스(Hieronymus)에 따르면, 처음에 교회는 주교 없이, 사제와 설교자들을 통하여 통치되었다(214).

- 성직자 독신생활에 대한 명령은 반(反)기독교적이며 독재적인 행위다. 교회는 하나님의 피조물(남녀)을 둘로 나누고 결혼을 하여 함께 사는 것을 금지할 권리를 갖지 않는다. 교회는 하나님이 세운 질서를 파괴해서는 안 된다(214).

- 가톨릭교회 성직자들은 "우리가 교회다"라고 말한다. 그러나 우리는 "교회의 이름으로" 그들이 명령하거나 금지하는 것을 듣고자 하지 않는다. 일곱 살 된 아이들도 교회가 무엇인지 잘 안다. 즉 교회는 "거룩한 신자들이요, 목자의 음성을 듣는 양들"이다. 교회의 거룩함은 주교들, 삭발, 기다란 성복, 축제와 같은 관습들이 아니라 하나님

의 말씀과 올바른 믿음에 있다(215).
- 우리는 믿음을 통해 순수하고 새로운 마음을 얻으며, 하나님은 우리의 중재자 그리스도 때문에 우리를 의롭고 거룩하다고 여기신다. 죄가 우리의 육 안에 남아 있지만, 하나님은 그것을 죄로 간주하지 않으신다. 이 믿음에는 선한 업적이 뒤따른다. 선한 업적이 뒤따르지 않는 믿음은 거짓되고 바르지 못한 믿음이다(215-216).
- 사람이 만든 법들은 죄용서에 도움이 된다고 교황 지지자들은 말하는데, 이것은 반(反)기독교적인 것이다. "그들은 사람의 훈계를 교리로 가르치며, 나를 헛되이 예배한다"고 그리스도는 말한다(마 15:9).
- 교회의 성화(그림), 예배에 사용하는 종(鐘)에게 세례와 세례명을 주고, 제단의 돌에 세례를 주면서 선물을 바칠 대부들을 초대하는 일, 축제에 사용할 양초의 성별, 생육과 번성을 위해 땅 위에 덮을 야자수 잎의 성별, 마리아 승천일에 사용할 꽃, 과일, 풀들의 성별, 12월 26일 스데반의 날에 사용할 누룩의 성별 등 이루 말할 수 없이 많은 마술이 있지만, 이 모든 것을 하나님께 맡겨두고자 한다(217)..

「슈말칼던 조항」은 1537년 슈말칼던 동맹 총회에 제출된다. 그러나 곧 개최될 공의회를 고려하여 너무 과격한 내용을 수정하거나 삭제해야 한다는 주장이 총회에서 제기된다. 멜랑히톤은 교황체제에 대한 루터의 진술이 너무 격하다고 말한다. 수정 작업을 위한 위원회가 구성되기도 한다. 이에 루터는 「슈말칼던 조항」을 그다음 해인 1538년에 자기의 사적 문서로 발행한다. 1546년 2월 18일 루터가 사망한 후, 이 문서는 신학적 논쟁의 과정을 거쳐 공적 신앙고백의 문서로 인정된다(자세한 내용에 관해 Lohse 1980, 97-100 참조).

2) 「비텐베르크 일치서」와 「슈말칼던 조항」을 통해 보다 더 확실한 신학적 근거를 갖게 된 슈말칼던 동맹은 더욱 넓은 지역으로 확대된다. 아욱스부르크, 프랑크푸르트, 함부르크, 독일 북부의 여러 지역은 물론 스칸디나비아와 발틱해 지역들이 슈말칼던 동맹의 개혁운동에 참여한다. 남부 뷔르템베르크(Württemberg)에서는 1519년 추방되었다가 1534년 필립 영주와 프랑스의 도움으로 자기의 영지를 되찾은 공작 울리히(Ulrich)가 개혁을 주도한다. 루터의 적대자였던 작센의 영주 게오르그가 통치하던 지역도 개혁에 참여한다. 1539년 게오르그가 사망하자, 그의 후계자 하인리히(Heinrich, 1539-1541) 공작이 즉각 개혁운동을 도입한다. 개혁운동의 이같은 확장은 1532년 7월 스페인으로 돌아간 황제 카를 5세가 약 10년 가까이 프랑스와 터키인들과의 전쟁 문제에 붙들려 있는 사이에 일어났다.

  그러나 이 시기의 개혁운동은 종교개혁 초기와 같이 민중들의 열광 속에서 일어난 대중운동으로 진행되지 않고 엄격한 질서를 가진 영지교회 체제 속에서 진행된다. 영지교회 체제는 일체의 반대 의사를 거부하고 루터의 사상에 근거하였다. 가톨릭교회는 물론 소종파들과도 싸워야만 했던 당시의 상황에서 이것은 불가피한 일이었다고 볼 수 있다. 신자들의 마음을 울리는 영적 설교가 사라지고, 루터의 「교리문답서」와 「아욱스부르크 신앙고백」에 기초한 교리적 가르침이 이를 대신하였다. 끊임없는 외부의 공격과 위협 속에서 생성된 개혁파 교회 곧 프로테스탄트 교회는 일관성 있는 교리적 가르침, 새로운 교회 질서의 제도화를 통해 자기의 정체성을 지킬 수 있었다. 그러나 엄격한 교리적 가르침은 미묘한 신학적 문제들에 대한 논쟁을 일으키고 교회의 제도화 현상을 초래하게 된다. 17세기 프로테스탄트 교회 정통주의 신학이 발전할 수 있는 역사적 배경이 여기서 형성된다.

루터 자신의 성격에도 변화가 있었다. 그의 종교적 내면성이 변했다고 말할 수는 없지만, 끊임없는 투쟁과 실망 속에서 그는 "경직되었고, 양보할 수 없고, 다른 사람의 의사를 수용할 수 없고, '교황과 같은' 인상을" 주는 사람으로 변화되었다. 그의 친구들마저 그를 두려워 할 정도였다고 한다. 루터를 위시한 "비텐베르크의 지도자들은 교회의 가르침과 조직의 모든 문제에서 논쟁의 여지가 없는 권위를 가지고 있었다"(Fuchs 1976, 171-174).

3) 프랑크푸르트 종교화의(1539)

고향 스페인으로 돌아간 황제 카를 5세는 고대 로마 제국의 회복에 대한 꿈을 버리지 않는다. 이 꿈을 이루기 위해 이단자들과 불신자들은 제거되어야만 했다. 이리하여 황제는 지중해 연안을 약탈하고 수많은 그리스도인을 노예로 끌고간 북 아프리카 지역의 아랍인들을 정복하기로 한다. 스페인에서 카르타고에 도착한 황제와 그의 군대는 북 아프리카 일대를 점령한다. 이에 머물지 않고 황제는 오스만 제국을 지중해 해로와 육로로 공격하고자 한다. 이 전쟁을 위해 황제는 독일 개혁파 제후 및 제국의회 의원들의 도움이 절대적으로 필요하였다.

황제와 개혁파의 관계가 호전되자, 가톨릭 보수파가 수세에 몰리게 된다. 이에 보수파 일부 제후들은 개혁파의 슈말칼던 동맹에 대항하는 "뉘른베르크 동맹"(Nürnberger Bund, 1538)을 맺고 개혁파에 대립하는 전선을 구축한다. 양측의 팽팽한 대립 속에서 전쟁의 위험이 커진다. 이에 황제는 양편과 협상한 끝에 1539년 4월 10일 "프랑크푸르트 종교화의"(Frankfurter Anstand)를 맺고, 개혁파에 대한 관용과 평화를 허용한다. 이 화의는 「아욱스부르크 신앙고백」에 참여한 모든 개혁파 지지자로 확대된다. 15개월 동안 개혁파 의원들에 대한 황제의 공격과 제국법원의 처벌이 보류되며, 제국법원에서 진행되고 있는 모든 소송을 취하하기로 보장한다. 또 양편의 분열을 극복하기 위해 뉘른베르크에서 종교대화를 갖기로 한다.

이로써 아욱스부르크 제국의회의 위험한 결정 사항들은 효력을 상실한다. 이에 대한 대가로 개혁파는 슈말칼던 동맹에 더 이상 새로운 회원을 가입시키지 않으며, 황제에게 "반 터키인 지원"을 하기로 약속한다. 1532년의 "뉘른베르크 종교화의"와 1539년의 "프랑크푸르트 종교화의", 이 두 가지 조약은 신성 로마 제국 최초의 종교평화 조약이라 말할 수 있다. 이리하여 개혁파는 당분간 종교적 관용과 평화를 얻게 된다.

4) 1540-41년의 종교대화

가톨릭 측 보수파와 개혁파는 한 가지 공통점을 가지고 있었다. 즉 교회는 하나라는 생각이었다. 교회는 단 하나라는 이 생각 때문에 양편의 논쟁은 더욱 가열되는 동시에 연합을 위한 노력도 끊이지 않았다. 그러나 가톨릭 측에 대해 이 연합을 기대하기는 어려웠다. 가톨릭 측은 개혁파 측에 대해 일방적 "취소"를 요구하면서, 개혁파 측이 요구한 교회 전체의 공의회를 계속 연기하였기 때문이다. 이같은 상황에서 양편의 협상을 추진할 수 있는 인물은 황제뿐이었다. 그러나 황제의 입장도 매우 어려운 상태에 있었다. 특히 프랑스와의 관계로 말미암아 황제와 교황의 관계는 언제나 유동적이었기 때문이다. 언제 교황이 황제에게 등을 돌릴지를 예측하기 어려웠다. 또 제국의 중앙집권을 이루고자 하는 황제의 관심과, 제국의회의 자치권을 확보하고자 하는 제후들의 관심이 계속 충돌하였다. 나아가 신성 로마 제국에 속한 여러 나라가 황제가 속한 합스부르크 가의 세력 증대를 거부하였다. 그러므로 황제는 독일의 종교 문제를 자기 소신대로 처리하기 어려웠다.

이같이 미묘한 상황 속에서 1540년 초에 황제는 종교대화를 시작한다. 프랑크푸르트 종교화의에서 1539년 8월 뉘른베르크에서 갖기로 한 종교대화는 성사되지 않았다. 교황청이 참여를 확약하지 않았기 때문이다. 1540년 슈파이어에서 열기로 계획했던 종교대화는 전염병 때문에 동년 6월 하게나우(Hagenau)에서 열리게 된다. 이 대화에는 당시 스트라스부르크에 피신해 있던 칼뱅도 참석하였다.

대화는 의사일정에 대한 불일치로 말미암아 시작부터 난항에 빠졌다. 제국의 왕 페르디난트는 1530년의 아욱스부르크 제국의회에서 해결되지 않은 조항들만 다루고자 했으나, 개혁파는 이를 거부하고 「아욱스부르크 신앙고백」이 대화의 기초가 되어야 한다고 주장하였다. 대화의 기준에 대해서도 의견이 일치하지 않았다. 개혁파는 교부들과 공의회가 기준이 될 수 없고, 오직 성경만이 기준이어야 한다고 주장하였다. 이에 페르디난트 왕은 1540년 7월 16일 대화를 연기한다.

대화는 동년 11월 25일 보름스에서 다시 시작된다. 여기서 「아욱스부르크 신앙고백」이 대화의 기초로 수용된다. 공식 대화보다는, 양측(Gropper-Bucer)의 물밑 대화가 더 큰 효력을 가진다. 이를 통해 양측 공동의 "보름스 문서"(Wormser Buch)가 성사되고, 이를 기초로 대화가 진행된다. 원죄, 칭의, 성경과 전통의 문제에서 양편의 입장이 접근을 보인 반면, 미사, 성만찬 등의 문제는 난항을 겪는다. 1541년 1월 18일에 페르디난트 왕은 보름스 대화를 종결하고, 황제가 이미 개최를 발표한 레겐스부르크(Regensburg) 제국의회로 연기한다.

1541년 4월 5일에 시작된 레겐스부르크 제국의회에서 양측의 대화는 4월 27일에 시작된다. 죄의 타락 이전의 상태, 자유의지, 죄의 원인, 원죄, 이 네 가지 조항에서 양측은 일치한다. 힘든 토의 끝에 칭의론에 대해서도 합의한다. 그러나 화체론의 문제에서 양측은 타협을 보지 못한다. 성경 해석에 대한 교회의 권위, 회개와 죄의 사면, 위계체제로서의 교회, 교황의 권위, 미사, 성인 숭배의 문제에서 대화는 결렬된다. 양측을 화해시키고자 했던 황제의 노력은 이로써 좌절된다. 그러나 칭의론에 대해 양측이 합의를 본 것은 중요한 발전이었다. 여기서 "이중의 의", 곧 하나님께서 인간의 믿음을 보시고 거저 주시는 "낯선 의"(iustitia aliena)와, 인간 자신 안에 내재하는 의(iustitia inhaerens)가 인정되며, 그리스도의 죄용서로 인한 첫째 칭의와, 칭의를 얻은 인간의 업적으로 인한 둘째 칭의가 인정된다. 루터는 레겐스부르크의 타협안 전체를 부인하는 반면 칼뱅은 이를 수용한다. 교황청은 이를 부인한다(Lohse 1980, 105).

4. 필립 영주의 이중결혼과 슈말칼덴 전쟁

1) 필립의 이중결혼(1540)

1540년 가톨릭 측과 개혁파 측의 대화가 시작될 즈음, 35세 된 필립 영주의 이중결혼 문제가 불거진다. 필립은 19세 때부터 작센의 공작 게오르그의 딸 크리스티나(Christina, 작센의 선제후 프리드리히의 조카이기도 함)와 16년간 결혼생활을 하면서 7명의 자녀를 두었다. 그러나 필립은 17살 된 궁정시녀 마가레테(Margarethe)와 깊은 사랑을 나누게 된다. 이를 알게 된 마가레테의 부모는 두 사람의 결혼을 요구하였다. 이에 필립은 구약시대의 족장들도 일부다처를 하였다는 것을 근거로, 루터에게 이중결혼을 허락해 달라고 요청한다. 필립은 만일 루터가 반대할 경우 개혁파를 버리고 교황과 황제의 편에 서겠다고 루터에게 은근히 압박을 가한다. 그의 부인 크리스티나는 이 결혼을 허락하였다.

입장이 난처해진 루터는 멜랑히톤과 협의한 끝에, "이 문제는 우리가 판단할 수 없다"고 회신하였다. 루터의 이 말을 결혼에 대한 동의라고 생각한 필립은 1540년 3월 비밀리에 마가레테와 이중결혼을 하였다. 그런데 필립의 여동생이 이중결혼에 대한 소문을 퍼뜨리고 다녔다. 이것은 비텐베르크의 개혁자들에게 치명적 타격이 되었다. 또 이중결혼은 필립 자신의 생명에도 매우 위험하였다. 마가레테와 결혼하기 몇 년 전에, 그는 이중결혼에 대해 사형을 선고하는 황제의 형법을 그의 영지 헷선에 도입하였기 때문이다. 그는 자신이 도입한 법 때문에 사형을 당하게 되었다. 이에 필립은 1541년 6월 13일 황제와 단독협약(Separatabkommen)을 맺는다. 황제는 필립의 이중결혼을 허용하고, 그동안에 있었던 필립의 모든 정치적 저항을 용서하며, 종교전쟁이 일어나도 그를 벌하지 않겠다고 약속한다. 그 대신 필립은 외국 세력과 동맹을 맺지 않으며, 황제의 재정 지원 요청을 수락하겠다고 약속한다. 작선의 공작(필립의 사위) 모릿츠(Moritz)는 황제와 필립의 협약을 지지하면서 슈말칼던 동맹에서 탈퇴한다. 이를 계기로 개혁파 세력은 크게 약화된다. 독일 서북부 지역에서 개혁 세력의 확장은 거의 중단된다. 반대급부로 황제의 힘은 강화된다.

2) 슈말칼던 전쟁(1546-1547)

가톨릭 보수파와 개혁파를 화해시키려는 황제의 노력이 거듭 좌절되자, 개혁파의 슈말칼던 동맹에 대한 황제의 군사적 공격이 유일한 해결책으로 부상한다. 1545년 전후의 상황은 황제에게 유리하였다. 1544년 프랑스 전쟁에서 승리하고, 1545년 터키 군대와 휴전함으로써 황제는 독일의 종교문제를 무력으로 해결할 수 있는 힘을 갖게 된다. 1545년 5월 17일 황제는 터키 전쟁과, 독일의 "이단자들"(개혁파) 척결에 사용될 수 있는 순금 100,000두카텐(1 Dukaten은 순금 3.44그람)과 군사지원의 약속을 교황에게서 받는다. 또 황제는 필립 영주의 단독협약에 실망한 개혁파 제후들을 자기편으로 끌어들인다. 황제는 작선의 공작 모릿츠가 자신에게 군사지원을 할 경우, 그의 사촌인 선제후 요한 프리드리히의 선제후직을 그에게 주겠다고 약속한다. 이와 같이 황제는 개혁파의 슈말칼던 동맹에 대한 전쟁을 준비한다.

슈말칼던 전쟁
[자료 출처: 위키미디어]

1546년 7월, 황제는 슈말칼던 동맹에 대한 전쟁을 레겐스부르크에서 시작한다. 이것이 이른바 "슈말칼던 전쟁"이다. 전쟁의 명분은 작선의 선제후 요한 프리드리히와 필립 영주에 대한 제국파문을 집행하기 위함이었다. 그러나 전쟁의 내면적 동기는 개혁파를 가톨릭고회로 흡수하는 데 있었다. 1546년 독일 남부 제국도시에 대한 전쟁에서 승리한 황제는, 1547년 4월 24일에 독일 북부 뮐베르크(Mühlberg, 라이프치히 동쪽 약 70Km 지점) 결전에서 슈말칼던 동맹을 대파한다. 작선의 선제후 요한 프리드리히는 포로가 되어, 황제 모독죄와 이단자 명목으로 사형선고를 받았다가 무기징역으로 완화된다. 1547년 5월 19일의 비텐베르크 항복에서 그는 자기의 선제후직과 많은 영지를 사촌 모릿츠에게 넘겨주고 튀링언의 일부 지역만 갖게 된다. 필립 영주도 결국 황제에게 항복한다. 슈말칼던의 두 지도자의 체포와 독일 남부 제국도시들의 항복과 함께 전쟁은 끝난다. 이제 황제는 신성 로마 제국 안에 황제 중심의 중앙집권 체제를 세우고, 제국을 재정공동체, 군사공동체로 통일시키고자 한다. 오랫동안 황제가 추구했던 목적이 이루어질 수 있게 되었다.

전쟁이 시작되기 전인 1546년 2월 16일, 루터는 자기의 고향 아이슬레번에서 63세의 나이로 사망한다. "1540년대, 노년기를 맞이한 루터는 지칠 대로 지쳐 있었다. 원래부터 루터는 통풍, 결석, 만성소화불량, 두통, 심장질환, 중이염, 고혈압, 불면증, 우울증 등 각종 만성질환에 시달렸었다. 한창 일할 때였던 1527년만 해도 이런 질병으로 설교조차 중단하는 일까지 있었을 정도였다…이런 원인의 대부분이 그에게 있어서 지도자로서 받는 정신적 스트레스가 너무나 크게 작용되었기 때문으로 볼 수 있다." 죽기 직전에 그는 침상에서 "우리들은 거지다. 이것은 사실이다"라는 메모를 남긴다. "루터의 시신은 비텐베르크성 교회 안 그가 설교했던 설교대 근처에 묻혔다"(홍경만 2017b, 93, 99, 루터의 사망과 장례식의 감동적 이야기들에 관해 김주한 2015, 223-228 참조).

III

1555년 아욱스부르크 종교평화를 통한 루터의 종교개혁의 종결

루터의 종교개혁은 1555년의 아욱스부르크 종교평화를 통해 종결에 이른다. 그러나 이 평화는 아욱스부르크 잠정서, 황제에 대한 개혁파 제후들의 반란과 승리, 파사우 협약이라는 중요한 사건들을 거쳐야만 했다.

1. 아욱스부르크 잠정서, 개혁파 제후들의 반란, 파사우 협약

1) 아욱스부르크 잠정서(1548)

슈말칼던 전쟁이 일어나기 전 해인 1545년, 교황 파울루스 3세(Paul III)는 독일 트리엔트(Trient)에서 이른바 "트리엔트 공의회"를 개최하였다. 하필이면 비텐베르크에서 대각선으로 멀리 떨어진, 독일 서북부 끝자락에 있는 도시에서 공의회가 열리는 것은 개혁파에게 참석하지 말라는 신호와 같았다. 그런데 1547년 초에 교황은 공의회를 교황청에서 가까운 이탈리아 볼로냐로 옮겨버렸다. 이로써 공의회는 공정성을 상실하고, 교황청에 의해 지배될 수밖에 없었다. 이에 개혁파는 공의회 참여를 거부하였다. 가능한 개혁파의 합의를 이끌어내고자 했던 황제는 공의회 장소를 다시 트리엔트로 옮길 것을 교황에게 요구하였다. 그러나 교황이 황제의 요구를 거절하자, 1548년 2월 공의회는 연기되었다.

이에 황제는 교황 없이 자신의 힘으로 문제를 해결코자 하였다. 자신이 속한 합스부르크 가의 세력 확대를 반대하는 교황을 그는 신뢰할 수 없었다. 1548년 초에 그는 양편의 신학자 협의회를 구성하고, 잠정적 합의서를 작성하도록 하였다. 합의서는 1548년 5월 1일에 아욱스부르크 제국의회에서 발표됨으로써 "아욱스부르크 잠정서"(Augsburger Interim)라 불리게 된다. 그러나 이 잠정서는 개혁파와 보수파 양측이 공평하게 작성한 문서가 아니라 보수파가 일방적으로 만든 문서였다. 따라서 이것은 가톨릭교회에 유리한 일방적 문서에 불과하였다. 이 문서를 작성한 협의회 참여자 가운데 개혁파 인물은 아그리콜라(J. Agricola) 한 사람뿐이었다.

따라서 아욱스부르크 잠정서는 가톨릭 입장을 대변하고 있다. 이것을 우리는 아래의 몇 가지 항목에서 볼 수 있다. (1) 칭의는 죄의 용서와 동일시되는 동시에, 성령을 통해 불의한 인간이 의로운 인간으로 변화되어 선하고 바른 것을 원하게 되는 갱신과 동일시된다(4조). (2) 성경 말씀을 통해 교회가 있게 된 것이 아니라, 교회로 말미암아 성경이 있게 되었다. 성경에 해석하기 어려운 문제가 등장할 경우, 성령 안에서 모인 공의회를 통해 교회가 그 문제를 결정할 권한을 가진다(11조). (3) 미사는 그리스도께서 세우신 것이며, 그리스도의 십자가의 속죄제물을 기억하는(memoria) 기능을 가진다. 그리스도의 십자가의 속죄제물과 미사의 속죄제물은 그 본질에 있어 동일하다. 단지 제물을 바치는 방법이 다를 뿐이다.

잠정서는 사제의 결혼, 평신도에 대한 포도주 잔 허락의 문제에서 개혁파 측의 입장을 수용한다. 그러나 이것도 차기 공의회의 결정이 있을 때까지만 수용한다고 제한하면서(26조), 잠정서는 가톨릭교회의 전통적 의식들을 유지하거나 다시 도입하고자 한다. 한마디로 1548년의 아욱스부르크 잠정서는 보수파와 개혁파의 진정한 화해를 위한 문서가 아니라 개혁파를 억압하고 독일 교회의 재가톨릭화를 도입코자 한 문서였다. 1548년 6월 14일, 황제는 성직자와 수도원 생활을 개혁하기 위한 "개혁문서"(Formula Reformationis)를 가톨릭 측 제국의회 의원들에게 공지한다. 그러나 이 개혁은 이루어지지 않았다.

2) 잠정서로 인한 개혁파 내의 논쟁

1548년의 아욱스부르크 잠정서는 한국어로 "종교화의" 혹은 "협약"으로 번역된다. 그러나 이 문서는 가톨릭 측과 개혁파가 공정하게 협의하여 만든 "화의" 혹은 "협약" 문서가 아니었다. 사실상 그것은 황제 카를 5세가 주도하여 만든 "완전한 재가톨릭화"의 문서였다. 황제에 대한 방어력을 갖지 못한 독일 남부의 개혁파는 전체적으로 잠정서에 복종하였다. 남부의 어떤 지역에서는 가톨릭 질서의 회복이 광범위하게 이루어졌다. 이를 반대하는 성직자들은 다른 곳으로 떠나야만 했다.

그러나 독일 북부의 제국도시들은 잠정서 시행을 강력하게 거부한다. 잠정서를 반대하는 수많은 문서가 발행되고, 잠정서를 조롱하는 노래들과 팜플렛이 곳곳에 퍼진다. 슈말칼던 전쟁에서 황제를 위해 싸운 공로로 선제후직을 물려받은 모릿츠는 잠정서를 시행코자 한다. 그러나 그는 잠정서를 반대하는 영지 의원들과 시민들의 압력으로 잠정서의 대안을 작성케 한다. 멜랑히톤의 주도하에 작성된 잠정서의 대안은 라이프치히 의회에 제출되었기 때문에 "라이프치히 잠정서"(Leipziger Interim, 1548. 12월)라고 불린다. 라이프치히 잠정서는 황제의 재가톨릭화 입장에 양보한다. 그리하여 가톨릭교회의 의식들을 수용한다. 그러나 루터의 사상을 철저히 따르고자 하는 인물들, 곧 "정통 루터파"(Gnesio Lutheraner)는 이를 반대한다. 이리하여 루터의 가르침을 철저하게 지키고자 하는 정통 루터파와, 루터의 가르침을 양보하고 가톨릭 보수파와 화해하고자 하는 멜랑히톤파 사이에 논쟁이 일어난다. 이 논쟁은 "잠정서 논쟁"이라고 불린다.

논쟁을 해결하기 위해 개혁파는 1549년 7월 "라이프치히 잠정안 축소판"을 작성한다. 그러나 이 문서는 성상과 미사의 성복(聖服)을 수용하고, 가톨릭교회와 마찰을 일으킬 수 있는 사안들을 포기함으로 말미암아 통과되지 못한다. 이리하여 정통 루터파와 멜랑히톤파 사이에 논쟁이 거듭 일어나게 된다. 이 논쟁은 1577년의 루터교회의 일치조항(Konkordienformel)과 1580년의 일치서(Konkordienbuch)에서 결론을 맺게 된다.

3) 개혁파 제후들의 반란과 파사우 협약(1552)

아욱스부르크 잠정서는 황제에 대한 독일인들의 거대한 반감을 불러일으킨다. 그것은 개혁파 제후들과 제국도시의 의견을 무시한 황제의 독단적 행위요, 종교문제에 대한 개입이었다. 이와 때를 같이하여, 독일에 주둔하고 있는 황제의 스페인 군대에 대한 반감이 더욱 커진다. 슈말칼던 연맹의 독일인 지도자 두 사람, 곧 작선의 제후 요한 프리드리히와 필립 영주를 스페인 출신 황제가 포로로 감금하고 있는 것도 독일인들에게는 견디기 어려운 치욕이었다. 또 황제의 동생 페르디난트 왕이 죽은 후, 황제가 자기의 황제직을 스페인에 있는 자기의 아들 필립에게 물려줄 것이라는 소문이 나돌았다. 이것도 "짐승 같은 스페인의 종살이"(die viehische Servitut)에 대한 독일인들의 반감을 더욱 악화시켰다(Jedin 1999, 306).

이같은 상황에서 작센의 신임 선제후 모릿츠가 황제에게 등을 돌리고 개혁파와 연합하는 뜻밖의 일이 일어난다. 1547년 슈말칼던 전쟁이 끝났을 때, 황제는 전쟁에 공헌한 모릿츠에게 선제후직을 하사했지만, 그가 약속했던 막데부르크와 할버슈탓트에 대한 통치권은 허락하지 않았다. 이에 모릿츠는 황제에게 속았다고 생각하였다. 그가 통치하는 작센 지역의 주민들은 그를 가리켜 작센의 "가롯 유다"라고 조롱하였다. 즉 선제후직을 얻는 대가로 황제 편으로 돌아선 배신자라는 것이다. 자기가 통치하는 지역 주민들에게 배신자라고 조롱을 받는 것은 모릿츠에게 견디기 어려운 일이었다. 이리하여 모릿츠는 황제에게 등을 돌린다. 그는 슈말칼던 전쟁의 두 지도자의 석방 및 황제에 대한 제후들의 자유를 위해 결성된 개혁파 동맹으로 돌아선다. 프랑스의 왕 앙리 2세도 종교의 차이를 초월하여 이 동맹에 가세한다.

개혁파 동맹은 두 지도자의 석방 및 황제에 대한 제후들의 자유를 회복하기 위해 페르디난트 왕과 아욱스부르크에서 회담을 가진다. 페르디난트 왕은 개혁파의 요구를 거부한다. 이에 개혁파 제후들의 군대는 1552년 3월에 황제의 군대를 급습하여 대파한다. 황제는 오스트리아 인스브루크에서 필라하(Villach)로 도주한다. 선제후 모릿츠와 페르디난트 왕의 화의에 따라 1552년 3월 말, 20명의 개혁파 의원과 황제의 대리자가 협상을 가진다. 개혁파는 아욱스부르크 잠정서를 폐기하고, 지속적 종교평화를 보장하며, 교회재산의 새로운 소유자를 인정한다는 조건으로, 오스만 제국의 침공을 막으려는 황제에게 재정적·군사적 지원을 약속한다.

그러나 황제는 지속적 종교평화에 대한 개혁파의 요구를 거절한다. 끈질긴 협상 끝에 1552년 8월 2일에 "파사우 협약"(Passauer Vertrag)이 성사된다. (1) 아욱스부르크 잠정서를 폐기하고, (2) 종교평화를 다음 제국의회 때까지 유지하며, (3) 종교적 문제와 독일의 "무거운 짐"(Gravamina)의 문제는 다음 제국의회에서 다루기로 쌍방이 합의한다. 협약의 체결과 함께 필립 영주는 석방된다. 작선의 선제후였던 요한 프리드리히는 이미 석방된 상태에 있었다. 헷선의 신임 선제후 모릿츠는 정치적 성공의 열매를 제대로 누리지 못하고, 그다음 해인 1553년에 전투에서 당한 부상으로 사망한다.

2. 황제의 정치적 꿈의 좌절과 아욱스부르크 종교평화

1) 황제 카를 5세의 가장 중요한 정치적 꿈은 (1) 황제 중심의 강력한 중앙집권 체제를 세우고, (2) 가톨릭 체제에 기초한 고대 로마 제국을 회복하며, (3) 신성 로마 제국을 끊임없이 위협하는 터키인들을 방어하는 데 있었다. 이 목적을 이루기 위해 먼저 필요한 것은 제국 전체에 분쟁을 일으키는 독일의 종교 문제, 곧 "루터 건"을 해결하고 제국의 일치와 평화를 이루는 일이었다. 그러나 스페인 출신 황제에 대한 독일인들의 반감, 황제의 중앙집권에 대한 제국의회 의원들의 끈질긴 저항, 가톨릭 측과 개혁파 측의 팽팽한 대립, 공의회를 계속 미루는 교황의 이기적 태도, 언제 자기를 배신할지 모르는 교황의 정치적 계산, 프랑스와 터키 군대의 끊임없는 위협, 자기의 고향 스페인 내에서의 저항 세력 등과 같은 요인들로 인해 자신의 계획이 이루어질 수 없다는 결론에 황제는 도달한 것으로 보인다.

이에 황제는 개혁파에 대한 투쟁을 중단하고, 1555년의 아욱스부르크 제국의회에서 양편의 평화를 추진하게 된다. 그 당시 황제는 매우 지쳐 있었던 것으로 보인다. 그는 제국의 모든 업무를 동생 페르디난트 왕에게 일임한다. 그는 아욱스부르크 제국의회의 진행도 동생에게 맡긴다. 동생 페르디난트가 주재한 제국의회는 양편의 끈질긴 협상 끝에, 1555년 9월 25일 종교평화에 합의한다. 이것이 바로 1555년의 "아욱스부르크 종교평화"(Der Augsburger Religionsfriede)다. 이로써 약 35년 동안 계속된 루터의 종교개혁 운동은 마감된다. 그 뒤에는 페르디난트 왕과 작센의 선제후 요한 프리드리히의 끈질긴 중재가 있었다.

이 회의에서 황제는 (1) 프로테스탄트 교회(루터교회) 측의 「아욱스부르크 신앙고백」을 제국법적으로(reichsrechtlich) 인정하되, (2) 가톨릭 측이 자신의 이익을 위해 집요하게 주장하는 "교회적 유보"(reservatum ecclesiasticum)를 인정함으로써, 거의 몰락 상태에 도달한 가톨릭교회의 유지를 보장해 주었다. 이로써 황제는 양편 모두에게 공평을 행하고자 한다. 그리고 각 영지가 프로테스탄트 교회 측에 속할 것인지, 아니면 가톨릭교회 측에 속할 것인지를 결정할 수 있는 권한을 각 지역의 제후들에게 맡긴다. 곧 어느 제후의 영지에 속하느냐에 따라 각자의 소속 교단이 결정되는 "쿠이우스 레기오, 에이우스 렐리기오"(Cuius regio, eius religio, "누구의 지역, 그의 종교")의 원칙을 세운다. 지역의 백성은 제후의 결정을 따라야 한다. 이 결정에 불복하는 사람은 자기의 소유를 팔고, 명예를 상실하는 일 없이 그 지역을 떠나 다른 지역으로 이주할 수 있다. 이를 통해 종교 문제로 인한 고문과 사형 및 강압적 개종이 일어나지 않게 한다. 아욱스부르크 종교평화는 어느 편도 다른 편을 억압해서는 안 되며, 서로 자신의 종교 안에서 평안히 살도록 허용해야 한다는 선언으로 시작된다.

앞으로 그 누구도 어떤 이유이든 간에…다른 사람을 공격하거나, 싸우거나, 억압해서는…안 된다. 이와 같은 평화가 종교의 영역에서도 확고하게…세워지고 유지되도록 하기 위해 황제의 권위도, 선제후들과 제후들 및 신성 로마 제국의 의원들도 「아웃스부르크 신앙고백」을 수용하는 의원을 강압해서는 안 되며,…그의…양심이나 「아웃스부르크 신앙고백」에 대한 지식과 의지에 반해서…다른 길을 강요해서는 안 되며,…도리어 자기의 종교 속에서 평화롭게 살도록 해야 한다.…거꾸로 「아웃스부르크 신앙고백」에 속하는 의원들은 옛 종교(가톨릭교회)에 속한 의원들, 영적 의원들과 세속적 의원들을…이와 동일하게 그들의 종교 안에…평안히 살도록…해야 한다(Oberman 1981, 233).

2) 여기서 우리는 "아웃스부르크 종교평화" 혹은 "종교회의"에 대한 두 가지 오해를 피하고자 한다. 첫째, 아웃스부르크 종교평화는 모든 기독교 종파의 화해와 평화로 이해될 수 있다. 그러나 이 문서는 가톨릭교회와 개혁파의 프로테스탄트 교회(루터교회) 외의 다른 종파들, 곧 취리히의 츠빙글리파, 재세례파, 젠프의 칼뱅파를 위시한 모든 교파를 배제한다. "위에 언급한 두 가지 종교(교회)에 속하지 않은 모든 다른 종교는 이 평화에 포함되지 않고 완전히 배제된다." 칼뱅파 교회는 30년 전쟁이 끝난 1648년에야 비로소 인정된다.

둘째, 아웃스부르크 종교평화는 가톨릭교회와 개혁파 교회가 서로 화해하고 평화롭게 공존하게 된 것으로 이해되기 쉽다. 그러나 이것은 황제의 희망 사항에 불과하였을 뿐, 결코 두 교회의 종교적 투쟁의 종식을 뜻하지 않았다. 오히려 자기편에 진리가 있다는 양측의 주장이 종교평화 이후 더 강화되었고, 이로 말미암은 갈등과 투쟁이 계속되었다. "아웃스부르크 종교평화"는 프로테스탄트 교회가 황제의 법적 인정을 받고 가톨릭교회와 동등한 지위를 갖게 되었음을 뜻할 뿐이다. 이리하여 가톨릭교회의 단일체제가 깨어지고, 두 가지 교단이 존재하게 된다. 이로써 "신앙의 갈등의 법제화"(Justitialisierung der Glaubenskonflikte)가 이루어진다(Rabe 1991, 455).

3) 프로테스탄트 교회가 가톨릭교회와 동등한 지위를 얻게 되면서 다양한 문제들이 제기된다. 보름스 칙령을 비롯한 제국의회의 결정들과 갖가지 종교적 협약들을 어떻게 할 것인가, 각 영지의 교회 선택을 어떻게 결정할 것인가 등의 문제들이 부각된다. 또 가톨릭교회 성직자들이 개혁파 교회로 넘어갈 경우, 가톨릭 교구가 줄어들게 되고 교회 재산이 개혁파 쪽으로 넘어가는 문제가 일어난다. 이를 막기 위해 가톨릭교회는 이른바 "교회적 유보"(reservatum ecclesiasticum)를 끝까지 주장하였다. 팽팽한 협상 끝에 결정된 몇 가지 세부 사항을 살펴본다면,

(1) 지금까지 발표되었던 모든 종교적 협약을 폐기하며, 개혁파에 대한 종교재판과 이단자 파문 및 화형을 폐지한다. 츠빙글리파, 재세례파, 칼뱅파는 여기서 제외된다.
(2) 제후의 선택에 따라 영지 전체의 교회가 결정된다. 제후가 프로테스탄트 교회(루터교회)를 택하면, 프로테스탄트 교회가 그 영지의 교회가 된다. 1576년에 법학자 요아힘 스테파니(Joachim Stephani)가 말한 "누구의 지역, 그의 종교"(쿠이우스 레기오, 에이우스 렐리기오=Cuius regio eius religio)의 원칙이 여기서 세워진다.
(3) 제후가 선택한 교회와 각 개인의 교회가 다를 경우, 개인은 자기의 재산을 팔고 가족과 함께 다른 지역으로 떠날 권리를 가진다. 제후에게는 "개혁의 권리"(ius reformationis)가 주어지는 반면, 개인에게는

"이주의 권리"(*ius emigrandi*)가 주어진다. 개혁파의 「아욱스부르크 신앙고백」(CA)을 이미 수용한 기사들, 도시들, 교회공동체들과 영적 제후의 신하들은 자신의 개혁신앙을 유지할 수 있다.

(4) 제후 주교(혹은 영적 제후, Fürstenbishof)가 다스리는 영지는 가톨릭교회를 계속 유지한다. 그의 영적 제후직도 계속 유지된다. 그러나 대주교, 주교, 교구장을 비롯한 성직자들이 가톨릭교회를 떠날 때, 그들은 자기에게 속한 교구와 모든 이권을 즉시 포기해야 한다. 그러나 그들의 명예가 훼손되어서는 안 된다. 교구의 성직자 총회는 가톨릭교회에 속한 인물을 후임으로 선출해야 한다(가톨릭교회의 성직 자리와 재산을 지키기 위한 조항임).

(5) 일단의 제국의회 의원들은 종교기관과 수도원 및 교회 소속 재산들을 자기의 소유로 삼고 이것을 교회와 학교 및 선한 목적에 사용하였다. 1552년 파사우 협약 이후 그 소유권이 성직자에게 있지 않았던 이런 재산은 제국의회 의원들의 재량에 맡긴다.

(6) 지금까지 두 교회가 공존하였던 자유 제국도시에서는 두 교회가 계속 공존할 수 있다. 1548년의 잠정서(*Interim*) 시행으로 가톨릭 예배를 도입한 개혁파 도시들은 이 예배를 관용해야 한다.

(7) 개혁파 영지에 속한 성직자들의 재판권, 주교들의 교회통치권, 종교기관들의 보호권은 해당 영지의 제후에게 귀속된다(프로테스탄트 교회의 영지교회 체제가 여기서 확정됨). 그러나 영적 주교의 보호권(Patronatsrecht, 자기 재산으로 세운 교회나 성직에 대한 재정적 책임을 감당하는 대신 인사 문제 등에 개입할 수 있는 권리), 재산, 수입과 기타 권리들은 예외적으로 유지된다(가톨릭교회에 속한 영적 주교들의 재산과 권리를 지키기 위한 조항임).

(8) 파사우 협약(1552) 이전에 세속화된(세속 재산이 되어버린) 수도원과 종교기관들의 재산은 제후의 소유가 된다(Oberman 198?, 223).

이같은 사항들을 내포한 1555년의 아욱스부르크 종교평화와 함께 루터의 종교개혁은 일단락된다. 가톨릭교회의 면죄부 장사 문제와 함께 시작된 그의 개혁운동은 가톨릭교회와 프로테스탄트 교회(루터교회)의 분열, 두 교회의 공존으로 마무리된다. 프로테스탄트 교회는 종교의 자유를 얻게 된다. 이것은 황제가 개혁파의 손을 들어주었다는 것을 뜻한다.

4) 여기서 다음의 질문이 제기된다. 지금까지 가톨릭교회 편에 서 있던 황제가 갑자기 양측 교회의 동등한 지위를 인정하고 프로테스탄트 교회의 자유를 허용한 이유는 무엇일까? 오랜 투쟁으로 말미암아 심신이 지쳤기 때문일까?

직접적 이유는, 양측 교회를 도저히 화해시킬 수 없고, 프로테스탄트 교회가 제국의 다른 나라들과 결합되어 있었기 때문에 이를 무력으로 제거할 수도 없는 정치적 현실 때문이었다고 볼 수 있다. 프로테스탄트 교회를 무력으로 제거하고자 할 경우, 유럽 전체가 종교전쟁의 대 파국에 빠질 수 있는 위험도 있었다. 전쟁이 일어날 경우, 스페인을 견제하는 영국과 프랑스가 프로테스탄트 측과 연대할 수 있었다. 또 오랫동안 계속된 전쟁 때문에 개혁파를 무력으로 제거할 수 있는 군사적·재정적 힘이 황제에게는 부족하였다. 합스부르크 가에 속한 스페인 출신 황제에 대한 독일인들의 배타적 태도, 황제의 중앙집권을 거부하는 독일 제후들의 저항도 황제의 결단의 원인으로 보인다.

황제가 종교평화를 결심하게 된 배면에는 동생 페르디난트의 강력한 설득이 있었던 것으로 보인다. 부패하고 타락한 가톨릭 체제에 기초하여 제국의 신앙적 통일성을 이루고 고대 로마 제국을 회복하려는 형 카를 5세의 노력은, 동생 페르디난트에게는 비현실적인 꿈으로 보였던 것 같다. 개혁파 제후와 제국의회 의원들, 황제가 속한 합스부르크 가를 거부하는 국가들이 연대할 때, 황제의 이 꿈은 이루어지기 어려웠다. 황제의 꿈은 민족국가들이 발흥하는 당시의 정치적 상황에서 실현되기 불가능한 일이었다. 이에 페르디난트는 가톨릭교회와 프로테스탄트 교회를 함께 인정함으로써 제국의 평화를 이루는 것이 현실적임을 그의 형 카를 5세에게 진언한 것으로 보인다.

어떤 학자는, 황제는 종교평화를 끝까지 반대했는데, 동생 페르디난트의 고집을 꺾지 못하여 이를 수용하고 화가 나서 수도원으로 들어갔다고 말한다. 그러나 동생의 고집 때문에 최고 통치자가 자기의 뜻을 포기하고 화가 나서 수도원으로 들어간다는 것은 정치의 현실에서 상상하기 어렵다. 만일 자신의 목적과 방법을 관철할 수 있는 가능성이 보였다면, 황제는 종교평화를 수락하지 않았을 것이다. 그 가능성이 거의 보이지 않았기 때문에 그는 동생 페르디난트의 진언에 따라 종교평화를 수용하였을 것이다.

황제가 종교평화를 수용한 보다 근본적 이유는 고대 로마 제국을 회복코자 했던 자신의 원대한 꿈을 포기하였기 때문으로 보인다. 황제가 가톨릭교회와 프로테스탄트 교회의 공존을 허용할 때, 그는 자기의 원대한 정치적 꿈을 포기했다고 볼 수 있다. 만약 황제가 이 꿈을 포기하지 않았다면, 그는 끝까지 개혁파 세력을 가톨릭 측에 통합시키고자 했을 것이다.

여기서 우리는 황제가 자신의 원대한 정치적 꿈을 포기할 수밖에 없었던 시대적 배경을 고려할 필요가 있다. 루터의 종교개혁이 일어나고 있던 시대는 고대 로마 제국의 시대가 아니었다. 그것은 새로운 시대였다. 보편자가 지배하는 시대는 지나고, 개체들이 자기를 주장하는 시대가 열리고 있었다. 전체성과 획일성의 시대는 개별성과 다양성의 시대로 변천하고 있었다. 세계관 자체가 변하고 있었다. 새로운 항로와 신대륙이 발견되며, 지구 중심의 세계관(천동설)은 태양 중심의 세계관(지동설)으로 대체되기 시작하였다. 뉘른베르크의 개혁자 오지안더(Andreas Osiander)는 코페르니쿠스(Nikolaus Kopernikus, 1473-1543)의 태양 중심의 세계관에 동의하지 않았지만, 새로운 사고 모형으로 그것을 널리 보급하였다. 이같이 새로운 세계 속에서 고대 로마 제국을 회복한다는 것은 불가능하였다. 1534년, 영국의 헨리 8세에 의한 영국교회의 분리는 가톨릭 체제에 기초한 고대 로마 제국의 꿈이 깨어져버렸음을 예시하였다. 세계사의 이같은 추세를 황제 카를 5세는 역행할 수 없었다.

좌절감 속에서 황제는 네덜란드로 물러난다. 당시 53세였던 황제는 거듭되는 격무와 정신적 긴장으로 인해 질병에 시달리고 있었다고 한다. 제국의 통치를 동생 페르디난트에게 맡긴 황제는 1555년의 아욱스부르크 제국의회에도 참석하지 않는다. 동생 페르디난트 왕이 의사일정을 진행하였다. 제국의회의 결의 사항은 황제의 이름으로 발표되었지만, 의회의 진행 과정에 실망한 황제는 황제의 위(位)를 동생에게 넘겨주기로 결심한다. 1556년 1월, 그는 모든 공직을 사임한다. 스페인과 네덜란드는 아들 펠리페 2세(Felipe II, 1527-1598)에게, 황제의 위(位)는 동생 페르디난트에게 물려주고, 그는 스페인의 한 수도원에서 여생을 보낸다.

황제의 정치적 꿈의 좌절과 함께 루터의 종교개혁이 일단 종결된다. 로마 가톨릭교회의 단독체제가 깨어지고 교파적 다양성의 시대가 시작된다. "중세기의 통일성의 세계"가 끝나고 근대의 새로운 시대가 시작된다

(Aland 1980, 46). 그 주역은 루터였다.[1]

철학자 니체(Nietzsche), 종교사학자 트뢸취(Troeltsch) 등 일련의 학자들은 루터가 중세기를 극복하지 못하였다고 평가한다. 그의 사고 속에는 많은 중세기의 요소가 포함되어 있기 때문이다. 그러나 후대의 영향을 고려할 때, 우리는 루터의 종교개혁을 "근대의 시작"이라고 말할 수 있다. "코페르니쿠스적 전향"이 1517년 10월 31일에 95개조의 발표와 함께 시작되었다. 물론 루터의 종교개혁이 그 시대의 상황 속에서 일어날 수밖에 없었다는 것은 사실이다. 만일 루터가 종교개혁을 일으키지 않았다면, 어떤 다른 인물이 일으킬 수 있는 상황이었다. 여하튼 "루터와 종교개혁이 없었다면, 근대의 정신적 삶은…존재하지 않았을 것이다"(Aland 1980, 47).

3. "자유의 역사"의 정초가 된 루터의 종교개혁
― 종교개혁으로 말미암은 변화들 ―

아욱스부르크 종교평화와 함께 일단락 된 루터의 종교개혁은 중세 말기 유럽 세계에 많은 변화를 일으켰다. 독일 작선 지역에서 시작된 이 변화는 유럽 각지로 퍼지면서 새로운 시대를 열게 된다. 변화의 몇 가지 단면들을 살펴본다면,

---

1) 루터의 종교개혁을 "근대 시대 혹은 근대의 시작"으로 보는 대표적 학자는 J. Engel (1922-1978), E. W. Zeeden(1916-2011), E. Hassinger(1907-1992) 등이다. 새로운 시대를 연 종교개혁의 새로움에 대한 토의는 지금도 계속됨: Schorn-Schütte 2017, 93.

1) 성경을 직접 읽게 됨

가장 뚜렷한 변화는 모든 사람이 성경을 직접 읽을 수 있게 된 사실이다. 프로테스탄트 신자들은 누구를 막론하고 성경을 직접 읽고 연구할 수 있게 되었다. 성경의 진리를 설명하는 루터의 설교와 더불어 "일반 사람들의 손에 들어가 있는 성경 그 자체는 그들의 잠자는 기능을 일깨워 주었고, 영성(靈性)을 정화시키고 향상시켜 주었을 뿐 아니라, 지능에도 새로운 활기와 생기를 주었다"(White 1999, 176).

이에 반해 가톨릭교회에서 성경은 평신도에게는 물론 사제와 수도사에게도 금지되어 있었다(오늘날에도 가톨릭교회의 많은 신자는 성경을 갖지 않음. 필자의 한 친척에 따르면 사제들이 가르쳐주는 것을 듣기만 하면 되지, 반드시 성경을 읽어야 할 필요가 없다고 함). 그러므로 사제와 수도사들도 성경에 대해 무지한 상태에 있었다.

이제 성경을 열심히 공부한 평신도가 사제와 더불어 하나님의 진리에 대해 토론할 때, 사제의 무지가 폭로되었다. 사제들은 "그들의 무지가 폭로될까 두려워 겁내지 않을 수 없었다.…로마는 성경의 보급을 방해하기 위해 온 권력을 다 동원하였다. 그러나 칙령과 파문과 고문은 다 허사로 돌아갔다. 성경을 비난하고 금지하면 할수록 성경의 참뜻을 알고자 하는 사람들의 열심은 더욱 증가되었다.…그들은 성경을 가지고 다니면서 읽고 또 읽었으며, 마침내 성경의 대부분을 암송하고서야 만족하였다." 성경과 고전에 깊은 지식을 가진 젊은이들은 "어느 회합에서나 로마교의 학자들을 만나게 되면 확신을 가지고 그들을 용이하게 공격하여 진리에 무식한 그들을 낭패케 하고 뭇사람들의 경멸을 받을 수밖에 없도록 만들었다"(White 1999, 175, 177).

2) 신자들의 믿음과 경건

"오직 은혜로", "오직 믿음으로" 하나님의 칭의와 구원을 얻을 수 있다는 루터의 칭의론은 하나님의 죄용서와 구원에 대한 각 사람 자신의 체험과 내면적 믿음에 집중토록 하였다. 이것은 나중에 경건주의와 부흥운동에 큰 영향을 주었다. 칭의론은 "제2질서의 종교"에 속한 성인 숭배, 성상 숭배, 성유물 숭배, 순례, 성별의 물, 생명을 보호하는 부적용 목걸이(Amulett), 교회의 각종 행사와 의식과 미신을 폐기하며 오직 십자가에 달린 그리스도만 의지하게 하였다. 신자들의 믿음은 십자가에 달린 그리스도에 집중하게 되었다. 신자들은 위급한 일을 당했을 때, 마리아, 마리아의 어머니(=예수의 외할머니)인 안나, 혹은 어떤 성인의 이름을 부르지 않고 그리스도를 찾게 되었다. 십자가에 달린 그리스도만이(*solus Christus*) 신자들의 구원자로 부각되었다.

3) 교회의 삶과 구조

루터의 칭의론과 만인사제직으로 말미암아 성직자들의 중재자직이 철폐된다. 평신도 없이, 평신도 위에 있는 법적 제도로서의 성직자 계급이 부인된다. 성직자는 "그리스도의 몸"에 속한 지체들로서 평신도와 동등한 신분에 속한다고 보게 된다.

이것은 교회관의 변혁으로 이어진다. 가톨릭교회는 성직자들의 위계체제를 교회라고 보는 반면, 새로 등장한 프로테스탄트 교회는 루터의 가르침을 따라 교회를 신자들의 "모임"(*ecclesia*), "거룩한 사람들의 친교"(Gemeinschaft der Heiligen) 혹은 "거룩한 신자들"(eine heilige Christenheit)로 본다. 교회는 "성령을 통하여 함께 부르심을 받고, 한 믿음, 한 생각, 한 사고방식 안에서 그리스도를 머리로 가진 거룩한 사람들로 구성된 거룩한 작은 무리, 거룩한 공동체"다. "이 작은 무리의 사람들이 교회이다"(1964b, 99-100, 대교리문답에서). 예수께서 베드로에게 주신 "하늘나라의 열쇠", 곧 교황의 전권은 교황 한 사람에게 주어진 것이 아니라 모든 신자 곧 교회공동체에게 주어진 것이다.

모든 신자가 성직자와 동등한 영적 신분을 가지며, 하늘나라의 열쇠가 그들 모두에게 주어져 있다면, 모든 신자는 성직자 직분을 감당할 수 있는 자격을 가진다. 그들은 동일한 "영적 신분"에 속하기 때문이다. 그러나 교회의 질서를 위해 교회공동체는 모든 신자를 대리할 수 있는 적절한 인물을 성직자로 세운다. 여기서 성직자는 신자들이 행해야 할 기능을 위임받은 피위임자, 곧 "위임목사"에 불과하다. 죄용서는 하나님만이 하실 수 있고, 성직자는 이를 확인하고 선언할 수 있을 뿐이다. 성직자는 평신도 위에 있는 지배자가 아니라 그들을 섬기는 자이다. 모든 신자가 성직자와 동등한 영적 신분에 속한다면, 그들은 모두 성직자처럼 살아야 한다. 여기서 교황의 수장직은 설 자리를 상실한다.

그리스도의 몸의 지체로서 성직자와 평신도가 신분적으로 동등하다면, 성직자는 평신도 위에 있다는 권위를 주장할 수 없게 된다. 교황과 공의회와 교회 전통의 권위는 더 이상 인정되지 않는다. 신적 질서로서의 교회법도 신적·초월적 권위를 상실한다. 교회법은 하나님이 세운 신적 법이 아니라 인간이 만든 인간의 법에 불과한 것으로 인식된다. 교회 안에서 최고의 권위를 가진 것은 성경이다. 교회의 모든 일은 성경을 통하여 근거되어야 한다. 성경을 통해 근거되지 않는 교회의 모든 법과 관습 및 제도는 폐기되어야 한다. 성직자 독신제는 성경이 증언하는 하나님의 창조질서에 모순되는 것으로서 폐기된다. 가톨릭교회의 일곱 가지 성례 중 세례와 성만찬을 제외한 나머지 다섯 가지 성례는 성경의 근거가 없는 것으로서 폐기된다.

스위스의 극단적 개혁자들과는 달리 루터는 가톨릭교회의 미사를 완전히 제거하지 않고, 그것을 변경하였다. 그러나 그는 그리스도의 속죄제물을 바치는 순서를 제거하고 설교와 성만찬을 중심으로 하는 예배를 도입하였다. 그는 교회 예배실에서 오르간을 계속 유지하고, 찬송을 도입하였다. 또한 그는 예배와 성례에서 라틴어를 사용하지 않고 모든 신자가 잘 이해할 수 있는 모국어를 사용토록 하였다.

교회의 본질적 기능은 각종 의식과 축제(마리아 수태 기념 축제, 동방박사 세 사람 기념 축제, 성 마르틴 기념 축제 등)에 있는 것이 아니라 성경 말씀의 선포와 성례의 올바른 집행에 있는 것으로 이해된다. "하나님의 말씀이 바르게 선포되고 성례가 올바르게 거행되는 곳에 그리스도의 교회가" 있다(정일웅 2018, 115). 그러나 말씀이 성례 위에 있는 것으로 생각된다. 성례 없는 말씀은 있을 수 있지만, 말씀 없는 성례는 내용 없는 형식에 불과하기 때문이다. 따라서 말씀의 선포가 예배의 중심이 되고, 성례를 구성하는 요소로 인정된다. 특히 칼뱅 계열의 개혁교회 예배실은 성화와 성상 및 제2, 제3의 제단들이 제거된, 하얀색 벽으로 둘러싸인 학교 강당 비슷한 모습을 갖게 된다(필자는 이것을 반대함. 인간에게는 말씀을 듣는 청각만 있는 것이 아니라 시각도 있기 때문이다).

이로 인해 프로테스탄트 교회는 미학적 측면을 상실하고, 예술의 발전, 특히 그림과 조각 및 건축의 발전에서 멀어지는 결과를 초래하게 된다. 인간의 감성을 통해 신자들의 영성을 강화하는 대신 설교와 가르침을 듣고 이해하는 지적 능력을 통해 신자들의 마음을 변화시키려는 노력이 교회를 지배하게 된다. 바로 여기에 프로테스탄트 교회의 강점이 있는 동시에 약점이 있다. 그 대신 교회음악이 발전한다. 루터의 고향 아이슬레번에서 가까운 아이제나하에서 출생한 요한 세바스티안 바하(Johann

Sebastian Bach)의 교회음악은, 음악을 중요시하는 프로테스탄트 전통 속에서 생성되었다. 이와 같이 프로테스탄트 교회는 가톨릭교회와 많은 차이를 갖지만, 가톨릭교회와 같은 뿌리에 속한 교회로 자기를 인식하였다. 그러나 프로테스탄트 교회는 그리스도의 복음을 회복한 교회, 참 교회의 모습을 회복한 교회로 자기를 인식하였다.

4) 신자들의 존재와 세속의 삶

각 신자는 사회적 신분, 남녀의 성적 차이, 업적이나 공적의 많고 적음과 상관없이 그리스도를 직접 만나며, 그의 구원을 직접 받을 수 있다. 그렇다면 모든 사람은 동등한 가치와 존엄성을 가진다고 생각하게 된다. 신자들은 성직자들이 교회 제단 위에서 행하는 의식들을 바라보는 위치, 그들이 주는 것을 받는 위치를 떠나 말씀을 이해하고, 하나님의 은혜를 함께 받는 위치에 있게 된다. 그들의 존재는 사제의 영적 신분을 가진 것으로 승화된다. 따라서 성만찬에서 평신도도 포도주 잔을 받는다. 성직자가 빵을 평신도의 입에 넣어주지 않고, 평신도가 직접 자기의 손으로 빵을 취한다.

성직자와 평신도가 동등한 신분을 가진다면, 성직자 계급과 평신도 계급, 성직과 세속 직업의 차이는 인정될 수 없다. 성직은 물론 세속의 가정과 직장도 신자들이 하나님께 복종하고 그분의 뜻을 이루어야 할 장소로 생각된다. 그리스도의 뒤를 따름은 세속의 삶의 영역에서도 이루어져야 한다. 따라서 독신생활, 청빈과 복종 속에서 이루어지는 수도원의 삶은 신자들의 세속의 삶에 비하여 특별한 종교적 가치를 갖지 않게 된다. 세속의 삶이나 수도원의 삶 모두 하나님의 창조질서에 속한 책임을 수행해야 할 장소로 인식된다. 이리하여 프로테스탄트 교회는 수도원을 갖지 않게 된다.

가족생활에서 루터는 가부장제를 하나님의 창조질서로 생각하였다. 그에게 여자는 철저히 남자 아래 있는 존재였다. 여성에 대한 이같은 인식은 당시의 시대적 상황에서 피할 수 없는 루터의 한계였다. 부부생활에 대한 루터의 생각은 통일되어 있지 않다. 그것은 성적 타락을 막기 위한 구원의 수단으로 생각되기도 하고(고전 7장), 사회적 생활양식의 기초로, 또는 영적 성격을 가진 것으로 평가되기도 한다.

사망하기 전, 자기의 재산을 부인에게 유산으로 넘겨줄 때, 루터는 여성을 한 사람의 독립된 인격으로 존중하는 모습을 보인다. 중세기 유럽에서는 남편이 부인에게 유산을 넘겨줄 때 유서에 법적 보호자(Vormund)를 명시하였다. 법적 보호자가 부인이 물려받은 재산과 자녀를 관리하였다. 부인은 법적 보호자가 동의하는 범위에서 죽은 남편의 재산과 자녀 문제를 처리할 수 있었다. 이같은 법적 보호자 제도는, 여자는 미성숙자라는 사회적 인식을 반영한다. 법적 보호자가 피보호자 부인의 재산을 사취하는 불의한 일도 있었다.

그런데 1546년 2월 18일 루터가 사망할 때, 유서에서 법적 보호자를 세우지 않고, 유산과 자녀에 대한 모든 권리 곧 "보편적 상속권"(universale Erbschaft)을 부인에게 맡긴다. 이로써 루터는 여성을 남성과 동등한 위치에 세우며 한 인간으로서 여성의 존엄성을 인정한다. 유서에서 법적 보호자를 세우지 않고 재산과 자녀에 대한 "보편적 상속권"을 부인에게 맡기는 것은 그 당시에 예외적인 일이었다.

종교개혁자들은 결혼이 허용되지 않는 친척 촌수에 관한 규정들을 철폐하고 루터의 가르침에 따라 결혼식을 성례로 간주하지 않았다. 이리하여 결혼식은 세속의 삶에 속한 세속의 일로 간주되었다. 이로 말미암아 이혼이 가능하게 되었다. 결혼생활과 관계된 법적 문제들은 더 이상 성직자에 의해 다루어지지 않고 세속의 법적 기관에서 다루어지게 되었다. 새로 생성된 프로테스탄트 교회는 가톨릭교회의 교회법에서 해방되면서 새로운 법적 규범을 찾게 되었다. 가톨릭교회의 교회법에서 일부 법 규정들이 수용되기도 했지만, 그 외에는 성경과 로마법이 기준이 되었다.

5) 가정교육과 학교교육

중세기 그리스도인들의 무지를 극복하기 위해 루터는 교육을 매우 중요시하였다. 그래서 그는 교리문답서를 통해 청소년들과 평신도에게 기독교의 기본 진리에 대한 교육을 시도하였다. 또한 루터는 학교와 도서관을 세우고, 남자 아이들은 물론 여자 아이들에게도 학교교육을 시행할 것을 제후들에게 요청하였다. 그는 심지어 의무교육을 주장하기도 하였다. 이같은 루터의 생각에 따라 프로테스탄트 교회는 학교교육과 평신도 교육을 활성화시킨다. 많은 학교가 세워지고, 여자 아이들도 학교교육을 받게 된다. 루터의 동지 멜랑히톤 역시 교육을 중시하여 라틴어 학교를 세우고 대학교육을 개혁하고자 하였다. 그는 나중에 "게르만의 스승"(praeceptor Germaniae)이라고 불리게 된다.

루터를 위시한 개혁자들이 교육을 중요시한 동기는 다음과 같다. (1) 새롭게 발견된 그리스도의 복음이 무엇인가를 알도록 해야 하며, (2) 가톨릭교회와 구별되는 프로테스탄트 교회의 진리가 무엇인가를 가르치며, (3) 성직자와 동등한 영적 신분을 갖게 된 평신도들이 새로운 신분에 적절한 지적 수준을 갖추어야 하며, (4) 성경을 직접 읽고 그것을 해석할 수 있는 권리를 얻은 평신도가 성경을 바르게 해석할 수 있는 지적 능력을 갖추도록 하며, (5) 성직자의 권위에서 해방된 신자들이 방종과 무질서에 빠지지 않고 믿음의 바른길을 지키며, (6) 프로테스탄트 교회 신자로서 새로운 자기인식을 가지고 세속 안에서 바르게 살도록 양육해야 하며, (7) 하나님께서 세우신 세속의 영역을 잘 유지하고, 그 속에서 하나님의 뜻을 이룰 수 있는 양질의 인적 자원을 배양하며, (8) 신자들을 무지와 미신과 성직자들의 억압에서 해방하기 위함이었다.

개혁자들은 학교교육 외에 가정교육을 중요시하였다. 가정은 하나님의 말씀을 가르치는 "작은"(en miniature) 교회공동체다. 그것은 평신도 교육의 세포조직과 같다. 가정의 아버지와 어머니는 교리문답서를 가지고 자녀를 위시한 가정의 모든 사람에게 프로테스탄트 교회의 새로운 진리를 가르쳐야 할 책임을 가진다.

교육의 목적은 단지 지식의 전달에 있지 않다. 그것은 하나님 앞에서 자기의 삶에 대한 책임과, 사회 구성원으로서 자기의 책임을 충실히 감당하도록 자녀를 양육하는 데 있다. 부모는 자녀에게 양질의 공적 교육을 제공할 의무를 가진다. 개혁자들은 이에 대한 근거를 십계명의 제5계명에서 발견한다. "네 부모를 공경하여라"는 제5계명은 부모에 대한 자녀의 일방적 복종을 명령하는 것이 아니라 부모와 자녀의 책임성 있는 상호 관계성을 명령한다. 상호 관계성 속에서 부모는 자녀에게 좋은 교육을 제공해야 할 책임을 가진다.

특히 루터는 "언어 속에는 영의 칼이 들어 있다"고(WA 15.38) 말할 정도로 언어교육을 중요시하였다. 그리스도의 복음은 오직 언어를 통해 전달된다. 언어를 통해 신자들은 성경을 바르게 해석할 수 있고, 하나님의 진리를 바르게 깨달을 수 있다. 그러므로 루터는 라틴어, 그리스어, 히브리어 교육을 강조하였다. 이에 상응하여 멜랑히톤을 위시한 개혁자들은 언어교육을 강조하는 인문주의 학교(humanistische Schule)를 세우게 된다.

초등학교 교육은 루터가 쓴 「소교리문답서」에 기초한 종교 및 도덕교육으로 구성된다. 인문주의 이상에 따라 멜랑히톤이 개혁한 대학에서는 신학부가 가장 높은 자리를 차지한다. 종교개혁의 영향 속에서 다음의 대학들이 세워진다. 곧 마르부르크 대학(1527), 쾨닉스베르크(Königsberg) 대학(1544), 예나(Jena) 대학(1548), 또 비텐베르크 대학(1520, 1536년에 폐교됨), 그라이프스발트(Greifswald) 대학(1534), 로슈톡(Rostock) 대학(1534), 튀빙언 대학(1535), 라이프치히 대학이 새롭게 개혁된다(1539, Heussi 1971, 310, 각주 1).

6) 가난한 사람들을 위한 구제 시스템

중세 시대에는 구걸 수도사 제도가 있었다. 구걸 수도사는 구걸을 통해 살아가는 수도사를 가리킨다. 이 제도는 수도사들의 청빈의 덕목에서 생성되었다. 수도사는 개인의 소유 없이 철저한 청빈의 생활을 해야 한다. 그러므로 수도사는 구걸로써 자기의 생명을 유지해야 한다는 것이다. 그러나 구걸은 여러 가지 문제를 초래하였다. 수도사에게 그것은 자신의 영적 완전함을 나타내는 수단으로 이용되는 반면, 자선을 행하는 사람에게 그것은 하나님의 의를 얻을 수 있는 업적 수단이 되었다. 또 수도원에 많은 재산이 있음에도 불구하고 수도사들은 구걸을 하여 시민들에게 폐를 끼쳤다. 이에 "루터는 종교적인 탁발 수도승들을 '악한 불량배들'(evil rogues)이라고 비판하였다. 루터는 일을 할 수 있는 사람들까지도 무제한적으로 구걸하는 행위들은 불의한 세금과 맞먹는다고 주장하였다"(김주한 2015, 189). 수도사가 아니면서 구걸로 살아가는 사람들도 있었다. 건강한 몸으로 충분히 노동할 수 있음에도 불구하고 무위도식하면서 자기를 영적으로 완전한 자라고 자처하며 구걸하는 자들도 있었다.

그러므로 루터는 구걸을 금지하였다. 그 대신에 그는 "시 관리들은 가난을 폐지해야 하며 대신에 사랑과 정의의 근거 위에서 가난한 자들을 위한 사회복지를 발전시켜야 한다고 주장하였다. 루터는 말한다: '왕은 가난한 사람들, 고아들, 그리고 과부들을 도와야 한다.…왜냐하면 이러한 모든 미덕은 의로움(righteousness)의 모든 일들을 포함하고 있기 때문이다'"(김주한 2015, 191). 루터의 주장은 "개인적이고 교회 중심적인 자선 행동의 차원에서 공적이고, 사회적이며, 공동체적인 사회복지 제도로의 변경을 가져왔으며 이웃사랑에 대한 그리스도교 사랑의 확고한 제도화를 가져왔다"(194).

7) 그리스도인의 "자유의 정신"

루터의 종교개혁이 마무리되면서, 교황을 위시한 성직자들의 지배와 착취를 벗어나 종교의 자유를 얻기 위한 투쟁이 유럽 각지에서 일어나기 시작한다. 종교의 자유를 얻고자 하는 투쟁은 세속 통치자의 불의한 억압에서 벗어나 정치적 자유를 얻기 위한 투쟁과 결합되기도 한다. 루터가 일찍이 부르짖었던 그리스도인의 "자유의 정신"이 실현되기 시작한다.

　루터의 "자유의 정신"은 「그리스도인의 자유」(1520) 첫째 명제에서 다음과 같이 요약된다. "그리스도인은 모든 것에 대한 자유로운 주인이요, 그 무엇에게도 예속되어 있지 않다." 이 문장에서 루터가 말하는 자유는 문맥상, 가톨릭교회의 모든 법과 관습 및 제도에서의 자유를 뜻한다. 그런 점에서 그것은 종교적 의미의 자유라고 말할 수 있다. 그러나 종교와 정치가 긴밀하게 결합되어 있던 당시의 세계에서 루터가 말한 자유의 개념은 정치적·사회적 차원을 내포할 수밖에 없었다. 내포되어 있는 것이 현실적으로 드러나는 것은 시간 문제였다. 이리하여 종교적 차원의 자유는 정치적·사회적 차원의 해방과 자유에 대한 부르짖음으로 확대된다. 근대 세계의 "자유의 역사"(Hegel)가 루터의 종교개혁을 통해 시작된다.

이 자유는 먼저 교파의 다양성이 인정되고 다양한 교파들이 공존할 수 있는 형태로 시작된다. 가톨릭교회 체제에 묶여 있던 신자들이 원칙상 자신의 의사에 따라 교회를 택할 수 있게 된다. 글을 읽을 수 없는 문맹 상태에서 성직자들에게 착취를 당하던 사람들이 글을 읽게 되고 성직자들의 지배와 착취에서 해방된다. 글을 읽고 새로운 깨우침을 얻을 때, 거짓과 불의에 저항할 수 있게 된다. 교황 절대주의에서 해방됨으로 말미암아 각 분야의 학문과 예술이 자유롭게 발전할 수 있게 된다.

그러나 이 발전은 거저 주어지지 않았다. 그것은 프랑스, 네덜란드, 잉글랜드, 스코틀랜드 등지에서 일어난 종교전쟁과 투옥과 고문 및 추방과 순교의 피를 통하여 쟁취되었다. 그중 대표적인 것은 프랑스의 위그노 전쟁(1562-1598)과 네덜란드의 자유의 투쟁(1566-1609, 1621-1648)이었다. 이 투쟁은 일차적으로 종교의 자유를 얻기 위한 투쟁이었다. 그러나 정치와 종교가 결합된 사회에서 그것은 정치적 차원의 자유로 확대되지 않을 수 없었다.

그런데 종교적·정치적 자유를 얻기 위한 투쟁은 하나님이 세우신 세속 통치권에 복종해야 한다는 루터의 가르침에 모순되지 않는가? 이 가르침에 따르면, 종교적·정치적 자유를 얻기 위한 투쟁은 불가능하지 않은가?

일반적으로 사람들은, 루터는 세속의 통치권과 법에 대해 복종을 요구하는 보수적 태도를 취한다고 말한다. 즉 세속 통치권은 아담의 타락으로 인해 죄와 불의에 빠진 세속의 세계를 유지하기 위해 하나님이 세우신 질서이므로, 모든 사람은 이 질서에 복종해야 한다는 것이 루터의 생각이라고 말한다.

그러나 종교개혁의 과정을 되돌아볼 때, 루터는 세속의 통치권에 맹종하지 않는 모습을 보여준다. 1521년의 보름스 제국의회에서 황제가 루터에게 그의 주장을 취소하라고 요구할 때, 루터는 하나님의 진리에 근거한 자기의 양심 때문에 황제의 요구를 거부한다. 여기서 루터는 세속의 통치권에 대한 양심의 자유와, 세속의 통치권에 대한 개인의 저항의 권리를 보여준다.

1529년의 슈파이어 제국의회에서 개혁파가 황제에게 제출한 "항의서" 역시 세속의 통치권에 대한 저항의 권리를 예시한다. 물론 이 저항은 종교문제와 연관된 저항이었다. 그러나 이 저항은, 세속 통치권의 불의에 대해 시민들은 복종할 수 없고 도리어 이에 저항해야 한다는 루터의 "자유의 정신"을 보여준다.

종교개혁이 마무리되면서, 불의한 세속 통치권에 대한 저항이 유럽 각지에서 일어난 것은 일찍이 루터가 보여준 "자유의 정신"에 기인한다. 이 정신은 삶의 모든 영역으로 확대되기 시작하였다. 이리하여 학문과 예술이 자유롭게 발전하게 되고, 인간의 존엄성과 권리를 회복하기 위한 투쟁이 끊임없이 일어나게 된다. 프랑스 혁명도 사실 루터의 종교개혁으로 말미암은 거대한 "자유의 역사"의 흐름 속에서 일어났다. 이런 점에서 루터의 종교개혁은 세계사적 사건이었다.

루터의 종교개혁은 가톨릭교회 자체에도 도움이 되었다. 가톨릭교회 외에 프로테스탄트 교회가 있게 됨으로 말미암아 가톨릭교회는 위기의식을 갖게 되고 자기를 개혁하게 된다. 가톨릭교회는 루터와 제국의회 의원들과 황제가 교황에게 요구한 공의회(1545-47, 1551-52, 1562-63년의 트리엔트 공의회)를 개최하여 자신의 교리를 정비하며, 교회의 올바르지 못한 상황들을 개혁하고, 새로운 경건 운동(Ignatius von Loyola의 예수회 등), 수도원 개혁, 성직자들과 평신도의 윤리적 삶의 회복을 일으킨다. 그러나 가톨릭교회 자체의 개혁운동은 오래 가지 못하고, 교황을 위시한 성직자들은 또다시 옛 상태로 돌아간다. 교황의 족벌주의(*Nepotismus*)도 되살아난다.

8) 그런데 루터의 종교개혁이 일어나기 약 100년 전에 보헤미아 지역에서 얀 후스의 종교개혁이 일어났다. 후스는 화형을 당했지만(1415. 7. 6.), 그의 지지자들을 통해 보헤미아 지역의 교회는 로마 가톨릭교회에서 분리된 "형제연합교회"(*Unitas Fratrum*)가 되었다. 또 1534년에 영국의 국왕 헨리 8세의 이혼 문제로 말미암아 영국 성공회가 로마 가톨릭교회에서 분리되어 하나의 독립교회가 되었다. 이같은 사건들이 있었음에도 불구하고, 루터의 종교개혁이 중세기를 끝내고 근대 세계를 시작하는 시대사적 의미를 갖게 된 이유는 무엇일까? 교회의 개혁운동은 루터 이전에도 있지 않았던가? 신구약 성경도 루터 이전에 최소한 부분적으로 번역되지 않았던가? 그럼에도 불구하고 루터의 종교개혁이 시대사적 의미를 갖게 된 이유를 필자는 다음과 같이 상정해본다.

(1) 중세기 신성 로마 제국은 고대 로마 제국이 멸망한 뒤 게르만의 프랑크 왕국 카를 대제에 의해 세워졌다. 그러므로 이 제국은 "독일 신성 로마 제국"이라고 불리기도 했다. 이 제국의 중심은 독일이었다. 물론 루터 당시 신성 로마 제국은 민족국가들의 발흥으로 인해 거의 와해된 상태에 있었지만, 독일의 중심적 위치는 부인할 수 없는 사실이었다. 따라서 독일에서 일어난 루터의 종교개혁은 신성 로마 제국 전체에 결정적 영향력을 가질 수 있었다. 유럽 세계 전체에 걸쳐 가톨릭교회의 단독체제가 무너지고, 종교의 자유가 허용되는 새로운 시대가 시작되었다.

(2) 루터의 종교개혁은 교회개혁에 머물지 않고 신학개혁과 결합되어

있었던 것도 그 이유일 수 있다. 자신의 칭의론을 통해 루터는 중세기를 지배한 스콜라 신학, 곧 "영광의 신학"과 결별하고, 예수 그리스도에 기초한 "십자가의 신학"을 세운다. 그 당시에 이것은 신학적 혁명이라고 볼 수 있다. 중세기 스콜라 신학의 시대가 문을 닫고, 십자가에 달린 그리스도가 그 근거와 규범이 되는 새로운 신학의 시대가 열리게 되었다. 특히 초기문헌에서 루터가 주장한 "자유의 정신"은 종교의 영역을 넘어 세속 사회 전체로 확장될 수밖에 없는 잠재성을 담지하고 있었다.

(3) 루터의 종교개혁은 루터 혼자 이룬 것이 아니었다. 종교개혁은 그의 사망 이전의 동지들은 물론 그의 사망 이후 많은 지지자의 협동을 통해 유럽 전역으로 확대되었다. 그 중심인물은 프랑스의 칼뱅과 기욤 파렐(Guillaume Farel, 이에 관해 손은실 2018 참조), 스코틀랜드의 존 녹스 등이었다. 무서운 박해 속에서 유럽 전역으로 퍼진 재세례파도 이에 일조한 측면이 없지 않다. 물론 루터의 지지자들 사이에는 생각의 차이가 있었다. 그러나 교회 개혁의 기본 정신에서 이들은 일치하였다. 이들을 통해 종교개혁이 유럽 각지에 확산되면서, 루터의 종교개혁은 근대 유럽의 역사를 변혁하는 결과를 갖게 되었다. 그것은 헤겔이 그의 역사철학에서 말한 근대 "자유의 역사"의 정초가 되었다.

IV
가톨릭교회의 반종교개혁 운동과 30년 전쟁

1. 예수회의 반종교개혁 운동, 트리엔트 공의회

1) 1555년의 아욱스부르크 종교평화는 교회 분열을 법적으로 허용하면서, 새로 등장한 프로테스탄트 교회(루터교회)를 법적으로 인정하였다. 이에 수많은 제후가 프로테스탄트 교회를 자기 영지의 종교로 채택하고, 종교개혁의 정신에 따라 교회의 내적 체제를 정비한다. 1563년에 제정된 「하이델베르크 교리문답서」(Heidelberger Katechismus)는 교회와 학교의 기독교교육을 위한 이론적 기초가 되며, 다양한 프로테스탄트 교회들의 일치를 지향한다. 이 문답서는 빠른 속도로 퍼진다. 도르트레히트 국가총회(1618/19)는 이 문답서를 모든 프로테스탄트 교회를 위한 고백서와 교과서로 채택한다. 팔츠(Pfalz) 지역 선제후의 관저가 있던 하이델베르크시와 대학은 다양한 프로테스탄트 교회들의 중심이 된다. 팔츠 지역은 1556년에

루터교회에 속하였다가, 1563년에 칼뱅파 교회로 넘어간다.

교세의 크기에서 루터의 종교개혁은 성공적이었다고 볼 수 있다. 대부분의 세속적 제후들(성직자가 아닌 제후들)은 프로테스탄트 교회를 택하였다. 가톨릭교회에 속한 영지에서도 프로테스탄트 교회 세력이 상당히 강하였다. 쾰른과 아헨을 제외한 거의 모든 제국도시도 프로테스탄트 교회를 택하였다. 영적 제후들(교회 주교이면서 제후들인 인물들)이 통치하는 영지에서도 주민들의 대다수는 프로테스탄트 교회를 지지하였다. 독일 북부의 수많은 지역에서 프로테스탄트 교회 신자들이 통치권을 장악하였다. 1570년경 독일 인구의 3/4이 프로테스탄트 교회 지지자들이었다고 전해진다. 제국의회에서도 프로테스탄트 교회에 속한 의원들이 다수를 차지하였다. 이리하여 독일 전체가 프로테스탄트 교회로 돌아선 것처럼 보일 지경이었다. 황제 카를 5세의 후계자들인 페르디난트 1세(1558-1564)와 막시밀리안 2세(Maximilian II, 1564-1576)의 프로테스탄트 교회에 대한 호의적 태도는, 프로테스탄트 교세의 확장에 크게 기여하였다.

2) 프로테스탄트 교회의 급속한 확장은 가톨릭교회에게 심각한 위기로 인지되었다. 이에 로마 교황청은 가톨릭 교세를 회복하기 위한 "재가톨릭화"(Rekatholisierung)를 시도하게 된다. 교황청은 잃어버린 가톨릭 지역을 회복하기 위해 법적·정치적·군사적 대책을 세운다. 또 가톨릭교회는 자기 자신을 개혁함으로써 열세를 만회하고자 한다. 예수회(Jesuitenorden)는 이에 결정적으로 기여한다.

가톨릭교회 자체의 개혁에 대한 요구는 1555년의 아욱스부르크 종교평화 훨씬 이전부터 계속 있었다. 끊임없는 개혁파 측의 위협을 극복하고 자신을 유지할 수 있는 유일한 길은 가톨릭교회의 자기개혁에 있었다. 이리하여 교황은 1545년에 트리엔트 공의회를 소집한다. 1545년에 시작하여 정치적 상황에 따라 연기되기도 하고, 다른 장소로 옮겨지기도 하고, 중단되었다가 다시 개최된 트리엔트 공의회는 교황과 황제의 서로 반대되는 관심으로 말미암아 많은 어려움을 겪어야만 했다. 황제 카를 5세는 공의회를 통해 가톨릭교회와 프로테스탄트 교회의 균형을 세우고자 하였다. 그의 후계자 페르디난트 1세도 황제와 동일한 입장을 취하였다. 이에 반해 교황은 프로테스탄트 교회를 제거하고자 하는 입장을 취하였다. 공의회의 주인공은 교황이었다. 따라서 공의회는 프로테스탄트 교회 측에 대해 적대적이었다. 이것을 미리 감지한 프로테스탄트 측은 공의회에 참여하지 않았다. 공의회 장소도 프로테스탄트 측에 불리한 독일 서북부 끄트머리에 있거나(트리엔트), 아니면 이탈리아 볼로냐에 있었다.

트리엔트 공의회
[자료 출처: 위키미디어]

IV. 가톨릭교회의 반종교개혁 운동과 30년 전쟁　　　735

3) 본래 트리엔트 공의회는 교황 파울루스 3세에 의해 1542년 12월 1일에 열기로 공포되었으나, 실제로는 3년 뒤인 1545년 12월 13일에야 시작되었다. 공의회는 3기로 구별된다. 가장 중요한 제1기(1545-1547 혹은 1549)에 황제는 교회개혁의 문제(Dekrete de reformatione)를 다루고자 하였다. 그러나 교황은 교리 문제(Dekrete de fide)를 먼저 다루고자 하였다. 결국 교황의 뜻에 따라 공의회는 1-4차 회의에서 성경과 전통, 성경 해석자로서의 교회, 원죄, 칭의, 성례 등 교리에 관한 문제들을 먼저 다룬 다음, 5-7차 회의에서 교회개혁 문제를 다룬다. 1547년 초 교황은 전염병 발생을 이유로 공의회 장소를 독일 트리엔트에서 이탈리아 볼로냐로 옮긴다. 여기서 황제는 별 의미도 없는 안건을 다루다가, 1549년 9월 13일 공의회를 중단한다. 몇 달 후에 그는 사망한다.

트리엔트 공의회 제2기는 그로부터 2년이 지난 1551년에 시작된다. 새로 교황이 된 율리우스 3세(Julius III)는 황제의 압력으로 공의회 장소를 볼로냐에서 다시 트리엔트로 옮겨 공의회를 소집한다. 그러자 프랑스가 공의회 참석을 거부한다. 그러나 다행히도 몇 사람의 프로테스탄트 측 대표가 공의회에 참석한다. 성만찬, 회개, 종유의 문제가 여기서 토의된다. 그러나 독일의 선제후 모릿츠의 위협으로 인해 1552년 4월 28일 공의회는 2년간 연기된다. 로마 교황이 세 번이나 바뀌면서 공의회는 2년에서 10년으로 연기된다.

트리엔트 공의회 제3기는 제2기가 끝난 지 10년 후인 1562년 1월 13일에 재개되어 1563년 12월 4일에 끝난다. 사실상 예수회 대표들이 지배한 이 공의회는, 교회의 최고 권위가 주교회의에 있다고 주장하는 주교주의자들(Episkopalisten)과, 그것이 교황에게 있다고 주장하는 교황주의자들(Kurialisten)의 대립으로 인해 난항을 겪는다. 또한 교회개혁에 대한 페르디난트 1세의 요구도 의사 진행에 큰 어려움이 되었다.

황제의 "개혁 제청서"(Reformationslibell)는 교황청의 방만한 재정정책(Fiskalismus)과 교회의 제의 및 성직자들과 수도사들의 생활 개혁, 성만찬에서 평신도에게 포도주 잔을 나눔, 금식의 완화, 사제들의 결혼을 요구하였다. 그러나 교황 측의 반대로 황제는 자기의 요구를 포기한다. 공의회는 여러 가지 개혁안을 통과시킨다. 공의회의 최종 결정은 1564년 1월 26일, 교황의 교서 "자비로우신 하나님"(Benedictus Deus)에 의해 공식 발표된다. 18년의 기간을 거쳐 트리엔트 공의회는 가톨릭교회의 개혁을 위한 기초를 세운다. 이른바 "반종교개혁"(Gegenreformation)을 위한 이정표가 세워진다.

트리엔트 공의회는 가톨릭교회의 교리를 새롭게 정비하는 동시에 교회 구조에 많은 변화를 일으킨다. 이 변화들은 루터가 일찍이 요구했던 사항들이었다. 먼저 면죄부 판매를 금지한다. 주교와 추기경들은 자신의 교구 안에 거주해야 한다. 면죄부 설교자직의 폐기, 어린이를 수도사나 수녀로 바치는 일(pueri oblati), 교황의 성직 임대와 매매 등 교회의 그릇된 일들이 제거된다. 사제들의 설교와 사목 활동이 강화되고, 무자격 사제들의 교육을 위한 교육기관들이 세워진다. 성직자의 독신생활 의무는 더욱 강화된다. 또 교리문답서를 작성하여 설교와 교육의 기초로 삼기로 한다. 교회 공동체의 개혁을 확인하기 위해 주교는 자신의 교구에 속한 교회공동체를 규칙적으로 감찰하는 등의 자체 개혁을 시행한다.

가톨릭교회의 자체 개혁운동에 교황권도 참여하였다. 인문주의 방향을 가진 교황권은 교회에 주요 관심을 가진 교황권으로 대체되었다. 그러나 교황청의 완전한 개혁은 이루어지지 않았다. 교황청의 개혁을 시도한 몇몇 교황들이 있었지만(Pius V, Gregorius VIII, Sixtus V), 교황청을 완전히 개혁하기에는 역부족이었다. 이리하여 교황청은 또다시 타락에 빠졌다. 교황들의 족벌정치는 계속되었다. 16세기가 끝날 즈음 교황청은 또다시 하나의 정치집단이 되었다. 그럼에도 불구하고 가톨릭교회를 유지하는 정신적 힘이 된 것은 수도원의 깊은 영성과 경건이었다. 이 시기에 세워진 많은 수도원은 명상적 삶(vita contemplativa) 대신에 병자 치료, 청소년 교육 등의 세속적 봉사에 역점을 두었다.

4) 반종교개혁 운동에서 주도적 역할을 한 것은 "예수의 공동체"(Societas Jesu) 곧 예수회였다. "반종교개혁의 창날(Speerspitze)"이라 불리는 예수회는 스페인의 군인이었던 로욜라의 이그나티우스(Ignatius von Loyola, 귀족 출신으로 1491년 로욜라 성에서 출생)에 의해 1534년 프랑스 파리에서 설립되었고, 1540년에 교황 파울루스 3세(Paul III)의 인가를 얻었다. 엄격한 계급질서, 수도원적 경건과 깊은 영성을 가진 예수회는 "이단자들과 이방인들의 개종을 통한 가톨릭교회의 단독적 통치의 회복"을 최고의 목적으로 가진다. 이 목적을 달성하기 위해 예수회는 먼저 가톨릭교회 자체의 내부 개혁을 주도한다. 높은 학식을 지닌 예수회 수도사들은 교황에 대한 절대 충성을 최고의 덕목으로 간주하였다. 로욜라의 이그나티우스는 네덜란드 출신 페터 드 혼트(Peter de Hondt)를 독일 지역 대리인으로 세웠다. 라틴어로 그는 페트루스 카니시우스(Petrus Canisius)라 불리었다. 그는 1543년 예수회에 입단하여, 예수회의 활동에 크게 기여하였다.

예수회 수도사들을 중심으로 한 교황의 새로운 엘리트 그룹은 특별히 교육기관에서 활발하게 활동한다. 가톨릭 신앙으로 무장한 평신도와, 고도의 교육을 받은 수도사 신학자들의 새로운 세대가 프로테스탄트 교세 확장을 방어한다. 선교적 사명감으로 충만한 예수회 수도사들은 대학 예비고등학교, 대학, 신학교 등 다양한 교육기관들을 세우고 사제들과 평신도의 교육에 열정을 다한다. 독일의 사제들을 양성하기 위해 이그나티우스는 1551년 "독일 신학교"(Collegium Germanicum)를 로마에 세운다. 가난한 사람들도 들어갈 수 있는 교육기관들이 쾰른, 잉골슈탓트 뮌헨, 비인, 프라하 등지에 세워진다. 지식 전달과 종교적 가르침의 새로운 방법들이 개발된다.

또한 예수회 수도사들은 "종교개혁의 프로파간다"를 막아내기 위해 인쇄소를 곳곳에 세우며, 순례, 축제 행렬, 성인 숭배, 성상과 성화숭배, 성유물 숭배 등 갖가지 감각적 수단들을 강화함으로써 대중의 재가톨릭화를 꾀한다. 예수회는 프로테스탄트 교회에 대해 완전히 적대적 태도를 취하였다. 예수회는 남아 있는 가톨릭 세력을 강화함으로써 프로테스탄트 세력을 몰아내고자 하였다. 프로테스탄트 교회 측과 화해를 꾀하는 자는 누구든지 배신자로 간주되었다. 1573년 이후 교황청은 예수회를 적극 지원하였다.

5) 가톨릭교회가 반종교개혁 운동을 추진하는 동안, 독일의 프로테스탄트 진영은 내적 대립과 분열에 빠진다. 먼저 작선을 통치하는 두 가문(친척 관계에 있었음)이 정치적 대립과 분열에 빠진다. 본래 선제후직을 가지고 있었던 가문은 에르네스트(Ernest) 가문이었다. 이 가문이 슈말칼던 전쟁으로 말미암아 알버틴(Albertin) 공작 가문에 선제후직을 빼앗김으로 말미암아 두 가문이 대립하게 된다. 또 30년 전쟁에 이르기까지 프로테스탄트 진영을 주도했던 선제후령 팔츠 지역(Kurpfalz)과, 선제후령 작선 지역(Kursachsen)이 대립한다.

대립과 분열은 신학의 영역에서도 일어난다. 먼저 멜랑히톤과 플라키우스(Matthias Flacius) 사이에 대립과 분열이 일어난다. 멜랑히톤은 (1) 하나님의 구원의 은혜에 있어 인간 의지의 협동을 주장하는 협동설(Synergismus), (2) 선한 업적의 필요성, (3) 칼뱅의 입장에 동조하는 성례론을 통하여 루터의 입장을 완화 내지 수정한다. 이에 반해 플라키우스는 루터의 입장을 철저히 지키고자 한다. 이리하여 멜랑히톤 계열(Philippisten)과 플라키우스 계열(Gnesio Lutheraner) 사이에 치열한 논쟁과 대립이 일어난다. 작선의 선제후(알버틴 가문)는 멜랑히톤 계열을 지지하는 반면, 작선의 공작(에르네스트 가문)은 플라키우스의 정통 루터파를 지지한다. 1577년에 양측은 제후들의 노력으로 "일치서"(Formula Concordiae, 약자로 FC)에 도달하지만, 완전한 일치에 이르지는 못한다. "일치서"를 수용하지 않는 일단의 프로테스탄트 교회 지역들은 칼뱅교회로 넘어간다. 이리하여 루터교회와 칼뱅교회가 대립하게 된다.

프로테스탄트 측의 이같은 분열은 적 앞에서의 분열이었다. 이 분열로 말미암아 가톨릭교회의 "반종교개혁" 운동과 "재가톨릭화"는 큰 힘을 얻게 된다. 가톨릭 제후들의 정치적 노력과 예수회의 선교적 노력의 협동 속에서 가톨릭교회는 16세기 말경, 프로테스탄트 교회에 맞먹을 정도의 교세를 회복한다. 독일 남부의 바이언, 바던-바던(Baden-Baden), 뷔르츠부르크(Würzburg), 북쪽의 쾰른, 뮌스터 등 프로테스탄트 교회로 돌아섰던 수많은 지역이 가톨릭교회로 돌아간다. 그 결과 제국의회에서 프로테스탄트 측 제후들이 다수를 상실하게 된다. 교파를 초월한 의원들 공동의 결정이 불가능할 정도로, 가톨릭 제후들과 프로테스탄트 제후들의 대립은 더욱 심화되었다(위의 내용에 관해 Heussi 1971, 331-350 참조).

2. 정치적 종교전쟁이었던 30년 전쟁, 베스트팔런 평화조약

1) 가톨릭교회의 반종교개혁 운동과 프로테스탄트 자체 내의 분열로 인해 프로테스탄트 세력이 크게 약화되면서 프로테스탄트 측에 대한 가톨릭 측의 억압이 점점 더 강해졌다. 이에 위기를 느낀 프로테스탄트 제국의회 의원들은 아욱스부르크 종교평화(1555)의 철저한 시행을 요구하였다. 이에 반해 가톨릭 측 의원들과 황제는 1552년 이후 국가의 소유가 되어버린 영적 제후들의 영지를 가톨릭 측에 되돌려 줄 것을 요구하였다. 양측 의원들의 대립이 가장 심한 곳은 얀 후스가 종교개혁을 일으켰던 보헤미아 지역이었다.

바이언의 가톨릭 통치자인 막시밀리안(Maximilian)이 인접한 프로테스탄트 제국도시 도나우뵈르트(Donauwörth)를 공격하여 이 도시를 가톨릭 도시로 만들고자 하였다. 이에 위기의식을 느낀 프로테스탄트 의원들은 팔츠 지역의 프리드리히 4세(Friedrich IV)의 주도로 1608년 5월 14일에 프로테스탄트 "연합"(Union)을 결성하고 가톨릭 측의 공격을 방어코자 하였다. 그러나 이 연합은 다수를 점한 칼뱅파와 루터파 사이의 갈등으로 처음부터 분란에 빠졌다. 작선의 선제후와 독일 북부의 제후들을 위시한 제국의 중요한 프로테스탄트 통치자들은 프로테스탄트 연합에 거리를 두었다. 이 연합에 대응하기 위해 가톨릭 측 의원들은 1609년 7월 10일 자체의 "동맹"(Liga)을 결성하였다. "연합"과 "동맹"의 대립은 "30년 전쟁"(1618-1648)으로 발전한다.

이 전쟁은 종교 문제로 인한 종교전쟁으로 알려져 있다. 그러나 종교 문제는 해당 지역에 대한 지배권을 확보하려는 정치적 관심과 결합되어 있었다. 그러므로 30년 전쟁은 정치적 성격을 가진 종교전쟁, 곧 정치적 종교전쟁이었다. 30년 전쟁은 아래의 네 시기로 구별된다.

(1) 제1기 보헤미아 전쟁(1618-1620)

가톨릭교회를 절대적으로 지지하는 스페인과 합스부르크 왕가는 보헤미아 지역의 재가톨릭화를 위해 페르디난트 2세(Ferdinand II)를 이 지역의 왕으로 선택하였다. 페르디난트 2세는 프로테스탄트 측을 거세게 탄압하고, 가톨릭 교세를 강화하고자 하였다. 보헤미아 귀족들은 탄압의 중지를 왕에게 요구했지만, 왕은 이를 거부하였다. 이에 분노한 귀족들은 1618년 5월 23일, 황제가 파견한 2명의 신하를 프라하 성 창문 밖으로 던져버렸다. 이를 가리켜 "프라하의 창문 투척"(Prager Fenstersturz)이라 부른다. 그리고 보헤미아 귀족들은 오스트리아 의원들과 힘을 합해 페르디난트 2세를 왕으로 선택한 것을 무효라 선언하고, 팔츠의 선제후요 프로테스탄트 "연합"의 지도자인 프리드리히 5세를 왕으로 세웠다. 그러자 페르디난트 2세는 가톨릭 측 "동맹"(Liga)의 지도자인 바이언의 공작 막시밀리안 1세와 연합군을 형성한다. 이들의 연합군은 교황의 재정적 도움으로 이루어진다.

그러나 프리드리히 5세는 프로테스탄트 측 "연합"으로부터 아무런 재정적 도움을 받지 못하였다. 1620년 11월 8일, 프리드리히 5세는 프라하 부근의 빌라호라(하얀 산) 전투에서 백작 틸리(Tilly)가 이끄는 연합군에 대패하여 네덜란드로 달아난다. 이리하여 보헤미아, 슐레지언, 오스트리아의 공작령, 슈타이어마르크(Steiermark), 선제후령 팔츠와 남부 팔츠 지역이 재가톨릭화된다.

(2) 제2기 덴마크 전쟁(1625-1629)

"30년 전쟁"이 시작되기 이전부터 덴마크 왕 크리스챤 4세(Christian IV)는 인접한 독일 북부 지역에 대해 큰 관심을 가지고 있었다. 그는 이 지역에 대한 스웨덴의 세력 확장을 막고, 덴마크의 세력을 확장하고자 하였다. 독일의 프로테스탄트 교세가 크게 위협을 당하자 그는 1625년에 영국과 네덜란드의 재정적 지원을 받아 독일의 전쟁에 개입한다. 그러나 그의 군대는 틸리 백작의 연합군과 발렌슈타인의 벤첼(Albrecht Wenzel von Wallenstein)의 용병군에게 패배한다. 1629년에 크리스챤 4세는 독일 북부 뤼벡(Lübeck)에서 황제군과 강화조약을 맺고, 독일에 대한 일체의 개입을 포기한다. 이리하여 독일 북부 지역 전체가 황제의 통치권에 속하면서 재가톨릭화된다.

전쟁에 승리한 페르디난트 2세는 1629년 3월 6일에 "복원령"(Restitutionsedikt)을 공포하고, 파사우 협약(1552) 이후 국가의 소유로 몰수당한 가톨릭교회의 재산을 되돌려줄 것을 명령한다. 그리고 아욱스부르크 종교평화(1555)를 「아욱스부르크 신앙고백」에 참여한 교파에 제한시킨다. 여기서 칼뱅의 개혁파(Reformierte)는 또다시 제외된다.

(3) 제3기 스웨덴 전쟁(1630-1635)

덴마크 전쟁에서 승리한 황제군이 발트해로 세력을 확장하자, 이에 위협을 느낀 스웨덴 왕 구스타프 2세(Gustav II Adolf)는 황제군에 대해 전쟁을 선포한다. 그는 "북방의 사자왕"이라고 불릴 정도로 뛰어난 정치가요 장군이며, 철저한 프로테스탄트 신자였다. 그는 독일의 프로테스탄트 신자들을 지키기 위한 종교적 동기에서 전쟁에 개입하였다. 그러나 이 종교적 동기는, 스웨덴에 대한 황제와 합스부르크 왕가의 세력 확장을 막고자 하는 정치적 동기와 결합되어 있었다. 따라서 이 전쟁 역시 정치적 종교전쟁이었다.

프랑스로부터 군비 지원을 받은 구스타프 2세는 1631년에 작선의 선제후 게오르그와 연합하여 브라이텐펠트(Breitenfeld)에서 백작 틸리를 죽이고 황제군을 대파한다. 이리하여 그는 마인츠, 아욱스부르크, 뮌헨을 위시한 독일 남부 지역을 장악하고, 독일 지역의 정치적 개혁을 계획한다. 그러나 구스타프 2세는 1632년에 라이프치히 남서쪽 륏천(Lützen) 전투에서 탄환을 맞고 사망한다. 그럼에도 불구하고 스웨덴 군은 전력을 다해 싸워 황제군에 대해 승리를 거두지만, 1634년의 뇌르틀링언(Nördlingen) 전투에서 대패한다. 이로 인해 독일의 프로테스탄트 세력은 크게 약화된다. 그러나 프로테스탄트 세력을 완전히 제거하는 것은 불가능하였다. 1631년에 구스타프 2세와 동맹을 맺었던 작선의 선제후는 1635년에 프라하에서 황제와 개별적 평화조약을 맺는다.

(4) 제4기 프랑스, 스웨덴 전쟁(1635-1648)

프랑스는 가톨릭 국가였기 때문에 가톨릭 편에 서 있는 황제의 군대와 싸우는 것을 피하였다. 그러나 덴마크, 스웨덴의 패배로 인해 황제와 합스부르크 왕가의 세력이 크게 신장되는 것을 막기 위해 프랑스는 전쟁에 뛰어들게 된다. 프랑스는 스웨덴과 연합하여 스페인 군대와 황제군을 무찌르고 승리한다. 이리하여 황제군의 전세가 불리하게 된다. 백성들의 희생도 극심하였다. 뷔르템베르크 공작령에서는 1634년에서 1638년 사이에 인구의 75%가 죽음을 당하였다. 전쟁 막판에 이르러 방화, 약탈, 강간, 살인, 전염병, 굶주림으로 인한 사망이 계속되었다. 한 교회사학자에 의하면, "개신교도들과 가톨릭 모두를 합쳐 8백만 명 이상의 군인 및 민간인 사상자들을 낸 것으로 추정"된다(White 1999, 298).

30년에 걸친 전쟁으로 인해 전 국토가 폐허가 되고, 도덕이 땅에 떨어졌으며, 미신 특히 마녀사냥이 번성하였다. 주민들의 신앙생활은 극도로 피폐하였다. 전쟁은 더 이상 종교전쟁이 아니라 합스부르크 왕가에 속한 황제 대(對) 스웨덴과 프랑스의 정치적 전쟁이 되어버렸다. 그 시대의 시인 그리피우스(Andreas Gryphius, 1616-1664)는 그의 시 "조국의 눈물"(Die Tränen des Vaterlandes, 1636)에서 당시의 상황을 다음과 같이 묘사한다.

> 종탑은 불바다가 되었고, 교회는 쑥대밭이 되었다.
> 시청 건물은 자갈밭이 되었고, 권세자들은 죽임을 당하였다.
> 젊은 여성들은 부끄러움을 당하였고, 우리 눈에 보이는 모든 곳에는
> 불과 전염병과 죽음이 있을 뿐이다…(Leppin 2012, 280).

2) 온 나라가 쑥대밭처럼 되어버린 상황에서, 전쟁에 지친 제후들이 전쟁 종결의 협상을 요구한다. 협상은 1644년에 베스트팔렌(Westfalen)에서 시작되었다. 그러나 쌍방의 이익관계 때문에 진전이 없었다. 그 사이에 전쟁은 계속되었고, 그때그때의 전투 상황이 협상에 영향을 주었다. 1648년 봄에 스웨덴 군대가 프라하를 점령하고, 프랑스 군대는 황제군과 스페인 군대에 대승한다. 이같이 전세가 황제 측에 불리하게 돌아가자, 1648년 5월에 협상이 본격적으로 시작된다. 5월 5일에 프로테스탄트 국가인 네덜란드와 가톨릭 국가인 스페인이 뮌스터에서 협상을 하는 동안, 황제 측과 스웨덴이 오스나브뤽(Ostnabrück)에서 협상을 가진다. 1648년 중반에 황제군의 패배가 거의 확실해지자, 새 황제 페르디난트 3세는 1648년 10월 24일에 협상안(案)에 서명한다. 이것이 그 유명한 베스트팔렌 평화조약

(Westfälischer Friede)이다. 이 조약의 중요 사항은 다음과 같다.

- 승전에 대한 대가로 스웨덴은 독일 북부의 포어폼먼(Vorpommern)과 멕클렌부르크(Mecklenburg) 지역을 얻고, 프랑스는 알자스 지방과 라인강 서편 연안의 땅을 얻는다.
- 네덜란드와 스위스는 신성 로마 제국에서 탈퇴하여 독립국가로 인정된다(이 결정은 새로운 것이 아니라 이미 이루어진 현실의 확인에 불과하였다).
- 신성 로마 제국의 제후들은 자신의 영지에 대한 완전한 주권과 외교권, 그리고 외국과의 조약체결권을 가진다(이로써 황제는 제후들에 대한 힘을 상실한다).
- 신성 로마 제국은 황제, 8명의 선제후, 96명의 제후, 61개의 제국 자유도시의 연합체가 된다(이리하여 독일은 1870년까지 통일국가를 이루지 못하게 된다).
- 1552년의 파사우 협약과 1555년의 아욱스부르크 종교평화는 조금도 틀림없이 유효하다.
- 가톨릭교회와 프로테스탄트 교회 양편의 모든 선제후들, 제후들 그리고 의회 의원들은 "완전한 상호 동등성"을 가진다. 이로써 프로테스탄트 교회는 가톨릭교회와 완전히 동등한 지위를 가진다(Parität의 원칙. 교황 측은 이를 적극 반대했지만, 효과를 얻지 못함).
- 전 황제 페르디난트 2세의 복원령을 폐지하고, 제국 내의 교회 재산 문제는 1624년 1월 1일의 상태에 따라 결정된다.
- 각 영지의 교파 소속도 1624년 1월 1일을 기준으로 결정된다(이 결정은 프로테스탄트 측에 유리하였다. 1624년 1월 1일은 황제가 프로테스탄트 측에 승리를 거두기 이전이었기 때문이다. 이리하여 1624년 1월 1일 이전에 프로테스탄트

교회에 속한 지역들은 프로테스탄트 지역으로 회복된다).
- "누구의 영역, 그의 종교"(Cuius regio, eius religio)의 원칙을 폐기한다. 제후는 자기 자신만을 위해 교회를 선택할 수 있을 뿐, 자기 영지에 대한 교회 선택권을 갖지 않는다(이로써 개인의 종교적 자유가 허락된다).
- 칼뱅의 개혁교회도 인정된다. 그 외의 소종파들은 제외된다. 루터교회에 속한 제후가 개혁교회로 바꾸거나, 개혁교회에 속한 제후가 루터교회로 바꿀 때, 그는 자기 신하들에게 교회를 바꿀 것을 강요할 수 없다.

1648년에 체결된 베스트팔런 평화조약을 통해 30년 전쟁은 끝나고, 프로테스탄트 교회 곧 개신교회는 가톨릭교회와 완전히 동등한 지위를 얻게 된다. 그러나 "복음과 교회를 위한 투쟁은 줄지 않고 계속되었다"(Oberman 1981, 279). 이 투쟁은 하나님의 진리와 정의와 자유를 위한 투쟁이었다.

부록 1
루터의 칭의론으로 인해
"행함이 없는 믿음"이 초래되었는가?

최근 한국 개신교회의 일부 신학자들은 루터의 칭의론으로 말미암아 믿음과 행함, 믿음과 성화가 분리되고, 그리스도인들의 부도덕이 초래되었다고 주장한다. 김득중에 따르면, 한국 그리스도인들의 "신앙생활 가운데서 도덕과 윤리, 선행과 행위가…경시 혹은 도외시되는 경향"은 루터가 말한 "*sola fide*"에 기인한다. "오직 믿음만이 중요하고 행함은 중요치 않은 것처럼" 생각되는 "신앙 우선주의 혹은 신앙 지상주의"가 초래되었다. 그러므로 "'오직 믿음으로'라는 말 자체가 잘못된 말이다"(김득중 2015, 278-279).

장윤재에 의하면, "'오직 믿음으로 구원받는다'는 루터의 가르침은…행함이 없는 믿음, '성화 없는 의화'라는 심각한 문제를 불러일으켰다", "예수는 잘 믿는다고 주장하는데, 예수를 따라서는 살지는 않는 한국의 많은 그리스도인들에게 이는 심각한 문제이다"(장윤재 2017, 109, 110). 새물결플러스 출판사 대표 김요한도 "한국 개신교는 종교개혁의 대원리인 '오직 믿음으로'를 잘못 이해하여 결과적으로 값싼 구원주의에 오염되어 있었다"는 문제점을 지적한다(김요한 2017, 254).

장현승도 그의 저서 『칼뱅의 성화론의 새 지평』에서 이 문제점을 지적한다. "가톨릭교회의 트리엔트 공의회가 지적한 바와 같이, 루터의 구원론은 인간의 선한 행위와 윤리적 책임성을 약화시키고 성화의 필요성을 간과할 수 있는 위험성을 갖는다", "'의인인 동시에 죄인'(simul justus et peccator)이라는 루터의 칭의론의 공식은 인간의 상태를 정의할 뿐, 의인인 동시에 죄인인 인간의 점진적 성화의 필요성을 충분히 드러내지 않는 문제성을 갖는다"는 것이다(장현승 2013, 46).

이같은 지적에 대해 우리는 일면 동의할 수 있다. 열심히 교회에 다니고 뜨거운 믿음이 있다고 하지만 세속 사람들과 다를 바 없이 행동하는 그리스도인들로 인해 기독교의 사회적 신뢰도가 거의 땅바닥에 떨어진 상태에 있다. 본회퍼가 말하듯이, 선하고 의로운 행위와 삶이 없는 믿음은 남대문 시장 길바닥에서 파는 "싸구려 상품"(Schleuderware)과 같은 것이다.

이 문제는 이미 "종교개혁 좌파", 특히 영성주의자들과 재세례파에 의해 제기되었다. 영성주의의 대표 슈벵크펠트와 프란츠는, 루터가 강조한 믿음은 삶의 선한 열매로 이어지지 못한다고 비판하면서, 그리스도인들의 마음 깊은 곳에서 체험되는 영성과 그리스도의 뒤를 따르는 삶의 선한 열매를 강조하였다.

그러나 루터의 글을 면밀히 읽어보면, 루터가 말한 "오직 믿음으로"라는 명제로 말미암아 믿음과 행함, 믿음과 윤리가 분리되었고, "인간의 점진적 성화의 필요성을 충분히 드러내지" 않았다고 도저히 말할 수 없다는 사실을 발견할 수 있다. 루터가 "오직 믿음으로"를 주장한 것은 인간의 행함 내지 업적을 통해 자기의 의를 얻고 구원에 이르려는 중세 가톨릭교회의 구원론적 이론과 실천을 거부하기 위함이었지, 결코 선한 삶의 열매(선한 업적)가 없는 구원을 말하기 위함이 아니었다. 박경수 교수가 말하듯이, "종교개혁자들이 선행을 무시했다고 말하는 것은 정말 무지의 소치라 할 수" 있다(박경수 2017, 72). 여기서 필자는 이 문제에 대한 필자 자신의 생각을 기술하기보다, 루터 자신이 말한 객관적 자료를 제시하고 싶다. 500년 전의 글이기 때문에 읽기가 좀 힘들지만, 그의 말을 직접 듣는 것이 가장 확실한 일이라고 생각한다. 아래의 글은 일종의 자료 모음이라 생각해 주시면 감사하겠다. 이 자료는 루터가 그의 문헌 도처에서 말한 것 중 일부에 불과하다.

1. "두 가지 의에 대한 설교"(1519)

첫째 의는 하나님께서 우리에게 거저 주시는 "그리스도의 의", "낯선 의"를 말한다. 결혼을 할 때, 신부의 것이 신랑의 것이 되고 신랑의 것이 신부의 것이 되는 것처럼, 우리가 그리스도를 믿을 때, 우리의 것(불의와 죄와 죽음)이 그리스도의 것이 되고 그리스도의 것(의와 구원과 영생)이 우리의 것이 된다. "그리스도에 대한 믿음을 통하여 그리스도의 의가 우리의 의가 된다"(2006b, 71).

둘째 의는 첫째 의와 함께 일함으로써 얻게 되는 "우리 자신의 의"를 말한다. 이 의를 얻기 위해 우리는 선한 일들(업적들)을 행해야 한다. 1) 우리는 우리의 육을 죽이고, 정욕을 십자가에 못 박아야 하며, 우리 자신과 싸워야 한다(갈 5:24). 2) 우리의 이웃을 사랑해야 한다. 3) 겸손하고 하나님을 경외해야 한다. 이같은 행함(업적들)을 통해 우리는 둘째 의를 얻어야 한다(73).

그러나 둘째 의는 그리스도의 의 없이 독자적으로 이루어지는 것이 아니라 "그리스도의 의의 사역과 열매, 곧 그것의 귀결(sequela)"이다. 그것은 "영의 열매, 곧 그리스도에 대한 믿음을 통해 창조된 영적 사람의 열매"이다. 우리 자신이 이루어야 할 둘째 의는 "옛 아담을 죽이고 죄의 몸을 파괴함"으로써 첫째 의를 "완성한다." 이를 위해 우리는 우리 자신을 미워하고 이웃을 사랑해야 하며, "'자기의 것'(ea quae sua sunt)을 구하지 않고 다른 사람의 것을 구한다.…자기 자신을 미워하고 자기의 것을 구하지 않음으로써 우리는 우리 자신 안에서 우리의 육을 못 박는다(facit crucifixionem carnis). 우리는 다른 사람의 것을 구함으로써 사랑을 실천한다"(73).

이를 통해 우리는 그리스도의 형상을 닮아야 한다고(conformis fit imagini eius) 루터는 말한다. 그리스도는 자신의 것을 구하지 않고 오직 우리의 것을 구하며, 이를 통해 아버지 하나님께 완전히 복종하였다. 그가 우리에게 원하는 것은 바로 이것이다. 즉 우리도 그리스도처럼 우리의 것을 구하지 않고 이웃의 것을 구하는 것이다. 바울은 이것을 다음과 같이 말한다. "여러분이 전에는 자기 지체를 더러움과 불법의 종으로 내맡겨서 불법에 빠져 있었지만, 이제는 여러분의 지체를 의의 종으로 바쳐서 거룩함에 이르도록 하십시오"(롬 6:19, 위의 책 73).

"업적이 칭의에 기여할 수 있는가에 대한 질문"(1520)에서도 루터는 믿음과 업적, 믿음과 행함의 분리될 수 없는 관계성을 말한다. "지속적이며, 많고 큰 업적들이 없는 믿음은 불가능하다"(논제 4). "하나님에게서 태어난 사람은 죄를 짓지 않으며, 죄를 지을 수도 없다"(논제 7).

2. "선한 업적에 관한 설교"(1520)

친구 슈팔라틴의 권유로 집필된 이 글은 "'오직 믿음만으로'(sola fide)라는 가르침을 강조하는 루터가 선행과 실천을 등한시한다는 비판을 받음으로써 믿음과 실천의 상관관계에 대해 설명하는 '기독교 윤리적'인 논문

이다"(한정애 2016, 182). 루터 자신이 말한 몇 가지 요점을 정리한다면,

- 가장 높고 가장 귀한 선한 업적은 그리스도에 대한 믿음이다(요 6:29 참조). 믿음의 선한 업적 속에 모든 다른 업적들이 요약되어 있다.
- 구원을 얻기 위해 사람들은 기도, 금식, 기부 등 이런저런 일들(업적들)을 행하며, 사람들 앞에서 선한 삶을 살려고 한다. 그러나 믿음이 없기 때문에 그들은 하나님이 이 모든 것을 기뻐하시는지를 확신하지 못하며, 이를 의심하기도 한다. 이 모든 일은 "믿음을 떠나서", "믿음 없이" 일어나기 때문에 아무 쓸모가 없다. 선한 일은 행하지만, 하나님을 경외하는 마음이 그들에게 없다.
- 우리가 하는 모든 일, 곧 일하는 것, 먹고 마시는 것, 사람들과 만나는 것, 잠자는 것, 생각하는 것, 이 모든 것이 하나님께 바치는 선한 업적이 되어야 한다. 이 모든 일을 하나님이 기뻐하실 것인지 사람들에게 물으면, 그들은 아니라고 말하면서 선한 업적을 기도, 금식, 구제 등으로 축소시킨다. 또 다른 사람들은, 일상의 모든 일은 하나님과 관계없는 헛된 것이라 생각한다. 이리하여 그들은 불신앙 속에서 하나님을 섬기는 선한 업적을 기도, 금식, 구제 등 몇 가지 일로 축소시킨다.
- 이방인, 유대인, 터키인, 죄인도 선한 업적을 행할 수 있다. 그러나 하나님을 믿고 그의 은혜 안에 있는 그리스도인만이 자신의 업적이 하나님을 기쁘게 한다는 것을 확신할 수 있다. 이 확신이 없을 때, 인간의 업적은 유익하지 못하다. 이 확신은 믿음을 통해서만 가능하다. 믿음은 하나님을 신뢰하며, 사람이 행한 업적을 하나님께서 기뻐하신다는 것을 의심하지 않는다. 성경은 믿음만을 신적인 선한 업적이

라고 부른다. 그러나 **믿음으로부터** 사랑과 평화와 기쁨과 희망이 따른다. 하나님은 그를 믿는 사람에게 그의 거룩한 영(성령)을 주시기 때문이다(Leppin 2012, 55-56).

한정애는 이 글의 핵심을 다음과 같이 요약한다. 루터는 "선행(업적)이 더 이상 자신의 영혼 구원을 위한 것이 아니라 신앙인으로서 당연히 하게 되는 사랑의 행위이며 하나님을 기쁘시게 하는 행위임을 확신한다면 그 행위가 선하다고 한다"(한정애 2016, 183-184).

"부어진 믿음과 획득된 믿음에 관한 명제들"(*De propositiones de fide infusa et acquisita*, 1520)에서도 루터는 칭의와 업적의 불가분리성을 말한다. 심지어 선한 업적이 없는 믿음은 믿음이 아니라고 말한다. "믿음으로 말미암은 칭의에는 업적이 틀림없이(*infallibiliter*) 뒤따른다. 이 믿음은 게으른 믿음이 아니기 때문이다", "'**행함(업적)이 없는 믿음은 죽은 것이다**'라는 말은 옳다. 그 것은 믿음이 아니다"(13, 14조. 여기서 루터는 야고보서의 말씀을 인정함, 2006b, 93).

3. 하이델베르크 변론서(1520)

선한 행위나 업적이 인간을 의롭게 하지 못한다. "칭의를 위해 업적은 아무것도 하지 못한다." 그러나 하나님의 은혜와 믿음이 우리 안에 부어질 때, 필연적으로 "**업적이 뒤따른다**"(25조). 율법이 요구하는 업적을 행함으로써 우리가 하나님 앞에서 의롭게 되는 것은 불가능하지만, 죄용서에 대한 하나님의 약속의 말씀을 믿을 때, 우리는 율법의 계명들을 행하게 된다. 한마디로 "믿음은 율법이 요구하는 바를 이룬다"(*lex imperat, quod fides impetrat*). 오직 믿음으로 하나님의 의를 얻을 수 있다는 말은 "의로운 사람은 아무것도 행할 필요가 없다는 것을 말하는 것이 아니라, 그의 업적들이 그의 의를 일으키지 못하며 오히려 그의 의가 업적들을 일으킨다는 것을 말한다. 그 까닭은 우리의 업적들 없이 은혜와 믿음이 부어지기 때문이며, 그것이 부어졌을 때 업적들이 뒤따른다"(25조).

믿음을 통해 그리스도께서 우리 안에 계시며, 우리와 하나가 되신다. 우리와 하나이신 그리스도는 "의로우시며, 모든 계명을 이룬다. 그러므로 우리 역시 그와 함께 **모든 계명을 이룬다**. 믿음을 통해 그리스도께서 우리의 것이 되었기 때문이다"(26조). 참으로 그리스도 안에 있는 사람은 자기의 "업적을 통해 자기를 의롭게 하거나 영광을 얻고자 하지 않는다. 오히려 그는 하나님을 찾는다.…그리스도가 그의 '지혜'요 '의'이다.…그 자신은 그리스도의 활동이거나 도구(Christi operatio seu instrumentum)이다"(25조).

그러므로 우리는 우리 자신의 의롭고 선한 일들을 우리의 업적으로 생각하지 않으며, 우리 자신에게 영광을 돌리지 않는다. 오히려 그것을 그리스도께서 이루신 것으로 생각하고 이에 감사하며 영광을 하나님께 돌린다. 우리 안에 계신 그리스도께서, 그가 행하신 일들을 우리가 행하도록 일하시기 때문이다(operans nostrum operantum). 달리 말해 믿음을 통해 우리 안에 거하시는 그리스도는, 그가 행하신 "일들(opera)을 행하도록 우리를 움직인다"(movet nos ad opera). 하나님의 계명들을 이루는 그리스도의 일들, 곧 업적들이 "믿음을 통해 우리에게 주어졌다. 우리가 그 행하신 일들을 볼 때, 우리는 **그것을 모방하도록**(ad imitationem eorum) 감화 감동된다." 바울이 말한 대로, 우리는 "사랑하는 자녀들로서 하나님의 모방자(imitatores Dei)"가 된다(27조).

"종교개혁 3대 문서"(1520)에 속한 「교회의 바빌론 포로신세」에 따르면, 진실된 "마음의 믿음"이 있을 때, "하나님을 경외해야 한다"는 "가장 큰 계명"을 성취할 수 있다. "지복을 얻고자 한다면, 너는 모든 공적들 없이 믿음으로부터 성례로 나아가야 한다. 그러나 믿음에는 공적들이 저절로 따른다"(2016, 130).

하나님을 경외하는 진실한 믿음이 있을 때, 우리는 내적으로 변화될 수밖에 없다. 그렇지 않다면, 그의 믿음은 거짓이다. 믿음으로 말미암아 내적으로 변화될 때, 하나님의 의지에 대한 복종이 저절로 일어난다. 자발적 복종은 악에 대한 싸움과 이웃 사랑의 행위로 나타난다. 따라서 그리스도인의 믿음은 악에 대한 싸움과 이웃 사랑의 행위와 분리될 수 없다. 만일 그것이 분리되어 있다면, 그의 믿음은 참 믿음이 아니라 거짓이다. 참 믿음은 선한 행위의 열매와 분리될 수 없다. 그러나 이것은 미래의 완성을 향한 시작에 불과하다. "우리가 받은 의는 아직 완성되지 않았다. 그것은 활동 속에서 되어가는 과정 안에 있다.…그것은 죽은 자들이 부활할 때 완성될 것이다"(WA 39.I.252).

4. 라토무스에 대한 반박서(1521)

세례를 통하여 우리의 모든 죄는 "완전히 용서받았다"(*remissa in totum*). 그러나 "모든 죄가 폐기된 것은 아니다"(*nondum omnia abolita*, 2006b, 317). 행위로 지은 죄는 용서를 받지만, 인간의 죄된 본성 곧 죄성은 없어지지 않는다. 죄성도 죄에 속한다. 그것은 모든 죄의 뿌리이기 때문이다. 물론 이 "내적인 죄"가 우리를 지배하지는 못한다. 우리는 율법 아래 있지 않고, "은혜 아래" 있기 때문이다(롬 6:14). 또 하나님은 내적인 죄를 죄로 간주하지 않는다. 그러나 마음속 깊이 숨어 있는 이 죄성은 우리를 끊임없이 유혹한다. 이리하여 우리는 행위로 죄를 짓지 않는다고 할지라도 마음으로 죄를 짓는다. 죄의 생각도 죄이다(예수의 산상설교 참조). 이런 점에서 우리는 "의로운 사람인 동시에 죄인"이다(*simul iustus et peccator*, 2005b, 309).

루터의 유명한 이 말은, 우리는 의로운 사람인 동시에 죄인이니까, 의로운 사람도 죄를 지을 수밖에 없으며 그는 죄를 지어도 좋다는 말이 결코 아니다. 그것은 결코 그리스도인의 죄를 정당화시키는 말이 아니다. "의로운 사람인 동시에 죄인"이란 루터의 말은 다음과 같은 그리스도인의 삶을 가리킨다. 1) 그리스도인은 하나님의 죄용서와 칭의를 받은 의로운 사람이다. 2) 그러나 그는 죄의 본성으로 말미암아 하나님처럼 완전하게 될 수 없다. 그는 늘 죄의 유혹을 받는다. 3) 하나님은 이를 죄로 여기지 않고, 그를 의롭다고 간주하신다. 4) 의롭다고 간주하시는 하나님의 은혜 속에서 그리스도인은 죄의 완전한 소멸을 위해 싸우면서 자기를 성화해야 한다. "모든 죄의 용서가 일어났다"는 것은 의심할 수 없는 사실이지만, 우리는 "모든 죄의 폐기와 완전한 제거"를 기다리며 이를 위해 일해야 한다(317). 한마디로 "*simul iustus et peccator*"는 끊임없이 죄에 대해 싸우면서, 자기의 "옛 사람"을 죽이고 "새 사람"으로 변화되어야 할 그리스도인의 성화의 의무를 가리킨다.

이를 위해 그리스도인은 하나님이 "저주하였고 거의 죽인 것"을 "계속 죽여야 한다"(309). 세례 받은 이후에도 "우리 안에 있는 죄"가 우리를 다스리지 않도록 이 죄와 싸워야 한다. 우리의 옛 사람은 그리스도와 함께 십자가에 달려 죽었지만, 우리가 가진 "죄의 몸"은 우리 안에서 끊임없이 파괴되어야 한다(*destruendum est corpus peccati in eisdem nobis*, 309).

"이를 위해 노력하는 사람들은 **선한 일들을 행한다**(*faciunt opera bona*)"(317). 하나님의 은혜와 믿음으로 말미암아 얻은 의는 선한 일들의 열매를 맺기 마련이다. 달리 말해 "의의 열매는 선한 일들(업적들)이다"(341). 선한 일들을 행함으로써 신자들은 그들의 구원을 완성한다. 하나님의 칭의는 구원의 완성의 시작일 뿐이다. 물론 신자들이 행하는 선한 일도 죄로 물들어 있다. 인간의 죄성이 여전히 남아 있기 때문이다. 그러나 하나님은 그의 자비하심 때문에 신자들의 선한 일을 죄로 간주하지 않고 그것을 기뻐하신다. 하나님은 선한 일을 통해 자신의 구원을 완성코자 하는 신자들의 선한 싸움을 기뻐한다.

하나님은 믿음의 은사를 통하여 우리를 의롭다고 하였다. 그러나 하나님은 우리가 이미 받은 은사에 머물지 않고 "매일매일(die in diem) 더 깊이 그리스도 안으로 사로잡혀 들어가기를(rapi) 원하시며, 이미 받은 것에 우리를 세우지 않고 도리어 그리스도 안으로 완전히 변화되기를(in Christum plane transformari) 원하신다"(357). 그리스도의 은혜로 말미암아 칭의의 은사를 받은 그리스도인들은 "이 은사를 받은 다음, 육에 따라 살지 않으며, 죄에 복종하지 않아야 한다"(365). "너는 그리스도 안으로 사로잡혀 들어가야 한다"(In Christum tete rapi oportet, 367). 하나님이 바라는 것은 "우리 안에 있는 죄가 아니라 이 죄를 떠난 우리의 성화이다." 우리가 거룩한 사람으로 성화될 때, 우리가 받은 하나님의 은혜가 더 커진다(389).

5. "로마서 3:28에 대한 다섯 가지 변론서에 관한 논제들" 중 "믿음에 관하여"(1535-1537)

- 그리스도의 구원에 대한 믿음을 통해 하나님의 칭의를 공짜로(gratia) 받을 때 "우리는 업적을 행한다." 그러나 우리 자신이 행하는 것이 아니라 "그리스도께서 우리 안에서 모든 것을 행하신다"(논제 29). "만일 선한 업적이 따르지 않는다면, 그리스도에 대한 이 믿음이 우리의 마음속에 거하는 것이 아니라⋯죽은 믿음이 우리 안에 거하는 것이다"(30). 그것은 죄용서와 칭의를 받지 못했다는 증거다.

- "믿음에는 선한 업적들이 따라야 한다. 따라야 하는 것이 아니라 저절로 따른다(sponte sequi). 이것은, 좋은 나무가 좋은 열매를 맺어야 하는 것이 아니라 저절로 맺는 것과 같다"(34). 좋은 나무가 좋은 열매를 맺듯이, 믿음을 통해 의롭게 된 인격은 좋은 일들(업적)을 저절로 행한다(36).

- "그리스도와 율법, 이 두 가지 중에 하나를 포기해야 한다면, 우리는 그리스도가 아니라 율법을 포기해야 할 것이다."(51) 그러나 그리스도를 택할 때, 우리는 그리스도께서 이루신 율법을 "맛있게 만든다"(condemus, 52).

- "의로운 사람들은 하나님의 새로운 피조물, 하나님의 창조의 시작"이다(68). 그들은 "새 창조의 시작"(initium creaturae novae)이다. 시작은 목적을 향한 과정을 전제한다. 따라서 믿음을 통해 하나님의 새로운 피조물로 태어난 그리스도인들은 선한 일들(업적)을 행함으로써 하나님의 새 창조를 완성해나가야 한다.

- 그러나 우리는 모든 것을 그리스도 안에서, 그리스도에 대한 믿음 안에서 행해야 한다. 그렇지 않을 때, 우리의 모든 선행 내지 업적은 죄성을 벗어날 수 없다. 죄성을 벗어나지 못한 업적을 통해 하나님의 칭의를 받는다는 것은 불가능하다. "계명을 지켜라"는 그리스도의 명령에 따라 우리는 계명을 지켜야 하지만, "그리스도 안에서, 다시 말해 그리스도에 대한 믿음 안에서" 계명을 지켜야 한다. "내가 없이 너희는 아무것도 행할 수 없기 때문이다"(42, 43). 업적을 행하고 거룩하고 지혜로우며 의롭다고 할지라도, "믿음이 없으면, 그는 (하나님의) 분노 아래에 있다"(63). "우리가 우리의 업적들로부터 (다시) 태어난다는 것은 불가능하다. 오히려 우리의 업적들이…(믿음 안에 있는)

우리에게서 태어난다"(67).
- 우리는 "구제를 통해" 우리의 죄를 상쇄해야 한다고 성경은 말한다. 그런데 우리는 "그리스도 안에서, 그리고 그리스도에 대한 믿음 안에서" 그렇게 해야 한다. "그렇지 않으면 너의 구제는 죄가 될 것이다"(45). 그러므로 히브리서는 "'믿음을 통하여'를 앞세운다"(46).
- 믿음을 통해 의롭게 되고 다시 태어난 사람은 선한 업적을 행할 수밖에 없지만, 그의 업적을 통해 의롭게 되는 것은 아니다. 인간은 죄된 본성을 벗어날 수 없기 때문이다. 그는 언제나 의로운 자인 동시에 죄인이다. 따라서 "자기의 업적을 통해 의롭게 된다"고 주장한다면, 자기가 "자기 자신의 하나님이요 창조자요 발생자(*generantem*)"일 것이다. 이것은 하나님에 대한 모욕(*blasphemum*)이다(71, 2006b, 407-411).

6. 「그리스도인의 자유」에서

루터의 이 책은 그의 문헌들 가운데 믿음과 행함(업적)의 관계를 가장 자세히 다룬다. 이 책을 읽어본 사람은 결코 루터의 칭의론으로 말미암아 그리스도인의 믿음과 삶, 믿음과 행함이 분리되었다고 말할 수 없을 것이다. 우리는 우리의 이웃에게 **"그리스도처럼 행해야 한다"**는 이 말보다 더 강하게 그리스도인의 올바른 삶과 성화를 강조하는 말은 없을 것이다. 위대한 설교와 같은 루터의 글을 다시 한번 살펴보기로 하자(보다 자세한 내용에 관해 이 책의 제3부 IV. 3. 참조).

루터는 "오직 믿음으로"라는 자신의 명제가 오해될 수 있는 위험성을 잘 알고 있었다. 그래서 이 책에서 그는 다음과 같이 질문한다. "믿음이 모든 것을 이룰 수 있고, 의를 얻기 위해 믿음만으로 충분하다면, 왜 선한 업적들을 명령하는가? 믿음으로 충분하다면, 우리는…아무것도 행할 필요

가 없지 않은가?"(2006b, 147)

이 질문에 대해 루터는 "너희 하나님 없는 자들아, 그렇지 않다. 결코 그렇지 않다"고 대답한다(Non sic impii non sic, 149). 칭의와 구원의 문제에서 루터가 업적을 부인하는 것은 "선한 업적들 그 자체를 부인하는 것이 아니라 선한 업적들이 의를 획득할 수 있다고, 업적의 목적을 비기독교적으로 확대하고, 업적을 잘못 평가하기 때문에 이를 부인한다"(159). "그리스도를 믿는 믿음을 통해 우리는 업적에서 자유로운 것은 아니다. 오히려 업적들에 대한 잘못된 생각, 곧 업적들을 통해 칭의와 구원을 얻을 수 있다는 어리석은 생각에서(a stulla praesumptione) 자유롭게 되어야 함을" 말하고자 할 뿐이다(177). "음식과 음료와 우리의 이 사멸할 몸을 위한 모든 수고 없이 우리가 존재할 수 없듯이, (믿음에는) **업적이 부재할**(abesse) **수 없으며 부재해서도 안 된다**. 그렇지만 우리의 의는 업적에 있는 것이 아니라 믿음에 있다. 그러나 업적을 멸시해서도 안 되고 피해서도 안 된다"(177).

그리스도를 진심으로 믿을 때, 우리는 하나님의 의롭다 하심을 받은 "새 사람"으로 다시 태어난다. 그러나 한순간에 완전한 사람이 되는 것은 아니다. 그것은 새 창조의 시작에 불과하다. 그러므로 하나님의 칭의를 받은 사람은 "장래의 삶에서 완성되어야 할 것을 이제 시작한다"(149). 여기서 선한 업적들이 저절로 일어난다. 그러므로 "좋은 업적을 행하고자 하는 사람은 (믿음 없이) 업적들과 함께 시작할 것이 아니라 **믿음과 함께 시작해야 한다**"(155-157). "우리는 의롭게 행함으로써 의롭게 되는 것이 아니라, 우리가 의롭게 되었기 때문에 의롭게 행한다"("스콜라 신학을 반대하는 변론서" 42조, 2006a, 25).

그러나 우리가 선한 업적을 행하는 것은 하나님 앞에서 자기의 의로움을 주장하기 위해서가 아니라 하나님을 기쁘시게 하기 위한 것이다. 그가 행하는 업적들 가운데 어느 것도 그는 "자신의 의와 영원한 구원을 위해" 행하지 않는다. 그는 단지 "이웃을 위해 봉사하고, 그가 행하는 모든 것이 이웃에게 도움이 되도록 하기 위해 행하며, 이웃의 필요와 유익함 외에 그 무엇도 생각하지 않아야" 한다. "서로 이웃을 염려하고 수고하며, 다른 사람의 짐을 짊어지고 그리스도의 율법을 이룸으로써 우리는 하나님의 자녀가 된다." 바로 여기에 "참된 기독교적 삶"(vere Christiana vita)과 사랑 안에서 활동하는 참 믿음이 있다(163).

믿음이 없는 사람에게 선한 업적은 무거운 짐으로 느껴진다. 선한 업적에 대한 계명은 인간이 행해야 할 바를 보이지만, "그것을 행할 수 있는 힘을 주지 못하기" 때문이다(129). 또 그것은 하나님과 이웃에 대한 자발적 사랑에서 나오는 것이 아니라 자신의 의로움을 얻기 위해 "강요된 것"이기 때문이다(153).

그러나 믿음이 있을 때, "주님 안에서의 사랑과 기쁨이 나오고, 사랑으로부터 이웃을 자발적으로 섬기고자 하는 명랑하고 기쁘고 자유로운 생각이 나온다. 감사를 받을 것인지 받지 못할 것인지, 이익을 얻을 것인지 손해를 볼 것인지를 그는 전혀 계산하지 않는다. 그는 사람들을 자기에게 예속시키지 않으며, 친구와 적을 구별하지 않으며, 동정심이 있는 사람인지 아닌지를 고려하지 않는다. 그는 자기 자신과 자기에게 속한 것을 내어 준다"(167).

이에 대해 바울은 그리스도를 우리의 모범으로 제시한다. "여러분 안에 이 마음을 품으십시오. 그것은 곧 그리스도 예수의 마음이기도 합니다. 그는 하나님의 모습을 지니셨으나,…오히려 자기를 비워서 종의 모습을 취하시고, 사람과 같이 되셨습니다…"(빌 2:5-8). 하나님의 완전하심으로 충만하신 그리스도께서 자기를 낮추시고 우리와 똑같은 사람이 되었다. 그는 십자가의 죽음을 당하기까지 종의 형태를 취하셨다. 이 모든 것을 그는 "우리 때문에", "우리를 섬기기 위해" 행하였다. 이것은, 종의 형태 속에서 그가 이룬 모든 것이 우리의 것이 되도록 하기 위함이었다(163-165).

결혼할 때, 신랑의 것이 신부의 것이 되고 신부의 것이 신랑의 것이 된다. 이와 같이 우리가 믿음 속에서 그리스도와 하나가 될 때, 우리의 모든 것이 그리스도의 것이 되고 그리스도의 모든 것이 우리의 것이 된다. 그리스도의 삶의 방식이 우리 자신의 삶의 방식이 된다. 따라서 우리는 그 **리스도 안에서 하나님이 우리에게 행하신 것처럼 우리의 이웃에게 행해야 한다.** 자기의 유익을 "계산하지 말고" 오직 하나님을 기쁘시게 하기 위해 그렇게 해야 한다(165).

이 무가치하고 저주받은 인간에게 하나님은 그리스도 안에서 "의와 구원의 모든 풍요함을" 거저 주셨다. 그러므로 우리는 "그리스도께서 나에게 보이신 것처럼, 나의 이웃에게 **그리스도처럼**" 행해야 한다. 우리는 믿음을 통해 모든 보화를 그리스도 안에서 넘치게 받았으므로, "나의 이웃에게 필요하고, 도움이 되고, 구원이 된다고" 생각되는 것만 행해야 한다. "우리의 이웃이 가난하여 우리의 도움을 필요로 하는 것처럼, 우리도 하나님 앞에서 가난하였고 그의 자비를 필요로 하였다. 하늘 아버지께서 그리스도 안에서 우리를 자발적으로 도우신 것처럼, 우리도 우리의 이웃을 우리의 몸과 행함을 가지고 자발적으로 도와야 한다. 모든 사람은 다른 사람에게 하**나의 다른 그리스도**(*alterius Christus*)가 **되어야 한다.** 그리하여 우리는 서로 그리스도의 것이 되어야 하며, 그리스도께서 모든 사람 안에 계셔야 한다. 이것이 참된 그리스도의 사람이다"(167).

우리가 하나님에게서 받은 재화는 "한 사람에게서 다른 사람에게 흘러 공동의 소유(*communia*)가 되어야 한다. 그래서 각 사람이 자기의 이웃에게 옷을 입혀주고, 자기가 이웃의 자리에 있는 것처럼 그렇지 이웃을 대해야 한다. 이 재화는 그리스도로부터 흘러나와 우리 안으로 들어온다. 그는 그 자신이 우리인 것처럼 우리를 위해 행동하였다(*pro nobis egit, ac si ipse esset, quod nos sumus*). 그 재화가 이제 우리로부터 그것을 필요로 하는 사람들에게로 흘러간다." 그리스도께서 하나님의 보화를 우리에게 거저 주셨으니, 우리도 우리가 받은 보화를 이웃에게 거저 주어야 한다. 그리스도께서 행하신 것처럼 우리는 이웃의 죄를 덮어주고, 그 죄가 내 자신의 죄인 것처럼 그것을 짊어지며, 기도를 통해 죄가 소멸되도록 노력해야 한다. 그리스도께서 행하신 것처럼, 우리는 서로 종처럼 섬겨야 한다. "이것이 참 사랑이요, 그리스도인의 삶의 본래적 규칙"(*synceraque Christianae vitae regula*)이다(173).

"그리스도인은 자기 자신 안에서 살지 않고, 그리스도 안에서, 이웃 안에서 산다. 그렇지 않으면, 그는 그리스도인이 아니다. 믿음을 통해 그는 그리스도 안에서 살고, 사랑을 통해 이웃 안에서 산다. 믿음을 통해 그는 자기 자신을 넘어 위로 하나님께 이르며, 사랑을 통해 자기 자신 아래로 내려와 이웃에게 이른다. 그러나 그는 항상 하나님과 그의 사랑 안에 머문다"(175). "의롭게 된 사람은 그 자신이 사는 것이 아니라 그리스도께서 그 안에 산다. 믿음을 통해 그리스도께서 그 안에 거하시기 때문이다"(WA 2.502). 그러므로 그는 이웃에게 "하나의 다른 그리스도"가 되며, 그리스도께서 행하신 것처럼 행한다.

김철환(루터대학교)은 이것을 다음과 같이 말한다. 우리는 "잃어버린 하나님의 자녀인 이웃을 위해 작은 그리스도(christ)가 되어야 한다. 루터가 '크리스천의 자유'에서 표현하듯, 모든 기독교인은 죄로부터 얽매이지 아니하는 자유인이지만, 동시에…이웃을 섬기는 종으로서 그 책임이 있다.

그리스도(christ)로 인해 우리는 사탄의 권세로부터 자유함을 이루지만, 동시에 우리는 이웃을 위한 작은 그리스도(christ)로 살아야 하는 것이다"(김철환 2017a, 212).

7.「대교리문답서」의 제9계명,「슈말칼던 조항」

「대교리문답서」에서 루터는 그리스도인들이 행해야 할 바가 무엇인가를 상세히 제시한다. "네 이웃에 대하여 거짓 증거하지 말라"는 제9계명에 대한 강해에서 루터는 신자들이 공동체 안에서 행해야 할 바를 제시한다.

얼굴, 눈, 귀, 입과 같은 신체의 귀중한 지체들을 우리는 감추려고 하지 않는다. 그러나 신체의 부끄러운 부분을 우리는 기를 쓰고 감추고자 한다. 이와 마찬가지로 우리는 이웃이 부끄러워하는 것, 이웃에게 결핍된 부분을 최대한 감추어줌으로써 그의 명예를 지켜주어야 한다. 이와 동시에 우리는 이웃의 명예를 해치는 일을 금해야 한다. 항상 이웃의 결함을 엿듣고 그것을 찾아내어 험담을 하려는 "독스러운 주둥이(Maul)"를 억제하고, 이웃에 관한 모든 말을 좋은 방향으로 이해하여 그를 존귀한 존재로 지키는 것은 매우 고상하고 아름다운 덕목에 속한다. "혀는 가장 작고 연약한 몸의 지체이다"(약 3:5)(1964b, 79-80).

그 외에도 루터는 수많은 문헌에서 믿음과 행함(업적), 믿음과 삶의 불가분리성을 이야기한다. 예를 들어「슈말칼던 조항」에 따르면, 간음, 살인, 하나님 모독 등의 명백한 죄를 짓는 사람에게는 "믿음과 영이 없다." "죄가 원하는 것을 행할 때, **성령과 믿음이 거기에 없다**", "선한 업적들(행함)이 따르지 않는 믿음은 **거짓되고 올바르지 못한 믿음이다**"(1964b, 207, 216). 달리 말해, 참 믿음이 있는 곳에는 필연적으로 올바른 행함과 성화가 있다. 그러나 하나님 앞에 설 수 있는 우리의 의와 구원은 우리 자신의 업적과 성화를 통해 얻을 수 있는 것이 아니라 오직 하나님의 은혜와 믿음으로 말미암아 가능한 것임을 루터는 거듭 강조한다. 우리가 아무리 많은 선한 일을 행할지라도, 성인처럼 거룩해진다 할지라도, 우리는 우리의 본성 깊이 숨어 있는 죄성을 없앨 수 없고, 하나님처럼 "완전한 사랑"(charitas plena)에서 행할 수 없기 때문이다.

맺는 말: 위에 기술한 루터의 문헌 자료에서 우리는 믿음과 행함(업적), 믿음과 성화가 분리될 수 없이 결합되어 있다는 사실을 볼 수 있다. 장현승도 이 점을 인정한다. "루터는 칭의론과의 연관 속에서 성화에 관한 그의 생각을 제시한다.…칭의와 성화는 내적으로 결합되어 있다"(장현승 2013, 117).

루터는 자신의 글에서 "성화"라는 개념을 거의 사용하지 않는다. 그러나 칭의와 연관하여 그는 성화의 내용을 거의 모두 얘기하고 있다. 성화의 핵심은 '옛 사람의 죽음과 새 사람의 다시 살아남'(mortificatio - vivificatio), '그리스도와의 연합', '그리스도의 형상으로 변화', '하나님과 이웃을 자신의 몸과 같이 사랑함'으로 요약될 수 있을 것이다. 그것은 "그리스도화", "그리스도를 향한 인격과 성품의 변화", "삶의 변화"라고 말할 수도 있을 것이다(장현승 2013, 383 이하). 이 모든 것을 루터는 칭의와 연관하여 말하였음을 우리는 위의 문헌 자료에서 볼 수 있었다. "옛 사람"을 십자가에 못 박아 죽이고 "새 사람 안에 있는 삶을 찾고 구하는 것"이 그리스도인의 "올바른 삶"이라고 그는 1517년에 행한 시편 6편 강해에서 이미 말하였다(1964a, 17-18).

칼뱅(1509-1565)은 루터보다 한 세대 뒤의 인물로서 1536년까지 종교개혁 운동에 적극 뛰어들지 않았다. 개혁운동의 소용돌이 바깥에서 그는 차분하게 신학체계(『기독교 강요』, 1536년 첫 출간)를 집필하면서, 칭의와 구별되는 성화론을 체계적으로 저술하였다. 그를 겐프의 종교개혁 운동에 끌어들인 인물은 "종교개혁의 투견"이란 별명을 가진 기욤 파렐(Gillaume Farel, 1489-1565)이었다. "1536년 7월, 마침 프랑스에서의 박해를 피해 스트라스부르크로 향하는 길에 하루 제네바에 들린 칼빈"에 대한 소식을 들은 파렐의 강권으로, 그는 1536년부터 겐프 종교개혁 운동에 참여하게 된다. 본래 그는 "스트라스부르크에서 조용히 거주하면서 책을 써 유럽 전역에 걸쳐 전개되던 개혁을 돕고자 하는 계획"을 가지고 있었다(김요섭 2018, 316, 손은실 2018, 291).

이에 반해 루터는 조용히 서재에 앉아 신학체계를 쓸 정신적 여유가 없었다. 계속되는 투쟁 속에서 그는 변론적 성격의 글을 써야만 했다. 칭의론에서 구별되는 성화론의 체계를 쓰는 것은 그의 관심 밖의 일이었다. 그에게 칭의와 성화는 하나로 결합되어 있기 때문에 그는 성화라는 개념을 거의 사용하지 않았다. 그렇다 하여 루터가 "후자(성화)를 소홀히 취급한다고 주장하면 이것은 루터의 사상을 왜곡하는 것이다"(김선영 2014, 86). 그는 성화라는 개념을 사용하지 않지만, 칭의와 연관하여 성화의 필연성과 그 본질적 내용들을 모두 말하고 있다. 또 라토무스에 대한 반박서에서 그는, 하나님이 우리에게 원하시는 것은 성화라고 분명히 말한다.

동방 정교회 신학은, 성화의 핵심은 인간이 하나님의 본성으로 변하는 것 곧 "신화"(theosis)에 있다고 본다. 그런데 현대 핀란드 루터학자들은 루터의 칭의론을 "신화"로 해석한다. 믿음을 통하여 그리스도께서 그리스도인들 안에 계시고, 그리스도의 모든 것이 그리스도인들의 것이 될 때, "그리스도인들은 (하나님의) 본성에 참여하는 것이 된다"(김선영 2014, 314). 핀란드 학자들의 이 해석은, 루터의 신학에서 그리스도인들의 칭의와 성화가 결합되어 있음을 보여준다.

임태수에 따르면, 그리스도인들의 믿음과 행위, 믿음과 성화가 분리된 원인은 "오직 믿음으로"라는 루터의 말에 대한 "오해 내지 곡해"에 있다고 말한다. "루터 당시부터 오늘에 이르기까지 루터의 '오직 믿음으로'라는 말을 '선행/행함은 기독교인에게 필요하지 않다'는 의미로 오해 내지 곡해하고 있다"는 것이다(임태수 2015, 227). 장현승도 이렇게 말한다. "성화의 부재"의 "원인은 '오직 은혜로', '오직 믿음으로' 하나님의 칭의를 얻을 수 있다는 루터의 종교개혁의 신학적 출발점에 대한 오해에 있다. '오직 은혜로', '오직 믿음으로' 구원을 얻을 수 있다고 생각할 때, 일상생활에서 성화의 삶은 불필요한 것으로 곡해될 수 있다"(장현승 2013, 682).

그러나 과연 루터의 칭의론을 제대로 배웠는데, 그의 말을 오해하거나 곡해하였기 때문에 믿음과 행함, 믿음과 성화가 분리되었을까? 우리는 루터의 칭의론을 모른다고 할지라도, "행함이 없는 믿음은 죽은 것"이라는 야고보서의 말씀을 모두 잘 알고 있지 않은가? 그럼에도 불구하고 많은 그리스도인에게서 믿음과 행함이 분리된 원인은 무엇인가?

그 원인은 루터의 "*sola fide*"에 대한 오해나 곡해에 있는 것이 아니라, "행함이 없는 믿음은 죽은 것이다"라는 성경 말씀을 들어도 이 말씀을 귀로 흘려버리기 때문이다. 왜 귀로 흘려버리는가? 진정으로 회개하는 마음이 없기 때문이다. "믿습니다, 아멘!" 하고 외치지만 사실상 믿음이 없기 때문이다. 진정한 회개와 믿음이 없기 때문에 그리스도인으로서의 올바른 행함이 없게 된다.

이에 대한 책임은 상당 부분 목회자들에게 있다. 그들은 "오직 믿음으로"라고 외치면서 뜨거운 믿음을 신자들에게 불어넣어 "열심 있는" 교인들의 머리 숫자를 늘리기에는 열심이지만, 믿음과 행함이 조화된 신실한 신자들의 양육에 관심을 갖지 않기 때문이다. 특히 평신도의 거울이 되는 목사와 신학자들이 세상 욕심을 벗어나지 못한 "옛 사람"(엡 4:22)의 모습을 보이기 때문이다. "대형교회를 일구었다고 해서, 그가 교단이나 교계의 이름난 감투자리를 차지했다고 해서, 그가 유명신학교에서 명예박사를 얻었다고 해서 그것이 곧 바로 하나님의 영광이 되는 것"인 양 으스대며, "하나님의 영광을 빙자해 실제로는 자신의 욕망을 극대화시키는" 목사들 때문이다(김요한 2017, 106, 107). 목사가 신자들의 헌금으로 도박을 하고, 힘없는 여전도사나 여신도에게 성상납을 요구하고, 교회를 팔아먹거나 자기 아들에게 세습하고, 교단 총회장 선거 때 수억, 수십억 원의 돈 선거를 하고, 목사들끼리 세속 법정에 고소하는 현실을 보면서 어느 평신도가 진실한 회개와 성화에 힘쓰겠는가! 물론 우리는 경건하고 신실하게 살아가는 많은 목사들과 신학자들 및 신자들이 있다는 사실도 잊어서는 안 될 것이다.

한국 개신교회의 타락을 극복하기 위한 일환으로, 일련의 신학자들은 "오직 믿음"이라는 말을 제거해야 한다고 주장한다. 임태수에 따르면, 이 말은 "잘못된 말이다. 바울은 '믿음으로 의롭게 된다'라는 말은 했지만 (롬 3:28), 결코 '오직 믿음으로 '만'(monon/sola) 의롭게 된다'고는 말한 적이 없다." "'오직 믿음으로'라는 말 자체가 잘못된 말이다"(임태수 2015, 228).

그러나 우리가 오직 하나님의 은혜로, 오직 믿음으로 구원을 얻지 못한다면, 오히려 행함(업적)을 통해 구원을 얻어야 한다면, 과연 구원 받을 수 있는 사람이 몇 사람이나 될까! 그 수는 요한계시록이 말하는 144,000명도 되지 않을 것이다. 성인으로 추대받은 성인들도 구원을 받을 수 없을 것이다. 언제나 "나의 것"을 추구하는 깊은 죄성으로 인해 인간은 아무리 노력해도 하나님처럼 완전할 수 없기 때문이다. 그 누구도 하나님처럼 "완전한 사랑"(charitas plena)을 행할 수 없기 때문이다.

또 선한 행함이나 공적을 통해 구원을 받을 수 있다면, 돈 많은 사람은 선한 공적을 많이 쌓아 천국에 들어갈 수 있지만, 돈이 없어 공적을 쌓을 수 없는 가난한 사람은 지옥으로 떨어질 것이다. 이로써 유전천국-무전지옥(有錢天國 無錢地獄)이란 등식이 성립될 것이다.

"바울은 '믿음으로 의롭게 된다'라는 말은 했지만(롬 3:28), 결코 '오직 믿음으로 '만'(monon/sola) 의롭게 된다'고는 말한 적이 없다"는 주장 역시 타당하지 않다. 사실 바울은 "만"이란 글자를 사용하지 않는다. 루터도 이 점을 지적하였다. 그러나 하나님의 구원은 인간의 행함이나 공적을 통해 가능하지 않고, 오직 하나님의 은혜와 믿음을 통해 가능하다는 바울의 말은 "만"을 전제하고 있다. 이 문제에 대해 칼뱅은 다음과 같이 대답한다. "하나님의 의가 오직 은혜로 말미암아 우리에게 주어진다면, 그 의는 오직 믿음으로 말미암아 온다고 바울은 말한다"(Inst. III.11.19). "오직 믿음으로'만'"을 인정하지 않을 경우, 하나님의 구원은 인간이 자기의 행함(업적이나 공적)으로 살 수 있는 상품과 같은 것이 되어버릴 것이다. 인간 자신이 자기의 구원자가 되어버릴 것이다. 그러므로 루터는 1517년에 행한 시편 143편 강해에서 "하나님의 의와 업적과 은혜" 대신에 자기의 "삶과 업적과 의"를 신뢰하는 것은 "완전히 거짓이요, 치명적이고 위험스러운 기만"이라고 말한다(1964a, 86).

박경수는 이 문제에 대한 루터의 생각을 적절히 요약한다. "그런데 많은 사람들이 프로테스탄트는 오직 은혜, 오직 믿음만 가르치고 선한 행위는 경시하거나 배제한다고 오해하기도 합니다. 하지만 프로테스탄트 종교개혁자들만큼 선한 행위에 대해, 거룩한 삶에 대해 강조한 사람들도 별로 없을 것입니다. 개혁자들이 말한 핵심은 우리의 행위는 구원의 결과이고 열매이지, 구원의 원인이나 이유가 될 수는 없다는 것입니다. 구원은 전적으로 하나님께 속한 것이기에 인간이 구원에 공헌하거나 관여할 여지는 없습니다. 그러나 구원받은 사람은 그에 합당한 거룩한 삶을 살아야 합니다. 따라서 종교개혁자들이 선행을 무시했다고 말하는 것은 정말 무지의 소치라 할 수 있습니다"(박경수 2017, 71-72).

홍지훈도 동일한 입장을 주장한다. "루터의 칭의론은 행위를 배제하고 신앙만 강조한 적이 없다." "비록 행위는 구원의 원인도 아니며 의롭게 하는 기능이 없지만, 구원의 과정에 꼭 필요한 것이다. 그리스도에 대한 믿음은 반드시 행동을 수반하며, 행동은 참된 신앙을 확인한다"(홍지훈 2018, 162, 165).

루터의 신학에서 "믿음과 사랑"의 모티브를 강조하는 김선영 역시 믿음과 사랑, 믿음과 행함의 분리될 수 없는 관계를 시사한다. "의롭게 된 자들은 믿음 안에서 하나님의 사랑을 받으며 그 사랑을 이웃에게 전달해 준다. 따라서 그리스도인의 삶은 믿음과 사랑의 삶이다"(W. Forell, 김선영 2014, 76에서 인용).

부록 2

"그는 믿음의 권위를 회복함으로써, 권위에 대한 믿음을 깨버렸다"(K. Marx)

– 루터의 칭의론에 숨어 있는 정의와 자유의 정신 –

1. 오늘날 우리는 루터의 칭의론에 대한 다음과 같은 비판을 들을 수 있다. 즉 루터의 칭의론은 죄의 사회 구조적 측면을 보지 못하고 개인의 죄와 죄용서 문제만을 다루며, 예수가 선포한 하나님 나라 복음의 사회 정치적 차원을 간과하고 복음을 죄용서의 문제로 축소시키며, 하나님 나라의 보편적·총체적 구원을 간과하고 그것을 죄용서의 문제로 축소시켰다는 것이다.

우리는 이같은 비판을 최근에 발표된 김창락 교수의 논문에서도 발견한다. 김 교수에 따르면, 루터의 칭의론은 "하나님의 의"를 "인간의 사회적 관계의 차원에서" 분리시켜 개인의 "윤리적 덕성"의 차원으로 축소시켜버렸다. 구약성경에서 하나님의 의는 "법정적 용어"로서, "하나님이 특별히 과부와 고아, 가난한 사람들과 같은 사회적 약자들을 편들어서 구원하시는 공정한 재판관으로 서술되었으며, 이 경우에 하나님이 행사하시는 일을 일컬어 '하나님의 의'라 했다"(김창락 2017, 195). 하나님의 의의 동사

형 '히치디크'가 "법정적 의미로 사용될 경우에는 어떤 죄인의 '죄를 용서한다'거나 '그를 의롭게 만든다'거나 하는 따위의 뜻은 전혀 없고 과부, 고아, 나그네, 가난한 사람 등 불의한 사회적 관계에서 고통을 당하고 있는 약자들을 편들어서 그들의 권리를 회복시켜주는 것을 뜻한다"(200).

그런데 루터의 칭의론은 "인간의 불의한 사회적 관계에서 발생한 억압, 착취, 차별 등의 문제가 휩쓸아치는 폭풍지대의 한복판으로 휩싸여 들어가는 것보다도 하나님과 개개 인간 사이의 수직적 관계에서 어떻게 죄 용서를 받고 의롭다는 인정을 받거나 의롭게 되느냐가 논의되는 안온한 무풍지대에" 가두어져버렸다(196). "이리하여 법정적 사건으로서의 하나님의 칭의 사건은 그 본래적 삶터(Sitz-im-Leben)가 상실되고 하나님과 개개 인간 사이의 수직적 사적(私的), 심리적 공간에서 일어나는 일로 변형되었다"고(203) 김창락 교수는 비판한다.

2. 필자는 김창락 교수의 논문을 읽으면서 그의 학문적 열정과 성실성에 깊은 감동을 느끼지 않을 수 없었다. 그러나 필자는 아래의 두 가지 점만 질문하고자 한다.

첫째, 구약성경에서 "하나님의 의"는 사회적 약자의 권리를 회복하는 사회적·정치적 차원의 개념에 불과한가? 그것은 죄인을 용서하는 하나님의 자비와 무관한 것인가? 구약성경에서 하나님의 의는 사회적 약자를 보호하고자 하는 하나님의 자비를 가리키는 동시에, 인간의 죄를 용서하고 그에게 새로운 삶의 기회를 열어주시는 하나님의 자비를 뜻하지 않는가?

우리는 이에 대한 근거를 시편 143:1-2에서 발견할 수 있다. "주여, 내 기도를 들으소서. 당신의 성실하심 때문에 나의 간구를 들으시며, 당신의 의로우심(의) 때문에 나의 기도를 들으소서. 당신의 종에게 심판을 행하지 마소서. 당신의 목전에는 어떠한 생명도 의롭지 못하나이다." 이 구절에서 하나님의 의 혹은 하나님의 의로우심은, 의롭지 못한 죄인의 기도를 들으시며, 그를 심판하지 않고 용서하시는 하나님의 자비와 은혜를 가리킨다.

구약성경에서 하나님의 의는 다양한 의미를 가진다. 김창락 교수가 주장하듯이, 그것은 사회적 약자의 생명의 권리를 회복하는 하나님의 자비를 가리킬 뿐 아니라, 악인은 그의 악으로 인해 멸망하며, 의로운 사람은 그의 의로 인해 "시냇가에 심은 나무"처럼 축복을 받게 되는 하나님의 섭리를 가리킨다(시 1편 참조). 또 그것은 인간의 행위에 따른 하나님의 심판을 가리키며, 이스라엘 백성의 죄를 기억하지 않고 용서하며 그 백성을 포로생활에서 본향으로 돌아가게 하는 하나님의 자비와 은혜를 가리키기도 한다. 김창락 교수는 하나님의 의의 이같은 다양성을 고려하지 않고, 그것을 "불의한 사회적 관계에서 고통을 당하고 있는 약자들을 편들어서 그들의 권리를 회복시켜주는" 차원으로 제한시킨다.

둘째, 과연 루터는 "하나님과 개개 인간 사이의 수직적 사적(私的), 심리적 공간"에서만 칭의론을 전개했던가? 그의 칭의론은 사회적·정치적 차원을 전혀 갖지 않았던가? 앞서 기술한 것처럼, 루터의 칭의론은 힘없는 민초들을 억압하고 갈취하는 교황체제에 대항하고 민초들의 자유와 권리를 회복하기 위한 무기가 아니었던가?

만일 루터의 칭의론이 개인의 사적·심리적 차원의 죄용서 문제에 관한 것에 불과했다면, 루터는 교황과 그의 추종자들로부터 이단자 파문을 당하지 않았을 것이다. 사적·심리적 죄용서의 문제는 독재자들에게 위험스러운 것이 아니기 때문이다. 그러나 위에서 기술한 바와 같이, 루터의 칭의론은 개인의 사적 죄용서의 문제를 넘어 중세 사회에서 가장 큰 힘을 가진 교황체제와 성직자 계급의 억압과 착취에서 민초들을 해방하는 정치·사회적 기능을 담지하고 있었다. 박일영(루터대학교) 교수도 칭의론의 이 차원을 인정한다. "루터의 칭의론의 특징은 개인적, 실존적 차원에 머물지 않고, 교회와 사회 차원에서의 실천적인 특성으로 이어진다"(박일영 2017, 136).

3. 칭의론 속에 내포된 사회·정치적 차원의 뿌리를, 우리는 먼저 루터가 말하는 "하나님의 의" 혹은 "그리스도의 의"라는 개념에서 볼 수 있다. 루터가 말하는 하나님의 의는, 교회가 요구하는 모든 업적과 율법에서 인간을 자유롭게 하는 기능을 가진다. 신자들은 교회가 요구하는 업적과 율법을 통해서가 아니라 오직 그리스도의 의를 통해 의롭게 되기 때문이다.

그런데 그리스도의 의는 성직자의 중재를 통해 주어지는 것이 아니라 신자들의 믿음을 통해, 신자들 자신에게 직접 주어진다. 여기서 교황을 위시한 성직자들의 중재직이 폐기된다. 중재를 빙자한 교권주의가 무너진다. 루터가 말하는 하나님의 의는 개인의 죄용서에 관한 개념인 동시에 중세 사회를 지배하던 교권주의를 붕괴시키고 하나님의 정의를 세우는 기능을 가진다.

루터는 "자유의 정신"을, 1518년에 쓴 "삼중의 의에 대한 설교"에서 다음과 같이 말한다. 그리스도의 의는 믿음을 통해 우리 자신의 것이 된다. 우리 자신의 것이 된 그리스도의 "낯선 의"를 통하여 "인간은 모든 것의 주인(*dominus omnium*)이 된다.…여기서 의와 진리가 만나며, 의와 평화가 입을 맞춘다"(2006b, 59). 이 문장에서 "모든 것의 주인"은 그 무엇에도 예속되지 않는 자유를 말한다. 그리스도의 의는 이 자유를 불러일으키는 동인, 곧 자유의 정신으로 작용한다. 여기서 루터가 말하는 자유의 정신은 1520년에 출판된 "종교개혁 3대 문서"에 속한 「그리스도인의 자유」의 중심 개념이 된다. "그리스도인은 모든 것에 대한 자유로운 주인이요, 그 무엇에게도 예속되어 있지 않다."

4. 일반적으로 "오직 은혜로", "오직 믿음으로"라는 루터의 명제는 구원론적 개념으로 이해된다. 그러나 그 속에는 하나님의 정의와 자유를 회복하고자 하는 루터의 관심이 숨어 있음을 우리는 간과해서는 안 될 것이다. 이것을 간과할 때, 이 명제들은 죄용서에 관한 구원론적 개념에 불과한 것이 되어버린다. 어떤 근거에서 이렇게 말할 수 있는가?

"오직 은혜로", "오직 믿음으로" 칭의와 구원을 받을 수 있다는 말은 각 사람이 하나님으로부터 직접 칭의와 구원을 받을 수 있다는 것을 뜻한다. 칭의와 구원은 성직자들의 중재로 말미암은 것이 아니라 성직자 없이, 하나님과 각 사람 사이에 직접 일어난다. 칭의와 구원에 있어 하나님과 각 사람의 직접성은, 이들을 중재하는 모든 종교적 제도를 상대화시키며, 이 제도에서 인간을 해방한다. 이로써 하나님의 정의를 세운다.

우리는 이것을 루터의 글 "죄용서에 관한 변론"(*De remissione peccatorum*, 1518)에서 분명히 볼 수 있다(2006b, 16 이하). 죄책의 용서(*remissio culpe*)는 사람과 하나님을 화해시키고, 벌의 용서(*remissio pene*)는 사람과 교회를 화해시킨다. 벌의 용서 없이 사람은 구원을 받을 수 있지만, 죄책의 용서 없이는 구원을 받을 수 없다.

그런데 "죄책의 용서는 죄인의 통회에도 근거하지 않고, 사제의 직분이나 권세(*nec officio aut potestati sacerdotis*)에도 근거하지 않는다"(8조). "오히려 그것은 그리스도의 말씀을 따르는 믿음에 근거한다"(9조). "그리스도는, 인간의 구원이 인간(사제를 뜻함)의 행동이나 결정에 의존하는 것을 원하지 않았다"(11조). "사제는 죄용서의 원인자(*authores remissionis*)가 아니라 용서에 대한 믿음을 위한 말씀의 봉사자(ministratores verbi in fidem remissionis)일" 뿐이다(23조). 죄용서는 신자들의 마음속에서 "내적으로 활동하는 영의 사역"이다(31조).

우리는 이것을 이미 루터의 95개조에서 볼 수 있었다. 교황은 자신의 판단이나 교회법의 판단에 따라 규정된 것 외의 "어떤 벌도(ullas penas) 용서할 수 없다"(5조). "교황은 어떤 죄책도(ullam culpam) 용서할 수 없다. 그는 하나님에 의한 용서를 선언하고 증명할 수 있을 뿐이다"(6조). 예수께서 믿음을 보시고 "네 죄가 용서받았다"고 중풍병 환자에게 직접 말씀하신 것처럼, 죄용서는 교황이나 사제의 중재 없이 각 사람에게 직접 일어난다.

루터에 따르면 하나님의 영 곧 성령 안에서 각 신자가 하나님과 직접 교통하며, 성령을 통하여 하나님의 죄용서와 구원을 직접 받는다. 1537년에 출판된 "율법 반대자들에 대한 첫째 변론서"에 따르면, "전혀 아무것도 없이 성령이 주어지고, 인간은 의롭게 된다"(2006b, 448). 즉 율법이 요구하는 업적이나 성직자의 중재 없이 성령을 통하여 칭의가 신자들에게 직접 일어난다는 것이다. 그렇다면 교황이 베드로에게서 물려받았다고 하는 "열쇠의 권세"(Schlüsselgewalt)는 부인된다. 루터에 따르면, 죄용서는 성직자들의 전유물이 아니다. 그것은 신실한 신자들 서로 간에 이루어질 수 있다. 그렇다면 성직자들은 자신들을 더 이상 "그리스도의 대리자"(vicarius Christi)라고 말할 수 없게 된다. 이것은 교황 독재체제의 붕괴를 뜻한다.

5. "오직 그리스도만이"라는 루터의 명제 역시 교황제도와 성직자 계급의 지배와 착취, 하나님과 인간을 중재하는 모든 종교적 제도에서 신자들을 해방하는 자유의 정신을 담고 있다. 오직 그리스도만이 자신의 몸을 단 한 번의 속죄제물로 바친 하나님의 유일한 대사제요(히 3:1), "교회의 머리"다

(엡 1:22; 4:15). 여기서 중세 사회를 지배하던 성직자 계급은 무너진다. 그리스도만이 신자들의 죄를 용서할 수 있는 우리의 구원자시다. 그리스도와 신자들 사이에 그 어떤 중재자도, 그 어떤 중재기관도 있을 수 없다.

이로써 구원의 법적 중재기관으로서의 교회와, 구원의 중재자로서의 성직자 계급과 교황체제가 무너진다. 그리스도만이 우리의 구원자시요, 오직 그리스도 때문에 구원이 가능하다면, 교회의 모든 종교적 제도는 반드시 있어야만 할 필연성을 상실한다. 각종 종교적 축제, 의식, 미사, 성인 숭배, 성유물 숭배, 교황의 찬란한 망토와 모자 및 지팡이 등이 상대화된다. 반드시 있어야만 할 필연성을 가진 것은 말씀과 믿음뿐이다. 말씀과 믿음 앞에서 성례도 반드시 있어야만 할 필연성을 상실한다. 성례가 없어도, 말씀과 믿음을 통해 구원을 받을 수 있기 때문이다. 물론 루터는 세례와 성만찬의 성례를 주님께서 세우신 것으로 인정한다. 그러나 말씀과 믿음이 없을 때, 세례와 성만찬도 구원의 효력을 갖지 못한다.

한마디로 루터가 말한 "오직 그리스도만이"란 명제 역시 그 속에 정의와 자유의 정신을 담고 있었다. 그것은 당시 신성 로마 제국에서 가장 큰 사회·정치적 세력인 교황체제와 성직자 계급과 교회의 모든 종교적 제도를 무너뜨리는 무서운 힘을 내포하고 있었다. 당시의 사회에서 이 명제는 신학적 명제인 동시에 사회·정치적 의미를 가진 사회·정치적 명제이기도 하였다. 이 명제 속에 담긴 정의와 자유의 정신을 루터는 「대교리문답서」에서 다음과 같이 말한다. "이리하여 모든 독재자들과 교도소장들(Kerkermeister)이 추방되고, 예수 그리스도께서 생명과 정의와 모든 선한 것과 모든 지복의 주로서 그들의 자리에 등장하였다. 그는 불쌍하고 절망에 빠진 우리 인간을 지옥의 목구멍에서…풀어주시고…우리를 그의 비호와 보호 아래 있는 그의 소유로 삼으셨다…"(1964b, 96).

어떤 학자는(G. W. Locher) 루터가 "오로지 그리스도, 나를 위한 그리스도(solus Christus, Christus pro me)를" 선포하였다고 말한다(강경림 2016a, 103). 여기서 그리스도는 단지 "나" 개인을 위한 존재로 축소된다. 그의 구원은 나 개인의 죄용서로 축소된다. 이것은 루터의 구원론에 대한 실존론적·개인주의적 해석의 대표적인 예다. 그러나 루터는 "나를 위한"(pro me) 그리스도만 얘기한 것이 아니라 "우리를 위한"(pro nobis) 그리스도도 얘기하였고, 그리스도를 "모든 독재자들과 교도소장들"을 추방하신 분으로 이해하였다는 사실을 우리는 유의할 필요가 있다.

6. "오직 성경만이"(sola scriptura)라는 명제도 그 속에 정의와 자유의 정신을 내포하고 있다. 구원에 필요한 모든 지식이 성경에 기록되어 있다. 교회 안에서 성경이 최고의 권위를 가진다. 교황과 전통의 권위는 성경의 권위 아래에 있다. 교황의 모든 결정과 법령, 공의회의 결정과 신앙고백 등은 성경에 의해 검증되어야 한다. 이로써 교황과 공의회의 권위는 상대화된다. 교황과 공의회도 실수할 수 있고, 또 실수를 한 적이 있으며, 교황도 죄를 짓는다고 루터는 주장한다.

 루터의 주장에 따르면, 교황도 "그리스도의 몸"에 속한 한 지체일 뿐이다. 교황제도는 하나님의 법에 따라 만든 신적 제도가 아니라 인간의 법에 따라 만든 인간적 제도에 불과하다. 따라서 성경 해석권은 교황에게만 있는 것이 아니라 모든 평신도에게도 있다. 여기서 교황과 평신도는 동등한 위치에 있는 존재로 드러난다. 이것은 교황의 권위와 지배에서의 자유와 해방을 말한다.

 그러나 업적과 율법에서의 해방, 성직자들의 중재직 폐기, 교황과 전통의 권위와 지배에서의 해방은 종교적 문제에 불과하지 않은가? 따라서 루터의 칭의론 속에 담겨 있는 해방과 자유의 기능은 종교적 해방과 자유에 불과하지 않은가?

이 질문에 대해 우리는 다음과 같이 대답할 수 있다. 중세 사회에서 가장 큰 힘을 가진 사회 계급은 교황을 위시한 교회 성직자들이었다. 독일에서는 교회의 주교가 정치적 제후직과 제국의회 의원직을 겸직하며, 대주교는 황제를 선출할 수 있는 선제후직을 겸임할 정도로 주교는 막강한 정치적 힘을 가지고 있었다. 이와 같이 종교와 정치가 결합되어 있는 사회에서 종교적 해방과 자유는 곧 정치·사회적 해방과 자유일 수밖에 없었다. 이런 점에서 루터의 칭의론은 종교적·구원론적 의미는 물론 정치·사회적 의미를 담고 있다고 말할 수 있다. 김주한은 이것을 다음과 같이 말한다. "루터에게서 믿음에 의한 칭의는 사회 윤리적인 결과들을 수반하지 않는 신학적인 추상이 아니며 개인 칭의는 그 자체가 사회적인 차원을 지니고 있음을 알아야 한다", "교회개혁과 사회개혁은 서로 분리될 수 있는 것이 아니다"(김주한 2015, 132, 131).

7. 칭의론에 담긴 정의와 자유의 정신을 가장 분명하게 보여주는 것은 루터의 유명한 "만인사제직"(정확히 말하면 "모든 신자의 사제직")이다. 만인사제직은 루터의 칭의론에서 귀결된 것으로, "특별한 영적인 성품을 소유한 자로 전제했던 교황의 직분을 거절하고 모든 믿는 자들이 그들의 믿음의 분량에 따라 참된 영적인 직분의 은사를 소유하게 된 사제들임을 선언한 것이다"(정일웅 2018, 121). 많은 신학자는 루터의 만인사제직을 교회구조 혹은 교회정치에 관한 문제로 간주한다. 물론 그것은 타당하다. 만인사제직은 개신교회의 교회구조 혹은 교회정치에 결정적 영향을 주었다. 그러나 루터의 만인사제직 속에 하나님의 정의와 자유의 정신이 숨어 있다는 사실

에 대해 우리는 침묵해서는 안 될 것이다.

특히 "종교개혁 3대 문서"에서 루터가 만인사제직을 말하게 된 동기는 성직자 계급에 의해 억압당하는 평신도의 권리와 자유를 회복하기 위해서였다. 모든 신자가 성직자와 동일한 "영적 신분"에 속한다면, 신자들 위에, 신자들 없이, 독자적으로 존재하는 성직자들의 특별계급은 인정될 수 없다. 모든 신자가 하나님의 "왕과 같은 사제들"이기 때문이다(벧전 2:9).

루터 당시 성직자들의 생활을 고려할 때에도 성직자와 평신도의 차이는 보이지 않았다. 오히려 평신도 중에 성직자보다 훨씬 더 경건하고 신실한 사람들이 많았다고 루터는 전한다. 사실 루터가 만인사제론에서 성직자와 평신도 사이의 신분적 차이를 반대한 배경은 평신도보다 훨씬 못한 무자격 성직자들의 무지와 타락과 부패에 있었다. 성직자와 평신도 사이의 신분 차이가 부인됨으로써 성직자 계급과 교황 독재체제로부터 평신도의 해방과 자유가 일어나게 된다. 다음과 같은 청년 마르크스의 평가는 이를 암시한다. 루터는 "평신도를 목사로 바꿈으로써, 목사들을 평신도로 바꾸었다. 그는 종교성을 내적 인간의 것으로 만듦으로써, 인간을 외적 종교성에서 해방하였다. 그는 사람들의 마음을 고리에 묶어버림으로써, 사람들의 몸을 고리에서 해방하였다"(Marx 2004, 284).

교황 독재체제와 성직자 계급에서의 자유는 오늘 우리에게 별로 심각하게 들리지 않는다. 오늘 우리는 이미 이들에게서 해방된 세계 속에 살기 때문이다. 그러나 500년 전에 성직자들이 세속의 권세를 소유하고 있던 국가교회 체제에서, 교황 독재체제와 성직자 계급에서의 해방과 자유는 단지 종교적 해방과 자유에 불과한 것이 아니라 사회·정치적 차원에서의 해방과 자유이기도 하였다.

많은 학자는 루터가 말한 자유를 영적인 자유로 해석한다. 즉 그것은 죄와 죽음, 하나님의 진노와 심판, 양심의 죄책감과 고통에서의 자유, 공로에서의 자유, "영적 우상숭배"에서의 자유, "지적 오만으로부터의 자유", "순수한 마음과 자유의지를 가지고 하나님의 계명을 준수하지 못하는 무능력으로부터(의) 자유"로 이해된다(김선영 2014, 194-198). 그러나 중세 사회에서 성직자들의 교권주의는 종교의 영역에 국한된 것이 아니라 세속 사회의 정치의 영역에서도 막강한 힘을 가지고 있었다. 이같은 사회에서 루터가 말한 "자유"는 영적·종교적 자유는 물론 사회·정치적 자유이기도 하였다는 점을 우리는 간과해서는 안 될 것이다. 이 자유가 정치의 영역에서 실현되는 것은 시간 문제였다.

8. 루터의 두 왕국론도 중세 사회를 지배하던 교황과 성직자 계급에서 민초들을 해방하고 하나님의 정의를 세우고자 하는 정신을 담고 있다. 루터에 따르면, 영적 권세와 세속의 권세는 세상을 통치하기 위해 하나님께서 세우신 것이다. 따라서 성직자들의 영적 권세가 세속 통치자들의 세속적 권세보다 더 높다고 말할 수 없다. 두 가지 권세는 평등한 것이다. 여기서 성직자 계급의 영적 권세로부터 세속의 권세, 종교의 영역으로부터 세속의 영역의 해방과 자유가 일어난다. 성직자들이 세속의 권세에 개입하여 자신의 특권을 챙기는 불의가 극복되고 하나님의 정의가 세워진다.

루터에 따르면, 사제의 종교적 권세는 "하늘나라의 열쇠"를 받은 베드로와 그의 후계자들, 곧 교황들에게 있는 것이 아니라 모든 신자에게 있다. "하늘나라의 열쇠"는 사실상 모든 제자, 그리고 제자들이 세운 공동체에 주어진 것이다. 사제들이 가진 종교적 권세는 신자들에게 속한 권세를 사제에게 위임한 것에 불과하다. 여기서 성직자들의 영적 권세의 우월성은 여지없이 깨어져버린다. "혁명적인 방식으로 루터는 자신의 두 왕국론을 가지고 영적 권세가 세속적인 권세보다 높다는 중세적 우월성에 대하여 신학적인 도전을 했다"(Lohse 2016, 447).

이오갑에 따르면, "루터의 그런 입장은 1520년 '독일 크리스챤 귀족에게 보내는 글'에서 '첫 번째 담' 즉 세속 권위보다 영적 권위가 우월하다는 주장을 무너뜨리려 했을 때 이미 드러났다. 거기서 루터는 교황과 주교, 사제 등 이른바 '교회 신분(état ecclésiastique)'과 군주, 영주, 직인, 농부 등 '세속 신분(état laique)' 사이에는 우열의 차이가 아니라 직무상의 차이밖에는 존재하지 않는다고 했다"(이오갑 2017, 191). 영적 직업과 세속 직업 사이에 직무상의 차이가 있을 뿐 우열의 차이가 없다면, 영적 직업에 종사하는 성직자들과 세속 직업에 종사하는 평신도는 신분적으로 평등하다고 말할 수밖에 없다. 이로써 중세 사회를 지배하던 성직자들의 지배에서 평신도의 신분상의 해방이 일어난다. 신분상의 해방은 만인사제론으로 이어진다.

그런데 성직자 계급의 영적 권세로부터 평신도의 해방과 자유는 하나의 교회적·종교적 문제에 불과하지 않은가? 이 질문에 대해 김주한은 다음과 같이 적절히 대답한다. "종교개혁 시대 개혁자들의 주된 관심은 주로 신학적이고 교회적인 분야에 있었지만, '종교화된 사회'에서 교리적이고 종교적인 문제들은 사회적 과제들과 불가분리의 관계 속에 놓여 있었다.…그래서 당대 종교체제의 변화는 곧 사회변혁의 결과를 수반하였다. 즉 종교개혁은 사회변혁의 동기와 이념의 토대를 제공하였던 셈이다"(김주한 2016b, 30).

종교체제의 변화가 사회변혁을 수반한다면, 성직자 계급의 영적 권세로부터 평신도의 해방과 자유는 사회 전체의 신분적 해방과 자유로 확대될 수밖에 없다. 루터는 이것을 「독일 그리스도인 귀족에게 보내는 글」에서 다음과 같이 말한다. "평신도와 사제", "군주와 주교", "구두 수선공, 대장장이, 농부"가 "성별 받은 사제와 주교와 같다." 그렇다면 사회의 모든 직업인은 "공동체의 구성원으로서 사회적 삶을 영위함에 있어 '직무와 일에 관한 차이'만 있을 뿐이지 '사회적 신분'이나 직업 종류에 따른 성속차별이나 그 직업상 일들에 있어서 가치와 우열차이가 없다는 것이다.…모든 직업의 일과 직무는 '다른 모든 사람들을 이롭게 하고 섬기는 일'에 그 목적이 있다"(김경재 2018, 233). 여기서 성직자 계급에서의 해방과 자유는 중세 사회의 **신분제도의 파괴**로 이어진다. 물론 이것이 정치의 영역에서도 실현된 것은 종교개혁 이후의 일이지만, 루터의 만인사제론은 그 이론적 기초를 세웠다.

김동진(한국루터회)은 이것을 루터의 소명론에서 분명히 밝힌다. "소명은 성직자가 되거나 수도사가 되는 것만을 의미하지 않는다. 하나님이 창조하신 모든 피조물을 다스리시고 이끌어 가시기 위해 이 세상 모든 사람들에게 부여하신 직업(Beruf) 혹은 직무(Amt)가 곧 소명(Beruf)인 것이다." 그렇다면 그리스도인은 물론 모든 사람은 "신성한 소명의 자리에 서" 있다고 말할 수 있다. 여기서 직업의 차이는 사실상 철폐된다. "하나님은 직업상의 우열을 가리거나, 혹은 직업상의 성속(聖俗)을 구별하여 어떤 직업은 우월한 직업이고, 또 어떤 직업은 열등한 직업으로 분류하지 않았다"고 루터는 강조하였다(김동진 2017, 197). "모든 종류의 세속적인 삶은 하나님의 통치 아래" 있다. "모든 그리스도인은 그 각자가 소중한 소명 가운데 살고" 있다. 따라서 "그가 어떤 지위에 속한 사람인지 또한 그가 어떤 일을 하는지는 중요하지 않다"(201).

루터의 "태양의 비유"에 따르면, "태양은 모든 사람에게 똑같이 비친다. 농민이나 왕이나, 장미나 가시나, 뒷골목에 있는 돼지나 사랑스러운 소녀나 가리지 않는다.…이처럼 모든 사람은…그리스도 앞에서 똑같다.…하늘에 계시는 하나님 앞에서는 차이가 없다. 모든 사람은 단순히 인간이며 죄인이다. 그들에게 그리스도는 모든 사람에게 차별 없이 그 빛을 비춰주는 태양과 똑같이 주어진다"(WA 6.408, 위의 책 198). 여기서 루터는 태양과 같은 하나님 앞에서 모든 사람의 평등을 말한다. 직업의 고하를 초월한 모든 사람의 평등, 그것은 500년 전 중세 사회에서 혁명적 발상이었다. "사회 전체를 새롭게 구성할 수 있는 공공성"이 바로 여기에 있다(한정애 2016, 190).

9. 몰트만에 따르면, 루터의 칭의론은 아우구스티누스의 "하나님과 영혼"의 신학 원리를 "하나님의 말씀과 영혼의 믿음"을 통해 심화시킨다. "영혼은 그의 믿음을 통해 하나님을 의롭게 하고, 하나님은 그의 은혜를 통해 영혼을 의롭게 한다. 이 교환으로부터 하나님과 영혼의 하나됨(Einheit)이 생성된다." 루터는 이 교환을 중세기 신비주의에서 유래하는 "영혼과 하늘의 신랑의 결혼"에 비유한다. 그러나 이 교환은 신비주의가 말하는 "신비의 순간 속에 있는 영혼의 정점에서 일어나는 것이 아니라 의롭게 하는 믿음 속에서" 일어난다. "하나님과 영혼"의 이 관계성을 통해 루터는 칭의를 "죄의 용서로 위축시키고, 믿음의 영적 세계를 외적이며 몸적인 세계, 공공의 세계로부터 구별한다." 즉 루터는 외적인 세계를 배제하고 "믿음의 영적 세계"만을 다루었다는 것이다. 이에 반해 몰트만은 다음과 같이 주장한다. "의롭게 된 인간의 희망은 영적 나라뿐만 아니라 세속의 나라도 포함한다. 영혼뿐만 아니라 몸도 포함하며, 사적 인격뿐만 아니라 인간의 공동체도 포함하며, 인류뿐만 아니라 땅도 포함한다. '하나님과 영혼'은 하나의 시작일 수 있다. 그러나 마지막에 문제 되는 것은 하나님과 땅이다"(Moltmann 2016, 71-72).

루터의 칭의론에 대한 몰트만의 평가에 관해 우리는 아래와 같이 질문할 수 있다. 루터는 단지 "하나님과 영혼"의 관계 문제 때문에 칭의론을 종교개혁의 주제로 삼았던가? 루터의 종교개혁은 땅의 문제를 외면하고 영혼의 문제에만 집중했던가? 루터는 자기 시대의 가장 강력한 땅의 권세(교황권)와 싸우지 않았던가?

몰트만 역시 "하나님과 영혼"은 "세속의 나라", 인간의 "몸", "인간의 공동체", 우리가 살고 있는 "땅"을 포함하는 포괄적 희망의 "시작"일 수 있다고 그 가치를 인정한다(위의 책 72). 필자의 생각에 의하면, 이 "시작" 속에는 무서운 힘이 숨어 있다. 신비주의 신학이 강조하는 "하나님과 영혼"의 직접적 관계는 인간이 만든 모든 종교적 제도와 형식, 곧 모든 외적인 것을 상대화시키기 때문이다. 그것은 교황을 위시한 성직자 계급과 모든 종교적 의식과 예식, 제단의 촛불과 향, 예배에서 종(鐘)을 치는 일과 면죄부 등 이 모든 외적이고 감각적인 것을 불필요한 것으로 만들어버린다. 그것은 교황의 지팡이도 상대화시켜버린다. 하나님의 구원은 하나님과 각 사람의 영혼 사이에 직접 일어나기 때문이다. 중세기 독일 신비주의의 대표 마이스터 엑하르트(Meister Eckhart)가 순교의 죽음을 당한 내적 원인은 여기에 있다.

헤겔은 이 생각을 다음과 같이 말한다. 하나님과 인간 사이를 "중재하는 것은…이 세상의 감각적인 것(외적인 것)일 수 없다." "하나님과 영혼"의 내적·직접적 관계, 하나님과 인간의 "화해는 외적인 일, 성체(Hostie, 성찬의 빵)를 통하여 이루어질 수 없다. 그것은 오직 믿음 안에서 이루어진다." "각 사람이 자신 안에서 화해의 사역을 이루어야 한다." 따라서 "하나님과 영혼"의 직접성, "믿음 속에 있는 개인의 주체성(Subjektivität)"은 모든 외적인 것을 상대화시키며 그것을 사실상 제거한다. "외적인 것의 이 제거는 모든 가르침을 재구성하며, 모든 미신을 개혁한다." "구원의 과정은" 성직자 계급이나 종교의식과 같은 외적인 것을 통해 이루어지는 것이 아니라 "오직 마음과 영 안에서 일어난다. 이 가르침에서 모든 외적인 것, 영의 종살이(Knechtschaft)의 다양한 형식들과 가지들이(Zweige) 폐기된다." 달리 말해 교황제도, 성직자 제도, 성직자들의 중재역, 교회가 요구하는 모든 의식과 업적, 이 모든 외적인 것, 감각적인 것은 폐기된다. 이것을 말하는 "루터의 단순한 가르침은 자유의 가르침이다." "영적 자유의 원리가 여기에 보존되어 있었고, 단순하고 솔직한 마음으로부터 혁명(Umsturz)을 이루었다." 그러므로 헤겔은 "종교개혁을…중세기 말의 여명을 타고 솟아오르는, 빛나는 태양으로" 보아야 할 것이라고 말한다(이에 관해 Hegel 1968, 877-880 참조).

맺는 말: "그는 믿음의 권위(Autorität des Glaubens)를 회복함으로써, 권위에 대한 믿음(Glauben an die Autorität)을 깨버렸다"는 이 부록의 제목은 카를 마르크스의 『헤겔 법철학 비판 서문』에 나오는 글이다(Marx 2004, 284). 마르크스의 이 말은, 루터의 칭의론이 단지 "하나님과 영혼"의 문제만 다룬 것이 아니라, 당시의 세계를 지배하던 교황의 거짓된 권위를 무너뜨리고 하나님의 정의와 진리를 세울 수 있는 힘이 그 속에 숨어 있었음을 시사한다. "오직 믿음으로"라는 중심 원리를 통해 루터는 "믿음의 권위"를 회복한다. 믿음의 권위를 회복함으로써, 그는 교황과 사제들의 거짓과 불의에서 인간을 해방하고 하나님의 정의를 세운다.

그러므로 2014년에 독일 개신교회는 종교개혁 500주년 기념 신학백서를 "칭의와 자유"라는 제목으로 발표한다(Schneider 2014). 이 제목은 칭의와 자유의 문제가 결합되어 있음을 시사한다. 이 제목은, 루터의 칭의론이 개인의 죄용서의 문제는 물론 중세기 교황 독재체제와 성직자 계급에서 민초들을 해방하고 하나님의 정의를 회복코자 한 이론적 기초였음을 암시한다. 그것은 중세 기독교 세계에서 가장 강력한 사회·정치적 힘을 가진 교황체제를 뒤흔들 수 있는 투쟁의 무기였다. 이 무기를 통해 루터의 종교개혁은 "부패한 교회를 개혁하고 불의한 사회를 변혁시킨 역사적인 사건"이 되었다(류장현 2015, 159). 어떤 사람은 "루터의 관심이 영적인 영역에만 치우쳐 있기 때문에 사회 변혁보다는 현상 유지를 도모하고 사회적인 부정의에 대해서는 침묵을 강요한다고 주장하지만, 사실 그것은 루터의 사상과는 거리가 멀다"(김동진 2017, 206).

이런 관점에서 우리는 다음과 같은 루터의 말을 음미할 수 있다. "칭의에 관한 항목은 모든 이론의 장인이요 원리(*magister et princeps*)다.···만일 그것이 없다면, 세상은 맛을 잃어버리고 완전한 어둠일 것이다.···그것은 사탄에 대항하여 싸우는 그리스도인들이 포기할 수 없는 것이다"(WA 39 I, 205).

부록 3

루터는 "제후들의 종"이었던가?

1. 위에서 우리는 "자유의 정신"이 루터의 칭의론과 종교개혁의 중요한 구성요소였음을 고찰하였다. 그런데 1524/25년의 독일 농민전쟁에 대한 루터의 태도는 일찍이 그가 외친 "자유의 정신"에 모순되는 것으로 보인다. 1525년 5월 중순에 출판된 것으로 보이는 "평화를 위한 권면" 제2판 부록 마지막 문장, 곧 "찌르고, 때리고, 목을 졸라 죽여라"는 문장에서 루터는 "자유의 정신"을 포기하고 제후들의 편에 서서 힘없는 농민들을 제압하도록 부추긴 "제후들의 종"(Fürstenknecht), "제후들의 하인"(Fürstendiener)처럼 보인다. 이같은 루터의 태도는 그의 종교개혁 운동의 가장 큰 흠집으로 남게 된다.

카를 마르크스와 프리드리히 엥겔스는 초기의 종교개혁을 긍정적으로 평가한다. 초기의 종교개혁은 당시의 세계가 중세 봉건주의를 파괴하고 자본주의의 새로운 사회 형태로 넘어가는 계기가 되었다. 그러나 농민전쟁이 실패로 끝나면서 종교개혁은 무산계급에 속한 농민들을 배반하고 유산계급 편에 서는 실수를 저질렀다. 이리하여 종교개혁은 독일의 역사를 비참하게 만드는 계기가 되었다. 그 주도자인 루터는 "제후들의 하인"이요, "절대 왕정의 접시를 핥아먹는 자"라고 마르크스주의를 비판한다(Brinks 1992, 34).

손규태에 따르면, 루터를 보수주의자로 평가하기는 곤란하지만, 그가 "사회 개혁에 미온적이었다는 사실은 부정할 수 없다. 더군다나 루터가 농민들을 폭도로 규정하고 그들의 정당한 권리를 폭력으로 진압하도록 요구한 것은 새로운 사회질서를 꿈꾸었던 농민들의 희망을 무참히 짓밟은 것이다. 엥겔스(Friedrich Engels)는 『독일 농민전쟁』에서 종교개혁을 부르주아 시민 혁명으로 규정하고 서구 역사에서 최초의 프롤레타리아 혁명인 독일 농민전쟁이 실패한 이유를 종교개혁자들의 보수적 신학과 루터가 부르주아 귀족들을 의존했기 때문이라고 비판하였다. 동일한 맥락에서 리챠드 니버(H. R. Nirbuhr)도 이렇게 비판하였다. '종교개혁이 농민들과 기타 피착취 집단들의 종교적인 요구를 채워 주는 데 실패했고, 중산계급과 귀족들의 종교로 남았다.'…루터의 농민혁명에 대한 폭력적 진압은 그리스도 사건과 민중 사건을 분리한 '기독교의 그리스도로부터의 이탈'이었다"(류장현 2015, 146-147에서 인용).

이같은 비판 앞에서 우리는 루터를 어떻게 평가해야 하는가? 이들의 비판대로, 루터는 "농민들을 폭도로 규정하고 그들의 정당한 권리를 폭력으로 진압하도록 요구한" "제후들의 하인"이었던가? 토마스 뮌처가 말한 대로, 루터는 제후들의 식탁에서 떨어진 것을 주워 먹고, 잡아먹기 좋을 만큼 살이 통통하게 찐 돼지였던가? 루터는 자기에게 기대를 걸었던 농민들의 "배반자"(Verräter)였던가?

2. 필자가 볼 때 이같은 비판은 적절하지 않다고 생각된다. 루터가 농민전쟁을 반대한 것은 사실이다. 그러나 그가 단지 제후들의 편에 서서, 제후들의 식탁에서 떨어진 것을 주워 먹기 위해 농민전쟁을 반대한 것은 아니었다. 루터는 자기 나름대로 농민전쟁을 반대할 수밖에 없는 이유를 가지고 있었다. 첫째 이유는, 세속의 통치권은 하나님이 세우신 것이므로 이에 복종해야 한다는 신약성경의 말씀 때문이었다(롬 13:1; 벧전 2:13-14). 둘째 이유는, 농민전쟁이 정당한 법적 절차를 결여한 살인, 방화, 파괴 및 약탈로 이어졌기 때문이다. 셋째 이유는, 천년왕국 사상을 가진 "종교개혁의 좌파", 특히 기존의 사회질서를 파괴하고 하나님 나라의 새로운 세상을 이루기 위해 폭력도 불사해야 한다는 극단주의자들이 농민전쟁에 참여하였기 때문이다.

이런 극단적 사상은 오스트리아 티롤(Tirol)에서 일어난 농민봉기에서도 나타난다. 인스브루크(Innsburck) 정부의 부패와 실정, 반(反)개혁적 태도에 분노한 농민들이 수도원과 사제들의 저택과 귀족들의 성을 습격하고 방화하였다. 이 봉기의 지도자 먀하엘 가이스매어(Michael Gaismair)가 1526년에 공포한 "티롤 지역 질서"(Tiroler Landesordnung)는 성경에 근거한 "기독교적이며 민주적인 농민 공화국의 유토피아적 시도"를 보여준다(Fuchs 1976, 124). 그러나 폭력, 방화, 살인을 통하여 하나님 나라를 이 땅 위에 이룰 수 있다는 생각을 루터는 인정할 수 없었다.

3. 물론 루터도 사람이었기에, 자기의 생명을 보호해준 선제후 프리드리히를 버리고 농민의 편에 서기 어려웠을 것이라고 상상할 수 있다. 또 그는, 제후들의 도움 없이는 교황과 황제에 대한 투쟁이 불가능하다는 점도 고려했을 것이다. 그래서 류장현 교수는 다음과 같이 말한다. "루터는 종

교개혁을 완수하기 위하여 현실 권력인 로마 가톨릭교회에 대항할 수 있는 강력한 힘이 필요하였다. 그래서 그는 로마 가톨릭교회의 간섭으로부터 벗어나려는 영주들과 신흥 시민계급과 손을 잡아야 했으며, 그 결과 그들에게 매우 적대적인 급진적 종교개혁자들이나 농민들을 외면할 수밖에 없었다"(류장현 2015, 144). 그리고 "루터가 처음부터 농민들에게 적대적인 것은" 아니었는데, "튀빙겐(튀빙겐이 아니라 튀링언)에서 농민전쟁을 직접 체험한 후 입장을 바꾸었다"고 말한다(145). 여기서 루터는 전략적 계산에 따라 행동하는 사람으로 보인다.

그러나 필자가 읽은 루터의 글에 의하면, 루터는 전략적 계산에 따라 행동하는 사람이 아니었다. 만일 루터가 그런 사람이라면, 그는 종교개혁을 시작하지도 않았을 것이고, 교황과 황제에 대한 투쟁으로 인한 정신적 압력과 고통을 견디어내지도 못했을 것이다. 그는 오로지 하나님과 하나님의 말씀을 신뢰하였다. 하나님의 말씀 곧 성경이 그의 유일한 무기였다. 우리는 이것을 그가 1521년 3월에 선제후 프리드리히의 만류를 뿌리치고 바르트부르크를 떠나면서 프리드리히에게 보낸 편지에서 볼 수 있다. "가장 크게 신뢰를 받는 자가, 가장 크게 보호할 것이다!" 즉 자기는 프리드리히보다 하나님을 더 크게 신뢰하므로, 하나님이 자기를 더 크게 보호해 줄 것이라는 말이다. 또 가톨릭교회와의 화해를 위해 자기의 입장을 완화시킨 멜랑히톤에 반해, 루터는 죽을 때까지 자기의 입장에 대한 양보를 거부하였다(「슈말칼던 조항」 서론 참조). 한마디로 "루터는 계산에 빠른 정치가가 아니라 종교적 예언자였다"(Fuchs 1976, 123).

루터는 지독한 원칙주의자였던 것으로 보인다. 성경 말씀은 그에게 반드시 믿고 지켜야 할 진리였다. 그리스도께서 "이것이 나의 몸이다"라고 말씀했다면, 이것을 글자 그대로 믿어야 했다. 이에 대한 양보는 불가능하였다. 루터가 츠빙글리와의 화해를 끝까지 반대한 이유는 여기에 있다. 종교개혁 운동이 두 쪽으로 갈라져도, 그는 자기의 소신을 바꿀 수 없는 원칙주의자였다.

답답할 정도로 우직한 루터의 원칙주의적 태도는 황제에 대한 그의 태도에도 나타난다. 1529년의 제2차 슈파이어(Speyer) 제국의회가 끝난 후, 황제의 무력적 공격에 대해 무력으로 맞서야 한다는 일부 개혁파 지도자들의 주장을 루터는 반대하였다. 불의한 통치권도 하나님이 세우신 것이므로, 황제의 폭력에 대해 폭력으로 맞서는 것은 하나님의 뜻에 위배되며, 하나님이 길을 열어주실 때까지 황제의 박해를 참고 견디어야 한다고 루터는 주장하였다. 황제가 1521년에 보름스 칙령을 통해 그를 법외자(vogelfrei)로 선언하였음에도 불구하고 그는 황제에 대한 무력 사용을 반대하고, 하나님의 질서를 따라야 한다고 고집하였다. 그래서 루터는 1522년에 다음과 같이 말한다: 폭동을 당하는 측(위의 권세)이 비록 불의하다 할지라도 나는 이들을 지지하며, 폭동을 일으키는 측이 정당하다 할지라도 나는 이들을 반대한다(Aland 1980, 37-38). 세상 사람의 눈으로 볼 때, 그는 참으로 답답한 사람이었다.

4. 여기서 우리는, 루터가 농민과 제후 양편에 대해 가능한 공정하고자 하였다는 사실을 유의할 필요가 있다. 루터는 "위의 권세에 복종하라"는 성경의 말씀에 근거하여 농민전쟁을 반대했지만, 결코 제후를 일방적으로 두둔하지 않았다. 그는, 농민전쟁은 완악한 마음을 가진 제후들에 대한 "하나님의 심판"이라고 선언하면서 농민과 제후 쌍방의 양보와 화해를 요구하였다. 그가 쓴 "평화를 위한 권면"에서 우리는 이것을 분명히 볼 수 있다. 따라서 "찌르고, 때리고, 목을 졸라 죽여라"는 매우 원시적인 말이

루터 자신의 말이라고 보기는 어렵다. 이 책의 제4부 V장 2에서 기술한 바와 같이, 이 말은 "평화를 위한 권면" 원본에 기록된 말이 아니라 이 문서의 제2판 부록에 나오는 말로, 출판사 측에서 의도적으로 삽입한 것으로 보인다(보다 자세한 내용에 관해 이 책의 제4부 V. 2. 참조).

제후들에 대한 루터의 공정한 입장을 우리는 라토무스에 대한 반박서(1521)에서 볼 수 있다. 이 책에 따르면, 그리스도는 제후들을 보호하지 않고 백성을 보호하는 모범이었다. 그런데 라토무스는 이렇게 말한다: 백성이 아니라 제후가 보호되어야 한다. 사람의 행위에 따라 죄를 묻지 않고, 지위 여하에 따라 죄를 물어야 한다. 지위 여하에 따라 죄를 고발하거나 아니면 침묵해야 한다.

이와 같이 권력자를 두둔하는 사람들을 루터는 다음과 같이 질책한다. "십자가의 이 대적자들은 십자가의 거슬리는 것을 침묵케 하고자 할 뿐이다." 그들은 백성에게 죄를 뒤집어씌우고, 제후들에게 손을 대지 않는 방법을 잘 알고 있다. 이들은 "장사꾼들이요, 늑대가 오는 것을 보고 달아나거나, 아니면 늑대와 동맹을 맺은, 짖지 않는 개들이다"(2006b, 203). 여기서 루터는 제후들에 대한 공정한 법의 집행을 요구한다. 「독일 그리스도인 귀족에게 보내는 글」에서, 교황도 범죄하였을 경우 세속의 법에 따라 벌을 받아야 한다는 루터의 주장은 권력자에 대한 그의 공정한 입장을 보여준다.

5. 근자에 일단의 신학자들은 농민전쟁의 실패를 매우 애석하게 생각한다. 그들은 농민전쟁의 지도자인 토마스 뮌처의 천년왕국의 꿈이 좌절된 것을 무척 안타깝게 생각한다. 물론 농민들의 요구 사항이 제후들에 의해 수용되지 않은 것은 매우 유감스러운 일이다. 그러나 뮌처와 농민들이

마지막 결전에서 승리하여 통치권을 쥐게 되었다면, 그들은 과연 이 땅 위에 모든 사람이 평등한 새로운 세상을 이루었을까? 뮌처를 위시한 일부 열광주의자들이 희망했던 "새 하늘과 새 땅"이 이루어졌을까?

뮌처의 글을 읽어보면, 그는 매우 과격한 성격의 소유자였음을 볼 수 있다. 그는 자기와 생각이 다른 사람을 관용할 수 없었다. 그는 이들에게 독설을 퍼붓는 일을 마다하지 않았다. 이같은 성격을 가진 뮌처가 농민전쟁에서 승리했을 경우, 자신과 생각을 달리하는 사람들에 대한 대대적인 피의 숙청이 일어났을 것이다. 가장 먼저 죽임을 당할 사람은, 제후의 입에 꿀을 발라주면서 "편안히 살고 있는 비텐베르크의 육"이라고 그가 욕한 루터였을 것이다. 또한 자기를 추종하는 소수의 지배계급과 다수의 피지배계급으로 구성된 새로운 계급사회가 등장했을 것이고, 피지배계급에 대한 폭압정치가 시행되었을 것이다. 1917년에 일어난 구러시아 공산주의 혁명은 이에 대한 예를 보여준다. 레닌의 후계자 스탈린은 자신의 권력을 유지하기 위해 2,000만 명을 죽였다. 루터가 뮌처를 비롯한 광신자들 내지 열광주의자들을 배격한 이유는 이같은 위험성을 보았기 때문으로 생각된다.

결론적으로 루터는 "제후들의 종", "제후들의 하인" 혹은 "절대 왕정의 접시를 핥아먹는 자"(Tellerlecker der absoluten Monarchie, Brinks 1992, 34)가 되어 힘없는 농민들을 잔인하게 죽이라고 외친 파렴치한이 아니었다. 그는 양심의 명령에 따라 양편에 대해 최대한 공정하고자 하였다. 그는 농민들을 향해 하나님이 세우신 "위에 있는 권세"에 복종할 것을 요구하는 동시에, 제후들의 통치권은 하나님이 그들에게 맡긴 것이므로 이 통치권을 하나님의 뜻에 따라 정의롭게 사용해야 한다고 제후들에게 요구하였다. 그것을 정의롭게 사용하지 않을 때, 그들은 하나님의 심판을 면할 수 없다고 그는 경고하였다. 그러나 그는 "1530년 이후 영적 폭군에 대한 교회 안에서의 저항 의무, 적법한 정부의 육체적 폭군에 대한 수동적 저항과 적법한 정부를 빼앗은 찬탈자에 대한 시민으로서의 적극적 저항을 인정하였다"(정병식 2012, 85-86).

루터의 영향 때문인지 확인할 수 없지만, 농민들의 사회·경제적 상황은 16세기 후반부터 상당히 정착되었다고 일련의 학자들은 말한다. 새로운 반란이 일어날지도 모른다는 불안 때문에 제후들과 귀족들은 농민들의 형편을 개선하는 데 관심을 갖지 않을 수 없었다. 농민전쟁이 끝난 그다음 해, 곧 1526년에 슈파이어 제국의회는 농민들의 12개 요구 사항을 해결할 수 있는 길을 자세히 다루었다고 한다(Schorn-Schütte 2017, 61).

6. 루터가 도입한 영지교회 제도 역시 루터를 "제후들의 종", "제후들의 하인"으로 평가하는 중요한 요인이 된다. 영지교회 제도는 한마디로 교회가 제후의 통치권에 속하게 됨을 뜻하기 때문이다. 제후는 교회의 인사 문제에 대해서는 물론 예배 의식과 교리 문제에 이르기까지 개입할 수 있는 권리를 갖기 때문이다. 이로 인해 루터는 새로 생성된 프로티스탄트 교회(루터교회)를 제후에게 갖다 바친 "제후들의 종"이라는 비난을 받게 된다. 비록 제후가 교회 지도자들과의 협의 속에서 교회를 선한 양심으로 통치한다 할지라도, 교회는 제도적으로 제후의 통치권에 속한 교회가 되어버린다. 이리하여 1555년의 아욱스부르크 종교평화에서는 제후가 자기 영지의 교회소속을 결정할 수 있는 권리를 갖게 된다(cuius regio, eius religio). 이에 불복하는 자는 자기의 재산을 팔고 가족과 함께 다른 곳으로 떠나야 했다.

이것은 영적 영역과 세속의 영역의 구별을 주장한 루터의 두 왕국론에 분명히 모순된다. 황제가 교회의 최고 통치자였던 고대 로마 제국의 국가

교회 제도가 여기서 재활한다. 이로 말미암아 독일의 프로테스탄트 교회 곧 루터교회는 세속 통치권에서 자유롭지 못하게 되고, 독일은 근대 "자유의 역사"에서 지각생이 된다. 영국 및 프랑스에 비해 독일의 자유화운동, 인권운동이 뒤처진 원인은 여기에 있다.

이같은 결과를 초래한 영지교회 제도를 루터가 도입한 것은 그 시대적 한계를 벗어나지 못한 루터의 제한성을 보여준다. 루터는 중세기를 지배한 가톨릭 체제를 깨뜨리고 새로운 시대를 열었지만, 중세 후기의 신분사회적 표상과 "권위주의적 통일성의 문화"를 벗어나지 못하였다고 학자들은 지적한다(이에 관해 Troeltsch 1906 참조). 여기서 우리는, 루터 역시 그 시대의 제한성에서 완전히 자유로울 수 없었다는 사실을 볼 수 있다.

그렇다고 하여 루터를 가리켜 "제후들의 종" 혹은 "제후들의 하인"이라 비난하는 것은 적절하지 않다. 루터에 대해 비판적인 학자들도 말하기를, 루터가 영지교회 제도를 수용한 것은 당시의 상황에서 어쩔 수 없는 일이었다고 한다. 갓 태어난 프로테스탄트 교회(루터교회)를 제후가 책임지지 않을 경우, 이 교회는 황제와 교황의 연합세력을 막아낼 수 없었을 것이다. 또 교회는 종교개혁 진영 내의 다양한 주장으로 인해 사분오열되는 대혼란에 빠질 수도 있었을 것이다. 루터가 종교개혁을 시작할 당시, 독일의 각 영지의 교회는 제후들의 통치권 아래 있는 영지교회 체제를 이미 취하고 있었다. 따라서 루터가 영지교회 체제를 수용한 것은 당시의 상황에서 매우 자연스러운 일이었다. 여하튼 루터의 종교개혁 전체를 고려할 때, 그가 외친 "자유의 정신"이 이후의 서구 역사에 결정적 영향을 준 것은 부인할 수 없는 사실이라고 하겠다.

7. 마지막으로 일련의 학자들은, 루터가 반유대주의(Antisemitismus)를 주장했다고 말한다. 그러나 최소한 청년 루터는 반유대주의자가 아니었음을 우리는 그의 초기 문헌에서 볼 수 있다. "종교개혁 3대 문서'에 속한 「그리스도인의 자유」에 따르면, "최고의 기독교 교사들"이라고 자처하는 자들이 신자들이 그리스도의 고난을 내적으로 함께 당하도록 하기 위한 목적으로 유대인들을 증오하도록(ad indignandum Iudaeis) 신자들을 자극한다는 것이다(2006b, 145/6).

1523년에 쓴 "예수 그리스도는 태어나면서부터 유대인이었다"는 글에서 루터는 유대인들에게 친절한 태도를 보인다. "나는 우리들이 그들을… 친절하게 대하며 그들에게 성서를 가르치도록 권면하고 요청하고 싶다. 그래서 그들 중 일부가 우리와 함께 신앙생활하기를 기대한다"(WA 11, 314-337). 1525년의 농민전쟁 때 쓴 "평화를 위한 권면"에서 루터는, 공공의 법은 "터키인들과 유대인들마저도 보호해야" 한다고 말한다(손규태 2005, 84).

1543년에 루터는 유대인에 대한 세 편의 소논문을 발표한다. 그 가운데 대표적 문서는 "유대인들과 그들의 거짓"에 관한 글이다(WA 53, 417-532). 이 글은 유대인에 대한 루터의 반유대주의적 문서로 알려져 있다. 그러나 이 글에서 루터는 유대인에 대한 인종주의를 말하지 않는다. 그는 단지 유대인들이 기독교로 개종하는 것을 거부하고, 기독교에 대한 적대적 태도를 취하면서 그들 자신의 종교를 고집한다는 것을 비판할 뿐이다. 기독교로 개종하여 세례를 받은 유대인들을 그는 "사랑하는 형제"로 간주한다. 기독교로 개종하지 않는 고집스러운 유대인들에 대해 그는 목사들과 교회공동체에게 다음과 같이 권면한다: 우리는 유대인들을 가혹하게 대해서는 안 된다. 그리하여 유대인들이 기독교를 증오하지 않도록 해야 한다. "유대인들이 우리처럼 믿지 않는다면, 우리는 어쩔 수 없다. 아무도 믿음을 강요할 수 없다. 이것은 불가능하다"(WA 53.528, Aland 1980, 45. 보다 자세한 내용에 관해 김주한 2015, 215-220 참조).[1]

---

1) 유대인 문제에 관한 루터의 문헌: Wider die Sabbather(안식일주의자들) an einen guten Freund(1538), WA 50.312-337; Von den letzten Worten Davids(1543), WA 54.28-100; Vom Schem Hamphoras und vom Geschlecht Christi(1543), WA 53.579-648; Von den Juden und ihren Lügen(1543), WA 53-417.

부록 4
루터의 종교개혁 관련 연대기

1483-1546	마르틴 루터
1463-1525	작선의 선제후 현자 프리드리히
1484-1531	훌드리히 츠빙글리
1488/89-1525	토마스 뮌처
1493-1519	신성 로마 제국 황제 막시밀리안 1세(1508 황제)
1495	보름스 제국의회(제국의회 개혁)
1497-1566	필립 멜랑히톤
1500	아욱스부르크 제국의회(제국의회 개혁)
1502	선제후 프리드리히, 비텐베르크 대학 설립
1509-1564	장 칼뱅
1511	루터, 비텐베르크로 이주, 1512년 비텐베르크 대학 신학박사 학위 받음
1513-1521	교황 레오 10세

1517	면죄부 장사를 반대하는 루터의 95개조, 종교개혁 시작
1518	하이델베르크 변론,
	교황의 특사 카예타누스의 아욱스부르크 심문
1519	교황 의전관 밀팃츠와 루터의 협상(1월),
	라이프치히 변론(6월)
1519-1556	신성 로마 제국 황제 카를 5세의 취임과 통치
1519	츠빙글리, 취리히로 이주, 스위스의 종교개혁 시작
1520	교황 레오 10세의 루터 파문 경고,
	루터의 "종교개혁 3대 문서"
1521	교황 레오 10세의 루터 파문(1월 3일),
	보름스 제국의회(4월),
	황제 카를 5세의 "보름스 칙령"에 의한 루터의 제국파문 (5월 25일)
1521-1522	루터의 납치(1521.5.4.), 바르트부르크 유폐생활,
	신약성경 번역, 비텐베르크로 돌아옴(1522.3.1.)
1522	비텐베르크시의 개혁운동, 성상파괴 운동,
	루터의 유화정책에 따른 개혁운동의 후퇴
1522-1523	제국기사 지킹언의 프란츠의 반란, 패배와 사망
1523-1524	개혁적 교황 클레멘스 7세, 뉘른베르크 제국의회
1524-1525	농민전쟁
1525	가톨릭 측 제후들의 데사우 연맹(Dessauer Bund) 결성,
	보름스 칙령의 시행 요구,
	루터와 카타리나 폰 보라의 결혼
1526	제1차 슈파이어 제국의회,

	프로테스탄트 측의 고타 연맹(Bündnis von Gotha) 결성(2월), 동년 5월 토르가우 연맹(Torgauer Bund)으로 확대됨
1527	마르부르크 대학 설립(최초의 개신교회 대학)
1529	제2차 슈파이어 제국의회, 터키군의 비인(Wien) 점령, 성만찬에 대한 루터와 츠빙글리의 마르부르크 종교대화, 루터의 영지교회 제도, 교회감찰, 독일 미사, 교리문답서
1530	아욱스부르크 제국의회, 프로테스탄트 측의 「아욱스부르크 신앙고백」(CA)과 「변증서」
1531	황제 카를 5세의 동생 페르디난트, 독일의 왕으로 선출, 프로테스탄트 측의 슈말칼덴 동맹 체결, 츠빙글리, 스위스 카펠 전투에서 의붓아들과 함께 사망
1532	뉘른베르크 종교화의(Nürnberger Anstalt)
1534	로마 가톨릭교회에서 영국 성공회 독립
1534	로욜라의 이그나티우스, 프랑스 파리에서 예수회(Sozietas Jesu) 설립, 1540년 교황의 승인 받음
1534-1535	뮌스터의 재세례파 왕국과 그 멸망
1536	프로테스탄트 측의 「비텐베르크 일치서」 (Wittenberger Konkordie)
1538	루터의 「슈말칼덴 조항」, 가톨릭 측 제국의회 의원들의 뉘른베르크 동맹 결성,
1539	프랑크푸르트 종교화의(Frankfurter Anstand)
1540-1541	하게나우, 보름스, 레겐스부르크 종교대화

1541-1564	칼뱅의 젠프 종교개혁
1543-1546	쾰른 대주교 헤르만 비이드(H. Wied)의 가톨릭교회 개혁운동
1545-1563	반종교개혁을 목적한 트리엔트 공의회 (제1차 1545-1547, 제2차 1551-1552, 제3차 1562-1563)
1546-1547	슈말칼던 전쟁, 프로테스탄트 측의 패배
1548	아욱스부르크 잠정서(Augsburger Interim)
1552	프로테스탄트 제후들의 반란, 황제 카를 5세의 패주
1555	아욱스부르크 제국의회에서 아욱스부르크 종교평화(Augsburger Religionsfrieden) 체결, 가톨릭교회에서 개신교회(루터교회)의 독립, 두 교회의 양립
1618-1648	30년 전쟁과 베스트팔런 평화조약, 칼뱅의 개혁교회 인정

책을 끝내면서

약 4년에 걸친 저술 작업이 이제 끝났습니다. 밤에 자다가 잠이 깨면, 전등을 켜고 루터의 책을 다시 펴서 읽던 일도 이제 끝났습니다. 작업 과정 중에 많은 것을 배웠고 또 생각할 수 있었습니다. 가장 인상 깊었던 것은, 인간의 죄성과 구원의 길에 대한 루터의 깊은 통찰, 하나님의 진리와 정의에 대한 그의 열정이었습니다. 거짓 앞에서 진리를 포기하지 않는 그의 고집스러운 삶의 길이었습니다.

물론 루터도 완전한 사람은 아니었습니다. 자기에게 주어진 시대적 제한을 뛰어넘을 수 없는 경우도 있었습니다. 초기의 두 왕국론에서 그는 영적·종교적 영역과 세속의 정치적 영역의 구별을 주장했지만, 영지교회 제도를 수용함으로써 교회가 세속의 통치권에 속하게 되는 결과를 초래하였습니다.

그러나 하나님의 진리를 포기할 수 없다는 그의 굳은 신념으로 말미암아 중세 가톨릭교회의 단독체제가 무너지고, 종교의 자유가 있는 새로운 시대가 열렸습니다. 교황이 세속의 권세를 갖기도 한 당시의 시대적 상황에서 루터의 종교개혁이 쟁취한 종교적 자유는 사회·정치적 의미를 내포한다고 생각됩니다. 이런 점에서 루터의 종교개혁은 세계사적 사건이요, 루터는 세계사적 인물이라고 하여도 과언이 아니라고 생각됩니다. 이름도 없는 한 수도사가 어떻게 이같은 세계사적 사건을 일으킬 수 있었는지는, 지금도 명확히 풀리지 않는 질문으로 남아 있습니다.

책을 끝내면서 또 한 가지 깊은 감명을 받은 것은 재세례파를 위시한 "종교개혁 좌파"의 삶의 길이었습니다. 물론 재세례파의 주장에는 잘못되고 비현실적인 부분도 있습니다. 성경 말씀을 위시한 모든 외적인 것의 상대화 및 국가의 무력 사용에 대한 참여의 거부가 이에 속한다고 하겠습니다.

그러나 종교개혁 좌파에게 옳은 점도 있습니다. 이들은 하나님의 진리에 관한 문제에 세속의 통치권이 개입하는 것을 거부하였습니다. 믿음과 교회의 순수성을 지키기 위해 이들은 교회와 세속 통치권의 결합을 끝까지 반대하였습니다. 그래서 이들은 양편 모두에게서 미움을 받았지요. 그 결과 이들에게 남은 길은 박해와 순교였습니다. 수십만 명이 죽음을 당하였습니다. 그러나 자기가 옳다고 생각하는 진리 때문에 그들은 박해와 순교의 길을 피하지 않았습니다.

이같은 재세례파의 삶의 길을 보면서, 저는 제 자신에게 질문하였습니다. 나는 과연 이들처럼 살 수 있을까? 나는 하나님의 진리를 위해 산 것이 아니라 신학교수로서의 세속적 명예와 지식 자랑을 위해 살아오지 않았나? 하나님의 진리를 위해 살지 않았다면, 내가 쌓은 이 모든 지식은 쓸모없는 것이 아닌가? 대학에서 스콜라 신학을 배운 사람들 중에 순교자가

된 사람은 한 명도 없다고 루터는 말했는데, 나도 그중 한 사람이 아닌가?

이 책과 함께 루터의 종교개혁에 관한 또 하나의 책이 나오게 되었습니다. 물론 책의 출판도 의미 있는 일이지만, 책만 나오면 무엇하겠습니까? 루터를 위시한 종교개혁자들이 바라는 일은 또 하나의 책이 아니라, 교회의 개혁이 아니겠습니까?

지금 한국 개신교회는 깊이 병들어 있다고 많은 사람이 염려하고 있습니다. 교회와 목사에 대한 사회적 신뢰도는 땅에 떨어진 상태에 있습니다. 이같은 상태가 개혁되지 않는다면, 한국 개신교회는 미래가 없을 것입니다.

이 교회를 개혁할 수 있는 사람은 누구입니까? 그것은 교회를 지도하는 목사님들입니다. 한 사람의 신학자가 아무리 교회개혁을 외쳐도, 목사님들이 움직이지 않으면 아무 소용이 없습니다. 목사님들, 지금 인터넷에 들어가셔서 평신도들이 무엇이라고 외치는지 찾아보십시오. "목사님, 제발 회개하세요", "목사님들이 먼저 회개해야 합니다"라는 말을 어렵지 않게 찾을 수 있을 것입니다.

목사님들, 병든 한국 개신교회를 개혁할 수 있는 분들은 목사님들이십니다. 제발 회개하시고, 병든 이 나라의 교회를 개혁해 주십시오. 대형교회 세습, 교회판매, 총회장이나 감독의 돈 선거, 돈으로 위원장 자리 얻기, 6개월간의 성경공부 다음에 신학석사 학위 받기, 목사직을 팔아먹는 일 등을 중단해 주십시오. 개교회주의, 대형교회, 교회 체인점에 대한 욕심을 끊으시고, 어둠 속에서 헤매는 양들을 위한 목양에 자신의 삶을 걸어 주십시오. 교단 내 목회자들의 경제적 평등을 위해 노력해 주십시오. 이것을 이루지 못한다면 어떻게 교회가 "그리스도의 몸"이라 말할 수 있겠습니까? 가톨릭교회(천주교)를 이단이라 욕하지 마시고, 이 교회에서 배울 점이 무엇인지 찾아보시길 간청합니다.

마지막으로 이 책을 끝내면서 다시 확인하게 된 저의 신앙을 한 찬양곡을 통해 고백합니다.

> 오직 예수 다른 이름은 없네
> 주 이름만 우리에게 주셨네
> 오직 예수 다른 이름은 없네
> 오, 권세와 찬양 받으실 분
> 오직 주 예수, 오직 주 예수
> -Tom Fettke, "오직 예수"에서.

참고문헌

1. 루터 문헌

D. *Martin Luthers Werke. Kritische Gesamtausgabe, Weimar 1883 ff. Reihen*: Werke, Briefwechsel, Deutsche Bibel, Tischreden (WA, WABr, WADB, WATr로 약칭됨).

Luther(1964a), M., Sermon von dem hochwürdigen Sakrament der Taufe(1519), in: *Von der Freiheit eines Christenmenschen*, Siebenstern-Taschenbuch 24, Hamburg.

____(1964b), M., *Der große Katechismus*, Siebenstern-Taschenbuch 7, München und Hamburg.

____(1964c), M., Die Schmalkaldischen Artikel(1937), in: *Der große Katechismus*, Siebenstern-Taschenbuch 7, München und Hamburg.

____(1967), M., *Predigten über den Weg der Kirche*, hrsg. von W. Metzger, Calwer Luther-Ausgabe 6, München u. Hamburg.

____(2006a), M., *Martin Luther. Lateinisch-Deutsche Studienausgabe* Bd. I, Leipzig, Evangelische Verlagsanstalt GmbH.

_____(2006b), *Martin Luther. Lateinisch-Deutsche Studienausgabe* Bd. II, Leipzig, Evangelische Verlagsanstalt GmbH.

_____(2009), *Martin Luther. Lateinisch-Deutsche Studienausgabe* Bd. III, Leipzig, Evangelische Verlagsanstalt GmbH.

_____(2012a), M., *An den christlichen Adel deutscher Nation*, Stuttgart, Reclam Ausgabe 18947.

_____(2012b), M., *Von der Freiheit eines christlichen Menschen*, Stuttgart, Reclam Ausgabe 18947.

_____(2016), M., *Von der babylonischen Gefangenschaft der Kirche*, Stuttgart, Reclam Ausgabe 18616.

2. 이차 문헌

강경림(2016a), "츠빙글리의 종교개혁 사상의 특징",『신학과 교회』제6호, 혜암신학연구소 편.

_____(2016b), "츠빙글리의 종교개혁 사상", 혜암신학연구소 2016년 가을학기 종교개혁 500주년 기념강좌 자료집.

강근환(2016), "종교개혁의 시발. 마틴 루터의 개혁운동",『신학과 교회』제6호, 혜암신학연구소 편.

_____(2018), "종교개혁자들의 성례전 신학",『신학과 교회』제8호, 혜암신학연구소 편.

권득칠(2017), "루터의 종말론",『루터의 생애와 신학』, 김철환 외, 컨콜디아사.

김경재(2018), "종교개혁과 사회 변화 – 하나님의 나라 관점에서 '일상의 성화'와 '정치-경제 권력의 공공성' 중심으로",『신학과 교회』제8호, 혜암신학연구소 편.

김균진(1986),『유토피아니즘과 기독교』, G. 프리드리히, H. 큉 편저, 서울: 종로서적.

_____(2005),『기독교 조직신학』, 제3쇄, 서울: 연세대학교 출판부.

김동진(2017), "루터의 소명론",『루터의 생애와 신학』, 서울: 컨콜디아사.

김득중(2015), "'오직 믿음만'을 강조하는 신앙생활에 대한 성서신학적 반성", 임태수

외 13인,

_____『제2종교개혁이 필요한 한국 교회』, 서울: 기독교문사.

김선영(2014),『믿음과 사랑의 신학자 마르틴 루터』, 대한기독교서회.

김요섭(2016), "위클리프의 생애와 교회개혁 사상",『신학과 교회』, 제5호, 서울: 혜암신학연구소.

_____(2018), "제네바 종교개혁 - 역사적 배경과 신앙의 목적",『신학과 교회』제8호, 서울: 혜암신학연구소 편.

김요한(2017),『상식이 통하는 목사』, 서울: 새물결플러스.

김주한(2015),『마르틴 루터의 삶과 신학이야기』, 초판 6쇄, 서울: 대한기독교서회.

_____외(2016a),『교양 종교개혁 이야기』, CBS 종교개혁 500주년 기획단 엮음, 서울: 대한기독교서회, 20016.

_____(2016b), "종교개혁과 사회개혁 - 사회 변동의 영향사 측면에서",「변화와 갱신 그리고 미래」, 종교개혁 500주년 기념 CBS 국민일보 공동 심포지엄 자료집.

_____(2016c), "급진적 종교개혁가들: 기독교평화주의 운동의 역사적 모델로서 아나뱁티스트 운동과 그 사상",『신학과 교회』제6호, 2016년 겨울호, 서울: 혜암신학연구소 편.

_____(2016d), "스콜라 철학과 종교개혁 운동",『신학과 교회』, 제5호, 서울: 혜암신학연구소.

김준현(2017), "루터의 성서론",『루터의 생애와 신학』, 김철환 외, 컨콜디아사.

김창락(2017), "'하나님의 의'를 '칭의론'의 감금에서 해방시켜라!",『신학과 교회』제7호, 서울: 혜암신학연구소 편.

김철환(2017a), "루터의 선교론",『루터의 생애와 신학』, 김철환 외, 서울: 컨콜디아사.

_____(2017b), "루터의 설교론",『루터의 생애와 신학』, 김철환 외, 서울: 컨콜디아사.

박경수(2013),『종교개혁, 그 현장을 가다』, 서울: 대한기독교서회.

_____(2017),『종교개혁 핵심톡톡』, 서울: 대한기독교서회.「변화와 갱신 그리고 미래」, 종교개혁 50주년 기념 CBS 국민일보 공동 심포지엄 자료집.

박양규(2017),『청소년을 위한 하이델베르크 교리문답』2권, 서울: 새물결플러스.

박일영(2017), "루터의 칭의론", 『루터의 생애와 신학』, 김철환 외, 서울: 컨콜디아사.

류장현(2015), "16세기 종교개혁의 한계와 극복", 『제2종교개혁이 필요한 한국 교회』, 임태수 외 13인, 서울: 기독교문사.

손규태(2005), 『마르틴 루터의 신학사상과 윤리』, 초판 3쇄, 서울: 대한기독교서회.

손은실(2016), "피에르 발데스와 '리옹의 가난한 자들'에게서 배우는 교회개혁", 『신학과 교회』, 제5호, 서울: 혜암신학연구소 편.

____(2018), "스위스 불어권 종교개혁의 개척자 기욤 파렐의 영성과 목회신학", 『신학과 교회』, 제8호, 서울: 혜암신학연구소 편

시오노 나나미(2011), 『로마 멸망 이후의 지중해 세계』, 상권, 김석희 역, 파주: (주)도서출판 한길사.

양권석(2017), "종교개혁 500주년과 한국교회의 과제", 『기독교사상』, 2017년 11월호.

양태자(2018), "수녀원이냐 결혼이냐 - 중세 수녀원과 결혼 지참금", 기독교사상 2018년 10월호.

오성종(2017), "칼빈과 루터의 율법관 비교", 『신학과 교회』 제7호, 2017년 여름호, 서울: 혜암신학연구소 편.

이상성(2016), "에라스무스의 자유의지에 대한 고찰", 『신학과 교회』 제5호, 2016년 여름호, 서울: 혜암신학연구소.

이양호(2016), "문예부흥 운동과 종교개혁 운동", 『신학과 교회』 제5호, 2016년 여름호, 서울: 혜암신학연구소.

이영호(2017a), "교수 루터", 『루터의 생애와 신학』, 김철환 외, 서울: 컨콜디아사.

____(2017b), "개혁자 루터", 『루터의 생애와 신학』, 김철환 외, 서울: 컨콜디아사.

이오갑(2017), "종교개혁의 독특성과 현대적 의미", 『한국조직신학논총』 제49집, 한국조직신학회 편, 서울: 도서출판 동연.

이장식(2011), 『세계 교회사 이야기』, 서울: Veritas Press.

____(2018), "프로테스탄트 국가주의의 말기", 『신학과 교회』 제7호, 2017년 여름호, 서울: 혜암신학연구소 편.

이홍렬(2017), "청년 루터", 『루터의 생애와 신학』, 김철환 외, 서울: 컨콜디아사.

이후정(2017), "마르틴 루터의 삼대 논문", 『신학과 교회』 제7호, 2017년 여름호, 특집: 16세기 종교개혁 운동, 서울: 혜암신학연구소 편.

임태수(2015), "믿음과 행함의 변증법적 통일", 임태수 외 13인, 『제2종교개혁이 필요한 한국 교회』, 임태수 외 13인, 서울: 기독교문사.

장윤재(2017), "루터를 거슬러 후스로", 『신학사상』 177집, 2017년 여름호, 한국신학연구소.

장현승(2013), 『칼뱅의 성화론의 새 지평: 성화론의 선교론적 함의 함께』, 서울: 대한기독교서회.

정병식(2012), "마틴 루터에 대한 윤리적 비판 재고찰", 『성경과 신학』, 제62권, 한국복음주의신학회.

_____(2017), "중세 면죄부 제도와 95개조를 통한 루터의 신학적 비판", 『신학과 교회』 제7호, 서울: 혜암신학연구소 편.

정일웅(2016), 『요한 아모스 코메니우스의 교육신학』, 범지 출판사.

_____(2018), "종교개혁자들(루터와 칼빈)의 교회관과 한국교회 개혁의 과제", 『신학과 교회』 제7호, 서울: 혜암신학연구소 편.

최종고(2017), "중세 교회법과 루터의 파문", 『신학과 교회』 제7호, 서울: 혜암신학연구소 편.

최주훈(2017), "루터의 종교개혁의 원리들", 『루터의 생애와 신학』, 김철환 외, 서울: 컨콜디아사.

한영복(2017), "루터의 두 왕국론", 『루터의 생애와 신학』, 김철환 외, 서울: 컨콜디아사.

한정애(2016), "마르틴 루터의 공공신학 사상", 『신학과 교회』 제6호, 서울: 혜암신학연구소 편.

홍경만(2017a), "수도사 루터", 『루터의 생애와 신학』, 김철환 외, 서울: 컨콜디아사.

_____(2017b), "마지막 삶을 보내는 루터", 『루터의 생애와 신학』, 김철환 외, 서울: 컨콜디아사.

홍지훈(2016), "얀 후스의 종교개혁", 『신학과 교회』 제5호, 서울: 혜암신학연구소.

_____(2018), "'고발하는 율법'과 '살리는 복음': 마르틴 루터의 율법과 복음 구별하기",

『신학과 교회』, 제8호, 서울: 혜암신학연구소.

Aland(1980), K., *Die Reformatoren. Luther, Melanchthon, Zwingli, Calvin*, Gütersloh.

Althaus(1975), P., *Die Theologie Martin Luthers*, 4. Aufl., Gütersloh.

Benrath(1980), G. A., Die Lehre außerhalb der Konfessionskirchen, in: C. Andresen(Hrsg.), *Handbuch der Dogmen- und Theologiegeschichte*, Bd. 2, Göttingen.

Birnstein, U., *Reformation 1517*, hrsg. v. MDM Münzhandlungsgesellschaft mbH & Co. KG Deutsche Münze.

Bizer(1972), E., *Studien zur Geschichte des Abendmahlsstreits im 16. Jahrhundert*, Darmstadt.

Brecht(1983), M., *Martin Luther*, Bd. 1, Stuttgart.

____(1986), M., *Martin Luther*, Bd. 2, Stuttgart.

Brinks(1992), J. H., *Die DDR-Geschichtswissenschaft auf dem Weg zur deutschen Einheit*, Frankfurt a. M.

Calvin(1963), J., *Unterricht in der christlichen Religion*, übersetzt von O. Weber, Neukirchen-Vluyn.

____(2017), J., 『교회 개혁. 칼뱅의 종교개혁을 위한 항변서』, 김산덕 역, 서울: 새물결플러스.

Daugirdas(2014), K., Lelio Sozzini und Fausto Sozzini, in: I. Dingel/V. Leppin(Hrg.), *Das Reformationslexikon*, Darmstadt.

Die Bekenntnisschriften(1979), *Die Bekenntnisschriften der Ev. Lutherischen Kirche*, 8. Aufl., Göttingen.

Dingel(2017), I., *Geschichte der Reformation*, Göttingen.

Ebeling(1964), G., *Luther. Einführung in sein Denken*, Tübingen.

Fast(1962), H., Hrsg., *Der linke Flügel der Reformation, Klassiker des Protestantismus*, Bd. 4, Bremen.

Förstemann(1966), K. E.(Hrsg.), *Urkundenbuch zur Geschichte des Reichtages zu Augsburg im Jahre 1530*, Bd. 1, Halle.

Friedman(1978), J., Michael Servet. Anwalt totaler Häresie, in: H.-J. Goertz(Hrg.), *Radikale Reformatoren*, München.

Fuchs(1976), W. P., *Das Zeitalter der Reformation*, 2. Aufl., München.

Gebhardt(1976), B.(Hrsg.), *Handbuch der deutschen Geschichte*, 3. Aufl., Stuttgart.

Gilmont(1999), J.-F., Der Anschluss der romanischen Waldenser an die Reformation, in: G. Frank(Hrsg.), *Die Waldenser. Spuren einer europäischen Glaubensbewegung*, Bretten.

Hägglund(1990), B., *Geschichte der Theologie. Ein Abriß*, Ch. Kaiser Taschenbuch 79, München.

Hamm(1996), B., *Bürgertum und Glaube. Konturen der städtischen Reformation*, Göttingen.

_____(2008), B., "Die Emergenz der Reformation", in: B. Hamm u. M. Welker, *Die Reformation. Pontentiale Freiheit*, Tübingen.

Hegel(1968), G. W. F., Vorlesungen über die Philosophie der Weltgeschichte, hrsg. von G. Lasson, *PhB Band 171d*, Hamburg.

Heussi(1971), K., *Kompendium der Kirchengeschichte*, 13. Aufl., Tübingen.

Hirsch(1963), E., *Das Wesen des reformatorischen Christentums*, Berlin.

Jedin(1999), H.(Hrsg.), *Handbuch der Kirchengeschichte*, Bd. 4, Freiburg/Basel/Wien.

Joest(1986), W., *Dogmatik*, Bd. 2, Göttingen.

Kaufmann(2015), Th., 『루터, 말씀에 붙잡힌 사람』, 공준은 역, 서울: 대한기독교서회.

Klein(1960a), J., Art. Nominalismus, in: *RGG, 3.* Aufl., Tübingen.

_____(1960b), J., Art. Ockham, in: *RGG, 3.* Aufl., Tübingen.

Leppin(2012), V., *Kirchen- und Theologiegeschichte in Quellen*, Bd. III, Reformation, 2. Aufl., Neukirchen-Vluyn.

Lohse(1980), B., Dogma und Bekenntnis in der Reformation: Von Luther bis zum Konkordienbuch, in: C. Andresen(Hrsg.), *Handbuch der Dogmen- und Theologiegeschichte*, Bd. 2, Göttingen.

____(2016), B., 『마틴 루터의 신학-역사적, 조직신학적 연구』, 한국신학연구소.

Loofs(1968), F., *Leitfaden zum Studium der Dogmengeschichte, 1. und 2. Teil*, 7. ergänzte Aufl., Tübingen.

Ludolphy(1984), I., *Friedrich der Weise. Kurfürst von Sachsen 1463-1525*, Göttingen.

Marx(2004), K., Zur Kritik der Hegelschen Rechtsphilosophie, Einleitung, in: *Die Frühschriften*, hrsg. von S. Landshut, 7. Aufl. Kröneraushabe 209, Stuttgart.

Mau(2000), R., *Evangelische Bewegung und frühe Reformation 1521 bis 1532*, Leipzig.

Meissinger(1953), K. A., *Luther, die deutsche Tragödie 1521*, München.

Moeller(1999), B., *Deutschland im Zeitalter der Reformation*, 4. Aufl. Göttingen.

Moltmann(1972), J., *Der gekreuzigte Gott* (한국어 역: 『십자가에 달린 하나님』, 김균진 역), München.

____(1997), J., *Gott im Projekt der modernen Welt. Beiträge zur öffentlichen Relevanz der Theologie* (한국어 역: 『세계 안에 계신 하나님』, 곽혜원 역), Gütersloh.

____(2002), J., *Wissenschaft und Weisheit. Zum Gespräch zwischen Naturwissenschaft und Theologie* (한국어 역: 『과학과 지혜』, 김균진 역), Gütersloh.

____(2010), *Ethik der Hoffnung* (한국어 역: 『희망의 윤리』, 곽혜원 역), Gütersloh.

____(2016), *Hoffen und Denken. Beiträge zur Zukunft der Theologie*, Neukirchen-Vluyn.

Müller(1991), N., *Die Wittenberger Bewegung 1521 und 1522*, 2. Aufl., Leipzig.

Niebuhr(1983), R., 『교회 분열의 사회적 배경』, 서울: 종로서적.

Oberman(1974), H. A., Tumultus rusticorum, in: *Zeitschrift für Kirche und Geschichte*, Bd. 85.

____(1981), H. A., *Die Kirche im Zeitalter der Reformation. Kirchen- und Theologiegeschichte in Quellen*, Bd. III, Neukichen-Vluyn.

Pannenberg(1993), *Systematische Theologie*, Bd. 3, Göttingen.

Rabe(1991), H., *Deutsche Geschichte 1500-1600. Das Jahrhundert der Glaubensspaltung*, München.

Schneider(2014), N., *Rechtfertigung und Freiheit. 500 Jahre Reformation. Ein Grundlagentext der Ev. Kirche in Deutschland(EKD)*, Gütersloh.

Schneider(1992), Th., Hrsg., *Handbuch der Dogmatik*, Bd. II, Düsseldorf.

Schorn-Schütte(2017), L., *Die Reformation. Vorgeschichte, Verlauf, Wirkung*, 7. Aufl., München.

Schwarz(2016), R., *Martin Luther. Lehrer der christlichen Religion*, 2 Aufl., Tübingen.

Seebaß(2002), G., *Münzers Erbe. Werk, Leben und Theologie des Hans Hut*, Gütersloh.

____(2006), G., *Die Geschichte des Christentums III. Spätmittelaiter-Reformation-Konfessionalisierung*, Stuttgart.

Staedke(1977), J., Art. Abendmahl, in: *Theol. Realenzyklopädie*, Ed. I, Berlin, New York,

____(1978), J., *Reformation und Zeugnis der Kirche*, Zürich.

Troeltsch(1906), E., *Die Bedeutung des Protestantismus für die Entstehung der modernen Welt*, München/Berlin.

Welker(2008), M. u. Hamm, B., *Die Reformation: Potentiale der Freiheit*, Tübingen.

White(1999), E. G., 『각 시대의 대 쟁투 上』, 시조사.

Zwingli(2014), H., 『츠빙글리 저작 선집 1』, 임걸 역, 연세대학교 대학출판문화원.

김균진 저작 전집
09

루터의 종교개혁

Copyright ⓒ 김균진 2018

1쇄 발행 2018년 10월 22일

지은이	김균진
펴낸이	김요한
펴낸곳	새물결플러스
편 집	왕희광 정인철 박규준 노재현 한바울 신준호 정혜인
	이형일 서종원 조광수
디자인	이성아 이재희 박슬기 이새봄
마케팅	박성민 이윤범
총 무	김명화 이성순
영 상	최정호 조용석 곽상원
아카데미	유영성 차상희

홈페이지	www.holywaveplus.com
이메일	hwpbooks@hwpbooks.com
출판등록	2008년 8월 21일 제2008-24호
주 소	(우) 07214 서울특별시 영등포구 양평로 11, 4층(당산동5가)
전 화	02) 2652-3161
팩 스	02) 2652-3191

ISBN 979-11-6129-080-5 94230

책값은 뒤표지에 있습니다.

이 도서의 국립중앙도서관 출판예정도서목록(CIP)은 서지정보유통지원시스템 홈페이지(seoji.nl.go.kr)와 국가자료공동목록시스템(nl.go.kr/kolisnet)에서 이용하실 수 있습니다. CIP2018030938